涡阳年鉴

GUOYANG YEARBOOK

2017

涡阳县人民政府 **主办**　　涡阳县地方志办公室 **编**

方志出版社
Publishing House of Local Records

图书在版编目(CIP)数据

涡阳年鉴. 2017/涡阳县地方志办公室编. --北京：方志出版社，2018.2
ISBN 978-7-5144-3009-7

Ⅰ. ①涡… Ⅱ. ①涡… Ⅲ. ①涡阳县－2017－年鉴
Ⅳ. ①Z525.44

中国版本图书馆CIP数据核字（2018）第043332号

涡阳年鉴（2017）

编　　者：涡阳县地方志办公室
责任编辑：顾　洁

出 版 人：冀祥德
出 版 者：方志出版社
地址　北京市朝阳区潘家园东里9号（国家方志馆4层）
邮编　100021
网址　http://www.fzph.org
发　　行：方志出版社图书经销中心
（010）67110500
经　　销：各地新华书店
印　　刷：南京凯德印刷有限公司

开　　本：889×1194　1/16
印　　张：23.5
字　　数：697千字
版　　次：2018年2月第1版　2018年2月第1次印刷
印　　数：001~400册

ISBN 978-7-5144-3009-7　定价：300.00元

编辑说明

一、《涡阳年鉴》于2012年开始编写，是涡阳县人民政府主办，县地方志办公室具体组织编纂，向国内外公开发行的大型资料性工具书和政府公报性资料汇编。

二、本期资料收录的时间节点为2016.1.1–2016.12.31，根据需要，个别资料延伸至2017年度。

三、《涡阳年鉴》采用分类编辑法，分为类目、分目、条目3个层次，部分分目下设副分目。分目、副分目一般设概述，简要记述一个行业、事业、单位的总体情况、单项工作和大事、要事。分目、副分目、条目的标题用不同字体区别，副分目标题加“·”，条目标题加【 】。

四、《涡阳年鉴》（2017）全面系统地记载了2016年涡阳县各行各业的基本情况和发展状况，设有特载、大事记、涡阳概况、党政社团、军事、政法、工业、农业、水利、商贸、服务业、旅游、城市建设、规划、环境保护、交通、信息化建设、财政、税务、审计、金融、综合管理、教育、科学、文化、广播电视、新闻出版、医疗卫生、体育、社会生活、辖区镇（场）、街道、经开区概况、统计资料、重要文件选编、附录等类目。

五、《涡阳年鉴》（2017）为增加信息量，提高可读性，真实形象的反映涡阳经济、政治、文化、社会及生态建设的新面貌、新成就，在刊文时，组织刊载了部分随文图片和专题彩页。

六、卷首设有目录要目，卷末编有分析索引，书眉标示类目名称。全书资料信息可由目录、书眉等检索渠道获得。

七、《涡阳年鉴》（2017）初稿资料由各部门、单位确定专人负责撰写或提供，经各部门、单位领导审核。县统计局提供了全县综合性统计数据，各单位提供的数据与县统计局数据不一致的以县统计局的数据为准。

八、《涡阳年鉴》（2017）编纂出版得到了全县各单位、各部门领导同志和撰稿人员的鼎力支持，采用图片由潘子丰等重点提供，各镇（街道）、经开区，县直各有关单位也作出很大贡献，在此谨表示真诚谢意。

九、由于编纂水平有限，内容有疏漏欠妥之处，恳请读者斧正。

涡阳县地方志编纂委员会办公室

2017年11月

涡阳县地方志编纂委员会

主　任　熊国洪　县委副书记、县长

副主任　陈长安　县委副书记

刘梦汝　县委常委、常务副县长

丰霄寒　县委常委、县委办公室主任

赵　凯　副县长

委　员

县人大常委会办公室主任

县政协办公室主任

县委组织部副部长

县委政法委副书记

县检察院副检察长

县经信委主任

县住建委主任

县编办主任

县公管局局长

县文明办主任

县人社局局长

县安监局局长

县财政局局长

县交通局局长

县文体旅局局长

县国税局局长

县城管执法局局长

县司法局局长

县教育局局长

县水务局局长

县环保局局长

县重点局局长

县气象局局长

县审计局局长

县残联理事长

县文联主席

县政府办公室主任

县委办公室副主任

县委宣传部副部长

县法院副院长

县发改委主任

县卫计委主任

县农委主任

县金融办主任

县党史办主任

县地方志办主任

县房产局局长

县民政局局长

县国土局局长

县林业局局长

县统计局局长

县地税局局长

县科技局局长

县信访局局长

县公安局政委

县商务局局长

县规划局局长

县市场监督管理局局长

县机关事务管理局局长

县督查中心主任

县直机关工委书记

县总工会副主任

#《涡阳年鉴》（2017）供稿单位

（排名不分先后）

县委办、人大办、政府办、政协办、纪委办、人武部、组织部、宣传部、政法委、督查中心、信访局、机关工委、党校、老干局、关工委、文明办、县编办、发改委、农委、国土局、交通局、水务局、气象局、文旅局、统计局、民宗局、民政局、档案局、党史办、政务服务中心、机关事务管理局、总工会、团县委、妇联、科协、工商联、残联、文联、老子文化办、供电公司、住建委、公安局、检察院、法院、司法局、审计局、市场监督管理局、安监局、果菜办、农经办、农机局、畜牧局、林业局、经信委、公路分局、海事处、邮政局、电信公司、联通公司、移动公司、规划局、公管局、城管执法局、房产局、住房公积金管理办、环保局、重点局、商务局、供销社、烟草专卖局、盐业公司、石油公司、财政局、国税局、地税局、武警中队、人民银行、金融办、工商银行、农业银行、农发行、建设银行、中国银行、农商行、邮政储蓄银行、湖商村镇银行、金阳建投公司、兴阳担保公司、中保财险、中保寿险、平安保险、华安证券、教育局、科技局、人防办、体育中心、广播电视台、卫计委、扶贫办、民生办、人社局、农调队、法制办、外事办（侨务）、新华书店、经开区、城关街道、城西街道、涡北街道、城东街道、义门镇、高炉镇、西阳镇、曹市镇、青疃镇、丹城镇、石弓镇、龙山镇、马店集镇、新兴镇、牌坊镇、店集镇、高公镇、标里镇、临湖镇、花沟镇、楚店镇、涡南镇、陈大镇、公吉寺镇、单集林场等

#《涡阳年鉴》编辑部

主　　编　杨　健

编　　辑　候清超　程效明　张军安　李　涛　张见伟　张伟宏　蒋庆章　王善礼　王　诚

校　　稿　李　涛　张见伟　张伟宏　蒋庆章　王善礼　王　诚　谢志鑫

彩图策划　李　涛　潘子丰　杨　健

安徽省委常委、省军区司令员于天明视察高炉酒厂

安徽省人民政府副省长方春明视察涡阳县重点项目

全省推进“扫黄打非”进基层现场会在涡阳召开，时任省委宣传部常务副部长虞爱华出席会议并讲话

时任省委宣传部常务副部长虞爱华讲话

安徽省政协副主席邵国荷调研涡阳县“发展专用品牌粮食”工作

市长杜延安参观木制品展示

市委副书记方晓利出席在涡阳县召开的全省扫黄打非现场推进会

中国共产党涡阳县第十一次代表大会召开

党代会上县委书记胡明文和与会同志视察重点项目

党代会上县长熊国洪和与会同志到项目点视察

涡阳县第十六届人民代表大会第五次会议召开

涡阳县第十六届人民代表大会第六次会议召开

涡阳县第十六届人民代表大会第六次会议上，熊国洪当选涡阳县人民政府县长

政协涡阳县第九届委员会第五次会议召开

涡阳县委、人大、政府、政协四大班子领导缅怀先烈开展祭扫活动

2016 年中国国际徽商大会涡阳县招商推介暨项目签约大会在合肥举行

2016年中国国际徽商大会涡阳县招商推介暨项目签约大会签约现场

县委书记胡明文与世界老子学会会长麦小舟亲切交流

县委书记胡明文作党课报告

县长熊国洪调研项目建设

县长熊国洪到供电公司调研

安徽涡阳县经济开发区管理委员会

三鑫光电

涡阳光机电集聚区

三志制动器

百禾堂中药饮片

安徽涡阳经济开发区服务大厅

修正健康饮品产业园

国隆玻璃门窗

新诚达服饰

黑娃食品

盛丰鞋业

成骏家居传统木雕

涡阳新华电

道源堂药业

国特食品

舜发服装

万安塑料

海螺水泥

源和堂药业

经开区标准化厂房

徽酒集团

华环烟草

正宇集团公司

2017 年 1 月 6 日，十大工程奠基仪式在经开区举行，县委书记胡明文、县长熊国洪为工程开工奠基。

涡北选煤厂

中国供销·涡阳农产品电商物流园奠基仪式

济祁高速涡阳东出口

亳州市委副书记、市长杜延安来涡阳调研指导扶贫工作

县委书记胡明文、县长熊国洪调研扶贫项目

省调查队来涡阳县核查脱贫工作

亳州市扶贫局领导检查指导扶贫基础资料

涡阳县精准扶贫指挥中心

全县扶贫工作培训会

涡阳县2016年“扶贫日”扶贫项目认领及募捐活动

入户摸排

县扶贫办到村开展业务指导

扶贫政策宣传

爱心捐助

扶贫车间

健康脱贫大排查推进会

农业技术人员到贫困村开展入户技术指导

道源国家湿地公园东入口

道源之春

湿地印象

湿地秋韵

水禽优良栖息地

桃花岛

武家河畔天静宫

共建共享的乐园

谷水之晨

武家河自然生态

涡阳大豆

涡阳硬质小麦

贡菜苔干

高炉美酒

义门薰牛肉

高公闷蒜

爱家产品

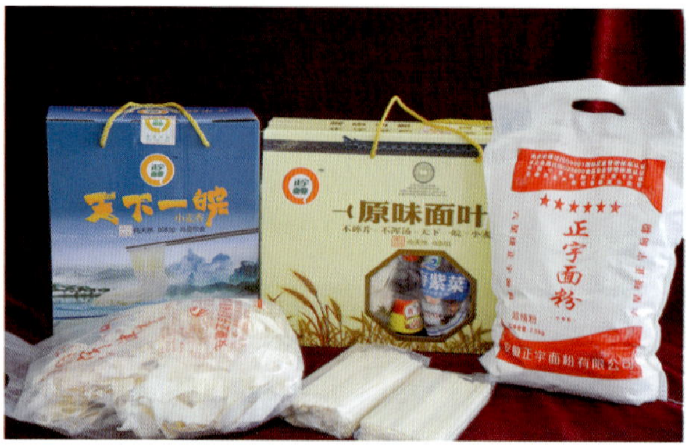

正宇面粉

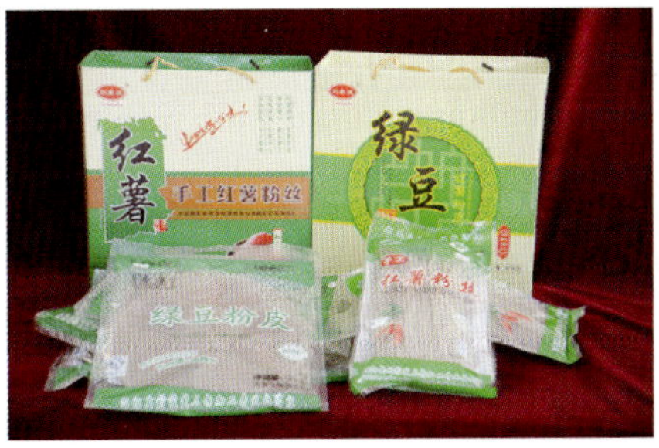

马店粉丝粉皮

涡阳冬娜蚂蚱

涡阳黑娃瓜子

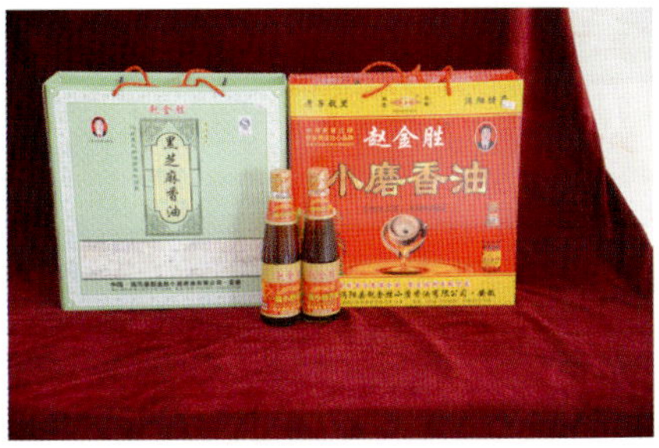

涡阳赵金胜香油

高公张传生香油

楚店黑小麦

高炉兔吉利手撕兔

高炉庆锋养殖合作社野鸡蛋

西阳淮河卤肉

新兴张家胖姐辣椒油

涡阳胡辣汤

涡阳华顺粉丝

争创全省文明县城动员大会

新城鸟瞰

县城一角

南部新区

法治广场

涡阳一中

新区交通

小区建设

涡城夜景

县委、人大、政府、政协四大班子领导义务植树

春天里植树忙

青疃镇大于生态村绿色长廊

专家在桃园现场指导

农民秋种忙

午收秸秆打捆

涡阳大豆种植区

山羊养殖

秋季玉米收获

源和堂种植的名贵药

源和堂公司种植的名贵药材西红花

喜获丰收

皮石斛

水利冬修

奔跑吧 涡阳

奔跑吧 涡阳 县委书记胡明文打响号令枪

非物质文化遗产展演走进校园

移风易俗进社区

奔跑吧 涡阳

书香涡阳建设

《苔乡美、苔乡情》获美好安徽舞起来广场舞二等奖

老子故事进校园

广场舞《对花》获安徽省群星奖三等奖

老年文化艺术展

《剪纸姑娘》参

农民文化乐园演出

欢乐锣鼓敲起来

涡阳县第二届网络春晚

庆七一文艺汇演

药博会非遗展演

棒鼓悍风

书法家三下乡

五禽戏展演

涡阳县唢呐比赛颁奖现场

民舞踩街

老子出关青铜雕塑

天静宫秋色

辉山湖光

龙山风光

最美酒厂——徽酒集团

清静妙音

风光旖旎涡楚河

龙吟福地——涡河

涡河三桥

尚武秀色

尹喜公园主题雕塑

紫光公园秋景

辉山革命烈士陵园

张乐行故居

新四军四师司令部纪念馆

县委书记胡明文参加伊斯兰教开斋节

民生工程宣传

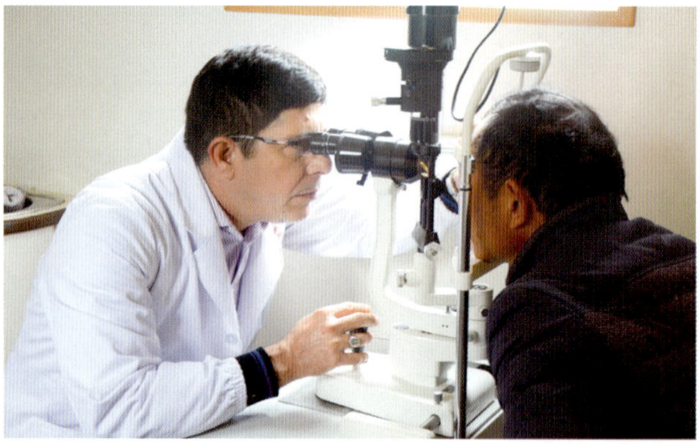

“健康伴我行”活动

涡阳一中与合肥六中联合办学签约

计生诚信建设

法治阳光路上

民兵点验

食品安全专项检查

国防教育宣传

关爱留守儿童

社会维稳

安全生产知识竞赛

涡阳县委反腐败协调小组会议

落实巡视“回头看”反馈意见整改暨压实两个责任推进会

涡阳“政风行风热线”“走基层、惠民生”

“清风涡阳”廉洁教育讲堂进单位

廉政教育进机关

廉政知识大宣传

认认真真学党章

田间地头上党课

党建知识入警心

廉政教育进乡村

作风建设大督查

党建知识宣传进校园

秸秆禁烧党员服务队

目　　录

涡阳县人民代表大会常务委员会

涡阳县人民政府

中国人民政治协商会议涡阳县委员会

人民团体

军　事

经济监督与管理

工　业

交　通

信息业

城乡建设

环境保护

国内贸易

财政税务

金融　担保　保险

教育　科技

文化　体育　旅游

卫生　计划生育

社　会

县经济开发区

镇　场　街道

人员名录

荣誉榜 新闻人物

附 录

特　载

全面追赶　奋力崛起
为决胜全面小康而奋斗

——在中国共产党涡阳县第十一次代表大会上的报告

（2016 年 6 月 26 日）

胡明文

中国共产党涡阳县第十一次代表大会，是在我县全面建成小康社会决战决胜阶段召开的一次重要会议。大会的主题是：高举中国特色社会主义伟大旗帜，以邓小平理论、“三个代表”重要思想、科学发展观为指导，深入贯彻习近平总书记系列重要讲话精神，动员全县各级党组织、广大党员和干部群众，全面追赶，领跑皖北，同步小康，建设宜居宜业的现代化中等城市。

一、过去五年的工作

县十次党代会以来，面对严峻复杂的经济形势和艰巨繁重的改革发展稳定任务，县委县政府团结带领全县人民，谋发展、优生态、实作风，各项工作取得了新成绩，在全面建成小康社会的征程上迈出坚实步伐。

（一）综合实力稳中有升。在宏观经济下行和自身结构性矛盾的影响下，“十二五”时期，全县经济在头两年两位数增长后，出现下滑，2014 年跌入谷底，县委及时采取一系列稳增长措施，2015 年实现止跌回升、稳步向好。“十二五”末，全县生产总值实现223.7亿元，年均增长9.2%；固定资产投资完成 143.3 亿元，年均增长 16.7%；财政收入完成 16.7 亿元，年均增长 10.8%；规模以上工业增加值实现 62.6 亿元，年均增长 12.9%；社会消费品零售总额实现 99.9 亿元，年均增长 14.5%。三次产业比由 2010 年的 24.8 ∶ 41.4 ∶ 33.8 调整为 19.7 ∶ 42.6 ∶ 37.7。先后获得全国粮食生产先进县标兵、全国绿化模范县、全省科学发展先进县等称号。

（二）城乡面貌明显改观。先后编制了以城市总体规划为龙头的 20 项法定规划，城市建设步伐加快，老城区基础设施不断完善，新城区建设拉开框架，城区面积扩大到 30 平方公里，城镇化率由五年前的 30% 提高到 36%。美丽集镇、美丽乡村、“三线三边”整治、农村清洁工程扎实推进，城乡规划建设由乱到治，2014 年底以来，累计拆除城乡违法建筑 66 万平方米。城乡文明创建深入推进，蝉联第二、三届全省文明县城。交通瓶颈制约有效缓解，完成 307 省道拓宽升级改造，202 省道正在进行改造，预计年底前完成，涡河三桥即将建成通车，济祁高速的开通结束了涡阳没有高速公路的历史，县乡村道通行能力明显提升，累计新建、改造道路里程 990 公里。

（三）社会事业不断进步。全面推进以改善民生为重点的社会建设，民生工程五年累计支出 179 亿元，是“十一五”的 3 倍。

城乡居民收入稳步增长，2015年城乡居民人均可支配收入达到12754元。扶贫脱贫取得成效，五年脱贫12.2万人，困难群众生活进一步改善。社会保障体系不断完善，五项社会保险制度全面实施，最低生活保障制度实现城乡全覆盖，新型农村社会养老保险深入实施。科技、教育、文旅、卫计、环保、气象、体育等社会事业全面进步，城乡义务教育均衡发展通过国家级评估验收，城南新区“五校一园”陆续建成，城乡公共卫生和医疗服务体系日渐完善，天静宫被评为国家AAAA级旅游景区，《老子传说》被评为国家级非物质文化遗产，先后获得全国群众体育工作先进县、全国科技进步县等称号。

（四）**改革开放持续深入**。全面推进八大领域改革，完成121项改革任务，累计争取各级改革试点16项。扎实推进行政体制改革，加快简政放权，精简审批事项，“四个清单”全面运行，网上办事大厅实现县镇村全覆盖，群众办事更加便捷。深入推进农村综合改革，农村土地承包经营权确权登记颁证基本完成，被确定为全省农村综合改革试点县和全国农民工返乡创业试点县。积极推进投融资改革，县级投融资平台运行机制更加完善，被确定为全国“两权”抵押试点县。全力推进开放发展，招商引资实现突破，引进亿元以上项目89个，海螺、修正、创维等知名企业入驻涡阳。在工业园的基础上，成立涡阳经济开发区，开发区承载能力和集聚效应不断增强，成为涡阳发展的重要增长点。

（五）**民主法治扎实推进**。坚持党委总揽全局、协调各方，人大依法监督、政协民主监督水平不断提高，党管武装成效明显，人武部被省军区评为全面建设标兵单位，统战、老干部、民族、宗教等工作取得新的成绩，工会、共青团、妇联等群团组织作用得到充分发挥。坚持依法治县，推进公正司法，法制宣传教育持续加强，评为全国“六五”普法先进县。社会治理创新得到加强，信访工作连续三年评为全省先进单位。安全生产形势总体平稳，社会大局和谐稳定。

（六）**党的建设全面加强**。坚持从严落实管党治党主体责任，深入开展党的群众路线教育实践活动、“三严三实”专题教育和“两学一做”学习教育，广大党员干部的政治意识、核心意识、大局意识、看齐意识进一步增强。着力加强基层组织和阵地建设，规范基层村居、老干部、非公企业“三个支部”建设，村居干部待遇大幅提高，基层党组织的战斗堡垒作用进一步发挥。坚持好干部的用人导向，深化干部人事制度改革，大力选拔“五线四型”干部，选人用人公信度明显提升。持续推进作风建设，严格落实中央八项规定和省市县三十条规定，认真落实“三个公开”“干部做事档案”等制度，干部作风进一步优化。严格落实党风廉政建设“两个责任”，着力纠正发生在群众身边的腐败问题和不正之风，严肃查处了一批违纪违法案件，反腐倡廉工作取得新成效。

过去的五年是不平凡的五年，一路坎坷，一路艰辛，面对困难、挑战、风险和抉择，我们积极应对，奋力爬坡过坎。特别是十届六次全会以来，县委团结带领全县上下，心往一处想，劲往一处使，坚持稳中求进、突出问题导向、强化顶层设计，建机制、立规矩，打基础、谋长远，确立了“六个坚持、六个全力”总体工作布局，开创了各项工作的新局面。面对宏观经济下行、煤炭白酒等支柱产业不断下滑困局，我们坚持发展第一要务不动摇，一手抓招商，一手抓项目，以经开区率先突破带动全局发展，全力以赴破解发展难题，千方百计提供要素保障，坚持不懈优化发展环境，扭转了经济发展下滑态势。面对城乡“两违”失控、土地征迁失措的被动局面，我们重典治乱、依法拆违，统一征迁安置政策，打赢了郝庄菜市、楚王新村等一系列拆违硬仗，从根本上扭转了“两违”失控态势，启动并完成经开区整庄征迁15个，拆迁房屋130万平方米，顺利完成涡北煤炭塌陷区4个村庄1257户10万多平方米搬迁遗留问题，涡河三桥485户征迁安置基本完成，破解了制约多年的征迁难题，提振了干部精气神，提升了政府公信力。面对债务负担沉重、建设资金短缺的严峻考验，我们积极做好财政金融文章，通过债务置换、贷款清欠、深化与政策性银行合作等举措，两年来偿还了21.48亿元政府性债务，与市农发行签订100亿元战略合作协议，为未来发展建设提供了资金保障。面对发展动力不足、发展建设机制不顺的弊端，我们坚持改革创新，紧盯重点领域和关键环节，扎实推进经开区管理体制、县乡财税管理体制、投融资体制、行政审批制度、大建设和招商项目推进机制等改革，在改革创新中增动力、添活力。面对一些干部作风不实、不守规矩的问题，我们始终把纪律和规矩挺在前面，驰而不息纠正“四风”，广大党员干部法治意识、规矩意识、责任意识不断增强，全县上下开始形成风清气正、干事创业、创先争优的良好氛围，为“十三五”开好局、起好步奠定了坚实基础。

五年的成绩来之不易，这是在省委省政府、市委市政府坚强领导下，全县各级党组织、广大共产党员和全县人民迎难而上、埋头苦干、负重前行、奋力开拓的结果。在此，我代表中共涡阳县第十届委员会，向全县广大党员、干部和人民群众，向所有关心、支持和参与涡阳发展建设的各界朋友表示衷心的感谢！

五年的实践告诉我们：必须始终坚持加快科学发展。发展是解决涡阳一切问题的根本。任何时候、任何情况下都必须保持清醒，坚定不移、心无旁骛谋发展，突出重点领域和关键环节，不断开创加快发展新局面。必须始终坚持从严治党。事业成败，关键在党。必须不断加强党的思想、组织、作风、制度建设和反腐倡廉建设，着力建设坚强有力的领导班子和忠诚、干净、担当的干部队伍，努力营造积极向上、风清气正、干事创业的良好政治生态，为全面追赶、奋力崛起提供坚强的政治保证。必须始终坚持按规矩办事。有权不可任性。任何时候，想问题、作决策、办事情不讲法治、不守规矩，就会走弯路、犯错误、付出代价。必须牢固树立法治观念、法治思维，坚持用法律和制度的标尺规范行政行为，做到依法办事、按规矩办事、按制度办事，不断提高社会治理能力科学化水平。必须始终坚持改革开放。只有改革，才能进步；只有开放，才能跨越。面对发展中的困难和矛盾，我们必须坚定改革开放的信心和决心，扭住关键、精准发力，着力破解制约发展的难题，全面提升开放水平，不断为经济社会发展拓展新空间、注入新动力。必须始终坚持民生为先。改善民生是推动发展的根本目的。我们必须始终坚持共享发展理念，牢记高公“3·12”案件教训，更加关注困难群体，切实办好民生实事，让人民群众从改革发展中得到更多实惠。

在总结成绩的同时，我们也清醒地看到，工作中还存在很多人民群众关心关注的热点问题、社会各界反映强烈的焦点问题、当前工作中亟待解决的重点问题和制约涡阳长远发展的难点问题。发展不足、发展不快、发展不优依然是我们面临的最大问题，如期实现全面小康任务十分繁重；工业经济薄弱，新的产业体系尚未形成；城乡基础设施建设欠账较多，城镇化进程发展不足；农业基础设施仍然薄弱，农民持续增收难度较大，脱贫攻坚任务还十分艰巨；公共服务体系建设滞后；经济社会转型矛盾增多，意识形态领域工作亟待加强；基层组织建设不强，干部能力作风建设还需要进一步提高，等等。

同志们，县域竞争如逆水行舟，不进则退，涡阳历史的荣光曾经蒙尘，我们无路可退，历代历届先贤志士打下的基础，160多万人民期盼的目光和组织上的重托，特别是市委市政府对县委县政府充分支持和百分之百的信任，就是我们前进的动力，也是我们力量的源泉和坚实的依靠。我们只有以小卒过河一往无前的朝气、鹰击长空的锐气、鲤鱼跳龙门的志气，扛起我们的责任，砥砺前行，克难攻坚，不辜负全县人民的期望和重托。

二、未来五年的奋斗目标

当前，涡阳又一次站在历史发展的起点上，机遇与挑战并存，困难和希望同在。我们要按照习近平总书记视察安徽讲话要求，认清所处历史方位，牢记肩负使命责任，发挥自身优势，奋力在皖北振兴中闯出新路。

未来五年，是全面追赶、转型升级，加速涡阳现代化进程的战略机遇期。抓住机遇，涡阳迈向工业化和现代化中等城市的步伐就会更加坚定坚实；错失机遇，涡阳就有可能被彻底边缘化。我们必须充分发挥好新型工业化和城镇化后发优势，瞄准皖北先进县区，主动对标，找出差距，以追赶者的姿态推进各项工作提速提效。

未来五年，是弯道超车、领跑皖北，勇当皖北振兴排头兵的关键攻坚期。当前，涡阳发展面临着还清历史旧账、应对发展新问题的双重压力，前进道路上仍将存在着许多波折和挑战，紧一紧就能爬坡过坎迈上新台阶，松一松就会拉大差距、在前进中掉队。我们必须始终保持奋发有为的精神状态，保持战略定力，坚持干字当头，敢于争先，全力巩固和保持良好的发展态势，努力在开放合作中抢得先机，在竞相发展中弯道超车。

未来五年，是加快发展、奋力崛起，全面建成涡阳小康社会的决战决胜期。全面建成小康社会，既是我们肩负的历史责任，也是全县人民的共同期盼。必须清醒看到，实现这一目标，我们还面临艰巨任务、存在诸多短板。困难并不可怕，短板可以补齐，只要我们深怀干事创业的强烈愿望，树立起必胜的坚定信心，凝聚起加快发展的强大力量，就一定能够把全面建成小康社会的宏伟蓝图变成现实。

未来五年，我们的指导思想是：高举中国特色社会主义伟大旗帜，以马克思列宁主义、毛泽东思想、邓小平理论、“三个代表”重要思想、科学发展观为指导，全面贯彻党的十八大和十八届三中、四中、五中全会精神，深入贯彻习近平总书记系列重要讲话精神，按照“五位一体”总体布局和“四个全面”战略布局，深入贯彻落实五大发展理念，坚持新型工业化、信息化、新型城镇化、农业现代化、绿色化“五化协同”，紧紧围绕全面建成小康社会总要求，全力推进创新开放新高地、产城融合示范区、绿色发展生态县“三大任务”，大力实施创新驱动、全面追赶、工业立县、城乡统筹、人文提升五大战略，一心一意谋发展，聚精会神抓党建，奋力闯出“八条新路”，勇当皖北振兴排头兵。

今后五年，我们的奋斗目标是：全面完成“十三五”规划目标任务，全面建成小康社会，全面建设宜居宜业现代化中等城市。

实现这一目标，关键要把握发展重点，全力推进“三大任务”。

——打造创新开放新高地。创新是引领发展的第一动力。必须坚持把创新驱动发展作为优先战略，积极构建有利于创新发展的体制机制，统筹推进制度创新、产业创新、文化创新等。实践证明，发展的差距就是开放的差距。必须始终坚持把开放作为涡阳加速发展、奋力崛起的必由之路，千方百计扩大开放，努力使开放的环境更加优化，开放的渠道更加多元，承接产业转移质量进一步提高，逐步形成全方位、多层次、宽领域的开放格局，开放合作水平走在皖北前列。

——打造产城融合示范区。产城融合是以人为核心的新型城镇化的重要内容，城镇化是产业集聚发展的空间载体，产业是城镇化建设的动力源泉。新型城镇化是后发地区加快发展的巨大潜力和机遇。必须坚持以产兴城、以城促产、产城融合、城乡一体协调发展，努力使县域发展空间布局更加优化，现代产业体系加快形成，城市承载力和城乡一体化水平显著提升，功能配套日益完善，宜居宜业、充满生机活力的现代化中等城市加速崛起。

——打造绿色发展生态县。绿色化是新常态下经济发展的新任务、推进生态文明建设的新要求。必须牢固树立绿色发展理念，坚持在发展中保护、在保护中发展，把绿色、循环、低碳发展作为基本途径，大力培育生态文化，推进资源节约型和环境友好型社会建设。到2020年，境内四大水系得到有效治理，道源国家湿地公园生态优美，历史文化名城得到充分保护，现代化新城区碧水环绕、郁郁葱葱，城乡人居环境明显改善，“老子涡阳·生态福地”城市品牌得到进一步彰显。

三、大力实施县域产业突破，奋力在创新发展中闯出新路

产业兴则涡阳兴。必须坚持以调转促为主抓手，努力构建以战略性新兴产业为先导、以升级版传统产业为主导、以现代服务业为支撑、以现代农业为基础的现代产业新体系。

大力实施工业立县战略。必须始终坚持把工业振兴摆在经济工作的重中之重，大力实施“工业振兴纲要”，促进工业总量显著提高，产业结构更加优化，走新型工业化道路。到2020年，全县规上工业总产值达到500亿元，规上企业突破350家。着力支持实体经济发展。以供给侧结构性改革为主线，以创新驱动为引领，加快推进调转促，进一步培育新动力、打造新引擎。全面落实扶持实体经济发展政策，切实降低企业成本，加大企业帮扶力度，切实解决企业落地难、融资难、用工难、人才短缺等问题，进一步优化实体经济发展环境。坚定不移地扩大有效投入。要坚持围绕主导产业抓招商，不断掀起招商引资新高潮。坚持经济工作项目化，项目工作责任化，全力以赴抓好项目建设。落实招商引资和项目建设“六个一批”“四位一体”推进机制，加快谋划建设一批有带动力、有效益的重大项目。加快培育主导产业和战略性新兴产业。依托资源禀赋优势，大力发展农产品加工、煤电煤化工、轻工纺织、机电制造和新型建材等主导产业，加快培育劳动密集型产业和战略性新兴产业，重点培育绿色食品、现代中药、光机电、新能源、新材料等新兴产业。着力提升自主创新能力。大力实施创新驱动战略，积极发挥科技创新引领作用。积极培育和发展一批创新型企业，鼓励企业加大研发投入，支持企业上市。加强创新服务，支持企业建设技术研发平台，吸引社会资本广泛参与众创，完善和落实创业扶持政策，营造良好的创新发展氛围。加大引智工作力度，为各类人才提供良好的创新环境。全力推进“一区五园”建设。围绕经开区三年百亿和五年双百亿工业产值目标，突出抓好征迁安置、基础配套、招商引资、项目推进、服务企业、管理创新等关键环节，不断提升园区承载力。通过与合肥高新区合作，提升园区产业发展层次。完善“一区五园”管理体制机制，优化产业定位，盘活存量资源，加快推进食品加工、现代中药、白酒酿造、服装加工等特色产业园建设，形成资源共享、错位互补、镇区共赢的竞相发展格局。

大力发展现代农业。以市场需求为导向、以农民增收为核心、以农业农村“十大行动”为抓手，加快农业结构调整，加强现代生态农业产业化建设，提高农业综合效益和竞争力。进一步优化产品结构。积极培育一批新型职业农民，提升农业组织化程度和规模化生产水平。大力发展设施农业、规模畜牧业和特色林果业。实施农产品质量安全体系建设工程，加快农业标准化和品牌化建设。进一步优化产业结构。加快推动农产品加工业转型升级，大力发展储藏、保鲜、农村电商、休闲农业和乡村旅游等现代农业服务业，推进一、二、三产业融合，拓展农业增值空间。加快农田水利建设。加强农业科技创新推广，整合集中各类涉农项目资金，抓好高标准农田规划建设，力争农田治理实现全覆盖。落实最严格的基本农田保护制度，实现藏粮于地、藏粮于技。

大力发展现代服务业。突出发展生产性服务业，引导各类金融机构在涡阳设立分支机构，加快经开区、龙山、西阳等物流集聚区建设，积极培育各类中介服务组织，发展研发设计、科技创业、科技咨询等科技服务。加快发展生活性服务业，大力培育限上商贸企业，鼓励传统商贸服务企业改造提升，培育一批集零售、餐饮、文化、娱乐、休闲、生活、配送为一体的城市商业综合体；推进农产品直销配送、连锁经营、电子商务交易等现代流通方式向农村延伸。积极发展新兴服务业，推进电子商务、智能生活和健康养老服务业，建设电子商务园，争创省级电子商务示范县。

大力发展文化旅游产业。深入发掘涡阳历史文化丰厚底蕴，加大文化产业招商力度，培育骨干文化企业和创意文化产业，扩大和引导文化消费。科学编制文化旅游发展规划，着力打造精品旅游线路，进一步发展道家文化旅游、红色文化旅游、捻军故事旅游、生态休闲旅游和农家乐旅游，建设道源国家湿地公园等一批高品质的旅游景区景点，加快文化旅游产业发展，打好老子牌、生态牌，努力建设旅游文化名县。

四、加快建设现代化中等城市，奋力在推进新型城镇化中闯出新路

新型城镇化是现代化的必由之路。必须坚持以城带乡、以乡促城、城乡联动，统筹推进现代化中等城市和美丽乡村规划建设。

完善城乡规划体系。统筹县域全局发展，构建平衡适宜的城乡建设规划体系。坚持“多规合一”，以主体功能区规划为指导，积极推进城乡建设、土地利用、基础设施、产业发展、环境保护等规划，做到全县规划一张图，一张蓝图干到底。严格落实城乡规划建设管理，依法处理城乡违法用地和违法建设，确保城乡建设规范有序。

建设现代化中等城市。紧紧围绕建设50万人口现代化中等城市目标，以城南新区建设为主战场，突出发展产业园区，改造提升老城区，形成“一城三区、产城联动、融合发展、整体推进”新格局，实现“新城展新姿、老城换新貌”。主攻新城区建设，要按照现代化、产业型、生态型、智慧型的定位，大手笔规划，高标准建设，快节奏推进，着力实施路网、管网、水网、林网、宜居和服务配套工程，推进智慧城市建设，打造林水相依、产城融合、和谐宜居、富有活力的城市新亮点，展现现代化城市新形象。改善老城区人居环境，实施历史文化名城保护和畅通、绿化、亮化工程，有序推进城中村改造，着力建设功能完善、设施配套、道路畅通的城市集中区。加快户籍制度等改革，积极推进农村转移人口市民化。

有序建设美丽乡村。以改善农村人居环境为重点，全面推进美丽集镇建设、中心村建设和自然村环境整治，积极培育一批特色小镇，显著改善农村生产生活条件。突出农村特点，科学编制全县美丽乡村建设规划，保留乡村风貌。推动基础设施和公共服务向农村延伸，加快路、水、电配套建设，加强教育、医疗、文化等事业发展，推进城乡基本公共服务均等化。创新美丽乡村建设管理机制，充分发挥群众主体作用，动员社会各方面力量共同建设农民幸福生活家园和美丽宜居乡村。

加强基础设施建设。积极推进国省干线公路新建、改造，打造高速公路、亳州机场、高铁站半小时快速通道，建设县内一小时交通圈，积极推进亳蚌城际、阜淮高速、344国道涡阳段建设，推进境内新规划省道改造，大力实施农村道路畅通工程，积极推进涡河航道整治及河运码头建设，大力实施供电、供水、供气改造升级，推动广电、通信、物联、互联“四网融合”。

五、坚决打赢脱贫攻坚战，奋力在协调发展中闯出新路

小康不小康，关键看老乡。涡阳目前尚有78个贫困村、75946名贫困人口，这是我们实现全面小康最大的短板。如期实现“人脱贫、村出列、县摘帽”是时代赋予我们的庄严使命，责任重大、任务艰巨，必须坚定信心、勇于担当，以更大的决心、更明确的思路、更精准的举措、超常规的力度，众志成城实现脱贫攻坚目标。

明确脱贫攻坚目标任务。按照中央“两个确保”和省委“三年集中攻坚、两年巩固提升”要求，坚持“五个一批”，落实“六个精准”，全面实施“九大扶贫攻坚工程”。按照贫困村、贫困人口规模，逐年排出脱贫目标任务清单，确保到2018年底，全县贫困人口全部达到脱贫标准；到2020年底，贫困人口稳定实现“两不愁、三保障”，同步迈入全面小康社会。

坚持精准扶贫、精准脱贫。突出“精准”二字，坚持精准识别、精准施策、精准帮扶、精准脱贫，真正扶到点上、扶到根上，确保扶真贫、真扶贫、真脱贫。建立贫困人口精准脱贫“四项清单”，建档立卡，挂图作战，按图销号，做到一户一本台账，一户一个脱贫计划，一户一套帮扶措施，倒排工期，不落一人。强化工作措施，大力实施产业扶贫、光伏扶贫、教育扶贫、健康扶贫、金融扶贫和政策性兜底扶贫，因地制宜，不断探索多渠道、多元化的精准扶贫新路径。建立精准脱贫机制，设定脱贫时间表，留出缓冲期，严格评估验收，做到逐户销号，脱贫到人，严禁“数字扶贫”“被脱贫”，确保脱贫成效经得起历史和人民检验。

凝聚脱贫攻坚强大合力。强化组织领导，加强对脱贫攻坚工作的系统谋划、重点突破、整体推进，层层签订脱贫攻坚责任书，层层压实责任，切实做到“不脱贫不调整、不摘帽不调离”。强化部门支持，对脱贫攻坚做到项目优先安排、资金优先保障、工作优先对接，措施优先落实，真正打通脱贫攻坚“绿色通道”。充分调动群众积极性和创造性，注重扶贫先扶智，切实增强贫困群众脱贫致富的内生动力和活力。强化政府责任，完善“领导联系、单位包村、干部包户、工作队驻村”的帮扶机制，广泛动员社会力量积极参与脱贫攻坚，鼓励先富帮后富，推动形成专项扶贫、行业扶贫、社会扶贫互为补充的大扶贫格局。建立年度脱贫攻坚报告和督查制度，加强督查问责，把导向立起来，让规矩严起来，形成县乡村三级书记抓扶贫、全县动员促攻坚的良好局面。

六、不断改善民生，奋力在共享发展中闯出新路

人民群众对美好生活的向往，就是我们的奋斗目标。实现全面建成小康社会，必须加强以保障和改善民生为重点的社会建设，扎实推进基本公共服务均等化，让广大人民群众共享改革发展成果。

促进创业就业。落实更加积极的就业政策，确保零就业家庭动态“清零”。坚持以创业带动就业，大力发展劳动密集型产业，加强创业平台、创业载体和服务体系建设，全面推进大众创业、万众创新。大力发展现代职业教育体系，打造高素质的技能型人才队伍，变人口大县为人力资源强县。

强化社会保障。统筹城乡社会保障体系建设，整合城乡居民基本医疗保险制度，巩固完善城乡居民大病保险制度，实施全民参保计划，加快建立更加公平更可持续的社会保障制度。更加关心关注困难群众的生产生活，积极发展慈善和社会福利事业，努力实现城乡社会救助全覆盖。

加强文明创建。大力弘扬社会主义核心价值观，深入开展理想信念和爱国主义教育，在全社会形成共同的思想基础和强大的精神支柱。深入开展“诚信涡阳”建设，构建政府、企业和个人信用体系，大力营造诚信光荣、失信可耻的社会氛围。深化群众性精神文明创建活动，积极开展“道德模范”“中国好人”等评选活动，加强未成年人思想道德教育，推动形成崇德尚善、健康向上的社会风气，争创全省、全国文明县城。

提升公共文化服务能力。全面实施人文提升战略，加强文化基础设施建设，提升公共文化设施管理和服务水平，推进基本公共文化服务标准化、均等化发展。实施文化惠民工程，推动公共文化服务向基层倾斜、向农村延伸、向公众开放。强化意识形态领域工作，坚持团结稳定鼓劲、正面宣传为主，把握正确方向，回应群众关切，加强互联网等新兴媒体的引导监管，讲好涡阳故事，传播涡阳声音，树立涡阳形象，牢牢掌握意识形态领域话语权和领导权。繁荣文艺创作，打造一批群众喜闻乐见的精品力作。

发展各项社会事业。着力解决群众关心关注的切身利益问题。全面推进“互联网+政务服务”，提升行政效率和为民服务水平。大力实施教育提升工程，促进教育公平，提高教育质量。深化医药卫生体制改革，推动医疗、医保、医药“三医联动”，促进基本公共卫生服务均等化。坚持计划生育基本国策，不断提高人口质量。加快发展老年事业，促进青少年事业健康发展，切实保障妇女儿童合法权益。积极发展体育事业，不断提高全县人民身体素质和健康水平。

七、全力打造生态涡阳，奋力在绿色发展中闯出新路

绿水青山就是金山银山。必须牢固树立绿色发展理念，深入推进生态文明建设，坚持在发展中保护，在保护中发展，加快建设绿色发展生态县。

强化主体功能定位。依据主体功能区定位发展，严格实施环境功能区划，建立推进主体功能区建设的绩效评价考核体系，构建科学合理的城镇化推进、工业发展、农业发展、生态安全格局，建强重点开发区，建优农产品主产区，建美生态功能区，建好禁止开发区，促进生产空间集约高效、生活空间宜居适度、生态空间水清地绿。

加大环境治理力度。坚持预防为主、综合治理，建立健全环境风险防控和突发环境污染事件应急处置机制，完善环境监察、监测网络，提升环境治理能力。加强水资源保护、水环境治理，落实“河长制”，做好“水文章”。加强大气污染防治和工业废气、汽车尾气、扬尘治理，抓好秸秆禁烧和综合利用。开展非煤矿山和轮窑厂专项整治，有序推进采煤塌陷区综合治理。

节约集约利用资源。强力推进节能减排，淘汰落后产能。实行能源和水资源消耗、建设用地等总量和强度双控。推进城镇污水处理设施建设，加快建设覆盖城乡的垃圾处理体系。加大土地资源清理整合力度，盘活存量土地，促进土地资源高效利用。发展绿色低碳循环产业。加强生态资源综合开发利用，着力培育一批在全省有影响力、竞争力的绿色产品和生态产业。

构建生态安全屏障。坚持保护优先、自然修复为主，加强水系、湿地生态景观带建设，实施生态林业、园林景观工程，打造园林城，建设森林县。加大生态保护和建设投入，完善生态文明建设指标体系和考评体系，用制度守护好美丽家园。

八、内外联动、深化改革，奋力在开放发展中闯出新路

改革开放是推动涡阳加快发展、奋力崛起的关键一招。必须坚持以改革释放新红利，以开放拓展新空间。

加快推进重点领域改革。认真贯彻落实中央和省市改革决策部署，推动各项改革任务全面落地。坚持以经济体制改革为牵引，紧紧扭住行政体制、财税金融、医药卫生等领域改革，由问题入手，着力推出关键性改革举措，力争取得突破性进展。积极争取中央省市改革试点，准确把握改革方向，集中力量攻坚克难，力争在新型城镇化、农村综合改革等重点改革试点方面取得明显成效，努力探索和创造新经验。强化改革措施落实，建立健全改革任务、改革举措、改革责任人、改革时限四项清单，落实主体责任，强化督办协调和督查考核，推动改革举措早落地、见实效。

全面提高对外开放水平。大力实施东向发展战略，积极融入长三角，深化与合肥高新区和合肥市优秀中小学的校际联盟合作，不断提升区域合作共建水平。坚持高水平承接先发地区产业转移，聚焦重点区域、重点行业、重点企业，加大精准招商力度，用好、用活资源招商、产业招商、以商招商、凤还巢等有效方式，建设承接产业转移示范区。围绕打造“审批环节最少、办事效率最高、服务质量最优”目标，着力构建“亲”“清”新型政商关系，积极营造亲商、安商、便商的良好环境，努力打造投资新“洼地”。

九、全面推进依法治县，奋力在社会治理现代化中闯出新路

法治是社会治理体系和社会治理能力的重要依托。必须坚持党的领导、人民当家做主和依法治国有机统一，不断推进民主法治建设新进程。

扎实推进依法治县。深入推进依法行政，坚持用法治标尺规范行政行为，实现政府活动全面纳入法治轨道，建设法治政府。积极稳妥推进司法体制改革，推进公正司法，努力让人民群众在每一个司法案件中都能感受到公平正义。加强普法宣传教育，深入开展“七五”普法，真正在全社会形成尊法学法守法用法的良好法治环境，争创法治示范县。

创新社会治理。牢记稳定是第一责任，完善党委领导、政府主导、社会协同、公众参与、法治保障的社会治理体制，着力构建网格化管理、社会化服务、信息化支撑、责任制保障的“四位一体”社会治理新模式。深化“平安涡阳”建设，加快社会治安立体防控体系建设，严密防范、依法惩治违法犯罪活动。积极推行“阳光信访”，落实重大决策社会稳定风险评估制度，完善社会矛盾排查预警和多元化调处机制，有效化解社会矛盾。坚持问题导向和底线思维，进一步完善安全生产管理体制机制，强化预防治本和责任追究，确保社会大局和谐稳定。

加强民主政治建设。充分发挥党委总揽全局、协调各方的领导核心作用，支持人大及其常委会依法行使职权，保证决策更好地体现人民意志，充分发挥政协履行政治协商、民主监督、参政议政职能，充分发挥工青妇等群团组织的职能作用，加强国防教育和国防后备力量建设，争创全国双拥模范县。加强基层民主建设，健全基层自治和民主管理制度，发挥好村规民约、村民自我约束自我管理的积极作用。加强民族宗教工作，巩固和发展最广泛的爱国统一战线。加强网络问政和舆论引导，调动各方面的积极性、主动性和创造性，凝聚全县上下共谋发展的强大力量。

十、从严治党，奋力在营造良好政治生态中闯出新路

管党治党一刻不能松懈。县委将始终把党建作为“主业”牢牢抓在手上，自觉、坚定地担当起全面从严治党的政治责任，推动党的建设全面进步、全面加强。

加强思想政治建设，凝聚科学发展的精神力量。思想建设是党的建设首要任务。强化科学理论武装，坚定理想信念，不断补足精神之“钙”，抓好经常性思想政治教育，强化党校干部教育主阵地作用，推动“两学一做”学习教育不断深入，把学习党章作为基本功，把学习习近平总书记系列重要讲话作为重中之重，坚持学用结合、知行合一，按照党章党规做人干事，从习近平总书记系列重要讲话中找方法、找路径，不断提高政治理论素养和实际工作能力。严守政治纪律和政治规矩，牢固树立政治意识、大局意识、核心意识、看齐意识，坚定不移地在思想上、政治上、行动上始终与党中央保持高度一致，坚决克服自由主义、分散主义、好人主义、个人主义，决不允许上有政策、下有对策，决不允许有令不行、有禁不止，确保中央和省、市决策部署在涡阳落地生根。加强宣传思想工作，广泛开展理论宣讲，充分利用各类媒体和网络，推动党委政府的决策部署深入群众、深入人心，进一步筑牢全县人民共同奋斗的思想基础，进一步激发全县人民共同奋斗的精气神，唱响全面追赶、奋力崛起的时代强音，努力营造涡阳发展我有责、心系涡阳干事业的浓厚氛围。

加强干部队伍建设，打造引领发展的中流砥柱。干部是事业成败的决定因素。坚持正确用人导向。严格按照“20字”好干部标准要求，坚持好干部的用人导向，注重在招商引资、大建设、文明创建、信访维稳、基层和脱贫攻坚一线选拔干部，大力培养使用经济型、建设型、管理型、数字型干部，加大干部交流轮岗力度，做到人岗相适，人尽其才，不断提高选人用人公信度。加强领导班子建设，按照省委“六个坚持”“四个过硬”的要求，努力把政治强、懂专业、善治理、敢担当、作风正的干部充实到各级领导班子中来，把公道正派、胸襟开阔、严以律己的优秀干部选拔到重要岗位上来，不断优化班子结构，增强整体功能。坚持民主集中制原则，健全领导班子制度规范和工作机制，提高科学决策、民主决策、依法决策水平。加强干部监督管理，加大干部教育培训、实践锻炼力度，大力实施干部能力素质提升工程，着力解决党员干部“本领恐慌”、能力不足问题，增强服务经济社会发展的真本领。建立健全干部经常性监督管理机制，强化对领导干部特别是一把手的监督，确保权力规范运行、干部健康成长。加强人才队伍建设，创新人才工作机制，统筹抓好各类人才队伍建设，让每一位在涡阳想干事的人有机会，能干事的人有舞台，干成事的人有地位。企业家作为特殊的人才队伍，要加强培训引导教育，使他们成为中国特色社会主义优秀建设者，在涡阳形成企业家辈出和富而思源、富而思进的生动局面。

加强基层组织建设，夯实奋力崛起的坚强基础。党的工作最坚实的支撑在基层。全面形成大抓基层的工作格局，严格落实基层党建年度“三个清单”，扎实推进农村、城市社区、机关、企事业单位、非公经济和社会组织等领域基层党建工作，推动组织全覆盖和工作全覆盖。强化政治功能和服务功能，选优配强基层党组织带头人，严格党员教育管理，落实乡镇党委书记“十讲”工作法和村干部“十个一”工作法，深化软弱涣散基层党组织整顿，大力开展乡镇党建示范点建设，不断发展壮大村级集体经济，真正把基层党组织建成坚强战斗堡垒。加大投入和政策倾斜力度，认真落实农村基层党建保障工程三年行动计划，对基层干部真情关怀、真心关爱、真诚帮助，切实增强基层干部勤勉敬业、为民服务的责任感和荣誉感。

加强作风和反腐倡廉建设，营造风清气正的政治生态。作风建设永远在路上。严格落实“两个责任”，强化“一案双查”和监督执纪问责，确保主体责任、监督责任落到实处。突出教育在先，开展以案说法、以案明纪警示教育，引导党员干部树牢法纪观念，做到廉洁从政、廉洁用权、廉洁修身、廉洁齐家。驰而不息纠正“四风”，严格贯彻中央八项规定精神和省市县三十条，盯紧重要领域、重要问题、重要节点，深挖潜入地下的不正之风，坚决整治吃拿卡要、不作为、慢作为、乱作为问题，促进党风政风持续好转。严肃纪律追究，把纪律和规矩挺在前面，以“六项纪律”为尺子，综合运用监督执纪“四种形态”，抓早抓小、动辄则咎。从严查办案件，坚持反腐败无禁区、全覆盖、零容忍，既严肃查处腐败案件，又着力解决发生在群众身边的不正之风和腐败问题。强化长效机制建设，坚持标本兼治、惩防并举，扎实推进“四个全覆盖”，形成不敢腐的高压态势，构建不能腐、不想腐的有效机制，营造政治清明、政府清廉、干部清正的良好政治生态。

各位代表、同志们，蓝图已绘就，战鼓已擂响，“自信人生二百年，会当水击三千里”。历史赋予了我们神圣的责任和使命，时代给我们每个人都提供了人生出彩的机会。让我们紧密团结在以习近平总书记为核心的党中央周围，高举中国特色社会主义伟大旗帜，在省委、市委的坚强领导下，团结带领全县人民抢抓机遇，时不我待，只争朝夕，全面追赶，奋力崛起，为决胜全面小康而奋斗！（县委办供稿）

在县委十一届二次全体(扩大)会议暨“讲看齐、见行动”学习讨论推进会上的讲话

(2016年12月10日)

胡明文

这次会议传达学习了省委十届二次全会和市委四届二次全会精神，审议了《中共涡阳县委关于学习贯彻党的十八届六中全会精神开创全面从严治党新局面的实施意见》《涡阳县五大发展行动计划》和《涡阳县关于推动移风易俗树立文明乡风的实施意见》，审议了《涡阳县单集林场和高炉镇行政区划调整实施方案》。会议期间，与会同志从全县工作大局出发，进行了认真审议和深入讨论，提出了很好的意见建议，充分展现了心系全局的责任意识和求真务实的良好作风。会议开得很好，达到了预期目的。下面，我代表县委常委会，就贯彻落实这次会议精神和做好当前及明年工作，讲几点意见。

一、深入学习贯彻党的十八届六中全会和省市委全会精神

党的十八届六中全会是在全面深化改革、决胜全面小康的关键时刻，召开的一次十分重要的会议，全会对全面从严治党作出新部署，开创从严治党新局面。省委十届二次全会、省“讲看齐、见行动”学习讨论动员大会、市委四届二次全会全面贯彻党的十八大和十八届三中、四中、五中、六中全会精神，对推进五大发展、全面从严治党作出系统部署。深入贯彻党的十八届六中全会精神，抓好省委、市委全会精神贯彻落实，认真组织开展“讲看齐、见行动”学习讨论，是全县上下当前和今后一个时期的重大政治任务。

*(一)要在坚定不移推进全面从严治党上讲看齐、见行动。*习近平总书记在党的十八届六中全会发表重要讲话，深入回答了管党治党的一系列重大理论和现实问题，创造性地提出了一系列新思想新观点新要求，开启了全面从严治党向纵深推进的新征程。李锦斌书记在省委十届二次全会上要求我们要切实增强全面从严治党的政治定力，切实加强和规范党内政治生活，强化党内监督。汪一光书记在市委四届二次全会上要求我们要坚持在全面从严治党上讲看齐、见行动。全县各级各部门和广大党员干部一定要深刻领会、充分认识全面从严治党的重大意义，以加强和规范党内政治生活、落实党内监督责任为抓手，在政治上思想上全面看齐、全面行动，推动我县全面从严治党各项工作全面进步。一要正确认识全面从严治党的总体形势。党的十八大以来，我们坚定用习近平总书记系列重要讲话特别是视察安徽重要讲话精神武装头脑，严格执行中央八项规定和省市县三十条，扎实开展群众路线教育实践活动、“三严三实”专题教育、“两学一做”学习教育，深入推进中央和省委巡视“回头看”问题整治，驰而不息纠“四风”、改作风，

严肃查处违纪违法案件，全县党风政风明显好转，政治生态进一步优化。但从近年来发生的腐败案件和巡视来看，一些单位和部门党的领导弱化、党的建设缺失、全面从严治党不力等现象还相当突出。对此，我们要正确把握全面从严治党的总体形势，既要增强忧患意识，坚持有贪必肃、有腐必反，又要保持战略定力、坚定信心决心，以“永远在路上”的韧劲，坚定不移把全面从严治党引向深入。二要准确把握全面从严治党的部署要求。这次县委的全面从严治党实施意见贯彻了中央和省委、市委精神，从5个方面提出了38条具体措施，是开创我县全面从严治党新局面的指导性文件。全县各级党组织要全面抓好学习，把握精髓要义，特别是要准确把握坚决维护党中央权威的部署要求，准确把握加强和规范党内政治生活的部署要求，准确把握全面落实党内监督责任的部署要求，准确把握抓好领导干部的部署要求，真正把思想统一到中央和省委、市委精神上来。三要全力抓好全面从严治党的任务落实。习近平总书记反复强调，“如果不沉下心来抓落实，再好的目标，再好的蓝图，也只是镜中花、水中月”。现在任务已经明确，关键就是要抓好落实。全县各级党组织要以高度的思想自觉和行动自觉，对照六中全会部署及县委的实施意见，以加强和规范党内政治生活、加强党内监督为重点，深入谋划贯彻举措，落细落实落小，务求取得实效。

（二）要在切实践行五大发展行动上讲看齐、见行动。习近平总书记指出，“五大发展理念要落地生根、变成普遍实践，关键在各级领导干部的认识和行动，要把新发展理念贯穿领导活动全过程，落实到决策、执行、检查各项工作中”。坚持以五大发展理念为引领，全面实施五大发展行动是省第十次党代会的重大决策部署。李锦斌书记要求，要牢固树立全面践行五大发展理念，切实把发展着力点转到创新、协调、绿色、开放、共享发展上来。市委汪一光书记在市委四届二次全会上强调，要坚定地在践行五大发展理念中闯出新路，不断开创奋力走在皖北振兴前列新局面。这次会议审议的《涡阳县五大发展行动计划》，深入贯彻、有机承接了省、市行动计划，结合涡阳工作实际，进一步明晰了今后全县经济社会发展“1358”总体思路的实施要点，构成了“深入践行五大发展理念，勇当皖北振兴排头兵”的顶层设计和行动指南，是我县未来发展的重大战略举措。“一分部署，九分落实”，各级各部门要坚持把五大发展行动摆上突出位置，进一步统一思想、强化举措，确保力量到位、措施到位、责任到位、落实到位。一要加强组织领导。县委、县政府成立由主要负责同志任组长的领导小组，设立五个发展行动专项推进小组，切实搞好统筹规划、协调推进、督促落实工作，着力构建立体式、多层级、强有力的领导体系。全县各级各部门要比照成立相应领导小组。二要强化项目支撑。项目建设是经济发展的强力引擎，要切实增强项目意识，使经济工作进一步具体化、项目化、责任化，大力提升项目工作水平，切实把五大发展行动建立在实实在在的重大事项、重大工程、重大项目上，为“十三五”经济社会发展提供有力支撑。三要狠抓任务落实。各级各部门主要负责人是本单位本部门实施五大发展行动计划的第一责任人，要大力弘扬“三严三实”作风，亲自谋划、亲自指挥、亲自推进。要按照实化、细化、量化、具体化，可比较、可检验、可考核的要求，制定五大发展行动实施方案和年度计划，挂图作战，用实实在在的工作支撑实实在在的发展。四要强化督查考核。要把推动五大发展行动落实情况纳入年度综合考核，建立健全督查机制。结合“两学一做”及省委巡视“回头看”反馈问题整改工作，细化五大发展行动的考核指标，层层传导压力，拉紧责任链条，全面审视行动计划落地见效情况，激励先进、鞭策后进，最大限度调动广大干部的积极性、主动性、创造性，形成全县干部带领群众奋发有为、干事创业的良好氛围。

（三）要深入扎实推进“讲看齐、见行动”学习讨论。省委决定，从11月下旬到2017年春节前，在全体党员干部中开展“讲看齐、见行动”学习讨论，我们要严格按照省委、市委统一部署，坚决坚定地向省委、市委对标，扎实推进学习讨论各项任务，确保不走过场、取得实效。一要准确掌握要点精髓，坚定不移全面落实。李锦斌书记在省委动员会上提出了“一个树牢、三个看齐”的要求：坚定不移树牢核心意识，坚定地维护习近平总书记的核心地位，思想上充分信赖、政治上坚决维护、组织上自觉服从、感情上深刻认同，始终与以习近平同志为核心的党中央方向一致、号令一致、步调一致。坚定不移向党中央看齐，严守政治纪律和政治规矩，切实加强和规范党内政治生活，全面落实党内监督责任，始终把纪律和规矩挺在前面，时刻在党纪党规下想问题、作决策、办事情，做到心有所畏、言有所戒、行有所止。坚定不移向党的理论和路线方针政策看齐，坚持不忘初心，进一步坚定理想信念；坚持笃信笃行，进一步强化理论武装；坚持正确导向，进一步选准用好干部；坚持群众观念，进一步树牢宗旨意识，促使各级党组织和广大党员干部始终做党的理论和路线方针政策的模范执行者、忠诚捍卫者。坚定不移向党中央决策部署看齐，把新发展理念贯彻到经济社会发展全过程、各方面，大力推进创新发展、协调发展、绿色发展、开放发展、共享发展，努力实现更高质量、更有效率、更加公平、更可持续的发展。二要全面抓好重点任务，确保取得预期实效。要严格按照省委、市委统一部署和我县方案要求，重点抓好“三个突出”。突出学习研讨，打牢思想根基。围绕“讲看齐、见行动，我们怎么办”，结合“两学一做”学习教育、加强和规范党内政治生活、加强和改进党内监督、深入践行五大发展理念、勇当皖北振兴排头兵等内容，集中开展专题学习讨论，联系实际谈差距、找短板、议举措，真正使学习研讨的过程成为立根固本、忠诚看齐的过程，成为解放思想、更新观念的过程，成为提高素质、增长本领的过程。特别要做到见人见物见思想，聚焦“怎么办”和“见行动”，做到不空、不偏、不虚，坚决避免空谈、搞形式主义。突出问题导向，注重边查边改。聚焦突出问题，要围绕“四围绕、四查找”要求，对照“一个核心、三个看齐”，对照省委巡视反馈问题、综合考核反馈问题，对照“四个点问题”和“30个方面清单”，对照年度岗位责任目标、重点工作任务，深入查找存在的突出问题，深刻剖析、深挖根源，列出清单、立行立改，切实把学习讨论成果转化为推动工作的思路和举措，上升为机制和制度，把看齐意识落实到实际工作中。突出领导带头，形成示范效应。各级党组织特别是主要负责同志要切实负起责任，坚持以上率下、层层带动，督促推进各级党组织主要负责同志当好“第一责任人”，既要做学习讨论的组织者、推动者，又要做学习讨论的参与者、实践者。特别是县级领导干部，要带头学习研讨，带头听取意见，带头查摆分析，带头开展批评和自我批评，带头整改落实，努力做到认识高一层、学习先一步，查找问题深一着、解决问题高一筹，形成以上率下的示范效应。三要切实发挥组织领导作用，推动扎实有效开展。强化责任。学习讨论是在县委统一领导下开展，由县委“两学一做”学习教育协调小组负责组织协调，县委宣传部负责具体组织实施、分类指导和督查落实。加强宣传。充分发挥新闻媒体主导作用，牢牢把握正确导向，全方位、多角度开展宣传，营造浓厚舆论氛围。县内各类媒体要在重要时段、重要版面开设专题专栏，推出一批做法经验和生动典型。统筹兼顾。坚持“两手抓、两促进”，把学习讨论与学习贯彻十八届六中全会精神有机结合，与学习贯彻习近平总书记系列重要讲话特别是视察安徽重要讲话精神有机结合，与学习贯彻省、市全会精神有机结合，与收官今年工作、谋划明年思路有机结合，确保全年目标任务不留欠账、不留缺口，确保“十三五”良好开局。

二、关于一年来的工作

一年来，特别是县十一次党代会以来，县委团结带领全县上下，深入贯彻党的十八大、十八届三中、四中、五中、六中全会和习近平总书记系列重要讲话精神，坚决贯彻省委、市委决策部署，紧紧围绕“1358”总体发展思路，进一步谋发展、优生态、实作风，实现了经济平稳较快增长、民生持续改善、社会和谐稳定、党的建设不断加强。

（一）围绕创新发展，综合实力持续增强。坚持把改革创新摆在突出地位，以调转促和供给侧改革为主抓手，全县经济保持了平稳增长。1—11月，实现财政收入16.7亿元，增长9.5%；实现固定资产投资149亿元，增长20.4%；预计全年地区生产总值增长8.7%。战新产业高速发展，光机电、绿色食品及现代中药加工、绿色装配式建筑等战略新兴产业集聚区加快建设，1-11月份，战新产业实现产值22.4亿元，同比增长64.7%。工业平台作用凸显，“一区五园”功能规划编制工作基本完成，园区基础设施不断完善，修正健康饮品、恒明新材料等一批亿元以上工业项目加快建设或全面投产，经开区1—11月实现财政收入3.14亿元，同比增长166.8%。农业发展稳中有进，大力实施农业农村“十大行动”，农业基础设施持续改善，新增“三品一标”产品认证17个，新增农业机械4390台，土地确权颁证全面完成，顺利通过省级初验，土地承包经营权抵押贷款居全省首位。现代服务业提速提质，中农批电商物流园、综合性游乐场等项目加快建设，碧桂园酒店、绿城商业综合体等一批高品质服务业项目落户涡阳。1—11月，新增限上商贸企业16家，实现房地产开发投资41亿元，销售面积70万平方米，分别增长20%、46%。

（二）围绕新型城镇化，城乡规划建设全面提速。坚持以城带乡、以乡促城、城乡联动，全面推进以人为核心的新型城镇化。城镇规划体系逐步完善。编制完成《涡阳县城市总体规划（2014—2030年）》《南部新区控制性详细规划》，积极推进土地利用总体规划、国民经济发展规划等“多规合一”。征迁安置成效显著。德铭、华都等5个安置小区基本建成，德顺、紫光等7个安置小区加快建设，打赢了涡北塌陷区、三桥、S307西阳段、城东段等拆迁硬仗；年内实施了28个整村搬迁，拆迁房屋140余万平方米，征地超过1万亩。城市建设步伐不断加快。围绕建设50万人口现代化中等城市目标，持续扩大投入，加强基础设施，完善城市功能。“五馆三中心”、城市出入口提升工程、生活垃圾收运系统等项目进展顺利，“城市家居”全面提升，路、水、电等配套设施不断完善。镇村人居环境全面提升。扎实推进美丽集镇建设、中心村建设和自然村环境整治，加快改善农村生产生活条件，完成《涡阳县村庄布点规划（2016—2030）》修编，编制完成31个美丽乡村省市县级示范点、2个美丽集镇建设、10个建制镇建成区整治规划。实施农村道路畅通工程项目702个，总里程1268公里，全面实现了“村村通”。

（三）围绕协调发展，脱贫攻坚扎实推进。按照中央和省委、市委脱贫攻坚总体部署，全力以赴打赢脱贫攻坚战。扶贫队伍进一步充实。实现县领导帮扶、单位包村、干部包户、驻村工作队（扶贫专干）“四个全覆盖”，总体形成了横向到边、纵向到底的扶贫工作帮扶网络。精准识别进一步深入。完成脱贫攻坚信息服务平台数据录入，实施精准识别、动态管理，新调进精准贫困人口9793人。政策体系进一步完善。以实施九大扶贫工程为抓手，分类施策，先后制定出台产业、光伏、金融、健康、教育、就业等一系列脱贫攻坚配套政策措施，形成帮扶措施菜单，让贫困户按需“点菜”。扶贫工作合力进一步凝聚。全县1.6万余名县镇村党员干部参与贫困帮扶，帮扶单位先后投入472万元，实施扶贫项目72个。扎实开展扶贫项目认领活动，全县各行业、企业新认领项目189个，认领金额620万元。

（四）围绕共享发展，民生社会事业持续改善。民生工程加快实施。前11个月，全县32项民生工程支出23.62亿元，资金落实率100%，29项民生工程提前完成年度目标任务。创业就业扎实推进。深化商事制度改革，实施“五证合一、一照一码”，营造宽松准入环境，积极开展创业培训，落实创业项目扶持、资金扶持，新增城镇就业9733人，提前完成全年任务。文明创建深入开展。文明县创建工作有力有效推进，深入实施农村清洁工程和“三线三边”治理，城乡交通、经营、卫生和建筑等秩序明显好转。大力弘扬社会主义核心价值观，广泛宣传道德模范和好人先进事迹，累计30人当选中国好人，位居全省县级前列。社会事业统筹推进。新四小、五小、五中和涡阳中学投入使用，城区教育资源布局更加优化。完成92所农村学校“改薄”和50所“村小提升”。全面推行药品带量采购，实现公立医院药品零差率销售。扎实开展国学经典教育“六进”活动，加强公共体育设施建设，公共文化服务水平进一步提升。

（五）围绕绿色发展，生态竞争力得到提高。牢固树立绿色发展理念，大力推进生态文明建设。主体功能区规划作用进一步加强，编制了全县生态文明建设规划、水污染防治等专项规划，构建了较为完善的生态保护制度体系。生态保护力度进一步加大，科学划定畜禽渔业养殖禁养区，大力开展工业废气和汽车尾气治理，依法关闭砂石料场79家、拆除黏土窑厂17家，秸秆禁烧卫星监测实现零火点，年度污染减排任务提前完成；加强生态保护修复，“四大水系”治理和道源湿地生态景观带建设加快推进，“三线三边”新增绿化林96公里，森林长廊新增71.1公里。资源节约集约利用更加有效，闲置低效用地清理整顿成效明显，污水处理厂、垃圾填埋场等生态基础工程有序建设。

（六）围绕开放发展，发展活力不断增强。坚持以改革释放新红利，着力打造创新开放新高地。深化改革持续推进，全面推进八大领域184项改革，已完成88项，序时推进89项，7项政策性较强的改革事项待上级部署后启动实施。全面深化行政审批制度改革，10家单位试点推进政府工作流程再造，“网上办事”实现县镇村全覆盖，在金阳建投公司的基础上成立乐行城市建设集团。招商引资成效显著，截至11月底，引进内资291亿元，居全市首位，新签约项目60个，总投资252亿元，其中，亿元以上项目24个，5亿元以上项目8个，10亿元以上项目5个，光机电、绿色装配式建筑产业集聚区等重点项目稳步推进。成功举办“中国国际徽商大会·涡阳县招商推介暨项目签约大会”，现场签约15个项目，总投资达126亿元。

（七）围绕依法治县，社会治理水平持续加强。坚持党委总揽全局、协调各方，支持人大及其常委会依法行使职权，保证决策更好地体现人民意志，充分发挥政协履行政治协商、民主监督、参政议政职能，党管武装成效明显，统战、老干部、民族、宗教等工作取得新成绩，工会、共青团、妇联等群团组织作用得到充分发挥。坚持依法治县，社会治理创新得到加强，“两中心、两站”建设全面推进，信访工作呈现整体持续向好态势。安全生产形势总体平稳，社会大局和谐稳定。

（八）围绕从严治党，政治生态环境不断优化。始终坚定不移推进全面从严治党，着力营造风清气正、求真务实、团结向上、干事创业的良好政治生态。宣传思想工作扎实开展。持续深入学习贯彻十八届五中、六中全会精神和习近平总书记系列重要讲话特别是视察安徽重要讲话精神，持续深化中国特色社会主义和中国梦宣传教育，扎实开展“两学一做”学习教育，刘亚同志先进事迹在《人民日报》等中央省市媒体广泛报道。加强意识形态工作，强化对各类宣传思想文化阵地的管理，成功召开了全省推进扫黄打非进基层现场会。巡视整改工作积极推进。县委坚持把巡视整改作为重大政治任务，以坚决果断的态度、扎实有力的措施、严谨务实的作风推进落实。中央巡视“回头看”整改工作取得阶段性成效，省委巡视“回头看”整改工作有序开展，一批制约和影响涡阳发展的难题得到破解。两年来，先后解决40多个较大的遗留问题，一些工作中存在的薄弱环节和不足得以整顿和纠正，党风政风明显好转。县镇两级党委换届圆满完成。坚持“20字”好干部标准，大力选拔“五线四型”干部，大力培养造就“四铁”干部队伍，领导班子和干部队伍结构不断优化。加强人才队伍建设，在2015年招录784人基础上，今年新招录引进各类人才740人。基层组织建设明显提升。制定并严格落实基层党建工作问题清单、任务清单和责任清单，大力推进乡镇党委书记“十讲”工作法和村干部“十个一”工作法。扎实推进农村基层党建保障工程，村两委正职年报酬平均达23712元，副职年报酬平均达16640元，较2014年分别提高180%、170%。投入1013万元对53个村室进行新建或扩建。深入推进“软弱涣散”基层党组织整治，205个基层党组织完成集中换届。认真落实“三会一课”制度，进一步加强和规范党内政治生活。作风和反腐倡廉建设不断深入。认真落实党风廉政建设“两个责任”，实行清单化管理、项目化推进，对落实“两个责任”不力的8个单位党委（党组）实施了“一案双查”，27名个人受到责任追究。加强对领导干部的教育管理，认真学习贯彻“一准则、两条例”，开展“每月一警示”教育活动。深入推进“三公开”，全面提升党员干部主动履责意识。加大作风建设常态化、长效化的监督检查，查处违反中央八项规定精神问题19起，给予党政纪处分22人，查处群众身边的不正之风和腐败问题838个，处理729人。始终保持惩治腐败的高压态势，全县纪检监察组织立案499件，同比增长21.7%，其中乡科级干部46人，结案500件（含去年），给予党政纪处分512人，开除党籍101人，移送司法机关17人。

同志们，一年来，在省委、市委的坚强领导下，在全县上下的共同努力下，年初确定的各项目标任务有望圆满完成。全县各级党组织和广大党员干部团结一心、狠抓落实，迎难而上、奋发进取，经济社会发展和党的建设都取得了可喜进步，成绩来之不易。同志们在各自岗位上大处着眼、实处着力，无私忘我、积极有为，对县委常委会的工作给予了充分信任、真诚帮助和大力支持。在此，我代表县委常委会，向在座的各位同志，向全县各级党组织和广大党员干部，表示衷心的感谢！

三、关于明年主要工作安排

2017年是实施“十三五”规划承上启下的重要一年，抓好明年工作，必须全面贯彻党的十八大、十八届三中、四中、五中、六中全会精神、习近平总书记系列重要讲话精神和省、市委全会精神，按照“五位一体”总体布局和“四个全面”战略布局要求，深入实施五大发展行动，扎实推进全面从严治党。按照县十一次党代会确定的“1358”总体发展思路，坚持全面建成小康社会这一目标，全面深化改革，全面依法治县；以创新为引领，以改革为动力，以项目为抓手，推进经济社会各项工作上台阶；按照“严”字当头、重点发力、问题导向、以上率下的要求，把全面从严治党落到实处。

*（一）以新发展理念引领发展新常态，全面抓好五大发展行动计划的贯彻实施。*全面实施五大发展计划，是当前和今后一个时期涡阳推进经济社会发展的总体设计和重要抓手，要以提高发展质量效益为中心，以“五化协同”发展为重点，在兼顾一般的同时抓主要、抓关键，以重点突破带动整体推进。

一要着力以创新驱动抓好创新发展，推动产业转型升级。创新是引领发展的第一动力，明年是我县创新改革元年，必须把创新和改革摆在我县发展全局的核心位置，推进产业振兴，推动大众创业万众创新，不断增强发展动力活力。大力推进供给侧结构性改革。围绕调结构推进去产能，围绕防风险推进去杠杆，围绕提效益推进降成本，围绕增后劲推进补短板，进一步增强发展的全面性、协调性、可持续性。大力推进产业创新升级。依托资源禀赋优势，实施《工业振兴纲要》，坚持产业兴县。大力发展农产品加工、轻工纺织、机电制造和新型建材等主导产业，积极推进光机电、现代中药及食品加工、绿色装配式建筑、循环经济科技产业园等战新产业集聚区建设。以农业农村“十大行动”为抓手，加快农业结构调整和土地托管，加快农田水利建设，提高农业综合效益和竞争力。积极培育文化旅游、健康养生产业，把我县文旅资源优势转化为产业优势，着力建设文化旅游强县。大力推进创新平台建设。把创新平台建设工程作为创新发展的“一号工程”，全力推进“一区五园”建设。围绕经开区三年百亿和五年双百亿工业产值目标，突出壮大战新产业与提升主导产业齐头并进；全力推进双创基地、孵化器、加速器、创业园、众创空间等“互联网+”创业平台建设。大力推进项目带动。实施“产业项目推进年”系列行动，坚定不移扩大有效投入，坚持围绕主导产业抓招商，不断掀起招商引资新高潮。落实项目建设“四督四保”“四位一体”及“六个一批”推进机制，围绕推动五大发展建立重点项目库，持续谋划和储备一批打基础、补短板、促升级的大项目好项目。大力推进创新主体培育。加大高新技术企业申报和培育力度，实施“专精特新”中小企业培育和企业家培育计划，全力推进创新人才和企业家培育集聚工程，加快创新人才培养、引进，支持民营企业创新发展。

二要着力以统筹兼顾抓好协调发展，推动城乡联动发展。坚持把协调作为持续健康发展的内在要求，重点促进城乡区域协调发展，促进经济社会协调发展，促进新型工业化、信息化、城镇化、农业现代化、绿色化同步发展。努力建设宜居宜业现代化中等城市。紧紧围绕建设50万人口现代化中等城市目标，加快建设产城融合、配套齐全、宜居宜业的现代化城市，以城南新区建设为主战场，突出发展产业园区，改造提升老城区，形成“一城三区、产城联动、融合发展、整体推进”新格局。坚持一手抓征迁安置，一手抓规划建设，不断完善公共服务功能。要抓住土地利用规划调整完善的机会，坚持“多规合一”，严格落实城乡规划建设管理，保持城乡“两违”整治高压态势。加快建设美丽乡村。推进基础设施和公共服务向农村延伸，全面加快美丽乡镇建设、中心村建设和自然村环境整治，确保我县美丽乡村建设争先进位。深入开展文明创建。大力推动移风易俗、树立文明乡风，争创全省文明县，全面推进社会主义核心价值体系建设，持续开展“十大不文明行为”专项整治，不断提高公民文明素质，提高城市公共文明指数。

三要着力优化生态抓好绿色发展，推进生态文明建设。坚持走生产发展、生活富裕、生态良好的文明发展道路，加快绿色发展生态县建设。加强生态建设，大力实施城乡增绿工程，推进园林城市和森林县城、森林镇村创建，加强森林长廊示范工程建设，建设绿道、绿带、绿化组团，加快推进新区城市公园和新老城区“口袋公园”建设，加强道源湿地公园建设管理。推进资源高效利用，加快循环产业园区建设，推广绿色建筑，强化绿色建筑和建筑节能改造。坚持最严格的节约用地制度，继续开展违规用地和闲置土地清理整顿，推进城镇低效用地再开发、工矿废弃地复垦和采煤塌陷区综合治理，提高土地利用率。加快划定永久性基本农田，加速高标准基本农田建设。强化环境治理，推进“五水共治”工程和大气治理工程，着力抓好生活环境治理和土壤污染治理。实施循环发展引领计划，依法清理规范“六场一站”，完善秸秆禁烧和综合利用机制，推进建筑及生活垃圾等资源化利用。

四要着力抓好开放发展，加快释放改革活力。改革开放是推动涡阳加快发展、奋力崛起的关键一招。要主动融入国家和省对外开放总布局，在更大范围集聚要素资源，在更广领域开展区域合作，着力推进大通道大平台建设。全面激发深化改革活力。认真贯彻落实中央和省市改革决策部署，统筹推进，聚焦重点，以体制机制创新再造工作流程。完善“四单”制度动态调整机制，推动职能转变和机构改革不断深化。要积极运用互联网思维和信息化手段，加快推进智慧城市建设。要提升行政审批效率，完善网上办事大厅、“我要贷款”“数字城管”等电子政务管理服务平台，简化办事程序，打通便民服务“最后一公里”。持续深化农村金融综合改革，加快征信体系建设。加快培育新型农业经营主体，加强农民合作社规范化建设，创新农业社会化服务机制。加快推进招商引资提质增效。围绕重点产业，瞄准重点区域，盯住意向企业，用好、用活资源招商、产业链招商、产业转移招商、借会招商、以商招商、凤还巢等有效方式，既招顶天立地项目，又紧抓铺天盖地不放松。要完善招商项目倒逼机制，强化项目开工、建设、达产、税收等节点履约管控和双向约束。围绕打造“审批环节最少、办事效率最高、服务质量最优”目标，着力构建“亲”“清”新型政商关系，积极营造亲商、安商、便商的良好环境，努力打造投资新“洼地”。全面提高对外开放水平。大力实施东向发展，积极融入长三角，继续深化与合肥高新区和合肥市优秀中小学的校际联盟合作，不断提升区域合作共建水平。加快建设对外开放平台，围绕“调转促、放管服、去降补、全创改”等重点任务，加快园区转型升级，全力打造主导产业高端化、特色产业集群化、战略性新兴产业规模化、生产性服务业专业化融合发展的现代工业。加快构建对外开放通道，助推亳蚌城际铁路开工，推进徐阜高速、亳涡蒙高速、国道G344线和3条省道前期工作，加快实施县城快速通道建设，扎实推进亳州机场、引淮济亳等重大项目建设。

五要着力于增进福祉抓好共享发展，推进民生社会事业。实现共享发展，必须坚持保基本、全覆盖、促公平，着力推进精准扶贫，持续加大民生投入，让全县人民共享经济发展成果。大力开展脱贫攻坚，明年是“脱贫攻坚年”，要认真落实“六个精准”“六看六确保”“四个全覆盖”工作要求，按照满足扶贫工作一切需要、火力全开、适当宽裕、分级负责、各方协同、工作到户、责任到人“七句话”要求，大力实施脱贫攻坚“九大工程”，干部不脱贫不调整，全力以赴打赢脱贫攻坚战。大力促进就业创业，实施好就业创业促进工程和城乡居民持续增收工程，确保零就业家庭动态“清零”。促进基本公共服务均等化，以医药卫生体制改革为重点，深化医疗、医保、医药“三医联动”，扎实推进文化惠民工程，全力加快“五馆三中心”建设，通过有效的系列措施，解决办学质量不高、文化设施缺乏等问题。创新社会治理，全力推进县、乡、村三级综治维稳信访工作中心（站）规范化、实战化建设，完善领导开门接访、带案下访和重点约访制度，下决心破解一些难题，再解决一批如关停国企养老保险等遗留问题。深化平安涡阳建设，加快视频数据信息平台建设，实施安全生产“铸安”行动、信用涡阳、法治涡阳建设，不断提高人民群众的安全感、满意度和获得感。

（二）坚定不移推进全面从严治党，努力营造风清气正的政治生态。明年是“从严治党突破年”，就是要始终保持推进全面从严治党战略定力，坚持严字当头、重点发力、问题导向、以上率下，切实把全面从严治党决策部署变为实际行动。

第一，坚持严字当头，落实全面从严治党要求。习近平总书记在六中全会上提出“六个从严”，即抓思想从严、抓管党从严、抓执纪从严、抓治吏从严、抓作风从严、抓反腐从严。贯彻好全面从严的要求，关键是要做到全方位、全覆盖、全过程。全方位，就是把严的标准落实到党的思想建设、组织建设、作风建设、反腐倡廉建设和制度建设各个方面，不留盲区、不留死角。全覆盖，就是每一个党组织、每一名党员都要认真践行从严的要求，没有特殊、没有例外。全过程，就是要始终如一、一以贯之，不能严一阵松一阵，做到真管真严、敢管敢严、长管长严。要强化刚性约束，严格执行《准则》和《条例》，不能讲价钱、打折扣，真正以严的态度贯彻好全面从严治党要求。

第二，坚持重点发力，突出抓好准则和条例的落实。全面从严治党，既需要全方位用力，也需要重点发力。注重加强思想教育。干部队伍过硬，首先是思想素质过硬，要坚持不懈推进理论武装，深入学习习近平总书记系列重要讲话精神，深入学习中央治国理政新理念新思想新战略，不断增强道路自信、理论自信、制度自信、文化自信，切实把共产党人的理想信念立起来，不忘初心，继续前进，走好新的长征路。要坚持和创新党内学习制度，坚持和完善党委（党组）中心组学习制度、党员领导干部上党课制度、镇（街道）每周学习制度，采取多种形式对领导干部进行集中培训，实现科级以上领导干部全覆盖。要严格落实意识形态工作责任制，健全意识形态领域情况分析研判、预警和处置机制，牢牢把握意识形态工作领导权、主动权、话语权。注重严明党的纪律。政治纪律和政治规矩是党最根本、最重要的纪律，遵守纪律第一位的是要增强“四个意识”，牢记“四个服从”的组织原则，坚定维护以习近平同志为核心的党中央的权威，自觉在思想上政治上行动上同以习近平同志为核心的党中央保持高度一致，更加扎实的把党中央各项决策部署落到实处。党员干部要牢记纪律为大，组织为大，对党忠诚老实，坚决反对搞团团伙伙、拉帮结派、亲亲疏疏。要铭记共产党人的政治身份，增强政治警觉性和政治鉴别力，在重大政治问题上、原则问题上，脑子要特别清醒、眼睛要特别明亮、立场要特别坚定，做政治上的明白人。要坚决严明党的纪律，坚持纪律面前一律平等、遵守纪律没有特权、执行纪律没有例外，坚决查处各种违纪行为，推动广大党员干部严格遵守党的“六项纪律”，坚决落实“五个必须”，坚决防范“七个有之”问题发生，认真做到“十个不准”。要坚持民主集中制原则，党委（党组）主要负责同志必须发扬民主、善于集中、敢于担责，领导班子成员必须增强全局观念和责任意识。注重正确用人导向。要把“两个责任”落实体现到干部选拔任用和管理监督的全过程，坚持正确的选人用人导向，匡正选人用人风气。要始终坚持“20字”好干部标准，大力选拔“五线四型”干部，大力培养造就“四铁”干部队伍。强化党组织的领导和把关作用，注重抓早抓小、抓苗头抓预防，及时发现问题、纠正偏差，体现组织的严格要求和关心爱护，以用人环境的风清气正促进政治生态的山清水秀。注重落实党内监督责任。牢固树立“加强监督是本职、放弃监督是失职、疏于监督是不称职”的思想观念，把监督寓于履职、用权、管人的全过程。要强化自我监督。要着力增强自我监督的思想自觉和行动自觉，不断完善党内监督体系。要充分发挥行政监督、民主监督、群众监督、舆论监督的重要作用，把党内监督和外部监督结合起来。要压实监督责任。各级党组织书记要做管党治党的书记，履行好第一责任人职责，不仅要管好自己、接受监督，而且要抓好班子、带好队伍，把责任传导给所有班子成员、压给下一级书记，确保层层落实责任。要强化“信任不能代替监督”的意识。把信任激励同严格监督结合起来，强化自上而下的组织监督，改进自下而上的民主监督，发挥同级相互监督作用，把“管”和“严”体现在日常，真正以监督体现信任，以严管体现厚爱。

第三，坚持问题导向，下大力气解决党内存在的突出问题。贯彻全面从严治党要求，必须坚持问题导向，聚焦问题、对症下药、精准施策。着力查找和解决问题。刚刚审议通过的《涡阳县全面从严治党的实施意见》，全面贯彻落实《准则》和《条例》要求，是我们瞄准问题、解决问题的任务清单、问题清单。全县各级党组织和广大党员领导干部要切实把自己摆进去，结合中央巡视我省“回头看”反馈问题和省委巡视我县“回头看”反馈问题整改，一项一项梳理，有什么问题就解决什么问题，什么问题突出就着力攻克什么问题。重点解决党的领导弱化、党的建设缺失、全面从严治党不力、党的观念淡薄、组织涣散、纪律松弛、管党治党宽松软等问题。严格规范组织生活。严格落实“三会一课”、民主生活会和组织生活会、民主评议党员、谈心谈话等组织生活制度，积极用好批评和自我批评这个锐利武器，确保党的组织生活经常、认真、严肃。突出政治学习和教育，突出党性锻炼，突出思想交流，不断丰富内容、创新方法，增强组织生活的吸引力和实效性。强化制度建设，坚持标本兼治、惩防并举，扎实推进“八个全覆盖”，依据《准则》精神，对现有制度规范进行梳理，及时进行新建、修订和补充，让党内政治生活有规可依、有章可循。加大制度执行力度，强化制度执行情况的监督检查，坚决防止制度沦为“稻草人”，推动党内政治生活制度化、规范化、程序化。持续加强基层服务型党组织建设。开展有求必应、一呼百应“两应”基层党组织的建设，落实基层党建年度“三个清单”，推进农村、城市社区、机关、企事业单位、非公经济和社会组织等领域基层党建组织全覆盖和工作全覆盖。落实每月 21 日机关基层党组织和每月 10 日农村基层党组织的集中活动日制度，落实乡镇党委书记“十讲”工作法和村干部“十个一”工作法，持续抓好软弱涣散基层党组织整顿，真正把基层党组织建成坚强战斗堡垒。持续加强作风和反腐倡廉建设。坚持抓常、抓细、抓长，深入贯彻中央八项规定，驰而不息纠正“四风”。深入推进机关效能建设，持续深入开展“亮身份、报行踪、晒承诺”三个公开，全面提升党员干部主动履责意识。加强道德教育，引导党员干部继承和发扬党的优良传统和作风，加强警示教育，引导党员干部自觉按法定权限、规则、程序办事，建立党风廉洁教育常态化机制，引导党员干部注重家庭、家教、家风，教育管理好亲属和身边工作人员。继续保持惩治腐败的高压态势，严肃查办发生在领导机关和领导干部中的滥用职权、贪污贿赂、腐化堕落、失职渎职等案件，重点查处政治问题和腐败问题交织，不收敛、不收手，问题线索反映集中、群众反映强烈，现在重要岗位且可能还要提拔使用的领导干部，着力整治和查处侵害群众利益的不正之风和腐败问题，推进全面从严治党向基层延伸。

第四，坚持以上率下，领导干部要当好表率。领导带头、以上率下是党的十八大以来管党治党的一条基本经验。全县各级党员领导干部要切实增强自律意识、标杆意识、表率意识，在贯彻全面从严治党要求上发挥示范和表率作用。要在增强核心意识上当好表率。要坚决维护好习近平总书记这个核心，维护好党中央权威，切实把维护核心变成思想自觉，变成党性观念，变成纪律要求，变成实际行动。要把对党忠诚作为立身之本，做到党中央提倡的坚决响应、党中央决定的坚决执行、党中央禁止的坚决不做，绝不允许自行其是、各自为政，决不允许有令不行、有禁不止，绝不允许搞上有政策、下有对策。要在强化党性修养上当好表率。要模范执行《准则》和《条例》，模范践行全面从严治党要求，带头参加“两学一做”学习教育，带头践行“三严三实”要求，带头加强主观世界改造，自觉按照党的组织原则和党内政治生活准则办事，自觉接受党的纪律约束和各方面监督，要求别人做到的自己首先做到，要求别人不做的自己首先不做，始终保持健康的生活情趣和高尚的道德情操，永葆共产党人的政治本色。要在勇于担当负责上当好表率。全县各级领导干部要以对党的事业高度负责、对同志高度负责的态度，敢抓敢管、敢于批评、敢于斗争，要旗帜鲜明地支持和保护担当者，为敢于担当的干部担当，为敢于负责的干部负责，使敢担当、敢作为在干部队伍中蔚然成风。

四、扎实做好当前各项工作

现在距离年底仅有二十天时间，各项工作正处在最后冲刺的关键阶段，我们要紧盯全年目标任务不放松，认真对标，紧张快干，补差补缺，以倒计时的状态，全力冲刺，确保全年任务顺利完成，确保“十三五”良好开局。一要认真梳理总结年度工作完成情况。对照年初确定的目标任务，围绕省、市对县考核要求，全面梳理盘点年度工作，科学务实谋划明年工作，对低于序时进度的，要倒排时间节点，全力向前推进，对于完成序时进度的，要进一步完善提升，确保今年任务圆满完成和明年工作开好头、起好步。二要抓好省委巡视“回头看”整改工作。要坚决贯彻省委决策部署，加强组织领导，层层压实责任，积极与省委巡改办做好衔接，认真对照巡视组反馈的7类、22项38个问题，逐条逐项抓好整改落实。强化督查调度和建章立制，以巡视整改落实为契机，把全面从严治党不断引向深入。三要做好县镇人大、政府和县政协换届工作。省委李锦斌书记强调，要始终坚持把党的领导、严明纪律、督促检查、查处问题贯穿换届全过程，增强“四个意识”，从严从细抓到位，确保换届风清气正。要坚决贯彻中央和省委、市委要求，坚持依法依规精心组织，高起点、高标准做好换届工作。要严肃换届纪律，严格按照中央“九个严禁、九个一律”的纪律要求，始终保持对换届中不正之风的高压态势，确保换届风清气正、圆满成功。四要扎实开展脱贫攻坚工作。聚焦2万人脱贫、10个村出列的年度任务，按照市委扶贫工作“七句话”要求，强化措施，压实责任，严格督查考核，确保脱贫攻坚首战告捷。“两节”期间，要积极开展“扶贫济困送温暖”活动，千方百计帮助城乡困难群众解决生产生活中的实际问题，把各类补助资金及时足额发放到位，让每个困难群众都切身感受到党和政府的关怀。五要开展大走访大调研活动。结合明年村两委换届，围绕加强基层组织建设，提前谋划，深入开展走访调研，坚持问题导向、民意导向，真正沉下去，摸实情、查问题、提措施、找对策，进一步促进各级领导干部转变作风。六要大力推动移风易俗、树立文明乡风。要深入贯彻落实中宣部、中央文明办“推动移风易俗、树立文明乡风”会议精神，带头大力弘扬社会主义核心价值观，破除红白事大操大办、铺张浪费、虚荣攀比、封建迷信等陈风陋俗，倡树喜事新办、厚养薄葬、节俭养德、文明理事的社会新风尚。强化制度约束，努力形成有效防范和纠正封建迷信等不文明现象的制度体系，推动形成良好社会风气。七要继续开展“红红火火过大年”系列活动。总结过去两年成功做法，进一步丰富活动形式、创新活动载体，大力倡导健康文明、积极向上的过节方式，不断丰富人民群众精神文化生活，积极营造欢乐祥和的节日气氛。八要扎实做好综治维稳信访工作。认真落实信访工作责任制，积极开展开门接访、带案下访和重点约访，积极稳妥解决重访、越级访问题，依法解决群众合理合法诉求，努力把矛盾化解在基层、消除在萌芽状态。九要抓好安全生产工作。当前，随着天气转冷和春节临近，火灾、用电、道路交通等安全事故也进入多发频发季节，要深刻汲取舒城“11·08”爆炸事故和江西丰城“11·24”坍塌特别重大事故的惨痛教训，严格落实安全生产责任制，持续开展“铸安”行动，深化对供电取暖、建筑施工、道路交通、危险化学品、烟花爆竹、人员密集场所消防、特种设备等领域的专项整治和监管检查，坚决防范和遏制重特大事故，确保人民群众生命财产安全。

同志们，当前涡阳正处在全面追赶、奋力崛起的关键时刻，牢固树立看齐意识，深入实施五大发展行动，扎实推进全面从严治党，意义尤为重大。让我们更加紧密地团结在以习近平同志为核心的党中央周围，在省委、市委的坚强领导下，始终保持良好精神状态，珍惜当前来之不易的好局面，用我们的汗水和努力为“深入践行五大发展理念、勇当皖北振兴排头兵”贡献力量！

政府工作报告

——在涡阳县第十七届人民代表大会第一次会议上

（2017年1月1日）

县人民政府县长　熊国洪

回眸过去五年：攻坚克难，奋力前行
经济社会发展迈出坚实步伐

过去的五年，是涡阳发展历程上面临压力最大、困难最多、矛盾最为突出、形势最为严峻的五年，也是实现发展理念重大转变、发展难题有效破解、发展后劲持续增强、发展质量显著跃升、发展成果普惠民生的五年。五年来，在县委的坚强领导下，在县人大、县政协的监督支持下，县政府团结带领全县人民，沉着应对各种风险挑战，攻坚克难、扎实苦干，抢抓机遇、开拓奋进，经济社会呈现出向上向好的发展势头，圆满完成县十六届人大历次会议确定的目标任务。

五年来，我们始终注重加快发展，综合实力显著增强。预计，2016年全县地区生产总值242.7亿元，年均增长8.3%；固定资产投资五年累计完成670亿元，年均增长18.5%；财政收入18.04亿元，年均增长6.8%；社会消费品零售总额112.6亿元，年均增长11.9%；外贸进出口总额1.1亿美元，年均增长12.6%；2016年年末，金融机构各项存款余额311亿元、贷款余额123亿元，分别是2011年的2.2倍和2.1倍。特别是面对2014年全县整体经济下行的严峻局面，及时调整发展思路，多措并举稳增长、调结构、防风险、促发展，主要经济指标从2015年开始全面止跌回升、企稳向好，步入良性发展轨道。

五年来，我们始终注重质量效益，产业结构更趋优化。三次产业结构优化调整为18.9∶42.1∶39，二、三产业占生产总值的比重由2011年的76.8%提高到81.1%，增加4.3个百分点。坚持把工业作为立县之本。2016年全县规模工业企业250家、中小企业7800家，分别比2011年增加138家和5594家。完成规模工业产值267亿元，实现增加值69亿元，年均分别增长19.7%和10.1%。农产品加工、轻工纺织等主导产业实现产值140亿元，占规模工业产值比重52.4%。源和堂药业成功挂牌新三板。坚持把农业作为稳县之基。农业生产方式逐步从粗放向集约转变，农业经营主体逐步从单一向多元转变。培育市级及以上产业化龙头企业123家、农民专业合作社和家庭农场3928家，分别是2011年的2倍和6.3倍。农业规模化经营面积达到100余万亩，农业机械化水平达到90%，规模化养殖比重达到81%。坚持把服务业作为兴县之源。城乡市场体系不断完善，一批综合性、专业性市场以及电子商务、连锁经营、物流配送等项目建成运营。社会消费品零售总额连续5年保持两位数增长，总量稳居三县之首。2016年实现服务业增加值94.8亿元，年均增长9.3%，占生产总值比重比2011年提高6.6个百分点。

五年来，我们始终注重改革

开放，发展活力竞相迸发。坚持以改革破难题，以开放促发展，经济社会发展呈现出前所未有的勃勃生机。各项改革扎实推进。围绕体制机制弊端，打出一系列改革"组合拳"，先后实施391项改革任务，重点领域和关键环节改革取得重大突破。行政体制改革顺利实施，整合正科级机构8个，撤销事业单位5个。取消行政审批事项66项、精简率达到47.5%，保留事项办理时限压缩50%以上。推行"大建设"机制，落实"六分开"制度，规范项目用地、规划、招投标、建设、综合验收、建后管理等一系列程序，推动项目建设科学决策、高效落地。理顺县经济开发区管理体制，实现闭环独立运行，发展活力加速释放。按照多予、少取、放活原则，改革县乡财税管理体制，有效激发乡镇发展内生动力。推进投融资体制改革，累计融资120.5亿元；积极争取国家债务债券置换资金，化解政府性债务27.8亿元。统一规范征地拆迁安置政策，实行一把尺子量到底，征迁工作全面破题，2014年以来共征迁村庄41个，征迁面积近230万平方米。违法用地、违法建设得到有效遏制，2014年以来拆除各类违建112.7万平方米，城乡控违和农民建房步入常态。农村土地整治成效显著，2014年以来新增耕地4万余亩，落实建设用地指标1.6万亩。多年来制约涡阳发展的项目难落地、资金难筹措、违建难遏制"三大困局"彻底破解。农村改革不断深化，成功争取全国农民工返乡创业试点和全省农村综合改革试点，多项工作走在省市前列。招商引资成效斐然，五年累计利用内资1066亿元、利用外资6.5亿美元，年均分别增长24.9%和16.2%。2014年以来先后举行7次项目集中签约活动，签约项目85个，协议投资额高达374亿元。

*五年来，我们始终注重统筹发展，城乡面貌大为改观。*坚持规划先行，推进"多规合一"，编制完成主体功能区规划、城市总体规划、村庄布点规划、城南新区城市设计以及综合交通、公共服务设施等12个专项规划。新区建设全面提速，框架初步拉开，功能不断完善。2015年以来，开工建设基础设施和社会事业项目79个，竣工58个，完成财政投资16.5亿元。新建改建城市道路10条26.5公里，治理水系6.5公里，建设公共绿地17.4万平方米，"五纵八横两水系"骨干路网水网基本形成。铺设雨污管网49公里，涡北污水处理厂建成使用。投入4.9亿元，城南新区"五校一园"建成招生。建设安置小区12个，建筑面积216.5万平方米。城区面积由2011年的29平方公里拓展到35平方公里，常住人口城镇化率达到38%，五年提高12个百分点。镇村建设步伐加快。40个美丽乡村示范村基本建成，13个示范村通过省级验收。完成千万亩森林增长工程，植树造林13.6万亩，建设森林长廊223.8公里，创建省级森林城镇9个、森林村庄39个。完成全县农田水利规划，五年投入水利工程资金7.7亿元，新增和改善有效灌溉面积51.4万亩。新建乡村供水厂57个，解决88万农村居民和学校师生饮水不安全问题。城乡管理成效明显。深入开展"三治理两提升""三线三边"环境整治和农村清洁工程，依法取缔客运三轮车2773辆，新上公交车120辆，新投放出租车200辆。依法整治加油加气站点、拆除黏土砖窑场、关闭砂石料场，水污染、大气污染防治扎实有效，人居环境得到较大改善。

*五年来，我们始终注重民生改善，社会事业全面进步。*始终牵挂群众生活。五年累计投入财政资金204亿元用于改善民生，占财政总支出的86.7%，惠及全县165万城乡居民。民生工程深入实施，基本建立养老保险、医疗保险、社会救助全覆盖、可持续的社会保障体系。城乡就业更加充分，五年新增城镇就业人口3.75万人，城镇失业登记率保持在4.2%以内。公租房、廉租房实现并轨运行，棚户区改造三年计划有序推进，建成各类保障性住房1万余套、棚户区改造1.96万套，改造农村危房1.17万户。城市和农村低保标准分别从2011年的每年3480元、1400元提高到5760元和3150元。新建改建社区养老服务设施、农村敬老院55所，农村五保户集中供养能力达到72%。脱贫攻坚扎实推进，五年累计减少贫困人口43544人。始终顺应群众需求。大力发展教育、医疗事业，新建改建校舍46万平方米，完成221所农村学校"改薄"和252所"村小提升"工程，城乡义务教育均衡发展通过国家评估验收。稳妥

推进县级公立医院改革，中医院新院、县医院医技综合楼建成使用。完成16所乡镇卫生院和27所村卫生室建设，县乡村三级医疗卫生服务体系日益健全，基本药物制度实现村级全覆盖。科技文化体育事业蓬勃发展，申请专利2428件，新增授权专利1272件。新建群众健身场所1013处，群众体育和竞技体育取得长足进展。精神文明创建活动深入人心，先后有18人当选“中国好人”。国学经典进课堂和“书香涡阳”建设成效显著。天静宫被评为国家AAAA级旅游景区，《老子传说》被评为国家非物质文化遗产。县镇村三级公共文化场馆全部免费开放，广播“村村通”实现自然村全覆盖。放开二孩政策全面落实，低生育水平继续保持稳定。始终关注群众期盼。落实信访矛盾排查、包案化解机制，加大信访遗留问题解决力度，累计化解省市交办信访案件396件。深化平安涡阳建设，建成县城公共区域数据平台，治安一体化防控体系逐步完善。“六五”普法任务圆满完成，法治涡阳创建取得成效。开展安全隐患排查和挂牌督办案件整改，加强食品药品安全监管，安全生产保持稳定，人民群众安全感和满意度逐步提高。

五年来，我们始终注重依法行政，政府工作水平不断提升。坚持科学决策、民主决策、依法决策，政府职能进一步转变。坚决服从县委领导，自觉接受县人大法律监督、县政协民主监督，广泛接受社会舆论监督。五年办理人大代表议案、建议和政协委员提案2223件，办结率100%，满意率98%以上。深化服务型政府建设，建成县镇村三级网上办事平台，录入服务项目1432项，累计办结60余万件，“我家亳州”APP得到广泛推广应用。认真办理回复群众意见建议，市县长热线和人民网留言办结率、满意率逐年提升。落实“四督四保”“三查三单”督查机制，对重点工作、重点项目实行清单管理。加强目标考核和效能监察，落实行政问责，发展环境进一步优化。深入推进党风廉政建设，严格落实主体责任，认真履行“一岗双责”，严肃查处各类违纪违法案件。扎实开展党的群众路线教育实践活动、“三严三实”专题教育、“两学一做”学习教育、“讲看齐、见行动”学习讨论活动，政风建设明显加强。严格执行中央八项规定和省市县“三十条”规定，“三公”经费逐年下降。强化财政预算执行、重点项目建设、专项资金和领导干部经济责任审计检查，实现政府投资项目和资金审计全覆盖、国有资产统一监管全覆盖。

各位代表！五年来，国防动员和后备力量建设、人民防空、“双拥”和武装工作扎实推进，工会、共青团、妇联、科协、工商联、文联、慈善、红十字、民族宗教、外事、侨务和对台工作进一步加强，老干部、机关事务、统计、气象、档案、史志、物价、消防、防灾减灾、应急管理等工作取得新的成绩。

令人欣慰的是，2012年以来，我县先后荣获全国义务教育均衡发展先进县、全国法制先进县、全国群众体育先进单位、全国科技进步县、国家生态示范区、国家现代农业示范区、全国粮食生产先进县、全省科学发展先进县、全省文明县城、全省“六五”普法先进县、全省双拥模范县、全省公路治超工作先进县、全省科普示范县、全省卫生应急综合示范县、全省新型农村合作医疗工作先进县、全省信访工作先进单位等荣誉称号。

各位代表！尤其值得点赞的是，刚刚过去的2016年，全县上下励精图治，苦干实干，经济社会发展亮点纷呈。预计全县地区生产总值同比增长8.6%，财政收入增长8%，固定资产投资增长25%，规模工业增加值增长9.6%，社会消费品零售总额增长12.8%，实际利用内资增长17.5%，城镇居民和农村居民人均可支配收入分别增长10%、11%。主要呈现出十大亮点：

一是工业经济增势强劲。推进县经济开发区和5个乡镇工业集聚区基础设施建设，园区承载能力不断增强。新入园企业35家，其中投资亿元以上企业21家。县经开区规模工业产值、财政收入分别增长44.5%和166.8%。三鑫光电、创酷通讯、百禾堂药业、修正健康饮品、新诚达服饰等项目投产，亚宸光电、国隆玻璃等项目基本建成。投资16亿元、单栋厂房30万平方米的鸿路装配式建筑生产基地即将开工建设。积极化解过剩产能，关闭刘店煤矿，退出产能150万吨。加大低效闲置用地和僵尸企业清理力度，盘活僵尸企业14家，收回闲置土地1100亩。

全年完成工业投资72亿元，增长18.8%，增幅居全市第1位；新增规模工业企业67家，增量居全市第1位；战略性新兴产业产值23.2亿元，增长45%，总量、增幅均居全市第2位。

二是招商引资成果丰硕。全年新签约项目61个，其中亿元以上项目41个、亿元以上工业项目26个。实际利用内资300亿元、利用外资1.54亿美元，分别增长17.5%和10%。招商引资项目完成投资122亿元，增长32.6%，总量居全市第1位。成功举办“中国国际徽商大会涡阳县招商推介暨项目签约专场”活动，签约项目15个，总投资126亿元。全年新增进出口实绩企业4家，实现进出口总额1.1亿美元，增长10%。

三是项目建设速度加快。实施项目“百日会战”，落实“四督四保”“四位一体”推进机制。全年实施重点项目201个，完成投资170亿元，增长18.5%。59个省市重点项目完成投资100亿元，占年度投资计划的156.3%。涡河三桥、S202线路面改善、S307线新建绕城段、上跨青阜铁路立交桥等项目建成通车。投资9.3亿元，实施农村道路畅通工程项目702个，总里程1360公里，建设力度、投资强度前所未有。

四是现代农业提质增效。农业结构调整步伐加快，蔬菜、中药材种植面积分别达到45.8万亩和13.8万亩。建成油牡丹、山核桃、树莓等8大经果林基地2万亩。新增“三品一标”产品认证17个，“涡阳大豆”地理标志证明商标已通过国家工商总局评审。农业产业化联合体达到19家，规模农产品加工企业112家，实现农产品加工产值140亿元，增长22%，增幅居全市第1位、皖北22个县第2位。培育农机专业合作社213家，新增各类农机具4390台（套），24个村开展代收、代控、代耕、代种整村托管。午秋两季秸秆综合利用成效显著，实现秸秆禁烧“零火点”。

五是现代服务业加快提升。限上商贸企业183家，新增30家，实现限上消费品零售额35亿元，增长17%。红星美凯龙、中农批电商物流园、综合性游乐场、莓香湾生态庄园等项目加快建设。道源国家湿地公园、新四军四师红色旅游等项目有序推进。徽酒集团被评定为AAA景区，义门镇被评为全省第二批“千年古镇”。天河金街、凤凰假日酒店、绿城青牛广场城市商业综合体等项目相继落地。

六是新区建设日新月异。坚持征迁安置先行、基础设施先行、社会事业先行、聚集人气先行，城南新区建设步伐加快。德铭、华都等5个安置小区基本建成，德顺、七里朱等7个安置小区加快建设。完成育英路、育英河等“六路一河”建设。“五馆三中心”、智慧城市指挥中心、城市出入口景观提升等项目进展顺利。实施“城市家居”工程，新投放新能源公交车20辆，新建公交站台48个，安装交通护栏15公里、城市路灯1273盏。房地产市场健康快速发展，完成房地产投资42.6亿元，销售面积71.7万平方米，分别增长20%和39.4%。碧桂园、绿城等全国知名房地产上市企业登陆涡阳。

七是民生投入持续加大。财政投入33.35亿元、32项民生工程全面完成年度任务。实施棚户区改造7930套，货币化安置4175户。社会养老服务加快发展，巩固完善城乡居民大病保险制度，实现农村低保、五保分散供养、扶贫标准“三线合一”。坚持定向施策、精准发力，脱贫攻坚取得阶段性成效。完成“四项清单”逐户编制和贫困户定位工作，出台产业扶贫、光伏扶贫、金融扶贫、健康扶贫、教育扶贫、政策兜底等一系列政策，10个贫困村出列、1.84万人脱贫有望如期完成。全面推行药品带量采购，实现公立医院药品零差率销售，群众就医负担进一步减轻。大力发展文化事业，加强文化惠民工程和公共体育设施建设，公共文化服务水平进一步提升。

八是生态建设取得实效。编制完成全县生态文明建设、水污染防治等3个专项规划，建立环境保护网格化监管机制，生态保护制度体系不断完善。严格落实项目环境影响评价，大中型项目环评和“三同时”执行率100%。划定畜禽渔业养殖禁养区，建立三级“河长制”，黑臭水体有序治理。依法关闭砂石料场79家，拆除黏土砖窑场17家，淘汰黄标车1370辆，清理搬迁规模养殖场14家。完成植树造林4万亩，建设森林长廊71.1公里。

九是各项改革不断深化。强力推进“放管服”，动态调整政府权力清单、责任清单、涉企收费清单，编制完成公共服务清单、

中介服务清单。商事制度“五证合一”“一照一码”改革深入实施，“营改增”全面推开。在全市率先完成土地确权登记颁证，颁发证书24.96万本；在全省率先实施土地承包经营权抵押贷款，发放贷款近1.5亿元，位居全省首批试点县首位。不动产登记改革顺利实施，供销社综合改革有序推进，国有林场改革和区划调整平稳顺利。完成国有乐行城市建设集团组建，全年融资79亿元，到位资金56.1亿元。完成农商行核销清欠4.3亿元。

十是创业创新再创佳绩。开展“涡阳老乡，请您回家”和助力青年学子创业活动，落实创业项目扶持、资金扶持和小额担保贷款政策。实现“4321”新型政银担贷款余额6.6亿元，续贷过桥资金累计发生额8亿元。全年新增中小企业1903家、个体工商户7074户；授权发明专利50件；新增城镇就业9733人，转移农村富余劳动力1.83万人。

各位代表！过去的五年，涡阳发展既有难题困扰、步履维艰的辛酸，也有披荆斩棘、杀出血路的豪迈；既有逆境跋涉、奋勇登攀的坎坷，也有闯关夺隘、收获成功的喜悦。涡阳前进的道路不平坦，涡阳取得的成就更不平凡。五年来，在县委的科学决策和坚强领导下，全县上下同心同德、积极进取，人大代表、政协委员和离退休老同志始终与我们共克时艰、共谋发展，社会各界人士始终与我们携手共进、鼎力相助。在此，我代表县政府，向所有关心、支持、参与涡阳建设与发展的同志们、朋友们，表示衷心的感谢和崇高的敬意！

五年的风雨兼程，五年的铿锵前行。一路走来，我们真切感到：无论形势如何变化，都务必牢牢把握涡阳的县情，扭住经济建设不放松，坚持加快发展不动摇，这始终是政府工作的第一要务。无论困难如何巨大，都务必充分发挥我县的比较优势，千方百计招商引资，全力增加有效投入，这始终是政府工作的第一抓手。无论道路如何崎岖，都务必坚持创新驱动，坚持问题导向，大胆改革、勇于突破，这始终是政府工作的第一动力。无论经济如何发展，都务必把群众利益放在首位，不遗余力地抓好惠及百姓的民生实事，这始终是政府工作的第一目标。无论任务如何繁重，都务必紧紧围绕县委的决策部署，尽责有为，久久为功，以百倍的耕耘收获更大的成果，这始终是政府工作的第一责任。

在看到成绩的同时，我们也清醒地认识到，经济社会发展中还存在着不少困难和问题，主要表现在：经济总量小、人均占比水平低，产业链条短、结构不尽合理，支撑发展的大项目尤其是工业项目少，发展后劲不足；农业产业化程度不高，现代服务业发展层次偏低，转型升级任务艰巨；创新能力不足，经济、管理、科技人才短缺，投融资渠道单一，民间资本还未完全激活；基础设施建设相对滞后，教育、文化、医疗等公共产品供给不足，还不能很好地满足人民群众需求；少数干部责任意识、担当意识不强，抓落实的力度不大，不作为、慢作为、乱作为的问题在一些单位仍然程度不同地存在，工作能力和水平还不能适应形势发展的要求。对此，我们将采取更加有力的措施，认真研究解决。

展望今后五年：跨越赶超，加速崛起
勇当皖北振兴排头兵

各位代表！今后五年，是深化改革开放、转变发展方式的攻坚时期，也是我县跨越赶超、加速崛起的决战时期。我们必须进一步增强责任感、紧迫感，坚定信心，顽强拼搏，谱写涡阳发展的壮丽华章。这是时代赋予我们的历史使命，是全县人民的殷切期望，也是政府的职责使然。

县第十一次党代会明确了今后五年工作的指导思想、奋斗目标和战略举措，这是做好政府工作的重要遵循。我们将全面贯彻党的十八大和十八届三中、四中、五中、六中全会精神，深入学习贯彻习近平总书记系列重要讲话特别是视察安徽重要讲话精神，统筹推进“五位一体”总体布局和协调推进“四个全面”战略布局，坚定地用新发展理念统领发展全局，坚持稳中求进、优中求快工作总基调，认真落实县第十一次党代会确定的“1358”总体发展思路，以供给侧结构性改革为主线，以提高发展质量和效益为中心，以实施五大发展行动计划为载体，以解决“四个点问题”为抓手，坚定不移地在践行五大发展理念中闯出新路，勇当皖北振兴排头兵。

今后五年经济社会发展的主要预期目标是：到2021年，全县

地区生产总值年均增长9%左右；规模工业增加值年均增长12%；固定资产投资年均增长10%；财政收入年均增长10%；社会消费品零售总额年均增长11%；城镇居民、农村居民人均可支配收入年均分别增长10 %和11%左右。主要经济指标增幅高于全市平均水平。实现上述目标，必须把握以下几个方面：

坚持创新发展，锻造经济腾飞新引擎。坚持创新驱动优先发展战略，推动新技术、新模式、新业态、新产业快速发展，提升产业竞争力。加快四大产业集聚区建设，促进工业集群化、规模化发展，走出具有涡阳特色的新型工业化之路。全力推进战略性新兴产业加速兴起，现代服务业加速成长，农业现代化加速发展。到2021年，全县三次产业结构明显优化，工业化率达到40%，规模工业企业达到400家，战略性新兴产业产值比重达到25%以上，高新技术企业达到20家，农产品加工产值达到230亿元，服务业占GDP比重达到40%。

坚持协调发展，构建城乡统筹新格局。按照“城乡统筹、产城融合、各具特色”的思路，统筹推进新型城镇化和美丽乡村建设，打造宜居宜业宜游的美好家园。以城南新区为主战场，突出发展产业园区，改造提升老城区，形成一城三区、产城联动、融合发展。加快特色小镇、美丽集镇、美丽乡村建设和自然村环境整治，推进基础设施、公共服务等方面向乡村延伸、协调发展。到2021年，全县常住人口城镇化率达到46%，县城人口超过35万人，建成区面积达到35平方公里，建成5个特色小镇、15个美丽集镇、258个美丽乡村示范村。

坚持绿色发展，建设生态文明新样板。坚持把生态文明建设放在更加突出的位置，树立环保底线、生态红线“双线思维”，推进绿色发展、循环发展、低碳发展。全面加强水污染治理和大气污染防治，严格禁止高风险、高能耗、高污染项目。加快重点生态保护区、水源保护区、居民生活区生态环境治理。建设覆盖城乡的垃圾处理体系，城市生活污水集中处理率、垃圾无害化处理率均达到100%。争创国家园林县城、森林县城。到2021年，全县生态环境明显改善，资源利用效率大幅提高，水系水质明显提升，采煤塌陷区得到有效治理，森林覆盖率领先皖北，城乡人居环境更加优美，“老子故里生态福地”的品牌充分彰显。

坚持开放发展，打造内陆开放新高地。坚持以开放促改革、促发展，以开放型经济发展推动经济转型。围绕“三重一创”建设，积极与合肥高新区开展合作共建，组织参与区域重大经贸活动，形成全方位、多层次、宽领域的开放格局。推进“一区五园”功能完善，加快园区转型升级。依托四大产业集聚区，加大精准招商力度，促进产业配套，延伸产业链条，承接产业转移，实现引进一个项目、带动一个产业、建成一个基地。到2021年，招商引资年均增幅15%以上。

坚持共享发展，实现人民福祉新提升。坚持以人为中心的理念，进一步完善就业服务、社会保障、养老服务、住房保障和社会事业“五大体系”。持续加大民生投入，每年将新增财力的80%以上用于民生改善。始终把脱贫攻坚作为第一民生工程，举全县之力推进精准扶贫、精准脱贫，确保全县所有贫困人口、贫困村如期脱贫出列。大力发展各项社会事业，让人民群众学有所教、病有所医、老有所养、住有所居。创新社会治理体系，妥善化解各类社会矛盾，积极构建和谐发展的社会环境。深入推进平安涡阳、法治涡阳、诚信涡阳建设，群众合法权益和社会公平正义得到切实保障。到2021年，城乡居民收入大幅增长，脱贫成果更加牢固，社会保障体系更加健全，基本公共服务体系更加完善，使人民群众有更多的获得感、幸福感。

聚力2017年：真抓实干，乘势而上 实现新一届政府良好开局

2017年是新一届政府的开局之年，做好今年工作至关重要。全县经济社会发展的主要预期目标是：地区生产总值增长9%左右，财政收入增长10%，规模工业增加值增长10%以上，固定资产投资增长14%以上，社会消费品零售总额增长12%以上，实际利用内资增长15%，城乡居民人均可支配收入增长9.5%左右，节能减排、大气和水污染防治完成市政府下达的年度目标任务。重点做好以下六个方面的工作：

（一）聚力转型升级，在厚植产业竞争力上实现新的突破。

做强新型工业。坚持工业立

县不动摇，大力实施工业振兴纲要，壮大主导产业、扩张优势产业、培育新兴产业，构建新型工业体系。全年完成工业投资80亿元以上，新开工工业项目40个以上，新增规模工业企业30家以上。编制完成园区总体规划，加大“一区五园”和“四大产业集聚区”建设，形成各具特色、分工合作、优势互补的产业和企业集群发展布局。新建20万平方米标准化厂房，基本建成发展要素中心、企业邻里中心等配套设施。加快战略性新兴产业集聚发展步伐，支持装配式建筑生产基地、光机电二期等项目加快建设，助推三鑫光电、恒明新材料等企业加大生产要素投入，开发上下游产品，尽快形成完整的产业链条。推进“三重一创”建设，建立产业基金，落实要素保障，促进新兴产业快速成长、持续扩大。全年新增战新企业3家，产值增长20%以上。加快传统产业改造升级，鼓励三星化工、财富康达等企业优化重组、股份改造，实行强强联合。推进新诚达服饰加工运营中心项目建设。大力发展非公经济，积极落实发展扶持政策，非公经济比重提高到62.5%。发挥政企直通车微信平台作用，进一步规范中介服务，切实在减税降费和降低要素成本上加力增效。

做精现代农业。大力实施农业农村“十大行动”，扎实推进农业供给侧结构性改革，优化农业产业体系、生产体系、经营体系，提高农业综合效益和竞争力。加快调整农业结构，进一步扩大农产品绿色生产，推进畜牧、水产规模化健康养殖，新建12个粮食绿色增产示范区，建设瓜果蔬菜种植标准园6个，绿色低碳循环养殖示范场24个，新增三品一标产品15个、产地3个，争创驰名、著名商标1—3个。加快推进义门山核桃、城西榉树、青疃海棠等经果林基地建设，蔬果、中药材种植面积分别达到49万亩、14万亩。新增流转土地6万亩以上。推进三次产业融合发展，大力发展农产品加工业，进一步提升农业产业化水平，新增农业产业联合体8家，市级以上龙头企业10家、合作社100家、家庭农场150家。发挥中农批电商物流园带动作用，按照“基地+农户+市场”模式，让更多特色农产品走出涡阳。加快提升设施保障能力，继续实施“五水共治”行动计划，突出抓好“八小”水利工程建设，夯实农业发展基础。整合各类涉农项目资金，建设高标准农田25.7万亩。完成造林3万亩，建设10条重点县乡道路森林长廊120公里，争创省级森林城市。实施“互联网+”现代农业行动，推进省级物联网试点县建设，建设5个物联网应用示范基地。

做优现代服务业。坚持生产性服务业与生活性服务业、传统服务业与现代服务业并重，促进现代服务业商圈集聚化、业态多元化。壮大商贸物流业，全年新增限上商贸企业30家以上。支持知名企业投资兴办大型城市综合体、综合超市、购物中心。加快推进中农批电商物流园二期、美的汽摩大市场二期、天河金街、绿城青牛广场等项目建设。以“文化旅游年”系列活动为抓手，加速文化旅游业发展。推进道源国家湿地公园、老子生态园、新四军四师红色旅游、莓香湾生态庄园等项目建设，促进旅游与工业、农业、文化产业融合发展，打造以文化旅游、生态休闲、度假养生为主体的旅游产品体系。积极发展电子商务，扩大农村淘宝、淘实惠、聚农E购等电商平台覆盖面。大力发展现代金融、现代物流、文化创意、健康养老、体育健身等新兴服务业，拓展服务领域，丰富服务供给，促进服务业向精细化和高品质转变。

（二）聚力投资拉动，在增强发展后劲上实现新的突破。

高效率推动项目建设。深入开展“项目建设推进年”活动，落实“四督四保”“四位一体”“六个一批”工作机制，着力提高项目开工率、竣工率，全年新开工亿元以上项目35个、总投资135亿元，建成亿元以上项目不少于30个。抓好重大基础设施建设，加快推进G344和4条省道建设，积极推进亳蚌城际铁路、亳涡蒙高速、亳州机场、引淮济亳等项目前期工作。加快推进涡河航道升级、涡河二桥、高炉涡河大桥、义门涡河大桥维修重建。抓好产业项目落地，全力推进签约项目早开工、在建项目早投产、建成项目早达产。全年完成工业固定资产投资90亿元以上。抓好项目谋划储备，围绕五大发展行动计划，谋划生成一批投资规模大、带动力强、成长性好的重大项目，提高项目成熟度，增强项目可行性、可批性和实效性，新增储备项目200个、投资规模不低于600亿元。

高强度推进招商引资。进一步转变招商理念，创新招商方式，完善招商政策，提升招商引资质量和精准度。突出招大引强，紧盯一批世界500强、国内500强、行业50强等知名企业，着力引进一批投资强度大、市场前景好、产业关联度高的项目。突出产业招商，围绕主导产业，补足产业链条“短板”，加快形成产业集群。突出以商招商，加大对落户企业的帮扶力度，以优质服务赢得企业信任，让投资者主动扩资、增资、引资，实现“引进一个、建好一片、带来一批”的良性循环。拓展招商领域，强力推动农业、旅游、服务业招商，凸显招商引资新优势。进一步深化与合肥高新区在发展规划、园区共建、人才交流、基础设施等领域的深度合作。全年引进亿元以上项目不少于30个，实际利用内资345亿元以上、增长15%；每个乡镇新增规模工业企业不少于1个。

高标准强化要素保障。坚持要素跟着项目走，全力保障重点项目用地、资金需求。进一步加大征迁力度，全年征迁村庄16个、110万平方米。抓好土地综合整治，实施38个村土地整治整村推进，完成建设用地增减挂项目5000亩，补充耕地2000亩。加大闲置、低效企业用地清理力度，提高园区综合利用率。加强融资平台建设，壮大乐行城市建设集团规模，健全现代法人治理制度，争取更多长期、低息政策性融资资金，全年新增融资30亿元以上。按照“审批环节最少、审批速度最快、服务效率最高”原则，进一步优化发展环境，打击影响投资环境的违法违纪行为，畅通项目落地建设“绿色通道”，打造创业兴业洼地。

（三）聚力城乡统筹，在新型城镇化建设上实现新的突破。

完善县乡综合功能。全面实施主体功能区规划，坚持“多规合一”，编制完成公共服务设施、市政基础设施专项规划和地下空间利用规划等。实施“六大工程”，力促新老城区联动发展。推进安居保障工程，加快安置小区建设，年内竣工交付安置房面积90万平方米。继续实施农民进城购房补贴、住房公积金贷款政策。推进路网建设工程，完成乐行路、向阳路、德和路等15条道路新建改建任务。推进基础配套工程，加快县经开区污水处理厂、城东污水处理厂及配套管网、公交停保场、应急供水、消防基地等项目建设，完成城南新区电力线路改迁和伯阳500千伏输变电工程。推进公益项目建设工程，完成“五馆三中心”、广电发射转播塔、农商大厦以及城关街道、经开区社区服务中心建设。推进城区“活水”工程，以“截污、清淤、绿化”为重点，完成幸福河、柳沟、锦绣河水系治理和“六闸一站”建设，打造涡楚河、向阳河、幸福河水景观。推进老城区改造提升工程，加快实施老旧街道、背巷小区改造，改扩建老城区供水管网42公里，加大排水防涝、消防、亮化等市政设施建设，完成一批口袋公园、街头绿地、农贸市场等公共服务设施建设。坚持城乡一体，加快美丽集镇、美丽乡村建设。推进基础设施和公共服务向集镇、农村延伸，完成农村道路畅通工程750公里，实施砂石路改建及自然村“村村通”工作。启动特色小镇建设，加快中心村建设和自然村环境治理。完成高炉、西阳2个美丽集镇建设和10个集镇建成区整治、28个省市县三级美丽乡村示范村建设，同步推进2017年度10个集镇建成区整治和10个省级、15个市县级美丽乡村示范村建设。

提升城乡建管水平。加快智慧城市建设，完成数字化城管监控和智能交通指挥中心建设，实现城区和农村重要节点视频监控全覆盖。进一步理顺城镇管理体制，推进管理重心下移，充分发挥街道、社区作用，实现城镇管理责任化、网格化、数字化、精细化，补齐城镇管理短板。实施城区环境卫生市场化管理。持续开展以“三治三增三提升”为主要内容的环境整治，重点整治经营、交通、建设、卫生“四大秩序”，开展户外广告、集贸市场、渣土运输等专项治理。始终保持“两违”管控高压态势，对违法用地、违法建设“零容忍”。进一步完善并落实农村清洁工程、“三线三边”治理常态化管理机制。持续开展“十大不文明行为”专项整治，不断提高公民文明素质和公共文明指数。

打造优良生态环境。实行最严格的环境保护制度，划定并落实生态红线、耕地保护红线、城镇开发边界红线，强化生态环境损害问责。扎实推进“五水共治”工程和大气污染治理工程，依法清理规范“六场一站”，完成PM10浓度控制任务。加大农业面源污染治理，推动农业废弃物资源化利用和无害化处理，全面完成畜禽养殖禁养区内规模养殖场清理、搬迁工作。大力发展垃圾发电、生物质发电等新能源产业。继续抓好秸秆禁烧和综合利用，确保实现“零火点”。落实“河长制”和最严格的水资源管理制度，完成向阳河、涡楚河等4条河流黑臭水体治理，全面开展渔业养殖禁养区清理工作。加大“增绿、增彩、增果”推进力度，完成4个省道、城市出入口绿化提升，实施城市森林生态廊道建设，创建省级森林城镇2个、森林村庄7个。

（四）聚力改革开放，在增强发展活力上实现新的突破。

以改革激发发展活力。坚持以政府权力的减法换取市场活力的乘法，继续推进“放管服”，动态调整完善政府权力清单、责任清单、涉企收费清单、公共服务清单、中介服务清单，试行企业投资项目管理负面清单制度。实现中介服务机构、行业协会商会与行政机关脱钩。推进“互联网+政务服务”，规范完善网上办事运行机制，开展“减证便民”专项行动。强化事中事后监管措施，推动“双随机一公开”模式全覆盖。深化商事制度改革，清理各种行业准入证、生产许可证和职业资格证，推进“五证合一”“证照分离”。深化金融体制改革，支持农商行优化股权结构，完善公司治理结构。推进“4321”“532”“税融通”“我要贷款”等金融服务，拓宽企业融资渠道，助推企业上市挂牌。全年新增贷款30亿元以上，存贷比达到50%以上，力争新增2家企业挂牌“新三板”。深化农村综合改革，加快集体资产股份制改革试点和产权交易市场建设，支持农民通过土地流转、土地托管、土地入股等形式发展适度规模经营。巩固确权颁证成果，继续扩大农村土地承包经营权抵押贷款规模。全面完成单集国有林场改革。深化农业补贴“三合一”和供销社综合改革。

以开放释放发展活力。大力实施东向发展，积极融入长三角，加强外贸主体培育，不断提升对外开放水平。推动大众创业、万众创新，深入开展“涡阳老乡，请您回家”活动，落实创业项目扶持、资金扶持、小额担保贷款等政策，助力高校毕业生、农业转移劳动力、退役军人等重点群体自主创业创新。加强职业教育和技能培训，推动我县从劳动力大县向技工大县转变。加快建设26万平方米皖北“双创”示范基地，推广众创空间、创新工厂等新型孵化模式。全年新增中小企业1000家，个体工商户5500户。推动政府和社会资本合作，撬动社会资本参与水系治理、污水处理、社会养老、城市基础设施建设，实施一批PPP项目。

以信用保障发展活力。推进诚信涡阳建设，构建政务诚信、商务诚信、社会诚信“三位一体”的信用体系。健全失信“黑名单”制度，健全信用监管体系和失信行为惩戒机制。建立政府信息公开发布机制，推进政务决策、执行、管理、服务、结果“五公开”。推进信息共享平台建设，加快工程建设、招标采购、中介服务等领域信用建设，加大诚信企业示范宣传和典型失信案件曝光力度。加强供水、供电、供气、通讯、物业等行业和教育、医疗、社会组织等领域职业信用、职业道德与行为规范建设，倡导契约精神，着力营造诚信光荣、失信可耻的浓厚氛围。

（五）聚力精准扶贫，在打赢脱贫攻坚战上实现新的突破。

健全责任落实机制。按照市委扶贫工作“七句话”要求，大力实施“脱贫攻坚年”活动，确保如期实现人脱贫、村出列、县摘帽的目标。完善县、乡、村三级扶贫工作责任体系，健全干部驻村挂点包户帮扶机制，层层签订责任书、立下军令状、绘好路线图，切实将脱贫计划细化到村到户到人。坚持源头严把、过程严控、验收严格、纪律严厉，建立健全核查、评估、退出和问责机制，强化脱贫成效考核，实行脱贫攻坚工作“一票否决”。坚决杜绝搞数字脱贫和弄虚作假行为，确保真扶贫、真脱贫。

全力推进脱贫攻坚。坚持工作向脱贫攻坚聚焦、项目向脱贫攻坚聚集、资金向脱贫攻坚聚合，打好脱贫攻坚组合拳。加大财政资金投入，整合各类涉农资金，加快贫困村基础设施建设，解决1.69万贫困人口饮水不安全问题，实现贫困村高标准农田建设全覆盖。完成88.53兆瓦光伏扶贫发电项目建设，实现村级光伏电站全覆盖、贫困户光伏扶贫收益分配全覆盖。实施新一轮农网升级改造，完成33个贫困村电网改造。完成5000户贫困户危房改造。落实贫困家庭子女教育资助政策、贫困群众“两免两降五提高一兜底”基本医疗保障政策，切实解决因学因病致贫返贫问题。完善社保兜底政策，坚持扶贫标准、农村低保标准“两线合一”，对无业可扶、无力脱贫的贫困人口给予兜底保障。

提高持续发展能力。以产业为支撑，制定贫困村特色产业发展规划，发挥龙头企业、专业合作社带动作用，支持贫困村、贫困户因地制宜发展瓜果、蔬菜、水产、畜禽等种植养殖产业。通过提供公益性岗位、支持企业吸纳贫困人口，促进具有一定劳动能力的贫困户就近务工增收。扎实开展农业实用技术培训，提高贫困户劳动力致富技能。通过直接帮扶、委托帮扶和股份合作等方式，支持新型经营主体、企业与贫困户开展结对合作。继续开展“百企帮百村”和扶贫项目认领活动，激励各类企业、社会组织和个人自愿参与扶贫，确保每个贫困村都有帮扶单位，每户贫困户都有帮扶责任人。加大金融扶贫力度，扩大土地经营权抵押贷款和产业扶贫贷款，提高金融扶贫成效。

（六）聚力民生改善，在增进群众福祉上实现新的突破。

加快补齐民生短板。以32项民生工程为抓手，大力推进基本公共服务均等化。加强就业培训，落实就业扶持政策，多渠道创造就业岗位，积极引导高校毕业生到小微企业、非公企业就业和自主创业，推动零就业家庭动态“清零”。全年新增城镇就业9700人以上，城镇登记失业率控制在4.2%以内。健全城乡居民养老保险、基本医疗保险制度，推进社会保障保险提标扩面。加强社会救助、社会福利建设，支持慈善事业发展，有效保障残疾人、妇女、未成年人权益。逐步完善以居家为基础、社区为依托、机构为支撑的养老服务体系，推动养老事业长足发展。加快保障性住房建设，完成棚户区改造5222套，货币化安置3422户。新建改建农村水厂8个，解决11万人饮水不安全问题。

促进社会事业发展。完成96所农村小学“改薄”和50所“村小提升”工程。加快职教中心、两所小学、一所高中建设。推进教师“无校籍”管理，建立城乡校际联盟。实施医疗、医保、医药“三医联动”改革，健全完善县乡医联体和分级诊疗制度，完成乡镇卫生院标准化建设，不断提高基本医疗和公共卫生服务能力，实现县域内就诊率达到90%以上。积极争创全国中医药工作示范县。加强基层计划生育服务管理，促进人口均衡发展。大力发展文化事业，扎实开展国学经典教育“六进”活动和“书香涡阳”建设，深入实施文化惠民工程，完成德政公园、体育公园等公共服务场所建设，不断丰富群众文体生活。加强非物质文化遗产传承保护，抓好历史文化名城、名镇、名村保护开发。依法规范宗教事务管理。全面落实双拥优抚政策，加强国防动员和后备力量建设，推动军民融合深度发展。完成第三次农业普查。统筹抓好气象、科技、物价、供销、档案、外事、侨务、工会、妇女儿童、地方志、红十字会等事业健康发展。

积极创新社会治理。深化“平安涡阳”建设，扎实开展“七五”普法工作，落实重大事项社会稳定风险评估制度，完善数字化社会治安防控体系，有效防范和严厉打击违法犯罪活动。畅通信访渠道，规范信访秩序，依法处置缠访闹访行为。严守安全生产红线，抓好“铸安”行动，推进安全隐患排查治理全覆盖，加强监管信息化和应急救援能力建设，杜绝重特大安全生产事故。建立健全农民工工资保障机制，推行欠薪、失信企业黑名单制度，依法保障农民工合法权益。全面实施居住证制度，分类实施无户口登记工作。提升食品药品监管水平，保障人民群众饮食用药安全。加强应急管理体系建设，完善综合防灾减灾体系，提高保障公共安全和处置突发事件能力，确保社会安定、人民安宁。

各位代表！站在新起点，面临新常态，历史赋予我们的重任在肩，人民寄予我们的厚望在心。我们将始终以加快发展为己任，始终牢记不忘初心、继续前进，始终做到朝夕勤勉，永不停步，永不懈怠。

强化“四个意识”。坚持把思想政治建设作为政府自身建设的首要任务，认真学习领会习近平总书记系列重要讲话精神和党中央治国理政的新理念新思想新战略，坚定不移地向党中央看齐、向党的理论和路线方针政策看齐、向党中央的决策部署看齐，全面加强政府系统从严治党力度，始终在思想上政治上行动上与以习近平同志为核心的党中央保持高度一致，确保党的大政方针和省委、市委、县委各项决策部署落地生根、开花结果。

强化统筹谋划。深入研究国家宏观政策、行业法规政策和产业政策，找准落实落地的切入点和结合点，不断提高把握政策、谋划工作、推动发展的能力。着眼全县经济社会发展的重点领域和薄弱环节，勇于革故鼎新，突破思维定式，在体制机制上探索新办法，全力推动经济社会发展破瓶颈、补短板、有作为。

强化依法行政。认真落实县委的决策部署，主动接受县人大法律监督和县政协民主监督，重视社会监督和舆论监督。规范政府决策行为，完善合法性审查机制，健全重大决策终身追究和责任倒查制。深入推进简政放权，优化流程再造，提高行政效能。全面推进政务公开、办事公开，加强政务信息网上公开发布，办好市县长热线和网友留言，让政府权力在阳光下运行。

强化担当实干。始终把敢于担当作为全体政府工作人员的自觉行动，切实强化使命担当、责任担当，勇于攻坚克难、动真碰硬、善作善成，创造出经得起历史和人民检验的业绩。重拳整治重布置、轻落实，有令不行、有禁不止，推诿扯皮、敷衍塞责等问题，树立说了就算、定了就干、干就干好的良好作风，确保各项工作高标准推进、高质量完成。

强化廉洁从政。坚持不懈地推进党风廉洁建设，强化主体责任，落实“一岗双责”，始终把纪律和规矩挺在前面。加强权力运行监督制约，紧盯行政审批、工程项目、惠民资金等重要领域和关键环节，加强惩治和预防腐败体系建设，切实管好权、管好钱、管好人。加强行政监察和审计监督，加大对政策措施落实、公共财政资金、政府投资项目、经济责任履行等方面的审计力度。始终保持反腐高压态势，严肃查处各类违纪违法案件，坚决纠正以权谋私、损害群众利益的问题。贯彻执行中央八项规定和省市县相关规定，严控“三公”经费。严格遵循“四个自觉”，带头敬法畏纪、遵规守矩，做到公正用权、为民用权、廉洁用权，营造干部清正、政府清廉、政治清明的良好风尚。

各位代表！涡阳这方热土，正焕发出蓬勃发展的生机与活力；涡阳干部群众，正迸发出奋发向上的干劲与激情。涡阳的发展势不可挡、涡阳的未来更加辉煌。让我们在县委的坚强领导下，全面践行五大发展理念，凝心聚力，励精图治，昂首前进，干出发展新局面，干出事业新成就，干出涡阳新天地，为全面建成小康社会、勇当皖北振兴排头兵而努力奋斗！

大事记

1月

1日 涡阳县委、县政府组织有关部门从1月1日至2月底开展12项“红红火火过大年”主题系列活动：1. 涡阳县第二届迎新春全民健身跑；2. 迎新春全县唢呐大赛；3. 文化惠民生书香进村居——周末大舞台；4.《中国好声音》涡阳赛区海选；5.“书香涡阳”演讲比赛；6. 迎新春优秀文艺节目会演；7.《历代名人家训》书画展；8. 迎新春义务写春联暨“书香涡阳”楹联征集；9. 非物质文化遗产民舞展演；10. 首届健身健美展示暨涡阳县健美协会成立大会；11. 文化、卫生、科技“三下乡”；12. 名优名产品展示展销。

同日 涡阳县第二届迎新春全民健身跑活动在两河公园法制广场举行。县委常委、宣传部部长、县总工会主席雅浩海在活动中致辞。县委书记、县人大常委会主任胡明文宣布活动开始并打响号令枪。杨学国、吴晋、万瑞年、王贵民、韩龙、黄卫国、刘红岩、蒋玲玲、赵太民等县领导及来自全县的3000余名参赛者参加健身跑活动。一等奖为涡阳四中的张明慧；二等奖为涡阳四中的杨琳琳、刘梦豪及涡阳二中的张晓慧、王苗苗；三等奖为涡阳县二中的刘丽娟、老年太极拳协会的孙彩虹、涡阳吧的赵妍及社会组李景琦、司法局孙萍。

同日 涡阳县行政事业单位机关公车改革车辆实行统一封存。

同日 县委、县政府对全县行政事业单位商业用房进行全面清理，对所涉及清理商业用房，移交金阳建投公司实施管理运营。

4日 由涡阳县委宣传部等有关部门联合举办的“2016年迎新春全县唢呐大赛”在西阳镇郭寨新村举行。一等奖新兴镇；二等奖义门镇、城西镇、涡南镇；三等奖陈大镇、龙山镇、丹城镇、标里镇、曹市镇。

同日 涡阳县同丰种业有限公司仓储管理员王春河从河中救起溺水母子事迹，入选中央文明办“中国好人”榜。

同日 涡阳六中穆影入选“中华优秀传统文化教育2015年度人物”榜。

5日 政协涡阳县第九届五次会议在涡阳剧院隆重开幕。县政协副主席蒋玲玲作《政协涡阳县九届常务委员会工作报告》；县政协副主席李文飞作《政协涡阳县九届常委会关于九届四次会议以来的提案工作情况报告》。会议表决通过补选方侠为县政协副主席，杨洪发、岳凯为县政协常委。会议表决通过《政协涡阳县第九届委员会第五次会议政治决议》《政协涡阳县第九届委员会工作报告的决议》及《政协涡阳县第九届委员会提案审查情况工作报告的决议》。会议于1月7日胜利闭幕。县领导：胡明文、杨学国、吴晋、万瑞年、王贵民、雅浩海、刘传华、王玉红、韩龙、刘梦汝、黄卫国、刘仲远、方振勇、张松龄、赵太民及有关人员参加会议。

6日 涡阳县第十六届人民代表大会第五次会议在涡阳剧院隆重开幕。县委书记、县人大常委会主任胡明文主持会议。县委副书记、县长杨学国作县政府工作报告。会议听取审议县2015年国民经济和社会发展计划（草案）报告；听取县2015年财政预算执行情况和2016年财政预算执行情况和2016年财政预算（草案）报告。会议表决通过选举办法（草案）。刘传华、范吉用当选为县第十六届人民大会常委会副主席；马晓东等7位同志当选为本届常委会委员。会议于1月8日胜利闭幕。县领导：吴晋、万瑞年、王贵民、雅浩海、刘传华、王玉红、韩龙、刘梦汝、黄卫国、刘仲远、方振勇、张松龄、纪侠玲及有关人员参加会议。

涡阳县举行五禽戏展演暨健身健美协会大赛成立大会。全国健身健美比赛青年组选手王东、全国俱乐部杯男子60公斤的冠军张诚应邀参加活动并进行展示表演。县委常委、宣传部部长、县总工会主席雅浩海，县人大常委会副主任纪侠玲、县政协副主席赵太民等参加会议。

同日 苏、鲁、豫、皖四省民间小调名家交流创作座谈会暨民间小调电影网和安徽民间小调影视文化传媒有限公司揭牌仪式在县文化馆举行。

12日 涡阳县工会第十一次代表大会在金桂开元大酒店会务中心举行。县委常委、宣传部部长、县总工会主席雅浩海作工会工作报告。会议选举产生涡阳县工会第十一届委员会委员及经费审查委员会委员。会议表决通过工会工作报告、经费审查工作报告及财务工作报告及《选举办法（草案）》。市总工会党组书记、常务副主席马庆武，县委书记、县人大常委会主任胡明文出席会议并讲话。万瑞年、刘传华、韩龙、刘梦汝、蒋玲玲等参加会议。

13日 共青团涡阳县第十五次代表大会在金桂开元大酒店会务中心召开。会议选举产生共青团涡阳县第十五届委员会委员、候补委员、常委、书记、副书记。会议表决通过团县委十五次工作报告决议。团市委书记丁辉，县委书记、县人大常委会主任胡明文出席会议并讲话。雅浩海、刘梦汝、纪侠玲、蒋玲玲等县领导参加会议。

14日 涡阳县妇女第十届代表大会在金桂开元大酒店会务中心举行。市妇联党组书记、主席戴爱霞在大会上致辞。县妇联主要负责人作县妇联工作报告。会议选举产生县妇联十届常委会常委、主席、副主席。胡明文、万瑞年、雅浩海、刘梦汝、刘红岩、方侠等县领导出席会议。

同日 涡阳县委常委会2016年第一次会议在县行政中心四楼会议室召开。会议分别听取县委办《关于科级领导班子成员贯彻中央八项规定精神深入推进作风建设责任清单（试行）》、县车改办《关于公务用车改革进展情况》及《车改过渡期公车使用临时办法》的汇报和两节期间慰问等有关事宜的汇报。县委书记、县人大常委会主任胡明文出席会议并讲话。杨学国、万瑞年、雅浩海等常委会班子成员参加会议。

15日 涡阳县科协第三届代表大会在君豪大酒店举行。县科协主要负责人董华良作科协工作报告。会议选举产生第三届委员会常委、副主席、主席。市科协主席葛兴全到会致辞。团县委负责人代表团体组织在会上发言。县委副书记万瑞年，县委常委、副县长王玉红出席会议并讲话。雅浩海、刘梦汝、纪侠玲、赵太民等县领导参加会议。

同日 《中国好声音》涡阳赛区海选在县城关中心校多功能报告大厅正式拉开帷幕。将进行五场海选比赛，获得前三名者将代表涡阳县参加安徽省赛区的晋级比赛。县委副书记万瑞年，县委常委、宣传部部长、县总工会主席雅浩海，县委常委、组织部部长、统战部部长刘梦汝，《中国好声音》安徽赛区负责人苏邵兵及县直有关部门负责人出席开幕式并共同启动开幕水晶球。

16日 涡阳县第一届归侨侨眷代表大会召开。安徽省侨联党组成员、专职副主席兼秘书长杨冰出席会议并讲话。亳州市侨联主席管卫东等市、县领导参加会议。

同日 涡阳县石弓镇卫生院被国家卫计委评为“2014—2015年度群众满意乡镇卫生院”。

18日 县委书记、县人大常委会主任胡明文，县人大常委会副主任刘传华，县委常委、人武部政委张松龄，县政协副主席蒋玲玲率涡阳县人大代表团一行103人赴亳州市参加第三届人民代表大会。

20日 副省长梁卫国一行到涡阳县西阳镇小麦绿色增产模式攻关示范片、小麦田间管理及土地确权登记工作进行调研。市委副书记、市长汪一光，副市长马露，县委副书记、县长杨学国，副县长黄恺等陪同调研。

同日 省林业厅专家组一行到涡阳检查指导国家湿地公园规划及建设情况。县委常委、常务副县长、县委办公室主任、县经济开发区管委会主任方振勇等陪同检查。

21日 涡阳县2015年义务教育、就业扶持、病有所医、老有所养、公共租赁住房保障、农村危房改造等31项民生工程圆满完成2016年目标任务。

同日 涡阳县委宣传部、县机关工委、县广播电视台等单位联合举办“书香涡阳”演讲比赛。市委宣传部副部长、市社科联主席、市书香办主任张弘及县领导万瑞年、雅浩海、纪侠玲、蒋玲玲等观看演讲比赛。第一名为涡阳五中南校王翠英；第二名为涡阳二中蔡海侠、县人民法院刘静静。

24日 涡阳县2016年春运工作正式启动。春运时间为期40天。

25日 县委县政府决定自2016年1月25日—2月22日（腊月十六至正月十五）分别在交通路北侧（滨河公园）、文城北路（淮中大道中海国际花园东侧）及时代广场设立三处临时年货购物大市场。

同日 涡阳县政府2016年第一次全体（扩大）会议在县行

政中心十一楼会议室召开。县委常委、常务副县长方振勇主持会议。县委常委、副县长王玉红宣读《涡阳县人民政府办公室关于印发2016年县政府工作报告主要目标任务分解表通知》。县委副书记、县长杨学国出席会议并讲话。各分管副县长对2016年工作进行部署。

26日 全市“三下乡”暨书香村居示范宣讲活动在涡阳县西阳镇郭寨村文化广场举行。市委常委、宣传部部长、市总工会主席杜爱玉在活动中致辞。市委宣传部副部长张弘，县委常委、宣传部部长、县总工会主席雅浩海等参加活动。

27日 由涡阳论坛主办，天河瑞景冠名的“网聚正能量·共筑涡阳梦”—涡阳县第二届网络晚会在涡阳剧院举行。

同日 涡阳县被列入全国农村“两权”（农村承包土地经营权、农村住房财产权）抵押贷款试点县。

2月

1日 由涡阳县政府主办，县委宣传部、县农委承办的“涡阳县首届名特优农产品绿色食品展示展销会”在县时代广场举行。吴晋、刘传华、雅浩海、刘仲远、黄恺、李雷、蒋玲玲、方侠等县领导莅临展销会现场参观咨询农产品展销情况。全县36家农业龙头企业、农产品种植加工企业、农民专业合作社、家庭农场和种植大户参展，60余种生态特色农产品的300余个产品参加展销。

同日 涡阳县司法局涡北司法所被司法部授予“全国模范司法所”荣誉称号。

2日 由涡阳县文明办、共青团涡阳县委、县爱心者协会等单位联合开展以“青春志愿行、温暖回家路”为主题的“涡阳春运志愿者在行动”在涡阳县火车站正式启动。

同日 由涡阳县委宣传部主办，县文体旅游局、县总工会及县广播电视台承办的涡阳县“2016年迎新春优秀文艺节目会演”在涡阳剧院举行。县委书记、县人大常委会主任胡明文，县政协主席吴晋、副主席方侠等县领导及社会各界人士观看演出。

3日 涡阳县十六届人大常委会第四十四次会议在县行政中心六楼会议室召开。县人大常委会副主任刘传华主持会议。会议听取县人大常委会2016年工作要点（草案）并结合全县十六届人大五次会议批准的《涡阳县人大常委会工作报告》进行审议表决。会议决定接受王贵民、纪侠玲辞去县人大常委会副主任职务的请求；接受许复礼辞去县人大常委会委员职务的请求等有关人事任免事宜。县委书记、县人大常委会主任胡明文到会讲话并为新任命人员颁发任命书。县委常委、副县长王玉红，县委常委、组织部部长、统战部部长刘梦汝等有关人员应邀列席会议。

4日 由县委宣传部、县关工委主办，县文体旅游局、县文联、县老年书画家协会等19家单位联合举办的“涡阳县首届历代名人家训迎春书画展”在县文化馆老子艺苑展厅举行。此次活动，展期20天，将展示历代名人家训对联等书画作品180副。

同日 涡阳县春节老干部迎春茶话会召开。县委书记、县人大常委会主任胡明文致慰问辞。县委常委、常务副县长、县经济开发区管委会主任方振勇汇报县2015年经济社会发展情况及2016年县政府中心工作及发展目标。杨学国、吴晋、万瑞年、刘传华、雅浩海等县领导与离退休老干部进行座谈、观看文艺演出及参观徽酒集团。

5日 涡阳县委中心组理论学习（扩大）会议在县行政中心十一楼会议室召开。县领导万瑞年、刘传华、雅浩海、刘梦汝等先后在会上传达相关文件讲话精神。县委副书记、县长杨学国传达全市经济工作、城乡建设暨2015年第四季度工作督查会议精神，并对下步工作进行部署。县委书记、县人大常委会主任胡明文出席会议并对信访维稳、党风廉政工作进行强调。县政协主席吴晋，县委常委、政法委书记、公安局局长黄卫国及有关部门负责人参加会议。

同日 涡阳县委常委会议在县行政中心四楼会议室召开。县发改委、财政局、土管局、组织部主要负责人作相关工作情况汇报。县委书记、县人大常委会主任胡明文就全县资金整合、土地卫片执法检查及经济运行工作进行强调。县领导杨学国、万瑞年、雅浩海、王玉红、刘梦汝、黄卫国、刘仲远出席会议；吴晋、刘传华、刘红岩、黄恺、万洪超等县领导列席会议。

6日 合肥亳州两市结对共建签约仪式在合肥市高新区管委会会议室举行。合肥市政府秘书长柴修发主持仪式。县委副书记、县长杨学国代表涡阳县委、县政府分别与合肥市高新区工委委员、管委会副主任胡宏同,合肥市教育局党委书记查凯签约《涡阳县高新区现代产业园合作共建协议》及《合肥市教育局—涡阳县联盟办学合作协议》(合肥市六中与涡阳一中、合肥市四十六中与涡阳五中、合肥师范附中第三小学与涡阳城关五小建立首批支教合作联盟)。合肥市委常委、组织部部长汪卫东,合肥市人大常委会副主任、高新区管委会主任李兵,合肥市副市长吴春梅,亳州市常委、组织部部长陈平,涡阳县委书记、县人大常委会主任胡明文及县领导刘传华、刘仲远、方振勇、李雷、方侠等有关部门负责人参加签约仪式。

7日 县委书记、县人大常委会主任胡明文,县委常委、政法委书记、公安局局长黄卫国,县委常委、副县长、县委办公室主任刘仲远带领有关部门负责人走访慰问春节期间坚守在一线工作岗位的干部职工,并先后到县信访接待大厅、交通联合执行站、杨楼中队交通服务站、牌坊派出所及牌坊镇政府进行春节走访慰问。

16日 涡阳县干部集中培训动员暨党课报告会在新县委党校报告厅举行。县委书记、县人大常委会主任胡明文作《以严和实的作风努力开创各项工作新局面,奋力实现2020涡阳崛起》党课报告,并对涡阳县“十三五”规划建设、经济运行等工作进行全面部署。县领导杨学国、万瑞年、刘传华、雅浩海、王玉红、韩龙、刘梦汝、黄卫国、刘仲远、万洪超等聆听了报告。此次培训为期4天。培训期间特邀省经济发展研究院专家周云峰,省法制办行政复议处处长张书明,省委宣传部网室办应急处处长齐海洋,省扶贫办副主任陈先德,省城乡规划设计院总规划师刘复友、涡阳县政府副县长陈志刚作相关专题报告。

17日 涡阳县委常委会议召开。县委书记、县人大常委会主任胡明文主持会议并对党建、经济建设等工作进行强调。县委办、县政办、县纪委办在会上作相关工作汇报。

18日 涡阳县经济、城乡建设工作暨2015年度综合考评表彰大会在涡阳剧院召开。县委书记、县人大常委会主任胡明文主持会议并要求全县上下贯彻“五大发展”理念,提升涡阳经济发展能力。县委副书记万瑞年宣读《涡阳县委、县政府2015年度综合考评表彰决定》。县委副书记、县长杨学国作2015年度工作总结,并对2016年工作进行全面部署。刘传华、雅浩海、韩龙、刘梦汝、黄卫国、刘仲远等县领导及有关人员参加会议。

同日 省发改委就业和社会保障处处长焦小斌一行到涡阳对农民工及企业用工情况进行调研。调研组先后到义门镇源和堂药业公司、秀芹养殖合作社、盛丰鞋帽有限公司及新诚达时装有限公司等处进行实地查询。县委常委、副县长王玉红等陪同调研。

19日 亳州市农村道路畅通工程征求意见座谈会在涡阳县交通局会议室召开。会议传达《亳州市人民政府关于实施农村道路畅通工程的意见(征求意见稿)》。三县一区交通局负责人汇报相关工作开展情况。市交通局党组书记、局长刘建出席并讲话。

21日 涡阳县乡镇党委换届业务培训会议召开。县委常委、纪委书记韩龙主持会议。县委常委、组织部部长、统战部部长刘梦汝作乡镇党委换届选举有关知识解读。会议宣读《县纪委、组织部关于加强换届风气监督的通知》。市委组织部电教中心主任、换届指导组负责人杜守龙出席会议并讲话。县委副书记万瑞年对此次乡镇党委换届工作进行强调并提出严格要求。雅浩海、黄卫国、黄恺、李雷等县领导出席会议。

22日 由县委宣传部主办的“2016年涡阳县元宵节民舞展演踩街暨书香涡阳楹联征集颁奖仪式”在县文化广场举行。县人大常务副主任刘传华,县委常委、宣传部部长、县总工会主席雅浩海,副县长李雷,县政协副主席赵太民及县直有关部门负责人出席活动并观看民舞展演。

23日 涡阳县委、县政府组织力高控投新员工200余人赴浙江杭州力高控投有限公司学习培训。会上,力高控股有限公司负责人李志杰介绍本公司概况。

县委副书记万瑞年，县委常委、副县长王玉红等参加欢送会。

25日 涡阳县确定2016年重大交通建设任务。国、省干线畅通工程，计划年内完成S307绕城主体工程和上跨立交桥全部箱梁施工；S202线路面改造主体工程完成（8月底完成县城新建段交工）；曹淝路、西高路、涡新路等5条县道升级为国、省干道的前期工作，争取G344一级公路提前开工建设；完成涡河三桥建设；全面实施农村道路畅通工程；计划年内完成县级道路畅通工程36公里，乡级道路畅通工程157公里，扶贫路硬化124公里，村道路硬化371公里，窄路加宽314公里。已通过省农业发展银行农村路网及贫困地区公路建设中长期贷款项目资金1.9亿元，主要用于2016年道路畅通工程建设。

同日 涡阳S307线公路项目架梁工序正式施工。安徽涡阳S307公路项目一标段东起与老S307线交汇处，西至青阜铁路东侧，施工里程4.68公里，设计有白膏沟桥、邵李桥、向阳桥三座桥梁。

26日 涡阳县政协九届十五次会议召开。县政协主席吴晋主持会议。县政协副主席方侠传达《中共中央关于加强和改进人大代表、政协委员有关工作的通知》；县政协副主席赵太民传达学习《涡阳县政协关于加强委员自身建设和管理的暂行规定》；县政协副主席李文飞汇报县政协九届五次会议提案工作情况。县政协副主席蒋玲玲汇报《县政协2016年工作要点》。会议审议通过县政协提案及《2016年政协工作要点》。

29日 由县中老年书法协会和县美术家协会共同举办的“涡阳县书画家笔会交流活动”在县文化馆文化艺苑举行。

3月

1日 亳州市千万亩森林增长工程建设领导小组办公室、市林业局联合发文对涡阳县2015年千万亩森林增长工程建设进行通报表彰。

同日 涡阳县尹氏宗亲联谊会理事会召开。会议新增补尹良忠宗亲任秘书长，尹付春宗亲任名誉会长，尹纯洁、尹立祥宗亲任副会长。中国文化义工管委会主席紫秋、涡阳县尹氏宗亲联谊会理事会会长尹建出席会议并讲话。

2日 2015年涡阳县谋划“十三五”重大项目库项目465个，总投资1480亿元；政府投资三年滚动计划项目库项目278个，总投资389亿元；调转促项目库项目450个，总投资1400亿元。全年共上报列入国家、省重大项目工程项目92个，总投资569亿元。争取中央和省支持补助资金2.27亿元。

同日 亳州市美丽乡村建设集中观摩调度会暨2014年美丽乡村省级考核验收动员会在涡阳召开。与会人员先后对龙山镇武楼美丽乡村及新兴镇寺后美丽乡村建设情况进行观摩，并在县行政中心十一楼会议室召开观摩座谈会。市委副秘书长、市委办公室主任、美丽乡村办公室主任靳家海通报美丽乡村市级复核成绩。市美丽乡村办公室副主任张秀忠解读省美丽乡村考核验收方案。市委副书记杜延安出席会议并讲话。

3日 中共涡阳县纪委十届六次会议暨党建、组织、宣传、政法、统战工作会议在县行政中心十一楼会议室召开。县委副书记万瑞年主持会议。会议审议通过县委常委、纪委书记韩龙所作纪委工作报告及县纪委十届六次会议决议（草案）。会议听取组织、宣传、政法、统战等相关部门负责人所作的工作报告。会议对部分乡镇及县直单位党委（党组）主要负责人的述职述廉进行评议。县委书记、县人大常委会主任胡明文到会讲话。刘传华、王玉红、刘梦汝、刘仲远、方振勇、张松龄、雅浩海、黄卫国等县领导出席会议并分别对分管工作进行汇报。

同日 第六届亳州市青少年科技创新暨第三届青少年发明创造大赛在亳州一中举行。涡阳县代表队获得二等奖一个，三等奖三个。

同日 涡阳县招商引资工作座谈会在县行政中心十一楼会议室召开。县委书记、县人大常委会主任胡明文主持会议并对招商引资工作进行强调。县委常委、常务副县长、经开区管委会主任方振勇宣读县委县政府《关于做好2016年度招商引资工作的通知》。县委副书记万瑞年宣读《关于对2015年度招商引资工作先进单位、先进个人表彰决定及对后进单位的通报》。县委副书记、县长杨学国对2016年招商引资工作进行部署。刘传华、雅浩海、王玉红、韩龙、刘梦汝、刘仲远等县领导出席会议。

4日 中国供销·涡阳农产品电商物流园奠基仪式在涡阳原天一纸厂举行。县委常委、常务副县长、经开区管委会主任方振勇在仪式上致辞。中农联控股有限公司、中农批电商（北京）建设开发有限公司董事长洪宇，项目建设单位中国中铁四局副总裁、总工程师任军分别在仪式上讲话。项目双方负责人及企业界代表共同为项目建设挥土奠基。

同日 值“3·12”第37个植树节即将到来之际，县委书记、县人大常委会主任胡明文，县委副书记、县长杨学国带领县直机关党员干部到济祁高速公路涡阳东出口与当地干群开展义务植树活动，并对向阳河坝造林试验段和高速公路两侧的造林绿化工作点进行观摩。观摩结束后，在县行政中心召开调度会。副县长黄恺通报全县造林工作情况。县委书记、县长胡明文作重要讲话。吴晋、万瑞年、刘传华、雅浩海等县领导参加植树活动及调度会议。

5日 《涡阳政府网》消息，涡阳县确定2016年12项重点工作：招商引资、项目建设、主导产业、城乡建设，开发区建设、要素保障、农业农村、脱贫攻坚、民生保障、投资环境、依法行政。其中确定不同类项目295个。全年要实际利用内资300亿元。全年各类投入资金282亿元。

7日 涡阳天静宫荣获“安徽省文明旅游工作先进单位”称号。

同日 涡阳县纪念“三八”国际劳动妇女节表彰大会在县行政中心十一楼会议室召开。会议宣读2015年度涡阳县“三八红旗手”“三八红旗集体”和命名涡阳县“最美家庭”的决定。县委副书记万瑞年出席会议并讲话。县人大常委会副主任范吉用，副县长刘红岩，县政协副主席方侠等出席会议并为获奖者颁奖。

同日 县委中心组理论学习暨县委常委会议在县行政中心四楼会议室召开。县委书记、县人大常委会主任胡明文分别就省“两会”及省委书记王学军在亳州市代表团讲话精神的学习贯彻、党员学教活动、离退休干部、项目建设等工作进行强调。县人大常委会常务副主任刘传华传达省“两会”精神。会议听取县发改委负责人关于项目建设“百日会战”活动方案的汇报；听取县人社局负责人关于2016年全省统一考试录用公务员计划申报工作情况汇报。县委副书记、县长杨学国，县委副书记万瑞年等县六大班子领导出（列）席会议。

8日 亳州市交通局党组书记、局长刘建等一行到涡阳调研座谈交通运输工作。县委常委、常务副县长、经开区管委会主任方振勇，县交通局局长陈平等陪同调研。

9日 亳州市体育重点工作会议在涡阳召开。三县一区体育发展中心主要负责人分别作体育工作开展情况汇报。市体育局主要负责人传达省体育局长工作会议精神并对2015年度全市体育工作进行总结，对2016年体育工作进行部署。

同日 “体彩杯”亳州市体育系统第五届运动会开幕式在涡阳举行。副县长张尔庆出席开幕式并宣布比赛开始。来自三县一区、市直及市体彩中心等七支代表队98名运动员参赛。

11日 由安徽省文化馆、省文化馆活动联盟、涡阳县文化旅游局主办，县文化馆、涡阳县美术家协会、县书画院承办的“紫气东来·老子故里牛春晓画展”在安徽画廊展出。

12日 涡阳涡河三桥主桥顺利完成合拢。

同日 涡阳一中与合肥六中联盟办学协议正式签约。

14日 涡阳县七彩城建筑土地出土北宋时期大量古钱币。年代为宋真宗景德元年（1004），其中一枚钱币上有“景德之宝”字样，与真宗1014年亲临涡阳天静宫拜谒老子之说相吻合。且发现有唐代及战国至隋代的五株古钱币等。

同日 安徽科技学院院长汪建飞一行到涡阳调研扶贫工作。副县长张尔庆等陪同调研。

15日 中环国际（北京）投资有限公司董事长王伟一行到涡阳考察。并先后到永煤集团三星化工、县环卫处、县污水处理厂及高炉、西阳两镇等处就有关城市供热、垃圾、污水处理及生态示范镇建设进行实地考察座谈。县委副书记万瑞年，县委常委、宣传部部长、县总工会主席雅浩海等陪同考察。

同日 省道S307线涡阳绕城段上跨青阜铁路立交桥开工建设。

17日 涡阳县项目建设“百日会战”动员暨招商引资项目调度会议在县行政中心十一楼会议室召开。县委副书记、县长杨学国主持会议。县委常委、副县长王玉红宣读“百日会战”文件。各位县委常委就分管的工作进行表态发言。县委书记、县人大常委会主任胡明文出席会议并讲话。万瑞年、雅浩海、刘梦汝、刘仲远、方振勇、张松龄、杜世峰等县领导出席会议。

18日 涡阳县常委会议召开。县委书记、县人大常委会主任胡明文主持会议并对扶贫工作及市第三考核组有关考核事宜进行强调说明。会议先后听取县扶贫办《关于省扶贫办主任会议精神和近期扶贫工作情况》、组织部《关于涡阳扶贫机构和网络建设的意见》、县委办《关于市“三项考核”工作培训会精神和有关准备》的汇报。杨学国、万瑞年、雅浩海、王玉红、刘梦汝、黄卫国、刘仲远、方振勇、张松龄、杜世峰等六大班子成员出席会议。吴晋、刘传华、黄恺等县领导应邀列席会议。

同日 涡阳县城关五小与合肥师范附小三小结对帮扶协议正式签约。

19日 为纪念道教鼻祖老子诞辰2587周年为主旨的传统庙会在涡阳天静宫举行。为期5天。23日，在老君殿举行文始真人尹喜公尹氏家族成员祭拜及太上道祖圣诞祈福会等道教祭拜法事活动。

22日 县委书记、县人大常委会主任胡明文，县委常委、副县长王玉红，县委常委、常务副县长、经开区管委会主任方振勇，县委常委、副县长杜世峰等赴亳州参加电网项目建设对接会。胡明文与亳州供电公司总经理陈晓亮就有关涡阳电网项目建设、电力设施保护等事宜进行会商并达成初步意向。

同日 涡阳县政府组织交通、公安、农机等部门联合开展农村道路治超专项活动。

23日 涡阳县召开2015年度落实党风廉政建设“两个责任”暨市管领导班子和领导干部年度考核会议。市委副书记、第三考核组组长杜延安，市纪委副书记杨立民出席会议并讲话。县领导胡明文、杨学国、韩龙分别作县委、县政府、县纪委班子及个人述职述德述廉述责报告。会议进行民主测评、评议和民意调查。吴晋、万瑞年、刘传华等六大班子成员参加会议。

24日 县委中心组理论学习（扩大）会议暨县委常委会议在县行政中心十一楼会议室召开。县委副书记万瑞年传达学习全国“两会”精神；县人大常委会副主任范吉用作县人大工作主题发言；县政协副主席蒋玲玲作县政协主题工作发言。县委常委、常务副县长、经开区管委员会主任方振勇通报2016年1—2月全县经济运行情况。县纪委通报两起典型违纪案例。会议听取《涡阳县水污染防治工作方案》及《涡阳县招商引资工作情况》的汇报。县委书记、县人大常委会主任胡明文出席会议并讲话，杨学国、吴晋、雅浩海等县六大班子成员出席会议。

同日 值第21个“世界防治结核病日”到来之际，团县委、县疾病防控中心及县爱心者协会联合开展“社会共同努力、消除结核危害”为主题的结核病防治宣传志愿服务活动。

25日 涡阳县委常委（扩大）会议召开。县委书记、县人大常委会主任胡明文主持会议并对招商引资、安全生产、环境保护等工作进行强调。会议听取县委常委、常务副县长、县经开区管委会主任方振勇及县招商局、安监局、卫计委等单位负责人所作相关工作汇报。杨学国、吴晋、万瑞年、雅浩海、王玉红、韩龙、刘梦汝、黄卫国、刘仲远、张松龄、杜世峰等县领导出席会议。

26日 杭州力高集团董事长陈晓军一行到涡阳对投资环境及产业情况进行考察。并先后到力高集团项目选址、修正药业、创酷通信项目进行考察。胡明文、万瑞年、刘仲远、方振勇等县领导陪同考察。

28日 涡阳县被国家发改委、工业和信息化部等部委联合批准为（市区）结合型新型城镇化开展支持农民工等人员返乡创业试点县。

同日 县关工委、团县委、涡阳四中、新兴中心校、金桂山庄大酒店及县团员青年在新兴镇新四军四师纪念馆举行青少年“缅怀革命烈士·弘扬红色文化”爱国主义教育活动。县关工委主任陆影、副主任裴华国等参加活动。

同日 凌晨3时10分，永煤集团三星化工净化分厂发生一起脱硫塔底部裙座受限空间发生一氧化碳中毒事故，造成一名职工身亡。

30日 涡阳县2016年大型农业机械展销会在县将军大道举行。17家农机经销商、三大类农机产品100余台大型农业机械及相关配套农机具和国内外知名品牌农机具进行展销。

同日 涡阳县经济工作运行情况分析会在县行政中心五楼会议室召开。各乡镇对1—2月经济工作完成情况进行汇报。县发改委、经信委、统计局、商务局等单位负责人分别作相关工作汇报。县委常委、副县长王玉红出席会议并讲话。

同日 涡阳县花沟镇程王桥村民程秀领自筹资金修路及单集林场晁湖村刘玉侠十一年如一日孝敬脑血栓公公典型事迹，被评为2月“亳州好人”。

4月

2日 涡阳县委常委会议召开。会议分别听取《县老年大学2015年工作完成情况和2016年工作要点》《县关工委2015年工作完成情况及2016年工作要点》《县老干部局2015年工作完成情况及2016年工作要点》《关于向刘亚同志学习活动的决定》的汇报。会议学习传达中央、省、市有关文件精神。县委书记、县人大常委会主任胡明文出席会议并讲话。

4日 由李氏宗亲家训研究会和中国文化义工涡阳站联合举办的涡阳县纪念抗日民主县长李晨百年诞辰和李腰庄革命历史人物《永远的纪念》一书首发和赠书仪式在县文化馆举行。李晨之女杨柳参加纪念活动。

5日 涡阳县农村土地综合整治、农村道路畅通工程、民生工程、财政税收暨不良贷款清欠工作调度会在县行政中心十一楼会议室召开。县政府办公室主任苏志杰主持会议。县国土局、交通局、财政局负责人分别汇报相关工作。会议签订民生工程和危房改造目标责任书。县委常委、常务副县长、经开区管委会主任方振勇出席会议并讲话。县人大常委会副主任范吉用，县政协副主席蒋玲玲等参加会议。

同日 涡阳县委决定在全县范围内开展向刘亚学习活动。

6日 涡阳县首期扶贫干部培训班在县君豪大酒店开班。亳州市扶贫办副主任李先俊作《抓好四项清单落实，打好脱贫攻坚年度战役》专题讲座。县扶贫办、纪委办、组织部负责人先后作专题讲座。副县长黄恺、张尔庆出席会议并讲话。

7日 涡阳县启动行政事业单位资产清查工作。

8日 涡阳县职教中心与中航国铁教育投资管理有限公司、宿州职业技术学院合作办学签约仪式在县职教中心举行。今年起，将在县职教中心开设航空服务、城市轨道交通运营管理两个专业，实施“2＋2＋1”教学培养模式。

同日 亳州市农民工入会和服务工作推进会在江苏昆山召开。亳州市三县一区负责人、《中国工人日报》《安徽工人报》及市总工会、涡阳县驻昆山市农民工工会联合会全体成员参加会议。会议倡议要大力宣扬“涡阳模式”，并打造成全国金字招牌。

10日 亳州市“十大杰出青年”“五四奖章”先进事迹报告团成员遴选活动开始。经评审，张卫群、侯金波、卞磊入围“亳州市十大杰出青年”先进事迹报告团成员候选人。尹冬冬、王翠英入选“亳州市五四奖章”先进事迹报告团成员候选人。

11日 涡阳县廉政警示教育案例专题活动启动仪式在县老年大学举行。县委常委、纪委书记韩龙出席仪式并讲话。

12日 市人大常委会副主任欧阳永红一行到涡阳先后对涡阳污水处理厂、徽酒集团及高炉赵沃污水处理厂等处运营情况进行调研。

13日 涡阳县政府安委会第二次全体成员（扩大）会议在县行政中心三楼会议室召开。副县长万洪超传达省委办公厅、省政府办公厅《关于深刻吸取天津港“8·12”事故教训，进一步加强和改进安全生产工作通知》等文件精神，县安监局负责人通报第一季度全县安全生产情况。各分管副县长部署各自相关工作。县委副书记、县长杨学国出席会议并讲话。

同日 涡阳县城南部新区地名征集评选活动新闻发布会在县行政中心二楼会议室召开。县政协主席吴晋、县人大常委会副主任范吉用和有关部门负责人及来自省内新闻媒体记者参加发布会。此次地名征集活动至5月6日结束。

同日 由县老年书画家协会和老子书艺大世界共同举办的“涡阳县首届孝文化书画展”在文化馆举行。

14日 涡阳县政府发布关于在城区设置夜市摊点公告。将在城区交通路南侧（滨河公园段）、胜利西路（金博商城段）、东环南路（和谐家园小区东侧）设置3处夜市摊点群，将于5月1日正式启用。

16日 涡阳县委常委会议召开。县农委负责人汇报2016年度秸秆禁烧及综合利用工作情况。县房产局、经信委、组织部等部门负责人分别汇报相关工作开展情况。县委书记、县人大常委会主任胡明文对2016年秸秆禁烧及中药材种植生产加工等近期工作进行强调并提出要求。

19日 涡阳县干部素质能力大讲堂专题培训会在县委党校报告厅举行。副县长刘红岩主持会议。合肥工业大学教授、电子商务系主任何建民作《电子商务进农村的机遇和挑战》专题讲座。吴晋、范吉用、黄恺、万洪超、李雷、张尔庆、陈志刚、李文飞、方侠等县领导参加会议。

21日 合肥城改投资建设集团、合肥汽车客运公司、合肥市产业投资控制（集团）公司、合肥丰乐种业股份公司到涡阳考察座谈。县委书记、县人大常委会主任胡明文在座谈会上致欢迎辞并介绍涡阳县投资环境、工农业及城市建设发展情况。县委常委、政法委书记、公安局局长黄卫国，县委常委、副县长杜世峰等陪同考察座谈。

22日 涡阳县“中国梦·国防梦”大型人民武装专题文艺晚会在涡阳剧院举行。

25日 中国人民解放军总医院（301医院）对口帮扶涡阳革命老区医疗活动启动仪式在县老子文化广场举行。副县长李雷在启动仪式上致辞。县委常委、宣传部部长、县工会主席雅浩海，县人大常委会副主任范吉用、县政协副主席蒋玲玲等参加仪式。

同日 涡阳县义门镇党委副书记、镇长刘亚先进事迹报告会在县行政中心十一楼会议室召开。县委常委、宣传部部长、总工会主席雅浩海主持会议。市委宣传部副部长、市社联主席张弘及县领导胡明文、杨学国、万瑞年等参加报告会。

同日 涡阳县与亳州市农业发展银行战略合作框架协议签订暨2016年度第一次招商引资项目集中签约仪式在县行政中心十一楼会议室举行。县委副书记、县长杨学国致辞并代表县政府与市农业发展银行签订100亿元的融资协议。并与绿城置业有限公司、碧桂园集团、四季大通集团等20余家企业单位签订招商引资合作项目。签署资金总额近50亿元。

26日 由县体育事业发展中心、涡阳县篮球协会、博文羽毛球馆主办，“左岸小镇”冠名的涡阳县迎“五一”“左岸小镇”杯篮球羽毛球邀请赛开幕式在县体育广场举行。吴晋、刘传华、王玉红、张松龄、范吉用、李雷等县领导及企业单位代表出席开幕式。

同日 涡阳县启动2016年村级经济责任审计工作。将对危房改造、“五保”低保、农机补贴专项资金使用等热点问题进行审计。

27日 安徽省红色旅游办公室及北京中科景元城乡规划设计研究院一行到涡阳新兴镇新四军四师纪念馆进行考察。考察结束后，在新兴镇党委会议室就有关红色旅游发展总体目标规划进行座谈。

同日 涡阳县委常委会议召开。县委书记、县人大常委会主任胡明文就有关午季秸秆禁烧、公务用车制度改革等近期工作进行强调和部署。

同日 涡阳县政法委举办争创全省无邪教示范县培训会议。市防邪办负责人在培训会作授课辅导。并组织培训人员到城关街道综治维稳中心及向阳社区维稳站进行观摩。

28日 涡阳县秸秆禁烧暨综合利用工作动员大会在县行政中心十一楼会议室召开。县委副书记、县长杨学国主持会议。副县长黄恺安排部署午季秸秆禁烧工作。县领导雅浩海、韩龙、黄卫国分别就宣传、监督、政法保障等相关工作进行部署。县委书记、县人大常委会主任胡明文作总结讲话。

29日 创时代·创纪元·唯变不变2016高炉家·徽酒集团战略发布会在合肥举行。

同日 涡阳县委常委会扩大会议召开。县委书记、县人大常委会主任胡明文主持会议并就经开区及资源整合等工作议题进行点评。会议听取县委常委、常务副县长、经开区管委会主任方振勇及县纪委、招商局、房产局等部门负责人所作相关工作汇报。

30日 值“五一”国际劳动节到来之际，胡明文、雅浩海、韩龙、刘仲远、方振勇、杜世峰等县领导到县经开区慰问干部职工并向全县干部职工致以节日的问候。并在县经开区会议室就经开区工作下步发展进行座谈。

5月

3日 涡阳县爱心者协会会长尹冬冬荣获“亳州市青年五四奖”，并成为亳州市五四奖章先进事迹报告团成员。

同日 涡阳籍青年陆胜祖荣获“第八届上海玉龙奖珠宝玉器雕刻大赛玉龙奖2015年新人艺术奖”称号。

4日 涡阳县庆祝“五四”青年节暨“奋斗的青年最美丽”青少年成长成才励志讲座活动在县行政中心十一楼会议室举行。会议对“五四”红旗团委、优秀共青团干部、团员、青年创业标兵、青年岗位能手进行表彰。亳州市委党校副教授王洪伟作《青少年如何树立正确的三观》学习讲座。青年创业典型代表丁玉峰作《用智慧创造未来、靠奋斗改变人生》演讲。县委副书记万瑞年出席会议并讲话。雅浩海、刘梦汝、范吉用、方侠等县领导出席会议。

同日 县委书记、县人大常委会主任胡明文，县委常委、副县长杜世峰带领有关部门负责人赴江苏南京参加招商推介会并应邀出席迈尔斯（中国）与任天科技基金发起及投资项目签约仪式暨医疗服务创新发展论坛。县招商局局长郅玉洁与任天科技集团董事会主席任杰峰签约健康食品产业园项目投资协议。

5日 胡明文、万瑞年、雅浩海、王玉红、刘仲远、方振勇、杜世峰、黄恺、李雷等县领导及有关单位负责人到中国供销涡阳农产品批发市场项目工地、高炉美丽乡村建设项目、青疃海棠花基地等“百日会战”项目进行检查指导。

同日 由涡阳县妇联组建的代表团荣获亳州市健身气功、五禽戏系列交流比赛团体项目一等奖。

7日 县委中心组学习讨论习近平总书记视察安徽重要文件和重要指示精神，在县委党校报告厅举行。县委书记、县人大常委会主任胡明文出席会议并讲话。吴晋、万瑞年、刘传华、雅浩海、王玉红、刘梦汝、方振勇、杜世峰等县领导出席会议。

同日 市委副书记，代理市长杜延安带领市直部门负责人一行到涡阳调研社会及经济发展情况，并先后到楚店镇惊鸿农机专业合作社、县生活垃圾处理场、南部新区路网、水系建设工地、涡河三桥建设现场等处进行调研。胡明文、万瑞年、王玉红、刘仲远、方振勇、杜世峰、黄恺等县领导及有关部门人员陪同调研。

同日 2016年涡阳县第一批农村道路畅通工程开工建设。计划完成里程64.5公里，建设标准为宽7米的三级路面，完成投资8074.7万元。

8日 亳州市美丽办邀请第三方测评机构组织暗访组对全市美丽乡村建设项目进行暗访测评。涡阳县各评测项目达标，获全市测评第一名。

9日 绿城置业发展有限公司执行经理周锦虹一行到涡阳考察。县委书记、县人大常委会主任胡明文，县委常务、常务副县长、经开区管委会主任方振勇等陪同考察。

10日 中国卒中联盟“卒中中心”揭牌暨脑卒中专题讲座在县医院举行。北大人民医院神经内科主任医师、硕士生导师刘广志应邀出席揭牌仪式并作专题讲座。

13日 亳州市低保工作经验交流会议在涡阳召开。与会人员先后到城西街道尹沟社区、焦尧村及城西街道民政办就低保清理整顿工作情况进行参观考察。市民政局局长刘伟、副局长张琼伟，县政府副县长黄恺等参加会议。

17日 涡阳县匡正风气集中教育专题会议在县行政中心十一楼会议室召开。与会人员共同观看警示片《镜鉴》。会议传达学习严肃换届纪律“九严禁”要求，中国共产党纪律处分条例和《严肃换届纪律文件选编》及市委书记汪一光在市委三届十次全委会上的讲话精神。县委书记、县人大常委会主任胡明文对县乡党委换届工作进行强调。市委组织部干部监督科科长谢毅臻，市纪委党风政风监督室主任周剑冰到会指导。

18日 涡阳县领导干部大会在县行政中心十一楼会议室召开。市委常委、组织部部长、统战部部长陈平宣布市委组织部《关于对涡阳县政府主要领导干部的任免决定》。熊国洪任涡阳县委副书记、代县长；丰霄寒任涡阳县委常委；刘峰任涡阳县政协副主席。并对县委副书记、县长杨学国带领县政府领导班子所取得的成绩给予充分肯定。县委副书记、代县长熊国洪在会议上作表态发言。县委书记、县人大常委会主任胡明文对市委组织部重视支持涡阳县领导班子表示感谢，并对下步工作进行强调部署。市委组织部副部长刘兴德及吴晋、万瑞年、刘传华、雅浩海、韩龙、刘梦汝、刘仲远、方振勇、张松龄等县领导出席会议。

同日 涡阳县经开区五里湾居委会在北京召开的中国计划生育协会第八次全国委员会代表暨表彰大会上，被授予“全国计划生育协会村级先进单位”。

19日 涡阳县人大常委会十六届四十六次会议召开。县人大常委会副主任刘传华主持会议。会议听取审议县政府有关人事任免事项。决定任命熊国洪为涡阳县政府副县长，决定代理县长。会议接受杨学国同志辞去涡阳县政府县长职务的请求；决定免去王玉红县政府副县长职务；会议接受姜怀明辞去十六届人大常委会委员职务的请求。县委书记、县人大常委会主任胡明文出席会议并讲话。范吉用、刘梦汝、李雷等县领导出（列）席会议。

20日 涡阳县修订医疗救助办法：普通慢性病门诊救助特困低保及因病致贫等救助费用封顶线及救助比例。新办法自2016年6月1日起实施。

同日 刘亚入选“四月份”亳州好人榜。

22日 由亳州市委宣传部、涡阳县委宣传部主办，亳州市广播电视台承办的聆听经典故事、建设书香亳州为主题的“亳州市互联网＋书香村居志愿宣讲服务暨图书捐赠活动”在涡阳县涡南镇举行。县委常委、宣传部部长、县总工会主席雅浩海在活动中致辞。市委常委、宣传部部长、市总工会主席杜爱玉出席会议并讲话。市人大常委会副主任马昭华、市政协副主席龚艳玲、市委宣传部副部长穆静等出席会议。

23日 大型舞台现代戏梆剧《印记》在涡阳剧院公演。该剧主题是宣扬沈浩精神，进一步深化“三严三实”教育，推动“两学一做”教育活动的开展。胡明文、吴晋、万瑞年、刘传华、雅浩海、韩龙、黄卫国等县领导及社会各界人士观看演出。

24日 县委书记、县人大常委会主任胡明文，县委常委、宣传部部长、县总工会主席雅浩海会见知名互联网应用秒拍、小咖秀再到一直播，一下科技的涡阳籍创始人韩坤。并与韩坤就如何通过互联网宣传涡阳，提高涡阳的知名度进行座谈。

同日 全市城乡居民社会养老经验工作交流会议在涡阳召开。省农保处处长彭家海、省社保局副局长、省城农保中心主任李生前，市人社局副局长李成杰，副县长张尔庆及三县一区相关部门负责人参加会议。

26日 道源国家湿地公园验收工作座谈会在金桂山庄大酒店会议室召开。与会人员观看道源国家湿地公园宣传片。县湿地管委会负责人对湿地公园建设情况进行汇报。国家林业湿地中心副主任严承高及有关专家对我县道源湿地公园保护建设工作所取得的成绩给予充分肯定。县委副书记、代县长熊国洪致答谢辞，并对下一步湿地公园建设工作进行强调。副县长黄恺及有关部门负责人参加会议。

同日 涡阳县应急管理工作专题培训班在行政中心十一楼会议室召开。县政办主任苏志杰主持会议，副县长万洪超作开班动员讲话，市应急办主任李刚作应急工作专题培训讲座。

27日 涡阳县十六届人大常委会第四十七次会议召开。县人大常委会党组书记、常务副主任刘传华主持会议。会议听取县人大常委会执法检查组《关于〈中华人民共和国种子法〉执法检查报告》；听取县人大常委会调研组《关于基层派出所执法规范化建设情况调研报告》及《关于涡阳经开区建设及项目运营情况调研报告》并审议通过。会议听取县政府《关于将涡阳县城南新区新型城镇化三期项目资金列入县本级财政预算的议案》，并经审议通过。会议表决通过有关人事任免事项。县委常委、组织部部长、统战部部长刘梦汝，县委常委、副县长刘仲远及有关人员应邀列席会议。

同日 亳州市卫生计生系统2016年度第二次网上办事培训暨经验交流会议在涡阳召开。

28日 涡阳县教育局、团县委联合组织6组家庭参加亳州市“小手拉大手”国学经典知识比赛。荣获全市中学组1个一等奖，1个二等奖，荣获全市小学组1个一等奖和2个三等奖。

29日 由县委宣传部、关工委、文明办、体育事业发展中心、团县委、少工委主办，舞者体育俱乐部承办的涡阳县迎“六一”七彩童年·祖国的未来才艺展演在县文化广场举行。

30日 涡阳县委理论中心组“坚定理想信念、明确政府方向”专题学习讨论会在县委常委会议室召开。县委常委、组织部部长、统战部部长刘梦汝传达学习习近平总书记视察安徽重要讲话精神。县常委委员及县处级领导干部分别在会上发言。县委书记、县人大常委会主任胡明文就习近平总书记视察安徽讲话精神及“两学一做”活动的开展进行强调。县委副书记、代县长熊国洪，县政协主席吴晋等县领导参加会议。

同日 涡阳县委常委（扩大）会议在县行政中心十一楼会议室召开。会议分别听取县委常委、常务副县长、县经开区管委会主任方振勇及县招商局、安监局等有关单位负责人所作的关于1—4月经济运行、招商引资、安全生产、计划生育等工作的汇报。会议听取县人社局关于2016年涡阳县公开选调中小学教师及引进县外在编在职优秀教师有关情况的汇报及县财政局关于营改增的工作汇报。县委书记、县人大常委会主任胡明文，县委副书记、代县长熊国洪出席会议并讲话。

31日 亳州市人大常委会副主任李伟一行到涡阳调研人大工作开展情况。并先后到创酷手机、三星电子等企业进行实地考察。调研结束后，在县行政中心六楼会议室召开座谈会。县委书记、县人大常委会主任胡明文作县人大工作汇报。县人大常委会党组书记、常务副主任刘传华，县委常委、县委办公室主任丰霄寒，县人大常委会副主任范吉用等陪同调研。

6月

1日 涡河三桥建设项目拆迁安置工作调度会召开。副县长万洪超参加会议并讲话。

2日 县委书记、县人大常委会主任胡明文会见江苏花王集团董事局主席肖国强，就在涡投资相关事宜进行洽谈。

同日 县委书记、县人大常委会主任胡明文主持召开第17次县委常委会议，会议听取关于涡阳县全面深化改革完成情况和《涡阳县2016年全面深化改革工作要点》汇报。

3日 涡阳县十六届人民代表大会常务委员会召开第四十八次会议。县委书记、县人大常委会主任胡明文，县人大常委会副主任刘传华、范吉用及其他常委会组成人员22人参加会议。会议听取和审议关于召开涡阳县第十六届人民代表大会第六次会议时间、地点与建议议程的报告（草案），关于调整涡阳县第十六届人民代表大会常务委员会代表资格审查委员会部分委员的议案，关于补选县十六届人大代表的实施方案（草案），以举手表决的方式通过上述事项。会议还以无记名投票方式，表决通过县政府和县人民检察院有关人事事项。胡明文为新当选人员颁发任命书，新任命人员向宪法进行宣誓。县委常委、组织部部长、统战部部长刘梦汝，县委常委、副县长杜世峰，县人民检察院检察长信清彬，县人民法院及县人大常委会有关工作机构负责同志列席会议。

同日 全市2016年第一季度经济工作督察调度会涉及涡阳工作及市委副书记、代市长杜延安指出问题调度会在县行政中心五楼会议室召开，县委常委、常务副县长、县经济开发区管委会主任方振勇出席会议并讲话。

4日 市委书记汪一光到涡调研夏收夏种和秸秆禁烧工作，汪一光要求，要全面开展田间作业，日夜不停抢收，力争颗粒归仓；要认真扎实做好“收、种、禁”工作，确保收得上、种得下、禁得住，确保夏收夏种和秸秆禁烧任务圆满完成。副市长马露，胡明文、熊国洪、丰霄寒等县领导陪同调研。

5日 县委书记、县人大常

委会主任胡明文，县委副书记、代县长熊国洪带领县教育、公安、交通、环保等有关部门对涡阳县今年的高考考前准备工作进行检查。县领导雅浩海、丰霄寒、范吉用、李雷、赵太民陪同检查。

同日 “志愿服务，爱心送考”启动仪式在时代广场举行。

同日 涡阳县召开高考监考老师培训动员会。县委副书记、代县长熊国洪，县人大常委会副主任范吉用，副县长李雷，县政协副主席赵太民出席会议。会上，李雷宣读任命主考文件。县纪委第四纪检组负责人马玉华、监考教师代表分别发言，县教育局负责人作培训动员报告。县委副书记、代县长熊国洪就高考工作提出要求。

6日 县委书记、县人大常委会主任胡明文主持召开第18次县委常委会议，会议听取关于县委十届十次全会方案和我县出席市第四次党代会代表候选人预备人选建议名单的汇报。

7日 县委十届十次全会在县委党校召开，十届县委委员、候补委员出席会议，会议讨论并表决通过涡阳县出席市第四次党代会代表候选人预备人选建议名单。

同日 全县争创全省文明县城动员大会在县委党校召开，会上宣读《关于表彰2015年度城乡文明创建工作先进单位的决定》；颁发2015年度全县农村清洁工程、“三线三边”环境治理、文明县城指数测评工作先进单位奖项，相关单位作表态发言，县委常委、宣传部部长、县总工会主席雅浩海作全县城乡文明创建工作报告，省委宣传部副部长、省文明办主任贺懋燮出席会议并作指导讲话，县委书记、县人大常委会主任胡明文主持会议并讲话，市委常委、宣传部部长、总工会主席杜爱玉，市委宣传部副部长、文明办主任戴飏，县领导熊国洪、万瑞年、范吉用、万洪超、刘峰等出席会议。

同日 省委宣传部副部长、省文明办主任贺懋燮，市委常委、宣传部部长、总工会主席杜爱玉等省、市委宣传部领导在涡阳召开全省“两学一做”重大宣传典型刘亚先进事迹座谈会，胡明文、熊国洪、万瑞年、雅浩海、丰霄寒等县领导出席了会议。

同日 省委宣传部副部长、省文明办主任贺懋燮看望慰问已故优秀共产党员刘亚的妻子王丽。市委常委、宣传部部长、市总工会主席杜爱玉，市委宣传部副部长、市文明办主任戴飏，县委书记、县人大常委会主任胡明文，县委常委、宣传部部长、总工会主席雅浩海陪同慰问。

同日 市人大常委会党组书记、副主任李伟来涡调研县人民法院行政审判工作，县人大常委会党组书记、副主任刘传华陪同调研。

同日 2016年全国高考正式拉开大幕。据悉，今年涡阳县共有6446人报名参加普通高考，全县设有涡阳四中（文科）、五中南校（理科）、涡阳一中（理科）3个考点，188个考场。

8日 县委书记、县人大常委会主任胡明文主持召开第19次县委常委会议，会议研究中共涡阳县第十一届委员会和纪律检查委员会领导班子候选人预备人选。

9日 县委书记、县人大常委会主任胡明文主持召开第20次县委常委会议，会议学习传达《王学军书记在中央巡视组巡视“回头看”反馈意见整改动员部署大会的重要讲话》精神，研究贯彻落实意见。会议听取全市调转促工作会议精神和涡阳县调转促工作的汇报、关于中共涡阳县第十一次代表大会代表候选人预备人选情况的汇报。

12日 全市党建工作督查调度会议在涡阳县召开，市委书记汪一光主持会议并讲话。

同日 县委副书记、代县长熊国洪主持召开县政府常务会议，研究规模畜禽养殖区划定方案、涡阳县河长制实施方案、海韵大楼项目补办用地手续问题、制定涡阳县公共租赁住房户租金标准的报告、孤儿救助和重度残疾人护理补贴资金、县政府信息公开实施办法、涡北煤矿塌陷区大吴村安置和北城世纪城有关问题、涡河三桥征地拆迁和土地出让、三星化工三聚氰胺项目等有关事项。县委常委、副县长候选人陈长安，县委常委、副县长杜世峰，副县长刘红岩、黄恺、万洪超、李雷、张尔庆、陈志刚，县政办主任苏志杰出席会议。

13日 中国社科院马克思主义研究院副院长贾朝宁一行到涡阳调研，市政府副市长崔唯航，县委书记、县人大常委会主任胡明文，县委副书记、代理县长熊国洪，县委副书记万瑞年等领导陪同，参观天静宫、创酷手机、县委党校、徽酒集团等调研点。

同日 县委书记、县人大常委会主任胡明文会见江阴东升新能源材料公司执行董事梅小良一行。

同日 县政府与徽商银行亳州分行召开PPP业务对接会。县委常委、副县长杜世峰出席会议。

同日 涡阳县食品安全周启动仪式在县文化广场展开。副县长刘红岩出席启动仪式并讲话。每年6月第三周，是全国食品安全宣传周。

15日 县委书记、县人大常委会主任胡明文主持召开全县夏种及秸秆禁烧会议，熊国洪、万瑞年、雅浩海、丰霄寒、黄恺、万洪超等县领导出席会议。

17日 涡阳县召开党外人士座谈会，就中共涡阳县第十一次党代会工作报告（征求意见稿）征求意见建议。县领导胡明文、吴晋、刘梦汝、丰霄寒、李文飞出席会议。

同日 全县建筑施工质量安全生产标准化暨建筑扬尘治理现场会召开。县委常委、常务副县长、县经开区管委会主任方振勇出席会议并讲话。

同日 县老子研究会、老子书艺大世界和紫光养正学堂联合主办的国学经典诵读联谊会在紫光养正学堂举行。

19日 胡明文主持召开县委常委会议，熊国洪、万瑞年、雅浩海、韩龙、刘梦汝、黄卫国、丰霄寒、方振勇、张松龄、杜世峰等县领导出席会议，吴晋、刘传华、李雷、张尔庆等县领导列席会议。会议听取县文联关于启动首届“涡阳文艺奖”评奖工作情况的汇报，县经信委关于工业及全民创业工作的汇报，县委办、县委组织部、县委宣传部关于纪念建党95周年活动方案的汇报，县委组织部关于中国共产党涡阳县第十一次代表大会代表选举工作有关情况的汇报，县委宣传部关于追授刘亚“全县优秀共产党员”荣誉称号的决定的汇报。

同日 中国供销、涡阳农产品批发市场招商中心开放仪式在城东街道举行。县政协主席吴晋，县人大常委会副主任刘传华、范吉用，副县长刘红岩，县政协党组副书记、政协副主席刘峰，政协副主席、工商联主席李文飞参加开放仪式。

同日 中央电视台新闻中心采访摄制组一行三人，到涡阳县新兴镇拍摄专题纪录片《民族脊梁——彭雪枫》。

同日 宁夏青铜峡市委常委、统战部部长马光锋带领有关部门负责人一行到涡阳县对项目建设及运营情况进行考察。县政协副主席、工商联主席李文飞陪同考察。

22日 省政协副主席邵国荷一行就涡阳县“发展专用品牌粮食”工作进行调研。市政协主席汤涌，县领导胡明文、熊国洪、吴晋、万瑞年、黄恺、刘峰陪同。邵国荷一行分别深入到安徽创酷无线技术有限公司、城南新区、安徽顶康食品有限公司、安徽同丰种业有限公司进行视察并详细听取有关人员关于企业建设、发展、运行情况的汇报，并就依托区位和资源优势，带动企业发展等工作提出了指导意见。

23日 副省长方春明率队到涡阳县调研。市委常委、常务副市长刘辉，县领导胡明文、熊国洪、万瑞年、陈长安、雅浩海、丰霄寒、杜世峰、黄恺陪同调研。方春明一行先后到安徽源和堂药业股份有限公司、安徽创酷无线技术有限公司、安徽三鑫光电科技公司等企业进行调研，实地了解县经济社会发展情况，并对下一步工作提出要求。

24日 县委书记、县人大常委会主任胡明文召开第24次县委常委会。会议听取关于计划生育工作2015年度考评结果和2016年度目标考核办法相关情况、县人大十六届六次会议筹备情况、县政府工作报告起草情况的汇报。

25日 中国共产党涡阳县第十一次代表大会召开前夕，涡阳县委领导及全体参会代表利用半天时间，集中观摩全县重点项目建设情况。县委书记、县人大常委会主任胡明文带队参观。参会代表们先后到位于涡阳经开区的恒明新材料科技有限公司、五里湾安置小区、创酷无线技术有限公司、三鑫光电科技股份公司进行实地观摩。代表们还参观考察涡阳南部新区以及S307涡阳绕城段的建设情况。县领导熊国洪、万瑞年、陈长安、雅浩海、韩龙、刘梦汝、丰霄寒、丁博等参加此次观摩活动。

同日 中国共产党涡阳县第十一次代表大会召开预备会议。市委组织部副部长刘兴德参加会议并讲话。县领导胡明文、熊国洪、万瑞年、陈长安、雅浩海、韩龙、刘梦汝、丰霄寒、丁博、杜世峰出席会议。县委书记、县人大常委会主任胡明文主持会议。大会应到代表340人，因事因病请假13人，实到327人，符合规定人数。会议以举手表决的方式通过中国共产党涡阳县第十一次代表大会代表资格审查委员会建议名单；通过大会主席团成员和秘书长建议名单；通过县第十一次党代会议程。

同日 涡阳县十六届人民代表大会常务委员会召开第四十九次会议。县委书记、县人大常委会主任胡明文，县人大常委会副主任刘传华、范吉用及其他常委会组成人员24人参加会议。刘传华主持会议。会议听取县政府关于提请审议将涡阳县城西街道办事处农村土地流转治理项目、涡阳城区段水系治理工程项目有关资金列入年度预算的议案，分别以无记名投票的方式通过上述两个事项的决议。会议听取并审议通过县人大常委会代表资格审查委员会关于增（补）选县十六届人大代表的代表资格审查报告，依法确认熊国洪、丰霄寒、杜世峰、汪澄、翟保明、栗广飞6名同志的代表资格有效。目前涡阳县第十六届人民代表大会实有代表366名。会议还听取关于涡阳县十六届人大六次会议筹备工作情况的报告，以举手表决的方式通过该报告；听取审议涡阳县十六届人大六次会议选举办法（草案），同意将该办法提交县十六届人大六次会议审议。会议以无记名投票的方式，表决通过有关人事事项。胡明文为新当选的县政府副县长陈长安、县公安局局长丁博、县人大常委会人选工委副主任汪澄颁发任命书，新任命人员向宪法进行了宣誓。县委常委、组织部部长、统战部部长刘梦汝，县委常委、副县长杜世峰，县人民法院院长梁德友、人民检察院检察长信清彬，县人大常委会有关工作机构负责同志列席会议。

26日，中国共产党涡阳县第十一次代表大会在涡阳县委党校第一报告厅隆重开幕。县委副书记、代县长熊国洪宣布大会开幕。县委书记、县人大常委会主任胡明文向大会作题为《全面追赶奋力崛起为全面建成小康社会而努力奋斗》的工作报告。县纪委书记韩龙代表中共涡阳县纪委第十届委员会作题为《坚持挺纪在前从严监督执纪不断把党风廉政建设和反腐败斗争引向深入》的工作报告。大会的执行主席有：胡明文、熊国洪、万瑞年、陈长安、雅浩海、韩龙、刘梦汝、丰霄寒、丁博、杜世峰、张松龄、黄恺、牛光。

同日 《光明日报》《法制日报》《经济日报》《人民网》《人民日报》等多家媒体到涡阳县集中采访刘亚先进事迹。

同日 是国际禁毒日，县公安局在县文化广场开展以“远离毒品，珍爱生命”为主题的禁毒宣传活动。

27日 中国共产党涡阳县第十一次代表大会举行第二次全体代表会议。胡明文、熊国洪、万瑞年、陈长安、雅浩海、韩龙、刘梦汝、丰霄寒、丁博、张松龄、杜世峰、黄恺、牛光等县领导在主席台前排就座。在主席台就坐的还有吴晋、刘传华等县几大班子领导，及大会主席团其他成员。大会应到代表340人，因事因病请假8名，实到代表332名，符合规定人数。县委书记、县人大常委会主任胡明文主持会议。大会以举手表决的方式通过大会《选举办法》；通过大会监票人、总监票人名单。

同日 涡阳县人力资源和社会保障局、涡阳县教育局联合发布《涡阳县2016年公开选调中小学教师公告》，计划面向全县中小学校（不含县城学校及城关学区）公开选调优秀教师180名，从事教学工作。其中初中教师95名，小学教师85名。

28日 中国共产党涡阳县第十一次代表大会圆满完成各项议程，在县委党校胜利闭幕。大会由胡明文主持。大会首先进行选举。在总监票人和监票人的监督下，到会的336名代表以无记名投票的方式选举产生中国共产党涡阳县第十一届委员会委员33人、候补委员6人；选举出中国共产党涡阳县第十一届纪律检查委员会委员15人，以及涡阳县出席市第四次党代会代表74人。大会以举手表决的方式通过县委工作报告《决议》和县纪委工作报告《决议》。胡明文致闭幕词。

同日 中共涡阳县第十一届委员会第一次全体会议召开。胡明文主持会议，全体县委委员、县委候补委员出席会议。会议通过《中国共产党涡阳县第十一届委员会第一次全体会议选举办法》及监票人名单，听取胡明文就新一届县委常委、书记、副书记候选人预备人选名单的说明。会议以无记名投票方式选举产生中共涡阳县第十一届委员会常务委员会委员、书记、副书记。胡明文当选为中共涡阳县第十一届委员会书记；熊国洪、万瑞年当选为副书记。陈长安、雅浩海、韩龙、黄恺、刘梦汝、丰霄寒、丁博、张松龄当选为中共涡阳县第十一届委员会常务委员会委员。全会听取并通过由县委常委、组织部部长、统战部部长刘梦汝宣读的中国共产党涡阳县第十一届纪律检查委员会第一次全体会议选举结果的报告。县委书记、县人大常委会主任胡明文代表新当选的县委领导班子讲话。

同日 中国共产党涡阳县第十一届纪律检查委员会召开第一次全体会议。会议选举产生新一届县纪委常委、书记、副书记。会议应到县纪委委员15名，实到15名，符合规定人数。会议第一阶段，通过举手表决的方式通过《中国共产党涡阳县第十一届纪律检查委员会第一次全体会议选举办法》；韩龙作关于县纪委常委、书记、副书记候选人预备人选名单的说明；酝酿和确定县纪委常委、书记、副书记候选人；推荐并通过监票人名单；会议通过无记名投票的方式选举中国共产党涡阳县第十一届纪律检查委员会书记、副书记，以及县纪委常委。会议第二阶段，刘梦汝宣布县委十一届一次会议通过的县十一届纪委常委、书记、副书记名单。新当选的县纪委书记韩龙就新一届纪委如何做好工作作讲话。

同日 县委书记、县人大常委会主任胡明文会见世界老子学会会长麦小舟一行，双方就如何弘扬老子文化进行交流。县委常委、宣传部部长、县总工会主席雅浩海，副县长陈志刚陪同会见。

同日 涡阳县召开经济运行调度会。县委副书记、代县长熊国洪出席会议并讲话。县领导陈长安、杜世峰参加会议。

29日 世界老子学会研老专家来涡阳县调研老子文化，副县长陈志刚陪同调研。研老专家团一行先后到天静宫、老子文化博物馆等地进行参观考察，仔细了解涡阳县老子文化发展情况。通过实地考察和交流，研老专家团一行对涡阳县老子文化建设和文物保护给予好评，希望我县进一步加大宣传力度，弘扬老子文化，积极保护和规划开发传统文化资源，确保老子文化建设和文物保护各项工作取得实效。

29—30日 县委副书记、代县长熊国洪带队赴杭州、无锡开展招商项目考察活动。县委常委、副县长杜世峰及经开区、招商局等部门负责人陪同考察。

30日 涡阳县召开庆“七一”暨劳动先进工作者表彰会。会上对全县各条战线上的100名劳动先进工作者和32名县“五一劳动奖章”获得者进行表彰。

7月

1日 庆祝中国共产党成立95周年大会在北京人民大会堂举行。胡明文、熊国洪、吴晋、万瑞年、刘传华、陈长安、雅浩海、韩龙、黄恺、刘梦汝、丰霄寒、丁博、杜世峰等县几大班子领导在县行政中心3楼会议室组织观看大会，认真聆听习近平总书记发表的“七一”重要讲话。

3—4日 县十六届人大六次会议在涡阳县委党校胜利召开。会议以无记名投票方式选举熊国洪为县人民政府县长。县委书记、县人大常委会主任胡明文向熊国洪颁发当选证书并致闭幕词。胡明文要求，全县各级各部门要迅速行动，按照大会的统一部署，认真组织传达和落实好大会精神，努力完成全年各项目标任务。各位代表要充分发挥模范作用，团结和带领全县人民凝心聚力，继往开来，改革创新，锐意进取，为开创涡阳县各项工作新局面而努力奋斗。

6日 县委书记、县人大常委会主任胡明文主持召开第25次县委常委会。会议听取关于巡视回头看反馈意见整改工作、县委工作规则、县委常委会议事规则、充分发挥县党建工作领导小组职能作用有关工作、危房改造工作中落实两个责任规定的单位和个人进行责任追究意见、第十一次党代会工作总结和党代会报告任务分解的汇报。

7日 县委常委、县人大常委会主任胡明文到赵屯清真寺和义门清真寺参加开斋节。看望慰问穆斯林群众，并向他们致以节日的问候。县领导吴晋、刘传华、刘梦汝、丰霄寒、李雷、方侠陪同慰问。

同日 县委副书记、县长熊国洪在行政服务中心五楼会议室主持召开第63次政府常务会议，县领导陈长安、黄恺、刘红岩、李雷、陈志刚以及县人大、政协负责同志参加会议。研究县渔业限制养殖区划定工作方案、县战略性新兴产业培育工程实施方案以及各项“十三五”发展规划（2016—2020年）。

8日 涡阳县举行与社科院发掘北平城遗址签约仪式，县政府副县长陈长安参加活动。

同日 安徽省“最美家庭·最美家风”巡讲活动在西阳中心校举行。活动中，“最美家庭·最美家风”巡讲员分别讲述孝老爱亲、诚实守信等感人至深的最美家庭事迹，他们用生动的语言感染现场的听众，让听众感悟到优良家风的向善力量，会场不时响起热烈的掌声。

10日 涡阳县2016年事业单位公开招聘人员（面试）在县城关中心校举行。县委常委、常务副县长陈长安对考务工作进行巡视。

12日 全县农村留守儿童健康关爱工作启动仪式在县文化广场举行。

同日 全县“百企帮百村”精准扶贫动员会议在涡阳县行政中心三楼会议室召开。县委常委、组织部部长、统战部部长刘梦汝，县政协副主席、工商联主席李文飞出席会议。

13日 中共涡阳县委反腐败协调小组会议在行政中心四楼常委会议室召开，县领导胡明文、韩龙、丁博出席会议。县委书记、县人大常委会主任胡明文就反腐败工作提出要求。县委常委、县纪委书记韩龙主持会议并讲话。会上，宣读《关于调整县委反腐败协调小组组成人员的通知》和《关于修订县委反腐败协调小组规则（试行）的说明》。县委常委、政法委书记、公安局长丁博和县纪委、法院、检察院、审计局等单位在会上作了发言。

14日 涡阳县2016年引进县外在编在职优秀教师（笔试）在县城关中心校举行。

15日 涡阳县与安徽鸿路钢结构（集团）股份有限公司举行中国绿色生态建筑产业基地投资合作签约仪式。县领导胡明文、熊国洪、吴晋、万瑞年、刘传华、陈长安、雅浩海、韩龙、黄恺、丰霄寒、丁博、杜世峰、刘红岩、李雷、陈志刚出席签约仪式。县委副书记、县长熊国洪致辞。签约仪式上，县委副书记、县长熊国洪代表县委、县政府与安徽鸿路钢结构（集团）股份有限公司进行签约。县委常委、常务副县长陈长安主持签约仪式。

同日 江苏布拉特实业、江苏丰硕成电子科技、河北世龙集团、安徽玖信光电等公司客商一行来涡考察，县委书记、县人大常委会主任胡明文、县委副书记、县长熊国洪在金桂山庄酒店四楼会议室进行会见。县领导陈长安、黄恺、杜世峰参加会见。

同日 全市征兵体检业务培训暨体检站规范化建设观摩活动在涡阳县开展。亳州军分区参谋长骆明忠，县委常委、人武部部长张松龄出席会议。

16日 县委中心组理论学习（扩大）会议召开。胡明文、熊国洪、吴晋、万瑞年、刘传华、陈长安、雅浩海、韩龙、黄恺、刘梦汝、丰霄寒、丁博等县几大班子领导参加学习。会议邀请省委党校党史党建教研部主任郝欣富、新华社安徽分社舆情分析室主任王菲分别就《不忘初心、继续前行——学习贯彻习近平总书记“七一”重要讲话精神》及《深入学习习近平总书记系列重要讲话，做好新媒体语境下的舆情应对》作专题辅导。县委常委、宣传部部长、县总工会主席雅浩海主持会议。

同日 涡阳县召开土地综合整治工作调度会议。县委副书记、县长熊国洪就土地工作提出要求，县委常委、常务副县长陈长安主持会议。

同日 涡阳县召开“两学一做”学习教育专题研讨会议。胡明文、熊国洪、万瑞年、刘传华、陈长安、雅浩海、韩龙、黄恺、刘梦汝、丰霄寒、丁博等县几大班子领导出席会议。县委书记、县人大常委会主任胡明文就“两学一做”学习教育提出要求。县委副书记、县长熊国洪主持会议并就会议贯彻提出要求。会上，县人大常委会副主任刘传华，县委常委、常务副县长陈长安，县委常委、纪委书记韩龙分别结合各自的实际，围绕“坚持根本宗旨，发挥党员先锋模范作用”进行主题发言。县委常委、组织部长、统战部长刘梦汝传达学习《领导干部报告个人有关事项的规定》等文件精神。

17日 县领导熊国洪、陈长安、黄恺、丰霄寒对我县全市二季度督查调度会重点项目工程建设开展情况进行调研。县委副书记、县长熊国洪一行先后来到S307绕城段、中农批、温氏养猪场、渡江沟光伏发电、曹市高长营二期、青疃海棠基地，针对发现的问题提出改进意见。

18日 涡阳县举行不动产统一登记证书首发仪式。县不动产登记局负责人现场为首位业主颁发不动产证书。标志着涡阳县不动产统一工作正式启动。

19日 2016年全县征兵工作会议召开。县委副书记、县长熊国洪，县委常委、县人武部部长张松龄，县人武部政委汤向阳，副县长李雷出席会议。熊国洪县长就征兵工作提出要求。会上，张松龄部长总结县去年征兵工作，部署今年征兵工作任务。李雷副县长宣读《关于调整县征兵领导小组的通知》和《关于表彰2015年征兵工作先进单位和个人的通报》。熊国洪代表县政府、张松龄代表县人武部与各有关单位签订《征兵工作目标责任书》。

20日 新华发行集团曹杰董事长一行到县道源湿地公园考察，县领导胡明文、雅浩海、丰霄寒陪同考察。考察团在湿地生态博物馆详细了解涡阳县湿地公园的生态环境、自然景观、人文历史。曹杰董事长表示，通过考察增强涡阳投资的信心，希望能与涡阳县委、县政府继续加强沟通与交流，共同努力把道源国家湿地公园建设成为生态、文化、旅游的胜地。

22日 县委书记、县人大常委会主任胡明文召开第26次县委常委会议。县委副书记、县长熊国洪，常务副县长陈长安，县委常委副县长黄恺、杜世峰等县领导参加会议，会议听取关于巡视回头看反馈意见问题整改工作情况、全市2016年第一季度经济工作督查调度会涉及涡阳“4个点、30个方面清单”问题整改情况、“五线四型”干部培养选拔工作意见以及纪委案件处理情况的汇报。

23日 中国供销·涡阳农产品批发市场正式开盘，近千名客户到场挑选商铺。中国供销·涡阳农产品批发市场项目是中国供销集团在皖北地区重点开发建设的第一个项目，是涡阳县县委县政府规划的重点物流产业新区。项目总投资6.6亿元，计划用地351亩，一期市场区包含农特产品、肉类、禽蛋、粮油水产、蔬菜等十大交易区，并同步规划建设电子商务、展览展示、检验检测、金融服务等六个中心。项目依托中农批旗下农特产品电商平台，旨在打造皖北地区最先进、功能最全、最具影响力的现代化农产品批发市场。

同日 绿城商业综合体项目设计方案汇报会在行政中心四楼会议室召开。县领导胡明文、熊国洪、丰霄寒、杜世峰参加会议。会上，与会人员观看绿城集团商业综合体项目设计专题片。宁波设计院有关专家汇报项目规划方案。绿城置业发展有限公司总经理周锦虹汇报该项目整体规划方案。与会人员就项目设计方案进行交流发言。据了解，该商业综合体项目位于向阳路与华都大道北侧，占地150亩，是招商引资项目。项目由浙江绿城集团规划设计。

同日 美国大中华公司一行到涡阳县天静宫、育英河等地考察涡阳县历史文化及城市建设情况。市妇联主席戴爱霞及县相关单位负责人陪同考察。县委常委、县委办公室主任丰霄寒出席座谈会。

24日 县领导熊国洪、陈长安、黄恺对涡阳县二季度重点项目建设情况进行调度。县委副书记、县长熊国洪一行先后来到源和堂药材基地、恒明新材料、成骏家居、南部新区等项目现场。每到一处，熊国洪都仔细听取企业汇报，了解企业发展情况，现场协调在项目推进过程中遇到的困难和问题。

25日 县党校举行2016年夏季主题班开学典礼。此次培训分为村（社区）支部书记、村（社区）主任进修班、科级干部进修班、中青年干部培训班培训三个进修班。

25—26日 全市第二季度经济工作督查调度会在涡阳县召开，市委、市政府领导，三县一区县委、县政府领导参加此次会议。25日，与会人员先后对源和堂药材基地、源和堂药业二期、红叶刺槐基地项目、恒明新材料、成骏家居、五里湾小场庄拆迁现场、创酷通信、修正健康饮品、百禾堂药业、三鑫光电、标准化厂房三期、南部新区建设和五中新区等重点项目进行调研。26日，召开督查调度会议，市委书记、市人大常委会主任汪一光，市委副书记、市长杜延安出席会议并作重要讲话。市政协主席汤涌出席会议，市委副书记方晓利主持会议。会上，县委书记、县人大常委会主任胡明文汇报涡阳县上半年工作。

28日 省委常委、省军区司令员于天明来涡阳县视察基层武装建设工作。市委常委、亳州军分区司令员张年进，亳州军分区政委陈学斌，县委书记、县人大常委会主任胡明文，县委副书记、县长熊国洪，县委常委、县人武部部长张松龄、县人武部政委汤向阳陪同考察座谈。于天明一行先后来到徽酒集团武装部、高炉镇武装部，实地察看民兵战备器材室，和工作人员交流了解基层民兵建设情况，随后到县人武部走进作战值班室、征兵体检站等场所，详细了解人武部规范化建设和征兵工作等情况。于天明对县人民武装部当前各项工作取得的成绩给予充分肯定。

29日 县委常委（扩大）会议召开。县领导胡明文、熊国洪、吴晋、万瑞年、刘传华、陈长安、雅浩海、韩龙、黄恺、刘梦汝、丰霄寒、丁博等出席会议。县委书记、县人大常委会主任胡明文，县委副书记、县长熊国洪分别对下一步工作提出要求。会上，县委副书记万瑞年传达全市巡视整改工作推进会精神；县委常委、常务副县长陈长安，县委常委、县纪委书记韩龙，县委常委、组织部部长、统战部部长刘梦汝，县委常委、县委办公室主任丰霄寒分别就“一办三组”巡视回头看反馈意见整改工作进行第一次小结报告。与会人员还听取县政府及有关部门关于1—6月经济运行、招商引资、安全生产、计划生育、信访维稳、环境保护、文明创建、脱贫攻坚工作汇报和纪委有关情况通报。

同日 涡阳县城区自来水价格调整暨居民生活用水实施阶梯式水价听证会在行政中心5楼中间会议室召开，会上消费者代表、政府部门代表、经营者代表、学校代表、物业代表、专家代表等就实施阶梯水价做充分发言和讨论。

30日 安徽阜阳蓝天救援大队涡阳中队成立暨授旗仪式在县文化馆举行，县文旅局、消防大队、团县委、文明办等部门有关负责人到会祝贺。阜阳蓝天救援大队负责人介绍该队的成长历程，宣布涡阳蓝天救援中队正式成立并授旗。

31日 县委书记、县人大常委会主任胡明文，县委常委、政法委书记、公安局局长丁博等一行看望慰问在高温下作业的环卫工人及执勤交警。

8月

2日 市人大常委会副主任马昭华一行到涡阳县检查《药品管理法》贯彻执行情况。县人大常委会副主任刘传华、范吉用，副县长刘红岩陪同检查。

同日 县委党的建设工作领导小组第二次会议召开。县领导胡明文、万瑞年、韩龙、黄恺、刘梦汝、丰霄寒、丁博出席会议。县委书记、县人大常委会主任胡明文主持会议并就如何下一步抓好党建工作提出要求。县委常委、县委办公室主任丰霄寒传达中共涡阳县委办公室《关于充分发挥县委党的建设工作领导小组职能作用的意见》文件。与会人员分别听取县委党建办关于上半年党建工作开展情况和下半年工作计划及关于建立党建工作“三单”制度的汇报，县委组织部关于全县“两学一做”开展情况和全县村“两委”换届前期准备工作情况的汇报，县农委关于农业系统主体责任落实情况和农村产权交易平台建设情况的汇报。

同日 县委副书记、县长熊国洪带领县安监、消防、住建委等有关部门负责人一行到义门镇大桥冷库和龙兴冷库对安全生产情况进行检查。副县长李雷陪同检查。

同日 由中铁二十四局集团公司承建的S307涡阳绕城段改建工程上跨青阜铁路线立交桥第一片箱梁完成架梁作业，标志着该工程进入架梁攻坚阶段。青阜铁路立交桥是S307涡阳绕城段改建工程的重点关键工程，立交桥桥面为双向八车道设计，路面宽38米，设计时速每小时60公里。主桥加引桥全长733米，投资约1.159亿元。

3日 县委常委议军会议召开。县领导胡明文、熊国洪、吴晋、万瑞年、刘传华、雅浩海、韩龙、黄恺、刘梦汝、丰霄寒、张松龄、汤向阳、李雷出席会议。会议对县人武部的工作给予充分肯定，同时对下一步工作提出要求。会上，县委常委、人武部部长张松龄汇报2016年以来全县国防后备力量建设情况和年底前主要工作任务。

同日 涡阳县“军事日”国防教育专题讲座在党校第一报告厅举行。解放军工程兵学院教授曹二刚应邀围绕“习主席改革强军战略思想”主题作专题讲座。胡明文、吴晋、万瑞年、刘传华、雅浩海、韩龙、黄恺、刘梦汝、丰霄寒、张松龄、汤向阳等县领导现场聆听讲座。县人武部政委汤向阳主持讲座。

同日 县农商行不良贷款及担保代偿清收工作会议在行政中心3楼会议室召开。县委常委、常务副县长陈长安，县委常委、纪委书记韩龙出席会议，并就农商行不良贷款及担保代偿清收工作提出要求。

5日 县领导胡明文、熊国洪、陈长安、黄恺、杜世峰对经开区工作开展情况进行调研。座谈会上，县经开区有关负责人汇报经开区项目建设、征地拆迁工作情况，与会人员进行座谈发言。县委书记、县人大常委会主任胡明文，县委副书记、县长熊国洪分别对经开区下一步工作提出要求。

同日 淮南市政协常委、民革淮南市委员会副主委李桂廷带领民革淮南市委员会有关人员一行到涡阳县调研道家文化发展工作。县政协主席吴晋、副主席方侠陪同调研。

6日 县委副书记、县长熊国洪在行政中心常务会议室主持召开县政府第65次常务会议。会议听取县农机局关于2016年新购置农机县级叠加资金补贴和2016年土地深松实施方案汇报、县经信委关于涡北采煤塌陷区大吴村搬迁安置工作情况汇报、县信息局关于2016年网上办事大厅考核细则情况汇报、县发改委关于利亳天然气管线改迁有关资金情况汇报。

10日 副市长崔唯航到涡阳县走访慰问贫困户，并调研教育工作开展情况。副县长刘红岩陪同慰问调研。崔唯航一行首先到标里镇新桥村葛现义、王建帐家中，详细了解他们的基本情况，查看扶贫手册，并为他们送去慰问金。

同日 “涡阳老乡·请您回家”恳谈暨招商引资推介会在浙江台州市举行，县领导熊国洪、刘传华、雅浩海、杜世峰、李文飞出席会议。台州市安徽商会、黄岩市安徽商会的各位企业家以及涡阳在台州创业的成功知名人士100多人应邀参会。会上，县委副书记、县长熊国洪在讲话中表示，希望涡阳在外务工人员能充分发挥各自优势，利用各种资源，多为家乡发展谋思路、找门路，多为家乡办实事、做贡献。会议由县委常委、宣传部部长、总工会主席雅浩海主持，县招商局、人社局相关负责人分别就招商和返乡创业政策作介绍，台州市商会、黄岩市商会企业家代表分别作发言，县委常委、副县长杜世峰现场与十家企业负责人进行项目签约。会前，熊国洪一行还考察老乡创办的浙江诚迅新材料有限公司、高盛钢构有限公司等企业。

11日 全市大建设工作机制推进项目建设现场会在涡阳县召开。市委常委、副市长李军出席会议，县委常委、常务副县长陈长安参加会议。与会人员先后到五里湾安置小区、育英河小游园、德铭安置小区等地详细了解涡阳县大建设工作机制及项目建设推进情况。李军指出，涡阳县各项工程快速推进，成效明显，经验值得大家学习借鉴，并对下一步工作提出要求。会上，陈长安就我县大建设情况进行汇报。

12日 亳州三县一区林业局局长会议在涡阳县召开。县委常委、副县长黄恺汇报涡阳县林业工作开展情况。亳州市三县一区林业局局长分别作工作汇报，并就各区县林业局2016年上半年工作总结及下半年工作打算进行交流和讨论。安徽省人大代表、亳州市政协委员、安徽泓森高科林业股份有限公司董事长侯金波出席会议并做主题发言。亳州市林业局局长翟玉增就三县一区人工造林和森林城镇创建中存在的问题提出改进意见。

13日 县委副书记、县长熊国洪在行政中心常务会议室主持召开县政府第66次常务会议。会议研究县建投公司关于拟成立涡阳县工程造价公司及项目招投标代理公司的情况汇报，县经信委关于涡北采煤塌陷区杨池鲁庄和张方庄部分村户正式搬迁安置意见和涡阳县城市规划区内采煤塌陷村庄搬迁框架协议的汇报，县房产局关于S307城东段、S307西阳段、S202涡北段等3个项目征迁方案汇报，县财政局关于涡阳县农村公共服务运行维护试点实施方案的汇报。

14日 天静宫举行全国道文化夏令营活动开班仪式，县政协主席吴晋出席夏令营开班仪式。此次全国道文化夏令营活动的主题是“遵道贵德·丰富人生”。来自全国20余所高校的学生代表参加活动，整个活动为期7天，届时将开展国学、道家文化等课程。

16日 涡阳县公务用车制度改革封存公车拍卖会在城关中心校报告厅举行。首批取消公务车辆大众、别克、桑塔纳、现代、江液、奇瑞、猎豹和江铃等品牌189辆参与竞拍，200余人参与竞买。

17日 全县推进依法治县领导小组第一次全体会议暨县综治维稳信访工作会议召开。县领导胡明文、熊国洪、吴晋、万瑞年、陈长安、雅浩海、韩龙、黄恺、刘梦汝、丁博、张松龄等出席会议。县委书记、县人大常委会主任胡明文在讲话中充分肯定2015年以来全县依法治县、信访综治维稳工作取得的成绩，并对下一步工作提出要求。县委副书记、县长熊国洪主持会议并就会议贯彻提出要求。会上，县委副书记万瑞年通报依法治县领导小组有关文件起草情况。县委常委、政法委书记、公安局局长丁博总结回顾2015年依法治县工作，安排部署2016年依法治县和综治维稳信访工作。副县长李雷通报1—7月进京赴省越级访情况，宣读《关于对三起信访工作责任落实不力典型问题的通报》。

同日 县扶贫开发领导小组会议召开。胡明文、熊国洪、吴晋、万瑞年、陈长安、雅浩海、韩龙、黄恺、刘梦汝、丁博、张松龄等县四套班子领导出席会议。县委书记、县人大常委会主任胡明文在讲话中要求，各级各部门要认清形势，凝聚共识，严格按照中、省、市相关要求，查漏补缺，把精准脱贫工作做细做实。县委副书记、县长熊国洪主持会议并就会议贯彻提出要求。会上，县委副书记万瑞年传达《中共安徽省委办公厅关于贯彻落实习近平总书记视察安徽重要讲话精神深入推进精准扶贫精准脱贫的意见》文件精神。县委常委、副县长黄恺安排当前扶贫开发工作。县扶贫办主要负责人汇报脱贫攻坚考核方案、工作任务分工及驻村工作队管理情况。

同日 全市第三届微型党课精品课程宣讲走进涡阳县，为涡阳县机关党员送上一场精神盛宴。会上，来自全市各条战线上的7名宣讲组成员围绕“两学一做”主题，分别作党课宣讲。微型“党课”是顺应“互联网＋”新时代而产生的一种党课创新形式，是运用“小载体讲述大道理”的生动实践，以课程短小精悍，宣讲形式生动活泼，深受广大机关党员的欢迎。

18日 中国人民银行合肥市中心支行抵押贷款试点现场调研座谈会在涡阳县召开，副县长李雷出席会议。会上，中国人民银行合肥市中心支行调研小组对试点工作的进展和做法提出指导意见和建议，并对下一步工作进行了安排。人行亳州中支、县金融办、人行、农商行分别汇报各自工作。与会人员就我县“两权”抵押贷款试点工作推进情况进行交流讨论。随后，中国人民银行合肥市中心支行调研小组一行到曹市镇试点贷款收益农户刘启宇处进行实地调研，并到县农村商业银行曹市支行查看工作档案、听取工作汇报，详细了解“两权”抵押贷款工作开展情况。

22日 根据省委巡视工作统一部署，省委第五巡视组对涡阳县委开展巡视“回头看”工作动员会召开。省委第五巡视组组长左振国作动员讲话，亳州市委副书记方晓利主持会议并代表市委就配合做好巡视“回头看”工作提出要求，涡阳县委书记胡明文作表态发言。

省委第五巡视组副组长马胜利及巡视组全体成员，涡阳县委、县人大、县政府、县政协领导班子成员，县人民法院院长、县人民检察院检察长，其他在职县级领导干部，县纪委监察局领导班子成员，县委组织部副部长；县直各部门主要负责人，县人大、县政协专委会主要负责人，乡镇、街道（办事处）党政班子主要负责人，实改虚的正科级干部，2013年以来退休的县、科（正科实职）级领导干部，部分基层党代表、人大代表、政协委员及群众代表等参加会议。

组长左振国在讲话中指出，巡视是党章赋予的重要职责，是党要管党、全面从严治党的重要手段，是党内监督的战略性制度安排。中共十八大以来，党中央高度重视巡视工作，习近平总书记多次对巡视工作发表重要讲话，提出了一系列新思想新观点新要求，为巡视工作深入开展提供强大思想武器和行动指南。

左振国强调，开展巡视“回头看”，是党的十八大以来巡视组织制度和方式方法的重要创新。此次对涡阳县委开展的巡视“回头看”，就是按照中央的做法和省委的要求，对没有见底的问题“再了解”，对没有发现的问题“再发现”，形成有力“再震慑”，着力释放不是巡视一次就万事大吉的“强烈信号”，着力体现党内监督的韧劲和严肃性，做到“四看四促”，即看重点促见底、看整改促问责、看换届促风气和看延伸促深化。重点监督检查10个方面的内容：党的领导核心作用发挥情况、党的路线方针政策贯彻情况、党建工作情况、全面从严治党主体责任落实情况、纪委监督责任落实情况、选人用人情况、中央八项规定和省“三十条”要求落实情况、2013年巡视整改落实情况、党委换届纪律和风气情况以及省委部署的“违规经商办企业”等八项专项治理情况。希望涡阳县各级党组织和广大党员干部，特别是党员领导干部要切实增强“四个意识”，提高党性觉悟，强化政治担当，自觉接受监督，支持配合巡视，确保巡视工作顺利完成。

方晓利代表市委指出，省委第五巡视组对涡阳县委开展巡视“回头看”，是对涡阳县各项工作的再一次“把脉会诊”，是对县领导班子及成员的再一次“政治体检”，是帮助和支持涡阳县进一步查找差距、改进工作、加快发展，是对涡阳县各级党组织和广大党员干部的关心和爱护。涡阳县各级党组织和广大党员干部，尤其是党员领导干部一定要从讲政治、讲大局、讲纪律的高度，深刻认识巡视“回头看”工作的重要性和必要性，端正态度，提高站位，全力支持，积极配合，主动查找问题和不足，实事求是反映问题，自觉接受巡视监督，认真完成巡视组交办的各项任务，营造良好的巡视氛围，确保巡视“回头看”工作顺利进行。

胡明文代表县四大班子表示，此次省委第五巡视组到涡阳开展巡视“回头看”，是省委部署的一项重要而又严肃的政治任务，充分体现省委对涡阳工作的重视。全县广大党员干部要充分认清巡视“回头看”的重要意义，切实增强“四个意识”，以高度的政治责任感和严肃认真的态度对待巡视“回头看”工作。要进一步强化政治意识和责任担当，主动接受巡视，自觉接受检查，诚恳接受监督；要服从省委第五巡视组要求，积极营造良好的监督氛围，确保言路畅通；要全力支持配合巡视组工作，确保巡视组各项工作有力有序开展。

省委巡视组将在涡阳县工作1个月左右。

同日 市委副书记、市委宣传部部长方晓利到涡阳县调研农业农村工作开展情况。县领导胡明文、熊国洪、万瑞年、黄恺陪同调研。方晓利一行先后到楚店镇同丰种业有限公司、楚店镇温氏集团总部、安徽省顶康食品有限公司、楚店镇三里赵村等地进行调研，实地了解涡阳县现代化农业发展情况，对下一步工作提出要求。

23日 县政协党组副书记刘峰、县政协副主席方侠带领部分政协委员及国土、规划、消防等有关部门负责人，对涡阳县部分宗教活动场所安全消防和规范化管理工作开展情况进行考察。副县长李雷陪同了考察。视察组一行先后到城东街道东关基督教堂、涡北街道樊桥基督教堂、龙山镇邵楼基督教堂、石弓镇高皇庙基督教堂和石弓镇法云寺。座谈会上，李雷代表政府汇报宗教场所消防安全开展情况，与会政协委员及有关部门人员先后发言。刘锋就进一步做好宗教场所消防安全提出要求。方侠主持会议，并对会议贯彻提出意见。

24日 涡阳县与亳州市供电公司项目对接会议召开。市供电公司总经理陈晓亮、党委书记张弋茂，县领导胡明文、熊国洪、陈长安、丰霄寒、杜世峰出席会议。会上，县委书记、县人大常委会主任胡明文介绍电网建设对涡阳大建设重要性，希望市供电公司一如既往地加大对涡阳的支持力度，深化双方合作，取得公司与政府共同发展，为老百姓造福的良好效果。市供电公司总经理陈晓亮表示，市供电公司将进一步加大与政府的沟通对接，切实做好电网规划与涡阳经济社会发展的密切衔接，促进快速完成电力项目对接，实现互利互惠、共同发展。县委副书记、县长熊国洪主持会议。会上，县委常委、常务副县长陈长安就电网规划建设工作进行发言；市供电公司通报相关工作情况；县供电公司汇报涡阳县电网建设工作。

24日 “江淮普法行”大型法律咨询活动启动仪式在县文化广场举行。县人大常委会副主任刘传华，县政协副主席方侠出席启动仪式。刘传华就如何做好“江淮普法行”活动发表讲话。

县人民检察院、县人民法院有关人员进行了表态发言。2016年的“江淮普法行”活动的主题是“实施七五普法、建设法治涡阳”。活动现场，县公安局、人社局、妇联等多家单位设置了法律咨询展台、普法活动展板，并发放宣传资料，解答群众法律咨询。

27—28日 涡阳县农产品安全民生工程乡镇检测员培训班在县委党校大教室举行。此次培训旨在为进一步加强基层农产品质量安全检测队伍建设，提高乡镇农产品检测站检测人员对检测仪器的操作能力。

29日 县政协主席吴晋、党组副书记刘峰、政协副主席蒋玲玲及县政协机关人员一行到县政协办公室帮扶点牌坊镇张桥行政村开展扶贫工作。吴晋一行听取有关人员关于扶贫工作情况的介绍，详细了解该村扶贫工作情况，并走村入户，深入到贫困户家中走访慰问，仔细了解他们的家庭生活状况。

同日 共青团涡阳县十五届二次全委（扩大）会议在县行政中心三楼会议室召开。团市委副书记康红锋、县委副书记万瑞年、县人大常委会副主任范吉用、县政协副主席方侠出席会议。会议分两阶段进行：第一阶段，团市委副书记康红锋、县委副书记万瑞年分别讲话。团县委有关工作人员李真传达《共青团中央改革方案》《中国共产主义青年团基层组织选举规则》等内容，县人大常委会副主任范吉用宣读《关于表彰2016年全县希望工程“爱心圆梦大学·助力扶贫攻坚”爱心单位、爱心个人的通知》。并对爱心代表进行颁奖。团县委主要负责人贾瑞杰做工作报告。会议第二阶段，以举手表决的方式审议通过《共青团涡阳县十五届二次全委会关于团县委委员卸职增补的确认案（草案）》。

30日 县委书记、县人大常委会主任胡明文率队督查城区文明创建工作。县委副书记万瑞年，县委常委、常务副县长陈长安，县委常委、宣传部部长、县总工会主席雅浩海，县委常委、政法委书记、公安局局长丁博参加督查。胡明文一行先后到胜利路西段、西城大市场、雉河路口、老县医院家属院等地，实地察看城区主干道、菜市摊点、公园广场等创建重点地段，并就督查中发现的问题现场协调解决。胡明文强调，城市水系建设要结合道路改造、管网改造等工程，统筹考虑，同时加强道路两侧绿化美化工作，不断提升城市形象；针对涡阳县公园广场，大建设工作领导小组办公室要在牵头完善基础设施后，移交给城管执法局进行管理，明确管理主体责任；要尽快对老子文化广场周边弱电线路进行清理，消除电路安全隐患。

31日 省安全生产第一巡查组组长程传如带队巡查涡阳县安全生产工作。组长程传如一行在市安监局局长张学峰陪同下，通过现场检查、听汇报、查阅资料等方式，先后对五里湾安置小区、华山烟花爆竹公司、安徽三星化工、城东祥峰液化气站、天然气管道、育萃中学、涡北塌陷区等开展巡查指导。重点查阅贯彻落实省委、省政府决策部署、责任体系建设、监管体制机制创新、重点行业专项整治、安全生产基础建设等方面台账资料。巡查组充分肯定涡阳县安全生产工作取得的成绩，指出薄弱环节并提出要求。县委书记、县人大常委会主任胡明文，县委副书记、县长熊国洪，副县长李雷，县政协副主席刘峰，县安监局局长孙启等陪同巡查。

同日 县委副书记、县长熊国洪在行政中心常务会议室主持召开县政府第67次常务会议。会议研究县农委关于2016年农业农村重点工作绩效考核办法、全县秋季秸秆禁烧和综合利用方案的汇报，县金融办关于涡阳县鼓励企业上市挂牌及直接融资奖励暂行办法的汇报，县经信委关于涡阳县2016年淘汰落后产能关闭拆除黏土砖瓦窑厂实施方案和开展百名干部进百家企业联系服务活动实施意见的汇报，县房产局关于涡阳县集体土地及房屋征收补偿安置办法等3个规范性文件的汇报，县发改委关于城区自来水阶梯水价有关事宜汇报。

9月

1日 国家钢铁煤炭行业化解过剩产能专项督查组到涡督查煤炭行业化解过剩产能工作。督查组一行到刘店煤矿，实地督查设备封存、断水断电、资产处置等煤炭去产能情况，听取相关工作进展和下步工作打算汇报。

督查组对涡阳县委、县政府对煤炭行业化解过剩产能作出的工作表示肯定，并要求要有更大的力度、更强的措施、更硬的决心，坚决完成去产能各项工作任务。县委副书记、县长熊国洪，县经信委主任赵凯等陪同督查。

同日 涡阳县城市天气预报在中央电视台（中国气象频道）09:05时段《优秀旅游城市天气预报》节目中进行播出。

同日 2016年，全县定兵工作会议召开。亳州军分区参谋长骆明忠，县委常委、县人武部部长张松龄，县人大常委会副主任范吉用，副县长李雷，县政协副主席李文飞出席会议。

2日 国家林业局检查组到涡阳县检查森林资源管理工作。县委常委、副县长黄恺出席会议并汇报涡阳县森林资源工作开展情况。检查组首先介绍了此次检查的方案、对象和检查内容，要求涡阳县积极配合支持。

同日 省残联副理事长黎业智带领有关部门人员一行到涡阳县特殊教育学校开展走访慰问活动。副县长李雷陪同慰问。

3日 县委副书记、县长熊国洪，县委副书记万瑞年到涡北街道实地调研S202涡北段征地拆迁工作准备情况。熊国洪对做好征迁工作提出要求。县政府办公室、涡北街道、国土局、规划局、房产局等部门主要负责同志陪同调研。

4日 涡阳宣传名片亮相杭州。9月4日20国集团领导人第11次峰会在杭州正式拉开帷幕。峰会期间，涡阳县城市宣传名片正式亮相杭州部分繁华地段，一幅由老子骑牛像构成的宣传名片在各大屏幕上循环播放。据了解，峰会期间涡阳宣传名片每天在杭州19个播放点循环播放，每个播放点播放120余次，覆盖观众数20万人次—25万人次。此次城市宣传名片投放，不仅是向全国人民展示AAAA级老子庙风景区的美景与渊博的道家文化，同时还向全国人民发出了来自“老子涡阳、生态福地”的诚挚邀请。

6日 全县秋季秸秆禁烧和综合利用工作动员会议在行政中心11楼召开。县委书记、县人大常委会主任胡明文主持会议并作重要讲话。县四套班子负责同志，县直有关单位主要负责人，各督查组组长，各镇（场、街道、经开区）党、政负责人参加会议。会上，县委常委、副县长黄恺宣读《关于对2016年夏季秸秆禁烧和综合利用工作进行奖惩的通知》，解读《涡阳县2016年秋季秸秆禁烧和综合利用工作实施方案》。县委副书记、县长熊国洪总结午季禁烧工作，安排部署秋季秸秆禁烧和综合利用工作。

7日 合肥城改投资集团董事长张平一行到涡考察水街项目规划建设、业态定位、营销策划等情况。该集团拟在城南新区开发一处主打餐饮的徽派风格的水街。县委副书记、县长熊国洪，县委常委、常务副县长陈长安，副县长牛光及县直有关单位主要负责人陪同考察。

10日 涡阳县庆祝第32个教师节座谈会在一中新校区召开，县委副书记、县长熊国洪，副县长李雷出席会议。部分优秀教师、优秀校长代表参加会议。熊国洪作重要讲话。

10日 第32个教师节，县委书记、县人大常委会主任胡明文看望慰问杨光、纪兰英等部分离退休教师，并通过他们向全县离退休教师和一线教职工致以节日的祝福和诚挚的问候。

同日 县委副书记、县长熊国洪在行政中心常务会议室主持召开第68次政府常务会议，副县长陈长安、黄恺、刘红岩、陈志刚、牛光参加会议。会上，与会人员听取住建委关于涡阳县城镇燃气突发事件应急预案编制情况汇报、安监局关于购买安全生产技术支撑服务实施方案的汇报、政办关于国务院第三次大督查迎查情况汇报、环保局关于省环境保护督察迎查准备工作汇报、湿地办关于道源国家湿地公园建设有关情况汇报、发改委关于进展缓慢及未开工中央投资项目情况汇报、规划局关于有关专项规划和重点项目设计单位采购事宜的汇报、房产局关于城关街道办事处棚户区改造土地房屋征收补偿实施方案的汇报。

同日 县政协主席吴晋带领调研组到西阳、楚店、龙山等乡镇调研精准扶贫工作，对下一步工作提出要求。

13日 县委书记、县人大常委会主任胡明文到永煤集团就三星化工下一步发展工作进行对接。熊国洪、陈长安、丰霄寒、杜世峰、范吉用、牛光、刘峰等县领导及永煤集团董事长、党委书记侯世宁，永煤集团总经理张志勇等出席对接会。

同日 县委书记、县人大常委会主任胡明文接受中安在线亳州频道《向美好生活前行——奋力走在皖北振兴前列》微视频访谈，向广大网友宣传推介涡阳，畅谈发展新思路。

同日 为期两天的亳州市“徽姑娘”绿色农产品展销会在涡阳县开展。展销会有近20家来自亳州三县一区的女子专业合作社和巾帼创业就业示范企业参加。

同日 涡阳县举行2016年新兵入伍欢送大会暨第十六个全民国防教育日主题活动。县委常委、县人武部部长张松龄、副县长牛光参加此次活动。

14日 县委书记、县人大常委会主任胡明文主持召开第31次县委常委会。会议听取全县教育工作情况、“两学一做”学习教育工作开展情况、抓党建促脱贫攻坚工作实施意见、加强和改进新形势下党校工作的实施意见和涡阳县2016年度党建工作目标管理与考核奖惩办法的汇报。会议学习讨论省第十次党代表大会报告。

同日 县委中心组理论学习（扩大）会议暨“两学一做”学习教育会议召开。县领导胡明文、熊国洪、吴晋、万瑞年、刘传华、陈长安、雅浩海、韩龙、黄恺、刘梦汝、丰霄寒、丁博等出席会议。县委书记、县人大常委会主任胡明文带领与会人员学习《中国共产党问责条例》，要求与会人员要认真贯彻落实《中国共产党问责条例》，全面加强制度建设。胡明文还就秋季秸秆禁烧和综合利用、土地征迁、文明创建、招商引资、项目推进及中秋国庆两节期间的有关工作进行安排部署。会上，县委副书记万瑞年传达学习省委书记李锦斌在省委常委会会议上的讲话精神。县领导雅浩海、刘梦汝、丰霄寒、丁博结合自身工作就集中学习谈认识谈思考进行研讨发言。

同日 全市专用品牌小麦标准化种植培训会在涡阳县召开。市农技推广中心主任王敬才，安徽农业大学教授胡承霖先后作专用品牌粮食生产、小麦标准化种植辅导讲课。

18日 市长杜延安带领市扶贫办人员一行到涡调研脱贫攻坚工作，县委书记、县人大常委会主任胡明文，县长熊国洪陪同调研。杜延安先后到城东街道、陈大镇等乡镇调研农业旅游扶贫项目和农业合作社经营情况，要求加强对贫困人口的精准管理，确保真扶贫、扶真贫。

同日 县政府安委会2016年第四次全体成员会议召开。县委副书记、县长熊国洪，县委常委、政法委书记、公安局局长丁博，副县长牛光出席会议。会上，熊国洪就如何做好安全生产工作提出要求。

19日 全市第二季度全面改薄暨教育民生工程千所村小提升工程现场推进会在涡阳县召开。副市长崔唯航，副县长陈志刚出席会议。与会人员先后到义门学区菜园小学、义门中心幼儿园、陈大学区中心学校、大王小学、县资助中心、城关四小和第五中学。副市长崔唯航对教育工作全面改薄及村小提升工程工作的实施和开展给予充分肯定，对下一步工作提出要求。

20日 肩负着全县5.2万名共产党员的重托和164万涡阳人民的期望，涡阳县出席中国共产党亳州市第四次代表大会的67名代表赴亳参会。这次大会，是在“十三五”开局之年、全面建成小康社会关键时期召开的一次十分重要的会议，对于进一步团结动员全市人民凝心聚力，开拓创新，奋力拼搏，推动“十三五”规划顺利实施，实现全面建成小康社会，奋力走在皖北振兴前列宏伟目标，具有重大而深远的意义。

同日 涡阳县涡河三桥正式通车。涡河三桥项目是涡阳县城主干道路网的重要组成部分，其成功建设对于完善城市运输网络，促进区域经济发展具有重要意义。

20—21日 人民日报社安徽分社、新华社安徽分社《安徽日报》《安徽农村报》、亳州电视台等多家采访组在人民银行合肥中支、安徽省信用联合社办公室、人行亳州中心支行负责人的陪同下到涡阳农商银行，对“两权”抵押贷款试点及金融扶贫工作进行专题采访。

21日 杜延安到市第四届党代会涡阳县代表团，与代表们一起讨论市委、市纪委工作报告，听取代表们的意见、建议，并作重要讲话。杜延安要求涡阳要继续保持奋力爬坡、咬牙攻坚的干劲，坚持以调转促为主抓手，重点打造煤电、煤化工、装备制造、食品饮料制造及农副产品加工等产业集群；紧紧围绕建设50

万人口现代化中等城市目标，统筹推进城乡建设管理；大力改善民生，统筹各项事业发展，扎实做好安全生产、环境保护、社会稳定等各项工作。

22日 市委书记、市人大常委会主任汪一光到市四次党代会涡阳代表团，与代表们共同讨论市委、市纪委工作报告，并作重要讲话。听取大家的讨论后，市委书记、市人大常委会主任汪一光对涡阳县经济社会发展给予充分肯定，他说，近年来，涡阳县认真研究地方经济发展现状，在市委市政府确定的发展战略、发展目标中主动找准位置，抓好贯彻落实，实现经济止跌企稳、城乡面貌焕然一新、各项事业协调发展，干群精神面貌良好，为全市经济社会发展奠定雄厚的物质基础和组织基础。在谈到如何实现奋力走在皖北振兴前列的目标时，汪一光强调，全市实现奋力走在皖北振兴前列的目标，离不开涡阳的发展进步。涡阳要扎实推进各项工作，在结构调整、招商引资、项目建设、脱贫攻坚、“四化同步”等方面下功夫，不怕困难、敢于担当，立足当前、着眼长远，为全市发展多做贡献。

26—27日 全省推进“扫黄打非”进基层现场会在涡阳召开。省委宣传部常务副部长虞爱华参加会议并讲话，市委副书记、宣传部部长方晓利参加会议并致辞。会上，亳州市、宿州市、阜阳市、滁州市、马鞍山市及涡阳县分别就“扫黄打非”进基层工作进行交流发言。虞爱华就如何进一步抓好“扫黄打非”工作发表重要讲话。省委宣传部副巡视员邵晓晖主持会议，省文化厅副厅长周明洁参加会议。

同日 市委副书记方晓利到涡阳县涡南镇董楼村调研扶贫工作，方书记先后到董楼小学、董楼村卫生室进行调研，并到董文鹏、董玉勤等4户贫困户家中实地走访，县委副书记、县长熊国洪，县委常委、宣传部部长雅浩海及相关单位主要负责人陪同调研。

同日 县人大常委会视察县十六届人大五次会议代表议案建议办理工作。视察组先后视察德铭安置小区天然气安装情况、城西街道农村土地流传情况和广播村村通情况、龙山镇农村道路建设管护情况等。座谈会上，副县长张尔庆代表县政府汇报县十六届人大五次会议代表议案建议办理情况。视察组成员分别就如何提高议案、建议办理效果和质量提出意见、建议。县人大常委会副主任刘传华代表视察组对县政府就如何进一步加量议案建议办理工作提出要求。

10月

8日 县委书记、县人大常委会主任胡明文会见涡阳碧桂园房地产公司总经理唐向阳一行，县委常委、县委办主任丰霄寒，副县长牛光陪同。

9日 县政协主席吴晋，副主席赵太民、方侠带领85名政协委员对县南部新区企业发展、项目建设情况进行参观考察。副县长牛光陪同考察。

10日 省人大常委会副主任宋卫平带领省人大有关部门和环保部门及部分省人大代表，对涡阳县《中华人民共和国环境保护法》和《安徽省环境保护条例》贯彻落实情况进行执法检查。市人大常委会副主任李伟，市委常委、市政府常务副市长刘辉，市人大常委会副主任解杰昂，县委书记、县人大常委会主任胡明文，县人大常委会副主任刘传华，县委常委、县委办公室主任丰霄寒陪同了检查。

11日 县委书记、县人大常委会主任胡明文，县委副书记、县长熊国洪会见到涡考察的江苏金太阳集团客商，县委常委、副县长杜世峰陪同座谈。胡明文指出，目前涡阳经开区建设进入快速运转状态，项目投资和发展的潜力很大，是苏北企业产业转移的优先选择地方。涡阳县将切实维护企业的合法权益，以优质的服务、最佳的投资环境，诚挚欢迎江苏客商们到涡阳投资兴业。

同日 县委书记、县人大常委会主任胡明文，县委副书记、县长熊国洪在县行政中心四楼会议室会见龙旅在线国际旅行社有限公司、华融华联资产管理有限公司客商。县委常委、宣传部部长、县总工会主席雅浩海，县委常委、县委办公室主任丰霄寒，县委常委、副县长杜世峰陪同座谈。

12日 县委书记、县人大常委会主任胡明文督查县重点环保工作。胡明文一行先后到水上菜市生活排污口、涡北污水处理厂、涡北煤矿周边料堆场等地，就生活废水直排、造船厂废物排放、非法料场清理、煤矿灰污染等情况进行督查，对发现的问题现场办公，及时进行处理。胡明文要求，各级各部门要高度重视环境问题，全面加强环境保护与治理。县水务、国土、环保、交通、市场等单位要通力合作、联合执法，全面摸排底数，依法取缔沿涡河无证无照加工户。要以污染治理倒逼产业转型，淘汰落后、污染严重的企业，推进涡阳县经济转型升级。

14日 县委书记、县人大常委会主任胡明文召开县委党的建设工作领导小组第三次会议。县领导万瑞年、雅浩海、韩龙、丰霄寒、丁博、张松龄出席会议。县委常委、县委办公室主任丰霄寒传达县委党的建设领导小组办公室关于建立县委党的建设工作领导小组会议议题申报制度的通知文件。胡明文在讲话中强调，各级党委、党组要认真贯彻落实9月27日中央政治局学习会议关于新形势下党内生活的若干准则，结合学习贯彻《问责条例》《处分条例》和10月底召开的十八届六中全会精神，深刻领会党中央意图，认真抓好问责条例的贯彻落实，切实把管党、治党的政治责任落到实处。要结合各自的工作实际，做到当前与全年工作相结合，与谋划明年工作相结合，与抓好各项落实相结合，认真贯彻党代会精神，要不断履行主体责任，严格落实“九个严禁、九个一律”，以铁的纪律抓好今年的县乡换届工作和明年的村两委换届工作，推动基层党组织上台阶。

同日 全县扶贫开发领导小组会议召开。县领导胡明文、万瑞年、韩龙、黄恺、丰霄寒出席会议。会上县扶贫办主要负责人传达全省脱贫成效评估会议精神，通报涡阳县国办系统数据存在的问题，县直各牵头单位汇报承担任务落实情况。县委书记，县人大常委会主任胡明文要求，各单位、各乡镇要认真贯彻落实李锦斌在枞阳召开的脱贫攻坚和灾后重建工作专题座谈会上的重要讲话精神及李国英在金寨关于脱贫攻坚的讲话精神。准确把握扶贫举措的“四个全覆盖”和扶贫工作的“六看六确保”。要严格按照省对县的考核方案，结合各自工作实际，对症下药，制订脱贫攻坚工作方案，明确工作实效，项目化推进精准扶贫工作。

同日 全县2016年全国科普日活动启动仪式在西阳镇文体广场举行。县人大常委会副主任范吉用、县政协副主席赵太民出席启动仪式。

15日 县委书记、县人大常委会主任胡明文主持召开第33次县委常委会。会议听取关于经济社会发展情况目标考评奖惩办法、对县党政班子负责同志担任主要领导职务的县议事协调机构清理情况、《涡阳县2016年全国“扶贫日”活动方案》、县人民法院党组和人民检察院党组关于司法体制改革工作开展情况的汇报。

17日 2016中国国际徽商大会·涡阳县招商推介暨项目签约大会在肥举行，来自全国各地一百多家企业应邀参加会议。胡明文、熊国洪、吴晋、万瑞年、刘传华、陈长安、雅浩海、韩龙、刘梦汝、丰霄寒、杜世峰等县几大班子领导出席大会。县委副书记、县长熊国洪主持会议。会上，县委常委、常务副县长陈长安介绍了涡阳经济社会发展情况和产业扶持政策。县委书记胡明文在推介讲话中表示，涡阳地处皖北，有着丰富的劳动力资源、农业资源，便利的交通资源、基础设施。多年来，涡阳坚持发展是执政兴业的第一要务，为企业服务就是为涡阳县老百姓谋福祉。目前，涡阳正处于从农业社会向现代社会转型的关键阶段，转型期意味着存在良好的发展机遇和无限的发展商机。2016年，涡阳确立“1358”的发展思路，确定与全国同步达小康、建立宜居宜业的中等现代化城市为目标，发展势头迅猛，发展潜力巨大。涡阳将进一步提高“一站式”服务水平和服务效率，严格依法办事，降低制度成本，始终把纪律和规矩放在前面，营造良好的政务环境，提高政务服务效率，一心一意与各位企业家共谋发展大局。

涡阳借助此次徽商大会平台，特别推介光机电产业集聚区、绿色装配式建筑产业集聚区、现代中药和绿色食品产业集聚区、循环经济科技产业园、镇域产业功能区、皖北“双创”示范基地、美丽集镇和美丽乡村建设、老子文化生态园、多式联运物流园、城南新区五馆三中心等十大产业领域招商项目，现场签约项目15个，总投资金额达126亿元。会前，与会人员观看了涡阳县招商引资宣传片和宣传图版。

同日 县委副书记、县长熊国洪在行政中心11楼会议室主持举行2016年“扶贫日”项目认领暨募捐活动。活动上，省高院、省卫计委、市建投集团等10家单位认领了扶贫项目，共计出资422.9万元，助力扶贫工作。县委副书记万瑞年，县委常委、副县长黄恺，县人大副主任范吉用，副县长张尔庆，县政协副主席方侠出席活动。

19日 县委书记、县人大常委会主任胡明文会见丰润生物董事长陈勇、九鼎丰业董事长陈金明一行，诚邀企业来我县投资兴业。县委常委、副县长黄恺、杜世峰参加会见活动。

同日 省司法厅副巡视员杨晏平率调研组一行到涡阳县，就公共法律服务体系建设情况进行督查调研。市政府副秘书长王树东，县委常委、政法委书记、公安局局长丁博陪同调研。

21日 来安县委常委、副县长桂勇带领有关部门负责人到涡阳县对网上办事大厅工作开展情况进行考察学习。县委常委、副县长候选人冯浩陪同考察。

同日 市人大常委会副主任马昭华一行到涡阳县调研教师无校籍管理工作。县人大常委会副主任范吉用、副县长张尔庆参加座谈会。

23日 副市长侯化带领市政府有关部门负责人一行到涡阳县对十八届六中全会和省党代会期间信访维稳工作情况进行督查。县委副书记、县长熊国洪，县委常委、政法委书记、公安局局长丁博陪同督查。

25日 县委副书记、县长熊国洪带领有关部门负责人一行到标里镇花标路和牌坊镇周理路对农村道路畅通工程建设情况进行督查。熊国洪实地察看基础设施建设，听取有关人员关于农村道路畅通工程建设情况的汇报。熊国洪要求各有关单位要充分认识做好农村道路畅通工程建设的重要性，强化措施，落实责任，进一步加大农村道路畅通项目工程建设力度，确保圆满完成项目工程建设各项目标任务。

26日 省政府发展研究中心副主任孙东海一行到涡阳县开展调研慰问工作。县委常委、县委办公室主任丰霄寒陪同调研。孙东海一行走访贫困户，详细了解他们的健康状况、家庭收入等方面情况，并送去慰问金，勉励他们坚强乐观面对生活。在考察黄庄村莓香湾旅游扶贫项目时，孙东海仔细了解项目进度中存在的问题，鼓励企业要发挥带头作用，带动村民尽早实现经济脱贫、精神脱贫。

27日 涡阳县召开省委第五巡视组对涡阳县委开展巡视“回头看”情况反馈会议。省委第五巡视组组长左振国传达省委书记李锦斌在“五人小组”会议上听取九届省委第十三轮巡视情况汇报时的重要讲话。向涡阳县委反馈巡视“回头看”情况。亳州市委常委、纪委书记杨长俊主持会议并代表市委就涡阳县委做好“回头看”整改工作提出要求，涡阳县委书记胡明文作表态发言。参加会议的有：省委第五巡视组副组长马胜利及部分巡视组成员，涡阳县委、县人大、县政府、县政协领导班子成员及科以上领导干部。左振国指出，根据省委巡视工作统一安排，2016年8月22日—9月21日，省委第五巡视组对涡阳县委开展巡视“回头看”。巡视“回头看”发现的主要问题是：党的领导弱化，责任担当意识不强；党的建设缺失，干部队伍管理不力；从严治党不力，“两个责任”落实不到位；不严不实问题突出，作风建设有待加强；土地市场管理混乱，工程建设频频违规；群众利益屡遭侵害，民生领域案件多发；违反财经纪律时有发生，顶风违纪屡禁不止。左振国要求，涡阳县委要切实履行主体责任，扎实推进党风廉政建设；全面压实监督责任，把纪律和规矩挺在前面；锤炼从严从实作风，营造良好政治生态；建立健全监督机制，把权力关进制度“笼子”；严格组织人事纪律，加强干部队伍管理。杨长俊代表亳州市委，就涡阳县委如何落实好巡视“回头看”整改任务，提出四点要求：一是要提高认识抓整改，对巡视组指出的问题，真查真改、立行立改、全面整改；二是要强化责任抓整改，以敢较真碰硬的态度，强化政治担当，确保问题见底清零；三是要细化措施抓整改，要以“钉钉子”的精神严肃对待，问题不解决不松手，整改不到位不收兵；四是要建章立制抓整改,通过建章立制将巡视"回头看"整改措施制度化、长效化,从体制机制上堵塞腐败滋生的漏洞,为涡阳县各项事业的健康发展夯实基础。胡明文在表态发言中表示,以高度的政治自觉,全面接受省委巡视组反馈意见。坚决抓好巡视反馈意见整改,真正做到管党治党不放松、正风反腐不手软。以强烈的政治担当,着力解决巡视发现的主要问题,以巡视反馈问题整改为重要契机,不断把涡阳县全面从严治党引向深入。以坚定的政治态度,确保各项整改任务落实到位。结合"两学一做"学习教育,聚焦巡视组反馈的问题,一件不落、一招不让抓好整改落实,确保改彻底、改到位。

30日 县委副书记、县长熊国洪在行政中心常务会议室主持召开第70次县政府常务会议,副县长陈长安、黄恺、乔健、冯浩、刘红岩、李雷、牛光参加会议。会上,与会人员听取政务公开办关于全面推进政务公开工作的实施意见的汇报,市场监管局关于涡阳县质量品牌升级工程实施方案的汇报,商务局关于涡阳县服务业加快发展工程实施方案的汇报,经开区关于涡阳县经济开发区转型升级工程实施方案的汇报,美丽办关于涡阳县2016年美丽乡村建设及资金投入等情况的汇报,人社局关于涡阳县2016年政府购买专职治安辅助力量工作有关情况的汇报和给予地税局集体三等功决定的汇报,发改委关于城区自来水阶梯水价有关事宜汇报,政办关于县政府重大决策出台前向县人大及其常委会报告制度的汇报,城管执法局关于涡阳县城市环卫市场化运营实施方案的汇报,监察局关于给予张思剑开除公职处分的汇报。

同日 县委副书记、县长熊国洪在行政中心常务会议室主持召开县政府党组会议,政府党组成员陈长安、黄恺、乔健、冯浩、李雷、牛光、苏志杰参加会议。会上,熊国洪传达学习省委"五人小组"会议和省委书记李锦斌在树立和践行新发展理念学习考察总结交流大会上的讲话精神,苏志杰汇报县政府党组巡视"回头看"反馈问题整改工作方案。

11月

1日 县委副书记、县长熊国洪到扶贫联系点高炉镇大刘行政村调研扶贫工作,听取大刘村扶贫工作开展情况,研究解决工作推进中遇到的困难和问题。

同日 县政协召开政协工作征求意见座谈会,县政协主席吴晋、县政协党组副书记刘峰、县政协副主席蒋玲玲、方侠出席会议。

同日 市委组织部副部长、市委老干部局局长张廷林率队到涡阳县调研老干部工作并进行座谈。县委常委、组织部部长刘梦汝参加座谈。

2日 全市火灾防控、道路交通安全工作电视电话会议召开。县委副书记、县长熊国洪在涡阳县分会场收听收看会议实况。就如何贯彻会议精神,熊国洪要求:各单位、各乡镇要迅速行动,进行火灾隐患排查,做到"横线到边,纵向到底";发现问题后要明确责任,制订整改方案,抓好落实。针对责任不到位、监管不力者,要严肃问责,确保县火灾防控和道路交通安全工作有序有效开展。

3日 市委常委、常务副市长刘辉到扶贫联系点涡北街道徐广楼社区调研扶贫工作开展情况。县委副书记、县长熊国洪陪同调研。下午,市委常委、常务副市长刘辉到曹市镇就"两权"抵押贷款工作开展情况进行实地调研。县委常委、常务副县长陈长安陪同调研。刘辉一行先后到曹市镇新绿漾生态种植专业合作社、曹市镇民悦农机专业合作社,询问合作社的发展情况,并就发展遇到的问题进行现场协调解决。刘辉还围绕"金土地"贷款业务办理流程、农村金融发展的新需求等问题进行了解。

5日 省委巡视组巡视"回头看"反馈意见整改工作动员会在县委党校一楼报告厅召开。胡明文、熊国洪、吴晋、万瑞年、刘传华、陈长安、雅浩海、韩龙、黄恺、刘梦汝、丰霄寒、丁博、张松龄、杜世峰、乔健等县领导出席会议。县委书记、县人大常委会主任胡明文指出,省委巡视组反馈的意见,代表省委的意见和要求,全县各级党组织要聚焦省委巡视组提出的"七个方面问题",认真对照检查,以时不我待的精神和责任担当,一件不落、一招不让,坚决把巡视反馈问题全面彻底整改到位。

同日 由县委宣传部、县总工会、老干部局、文化体育旅游局、妇联主办、县老年大学承办的“弘扬工匠精神放歌最美劳动”文艺演出在县城老子文化广场举行。县人大常委会副主任刘传华，县委常委宣传部部长、县总工会主席雅浩海，县政协副主席方侠和有关单位负责人观看了演出。

7日 县委书记、县人大常委会主任胡明文主持召开县委中心组理论学习（扩大）会议暨第35次县委常委（扩大）会议。会议传达学习省十次党代会精神、市委中心组理论学习会议精神、习近平总书记在纪念长征胜利80周年大会上的讲话精神、省委书记李锦斌在省委中心组理论学习会议上的讲话精神；《中国共产党第十八届中央委员会第六次全体会议公报》《中共中央办公厅关于认真学习宣传党的十八届六中全会精神的通知》《关于新形势下党内政治生活的若干准则》和《中国共产党党内监督条例》等文件精神。会议听取关于1—9月经济运行、招商引资、安全生产、计划生育、信访稳定、环境保护、文明创建、脱贫攻坚工作汇报和纪委有关工作通报，《涡阳县禁毒工作实施要点》、涡阳县2016年政府购买专职治安辅助力量工作有关情况、县镇两级人民代表大会同步换届选举等有关情况的工作汇报。

8日 省委党校校委委员、巡视员顾党胜带领省中专体制考察验收组一行，对涡阳县县委党校中专体制进行验收。市委党校副校长周奇志，县委书记、县人大常委会主任胡明文，县委副书记、县委党校校长万瑞年，县委常委、组织部部长、统战部部长刘梦汝分别陪同和出席验收会。评审组一行实地考察县委党校教学区、学员活动室、图书室、学员餐厅等功能区的设施，观看县委党校中专体制创建专题片。顾党胜对涡阳县县委党校中专体制创建工作给予充分肯定，他要求，涡阳县委要继续高度重视党校建设发展，支持党校工作，加强对党校工作的领导；县委组织部要帮助党校谋划培训工作，从全县工作大局出发，加大对干部的培训力度，对党校提要求、压担子，发挥党校培训主渠道、主阵地的作用；县委党校要以中专体制创建为起点，细化工作标准，抬高工作标杆，争当皖北地区一流党校、全省先进县级党校。胡明文在表态发言中表示，涡阳县将根据反馈意见逐条逐项梳理整改，从严从实，全面做好整改工作，一如既往地重视党校建设发展，不断加大基础设施、师资力量培训，把县委党校建设成为培养干部人才的基地，提升理论水平的阵地，不辜负省委党校和市委党校对县委党校的期望。

8—11日 县委副书记、县长熊国洪，县委常委、副县长杜世峰带领经开区和招商局负责同志分别到无锡金太阳、北美胶粘制品有限公司、比奇特光伏支架公司、泰州仁济药业、上海麦迪堡食品有限公司、宿州迪盛织造、长兴超威集团开展招商活动。

9日 由县委组织部、县委宣传部、县委“两学一做”学习教育协调办公室及县直机关工委联合主办的“好支部、好党员、好故事”演讲比赛在县广播电视台举行。县委常委、组织部部长、统战部长部刘梦汝，县委常委、副县长冯浩，县人大常委会副主任范吉用，县政协副主席蒋玲玲出席活动。

10日 涡阳县第十六届人民代表大会常务委员会召开第五十二次会议。县人大常委会副主任刘传华、范吉用及其他常委会组成人员21人参加会议。刘传华主持会议。会议听取和审议关于成立涡阳县选举委员会的决定（草案）、第十七届人民代表大会代表名额分配的方案（草案）、县镇两级人民代表大会同步换届选举工作实施方案（草案）和关于召开涡阳县第十七届人民代表大会第一次会议的时间、地点与建议议程（草案），会议以电子表决的方式通过上述报告。会议还审议并表决通过有关人事事项。县委常委、常务副县长陈长安，县人民检察院检察长信清彬、县人民法院及部分镇（街道）人大主席，县人大常委会有关工作机构负责同志列席会议。

12日 全县扶贫开发领导小组会议在县行政中心四楼会议室召开。县领导胡明文、熊国洪、万瑞年、陈长安、雅浩海、韩龙、黄恺、丰霄寒、丁博、杜世峰、乔健、冯浩出席会议。县委书记、县人大常委会主任胡明文首先对市委书记汪一光到涡阳县调研扶贫工作中所提出的“满足扶贫工作一切需要、火力全开、适当宽裕、工作到户、责任到人、分级负责、多方协同”这七句话进行分析。会上，县委常委、副县长黄恺就相关工作进行安排部署。县扶贫办主要负责人传达市委书记汪一光到涡阳县调研扶贫工作座谈会精神，并宣读整改问题清单。

同日 县委全委扩大会在行政中心十一楼会议室召开。市委组织部副部长刘兴德，胡明文、熊国洪、吴晋、万瑞年、刘传华、陈长安、雅浩海、韩龙、黄恺、刘梦汝、丰霄寒、丁博、杜世峰、乔健、冯浩等几大班子领导出席会议。县委书记、县人大常委会主任胡明文指出：此次县乡人大、政府和县政协换届选举是全县人民政治生活中的一件大事，是发展社会主义民主政治的一次重要实践，是巩固和扩大县委换届成果，顺利实现全县换届工作目标的重要步骤。要进一步深化对县人大、政府和县政协换届工作的认识，切实加强对换届工作的理解，坚决把思想和行动统一到市委和市委换届考察组的要求上来，自觉服从换届这个大局，以高度的责任感和使命感，认真对待，切实做好换届考察工作。

14日 县综治委全体成员（扩大）会议召开。县委副书记、县长熊国洪，县人大常委会副主任范吉用，副县长牛光，县政协副主席方侠出席会议。熊国洪要求：各乡镇、各综治委成员单位要在肯定成绩的同时正视问题，主动反思综治工作落后的原因，不断增强综治工作的主动性；要突出工作重点，加强信访维稳中心站建设、提高队伍自身素质、认真准备年度综治检查考评，狠抓工作落实，不断提升群众安全感和满意度；要强化领导，压实责任。各部门要在发挥各自职责的同时，加强协调配合。要对各乡镇、各综治委成员单位工作开展情况进行督查调度，并严格兑现奖惩，切实增强综治工作的实效性，确保综治信访维稳工作争先进位，为推进涡阳县科学发展和长治久安做出新的更大的贡献。

15日 市政协主席汤涌到涡阳县调研政协工作开展情况，县领导熊国洪、吴晋、刘红岩、刘峰、蒋玲玲、方侠参加座谈会。汤涌指出，2016年是市县政协的换届年，6年来市县政协工作都取得了很好的成绩，市县政协委员也对提高和改进政协工作提出宝贵的意见建议。针对下一步的政协工作，汤涌要求，要坚持围绕中心服务大局，坚持党委领导，围绕党委政府中心工作开展政协工作。要坚持党委统一领导，政府大力支持，政协积极承办的政协协商民主新格局，重点围绕工作大局，广泛收集各界别委员的意见建议。要坚持发挥委员的主体作用和专委会的基础性作用，不断改进和创新政协工作方法，加强委员考核和管理，把好入口关，疏通出口关。要坚持问题导向、目标导向、服务导向、务实导向，充分调动委员们的工作积极性。要认真收好官，积极谋划明年的工作，重点筹备好换届工作，坚持纪律，选好委员，起草好报告，把换届会开好。县委副书记、县长熊国洪对近年来县政协在参政议政、服务大局、加强自身建设等方面取得的成绩给予充分肯定。他表示，涡阳县政府将进一步重视政协工作，主动倾听政协建议，主动接受政协监督，主动加强提案办理，提高提案办理满意度。会上，县政协党组副书记刘峰汇报县政协工作开展情况。市、县政协委员就提高和改进政协工作发表意见建议。

17日 市人大常委会副主任解杰昂带领市人大常委会有关部门人员一行到涡阳县对贯彻落实中共中央关于加强县乡人大工作和建设若干意见和省市关于加强人大工作和建设等有关文件精神及县乡人大换届工作情况进行调研。县人大常委会副主任刘传华，县委常委、副县长冯浩陪同调研。

18日 县委副书记、县长熊国洪在行政中心5楼中间会议室主持召开第71次县政府常务会议，副县长陈长安、黄恺、乔健、冯浩、刘红岩、李雷、张尔庆、陈志刚参加会议。会上，与会人员听取县文明办关于涡阳县“六场一站”清理方案起草情况的汇报和县财政局关于财政预算资金追加事宜的汇报。

19日 安徽省林业厅厅长程中才一行莅临泓森槐基地进行检查指导工作，市林业局长翟玉增、涡阳县县长熊国洪及有关单位负责同志陪同。程中才厅长指出，速生用材林是林业产业发展的重点工程，首先要做好产业规模化、良种质量化，生产制度化；其次深入挖掘槐花菜、槐花蜜等附加产业，实现产业可持续发展；再次紧跟造林、优材更替、高效利用土地，发挥林产、林下经济相结合的产业模式，让生态与经济协调发展，全力打造以泓森槐为主的青山绿水名片。

23日 县委副书记、县长熊国洪带领发改委、住建委、国土局等有关部门对海特燃气搬迁和天然气管道建设工作进行调研。县委常委、常务副县长陈长安，县委常委、副县长乔健陪同调研。熊国洪一行先后到海特燃气门站、CNG加气站及省天然气公司分输站建设现场，实地调研原门站和加气站搬迁选址，并就有关工作情况进行详细了解。熊国洪要求：发改委要牵头对天然气管线建设工作进行督办，排出行事历，按时间推进建设工作；在施工过程中尽量减少对树木的破坏，通过移栽等方式，提高树木的存活量。县规划局要规划出南部新区天然气管道的布局，请相关专家进行评定，确保不因天然气管道的走向影响城市的整体规划。熊国洪还对天然气管线改迁项目中的具体问题进行现场调度，并明确责任单位的具体完成时限。

24日 县人大常委会副主任刘传华主持召开涡阳县第十六届人民代表大会常务委员会第五十三次会议。县人大常委会副主任范吉用及其他常委会组成人员参加会议。听取和审议各镇选举委员会组成人员名单（草案）和关于对镇、场、街道、经开区选举工作实施方案审核情况的说明。会议以举手表决的方式，分别通过以上组成人员名单（草案）和工作实施方案。

25日 县委常委、宣传部长、县总工会主席雅浩海主持十八届六中全会精神宣讲报告会。熊国洪、刘传华、雅浩海、韩龙、黄恺、丰霄寒、乔健、冯浩等县几大班子领导出席报告会。报告会邀请中共安徽省委党校汪兴福教授进行授课。报告会上，汪兴福围绕“推进全面从严治党的战略意义、推进全面从严治党的新高度、突出抓好领导干部特别是高级干部”三个方面对党的十八届六中全会精神进行全面深入解读。报告观点深刻、内容丰富，为广大党员干部深刻理解全面从严治党的重大意义提供重要指导。

27日 涡阳县组织各镇（场、街道）、开发区、各有关部门负责人及有关人员在行政中心三楼会议室收听收看了全国安全生产电视电话会议。县委副书记、县长熊国洪，副县长牛光在县分会场参加会议。

29日 县委常委第39次会议召开。熊国洪、万瑞年、陈长安、雅浩海、韩龙、黄恺、刘梦汝、丰霄寒、丁博、杜世峰、冯浩等县领导出席会议。吴晋、刘传华、范吉用、牛光、蒋玲玲、李文飞、赵太民、方侠等县领导列席会议。会议听取审议关于1—10月经济运行、招商引资、安全生产、计划生育、信访维稳、环境保护、文明创建、扶贫攻坚的工作汇报和纪委有关工作的通报；听取审议了《关于在全县党员干部中开展“讲看齐、见行动”学习讨论实施方案（征求意见稿）》的汇报；听取审议关于省委巡视组巡视“回头看”反馈问题整改工作进展情况的汇报；听取审议关于县镇两级人大同步换届选举工作情况的汇报和关于县政协换届工作方案和成立县政协十一届一次会议筹备秘书处的汇报。

同日下午，县委副书记、县长熊国洪在行政中心5楼中间会议室主持召开第72次县政府常务会议，副县长陈长安、黄恺、杜世峰、冯浩、李雷、牛光参加会议。会上，与会人员听取县国土局关于城市规划区内十一宗土地使用权收回方案的汇报，县交通局关于撤回原宏大公交有限公司经营许可补偿及固定资产处置问题汇报，县民政局关于2015年冬季退役士兵安置工作方案起草情况汇报，县房产局关于新兴镇红色旅游项目土地征收补偿标准制定情况汇报；县财政局关于财政预算外资金追加有关事宜的汇报。

30日 省委第一巡视组副组长陈卫东带领督察组一行到涡阳县督导调研扶贫联系点，县委副书记、县长熊国洪，县委常委、副县长黄恺，县委常委、组织部部长、统战部部长刘梦汝陪同调研。督察组一行先后到源和堂药业、陈大镇黄庄村、城东街道黄庄村和林场五爱村，通过看产业、查项目，实地了解各扶贫联系点的扶贫工作开展情况，逐村了解各村地理位置、资源条件以及特色产业，详细询问群众的生产生活情况，在扶贫攻坚工作中的需求，了解精准扶贫工作开展情况、存在困难和问题，以及相关部门落实资金和项目的具体情况。

同日 省政府法制办副主任胡孔胜一行到涡阳县开展农村

土地确权工作检查验收。市农委主要负责人，县委副书记、县长熊国洪，县委常委、副县长黄恺出席汇报会。汇报会上，省验收组观看涡阳县农村土地承包经营权确权登记颁证试点工作专题片。胡孔胜对此次验收工作内容进行解读，他表示验收组将通过开展座谈、入户走访、查看有关档案资料等方式，详细了解核查涡阳县农村土地确权登记颁证完成情况。熊国洪汇报涡阳县农村土地承包经营权确权登记颁证工作情况。

同日 省政府发展中心党组成员、副主任李红及调研组一行到涡阳县调研脱贫攻坚工作，县委常委、副县长冯浩陪同调研。调研组一行到城东街道黄庄村慰问贫困户，详细了解贫困人口现状、主导产业培育和贫困群众生产生活、致贫原因和脱贫需求，并实地考察产业项目建设进展情况。

12 月

1日 涡阳县在老子文化广场开展“世界艾滋病日”宣传服务活动。多家单位通过设置展台、现场讲解、发放宣传材料等形式，向市民普及艾滋病防治知识，倡导市民在预防艾滋病的同时，理解和善待艾滋病人。

2日 涡阳县召开全县省委巡视组巡视“回头看”反馈意见整改工作调度暨县乡换届工作座谈会。县领导万瑞年、刘传华、韩龙、刘梦汝、丰霄寒、刘峰出席会议。

同日 安徽省对台交流基地揭牌仪式在天静宫举行，省台办副主任汪泗淇，县委副书记万瑞年，县委常委、宣传部部长、县总工会主席雅浩海，县委常委、组织部部长、统战部部长刘梦汝出席揭牌仪式，省市相关领导、台湾来宾、研老专家学者参加揭牌仪式。

5日 涡阳县“12·4”国家宪法日暨全国法制宣传日系列活动在老子文化广场开展。县人大常委会副主任刘传华，县政协副主席蒋玲玲出席活动。

6日 涡阳县选举委员会举行第三次会议。县人大常委会副主任刘传华、范吉用出席会议。

7日 涡阳县组织收听收看全市安全生产和环境保护工作电视电话会，县委副书记、县长熊国洪，副县长牛光在涡阳县分会场出席会议。熊国洪要求各级各部门要高度重视安全生产和环境保护工作，立即加强全县安全隐患排查，深入一线开展“拉网式”的安全生产大检查，做到不留死角、不留盲区；要建立健全重大隐患分级管理机制和重大危险源分级监控机制，对排查出的隐患整改到位；要严格落实部门监管、属地管理和企业主体责任，确保各项责任落实到位。牛光对全县安全生产和环境保护工作进行安排部署。

8日 颍上县委常委、常务副县长马建一行到涡阳县考察网上办事工作。县委副书记、县长熊国洪，县委常委、副县长冯浩陪同考察座谈。

同日 县委常委会第40次会议召开。熊国洪、陈长安、雅浩海、韩龙、黄恺、刘梦汝、丰霄寒、丁博、乔健、冯浩等县领导出席会议。会议听取审议县委常委、常务副县长陈长安，县委常委、副县长黄恺，县委常委、政法委书记、公安局长丁博关于省委巡视组巡视“回头看”反馈问题整改工作进展情况的汇报；听取审议县委办关于讨论县委十一届二次全体（扩大）会议暨“讲看齐、见行动”学习讨论推进会议方案和《胡明文同志在县委十一届二次全体（扩大）会议暨“讲看齐、见行动”学习讨论推进会上的讲话（讨论稿）》《关于学习贯彻落实中共十八届六中全会精神开创全面从严治党新局面的实施意见（讨论稿）》及《涡阳县五大发展行动计划（讨论稿）》的汇报；听取审议了县文明办关于《涡阳县推进移风易俗树立文明乡风的意见（讨论稿）》的汇报；听取审议县民政局关于《涡阳县单集林场和高炉镇行政区划调整实施方案（讨论稿）》的汇报。

9日 北京林业大学教授张明祥应邀到涡阳县对道源国家湿地公园规划建设进行观摩指导。县委常委、宣传部部长，县总工会主席雅浩海陪同观摩。

10日 县委书记、县人大常委会主任胡明文主持召开涡阳县委十一届二次全体（扩大）会议暨“讲看齐、见行动”学习讨论推进会。县领导熊国洪、吴晋、万瑞年、刘传华、陈长安、雅浩海、韩龙、黄恺、刘梦汝、丰霄寒、丁博、杜世峰、乔健、冯浩等出席会议。

同日 涡阳县召开县委常委

会议。县领导胡明文、万瑞年、陈长安、雅浩海、韩龙、黄恺、刘梦汝、丰霄寒、丁博、杜世峰、乔健、冯浩出席会议。县领导刘传华、刘峰列席会议。

11日 由安徽省中西医结合学会和省中西医脑心同治专家委员会和县卫计委联合主办的共铸中国心、脑心同治走基层公益活动启动仪式在县人民医院举行。

13日 市委宣讲团走进涡阳县宣讲中共十八届六中全会精神。熊国洪、吴晋、雅浩海、黄恺、刘梦汝、丁博等县领导及各乡镇、县直单位主要负责人聆听报告。县委副书记、县长熊国洪主持会议并讲话。

同日 县委中心组"讲看齐 见行动"第一次专题研讨会在县行政中心4楼会议室召开。熊国洪、吴晋、雅浩海、韩龙、刘梦汝、丰霄寒、丁博等县几大班子领导出席研讨会。

14日 县委副书记、县长熊国洪主持召开第42次县委常委会议。县领导万瑞年、陈长安、雅浩海、韩龙、黄恺、刘梦汝、丰霄寒、丁博、乔健、冯浩出席会议。县领导刘传华、刘峰列席会议。会议要求各牵头领导、各部门要高度重视巡视整改工作，针对省委巡视组近期反馈的问题，逐一对照，深入整改，依据党性、党规，法律、法规，建立巡视整改的长效机制，确保真整改、不贰过。会议强调，全面推进政务公开，让权力在阳光下运行，可以增强政府的公信力，保障群众的知情权。要进一步完善推进政务公开工作实施意见，量化分解任务，提高可操作性；各有关部门要加强沟通对接，提升政务服务水平，确保涡阳县政务公开工作走在全省前列。

15日 县"两会"筹备情况调度会议召开，县人大常委会副主任刘传华，县委常委、常务副县长陈长安，县委常委、县委办公室主任丰霄寒，县政协党组副书记刘峰出席会议。

16日 市委副书记、市长杜延安到涡阳县就《市政府工作报告（征求意见稿）》向驻涡阳市人大代表、市政协委员征求意见和建议。县领导熊国洪、刘传华、陈长安、刘峰、方侠出席座谈会。座谈会上，杜延安首先就市政府工作报告的起草情况进行说明，并真诚邀请大家直言不讳、畅所欲言，为修改完善报告献计献策。

同日 涡阳县新一届县、镇两级人民代表大会代表选举日，县几套班子领导以普通选民的身份分别到各自选区与广大选民一起进行投票。胡明文、熊国洪、吴晋、刘传华，陈长安、雅浩海、韩龙、丰霄寒、张松龄、乔健等县几套班子分别来到王土楼社区、团结社区等选区与广大选民一起在票箱前庄严进行投票，行使公民应有的权利。

17日 县委书记、县人大常委会主任胡明文主持召开第43次县委常委会议。胡明文、熊国洪、陈长安、雅浩海、韩龙、黄恺、刘梦汝、丰霄寒、张松龄、杜世峰、乔健、冯浩出席会议。吴晋、刘传华列席会议。会议强调，过去的五年，县人大、政府、政协、法院、检察院等部门按照县委的要求部署，围绕中心、服务大局，各项工作都有新进展、取得了新成效，为促进全县经济社会各项事业发展做出重要贡献。县人大要继续围绕全县工作大局和人大的根本任务，依法履职，既要符合人大代表制度程序，也要体现党的领导；县政府要紧紧围绕发展这个第一要务，突出工业立县、产业立县，突出民生、突出五大发展行动、突出全面从严治党；县政协要坚持围绕中心，服务大局，把关注民生作为重要责任，发扬协商民主、参政议政；法检两院要依法履行职能，坚持司法为民，努力营造公平正义的法治环境，维护人民群众的合法权益。

18日 中国供销·涡阳农产品批发市场召开项目招商大会。县政协主席吴晋、县人大常委会副主任范吉用、副县长刘红岩、县政协党组副书记刘峰参加会议。

20日 县委常委会专题民主生活会征求县直单位和乡镇干部意见建议座谈会在行政中心五楼会议室召开，县委副书记、县长熊国洪出席会议。

21日 涡阳县召开全县领导干部大会。市委考察组组长、市委组织部副部长、市委老干部局局长张廷林出席会议。县委副书记、县长熊国洪主持会议，并就下一步工作提出要求。

22日 县政府全体会议召开。县领导熊国洪、陈长安、黄恺、杜世峰、乔健、冯浩、刘红岩、李雷、张尔庆、牛光出席会议。会上，县政办负责人就《政府工作报告》起草情况进行说明。县委常委、常务副县长陈长安，县委常委、副县长黄恺、杜世峰、乔健、冯浩，副县长刘红岩、李雷、张尔庆、牛光分别对2016年工作进行回顾，对2017年工作进行谋划。县委副书记、县长熊国洪总结2016年工作，对2017年工作进行安排部署。

23日 省科协副主席蔡士祥带领有关人员一行到联系点西阳镇郭寨村、冠盛纺织和树莓标准化种植基地对科技普及工作开展情况进行调研。副县长张尔庆陪同调研。

24日 县第十七届人民代表大会代表集中培训会召开。县委副书记万瑞年，县委常委、组织部部长、统战部部长刘梦汝，县委常委、县纪委书记韩龙，县人大常委会副主任范吉用出席培训会。

同日 涡阳县第十六届人民代表大会常务委员会召开第五十四次会议。县委书记、县人大常委会主任胡明文，县人大常委会副主任刘传华及其他常委会组成人员20人参加会议。刘传华主持会议。

25日 县委副书记、县长熊国洪召开第四十四次县委常委（扩大）会议。县领导陈长安、雅浩海、韩龙、黄恺、刘梦汝、丰霄寒、丁博、乔健、冯浩等出席会议，刘传华等县领导列席会议。会议听取审议县委常委、常务副县长陈长安及招商局、安监局、卫计委等有关部门关于1—11月经济运行、招商引资、安全生产、计划生育、信访稳定、环境保护、文明创建工作的汇报及纪委有关工作通报；听取审议省委巡视组巡视“回头看”反馈问题整改工作进展情况的汇报、县委办关于《中共涡阳县委关于省委第五巡视组巡视“回头看”反馈意见整改情况的报告》起草情况的汇报、县文明办关于依法清理规范“六站一场”专项行动工作情况的汇报、县委宣传部关于《“红红火火过大年”主题活动方案》的汇报、县经信委关于双创驱动发展工程实施方案的汇报、县纪委关于纪委案件情况的汇报。会议强调，要认真盘点1—11月涡阳县经济运行工作，对照今年的目标，查找存在的问题，立即进行解决；要进一步解放思想，认真学习新知识、研究新政策、准确把握经济运行态势，为今后发展积蓄后劲。

同日 涡阳县在行政中心11楼会议室召开县委中心组理论学习（扩大）会议。县领导熊国洪、刘传华、陈长安、韩龙、黄恺、刘梦汝、丰霄寒、丁博、冯浩等县几大班子领导出席会议。

26日 省第三方评估组到涡阳县评估脱贫攻坚工作。会上，县委常委、副县长黄恺介绍涡阳县脱贫攻坚工作开展情况。今年以来，涡阳县坚持精准扶贫、精准施策、精准脱贫的工作思路，不断创新工作体制机制，大力整合资源资金，持续加大扶贫开发投入。2016年，全县实现10个贫困村出列，7233户、18736人脱贫，超额完成全年脱贫攻坚目标任务。

28日 省卫计委副主任李劲风一行到涡阳县调研脱贫攻坚工作情况。县委副书记、县长熊国洪，县委常委、副县长黄恺，副县长张尔庆出席会议。

30日 县委书记、县人大常委会主任胡明文，县委副书记、县长熊国洪等县四大班子领导到政协委员驻地，看望慰问前来参加县政协十届一次会议的政协委员们。胡明文对参会的各界政协委员致以亲切的问候和新年的祝福。胡明文表示，县两会召开在即，各位委员身兼光荣的政治使命，希望各位委员围绕中心、服务大局，审议好“两会”期间的工作报告和草案，把这次大会开好。

31日 县委书记、县人大常委会主任胡明文，县委副书记、县长熊国洪等县四大班子领导到人大代表驻地，看望慰问前来参加县第十七届人民代表大会第一次会议的人大代表们。胡明文向参会的县人大代表们致以亲切的问候。胡明文表示，即将召开的县十七届人大一次会议是在涡阳县经济社会发展关键时期召开的大会，各位代表使命光荣，责任重大，希望代表们在会议期间要时刻牢记人大代表的职责，认真听取和审议政府、人大等一系列工作报告，切实行使好民主权利，做好这次人代会的选举工作。

同日 涡阳县第十七届人民代表大会第一次会议召开预备会议。胡明文、熊国洪、万瑞年、刘传华等出席会议。县人大常委会副主任刘传华主持会议。会议以举手表决的方式通过涡阳县第十七届人民代表大会第一次会议主席团和秘书长名单（草案）、会议议程（草案）、议案审查委员会名单（草案）、计划预算审查委员会名单（草案）。通过设立议案审查委员会和计划预算审查委员会的决定。

同日 中国人民政治协商会议第十届涡阳县委员会第一次会议在县委党校报告厅隆重开幕。县领导胡明文、熊国洪、吴晋、万瑞年、刘传华、刘峰、蒋玲玲、李文飞、赵太民、方侠出席会议。大会应到委员228名，因事因病请假15名，实到213名，超过应到委员的半数，符合法定人数。上午9点，县政协主席吴晋宣布大会开幕，并致开幕词。吴晋在开幕词中指出：九届县政协始终坚持正确的政治方向，高举爱国主义和社会主义两面旗帜，牢牢把握团结和民主两大主题，认真履行政治协商、民主监督、参政议政职能，围绕县委、县政府中心工作，服务改革发展稳定大局，聚焦群众关心关注的热点难点问题，深入调查研究，协商议政建言，为涡阳县加快发展、科学发展做出重要贡献。本届政协委员由17个界别、228名委员组成。在委员总数中，九届委员连任54名，新推选的委员174名。委员代表性、广泛性进一步增强，委员素质有明显提高，年龄结构更趋合理，展现新阵容、新风貌。县四大班子其他成员、县政协原正副主席、原秘书长、县人大常委会原主任、县公检法主要负责人在主席台就座；县直各单位，各镇（场）党委、街道、经开区党（工）委联系政协工作的负责人，统战委员，驻涡市政协委员，中央、省属驻涡单位，大型骨干企业主要负责人，县政协机关退休干部列席会议。

同日 涡阳县召开扶贫开发领导小组会议，总结省对涡阳县脱贫攻坚第三方脱贫成效评估工作，分析研究当前存在问题，安排部署2016年国家扶贫开发工作成效考核评估准备工作。县委书记、县人大常委会主任胡明文主持会议并作重要讲话。县委副书记、代县长熊国洪，县委副书记万瑞年，县委常委、常务副县长陈长安，县委常委、县纪委书记韩龙，县委常委、副县长黄恺，县委常委、组织部部长刘梦汝，县委常委、县委办公室主任丰霄寒出席会议。县扶贫开发领导小组正、副组长出席会议。会上，县扶贫办主任汇报当前脱贫攻坚工作和省第三方脱贫成效评估组对涡阳县脱贫攻坚成效评估情况。会议强调，全县各级各部门要认真学习有关文件精神，掌握方法步骤，找准着力点，加快各项任务落实。要抓好督查督办，对当前重点工作要一周一安排、一周一点评、一周一调度，确保各项工作按照时间节点完成。要对全年脱贫攻坚工作认真总结，形成材料，晒晒“成绩单”，以比促学，以学促进，确保涡阳县扶贫工作走在省市前列。

涡阳概览

涡阳县概览

【历史沿革】涡阳县属地历史悠久，文化底蕴厚重，是安徽省历史文化名城。遍布县境有新石器时期龙山文化和大汶口文化遗址5个：即台寺遗址、将孤堆遗址、峨眉山遗址、马庄遗址和龟腚遗址，与蒙城原始社会第一村尉迟寺遗址相呼应。早在五千多年前，就有先民在这里繁衍生息，创造了灿烂的史前文明。

公元前21世纪的夏禹时代，天下分为九州，今涡阳县境在豫州东部，与徐州毗邻。

商汤建都南亳（今之亳州），县境为商之畿辅。

春秋时期分属陈、宋、胡诸国；春秋末期，公元前637年楚国攻占陈国焦、夷（城父）之地，后设苦县，置下城父；楚国进而攻取宋国相县，并将其归属苦县管辖，此后全境属楚国。

秦朝实行郡县制，县境分属谯、苦、铚、相诸县。

秦二世元年，陈胜、吴广于今宿州大泽乡起义，攻占铚、酂、苦、柘、谯，其中铚、苦即今涡阳县境。后陈胜为秦军所败，被御者庄贾在下城父杀害，下城父即今之涡阳县城。

汉袭秦制，县境分属泗水郡、沛郡和淮阳国，有相县、铚县、苦县、城父、山桑等建制。

晋咸康三年苦县改称谷阳县，唐代谷阳县改称真源县，宋代真源县再改称卫真县，治所在今涡阳义门。

卫真县建制在元代取消，此后县境分属亳州、城父、蒙城、宿州等地。

清同治三年（1864年），清政府为镇压捻军起义，划亳县、阜阳、宿县、蒙城部分圩堡，循北魏“涡阳县”之名，在雉河集新置涡阳县，隶属颍州府。

民国时期，涡阳县隶属阜阳行政公署。抗战和解放战争时期，共产党领导的新四军先后在县境成立涡永县、雪涡县、涡亳县、涡阳（涡南）县等临时政权。

1949年全县解放，撤销上述临时政权，恢复涡阳县原行政区划。解放后，涡阳县属阜阳专区和阜阳市。

2000年5月，国务院批准设立地级亳州市，涡阳县属亳州市。

数千年朝代更替，沧海桑田，在县境有历代故城遗址十余个：即丹城故城、思善故城、山桑故城、扶阳故城、蒙郡故城、蒙县故城、真源故城、龙山故城、文州故城、胡城故城、涡阳老城等。

如此丰富的历史文化底蕴，表明这里是中原文明的发祥地，不愧为安徽历史文化名城的光荣称号。　（县地方志办供稿）

【位置交通】涡阳县位于北纬33°20′～33°47′，东经115°53′～116°33′。南界利辛县、阜阳市太和县，北靠河南省永城市、淮北市濉溪县，东壤蒙城县，西邻亳州市谯城区。地处豫皖苏鲁要冲，省道S307线明光至亳州公路涡阳段，东自蒙城县向西北方向入县境门户西阳镇，西至水陆要塞义门镇，全长45.3公里；省道S202线萧县至淮滨公路涡阳段，从东北濉溪县入石弓镇，经龙山镇至楚店镇，全长58.5公里；两条省道交汇于县城，分别连接合徐、商埠、宁洛、济祁高速，通达豫、皖、苏、鲁、鄂等公路运输干道。涡阳至合肥市259公里，至郑州市339公里，至徐州市147公里，至阜阳市84公里，至蚌埠市136公里，至淮北市86公里。青阜线铁路北入青疃镇，南出涡南镇，全长50公里，涡阳火车站位于县城东郊。涡阳站已成为周边地区客运、物资集结地和中转站。县境铁路分别连接京沪高铁和京九铁路。2015年开工建设省道S307绕城段和S202路面改善工程；维修县乡村道140余公里和危桥20座，12月济祁高速公路建成通车，结束涡阳不通高速的历史。　（县交通局供稿）

【自然资源】涡阳自然资源丰富，盛产粮、棉、油、水果、蔬菜、药材和黄牛、山羊、家兔、鱼虾、河蟹等，不仅质量高，而且产量大，被列为全国产粮百强县，全国商品粮、优质棉、优质烟、山羊板皮、瘦肉型猪生产基地，是全国生态示范县、全国林业百佳县和秸秆养牛十佳县，与蒙城、利辛县一并誉为“全国中部地区黄牛金三角”。是著名的“中国苔干之乡”。

1. 土地资源。全县辖区面积2107平方公里，土地利用类型以耕地为主，土地利用率98%以上。耕地面积154429.50公顷，其中，水浇地172.09公顷、旱地154257.41公顷；园地面积46.36公顷；林地面积2553.40公顷；建设用地面积33519.96

公顷，其中居民点及工矿用地28416.11公顷、交通运输用地9143.02公顷、水域及水利设施用地15910.04公顷；未利用地2585.29公顷。

2. 矿产资源。境内现已探明一定储量的矿产资源有10种，矿产地180处，其中大型矿床3处，中型矿床2处，小型矿床5处，小矿6处，零星资源164处。

能源矿产优质煤查明资源储量236495.3万吨，主要分布在涡阳县耿皇、牌坊、新兴、龙王庙、张庄、吴桥、花沟、大段家、徐广楼、闸北、袁店等地；多金属矿产铜、铁、金矿主要分部我县杨庄、丹城、李圩、西阳等地；非金属矿产中的水泥用灰岩，饰面用灰岩，建筑石料用灰岩，河砂，陶瓷土，砖瓦用黏土，其中，建筑石料用灰岩矿保有储量209.82万立方米，2008年出让168.83万立方米采矿权。（县国土局供稿）

3. 水资源。涡阳县河流均属淮河水系，境内河流主要有淮河的一级支流涡河横穿中部，两岸支流呈叶脉状，县内流域面积1280平方公里，占全县总面积的60.8%。全县水资源总量为7.01亿立方米，其中地表水资源量为4.01亿立方米，常年可利用量为1.8亿立方米；地下水资源相对丰富，浅层地下水资源年补给总量为4.18亿立方米，年可开采量3.15亿立方米。

（县水务局供稿）

4. 生物资源。县域适宜暖温带各种植物生长，林木属暖温带落叶阔叶类，呈网带片结合状分布。林业用地359.67平方公里。其中有林地面积323.45平方公里，占县林业用地面积89.93%；未成林地面积10.50平方公里，占县林业用地面积2.92%；灌木林地面积14.07平方公里，占县林业用地面积3.91%；苗圃地、宜林地、林业辅助用地共计11.65平方公里，占县林业用地面积3.24%；其他（含竹林）0.06平方公里，占0.02%。全县活立木蓄积量2982384立方米，全县林木绿化率19.28%。境内共有栽培木本植物202种，其中国家重点保护珍稀植物1种，古树名木资源12株；生物物种67种，国家重点保护野生动物42种。全县主要木本类植物有杨、泡桐、椿、楝、柳、桑、榆、水杉、皂角、楸树、银杏以及苹果、柿、梨、桃、枣等50余种；水生植物主要有蒲草、香蒲、菱、莲藕等；粮食作物以麦、豆、薯为主，辅以水稻、玉米、小豆、绿豆、荞麦、谷子等，经济作物主要有棉花、芝麻、花生、油菜、烟叶和麻类等，苔干为地方特色蔬菜种类，中药材有牡丹、白芍、紫苑等。（县林业局供稿）

【人文资源】涡阳贤哲辈出，文化底蕴深厚，是春秋时期伟大的哲学家、思想家老子的诞生地、道家思想文化的发源地。历史文化名人老子、尹喜、张良、嵇康、陈抟、张乐行等，在这里创造不朽的历史文化。当代风云人物刘少奇、彭雪枫、张爱萍、张震等，曾在此留下革命事迹。

（县文体旅局供稿）

【旅游资源】涡阳县境内旅游资源丰富，有道教祖亭天静宫、红城子遗址、尹喜墓、嵇康墓、范蠡墓、陈抟卧迹等文物古迹及捻军会盟旧址、张乐行故居、新四军四师司令部旧址、辉山烈士陵园和道源国家湿地公园等景点，2015年天静宫景区获评国家AAAA级旅游景区，2016年高炉家徽酒集团工业旅游景区获批国家AAA级旅游景区。立足本地民俗、特色农业等，乡村旅游业得到很好发展，2016年，高炉镇荣获省级优秀旅游乡镇称号，西阳镇郭寨村荣获省级旅游示范村称号，石弓镇桃花岛生态庄园荣获2016年省级休闲农业与乡村旅游示范点称号，城东街道办事处广海农家乐和高炉镇高炉大酒店农家乐获批4星级农家乐，此外还有3家乡镇农家乐被批为3星级农家乐。目前涡阳县共有1家AAAA级景区、2家AAA级景区、1家4星级酒店、2家3星级酒店、2家5星级农家乐和1家4星级农家乐。

（县文体旅局供稿）

【气候特征】2016年平均气温16.2℃，较历年平均偏高1.1℃；年极端最高气温37.0℃，出现在7月25日和7月31日，年极端最低气温-11.7℃，出现在1月24日；年平均最高气温20.9℃，年平均最低气温12.5℃；年降水量952.3毫米，较历年平均值偏多100.9毫米，年一日最大降水量64.4毫米，出现在10月1日；年内出现2次大风天气，其中7月28日极大风速达22.3米/秒，年最多风向为SE；年最小相对湿度16；年内最大积雪深度4厘米；年最大冻土深度12厘米；年日照时数1899.1小时，较历年平均偏少117.1小时，年日照百分率43；2016年气温3月、4月、9月、12月分别偏高2.6℃、2.1℃、2.3℃、2.5℃；降水4月、10月、12月分别偏多103%、369%、149%，1月、6月、7月分别偏少51%、37%、36%。

1. 气象灾害。7月29日夜间至30日凌晨，受强对流天气影响，涡阳县陈大镇出现雷雨大风天气，据县民政局31日统计，此次灾害造成陈大禾景农业园区农作物受灾13公顷，设施蔬菜大棚损毁87座，共造成直接经济损失291万元。

2. 综合评价。2016年气温偏高，日照时数偏少，降水偏多；年内出现三次明显的寒潮天气过程，其中1月下旬出现强寒潮天气过程，伴随强降温和大风，本站极大风速达16.8米每秒，1月24日早晨最低气温达-11.7度，大风降温天气对设施农业和畜禽养殖业造成一定的不利影响；年内降水时间和空间分布不均，1月、6月、7月降水偏少，4月、10月、12月降水偏多，其中10月份降水较历年同期异常偏多近3.7倍，为1956年有完整气象记录以来同期最多，同时日照明显偏少，连续阴雨寡照天气对农业生产有不利影响。

（县气象局供稿）

【地形地貌】涡阳县地处淮北平原腹地，境内有涡河、西淝河、北淝河、包河四大水系，流域面积计 2100 平方公里。县境内地势平缓，呈不规则的四边形。地势西北高，东南低，地面高程平均海拔 26.5～33.5米，地面自然坡降为 1/9000，自西北向南微倾。县境地貌分为两种类型：涡河北自然区有龙山、东山、西山、石弓山、郭独山、齐山、辉山，占地总面积6.22 平方公里；其次为河间平原，是县境最主要的地貌类型，南片在涡河与西淝河之间，北片在涡河与包河之间。

（县国土局供稿）

【行政区划】涡阳县位于淮北平原中部，地处亳州市中心地带，与豫、鲁、苏三省毗邻，国土面积2107平方公里，县城建成面积30平方公里。2016年年底，全县下辖20个镇，4个街道，1个林场，1个经济开发区，383个村（居）委。（县民政局供稿）

【民族宗教】境内有29个少数民族，人口约1.5万人，其中回族约有1.3万人，回族主要聚集在义门、城关、牌坊等地。有4个民族村，23个少数民族自然村。全县有佛教、道教、伊斯兰教、天主教、基督教等五大宗教，共有开放的宗教活动场所68处，其中道教宫观1处、天主教堂1处，伊斯兰清真寺2处、基督教场所64处，信教群众约4万余人，宗教团体1个。（县民宗局供稿）

中共涡阳县委

概 述

【概况】2016年，县委团结带领全县上下，深入贯彻中共十八大、十八届三中、四中、五中、六中全会和习近平总书记系列重要讲话精神，坚决贯彻省委、市委决策部署，紧紧围绕“1358”总体发展思路，进一步谋发展、优生态、实作风，实现经济平稳较快增长、民生持续改善、社会和谐稳定、党的建设不断加强、“十三五”良好开局。

【思想建设】持续深入学习贯彻十八届五中、六中全会精神和习近平总书记系列重要讲话特别是视察安徽重要讲话精神，持续深化中国特色社会主义和中国梦宣传教育，扎实开展“两学一做”学习教育，刘亚先进事迹在《人民日报》《光明日报》《安徽日报》等中央省市重点媒体广泛报道。加强意识形态工作，强化对各类宣传思想文化阵地的管理，成功召开全省推进扫黄打非进基层现场会。

【基层组织建设】制定并严格落实基层党建工作问题清单、任务清单和责任清单，大力推进乡镇党委书记“十讲”工作法和村干部“十个一”工作法。扎实推进农村基层党建保障工程，村两委正职年报酬平均达23712元，副职年报酬平均达16640元，较2014年分别提高180%、170%。投入1013万元对53个村室进行新建或扩建。深入推进“软弱涣散”基层党组织整治，205个基层党组织完成集中换届。认真落实“三会一课”制度，进一步加强和规范党内政治生活。

【作风和反腐倡廉建设】认真落实党风廉政建设“两个责任”，实行清单化管理、项目化推进，对落实“两个责任”不力的8个单位党委（党组）实施“一案双查”，27名个人受到责任追究。加强对领导干部的教育管理，认真学习贯彻“一准则、两条例”，开展“每月一警示”教育活动。深入推进“三公开”，全面提升党员干部主动履责意识。加大作风建设常态化、长效化的监督检查，查处违反中央八项规定精神问题19起，给予党政纪处分22人，查处群众身边的不正之风和腐败问题838个，处理729人。始终保持惩治腐败的高压态势，全县纪检监察组织立案499件，同比增长21.7%，其中乡科级干部46人，结案500件（含2016年），给予党政纪处分512人，开除党籍101人，移送司法机关17人。

【生态文明建设】编制全县生态文明建设规划、水污染防治等专项规划，构建较为完善的生态保护制度体系。科学划定畜禽渔业养殖禁养区，大力开展工业废气和汽车尾气治理，依法关闭砂石料场79家、拆除黏土窑厂17家，秸秆禁烧卫星监测实现零火点，年度污染减排任务提前完成。加强生态保护修复，“四大水系”治理和道源湿地生态景观带建设加快推进，“三线三边”新增绿化林96公里，森林长廊新增71.1公里。闲置低效用地清理整顿成效明显，污水处理厂、垃圾填埋场等生态基础工程有序建设。

【深化全面改革】强力推进“放管服”，动态调整政府权力清单、责任清单、涉企收费清单，编制完成公共服务清单、中介服务清单。商事制度“五证合一”“一照一码”改革深入实施，“营改增”全面推开。在全市率先完成土地确权登记颁证，颁发证书24.96万本；在全省率先实施土地承包经营权抵押贷款，发放贷款1.56亿元，位居全省首批试点县首位。不动产登记改革顺利实施，供销社综合改革有序推进，国有林场改革和区划调整平稳顺利。

【依法治县】坚持党委总揽全局、协调各方，支持人大及其常委会依法行使职权，保证决策更好地体现人民意志，充分发挥政协履行政治协商、民主监督、参政议政职能，党管武装成效明显，统战、老干部、民族、宗教等工作取得新成绩，工会、共青团、妇联等群团组织作用得到充分发挥。坚持依法治县，社会治理创新得到加强，“两中心、两站”建设全面推进，信访工作呈现整体持续向好态势。安全生产形势总体平稳，社会大局和谐稳定。

【民生工程】全年投入民生支出47.5亿元，占财政总支出的87.9%，全面完成32项民生工程年度任务。实施棚户区改造7930套，货币化安置4175户，货币化安置率达到53%。完成农村危房改造1700户。加快发展社会养老服务，巩固完善城乡居民大病保险制度，实施常态化临时救助工作，五保集中供养能力达72%。投资9.3亿元，实施农村道路畅通工程项目702个，总里程1360公里，完工1106公里，超额完成任务。

【社会事业】推进学前教育、义务教育均衡发展，扎实开展与合肥优质教育资源联盟办学，优化城区教育资源布局，五中、四小、五小和涡阳中学投入使用。提升农村学校基础设施，完成92所农村学校“改薄”和50所“村小提升”工程。实施卫生提升工程，全面推行药品带量采购，实现公立医院药品零差率销售，群众就医负担进一步减轻。加快发展文化事业，扎实开展国学经典教育“六进”活动和“书香涡阳”建设，加强公共体育设施和文化惠民工程建设，不断丰富群众文体生活。

重要工作

【城镇规划体系建设】编制完成《涡阳县城市总体规划(2014—2030年)》《南部新区控制性详细规划》，积极推进土地利用总体规划、国民经济发展规划等“多规合一”。

【要素保障】德铭、华都等5个安置小区基本建成，德顺、紫光等7个安置小区加快建设，打赢涡北塌陷区、三桥、S307西阳段、城东段等拆迁硬仗。年内实施28个整村搬迁，拆迁房屋140余万平方米，征地1万余亩，超过前5年总量。抓住土地复垦、增减挂和工矿废弃地整治机遇，新增建设用地8900亩。完成国有乐行城市建设集团组建，全年融资79亿元，到位资金56.1亿元。

【巡视整改】县委坚持把巡视整改作为重大政治任务，深入推进中央巡视组巡视“回头看”反馈意见整改工作，制定出台《〈涡阳县关于基层党组织长期不换届专项整治工作方案〉等十二个方案的通知》，着力解决涡阳县存在的基层党组织长期不换届、不按规定缴纳党费、干部人事管理不力、干部人事档案涂改造假等突出问题。截至2016年年底，12个专项整治已完成11项，“酒桌办公”专项整治取得明显成效。针对省委第五巡视组巡视涡阳“回头看”反馈的党的领导弱化、党的建设缺失、从严管党治党不力等七个方面主要问题，县委对反馈意见高度重视，迅速研究部署整改工作，并针对突出问题开展改进工作作风治理懒政怠政、基层组织软弱涣散、干部人事管理、土地市场管理、工程建设领域、违规享受城乡低保、农村危房改造、违规发放计划生育信息费、财经纪律执行、档案资料不规范等10项专项整治行动。截至2016年12月27日，县委整改方案确定的38项整改任务已完成10项，剩余28项取得重要阶段性成效，反馈意见中指出的64个具体问题已完成47项整改，并依纪依法追究有关责任人责任。

【城市建设】围绕建设50万人口现代化中等城市目标，持续扩大投入，加强基础设施，完善城市功能。“五馆三中心”、城市出入口提升工程、生活垃圾收运系统等项目进展顺利，“城市家居”全面提升，路、水、电等配套设施不断完善。

【提升镇村人居环境】扎实推进美丽集镇建设、中心村建设和自然村环境整治，加快改善农村生产生活条件，完成《涡阳县村庄布点规划(2016—2030)》修编，编制完成31个美丽乡村省市县级示范点、2个美丽集镇建设、10个建制镇建成区整治规划。实施农村道路畅通工程项目702个，总里程1268公里，全面实现“村村通”。

【脱贫攻坚】坚持精准施策、精准发力，实现农村低保、五保供养、扶贫标准“三线合一”，10个贫困村出列、1.78万贫困人口脱贫顺利通过省级验收，通过率100%。加快贫困村基础设施建设，实施贫困村道路274条、235公里，完成贫困户危房改造867户，78个贫困村全面解决安全饮水问题。出台产业、光伏、金融、健康、教育、政策兜底等一系列政策措施，实施教育健康资助7833人，发放贫困户金融扶贫贷款7155.8万元，实施种植养殖产业扶贫项目3908户。通过政府购买服务的方式，为贫困户劳动力提供城乡卫生保洁员、基础设施管理员和护林员等扶贫就业岗位3600余个，引导外出务工5130人。

【精准招商】围绕现代中药和食品加工、光机电、绿色生态建筑三个高新产业集聚区，扎实推进精准招商、产业链招商、以商招商，努力壮大产业规模，形成集群优势。全年新签约项目61个，其中亿元以上项目41个、亿元以上工业项目26个。实际利用内资297.4亿元、利用外资1.54亿美元，分别增长15.1%和10.1%。完成招商引资固定资产投资128.9亿元，增长40.1%。成功举办“中国国际徽商大会·涡阳县招商推介暨项目签约大会”，签约15个项目，总投资达126亿元。

【项目建设】实施项目“百日会战”，落实“四督四保”“四位一体”推进机制，进一步完善大建设体制。59个省市重点项目完成投资100亿元，占年度投资计划的156.3%。涡河三桥、S202线路面改善、S307线新建绕城段、上跨青阜铁路立交桥等重点交通项目建成通车。

重要会议

【县委常委会议】2016年全年共召开44次县委常委会议，研究县委工作规则、县委常委会议事规则、深入推进全面从严治党的实施意见、落实党风廉政建设“两个责任”清单、2016年党建工作目标管理与考核奖惩办法、加快现代中药产业发展实施意见等202个议题。

【全县干部集中培训动员暨党课报告会】2月16日—18日，县委党校进行为期3天的党员领导干部集中封闭式培训，以贯彻落实中央十八届五中全会精神和习近平总书记系列讲话精神，为争当“四个自觉”模范提供理论保障。会上，县委书记、县人大常委会主任胡明文作《以严和实的作风，努力开创各项工作新局面，奋力实现2020涡阳崛起》的党课报告，并为集中培训作专门动员。此次党员干部集中培训还分别邀请省经济发展研究院专家周云峰作《十三五规划》、省法制办行政复议处处长张书明作《依法行政》、省委宣传部网宣办应急处处长齐海洋作《网络舆情应对及处置》、省扶贫办副主任陈先德作《如何做好扶贫攻坚工作》、省城乡规划设计研究院总规划师刘复友作《城乡规划》、挂职副县长陈志刚作《廉政准则》《纪律条例》等6个专题报告。在集中学习习近平总书记重要讲话、党章党规、党课报告和专题报告的基础上，参训党员领导干部围绕“争当‘四个自觉’模范，我该怎么办”这个主题进行集中讨论和座谈。

【全县经济工作城乡建设暨2015年度综合考评表彰会议】2月18日，全县经济工作城乡建设暨2015年度综合考评表彰会议在涡阳剧院召开。县委书记、县人大常委会主任胡明文，县委副书记、县长杨学国分别作重要讲话。县委副书记万瑞年宣读2015年度综合考评表彰决定；大会分别对党建考核综合奖、党建考核单项奖、乡镇经济社会发展综合奖、县直单位绩效考核综合奖以及突出贡献奖（返乡创业奖、纳税大户奖、特殊贡献奖）获得者进行颁奖，先进单位进行经验交流，落后单位作表态发言。

【争创全省文明县城动员大会】6月7日，涡阳县争创全省文明县城动员大会召开，省委宣传部副部长、省文明办主任贺懋燮出席会议并作指导讲话。县委书记、县人大常委会主任胡明文主持会议并讲话。会上，县委副书记万瑞年宣读《关于表彰2015年度城乡文明创建工作先进单位的决定》和《关于对2015年度城乡文明创建工作后进单位的通报》；颁发2015年度全县农村清洁工程、“三线三边”环境治理、文明县城指数测评工作先进单位奖项；相关单位作表态发言；县委常委、宣传部部长雅浩海作全县城乡文明创建工作报告。

市委常委、宣传部部长杜爱玉，市委宣传部副部长、文明办主任戴飚，县四大班子全体成员出席会议。

【县十一次党代会】6月25—28日，中国共产党涡阳县第十一次代表大会在县委党校隆重召开。全县340名党代表，以及特邀代表、列席人员参加会议。会议选举胡明文、熊国洪、万瑞年、陈长安、雅浩海、韩龙、黄恺、刘梦汝、丰霄寒、张松龄、丁博等11名同志为县委常委。选举胡明文为县委书记，选举熊国洪、万瑞年为县委副书记。会议围绕全面建成小康社会总要求，明确涡阳未来五年发展的“1358”发展思路。

【省委第五巡视组对涡阳县委开展巡视“回头看”工作动员会】8月22日下午，省委第五巡视组对涡阳县委开展巡视“回头看”工作动员会召开。省委第五巡视组组长左振国作动员讲话，亳州市委副书记方晓利主持会议并代表市委就配合做好巡视“回头看”工作提出要求，涡阳县委书记胡明文作表态发言。

省委第五巡视组副组长马胜利及巡视组全体成员，涡阳县委、县人大、县政府、县政协领导班子成员，县人民法院院长、县人民检察院检察长，其他在职县级领导干部，县纪委监察局领导班子成员，县委组织部副部长，县直各部门主要负责人，县人大、县政协专委会主要负责人，乡镇、街道（办事处）党政班子主要负责人，实改虚的正科级干部，2013年以来退休的县、科（正科实职）级领导干部，部分基层党代表、人大代表、政协委员及群众代表等参加会议。

【县委十一届二次全体（扩大）会议暨“讲看齐、见行动”学习讨论推进会】12月10日，中共涡阳县委十一届二次全体（扩大）会议暨“讲看齐、见行动”学习讨论推进会在县行政中心召开。会议由县委书记、县人大常委会主任胡明文主持，胡明文代表县委常委会向全委会作工作报告。会议审议通过《中共涡阳县委关于学习贯彻中共十八届六中全会精神　开创全面从严治党新局面的实施意见》《涡阳县五大发展行动计划》《涡阳县关于推动移风易俗树立文明乡风的实施意见》《涡阳县单集林场和高炉镇行政区划调整实施方案》4个文件。会上，县委副书记、县长熊国洪传达省委十届二次全会、市委四届二次全会精神。县委常委、组织部部长、统战部部长刘梦汝传达《中共安徽省委组织部〈关于认真做好市县乡人大政府和市县政协换届风气监督工作的通知〉》等有关文件精神。

重要决策

【“1358”发展思路】县十一次党代会提出了涡阳县未来5年“1358”发展思路，即：围绕全面建成小康社会总要求，全力推进创新开放新高地、产城融合示范区、绿色发展生态县“三大任务”，实施创新驱动、全面追赶、工业立县、城乡统筹、人文提升“五大战略”，奋力闯出“八条新路”：一是大力实施县域产业突破，奋力在创新发展中闯出新路；二是加快建设现代化中等城市，奋力在推进新型城镇化中闯出新路；三是坚决打赢脱贫攻坚战，奋力在协调发展中闯出新路；四是不断改善民生，奋力在共享发展中闯出新路；五是全力打造生态涡阳，奋力在绿色发展中闯出新路；六是内外联动、深化改革，奋力在开放发展中闯出新路；七是全面推进依法治县，奋力在社会治理现代化中闯出新路；八是从严治党，奋力在营造良好政治生态中闯出新路。

【打赢脱贫攻坚战】为全面贯彻落实省、市关于坚决打赢脱贫攻坚战的决策部署，结合实际，县委、县政府印发《关于坚决打赢脱贫攻坚战的实施意见》（以下简称《意见》。《意见》对脱贫攻坚的工作目标、基本原则、九大工程和保障措施都作明确要求。

【工业振兴】县委、县政府印发《涡阳县工业振兴纲要（2016－2020）》（以下简称《纲要》）。《纲要》提出要大力实施“工业立县”战略，坚持做大总量、做优存量、提质增效，以推进“一区五园”建设为突破，统筹规划、整合资源、多措并举，努力走出一条具有涡阳特色的新型工业化道路。《纲要》分析了工业发展现状和存在的主要问题，明确未来五年工业发展的指导思想、发展目标和发展重点，提出六个方面的保障措施。

【加快现代中药产业发展】为落实省、市调结构、转方式、促升级行动计划，加快涡阳现代中药产业发展，促进产业结构优化升级，结合县情实际，县委、县政府印发《关于加快现代中药产业发展的实施意见》（以下简称《意见》）。《意见》明确了中药产业发展的总体思路、发展目标和十二项重点任务。《意见》有效期为5年。

【全面从严治党】为深入学习贯

彻中共十八届六中全会精神，开创全面从严治党新局面，根据中央和省市文件精神，县委印发《中共涡阳县委关于学习贯彻党的十八届六中全会精神 开创全面从严治党新局面的实施意见》。《意见》提出了切实增强学习宣传贯彻党的十八届六中全会精神的政治自觉、全面加强和规范党内政治生活、全面落实党内监督责任、突出抓好领导干部这个“关键少数”、着力强化全面从严治党的政治担当等5个方面38条意见。

【五大发展行动计划】为贯彻中央和省市有关文件精神，县委、县政府印发《涡阳县五大发展行动计划》（以下简称《计划》）。《计划》明确未来5年发展的指导思想、主要目标和保障措施，提出34条具体任务。《计划》是全面贯彻习近平总书记系列重要讲话特别是视察安徽重要讲话精神的重大战略举措，是落实省、市决策部署的实际行动，是涡阳县“深入践行五大发展理念，大力实施‘1358’总体发展思路”的抓手。

重大活动

【迎新春全民健身跑活动】1月1日，涡阳县举行了以“2016奔跑吧 涡阳”为主题的第二届迎新春全民健身跑活动。县领导胡明文、杨学国、吴晋、万瑞年、王贵民、雅浩海、韩龙、黄卫国、刘红岩、蒋玲玲、赵太民参加健身跑活动。上午9时，来自县直各单位、城区街道、企业、学校、社会团体等近3000余名参赛者在南部新区欢聚一起，以跑步健身的方式来展现健康向上、积极进取的精神风貌。

【合肥市—亳州市涡阳县举行结对共建签约仪式】2月6日上午，合肥—亳州两市结对共建签约仪式在合肥市高新区管委会举行。合肥市委常委、组织部部长汪卫东，合肥市人大常委会副主任、高新区管委会主任李兵，合肥市副市长吴春梅，合肥市政府秘书长柴修发；亳州市委常委、组织部长、统战部长陈平，县委书记、县人大常委会主任胡明文，县委副书记、县长杨学国，县人大常委会党组副书记、副主任刘传华，县委常委、副县长、县委办主任刘仲远，县委常委、常务副县长、经开区管委会主任方振勇，副县长李雷，县政协副主席方侠等领导出席签约仪式。签约仪式由合肥市政府秘书长柴修发主持，在双方市县领导的共同见证下，县委副书记、县长杨学国代表涡阳县分别与合肥市高新区工委委员、管委会副主任胡宏同、合肥市教育局党委书记查凯签约《涡阳高新现代产业园合作共建协议》《合肥市教育局——涡阳县联盟办学合作协议》。

【2016中国国际徽商大会·涡阳招商推介暨项目签约大会】10月17日，2016年中国国际徽商大会·涡阳县招商推介暨项目签约大会在合肥举行，鸿路钢结构、联华实业、国淮新能源、新诚达、仁济药业、小林制药、碧桂园、四季大通、江苏布拉特、上海麦迪堡等130余家企业、230余名客商应邀参加。此次推介会上，涡阳县以产业集聚区和优势产业推介为重点，围绕光机电、装配式建筑、现代中药和绿色食品、循环经济科技产业四大产业集聚区以及镇域产业功能区、“双创”示范基地、美丽集镇和美丽乡村、老子文化生态园、多式联运物流、“五馆三中心”共十大领域，精心筛选了一批效益好、潜力大、前景广阔的项目进行推介，供广大客商咨询洽谈、投资合作。当天共签约15个项目，总投资达到126亿元。新华网、人民网、安徽电视台、《安徽日报》中安在线、亳州电视台《亳州晚报》等15家媒体对大会进行现场报道。中共涡阳县委书记、县人大常委会主任胡明文，县委副书记、县长熊国洪以及县四套班子负责同志，县直有关单位、经开区和部分乡镇主要负责人参加了大会。

【中心组理论学习】2016年，县委理论学习中心组共集体学习22次，学习的主要内容和主要专题有：习近平总书记在中央政治局“三严三实”民主生活会上关于争当四个模范的讲话精神、习近平总书记在庆祝建党95周年纪念大会上的讲话精神、省十次党代会精神、习近平总书记在纪念长征胜利80周年大会上的讲话精神、市第四次党代会精神、全市经济工作城乡建设暨第四季度经济工作督查调度会议精神、《习近平关于严明党的纪律和规矩摘编》、省纪委《关于八起落实党风廉政建设“两个责任”不力被问责典型案例的通报》《中共亳州市委关于印发全市集中开展查处发生在群众身边不正之风和腐败问题专项工作实施方案的通知》《党委会的工作方法》《中纪委关于七起落实两个责任不力受到责任追究典型问题的通报》《省纪委关于十一起发生在群众身边的四风和腐败典型案例的通报》《省委关于深入推进全面从严治党的若干意见》《中国共产党问责条例》、市委《关于对不如实报告个人事项情况的通报》、省纪委《关于顾翠英干扰巡查工作严重违纪问题的通报》《中国共产党问责条例》及15个规范性文件汇编,《关于新形势下党内政治生活的若干准则》《中国共产党党内监督条例》《李锦斌、李国英同志在省委中心组理论学习暨全省领导学习贯彻中共十八届六中全会精神集中培训班上的讲话》,《李锦斌、李国英同志在省扶贫开发领导小组会议上的讲话》等。同时还邀请部分专家学者进行专题辅导,分别邀请省经济发展研究院专家周云峰作《十三五规划》专题辅导、省法制办行政复议处处长张书明作《依法行政》专题辅导、省委宣传部网宣办应急处处长齐海洋作《网络舆情应对及处置》专题辅导、省扶贫办副主任陈先德作《如何做好扶贫攻坚工作》专题辅导、省城乡规划设计研究院总规划师刘复友作《城乡规划》专题辅导、挂职副县长陈志刚作《廉政准则》和《纪律条例》专题辅导、省委党校管理学部副教授朱厚任讲授作《我国宏观经济分析与供给侧改革》专题辅导、省委党校党史党建教研部主任郝欣富作《习近平总书记在庆祝中国共产党成立95周年大会上的讲话》专题报告、新华社安徽分社舆情分析室主任王菲作《深入学习习近平总书记系列重要讲话,做好新媒体语境下的舆情应对》专题辅导、中国人民解放军工程兵学院基础部教授曹二刚作国防教育专题讲座、市委政研室主任张秀忠作中共十八届六中全会精神宣讲报告等50余个专题。

(县委办公室供稿)

县委办公室工作

【概况】中共涡阳县委办公室(县委政研室合署办公)是协助县委领导处理县委日常事务的县委工作部门。内设机构拟调整为:县委常委办公室、机要局、文秘室、综合室、党建工作目标管理与考核办公室、总值班室、保密办(涡阳县国家保密局)、人事行政财务室、调研室、综合改革室、法律法规室、信息综合室。

【文秘工作】坚持以“出思想、出精品”为目标,精心组织撰写各类文稿,先后起草了县党代会报告、县委十一届二次全会报告、省委巡视组巡视“回头看”反馈意见整改情况的报告等综合材料10余篇,起草了讲话、汇报、致辞、主持词、发言等材料180余篇,充分发挥以文辅政作用。提升办文办会质量,筹办县委和县委、县政府联合召开的县党代会、县委全委会、县委常委扩大会议、县委中心组理论学习扩大会议、全县争创文明县城动员大会、巡视整改动员大会等全县性会议20多次,筹办县委领导召集的专题性会议200多次。严格执行省、市关于精简会议文件各项规定,认真落实《党政机关公文处理条例》,严格控制文电数量,规范公文办理程序,文电办理效率和质量不断提高。

【信息工作】2016年,严格按照“涡阳各方面工作信息要及时上报,要到火热的发展一线搜集信息,要在信息工作网络中及时获取信息”要求,围绕发展大局,坚持务实创新,深入开展全县党委系统信息队伍“能力提升年”活动,不断规范信息工作机制,提高信息编报水平。全年共采集各类基层信息18000余条,上报信息1400条,其中被《安徽信息》采用30篇、《亳州信息》采用80篇,位居省第二,全市第一。上报涡阳县党政负责同志《每周工作动态》52期;编发党政班子《每日工作动态》245期;编发《涡阳信息》10期;编发《舆情专报》40期;编报涉涡重要即时舆情信息20条。

【机要工作】认真做好电报收发工作,确保各类电报办理安全、高效、及时运转,严格落实24小时值机制度,确保机要通信安全畅通,加强机要干部队伍建设,加强业务能力建设。

【值班保卫】牢固树立值班工作无小事的理念，准确及时上情下达、下情上报。全年通知300余次会议及会议名单记录，无一错漏。完成节假日及“两会”值班表编制，做好周末和夜间公文流转，没有发生泄密错漏现象。加强维稳综治和县委机关的安全保卫工作，协助处理有关群众来访工作。全年共接待群众来访100余次，热情耐心地做好政策解释和说服工作。（县委办供稿）

纪检监察

【概况】中共涡阳县纪委机关和县监察局合署办公，履行党的纪律检查和政府行政监察两种职能。2016年，涡阳县纪委监察局持续深化“三转”，聚焦主业，挺纪在前，积极践行监督执纪“四种形态”，不断强化监督执纪问责，党风廉政建设和反腐败各项工作取得新成效。

【巡视整改】一是开展“酒桌办公”专项整治。全县1153名科级以上领导干部填写“酒桌办公”专项整治自查表，单位上报公务接待242次，没有违规接待现象。成立3个督查组，对10个县直单位招待费、15个乡镇班子成员及基层站所负责人中午饮酒情况、50家酒店开展检查，对8人工作日饮酒问题进行处理，5人被立案，1受到诫勉，2人被通报。二是开展党员干部违规经商办企业专项整治和“回头看”。2人因情节轻微并整改到位被诫勉谈话，9人被立案审查，其中4人已受到党政纪处分。三是开展改进工作作风治理懒政怠政专项整治。全县103个单位及其工作人员上报了个人自查自纠表，发现20个单位、242人存在作风问题，并要求整改到位。抽查45个单位，发现问题33个，责令相关单位全部整改到位。四是开展党员干部违规建房和多占住房专项清理，摸排出27人问题线索。其中，11人系赠予、继承、购买他人自建房，5人于2014年清房已处理过，剩下的11人属于违规自建房，违规自建房超面积1682.22平方米，需上缴回购款646371.05元，已全部补缴到位。

2016年11月5日落实巡视回头看整改暨压实两个责任推进会召开

【“两个责任”】一是创新方式方法。实行“两个责任”清单化管理、项目化推进，进一步细化全县各单位党组（党委）和党组（党委）班子成员以及纪委（纪检组）责任清单，共计14大类200项具体任务。各单位根据下发的年度清单，结合自身实际，将责任清单细化分解到月，月初上报月任务清单，月末上报完成情况，并将月任务清单上墙，挂图作战，完成一项，纪实一项，销号一项，月结、月清、月报告，重要问题及时上报。县委精心部署，县纪委定期不定期开展检查，发现问题及时通报和督办。二是借力集中推进。以省委巡视组到涡阳县开展巡视“回头看”反馈意见整改为契机，依托县委13个督查组对“两个责任”落实情况全面开展督查。县纪委常委、五个派出纪检组分片负责，每周一调度，一约谈，一通报，约谈10个单位党组（党委），发放通报12期，电话督办18次，着力解决压力层层递减的问题。开展“两个责任”推进月活动，通过集中培训、交流互动、自查整改、督查问责和规范提升，集中解决在落实“两个责任”方面存在的疑问和问题，自查整改问题112个，达到边推进边整改边规范的目的。三是加强检查约谈。对“两个责任”落实情况开展监督检查，组织全县103个部门和单位利用一周的时间开展互查，通过互查相互取长补短，共同提高。集中开展抽查3次，发现共性问题11个，下发通报3期，并形成问题清单下发各单位，要求对照清单自查自纠，对号整改。对检查中发现的问题，县纪委主要负责同志及时约谈所在部门和单位党组(党委)主要负责同志，督促落实主体责任。县纪委班子成员对其他部门和单位班子成员开展约谈120余人次。四是强化考核问责。坚持权责导向，重新修订《党风廉政建设考核实施细则》，将考核情况作为党政领导班子总体评价和领导干部业绩评定、奖励惩处、选拔任用的重要依据。对考核最后二名的县直单位和最后一名的乡镇实行党风廉政建设“一票否决”。对落实“两个责任”不力的10个单位党组(党委)、27名个人实施责任追究。

2016年4月27日政风行风热线走进城关街道新安社区

【作风建设】一是抓住重要时间节点开展督查。对全县各单位落实中央八项规定精神和省市县三十条规定要求开展督查16次，查处违反中央八项规定精神问题51起，处理60人，给予党政纪处分53人，下发通报5期，严肃查处牌坊镇民生办违规送购物卡问题，7人被给予纪律处分，牌坊镇和县财政局主要负责人被约谈并全县通报。二是重点盯住党员领导干部特别是一把手。认真落实涡阳县《科级领导班子及其成员贯彻中央八项规定深入推进作风建设责任清单》“两清单一办法”，全县领导班子成员到基层调研10179人次，调研天数12035天；领导班子成员到基层调研现场解决问题或群众困难问题4412个；全县领导班子成员接访7422次，办结信访个数3787个；精简全县性会议、活动个数104个；其他各单位精简本部门系统会议、活动个数626个；全县各单位严格按照“八项规定”精神简化公务接待、厉行勤俭节约，各项公务接待费用较上年均有大幅度下降。三是加大纠风治乱力度。深入治理教育乱收费，加大监督检查力度，抽查45所校(园)，走访家长和学生430人，对发现的轻微问题，责令限期整改到位。严肃查处城关五小违规征订课外读物问题，并全县通报。巩固公路“三乱”治理成果，开展明察暗访13次，纠正执法不规范行为29起。对新安晚报曝光的安通停车场违规放行大客车问题，给予3人党纪处分，问责2人。认真办好“政风行风热线”，受理上级转办热线87件，全部办结。上线单位53家、135轮次，接听县“政风行风热线”电话510个，均及时办结，群众满意率99%，制作电视节目《热线追踪》栏目51期。

【源头防控】坚持把纪律挺在前面，运用监督执纪“四种形态”，通报135人次、函询29次。充分运用党纪轻处分、组织调整手段，受到党纪轻处分、组织调整415人，占总处分人数的72.6%。受到党纪重处分、重大职务调整138人，占总处分人数的24%。因严重违纪涉嫌违法立案审查并移送司法机关依法处理20人，占到总处分人数的3.4%。一是突出警示教育。认真开展“每月一警示”教育活动，实现县镇村三级全覆盖。开展“廉政警示教育流动站”，集中展出套取侵占危房改造、房屋拆迁、土地征用等10个方面侵害群众利益的不正之风和腐败问题典型案例，县直机关、各乡镇5000余人次接受教育，被《中国纪检监察报》、省纪委《清风苑》报道。利用以县农机局原局长张群、县农村经济管理局原局长王宁、危房改造资金系列窝案、花沟镇花沟居委会原书记张志明等人违纪违法事实为原型的警示教育片《蚕食的代价》，在全县党员干部队伍中开展警示教育。二是加强管理监督。修订《派出纪检监察组工作规则》，规范派出纪检监察组工作程序，重点围绕各部门各单位落实主体责任及执行“三重一大”，发挥好监督职能作用。加大对党员领导干部重要事项的监督，全面规范党员干部操办婚丧喜庆事宜，78名党员干部报备了红白喜事事项。严格落实廉政把关制度，开展廉政把关2392次，提出把关意见74条。加强全县科级领导干部电子廉政档案管理工作。三是强化风险防控。围绕权力运行环节，健全完善廉政风险防控机制。全县清权确权总数5910个；制作工作流程图2582套，新制工作流程图570套；排查风险点总数6711个；制定防控措施总数7213条；建立长效制度机制总数814个，新建长效制度机制298个。

2016年6月30日市委常委市纪委书记杨长俊给城西街道赵瓦房村党员干部上党课

【执纪审查】县纪委受理信访举报件905件(不含省委巡视组移交问题线索)。全县纪检监察组织立案531件，比上年同期增长11.8%，其中乡科级干部50人，实施“两规”措施8人，结案599件(含2016年)，给予党政纪处分581人，开除党籍117人，移送司法机关20人。全县的立案数、立案乡科级人数、“两规”人数、移送人数均创历史新高。一是加强组织协调。发挥县委反腐败协调领导小组作用，修订《县委反腐败协调小组议事规则(试行)》，组织召开反腐败协调小组6次，各成员单位相互转送案件129件次，听取县人民法院对县纪委移送案件的预审人员12人，动用公安力量成功追逃违纪违法分子2人，责成人民检察院对不诉案件说明情况5人，动用银行查询账户96人次，查询通信记录15人次。二是加强线索管理。出台《涡阳县纪委监察局机关重要问题线索管理办法》，把全县重要问题线索纳入规范化管理。全年共接收重要问题线索198件，处置174件，暂存24件。排查2013年以来涉法涉诉问题线索231人。淮北市审计局移送涉及农村危房改造方面的问题线索39件，全部处置到位。三是充实执纪力量。加强“以案代训”，对20个乡镇纪律审查人员实施“以案代训”。对2015、2016两个年度的国家机关新录用、事业单位新聘用录用人员开展接受廉政教育工作。建立执纪审查谈话人员库和陪护人才库，在库人数144人。四是加强执纪审理，严格执行审理“二十四字”方针，落实“乡案县审”制度，开展对党政纪处分和纪律检查建议、监察建议落实情况的监督检查，对发现的问题，制定整改措施，确保处分落实到位。五是确保执纪审查安全。严格落实省纪委执纪审查安全电视电话会议精神，加强案件监督管理，完成谈话场所达标建设。加强对“两规”措施使用监督管理，规范“走读式”谈话，健全执纪审查安全工作制度。六是发挥治本作用。对16个单位下发“以案促建”通知书，督促案发单位建立规范工作流程16个，建立健全规章制度16项。通过“以案促建”，案发单位均没有出现重复违纪现象。对案件调查中发现的预留安置地不规范使用问题，向政府进行书面报告，提请关注预留安置地规范管理问题。

【维护群众利益】一是压实基层党风廉政建设责任。强化县乡两级党委和有关职能部门责任担当，推动全面从严治党向基层延伸。针对部分单位和领导干部在危房改造工作中"为官不为"、管理混乱、监管缺失等问题，对2个党组10人进行责任追究。对开展精准扶贫不力3个单位、4名个人进行处理。二是开展解决群众身边的不正之风和腐败问题专项工作。坚持一月一统计、一上报，每季度一通报，全县查处群众身边的"四风"和腐败问题988个，处理884人，科级干部67人，给予党政纪处分460人，移送司法机关17人。三是加强扶贫领域监督执纪问责工作。把查处扶贫领域腐败问题作为当前和今后一个时期执纪监督的重点，对上级交办或转办的扶贫领域问题线索，县纪委直接查办、不再转办。梳理一批扶贫领域问题线索，县纪委重点督办。对全县扶贫资金使用管理专项巡察发现的问题，全部交办到县扶贫办、县审计局等单位。其中涉及整村推进、旧村改造和农村危房改造问题的乡镇全部整改到位。对村级经济责任审计中发现的10类问题进行处理，分门别类提出整改措施。对需要查处的4类问题另案查处。

【监督监察】一是严明换届纪律。围绕县乡集中换届，加强纪律宣传，组织学习"九个严禁"，观看警示教育片《镜鉴》。在"清风涡阳"微信平台等开设严明换届纪律专栏，利用手机短信、宣传条幅等，全覆盖宣传换届政策及相关纪律要求。加强监督检查，安排专人，全程参与换届纪律保障。畅通举报渠道，设立举报电话、举报邮箱并广泛向社会宣传，全过程、全天候地接受举报监督，有力地保障换届工作圆满完成。二是开展巡察和审计工作。对县国土局开展巡察工作，发现的6大类、34个具体问题，已分解交办到县财政局等单位。派出26个审计组分三批次对全县113个村委会的书记、主任2014年8月—2016年7月任期期间经济进行责任履行情况审计，发现一批违规违纪问题，并分门别类提出整改措施。三是加强督查问责。组织机关人员参与全县午季、秋季秸秆禁烧和夏收夏种、秋收秋种督查工作。制定《涡阳县秸秆禁烧工作责任追究暂行办法》，强化秸秆禁烧工作责任追究。秸秆禁烧期间问责党员干部72人。积极参与中央、省巡视"回头看"反馈意见整改工作、落实县委"十三项专项整治"和"十项专项整治"督查工作。

【重要会议】3月3日，中共涡阳县第十届纪律检查委员会第六次全体会议召开。出席会议的县纪委委员12人。县委副书记万瑞年主持第一阶段会议，县委书记、县人大常委会主任胡明文出席会议并讲话。会议审议通过县委常委、县纪委书记韩龙代表县纪委常委会所作的《忠诚履行党章赋予职责，把纪律和规矩挺在前面，坚定不移推进党风廉政建设和反腐败斗争》的工作报告和中共涡阳县第十届纪律检查委员会第六次全体会议决议。听取部分乡镇和县直单位党委(党组)主要负责人述廉述责报告，县纪委常委、委员进行质询，韩龙进行点评。

6月28日上午，中国共产党涡阳县第十一届纪律检查委员会召开第一次全体会议。会议选举产生新一届县纪委常委、书记、副书记。会议应到县纪委委员15名，实到15名，符合规定人数。会议第一阶段，通过举手表决的方式通过《中国共产党涡阳县第十一届纪律检查委员会第一次全体会议选举办法》；韩龙作关于县纪委常委、书记、副书记候选人预备人选名单的说明；

2016年3月3日中共涡阳县纪委十届六次全会召开

酝酿和确定县纪委常委、书记、副书记候选人；推荐并通过监票人名单；会议通过无记名投票的方式选举中国共产党涡阳县第十一届纪律检查委员会书记、副书记，以及县纪委常委。会议第二阶段，刘梦汝宣布县委十一届一次会议通过的县十一届纪委常委、书记、副书记名单。新当选的县纪委书记韩龙就新一届纪委如何做好工作讲话。韩龙在讲话中表示新一届纪委将倍加珍惜组织的厚爱和重托，在县委的坚强领导下，立足实际工作，抓好监督执纪问责，不辜负全县党员和广大人民群众的信任和期望；纪委委员要加强学习，增强自身素质，把工作干得更好，为实现涡阳县第十一次党代会提出的宏伟目标提供最坚强的纪律保障。

6月30日上午，市委常委、市纪委书记杨长俊到城西街道赵瓦房村，和全村40余名党员一起重温入党誓词，迎接党的生日，并为大家上了一堂生动的党课。县委常委、县纪委书记韩龙主持会议。市纪委宣传部部长、市委理论宣讲团成员李森以《认清反腐形势争做合格党员》为题，从党的纪律、反腐败工作、党员的德操三个方面为与会党员上了廉政党课。

11月5日，县纪委召开落实省委巡视回头看反馈意见整改暨压实“两个责任”推进会。会议由县纪委副书记、监察局局长张凯主持。会上，县纪委副书记崔华锋通报各单位案件查办工作进度，分析纪检监察信访和纪律审查工作中存在的问题，并对下步工作进行了部署。龙山、西阳、店集三镇纪委书记就落实全面从严治党党委主体责任和纪委监督责任进行交流发言。张凯宣读《关于对第三季度党风廉政建设“两个责任”工作落实情况督查的通报》和《“两个责任”推进月工作方案》。县纪委常委、监察局副局长许峰带领大家学习中国纪检监察报刊登的文章《这位受到重处分的纪委书记错在哪？》并对该文进行解读。县委常委、县纪委书记韩龙出席会议并讲话。（县纪委办供稿）

组织工作

【概况】2016年，县委组织部以“两学一做”学习教育为统领，紧扣“四个全面”“五大发展理念”，紧紧围绕全县改革发展稳定大局，聚焦脱贫攻坚，深化巡视整改，选好干部，配强班子，压实责任，转变作风，全面开创组织工作新局面。

【“两学一做”】把开展“两学一做”学习教育作为党建工作的龙头任务。坚持领导带头，示范带动，县委中心组围绕“坚定理想信念，明确政治方向”“坚定根本宗旨，发挥党员作用”“坚定纪律底线，培养高尚情操”开展专题讨论活动。组织县委中心组进行两天封闭式理论学习，开展党代表专题培训，召开刘亚先进事迹报告会。建立领导干部党课联系点制度，把“两学一做”学习教育和秸秆禁烧、脱贫攻坚等工作紧密融合，把基层工作的一线，变成田间地头的课堂。开展《党章》知识测试，制作《涡阳县“两学一做”学习教育督导评分细则》等等，确保规定动作一项不落。为纪念中国共产党成立95周年，新当选的县委领导班子第一时间赴龙山烈士陵园接受革命传统育。全县各级党组织累计查摆问题304个，目前已整改到位，取得阶段性成效。

【精准扶贫】强化定点帮扶机制，形成“领导联系、单位包村、干部包户、工作队驻村”工作网络。落实驻村工作制度，建立工作例会、工作日志、教育培训制度等七项工作制度。从全县调剂11名事业编制充实县扶贫开发领导力量和工作力量。举办7期精准扶贫业务培训班，培训1600人次。先后邀请省扶贫办副主任陈先德、市扶贫办副主任李先俊到涡阳县进行扶贫业务专题讲座。并对9名不适宜扶贫工作岗位的同志进行了调整。

【巡视整改】扎实开展七项专项整治。研究制定《关于基层党组织长期不换届专项整治工作方案》等7个专项整治工作方案，强力推进，确保按时全面完成专项整治工作任务。积极推进省委第五巡视组对涡阳县开展巡视“回头看”反馈意见整改工作。坚持问题导向，主动整改，全面整改，彻底整改，坚决抓好任务落实。建立《关于进一步从严管理党员的意见》《关于规范基层党组织换届情况有关规定》《关于严格规范党内组织生活制度的意见》等20项长效机制，巩固整改成果。

【队伍建设】严格人选把关，严格组织程序，坚决贯彻民主集中制，始终发挥县委的领导核心作用，圆满完成县乡党委及县人大、政府、政协换届工作。不断提升干部能力素质。充分发挥县委党校干部教育培训主体作用，举办9个主体班，培训1045人次。举办涡阳县干部素质提升大讲堂、新一届乡镇党委班子任职、全县职工和统战干部、纪检监察干部作风建设等五期专题培训班，同步举办3个清华远程专题培训班，受训学员1700余人次。举办事业单位管理人员进修班、股级干部培训班两期主体班和招商引资、服务企业2个专题班。2016年，县委主要负责同志带头，10名县领导走上讲台亲自为学员授课。大力培养选拔“五线四型”干部。坚持党管干部原则，突出“信念坚定、为民服务、勤政务实、敢于担当、清正廉洁”20字好干部标准和“忠诚、干净、担当”要求，围绕“招商引资一线、文明创建一线、信访维稳一线、大建设一线、基层和脱贫攻坚一线”五线，培养选拔“经济型、建设型、管理型、数字型”“四型”干部。2016年共调整干部21批次，调整干部510人，其中提拔重用干部18批次，提拔重用干部147人，激发干部队伍活力。进一步强化干部管理监督。出台《涡阳县开展干部巡察工作实施意见（试行）》《涡阳县关于防止“带病提拔”监督管理干部暂行办法》，全年完成对59名党政正职领导干部个人有关事项报告抽查核实，8名领导干部不如实报告情况进行书面检查。认真落实《亳州市村级主要负责人经济责任审计的暂行办法》，提前完成村级主要负责人经济责任审计三年内轮审一遍的任务。全县6238名国家工作人员进行因私出国（境）信息备案，314名科级干部持有的因私出国（境）证件全部上缴县委组织部集中保管。

【基层党建】扎实开展“大走访大调研”活动。县委派出137个调研组，对全县368个村（居）工作开展、产业发展、基层组织建设等方面情况，“一村不漏”进行走访调研。调研组共计走访五保户、低保户、贫困户、上访户等“六类人群”4416户，发放慰问金及物品约66万余元，征询群众意见近4万条。坚持问题导向，通过列出清单、限期整改、跟踪督办等方式，确保“大走访大调研”成果落实到位。基层组织基础进一步夯实。县委将新建和改扩建的53个村室建设纳入2016年全县“大建设”工程建设计划，并作为年度基层党建考核的重点内容。扎实开展农村党组织规范化建设整乡镇推进工作。在农村、社区、机关和事业单位、企业和社会组织基层党组织中摸排出基层软弱涣散党组织37个，其中农村基层党组织36个，实行“一个基层党组织一个对策”，开展集中整顿。每月10日调度乡镇党委书记领办基层党建重点项目建设情况。非公企业党组织覆盖全县481家非公有制企业，覆盖率100%。加强基层干部教育管理。严格落实乡镇党委书记“十讲”和村干部“十个一”工作法。加强对新一届镇党委委员的培训。在镇村干部中开展“廉政警示教育培训”，先后培训科级以上干部260余人，村级干部2000余人。分两批组织41名优秀村干部到安徽科技学院参加全省村干部大专学历教育。组织25名村干部报名参加新一轮大专学历教育，选派11名优秀村书记到肥西县挂职锻炼。建立“4+1”制度，加强对选派选聘干部管理。7名大学生村干部当选为新一届乡镇党委委员。举办非公企业和社会组织专题培训班，培训90人。切实保障村干部待遇。全面提升农村基层党建与服务经费保障水平，村（社区）“两委”正职年基本报酬达到2015年全县农民人均可支配收入的2倍；村级办公经费按人口规模分别达到相应标准。为7000余名离任村干部发放生活补贴，为2561名在职村干部购买人身意外伤害保险。从严规范基层党组织活动。开展“一月一主题”党组织活动，先后开展集中学习宣传月、集中换届月和集中志愿活动月等活动。严格落实“三会一课”等制度，确定每月10日为农村、每月21日为机关“党员活动日”活动，在农村党员中开展“党组织年度目标承诺、‘两委’干部工作目标承诺，普通党员‘一句话’承诺”三类承诺活动。

【人才工作】出台《关于进一步加强人才工作促进人才集聚的实施意见》，在人才引进、待遇标准、政策扶持、载体建设、人才资源开发、人才体制机制等方面制定更加优惠的政策。实施“双创”英才计划，扎实推进涡阳县“大众创业、万众创新”。制定《涡阳县人才公寓建设方案》等配套政策，加速人才集聚，让引进人才留得住、本地人才干得好，筹集304套房源。2016年，285户符合条件的人才入住人才公寓。

【自身建设】县委组织部主动适应全面从严治党新常态，坚持严字当头，从严加强组工干部教育管理，引领组工干部树立忠诚、干净、担当意识，提升法治、业务、实干能力，不断提高组工干部政治素质和能力水平，全面从严加强组织部门自身建设。

（县委组织部办公室供稿）

宣传工作

【概况】宣传思想文化工作在县委的坚强的领导下，围绕中心，服务大局，把握导向，突出重点，为涡阳加快发展、领跑皖北营造浓厚氛围，为勇当皖北振兴排头兵提供强大的精神动力、舆论支持和文化条件。以加强党的作风和廉政建设、中共十八届五中、六中全会精神和习近平系列重要讲话、“两学一做”、“讲看齐、见行动”等为学习重点，先后邀请省委党校、新华社安徽分社、市委宣讲团专家到涡阳讲学，县委理论学习中心组先后集中学习研讨22次；广泛开展理论宣讲“六进”活动，全年开展理论进基层宣讲1000多场次。积极开展理论调研活动，由县委讲师组李涛撰写的调研论文《唱响涡阳好声音积聚发展正能量增强主流媒体传播力公信力影响力》荣获2016年度亳州市思想政治工作优秀调研报告一等奖和全省思想政治工作优秀调研成果二等奖。

【典型选树】刘亚被评为全省重大宣传典型，为更好地宣传刘亚事迹，弘扬其精神，县委专门下发《关于开展向刘亚同志学习活动的决定》《关于追授刘亚同志“全县优秀共产党员”称号的决定》。新华社安徽分社、《安徽日报》驻亳州记者站、中安在线《亳州晚报》、亳州电视台等媒体先后对刘亚事迹进行重点报道，特别是新华社内参报道还得到省委主要领导批示。6月中旬，《安徽日报》、安徽电视台等十多家省级媒体对刘亚事迹相继报道。7月初，《人民日报》《光明日报》《法制日报》《经济日报》、新华社安徽分社等中央媒体相继刊发多篇重点报道，引起社会广泛反响。刘亚同志先进事迹已列入全省党员教育“三项活动”党员典型宣传。

【文化事业】开展文化惠民送戏进村文艺演出300余场次。启动农家书屋图书更新配送工作。各类书画展、摄影展、剪纸展、广场舞、球（棋）类比赛等文体活动蓬勃开展。举办了激情五月——争创全省文明县城文艺展演、庆祝建党95周年和纪念红军长征胜利80周年书画展、文艺晚会、红色电影展映月等系列活动。“周末大舞台”广场演出30余场次。“老子周末大讲堂”持续举办，组织开展国家级非遗《老子传说》传习培训。召开全县文艺精品创作座谈会，设立涡阳文艺奖，完成首届涡阳文艺奖评审，投入30余万元创作编排泗州戏《伯俞泣杖》，制作音乐电视《美味涡阳》《舞动涡阳》，创作了禁毒题材的小品《悔恨》，以及《美丽乡村——武楼之歌》、《大平原》等音乐作品。完成《涡阳县文化和旅游业“十三五”发展规划》《新四军四师司令部纪念园红色旅游规划》和《范蠡西施文化园项目建议书》等编制工作。新兴镇纳入全省十个红色小镇旅游专项规划。积极申报国家AAA级旅游景区、三星级酒店、星级农家乐和旅游乡镇、旅游乡村，加快徽酒集团最美酒厂“H9”和源和堂药业养生休闲体验观光等工业旅游项目实施，启动省级旅游扶贫示范村乡村旅游项目建设。组织开展“老子故里行”乡村旅游资源推介主题活动。启动问道涡阳系列丛书之《涡阳历史文化遗产》图书编撰工作。争取文物保护经费100余万元，维修省级文物保护单位袁大化故居和县级文物保护单位柴村庙；启动老子博物馆展陈提升工程。邀请了中国社科院考古研究所对北平城遗址进行初步勘探，制定了勘探发掘方案。启动9处省级文物保护单位的专项保护规划编制工作。

【新闻宣传】充分发挥“两台一报”喉舌功能，在新闻活动方面，全年围绕县委、县政府中心工作开展主题宣传活动20多场次。

其中影响较大的有年初的县“两会”、乡镇党委换届、扶贫攻坚、7月县党代会、9月的县人代会、10月的徽商大会、12月底的县“两会”等，配合这些重要活动开展一系列的专题采访活动，如人大代表政协委员风采录、勇当皖北振兴排头兵优秀共产党员风采等，配合徽商大会制作《老子涡阳》专题图片展在合肥进行专题宣传等。在重大主题宣传方面，配合全省重大宣传典型刘亚先进事迹宣传工作，进行典型故事的采访、起草，亳州晚报、涡阳报专题专版进行宣传，《农民日报》《光明日报》中央电视台、《安徽日报》、安徽电视台等中央及省主流媒体进行大篇幅报道。配合市委宣传部开展项目建设春季、冬季会战、“奋力走在皖北振兴前列我在行动”等大型专题采访活动4次。配合经开区建设、文明创建、三线三边、平安涡阳、普法宣传、十大项目集中开工等重点工作开展专题宣传10余次。在队伍建设方面，评选年度十佳优秀通讯员，召开骨干通讯员调度和选题策划会4次，对一些重点选题进行了安排和调度，并邀请部分骨干通讯员参与一些重大选题的采访等，推进新闻宣传工作的持续健康发展。全面完成市委宣传部下达的外宣任务，县委宣传部被评为全市新闻外宣工作先进单位，李涛、王威被评为全市新闻外宣工作先进个人。

2017年1月6日，县委书记胡明文、县长熊国洪参加十大工程奠基仪式

【新闻发布】2016年，严格按照组织程序，指导协调召开县城南部新区地名征集、平安涡阳建设、徽酒集团高炉家和谐窖龄酒新品发布等新闻发布会3场。

【对外宣传】精心策划，组织中央、省市媒体记者对涡阳县优秀基层干部刘亚先进事迹进行采访报道，全面掀起向刘亚学习热潮。中央七套(CCTV—7)大型户外访谈类相亲节目《乡约》在涡阳拍摄，并于1月30日晚上播出《乡约安徽涡阳》，“老子故里，生态福地。”《工人日报》刊发《涡阳县总“走出去”跨省服务“老乡”》一文，《安徽日报》、光明网、人民网、中安在线等省内外多家媒体对此进行采访报道。央视CCTV—2财经频道《经济半小时》对陈大镇秀芹养殖合作社进行采访并播出。杭州G20峰会期间，利用主会场外LED大屏进行老子涡阳形象宣传。徽商大会期间，邀请省内外十多家主流媒体记者对涡阳经济发展和招商引资工作进行全面宣传，营造良好的亲商、安商、富商氛围，不断优化投资软环境。

【文明创建】集中开展市容市貌治理专项行动、“环境卫生”专项治理行动、“两违”治理专项行动、广告标牌治理专项行动、“三市”(演艺市场、农贸市场、夜市摊群)整治专项行动。通过调整思路、强化措施、大力整治，农村清洁工程和“三线三边”环境治理取得积极成效，城区文明创建成效稳步提升。2016年以来，把成功创建第二届安徽省文明县作为全年工作的最大目标，坚持硬件软件一起抓，专项行动打基础，常态管理促长效，集中精力推进创建提升年活动。

(县委宣传部办公室供稿)

统战工作

【概况】县委统战部是主管统一战线的县委工作部门。统战部机关行政编制为7人，2016年统战部部长1名，副部长2名，内设机构领导职数3名，实有在编在岗人员6名。根据统战部工作职责，中共涡阳县委统战部设置3个职能室：办公室、综合办公室、台湾工作办公室（县委对台工作领导小组办公室和县政府对台事务办公室）。

【调研宣传】2016年3月，省台办副主任汪泗淇到涡考察指导“天静宫对台交流基地”工作开展情况，并加大对台宣传力度。统战部制发《关于开展全县侨情普查的通知》《关于开展党外知识分子摸底登记的通知》等文件，对8类统战对象全面进行调查摸底登记，建立健全统战对象信息库。

【学习培训】2016年4月，在县委党校开展基层统战委员培训班，各镇场街道、经开区26名统战委员参加培训。

【党外人士和知识分子工作】2016年市县政协换届，按照凡进必评的原则，对180多名非公经济代表人士进行综合评，根据界别设置和比例结构对党外人士和知识分子进行政治安排，市政协四届一次会议政治安排党外政协委员27名。县政协十届一次会议共政治安排党外政协委员137名。

【党外后备干部队伍建设】涡阳县党外后备干部35名，其中处级5名（新提拔处级干部2名）。正科级4名、副科级26名，交流轮岗党外干部4名。

【对台工作】经积极申请，市台办推荐，省台办皖政台〔2016〕5号文件批准，涡阳天静宫被确定为安徽省对台交流基地之一。2016年12月，邀请10名台湾学者来涡参加“寻道涡阳道家文化交流暨安徽省对台交流基地揭牌仪式”活动。

【台联工作】县台联是台湾同胞在祖国大陆的同乡会组织。县台联于1998年成立，张同善任会长，王若愚任副会长，田居文任秘书长。　（县委统战部供稿）

政法工作

【概况】根据市委、市政府《关于印发涡阳县党政机构改革方案》，设置中共涡阳县委政法委员会（社会治安综合治理委员会办公室与其合署办公）。县委政法委员会是领导和协调政法工作的县委工作部门。内设办公室、政治部、执法监督室、信访接待室、综合治理协调指导室、综合治理宣传室等6个职能部（室）。

【信访维稳】全年无重大刑事案件、重大群体性事件，社会大局保持稳定。一是深化矛盾排查化解。办理人民调解案件13264件，调解成功13131件，调解成功率达98%以上；排查矛盾纠纷1916件，调处1859件，调处率97%；排查县重大不稳定问题17件，督查通报3件，处理13件，镇（村）重大不稳定问题131件，处理126件。二是畅通信访渠道。印发《涡阳县进一步加强和改进党政领导干部接待群众来访工作实施方案》，改进党政领导接访方式，强化主要领导预约接访倒逼机制，提高接访实效。三是解决信访突出问题。积极推进积案化解、息诉罢访、复查复核评议终结工作，依法规范信访秩序。上级共交办案件80件，其中：中央巡视组交办65件，办结65件，按期办结率100%；国家信访局交办督办件4件，办结4件，化解1件；省市交办案件11件，办结9件。省市交办重点信访事项116件，已化解116件，化解率100%；国家、省、市交办信访积案76件，化解率100%。省巡视组巡视“回头看”交办67件，正在办理。开展信访积案化解“回头看”，梳理自排重点信访事项40件，化解12件。省委政法委交办的19件涉法涉诉信访积案已全部上报核销。四是落实风险评估制度。落实重大事项、重大决策和重大项目建设风险评估制度，实施风险评估事项141项，暂缓2项（曹市王老家村和丹城居委会建设），不予实施1件。五是发挥刑罚职能、维护社会稳定。依法严惩危害社会稳定的暴力犯罪，将故意伤害、抢劫、抢夺、寻衅滋事等严重影响群众安全感的多发性犯罪作为惩治重点，彰显刑罚打击、震慑、预防犯罪、教育罪犯的重要职能，维护社会稳定。

【服务中心】全面提升执法办案质效，服务经济社会发展。一是维护公平、有序市场经济秩序。倡导诚实守信、依法经营理念，共审理商事案件1000余件，涉案标的额1.73亿元。审结民间借贷案件1032件，标的额2.8亿元。妥善处理涉众型房地产纠纷，对业主与开发商之间因房屋买卖产生的群体性纠纷，予以及时调处，防止群体性事件产生。二是严厉惩治经济犯罪。依法严惩严重危害人民群众生命财产安全犯罪，重拳打击盗窃、两抢、诈骗等多发性侵财案件，起诉犯罪嫌疑人125人。破获经济犯罪案件19起，挽回经济损失400余万元。三是惩治黑恶势力。加大"打黑除恶"力度，一审判决涉恶类犯罪嫌疑人115名，破获涉恶团伙6个。四是开展毒品问题集中整治。共破获涉毒刑事案件44起，社区戒毒、社区康复35人，强制隔离戒毒20人；查处铲除毒品原植物案件82起，铲除罂粟13275株。五是提高法律援助水平。共办理各类法律援助案件1620件，解答咨询2300人次，挽回避免经济损失230余万元，为农民工讨薪70余万元。

【平安涡阳】坚持破解难题、补齐短板，提升社会治理能力和治理水平。一是推进县综治维稳信访工作中心建设。中心占地5.28亩，建筑面积3700平方米，主体工程已封顶，正进行内墙砌筑，附属工程施工图纸已编制完成，与主体工程同步施工、同步建成。二是推进视频数据平台及智能交通建设。计划投资1.12亿元的数据视频及职能交通建设，已签订施工合同，于11月1日起开工建设，含1854个前端摄像头，治安1166个、城管681个、人防2个、布控球5个，总杆件970个。三是推进规范化创建活动。县财政投入30万元、县委政法委配套10万元实施无邪教示范县创建活动；陈大镇、楚店镇分别投入20万和28万元对镇综治维稳信访工作中心进行改建、达标、升级。四是推进防邪工作。建立拟解脱"法轮功"人员档案194个，死亡(不能自理)人员档案15个，建立重点不稳定邪教组织人员包保组织40个，对23名重点邪教组织人员、4名邪教组织人员和其他邪教2名人员实施精准稳控。五是推进城区交通秩序治理工作。查扣非法客运电动三轮车853辆，鉴定机动车660辆。六是推进精神障碍患者摸排筛查救助救治和服务管理工作。共排查五大类精神疾病患者5426人，建立档案5426份，参加管理5291人，管理率为99.20%，规范管理率95.43%，治疗率80.25%，监护率100%，卫生服务覆盖面95%以上，全部纳入公安重性精神病人管理系统，逐一落实"四位一体"动态管理措施。七是推进社区矫正工作。新接收601人，解除697人，现在册841人，无脱管漏管、无重新犯罪。

【队伍建设】县委政法委以加强政法队伍建设为主线，深入推进"党的群众路线教育实践活动""三严三实"专题教育、"两学一做""讲看齐、见行动"等专题活动，落实"三公开"制度，打基础、转作风、强素质，着力解决机关工作作风中的"庸、懒、散、浮、拖"等突出问题，不断提升大局观念、规矩意识，发挥模范带头作用。（县政法委办公室供稿）

县委政研室工作

【概况】县委政策研究室是为县委决策服务、从事综合性研究工作的部门，与县委办公室合署办公。

【政策研究】认真学习中央重要文件、重要会议精神和习近平总书记系列重要讲话、重要论述；学习省委、市委、县委重要文件和县委重要会议精神，起草整理或参与县委负责同志讲话稿10余篇，起草或参与起草重要文件10余个，组织起草调研报告8篇，下发并收集整理全县2016年度调研课题208个。

【党建考评】组织开展全县党建考评工作，承担县委党的建设工作领导小组日常工作，制定出台《涡阳县2016年度党建工作要点》并督促落实，做好县委党的建设工作领导小组会议的服务工作，包括会议议题的准备、会议纪要的整理、会议决定事项的督查落实等。

【全面深化改革】深入调研，起草《涡阳县全面深化改革2016年度工作要点》并组织实施。创新工作推进机制，建立"两单一表一账一通报"月工作机制。印发改革信息12期、29条，向市委改革办报送信息20余条。以县党代会、人代会契机，利用微信、涡阳报、会场展板等形式，加大改革成果的宣传。在县广播电视

台开辟“改革进行时”专栏，聚焦基层，围绕群众看得见、摸得着的改革工作，全面宣传改革工作成效。（县委办供稿）

机构编制工作

【概况】2016 年，县编办积极适应改革新常态，以加强机构编制管理工作为重点，同时加强事业单位登记管理、清单制度体系建设等工作，努力开创各项工作新局面，取得显著成绩。

【机构编制管理】一是进行政府机构改革。整合基层卫生、计生资源。对全县基层妇幼保健和计生服务资源进行整合，进一步建立健全妇幼保健和计划生育服务长效机制。新机构 2016 年 1 月底挂牌成立以来，稳定有序，效果良好。完成基层市场监管机构编制调整工作。按照市编办批复精神，涡阳县新设立曹市、石弓、丹城、临湖（公吉寺）4 个市场监管所，每所增加领导职数 1 名，同时调整了市场监管所管辖区域。配合有关部门开展国有林场改革和城市管理执法体制改革。二是开展机构编制年度检查。下发《关于开展全县机构编制年度检查的通知》。对在检查中发现的机构设置、编制管理等方面的违规现象及时进行纠正。重新编写《县编办机构编制年度检查报告》。三是进行编制与事权匹配调研工作。调研紧密结合权责清单、公共服务清单等清单制度建设工作，积极探索机构编制量化管理新路子，在机构编制管理的精准化、事权由管理型向服务型转变等方面取得一定调研成果。

【事业单位管理】为顺利推进事业单位“三证合一”工作，印发《关于实施全县事业单位法人统一社会信用代码制度改革“三证合一”有关事项的通知》，进一步简化工作程序，规范操作流程，始终做到严格审查到位，人性化服务到位，协调督办到位，提高了工作效率。

【清单制度体系建设】开展清单动态调整工作。省、市 2016 年权责清单目录印发后，县编办依法依规对全县的行政权力清单、责任清单作相应调整。完成行政审批中介服务清理规范工作。对全县行政审批中介服务事项进行清理规范，明确审批部门不得增加或变相增加申请人的义务。完成公共服务和中介服务清单的公布运行工作。抽调 8 人集中办公，经过征求意见、合法性审查、县政府审定等环节，涡阳县公共服务和中介服务清单在县政府门户网站和政务公开网站公布。全面完成权力运行监管细则的编制工作。指导各单位逐项制定事中事后监管细则和行政处罚裁量权基准，力求使权力及其监管事项细化到条、落实到款，更具可操作性。（县编办供稿）

精神文明建设工作

【概况】涡阳县文明办是涡阳县精神文明建设指导委员会的办事机构，是全县精神文明建设的主管部门，内设综合股（办公室）、创建股、未成年人思想道德股、宣传网络工作站，核定事业编制 10 名，现有人员 7 人。

【农村清洁工程和美丽集镇“四大秩序”】农村清洁工程持续推进。按照“六无一有”的标准，坚持日常督查，加快建立常态化保洁制度，积极探索市场化运作模式，不断巩固农村清洁成果。美丽集镇“四大秩序”（卫生、交通、建筑、经营）治理效果初步显现。在全县 21 个政府所在地集镇和 35 个非政府所在地集市全面开展“四大秩序”治理行动，成立乡镇主要负责人挂帅的领导组织，建立高效的部门联动工作机制，加强集镇基础设施建设，集镇总体秩序已开始好转。强化农村清洁工程和美丽集镇“四大秩序”考评奖惩机制。每月组织第三方力量，进行全真模拟测评，测评结果通过媒体等方式向社会公布，并对后 5 名乡镇进行约谈，通过以查促干方式落实常态化保洁机制。开辟城乡文明创建曝光栏。对“短板村”、“落后镇”实行台账式动态管理，采取包保责任制，重点抓好短板、落后的提升。积极探索市场化保洁新途径。城关街道、公吉寺、曹市、牌坊等乡镇通过市场化外包，较好地解决常态化保洁问题。2016 年，全县农村清洁工程考评总体稳定，在 2015 年 11 月—2016 年 10 月考评年度中，获得全市第三名，比上一考评年度前进一个位次。

【“三线三边”环境治理】按照省、市“三线三边”环境治理工作的要求，继续对铁路沿线、公路沿线、河流沿线及城市周边、省际周边、景区周边环境加大治理力度，总体保持良好的发展势头。深入开展专项行动。从2016年1月起，在坚持推进“四治理一提升”工作的基础上，围绕“治脏、治乱、治差”这一主线，分季度开展乱堆乱放、广告标牌、砂石料场、建筑治理四个专项行动，“三线三边”环境明显好转。“六场一站”清理初战告捷。根据工作需要，对全县非法经营的砂石料场、煤场、废品收购场、石材场、洗车场、黏土砖窑场和预拌商品混凝土搅拌站(简称“六场一站”)进行专项整治，2016年12月5—6日，副县长黄恺统一指挥，县城管执法局、涡北街道、县环保局、县公安局、县文明办、县市场监管局、供电公司等单位组成联合执法队伍对涡北街道境内17家非法经营的煤矸石场进行依法强制拆除，并进行土地平整和复耕复绿。2016年以来，全县“三线三边”治理考评成绩趋于向好，在2015年7月—2016年6月考评年度中，获得全市第三名，比上一考评年度前进一个位次。2016年下半年，成绩继续保持稳定。

【城区文明创建】县文明办积极协调城管、住建、林业、市场监管、环保、商务等各涉创单位，适时组织开展户外广告、门头店招、集贸市场、占道经营、学校周边、老旧居民小区、穿城河流(坑塘周边)专项治理活动；加强公共基础设施建设和维护，加快背街小巷改造步伐，完善城区道路交通设施；加强公共场所秩序管理，积极开展文明交通、文明旅游、文明餐桌、文明窗口创建活动，对公共场所不文明行为进行曝光。城区管理逐步趋于常态化，交通秩序、经营秩序、卫生秩序和建筑秩序明显好转。

县委书记胡明文在党员志愿日督查西城大市场文明创建

【思想道德建设】“五星级文明户”评选。在全县范围内开展评选“五星级文明户”(勤劳致富、孝老爱亲、环保卫生、遵纪守法、移风易俗)活动，通过广泛宣传，严格评审，全县344个村，2798个自然村扎实开展“五星级文明户”评选活动。评选出涡阳县“五星级示范户”502户，亳州市“五星级标兵户”24户，涡阳县荣获亳州市“五星级文明户”创评活动先进县区。加大好人推报力度。深入挖掘先进典型，积极推荐好人和道德模范。2016年度，全县3人获评“亳州市道德模范”及提名奖，12人获评“亳州好人”，2人获评“安徽好人”，刘亚、程飞、刘玉侠3人获评“中国好人”，刘亚荣获2016年度“心动安徽·最美人物”提名奖。截至2016年年底，全县共当选“亳州好人”48人，“安徽好人”18人，“中国好人”30人，“亳州市道德模范”及提名奖17人，“安徽省道德模范”及提名奖3人，“全国道德模范”提名奖1人。大力开展树立文明乡风活动。顺应时代潮流和群众呼声，党委政府主导，在全社会大力开展移风易俗，树立文明乡风的活动，提升广大群众思想道德水平和文明程度。

【争创第二届安徽省文明县】2016年以来，县文明办把成功创建第二届安徽省文明县作为全年工作的最大目标，坚持硬件软件一起抓，专项行动打基础，常态管理促长效，集中精力推进创建提升年活动。为积极营造争创的良好氛围，每周二上午定期开展“让环境更整洁、让党

2016年6月7日，召开争创全省文明县动员大会

旗更鲜艳”党员志愿者活动，动员广大党员及入党积极分子走上街头，开展环境保洁、文明劝导、创建宣传等志愿服务活动。9月底，顺利完成省文明县测评组实地测评。10月，督促县直有关单位和省直对口单位对接，完成部门复核工作。11月，完成网上申报和问卷调查工作。

（县文明办供稿）

党校工作

【概述】2016年，县委党校认真学习习近平总书记系列重要讲话、到安徽视察时的重要讲话及“七一”讲话精神，强化“党校姓党”的工作理念，认真贯彻落实《中国共产党党校工作条例》和《中共中央关于加强和改进新形势下党校工作的意见》，坚持教学、科研、咨政一体化发展，围绕县委、县政府的中心工作，切实发挥好干部培训主渠道和决策咨政思想库作用，为涡阳县经济社会发展提供更加坚强有力的人才保证和智力支持，努力开创党校工作新局面。

【中专体制申办工作】县委书记胡明文、县委副书记万瑞年就中专体制申报工作多次到县委党校调研，县委常委会专题听取全省党校工作会议精神汇报、申办工作汇报，研究讨论《中共涡阳县委关于加强和改进新形势下党校工作的实施意见》，在全市率先出台实施；年初，在县委党校举办了高规格的全县干部培训班开学典礼，县委书记胡明文作《以严和实的作风，努力开创各项工作新局面，奋力实现2020涡阳崛起》专题党课，为落实领导干部上讲台制度做出表率。在县委的高度重视和相关部门的配合下，在全体教职员工的努力下，县委党校于2016年11月8日顺利通过省中专体制评估验收。

【质量评估工作】2016年6月市委组织部、市委党校联合下发《市辖区委党校办学质量评估办法》文件，学校及时向县委汇报。县委副书记、党校校长万瑞年指出需要县委做的县委大力支持，需要县党校做的要做到位，并以此为抓手推动党校工作上台阶，进一步让党校工作科学规范。校委会认真研究贯彻实施办法，全体教职员工齐心协力，在组织领导、培训工作、科研能力、师资力量、后勤保障等方面严格按照办学质量评估指标要求高标准开展各项迎检准备，于12月中旬顺利通过评估并取得全市第一名的好成绩，完成了年初县委提出争创全市一流党校的既定目标。

【干部教育培训】县委党校2016年举办各类培训班次35期，培训7436人次。主体班次。举办夏季主体班村（社区）书记进修班2期、383人，村（社区）主任进修班2期、343人，中青年干部培训班1期50人，科级干部进修班1期、50人，秋季主体班科级干部进修班1期、50人，女干部进修班1期、50人，党务工作者进修班1期、100人，股级干部进修班2期、100人。专题班次。先后举办扶贫工作专题研讨班1期、全县组工干部暨乡镇统战委员专题培训1期、五中全会精神专题培训班2期、乡镇新任党委委员专题培训班1期、习近平“七一”讲话专题培训班1期、国防教育专题培训班1期、非公企业党建指导员专题培训班1期、十八届六中全会精神专题培训班1期，共培训2160人次。清华大学远程教学。依托清华大学扶贫教育涡阳教学点同步清华大学远程教育培训班3期150人次。继续教育公需科目培训。2016年对全县专业技术人员进行公需科目培训举办12期，培训4000余人次。通过培训，学员的党性修养、政治素质和理论水平普遍得到提高。

【主业主课】在课程设置上，突出理论教育和党性教育主课地位，确保“两大教育”总课时量不低于70%，其中党性教育课不低于总课时20%。突出“五大发展”理念和从严治党，开设《深刻理解和把握习近平同志系列重要讲话精神》《新常态下，中国“互联网+”在行动》《五大发展理念的五个问题》《中国共产党党纲、党章演进、发展历程》《全面推进依法治国》《加强党性修养做合格共产党员》等教学专题，组织参加县纪委开展的廉政警示教育。在教学方法上，改革单一的课堂教学模式，采取理论与实际相结合、知识学习和党性锻炼相结合等多种方式方法，不断提高教学水平；积极采取多媒体课件教学、中央党校C级站和清华大学远程教学扶贫站等网络教学，不仅使教学更加形象直观，提高教学质量，而且还能让学员直接聆听中央党校的专家、教授的讲课，提高学习效果。

【咨政能力建设】充分发挥党校理论研究和决策咨询的作用，真正体现党校科研为县委、县政府重大战略部署服务的特色。一是以课题研究为抓手，增强决策咨政功能。2016年，立项市级课题2项，县级课题5项，其中，县领导圈定课题1项。二是紧抓科研管理工作。2016年，在省级刊物公开发表文章8篇，市级刊物发表文章3篇。

【两学一做】按照中央和省、市、县委统一部署，把“两学一做”学习教育作为重大政治任务，全校上下认真贯彻落实，力求取得实效。一是认真落实校委会主体责任，将“两学一做”学习教育工作作为校委会落实党建工作责任的重要工作内容和有效载体，学校主要领导亲自抓，率先垂范、一线指挥、严格把关。二是制定“两学一做”学习教育计划。分专题将每周学习研讨内容做了初步安排。三是打造特色活动。选拔精兵强将，赴中央党校、人民大学、省委党校进行专题学习备课，成立师资宣讲队，积极参加“万堂党课送基层”活动。四是注重结合学校实际，做好学习教育与党校工作的结合与统筹，使校内制度规范进一步完备，干群关系进一步融洽，风清气正、干事创业风尚进一步浓厚。

（党校供稿）

信访工作

【概况】进京非访11批、12人次，与2015年的14批、15人次相比批次、人次分别下降21%和20%。其中重复非访3批、3人次，三跨三分离6批、6人次，涉法涉诉1批、1人次。进京走访140批、175人次（重访84批、98人次），其中认定越级访98批、128人次，同比批次、人次分别上升55%和56%。集体上访4批、20人次，其中认定越级集访3批、15人次，同比批次平、人次下降16%。

到省实际发生上访138批、289人次（集体访9批、59人），登记82批、134人次（其中集体访3批、15人次）同比批次上升17%、人次下降11%。集体访同比批次持、人次下降58%。

到市实际发生190批、643人次，同比批次上升146%、人次上升47%。集体访41批、573人次，同比批次上升156%、人次上升65%。

【信访稳定】在县委、县政府的坚强领导下，涡阳县扎实稳步推进信访制度改革，强化责任，夯实基础，突出重点，狠抓关键，信访积案化解成效明显，重点时期信访工作完成圆满，信访形势总体平稳。

【领导与信访】制定和落实《进一步加强和改进领导干部接待群众来访工作方案》，突出抓好领导重点约访，有针对性解决群众信访问题，提高工作实效性。县领导接访190次、410批、829人次。其中主要领导接访27次、169批、334人次。县主要领导预约接访18批、53人次。签批来访件410件，按期办结率99%。

【案件化解】开展集中依法清理化解重点信访事项专项行动，综合施策化解信访积案，同时对多次越级走访的实行主要领导包案，落实“三账三单三题”制度，实行挂账销号、挂牌督办，推动息诉息访。上级共交办案件80

2016 年 5 月 17 日，县委书记胡明文在县信访接待大厅接访

件，其中：中央巡视组交办 65 件，按期办结率 100%；国家信访局交办督办件 4 件，办结 4 件，化解 1 件；省市交办案件 11 件，办结 9 件。省市交办重点信访事项 116 件，化解 116 件，化解率 100%；国家、省、市交办信访积案 76 件，化解率 100%。对合理诉求已解决到位，生活困难已救助到位，仍不能息诉息访的，引入复查复核和评议渠道，有效退出信访渠道。共办理复查信访事项 33 件，报市复核 8 件，报省评议案件 5 件，通过评议 3 件。

【督查督办】建立督查通报制度，实行逐案销号、每月通报、月积分考评，对重点案件实地督查指导工作，并将督查办理情况书面呈送县包案领导，通报相关责任单位，积极争取主要领导的重视，提高督查效果。建立实地核查制度，对初信初访应受理未受理、未按规定期限和程序办理、不执行处理意见出现重访的加大督办力度，以“三核查”（核查包案领导是否与信访人见面，核查办理单位是否深入实地调查，核查处理答复意见书是否按期送达信访人），倒查原因，找准症结，规范办理，提高化解率。加强“三跨三分离”案件协调化解力度，实地协调“三跨三分离”案件 9 件。严格落实责任追究制度，对重视不够、工作不力、落实力不够的单位及时通报。对化解不力、信访上行，造成影响的，落实责任追究。2016 年，全县通报批评 6 人。

【源头治理】按照“整合力量、关口前移、重在预防、群众满意”的原则，推进乡镇综治维稳信访工作中心（站）建设升级，进一步规范工作运行机制，积极开展“抓三有创三无促三不”工作，着力从源头上预防和减少越级走访。进一步完善工作预案，紧盯矛盾纠纷排查化解、重点人员稳控、驻京驻肥劝返接回等各个工作环节，圆满完成元旦、春节及各级“两会”、G20 峰会、十八届六中全会等重点敏感节点期间的信访稳定工作任务。省委巡视组巡视对涡“回头看”期间接访 445 批 986 人次。

【信访制度改革】涡阳县以提高信访事项及时受理率、按期办结率、群众满意率为重点，加强业务培训和工作指导，系统应用水平明显提高。2016 年，涡阳县信访信息系统录入信访事项 773 件，到期 327 件，按期办

2016 年 7 月 14 日市信访局副局长闫红、督办科长汪宗平到涡阳督查信访工作

2016年8月24日县长熊国洪接待信访群众

结322件，信访部门及时受理率99.54%，按期办结率95.74%，群众满意率98.94%。有权处理信访事项的行政机关及时受理率94.34%，群众满意率99.68%，群众参评率61.27%。网上转办信件443件，到期344件，办结336件，按期办结率97.6%。一是坚持阳光信访，着力打造网上信访主渠道。涡阳县以全面实行网上受理信访制度作为推进信访工作制度改革的主抓手，搭建群众投诉平台，开通微信公众号等新媒体，方便群众投诉、查询和评价，着力提高网访占比。二是坚持月考核通报，着力强化责任信访。坚持每月考核积分通报，强化问责问效，实行县分管领导+属事单位+稳控单位和镇、村干部、派出所双重“三位一体”的包保责任制，认真落实首办负责制，推动责任全覆盖，强化主体责任，及时办理初信初访，加大信访事项的督查督办和核查力度，促进问题解决。三是全面落实法治信访，依法规范信访秩序。32个单位建立通过法定途径分类处理信访投诉请求清单，厘清信访与诉讼、仲裁、行政复议等法定途径的受理范围。加强信访法治宣传教育，依法处理信访活动中的违法行为。依法拘留违法上访人员15人次，其中刑拘2人。（县信访局供稿）

督查工作

【概况】县委县政府督查中心于2011年初筹建，2012年1月，经县编委会批准成立。督查中心是正科级全额财政拨款事业单位，内设股室6个，核定事业编制21名，其中领导职数1正2副，内设领导职数6名。

2016年，县督查中心共制发提请单254件、交办通知书1016件、督办通知书120件、督查整改建议书2件，报送《督查专报》83期，下发《督查通报》68期。

2016年，县督查中心共办理各类批示件10698件，较2015年同比增长114%。其中市长热线9710件、县长热线57件、胡书记签批人民来信41件、市领导批转件43件、县领导批转件8件、人民网网友给省市县委书记留言758件、人民网网友给省市长留言56件、涡阳舆情25件。

【督查督办】在决策督查方面，2016年，围绕县委县政府中心工作，决策督查项目有：巡视“回头看”反馈意见迎检验收，市委常委会工作报告任务分解、市领导二季度调度会讲话任务分解，政府工作“四个点”问题清单，县委常委会议定事项，县党政联席会议工作安排等，圆满完成县委县政府安排的各项督查任务。在专项督查方面，对中央巡视组对安徽省巡视“回头看”反馈意见及省委巡视组对涡阳县巡视“回头看”反馈意见整改落实情况、中央八项规定和省市三十条规定落实情况、财税体制改革、文明创建、秸秆禁烧、道源国家湿地公园建设、石弓山封山治理、棚户区改造、网上办事大厅、植树造林、土地综合整治、土地出让金追缴、黏土窑厂整治、民生工程等专项工作进行督查，有力地推动相关工作的落实。在人大议案及政协提案交办督办方面，2016年，县督查中心完成3件人大议案、64件建议，111件政协提案和21件社情民意的交办督办工作。议案、提案回复率均达100%，满意率达98%。

【目标考核】2016 年，县督查中心严格按照《中共涡阳县委涡阳县人民政府关于印发涡阳县 2016 年度党建工作和经济社会发展目标管理与考评奖惩四个办法的通知》要求进行考评打分。其中党建工作主要考核各单位完成县委县政府重大决策部署、重点项目落实、领导交办工作及领导签批件、市（县）长热线等重点工作的情况。在经济社会发展考核中，主要考核县直单位完成县委县政府交办工作任务、市 2016 年二季度涉及涡阳“四个点问题，三十个方面”问题清单及人大议案、政协提案、市（县）长热线和网友留言等工作情况；主要考核乡镇完成领导签批件、网民留言、市（县）长热线交办督办等工作情况。按要求把考核结果上报县党建考核办和县政办考核办。（县督查中心供稿）

督查中心工作人员现场督办石弓窑厂拆除

档案工作

督查中心工作人员到西阳太平村开展扶贫帮扶工作

【概况】县档案局于 1984 年 10 月成立，县档案馆 1958 年 2 月成立，属“一个机构、两块牌子”，内设 4 个股：人事秘书股、业务指导股、内部管理股和资料编研股。现有正式人员 10 人，其中：具有大学本科学历 5 人，大学专科学历 3 人，中专学历 1 人；具有档案馆员（中级）职称 3 人。

【档案硬件建设】新档案馆占地 9 亩，于 2010 年 1 月 6 日开始动工，2011 年 11 月建成并投入使用。新档案馆大楼为框架结构 6 层，建筑面积为 6888 平方米，其中：库房面积为 2700 平方米，有 8 个库房内配有密集架共 1700 立方米；业务技术用房面积为 1400 平方米；对外开放用房面积为 1400 平方米；办公用房面积为 600 平方米；附属用房面积为 788 平方米。大楼内安装有安全防范和库房温湿度监控系统 12 台去湿机、12 台加湿机和 12 台消毒素机分设到 6 个密集架库房。为更好、有效地开展工作，添置 8 台电脑、1 台复印机、2 台打印复印一体机，另安装了档案管理软件单机版 1 套。

【馆藏档案资源】县档案馆保管着全县 84 个全宗、127 个立档单位的档案、资料 42350 卷（件、册）。文书档案。接收的年限为 1949—1978 年，只有县委办公室接收至 2007 年、县政府办公室接收至 1995 年、县人事局接收至 1992 年、县劳动局接收至

1983年。档案内容主要分为:党群系统全宗档案,“文化大革命”时期县革委会全宗档案,政府系统全宗档案,县直企事业单位全宗档案,各区、镇(场)全宗档案,临时机构全宗档案,计20337卷。人事档案。内容包括县教育局1960年前后精减下放教师档案,县委组织部和县教育局非在职干部档案,县人事局退职干部档案,计1167卷。纪检监察档案。内容包括县纪委、县监察局和县人事局对党员干部和行政干部所犯错误的处理及案件查处结果档案,计2598卷。房产土地证档案。内容包括1950年土地人口房产陈报书、土地房产所有证存根档案,计2687卷。人口普查档案。内容包括县人口普查办公室在1954年、1964年、1982年第一、二、三次全国人口普查下作中形成的档案,计287卷。“下放知青”档案。内容包括县“知青”办公室1968—1978年“知青”下放存根、部分“知青”个人档案和“知青”内外迁移档案。计2687卷,农税清册和地契档案。内容包括县财政局和财税局在建国初期组织征收的农户农业税清册及地契档案,计3466卷。革命历史档案。内容包括中共雪涡县委1946—1949年形成的档案,计19卷。历史档案。清朝同治十一年(1872年)圣旨两轴。科技档案。撤销单位县区划办移交进管的图纸223张。声像档案。照片6本、360张,录像带2盒。电子档案。革命历史档案光盘1张。书画档案。县老年书画联谊会捐赠的书画作品252幅。图书、资料。计6518册。2016年度共接待查阅利用档案者3961人(次),有效查找利用所需档案2978卷(件)。

【档案业务指导】2016年,档案局派出业务骨干到县人民检察院、财政局、老干局、工会、司法局、交通局、教委、农经局、16个乡镇财政所档案升级工作等,40多家单位共整理出两百多万件,目录两百多册,其中:财政局会计档案15个年度4121卷,粮食储备库文书档案10个年度210卷,会计档案1146件等。

(档案局供稿)

县直机关工委

【概况】县直机关工委现有6人,书记1人,副书记1人(兼武装部部长)。内设办公室、组宣室。其主要职责是:负责县直机关党组织建设、党员教育管理等工作。

【基层党建】继续推进机关党建规范化建设,推广县地税局基层党支部标准化建设示范点的经验。严格进行党组织关系集中排查、基层党组织长期不换届、不按规定交纳党费等专项整治工作。批准成立党组织8个,撤销党组织3个。接转党员组织关系629件,发展党员47名。举办1期党务干部培训班和1期入党积极分子培训班,培训党员300多人次。慰问生活困难党员149名,下拨慰问金74500元。开展庆祝建党95周年系列活动。印发《机关党组织换届选举工作实用指南》200本,下发《发展党员工作手册》和《党费工作手册》各80本,指导县直机关规范发展党员工作和党费收缴管理使用工作。

【书香机关建设】制定《书香机关建设工作考核内容及评分细则》,开展督查检查,做好书香机关建设工作,购置70套书籍赠送给县直机关党组织。推荐上报20个“书香机关”和50名“读书之星”,市里进行了表彰。县直机关工委被市评为“书香机关”。

【精准扶贫】2016年春节期间,工委一班人到所包扶贫村开展送温暖活动。4月,机关工委全体同志到店集镇洪光村开展了两个核查工作,走访了所包贫困户。深入洪光村13个自然村开展了核查工作,将四项清单及扶贫手册发到贫困户手中,抽查86户逐一核查,信息内容基本准确。定期不定期地听取扶贫工作队长工作汇报,研究部署扶贫工作。10月,配合县政协到县直机关扶贫点开展扶贫调研工作。中秋节前夕,工委一班人到店集镇洪光村开展慰问活动。10月18日到扶贫点与江苏高科农业合作社签订桃树种植合同,与10余扶贫户和种粮大户签订100余亩的种植协议,受到广大干群和贫困户好评。

【“两学一做”】按照县委的统一安排,机关工委成立了组织,制定方案和行事历,按要求有序进行,进行专题研讨,开展知识竞赛，下发《关于在“两学一做”学习教育中开展“微型党课”教育活动的通知》，选派2名同志参加全市第三届“微型党课”比赛，抽调2名同志参与全县“两学一做”学习教育督查工作。配合组织部、宣传部、“两学一做”协调办开展“两学一做”学习知识竞赛。开展“好支部、好党员、好故事”演讲比赛，择优推荐3名选手参加市级比赛。举办“两学一做”学习教育心得体会交流会2次。开展“讲看齐、见行动”学习讨论，成立组织，严格按方案操作。

【专项整治】按照县委要求，除做好本单位13项专项整治工作外，重点抓县直机关长期不换届和不按规定交纳党费两项重点工作。共排查出长期不换届基层党组织205个，逐支部进行核查，不按规定交纳党费工作取得明显成效。在县直机关党组织中开展不按规定交纳党费专项整治工作“回头看”工作，15个县直单位党费“回头看”抽查工作，通过市检查。

（县直机关工委供稿）

老干部工作

【基本概况】涡阳县老干部局隶属县委组织部，是县委服务管理老干部的工作机构，下辖局综合办公室、关工委办公室、老年大学办公室和老干部活动中心，在编行政人员6人、事业人员6人。2016年，在县委、县政府的领导下，县老干部局紧紧围绕全县工作大局，以加强思想政治工作为重点，以学习贯彻中办发〔2016〕3号文件、省、市文件以及县第十一次党代会精神为契机，认真落实老干部政治、生活待遇，丰富老干部精神文化，加强自身建设，不断提高老干部工作管理水平。全县有离休干部310人，其中，抗日战争时期参加革命的离休干部8人，副处级离休干部44人；副处级退休干部47人。2016年，涡阳县委老干部局荣获全省老干部工作先进集体。

【老干部政治待遇落实情况】以深入开展“两学一做”教育为契机，认真落实老干部政治待遇，加强老干部的思想政治工作。向老干部送阅习近平总书记系列讲话读本和两个宣传提纲资料；为县直单位30多个离退休干部党支部赠阅学习参考资料。协调督促老干部较多的单位召开本单位老干部座谈会；组织老干部参加两会、领导干部大会和迎春茶话会、参加第十一届党代会、第十六届人大会第六次会议、社会经济形势通报会，及时通报涡阳县社会经济发展情况、县委政府重大决定和重要会议精神等；5月20日，组织处级离退休干部和离休干部代表参观了涡阳县境内的高速路、树莓基地和葡萄、油桃基地；10月9日，考察经开区的企业、路网、水系治理、学校等；12月28日，组织全县处级干部参加征求县委常委会“讲看齐、见行动”专题民主生活会、征求意见会，使老干部始终在思想上、行动上与县委保持一致，自觉做到政治坚定，思想常新，与时俱进。

【老干部生活待遇落实情况】涡阳县离休干部“两费”保障的“三个机制”已经建立健全。县老干部局协调人社、财政等部门，按照中央文件精神，及时调整离休干部的生活补贴、足额增加了护理费。在县委县政府的统一部署下，圆满完成春节走访慰问工作。1月19—29日，组织免费供应离休干部春节物资；看望长期住院治疗的老干部62人次；慰问基层特困老干部及遗孀26人次；督促各单位春节期间全面走访慰问本单位老干部；4月，组织离休老干部免费体检；5月29日至6月1日，在老干部活动中心举办老干部文体比赛活动，120余名老干部参加，丰富老干部的生活；“七一”期间走访慰问离休困难老党员，发放慰问金8000元；高温期间走访慰问老干部30余名；中秋国庆期间督促各单位对本单位离退休干部全面走访；老人节前夕，联合关工委、民政局、老龄办下发涡阳县开展尊老敬老活动的通知文件，积极筹备2017年两节走访慰问老干部事宜，使尊老敬老蔚然成风。

【老年大学建设】在县委的关怀下，老年大学积极开展创建省级示范老年大学活动，确保涡阳县离退休干部老有所学、老有所乐的水平和条件。春节前，县委统战部、老干部局、老年大学组织开展“敬老送春联，同心迎新春”给老干部送春联活动，邀请市老年书画协会为老干部撰写春联，免费为群众书写春联300余幅；

老年大学组织开展献爱心、送温暖活动，捐衣捐被1000余件套，捐款5700元。老年大学全面完成春、秋季招生任务，新增专业3个，目前已有17个专业，360余名学员，3月8日举行第八届第四期开学典礼，老年大学艺术团举行了丰富多彩的文艺演出；清明节前组织老年大学师生到烈士陵园进行祭扫活动；为庆祝建党95周年，老年大学艺术团于5月25日在时代广场举办“颂党恩，跟党走”文艺演出；6月22日，老年大学召开学员党员大会，重温入党誓词，学习党章党规，表彰20余名优秀学员党员。9月中旬，作为全县“扫黄打非”教育基地，受到省、市、县宣传部门的好评；11月，老年大学与县直单位进行“两学一做”学习交流活动；12月，组织老年大学学员捐款捐资春节慰问9000余元。

【关工委建设】全县现有关工委和关工小组856个，参与关心下一代工作的“五老”人员6356名。在县委、县政府的领导和关怀下，县关工委充分发挥“五老”在关心下一代工作的重要作用。春节期间重点开展慰问留守儿童活动，清明节期间，组织青少年祭扫烈士墓和参观新四军纪念馆敬献花圈活动。5月，召开全县关工委工作会议，总结涡阳县2015年关工委工作，部署了2016年工作，表彰先进集体和先进个人。认真开展新形势下做好关工委工作“大学习、大调研、大讨论”活动，为留守儿童义诊活动，组织全县中、小学生开展“放飞中国梦，永远跟党走”主题教育活动，参加全省“中华魂”主题教育读书征文活动。发挥老干部老有所为，传递正能量的作用。

【活动中心】涡阳县老干部活动中心隶属于中共涡阳县委老干部局，总建筑面积1275平方米，服务对象为全县离退休干部。活动中心按功能共分为五个区域，分别是综合活动区、绿色廊道、体育健身区、多功能厅、室外运动区。活动项目有乒乓球、台球、象棋、麻将、健身、书画、阅文等；户外活动项目有：门球、羽毛球和休闲花园。目前，经常到活动中心开展活动的老干部380余人。五一、国庆期间举办丰富多彩的老干部文体比赛。

关心下一代工作

2016年县委、县政府高度重视关心下一代工作，多次召开专题会议听取县关工委工作汇报。县委书记胡明文多次到关工委看望老同志，对做好关工委工作提出要求和希望。县委副书记万瑞年、组织部部长刘梦汝多次听取关工委工作汇报并参加关工委的活动，为关工委开展工作解决实际问题。

【青少年理想、信念、道德和革命传统教育工作】利用清明节和老干局、教育局、团县委、乡团委等单位组织近万名学生到两个爱国主义教育基地开展缅怀革命先烈扫墓活动；为纪念中国共产党成立95周年和红军长征胜利80周年，在全县中小学生中开展了“放飞中国梦，永远跟党走”主题教育活动；组织全县中小学生参加全省“中华魂”主题教育读书征文活动；组织开展了“老师你好——我的好老师”演讲比赛。

【“关爱明天普法先行”活动】协助教育局、司法局、团县委、县妇联等单位，在全县各所学校组织开展普法教育活动，请司法局史可平等同志给学生上了6场法制报告会，使学生受到法治教育。

【留守儿童义诊活动】按照市关工委的统一安排和部署，县关工委牵头县老干局、教育局、卫计委召开了协调会议，制订义诊活动方案并下发文件。县直成立2个义诊组，乡镇成立25个义诊小组，从县医院、中医院分别抽调12名医生和科室主任到城东中心校、育萃学校为留守儿童义诊，25个乡镇同时开展了此项活动，义诊学生达3234人。

【关爱留守儿童】为留守儿童解决实际困难，“六一”儿童节、春节，组织民政局、教育局、团委、妇联一起到幼儿园和基层小学去慰问，送去学习用品和慰问金。

【加强基层关工委建设】在民营企业建立关工委组织，如：正宇面粉厂、盛丰鞋业、汽车拆解厂、义门源和堂药业等。

【深入基层调研】为了解基层关工委工作开展情况及基层关工委班子建设情况，成立两个调研小组，到乡镇民营企业、学校了解工作开展的情况。通过协调有六个镇调整配备了能坚持正常工作，又热爱这项工作的同志担任关工委主任，促进了关工委建设。

老年大学

【概况】老年大学是隶属县老干部局管理的老年教育工作机构，现拥有办公室、会议室、教室、图书室和书画展厅，总面积1500平方米。现有学校工作人员9名。

【教学情况】2016年学校开设17个专业班，学员782名，聘请教师18名。

【活动开展】先后开展“弘扬工匠精神，放歌最美劳动”大型文艺演出、创建省级文明县城大型文艺演出、宣传老年人保障法广场文艺演出。创办《老年大学校刊》、《老年大学网站》。召开老年大学“两学一做”学习教育会、交流会。举办第八届第三学期结业典礼联欢会、老年大学艺术团演出表彰会、第九届第一学期老年大学开学典礼、迎新年庆元旦联欢会等。设立流动图书室。

（老年大学提供）

党史研究

【概况】1981年11月21日，经县委常委会研究决定，成立中共涡阳县党史资料征集小组。1986年11月5日，涡阳县党史资料征集小组改为中共涡阳县委党史工作委员会，下设办公室。

【党史工作】开展涡阳党史“二卷”资料征集编写工作。征集整理党史资料，把新中国成立以来至1978年间，反映县委重大决策部署，重要事件的文件，重要会议纪要、报告等，进行严谨筛选、细致整理，形成38万字的涡阳党史“二卷”基础材料。记录新中国成立以来中国共产党涡阳地方组织发展过程的大事、要事，从政治、经济、文化、教育、科技、体育、卫生等各方面入手，勾画出中共涡阳历史的一个基本轮廓。

【党史宣教】在中国共产党成立95周年和红军长征胜利80周年之际，开展内容丰富、形式多样的党史教育活动，进一步坚定理想信念，提升党性修养。

6月30日下午，县几大班子领导前往涡阳龙山烈士陵园参观学习，接受革命传统教育，铭记党的光辉历史，弘扬优良传统。

7月1日前后，县举办庆祝中国共产党成立95周年及红军长征胜利80周年图片展，县委党史办制作《中共涡阳支部》图片专板，详细介绍亳州市首个中共支部——中共涡阳支部的成立及支部负责人魏一博的事迹。

（党史办供稿）

涡阳县人民代表大会
常务委员会

概　述

【概况】2016年，涡阳县人大共召开常委会会议10次，主任会议17次，听取和审议“一府两院”工作报告12项，作出决议、决定16项，任免国家机关工作人员34人次。县十六届人大五次会议代表提出的5件议案、67件建议，均已按规定处理完毕，代表对办理工作表示满意和基本满意的达90%以上。2016年年初，县人大常委会委员数32人，王贵民、纪侠玲、姜怀明、于保清因到退休年龄辞去委员职务，许复礼因调任审计局局长辞去委员职务。年底，县人大常委会委员数27名。其中，主任胡明文（县委书记兼），副主任刘传华、范吉用。常委会委员分别是：周俊杰、纪本良、马燕霖、刘文华、沈显华、蔡扬、马晓东、王惠娟、蒋建英、张亚民、崔华锋、锁莉、张建军、袁克玺、袁淑华、高平、高峰、王海洋、司准忠、赵晓蕾、耿利华、李锐、李展、刘伟民。人大办公室10人，办公室主任周俊杰，工作人员：刘中华（11月退休）、李强、张健、刘焕、陈焕、朱景波、李锦钧、张晓芳、纪璐璐。教科文卫工委主任刘文华。农业农村工委主任纪本良。内务司法工委主任蔡扬，工作人员王少煌。城建环资工委主任马燕霖。财政经济工委副主任侯言武。人事选举工委主任沈显华，副主任徐波（5月调检察院），副主任汪澄（5月份任职）。

重要会议

【人民代表大会】2016年1月5—8日在涡阳剧院召开涡阳县十六届人民代表大会第五次会议，大会听取和审议县长杨学国代表县人民政府所作的《政府工作报告》，听取和审查县发展和改革委员会主任梁云超受县人民政府委托所作的《县2015年国民经济和社会发展计划执行情况与2016年计划（草案）报告》，批准涡阳县2016年国民经济和社会发展计划，听取和审查县财政局局长赵良受县人民政府委托所作的《县2015年财政预算执行情况和2016年财政预算（草案）报告》，批准涡阳县2016年县级财政预算，听取和审议县人大常委会副主任王贵民受县人大常委会委托所作的《县人大常委会工作报告》，听取和审议县人民法院院长梁德友所作的《县人民法院工作报告》，听取和审议了县人民检察院检察长信清彬所作的《县人民检察院工作报告》，大会决定批准上述几个报告。大会依法选举刘传华、范吉用为涡阳县人民代表大会常务委员会副主任，选举马晓东、王惠娟、李展、张亚民、崔华锋、蒋建英、蔡扬为县人大常委会委员。

2016年7月3—4日在涡阳县委党校召开县十六届人民代表大会六次会议，大会听取代县长熊国洪代表县人民政府所作的《2016年上半年政府工作报告》，依法选举熊国洪为涡阳县人民政府县长。

【常委会会议】2月3日，涡阳县十六届人民代表大会常务委员会召开第四十四次会议。县委书记、县人大常委会主任胡明文，县人大常委会副主任刘传华及其他常委会组成人员28人参加会议。刘传华主持会议。会议听取和审议涡阳县人大常委会2016年工作要点（草案），以举手表决的方式通过该草案。

会上，县委常委、组织部部长刘梦汝，县政府办公室负责同志分别宣读有关文件。会议以无记名投票的方式通过有关人事任免，胡明文为新当选的陈涛、许复礼、孙启、张新文颁发任命书，新任命人员向宪法进行了集体宣誓。刘传华代表县人大常委会对新任命人员提出希望和要求。胡明文发表讲话，他对县人大常委会过去一年的工作给予充分肯定，同时强调，县人大及其常委会在新的一年里，要按照宪法和法律赋予的职责，在服务发展上主动作为，在服务群众上凝聚人心，努力为推动地方经济、社会发展及依法治县做出新的更大贡献。县委常委、县政府副县长王玉红，县人民法院院长梁德友、人民检察院检察长信清彬，县人大常委会有关工作机构和办事机构负责同志列席会议。

4月21日，涡阳县十六届人民代表大会常务委员会召开第四十五次会议。县委书记、县人大常委会主任胡明文，县人大常委会副主任刘传华、范吉用及其他常委会组成人员26人参加会议。刘传华主持会议。会议分别听取和审议县政府关于提请审议将涡阳县棚户区改造建设项目偿债资金列入年度预算的议案、关于县城交通拥堵治理工作的专项报告，常委会组成人员和列席会议的人大代表及县直有关部门进行充分审议，作出相关决议，并以票决的方式通过上述报告。会议还听取和审议关于美丽乡村建设工作的调研报告，并作出审议意见，以举手表决的方式通过该意见。会上，县委常委、组织部部长、统战部部长刘梦汝，县政府、纪委办公室负责同志分别宣读有关文件，会议以无记名投票的方式通过了有关人事任免。胡明文为当选的县政府副县长杜世峰颁发任命书，新任命人员向宪法进行了宣誓。胡明文代表县委对县人大及其常委会长期以来对政府工作的大力支持表示感谢，他强调，县委将一如既往地支持县人大依法开展工作，“一府两院”要正确对待、自觉接受人大监督，县人大要继续加强自身建设，努力为涡阳各项社会事业的发展做出更大贡献。县委常委、县政府副县长王玉红，县人民法院院长梁德友、人民检察院检察长信清彬，县直有关部门负责人及部分县人大代表，县人大常委会有关工作机构和办事机构负责同志列席会议。

5月19日，涡阳县十六届人民代表大会常务委员会召开第四十六次会议。县委书记、县人大常委会主任胡明文，县人大常委会副主任刘传华、范吉用及其他常委会组成人员23人参加会议。刘传华主持会议。会议分别听取和审议并以无记名投票的方式通过县政府、公安局提请的有关人事事项。会议还审议其他人事事项，决定接受杨学国辞去涡阳县人民政府县长职务、姜怀明辞去涡阳县第十六届人民代表大会常务委员会委员职务的请求。会上，县委常委、组织部部长、统战部部长刘梦汝宣读有关文件。会议以无记名投票的方式选举熊国洪为涡阳县人民政府副县长、决定代理涡阳县人民政府县长。胡明文为熊国洪颁发任命书，新任命人员向宪法进行了宣誓。熊国洪表示，感谢县人大常委会对他本人的信任和支持，下一步将恪守述职报告的承诺及宣誓誓言，带领县政府及其职能部门，以实际行动来回报县委、人大和全县人民的关怀和殷切希望。胡明文向熊国洪表示祝贺，对县人大常委会表现出的政治意识、大局意识、核心意识、看齐意识表示充分肯定。他强调，县政府要在以熊国洪同志为班长的领导下，把涡阳人民的利益和政府的责任担当起来，依法履职，依法尽责，以优异的成绩回报涡阳人民。县人大常委会要一如既往地支持和监督县政府工作，促进政府各项工作取得新的更大成绩。县政府副县长李雷，县人民检察院检察长信清彬、人民法院和县人大常委会有关工作机构负责同志列席会议。

5月27日，涡阳县十六届人民代表大会常务委员会召开第四十七次会议。县人大常委会副主任刘传华、范吉用及其他常委会组成人员22人参加会议。刘传华主持会议。会议听取和审议了关于基层派出所执法规范化建设情况、涡阳县经济开发区建设及项目运营情况的调研报告和《中华人民共和国种子法》执法检查报告，分别作出审议意见(草案)，以举手表决的方式通过草案。会议听取和审议了县政府关于提请将涡阳县城南新区新型城镇化三期项目有关资金列入县本级财政预算的议案，并作出决议，以无记名投票的方式通过该事项。会议还听取、审议并以无记名投票的方式通过了有关人事任免事项。县委常委、组织部长、统战部长刘梦汝，县委常委、县政府副县长刘仲远，县人民检察院检察长信清彬，部分省、市人大代表、乡镇人大主席，县人民法院、县直有关单位和县人大常委会有关工作机构负责同志列席会议。

6月3日，涡阳县十六届人民代表大会常务委员会召开第四十八次会议。县委书记、县人大常委会主任胡明文，县人大常委会副主任刘传华、范吉用及其他常委会组成人员22人参加会议。刘传华主持会议。会议听取和审议关于召开涡阳县第十六届人民代表大会第六次会议时间、地点与建议议程的报告（草案），关于调整涡阳县第十六届人民代表大会常务委员会代表资格审查委员会部分委员的议案，关于补选县十六届人大代表的实施方案（草案），以举手表决的方式通过上述事项。会议还以无记名投票方式，表决通过县政府和县人民检察院有关人事任免事项。胡明文为新当选人员颁发任命书，新任命人员进行宪法宣誓。县委常委、组织部部长、统战部部长刘梦汝，县委常委、副县长杜世峰，县人民检察院检察长信清彬，县人民法院及县人大常委会有关工作机构负责同志列席会议。

6月25日，涡阳县十六届人民代表大会常务委员会召开第四十九次会议。县委书记、县人大常委会主任胡明文，县人大常委会副主任刘传华、范吉用及其他常委会组成人员24人参加会议。刘传华主持会议。会议听取了县政府关于提请审议将涡阳县城西镇农村土地流转治理项目、涡阳城区段水系治理工程项目有关资金列入年度预算的议案，分别以无记名投票的方式通过上述两个事项的决议。会议听取并审议通过县人大常委会代表资格审查委员会关于增（补）选县十六届人大代表的代表资格审查报告，依法确认熊国洪、丰霄寒、杜世峰、汪澄、翟保明、栗广飞6名同志的代表资格。涡阳县第十六届人民代表大会实有代表366名。会议听取关于涡阳县十六届人大六次会议筹备工作情况的报告，以举手表决的方式通过该报告；听取审议涡阳县十六届人大六次会议选举办法（草案），同意将该办法提交县十六届人大六次会议审议。会议以无记名投票的方式，表决通过有关人事事项。胡明文为新当选的县政府副县长陈长安、县公安局局长丁博、县人大常委会人选工委副主任汪澄颁发任命书，新任命人员进行宪法宣誓。县委常委、组织部部长、统战部部长刘梦汝，县委常委、副县长杜世峰，县人民法院院长梁德友、人民检察院检察长信清彬，县人大常委会有关工作机构负责同志列席会议。

9月5日，涡阳县第十六届人民代表大会常务委员会召开第五十次会议。县委书记、县人大常委会主任胡明文，县人大常委会副主任刘传华、范吉用及其他常委会组成人员21人参加会议。刘传华主持会议。会议听取和审议县政府关于2015年县级财政决算的报告、关于涡阳县2015年度县级财政预算执行及其他财政收支情况的审计工作报告、关于2016年上半年国民经济和社会发展计划执行情况的报告、关于2016年上半年财政预算执行情况的报告、关于人口和计划生育工作的报告，并以投票表决的方式进行满意度测评。结合听取关于2015年县级财政决算草案审查结果的报告，对以上有关报告作出审议意见，对决议（草案）分别进行表决。会议听取和审议县人大常委会调研组关于招商引资和项目推进情况的报告，作出审议意见。会议听取和审议了县政府关于提请将涡阳县南部新区西片区新型城镇化二期项目、涡阳县城中村棚户区改造项目有关资金列入县本级财政预算的议案和涡阳县2016年地方政府债务限额（草案）的议案，以投票表决的方式通过上述三个事项的决议。会议审议并投票表决有关人事任免案，县委常委、组织部部长、统战部部长刘梦汝列席会议并就人事事项进行说明。胡明文为新当选的县政府副县长牛光、县人大常委会财经工委副主任侯言武颁发任命书，新任命人员进行了宪法宣誓。胡明文发表讲话，他首先对新任命人员表示祝贺，对县政府所做工作表示充分肯定。他强调，县政府要继续在县委的领导和县人大的监督支持下，紧紧围绕全县经济社会发展总体思路及目标任务，认真履行职责，严格依法行政，努力开创科学发展、跨越发展新局面。县委常委、常务副县长陈长安，县人民法院、人民检察院和县直有关部门负责人，部分市、县人大代表及乡镇人大主席，县人大常委会有关工作机构负责同志列席会议。

10月27日，涡阳县第十六届人民代表大会常务委员会召开第五十一次会议。县委书记、县人大常委会主任胡明文，县人大常委会副主任刘传华及其他常委会组成人员参加会议。刘传华主持会议。会议听取和审议县检察院关于侦查监督工作情况的报告、县政府关于请求批准将涡阳县农村道路畅通工程政府购买服务资金列入县本级财政预算的议案。会议听取县人大常委会关于开展第七个五年法治宣传教育的决议（草案），审议常委会调研组关于调研县国税局财政收入征管工作情况的报告。会议以电子表决的方式，分别通过以上报告和相关的决议、审议意见（草案）。会议表决通过了有关人事任免事项，县委常委、组织部部长、统战部部长刘梦汝列席会议并对有关人事作说明。胡明文为新当选的县政府副县长乔健、冯浩和县人民法院副院长王平、县人民检察院检委会委员张铭、县住建委主任盛亚民颁发任命书，新任命人员进行宪法宣誓。县委常委、常务副县长陈长安，县人民检察院检察长信清彬、县人民法院及县直有关部门负责人，部分县人大代表及乡镇人大主席，县人大常委会有关工作机构负责同志列席会议。

11月10日，涡阳县第十六届人民代表大会常务委员会召开第五十二次会议。县委书记、县人大常委会主任胡明文，县人大常委会副主任刘传华、范吉用及其他常委会组成人员参加会议。刘传华主持会议。会议听取和审议关于成立涡阳县选举委员会的决定（草案）、第十七届人民代表大会代表名额分配的方案（草案）、县镇两级人民代表大会同步换届选举工作的方案（草案）及关于召开涡阳县第十七届人民代表大会第一次会议的时间、地点与建议议程（草案），会议以电子表决的方式通过上述报告。会议审议并表决通过有关人事事项。县委常委、常务副县长陈长安，县检察院检察长信清彬、县法院及部分乡镇（街道）人大主席（负责人），县人大常委会有关工作机构负责同志列席会议。

11月24日，涡阳县第十六届人民代表大会常务委员会召开第五十三次会议。县人大常委会副主任刘传华及其他常委会组成人员19人参加会议。刘传华主持会议。会议听取和审议各镇选举委员会组成人员名单（草案）和关于对镇、场、街道、经开区选举工作实施方案审核情况的说明。会议以举手表决的方式，分别通过以上组成人员名单（草案）和工作实施方案。县人大常委会有关工作机构负责同志列席会议。

12月24日，涡阳县第十六届人民代表大会常务委员会召开第五十四次会议。县委书记、县人大常委会主任胡明文，县人大常委会副主任刘传华及其他常委会组成人员20人参加会议。刘传华主持会议。会议听取和审议县政府关于提请审议将涡阳县城南新区新型城镇化三期项目偿债资金、涡阳县美丽集镇建设工程项目（政府购买服务）资金列入县本级财政预算的议案，关于2016年县本级预算调整方案（草案）的报告及县人大常委会财经工委初审报告。会议听取和审议关于涡阳县第十七届人民代表大会代表资格审查的报告及代表名单，关于设立涡阳县第十七届人民代表大会第一次会议议案审查委员会和计划预算审查委员会的决定及建议人选名单。会议对有关报告作出决议，并表决通过上述事项。会议听取县政府关于涡阳县第十六届人民代表大会第五次会议代表议案建议办理情况的报告，县人大常委会工作报告（审议稿）、县十七届人大一次会议选举办法（草案）及有关筹备情况的报告。胡明文发表讲话，他代表县委对县十六届人大常委会和各位组成人员过去五年为涡阳县民主法制建设和经济社会发展所作出的工作给予充分肯定，并表示感谢和敬意。他强调，未来五年是涡阳县加快发展、努力实现“十三五”时期各项目标任务的关键时期，“两会”即将召开，大会要始终坚持党的领导，充分发扬民主和严格依法办事，要认真做好代表对政府工作报告的审议工作，为我县全面追赶、奋力崛起积极建言献策，团结和带领全县广大人民齐心协力、攻坚克难，奋力开创涡阳经济社会发展新局面。县委常委、常务副县长陈长安，县人民检察院检察长信清彬、县人民法院主要负责人雷晨，县人大常委会有关工作机构负责同志列席会议。

重要活动

【讨论决定重大事项】2016年，县人大听取和审议县政府关于提请审议将涡阳县棚户区改造建设项目偿债资金列入年度预算的议案、县政府关于提请将涡阳县城南新区新型城镇化三期项目有关资金列入县本级财政预算的议案、关于提请审议将涡阳县城西镇农村土地流转治理项目、涡阳城区段水系治理工程项目有关资金列入年度预算的议案、关于提请将涡阳县南部新区西片区新型城镇化二期项目、涡阳县城中村棚户区改造项目有关资金列入县本级财政预算的议案和涡阳县2016年地方政府债务限额(草案)的议案、关于请求批准将涡阳县农村道路畅通工程政府购买服务资金列入县本级财政预算的议案，以投票表决的方式通过上述事项的决议。听取和审议关于县城交通拥堵治理工作的专项报告、县人民检察院关于侦查监督工作情况的报告、县人大常委会关于开展第七个五年法治宣传教育的决议（草案），审议常委会调研组关于调研县国税局财政收入征管工作情况的报告。会议以电子表决的方式，分别通过以上报告和相关的决议、审议意见（草案）。听取和审议关于成立涡阳县选举委员会的决定（草案）、第十七届人民代表大会代表名额分配的方案（草案）、县镇两级人民代表大会同步换届选举工作的方案（草案）及关于召开涡阳县第十七届人民代表大会第一次会议的时间、地点与建议议程（草案），会议以电子表决的方式通过上述报告。听取和审议县政府关于提请审议将涡阳县城南新区新型城镇化三期项目偿债资金、涡阳县美丽集镇建设工程项目（政府购买服务）资金列入县本级财政预算的议案，《关于2016年县本级预算调整方案（草案）的报告》及县人大常委会财经工委初审报告。

【执法监督】2016年，县人大对《中华人民共和国种子法》进行执法检查。

【财政监督】全年，县人大常委会听取和审议县政府《关于2015年县级财政决算的报告》《关于涡阳县2015年度县级财政预算执行及其他财政收支情况的审计工作报告》《关于2016年上半年国民经济和社会发展计划执行情况的报告》《关于2016年上半年财政预算执行情况的报告》《关于人口和计划生育工作的报告》，并以投票表决的方式进行了满意度测评。结合听取《关于2015年县级财政决算草案审查结果的报告》，对以上有关报告作出审议意见、对决议（草案），分别进行表决通过。

【议案建议督办】全年，办理县十六届人大五次会议代表提出的5件议案和67件建议，代表对办理工作表示满意和基本满意的达90%以上。听取了县政府及部门办理工作的报告，邀请领衔代表与承办单位面对面沟通。

【代表活动】认真开展好闭会期间的代表活动，加强对代表小组的工作指导，通过县人大网站、电视台和微博微信等公众平台，及时公布常委会重要活动信息，广泛宣传和推介优秀代表事迹典型，坚持重大事项、活动向代表征求意见，全年共邀请市、县人大代表列席会议和参加活动158人次。　　（县人大办供稿）

涡阳县人民政府

综　述

【概况】2016年，涡阳县人民政府完成县十六届人大五次会议确定的目标任务。预计2016年全县地区生产总值242.7亿元，同比增长8.6%；财政收入18.04亿元，增长8%；固定资产投资增长25%；全县规模工业企业250家、中小企业7800家，完成规模工业产值267亿元，增长9.6%；社会消费品零售总额112.6亿元，增长12.8%，实际利用内资增长17.5%，城镇居民和农村居民人均可支配收入分别增长10%、11%。

【工业经济】推进县经济开发区和5个乡镇工业集聚区基础设施建设，园区承载能力不断增强。新入园企业35家，其中投资亿元以上企业21家。县经开区规模工业产值、财政收入分别增长44.5%和166.8%。三鑫光电、百禾堂药业、修正健康饮品、新诚达服饰等项目投产，亚宸光电、国隆玻璃等项目基本建成。投资16亿元、单栋厂房30万平方米的鸿路装配式建筑生产基地即将开工建设。积极化解过剩产能，关闭刘店煤矿，退出产能150万吨。加大低效闲置用地和僵尸企业清理力度，盘活僵尸企业14家，收回闲置土地1100亩。全年完成工业投资72亿元，增长18.8%，增幅居全市第1位；新增规模工业企业67家，增量居全市第1位；战略性新兴产业产值23.2亿元，增长45%，总量、增幅均居全市第2位。

【招商引资】全年新签约项目61个，其中亿元以上项目41个、亿元以上工业项目26个。实际利用内资300亿元、利用外资1.54亿美元，分别增长17.5%和10%。招商引资项目完成投资122亿元，增长32.6%，总量居全市第1位。成功举办“中国国际徽商大会涡阳县招商推介暨项目签约专场”活动，签约项目15个，总投资126亿元。全年新增进出口实绩企业4家，实现进出口总额1.1亿美元，增长10%。

【现代农业】农业结构调整步伐加快，蔬菜、中药材种植面积分别达到3.05万公顷和0.92万公顷。建成油牡丹、山核桃、树莓等8大经果林基地0.13万公顷。新增“三品一标”产品认证17个，“涡阳大豆”地理标志证明商标已通过国家工商总局评审。农业产业化联合体达到19家，规模农产品加工企业112家，实现农产品加工产值140亿元，增长22%，增幅居全市第1位、皖北22个县第2位。培育农机专业合作社213家，新增各类农机具4390台(套)，24个村开展代收、代控、代耕、代种整村托管。午秋两季秸秆综合利用成效显著，实现秸秆禁烧“零火点”。

【项目建设】实施项目“百日会战”，落实“四督四保”“四位一体”推进机制。全年实施重点项目201个，完成投资170亿元，增长18.5%。59个省市重点项目完成投资100亿元，占年度投资计划的156.3%。涡河三桥、S202线路面改善、S307线新建绕城段、上跨青阜铁路立交桥等项目建成通车。投资9.3亿元，实施农村道路畅通工程项目702个，总里程1360公里，建设力度、投资强度前所未有。

【新区建设】坚持征迁安置先行、基础设施先行、社会事业先行、聚集人气先行，城南新区建设步伐加快。德铭、华都等5个安置小区基本建成，德顺、七里朱等7个安置小区加快建设。完成育英路、育英河等“六路一河”建设。“五馆三中心”、智慧城市指挥中心、城市出入口景观提升等项目进展顺利。实施“城市家居”工程，新投放新能源公交车20辆，新建公交站台48个，安装交通护栏15公里、城市路灯1273盏。房地产市场健康快速发展，完成房地产投资42.6亿元，销售面积71.7万平方米，分别增长20%和39.4%。碧桂园、绿城等全国知名房地产上市企业登陆涡阳。

【民生工程】财政投入33.35亿元、32项民生工程全面完成年度任务。实施棚户区改造7930套，货币化安置4175户。社会养老服务加快发展，巩固完善城乡居民大病保险制度，实现农村低保、五保分散供养、扶贫标准“三线合一”。坚持定向施策、精准发力，脱贫攻坚取得阶段性成效。完成“四项清单”逐户编制和贫困户定位工作，出台产业扶贫、光伏扶贫、金融扶贫、健康扶贫、教育扶贫、政策兜底等一系列政策，10个贫困村出列、1.84万人脱贫有望如期完成。全面推行药品带量采购，实现公立医院药品零差率销售，群众就医负担进一步减轻。

大力发展文化事业，加强文化惠民工程和公共体育设施建设，公共文化服务水平进一步提升。

【生态建设】编制完成全县生态文明建设、水污染防治等3个专项规划，建立环境保护网格化监管机制，生态保护制度体系不断完善。严格落实项目环境影响评价，大中型项目环评和“三同时”执行率100%。划定畜禽渔业养殖禁养区，建立三级“河长制”，黑臭水体有序治理。依法关闭砂石料场79家，拆除黏土砖窑场17家，淘汰黄标车1370辆，清理搬迁规模养殖场14家。完成植树造林0.27万公顷，建设森林长廊71.1公里。

【改革创新】强力推进“放管服”，动态调整政府权力清单、责任清单、涉企收费清单，编制完成公共服务清单、中介服务清单。商事制度“五证合一”“一照一码”改革深入实施，“营改增”全面推开。在全市率先完成土地确权登记颁证，颁发证书24.96万本；在全省率先实施土地承包经营权抵押贷款，发放贷款近1.5亿元，位居全省首批试点县首位。不动产登记改革顺利实施，供销社综合改革有序推进，国有林场改革和区划调整平稳顺利。完成国有乐行城市建设集团组建，全年融资79亿元，到位资金56.1亿元。完成农商行核销清欠4.3亿元。

重要会议

【县政府常务会议】2016年，涡阳县人民政府共召开政府常务会议20次，研究通过《涡阳县“河长制”配套督查、考核办法》《涡阳县禁养区规模畜禽养殖场关闭或搬迁实施方案》、《涡阳县公共资源交易监督管理办法》、城市规划区内小地块土地使用收回方案、涡阳县五大发展行动计划、林场行政区划调整方案、涡阳县依法全面整治“六场一站”专项行动工作实施方案等158个议题。

【县政府常务会议】2016年，涡阳县人民政府共召开县长办公会议22次，研究通过省委巡视组巡视“回头看”反馈问题整改清单、研究推进商业保险机构经办城镇居民医疗保险业务、研究公共服务和中介服务清理规范工作、研究视频数据平台及智能交通项目建设工作、听取2016年第二批光伏扶贫实施方案编制情况的汇报和光伏扶贫项目开展等97个议题。

县政府办公室工作

【公文处理】县政协全年归档文件687个，永久档案408个，长期98个。审核公文498个，做到零差错。全年共登记、分办请示报告736件。

【以文辅政】 县政协以提高公文写作能力和办文服务水平为工作目标。县政协按时按质完成领导交办的各类文字材料的撰写及审核任务，力求在准确的基础上求创新，在规范的基础上求特色，在掌握基本素材的基础上求突破，在领会领导意图的基础上求拓展。全年办公室共撰写各类汇报材料、领导讲话近380篇，县政府及办公室共发文330余件，较好发挥以文辅政作用。对传阅的文件严格传办程序，全年共传阅上级文件2100余件，做到不漏传、不错传、不失传，保证公文的正常传办。

【应急管理】 一是应急管理组织体系进一步健全。组建涡阳县人防应急办公室(县政府总值班室)，已经县编委会研究上报市编委会。调整了县综合应急救援指挥部，并明确落实责任分工，纳入涡阳县年终考核。县政府应急办积极履行组织、指导、协调全县应急管理工作的职能，大力开展各项应急管理基础工作，督导各级各部门组建应急管理机构。继续推进应急管理基层信息员队伍建设。印发《关于进一步整合信息员提高信息报送时效的通知》，整合现有自然灾害、突发事件、舆情、气象预警、情报等信息员体系，建立综合信息员。目前，全县综合信息员共3327名。县政府下发《关于进一步加强和规范突发事件信息报告工作的通知》，明确信息报送工作的要素、程序，进一步规范突发公共事件信息收集、编写、报送工作。二是应急预案体系进一步完善。全面加强各级各类应急预案修编工作。对全县近年来发布的各专项应急预案进行梳理、汇总，制订38个县级专项预案的修编计划，并召开专题会议进行安排部署。涡阳县已制订县级总体应急预案(待签发)

专项预案38个；各村（居）、学校、企业等基层应急预案320多个，形成较为完整的应急预案体系。加强应急预案演练。先后开展“4·11”霍乱疫情应急处置演练、“5·12”全县教育系统防灾减灾逃生演练、“5·27”校园防暴恐演练、“6·23”渡船应急救援演练、“7·15”地质灾害应急演练、“8·19”易燃易爆场所灭火演练等多种形式的演练，参加人员达数千人次。三是应急知识宣教活动深入开展。充分利用电视、广播、互联网、简报等多种形式，广泛宣传普及预防、避险、自救、互救、减灾等应急知识，提高群众防灾自救能力。积极开展了应急管理“六进”活动，有效提升了应急知识覆盖率。利用“5·12”等宣传日开展集中宣传，共设置展台34个，展板60余块，悬挂宣传标语50余条，发放各类宣传手册10000余份。5月底，邀请市应急办主要负责人对涡阳县183名应急管理人员进行培训，有效提高了应急管理工作人员的专业素质。四是应急处置和保障能力切实提高。制订《涡阳县应急管理突发事件处置工作流程（试行）》，对接报信息、研判灾情、指挥调度、报告情况等工作进行明确规定，确保县政府对突发事件处置规范到位、准确及时。进一步规范和加强基层应急队伍建设，积极构建乡镇和县直单位专兼职救援队伍，已建成乡镇救援队伍26支，县直单位救援队伍 14 支，专业应急救援队伍10支，专兼职队员总数达1000余人。通过应急救援队伍的组建，各级各部门在应对突发公共事件反应处置等方面有了明显提高。特别是“8·12”陈大危化品突发事件处置中，应急救援队发挥重要作用。严格执行24小时应急值班制度，确保应急值班电话铃响三声有人接听，同时不定期督查乡镇及县直单位值班情况。五是应急管理示试点工作初见成效。涡阳县按照“四个一”的要求积极建设应急管理示范点，曹市镇高长营村被评为市级应急管理示范点。城区初步将县文化广场、两河公园、滨河公园纳入应急避难、疏散场所建设规划，总面积44万平方米。六是监测预警系统发挥实效。联合县气象局，依托气象灾害预警信息平台及应急值守平台建立预警信息发布系统，及时通过电话、短信等方式将预警信息发布给各镇（场、街道）、经开区、县直有关单位的负责人及相关辖区内信息员，要求做好防范工作，确保人民生命财产安全，同时可通过6600余台村村通广播喇叭向全县范围广播发送预警信息，确保预警信息及时传播到位。全年已发送预警信息70条，各类服务信息843条。联合县安监局开展隐患排查工作，共排查出重点行业各类安全隐患1294处，已整改完成1267处；联合国土局排查地质灾害隐患点5处，已完成整改4处。

【信息化建设】 编制《涡阳县电子政务“十三五”发展专项规划》。完成电子政务外网专线建设，实现网络城乡全覆盖。全县信息化项目建设有序推进，网上办事大厅运行良好，办件数量和质量位居全市前列。完成视频数据监控（治安监控）、数字城管和智慧交通等智慧城市建设方案编制工作。顺利完成国务院办公厅对政府门户网站的考核及改版设计新的政府门户网站工作，实现上线试运行。及时更新和维护网站栏目，全年共发布新闻类信息1890余条，其中要闻栏目信息812条，部门信息475条，镇场信息260条，视频新闻365期。亳州市政府网站采用信息198条，上传至亳州市政府信息公开网站信息1500余条。审核政务公开信息，更新维护《涡阳县政府信息公开网》。《亳州市民论坛》转办、回复工作常态化，全年编写《亳州市民论坛办理情况通报》12期，共受理网帖1594条，按时回复率98.5%。完成电子政务建设验收项目和政务外网备案以及等级保护安全测评工作，网络运行良好，全年无重大网络中断和安全事故。

【县长热线】 2016年，县长热线共受理群众反映问题4560件，其中以督办单的形式转给督查中心督办的220件，直接电话回复解决的3580件，电话交办的760件。群众反映强烈的问题主要集中在供水、供电及违法建筑等方面，占来电总数的72%。除此以外，群众来电所反映的问题还涉及市容管理、环境保护、环境卫生、房屋维修以及批评建议等方面。针对来电情况，积极同有关单位沟通协商，耐心地为群众解答反映的问题，争取用自己的热心、耐心、真心与群众交流，换得群众的理解，赢得群众的信赖，使县长热线“更有回应性、更有责任心、更富有效率”。

【信息调研室】 2016年，出台规范和加强信息报送工作的通知。以快搜集、速传送为抓手，围绕全县工作重点，将最能反映全县特点，紧跟工作形势的信息，及时地编发上报。建立信息约稿、激励、考核制度。针对各阶段工作需要。全年共整理上报信息980余条，被省政府办公厅、市政府办公室信息载体采用190余条，采用量和总分数位居全市第一。县政办被评为全省政务信息工作先进单位，杨文正被评为全省政务信息工作先进个人。

宗教法规学习月活动

民族宗教工作

【概况】涡阳县民族宗教事务局设行政编制4名，其中局长1名，副局长1名，工作人员2名。境内有29个少数民族，人口约1.5万人，其中回族约有1.3万人。有4个民族村，23个少数民族自然村。全县有佛教、道教、伊斯兰教、天主教、基督教等五大宗教，共有开放的宗教活动场所68处，其中道教宫观1处，天主教堂1处，伊斯兰清真寺2处，基督教场所64处，宗教团体1个。

【领导重视】县委书记、县人大主任胡明文带领县四大班子领导分别到义门清真寺、赵屯清真寺参加开斋节活动，与广大回族群众共度节日。县民宗局还为4个民族村争取省市少数民族发展资金115万元，用于义门镇少数民族文化陈列室、光伏发电、道路和少数民族农民专业合作社等项目的建设。

【宣传工作】2016年，县宗教局在“民族团结进步宣传月”期间设立宣传台、摆放宣传栏，悬挂民族团结宣传横幅20多条，发放民族团结宣传册600多份，并在县广播电视台、各大型电子屏幕等媒体进行1个月的连续宣传。

【队伍建设】建立健全少数民族干部信息库，重视少数民族人才和干部的培养。2016年乡镇党委换届工作中，少数民族聚集的镇、街道都按规定配备了少数民族干部。2016年，县民族宗教局与县委统战部培训全县民族宗教工作联络员(统战委员)52人次，培训宗教教职人员120人。源和堂、福顺、绿野、绿佳、锦晖、勤业、益群等7家企业还被评为“亳州市民族企业”。

【依法依规】依法严厉惩治非法宗教活动。2016年依法取缔4次非法宗教活动，处理来自香港、青海、广东、黑龙江、福建等多个省市的非法宗教人员30余人，遣散参加非法活动信教群众的300余人。制止、解散6起非法宗教夏令营活动，依法治理5处基督教私设聚会点，非法宗教活动得到有效遏制。 (民宗局供稿)

招商引资工作

【概况】县招商局是参照公务员法管理的县政府直属事业单位，正科级建制，财政全额供给，主管全县招商引资工作；内设办公室、综合信息室、项目服务室、协作联络室4个机构；编制数14名，副局长2名(李仓玉任党组副书记、副局长，主持工作)，股级领导职数4名。2016年全年实际利用内资300亿元，增幅15.1%，总量和增幅均居全市第2位；实际利用外资1.54亿美元，增幅10%，总量和增幅分别居全市第3、第2位；招商引资项目固定资产投资128.9亿元，增幅40.1%，总量和增幅均居全市第1位；“实际利用省外资金（亿元以上项目）”指标中，涡阳县新建省外亿元以上项目25个，总投资91.7亿元，分别居全市第1位、第2位；累计在省外资金项目系统库中项目43个，到位资金94亿元，分别居全市第2位、第1位。

【招商政策】出台中共涡阳县委、涡阳县人民政府《关于做好2016年度招商引资工作的通知》。

【招商引资工作】坚持领导带头招商制度，充分动员各级领导干部、专业招商干部，积极外出招商，周密谋划，提高招商实效。2016年，县领导累计外出招商167人次，拜访企业348家；县直单位外出招商278批次，拜访企业302家；乡镇外出招商201批次，拜访企业268家；共拜访涡阳籍在外成功人士189人次。积极参加品牌节会，借力招商，开展“请进来”活动，高层招商。先后邀请了鸿路集团、海润光伏集团、麦迪堡集团、水安集团、中兴通讯集团、四季大通集团等多批企业来涡投资考察。全年共接待客商达256批次，陪同现场考察200多人次。

全年新签约项目61个，其中亿元以上项目41个、亿元以上工业项目26个。成功举办“中国国际徽商大会涡阳县招商推介暨项目签约专场”活动，签约项目15个，总投资126亿元。全年新增进出口实绩企业4家，实现进出口总额1.1亿美元，增长10%。

【项目工作】建立招商引资和项目建设“六个一”（洽谈一批、签约一批、拟建一批、开工一批、投产一批、达产一批）推进机制，积极实施项目“百日会战”，落实“四督四保”“四位一体”推进机制。

【招商网站】开展招商网站自查、整改，委托安徽商网对招商网站进行安全管理维护；公开公示单位预决算情况；宣传推介涡阳重点招商引资项目、招商优惠政策及优势；公开投资流程和企业投资服务项目。（县招商局供稿）

政务服务中心工作

【概况】中心现有工作人员6人，副主任1人，承担全县政务服务、政务公开、网上办事大厅建设等工作任务。

【网上办事工作】按照市政府统一部署和县委、县政府要求，政务服务实体大厅向网上办事大厅迁移，进驻县政务服务中心窗口工作人员，分期分批于5月20日前全部撤回单位上班。中心切实做好窗口撤回的宣传、引导、衔接等工作，确保窗口撤回工作平稳过渡，方便群众办事。网上办事已经广泛被群众接受，全年消除零办件村，网上办事工作常态化、长效化、规范化体制机制已经建立。

【政务公开工作】调整加强县政务公开领导小组，县委常委、常务副县长陈长安担任组长，增加涉及重点领域信息公开的单位负责人为成员。下设政务公开办公室，县政府办公室主任兼任县政务公开办公室主任。制定涡阳县政务公开领导小组工作规则和议事规则。中共涡阳县委办公室、涡阳县人民政府办公室印发《关于全面推进政务公开工作的实施意见》，县政务公开办坚持日常监测、月度统计、季度通报、重点调度的工作机制。加大对年度政务公开工作考评力度，促进了政务公开工作的开展，1—12月份，全县政府信息公开网发布政务信息28336条，政务公开工作在全省、全市保持先进势头。（县服务中心供稿）

机关事务管理

【概况】根据市编委〔2009〕12号文件，2009年11月正式批准成立涡阳县机关事务管理局，为县政府直属事业单位，财政全额供给，正科级建制。设有办公室、综合保障室、接待室、公务用车管理服务中心、保卫科（公安局配备人员）5个股室。核定编制7名，现有在编人员5名，其中局长1名、副局长1名。主要负责县委、县政府重要活动的安排及接待服务工作；县公车管理平台车辆的编制、配备、管理、运行、更新、处置工作；县直机关单位办公用房的综合管理；公共机构能耗统计、编制公共机构节能规划，本级公共机构节能监督管理，指导和监督下级公共机构节能工作；行政中心各会议室的综合管理及会务工作；行政中心安全保卫、绿化、卫生等后勤保障和综合管理工作，保障行政中心正常办公秩序等。

【公车管理】成立涡阳县公车监督管理办公室，负责对全县机关单位公务用车的审核调度、运行监管、车辆管理、司勤人员管理、资金核算、出入车辆管理、维修、加油等工作。统一招录聘用驾驶人员39名，并对纳入公务用车平台的车辆全部安装“北斗”定位系统，涉改单位正常公务出行全部实行“公务用车易”软件平台申请调度制度。制定并完善《涡阳县公务用车使用管理相关规定（试行）》、车辆调度、司勤人员管理、车辆维修保养、油料管理、经费管理、考勤规定、值班管理、奖励处罚等一系列规章制度。做到24小时之内电脑终端、手机终端有人值守，确保调度工作不间断，为全县机关正常公务活动提供优质、便捷、安全的用车保障。

积极做好剩余车辆的拍卖报废处置工作。根据省市车改文件精神，涡阳县共计封存停驶车辆267辆。先后两批拍卖148台，成交价245.24万元。

【办公用房】一是建立办公用房管理体制。由国资部门委托，机关事务管理局负责县直行政事业单位办公用房的统一管理，涡阳金阳建投公司负责商业用房运营管理。按照所有权与使用权相分离的原则，建立“政府所有、单位使用、行管部门管理、建投公司运营、国资部门监督”的管理体制。二是开展县直办公用房摸底核查。全年清理腾退超面积及闲置房间9159平方米，统筹使用3151平方米。三是科学合理调剂整合办公用房。将行政中心、卫计委、新党校、人社局就业中心等4个办公楼作为相对集中的办公区进行调剂整合。四是腾退办公用房进行再整合。按照用房清理整合工作程序，已对各单位办公用房使用面积进行公示。对超标准使用办公用房单位要求限期腾退。单位办公用房腾退后，对确实需要调整办公用房的单位，按照单位的编制人数、工作性质和实际需要，进行整合调剂。

通过办公用房的核查清理，多占、乱占办公用房，擅自对外出租、出借办公用房的现象得到了有效遏制，初步实现县直单位办公用房的统一管理。

【公务接待】严格执行中央、省、市相关规定和县委办、县政办印发《涡阳县党政机关公务接待管理细则（暂行）的通知》，进一步规范全县公务接待工作，在县委办牵头下，联合县纪委、财政局、督查中心在全县范围内开展公务接待专项督查，对督查中发现的问题进行规范指导，限期整改。严格落实“禁酒令”，从严控制接待标准，注重细节服务，实现了重要接待任务无差错，年度完成380多批5600余人次来涡接待任务，圆满完成党代会、人代会、全市二季度经济工作调度会、省委巡视组巡视回头看、全省“扫黄打非”推进会议、2016中国国际徽商大会·涡阳县招商推介暨项目签约大会、县领导赴合肥等地集中考察学习等高规格大规模的重要会议、活动保障任务。

【会议服务】进一步提升服务标准、规范服务流程、加大培训力度，对服务人员进行调整优化，提升整体素质，并坚持会议服务定期反馈制度，就“会前准备、会中服务、会场卫生、音控服务、总体质量”等向大家征求意见建议。同时，加大对老旧设施设备的更新改造，保障大小会议660场次。

【节能管理】进一步加大节能宣传力度。积极开展“节能宣传周”“全国低碳日”等活动。通过展板展示、发放宣传册等形式，传播节能理念，普及节能知识，为全县公共机构节能营造良好氛围。根据上级主管部门要求，积极开展节约型公共机构示范单位创建工作。推广使用节能新技术、新产品，更换大院太阳能草坪灯170盏。抓好以节水、节电为重点的节能工作，以示范带动全县节能工作的扎实开展，确保完成市下达的各项节能工作目标任务。

【综合保障】规范车辆出入管理，实行通行证制度，共办理各类通行证720张，安装高清车牌识别系统，提高中心大院交通秩序管理的技防能力，并在车辆进出高峰时段进行现场指挥疏导，确保车辆停放安全有序。深化大院巡查制度，重点检查大院内的水电门窗、车辆停放、大院环境等工作。加强安保培训，保安队员每月进行学习业务知识、体能训练、消防演练6天。及时对视频监控设备进行升级维修，草坪路灯进行更换，确保设备的正常运行，维护了办公区的安全秩序。水电维修方面，加强预防性、日常性的维修维护工作，及时开展改善性维修，累计完成水电等维修4500多次。卫生保洁方面，督促外包公司严格执行卫生清洁标准，坚持全天候保洁工作，不定期组织人员对办公楼卫生进行检查，并积极配合全县迎接文明县城检查工作，确保办公区整洁美观。

（县机关事务管理局供稿）

地方志办工作

【概况】县地方志编纂委员会办公室(以上简称“县志办”)成立于1981年，属县政府行政直属事业机构，是参照公务员管理正科级单位，财政全额拨款，核定事业编制6人，设主任1人，副主任1人，工作人员4人。涡阳地方志办公室在2015年获得全县经济社会发展综合评比一等奖的基础上，2016年又获得全市地方志系统先进集体称号和全县经济社会发展综合评比二等奖，杨健获得全市地方志系统先进工作者称号，侯清超、程效明、张军安获得县综合评比表彰先进个人称号。

【年鉴编纂工作】由于方方面面原因，2013—2015年年鉴断档，没能编纂。针对这种情况，按照县委、县政府领导“先编纂2015年年鉴，再补齐2013年、2014年年鉴”的要求，县地方志办公室克服人员少、经费紧张等困难，于1月开始筹备《涡阳年鉴》编写工作，在缜密核实各个部门的基础上，起草《涡阳年鉴》编纂大纲。2月，以县委办公室、县政府办公室文件下发《关于涡阳年鉴征集资料工作的通知》。截至4月10日，资料基本收齐。这次征集资料仅1个月时间，速度比往年快3倍以上。5月5日，形成初稿，开始征求四大班子领导及各方面的意见，进一步调整充实正文图片。6月下旬进入招投标程序，由全国年鉴出版机构方志出版社负责《涡阳年鉴(2016)》编辑印刷工作。鉴于人事调整变动，涡阳县地方志编纂委员会进行重新调整，以县委办公室、县政府办公室文件形式下发通知。10月，出色完成《涡阳年鉴(2016)》编纂工作，得到县领导和社会普遍好评。同时编纂《涡阳年鉴(2014—2015卷)》合订本。

【涡阳大事记】定期编发《涡阳大事记》:一是明确任务，要求每月5日前要编印好上月的大事记，全年编发《涡阳大事记》12期近10万字。二是确定专人负责此项工作，保持工作的延续性。三是完善信息报送机制，与县委办、县政办、广电局、涡阳之窗建立信息共享机制，县委办、政府办、电视台等有关单位分别确定一名大事记信息员，专门负责报送单位重要信息。这样做，既拓宽了信息来源渠道，又保证信息资料全面、及时、准确。四是建立上报审核机制，每一期信息初稿出来之后，在单位逐级审核的基础上，报县委办公室再次审核把关，提升《涡阳大事记》编纂质量。

【省市年鉴(志)组稿工作】认真做好省年鉴、省志及市年鉴所需资料编辑报送工作，在年鉴组稿过程中，县志办严格按照年鉴编纂工作的总体安排和流程，以统一体例、统一标准、统一质量的要求，科学合理地安排部署工作。学习借鉴外地年鉴编辑的经验，精心收集资料，认真整理撰写，经过反复修改后，于6月初高质量、高标准完成《安徽年鉴(2016)》和《涡阳年鉴(2016)》的文字资料的撰写及相关图片汇总报送工作。11月，完成《安徽省志》涡阳相关资料收集、编辑及报送工作。

【自身建设】扎实开展“两学一做”，按照县委统一部署，结合地方志办公室工作实际，成立领导组织，制订工作方案，明确目标任务，细化工作措施，认真做好“学”“做”“改”每个阶段的规定动作和自选动作。通过不断深化学习和自我剖析，找出工作症结，进一步理顺了地方志办工作思路，(即:“一年还旧账、打基础，二年抓规范、出成效”)。认真开展省委巡视组巡视“回头看”反馈意见整改工作，以档案资料规范、干部人事管理、财经纪律执行、改进工作作风、治理懒政怠政、规范缴纳党费五个专项整治为抓手，大力推进地方志规范化、制度化建设，建立完善干部档案管理制度、党费收缴制度、干部人事管理制度、党务公开等十多项规章制度。同时，狠抓业务学习不放松，认真学习《地方志工作条例》等专业知识，积极参加省市县各部门组织的相关培训，切实加强单位自身建设，着力提高工作质量和业务水平。

（县地志办供稿）

中国人民政治协商会议
涡阳县委员会

概　述

【概况】中国人民政治协商会议涡阳县委员会(简称县政协)是中共涡阳县委领导的，由无党派人士、人民团体、少数民族代表和各界爱国人士参加的爱国统一战线组织，是实现中国共产党领导的多党合作和政治协商的重要机构，是发扬社会主义民主的重要形式。1980年9月，召开了政协涡阳县委员会第一次会议，正式宣告中国人民政治协商会议涡阳县委员会的成立，从此揭开涡阳县政协工作的序幕。

县政协1980年成立，至今已历经十届，县政协以邓小平理论、“三个代表”重要思想和科学发展观为指导，深入学习贯彻习近平总书记系列重要讲话精神，在中共涡阳县委的正确领导下和县政府的大力支持下，涡阳政协紧紧把握团结和民主两大主题，切实履行政治协商、民主监督、参政议政职能，认真履行政协章程，充分发挥协调关系、汇聚力量、建言献策、服务大局作用，发扬与时俱进、开拓创新的精神，紧紧围绕县委、县政府的中心工作，突出重点，注重实效，运用灵活多样的形式和工作方法，为涡阳县全面建成小康社会、勇当皖北振兴排头兵做出积极贡献。

重要会议

【县政协九届五次会议】政协涡阳县第九届委员会第五次会议于2016年1月5日至7日在涡阳剧院召开。会议听取并审议政协涡阳县第九届常委会工作报告，政协涡阳县九届常委会关于九届四次会议以来提案工作情况报告和此次大会提案审查情况报告。审议通过了《县政协九届五次会议政治决议》《县政协九届五次会议关于常委会工作报告的决议》《县政协九届五次会议关于提案审查情况报告的决议》。

【县政协九届十五次常委会议】2月26日上午，县政协召开九届十五次常委会议，会议传达《中共中央关于加强和改进人大代表、政协委员有关工作的通知》，学习《涡阳县政协关于加强委员自身建设和管理的暂行规定》，协商通过《县政协2016年工作要点》及重点提案。

【县政协九届十六次常委会议】12月14日，县政协召开九届十六次常委会议，会议审议通过《关于召开中国人民政治协商会议涡阳县十届委员会第一次会议的决定(草案)》；政协涡阳县第十届委员会第一次会议议程、日程、大会秘书长、副秘书长及提案审查委员会名单(草案)；审议通过大会选举办法，总监票人、监票人，总计票人、计票人名单(草案)；《中国人民政治协商会议涡阳县第十届委员会常务委员会报告(草案)》；《中国人民政治协商会议涡阳县第九届委员会常务委员会关于九届一次会议以来提案工作情况的报告(草案)》。会议听取并讨论《政府工作报告(草案)》。

重要活动

【积极践行“两学一做”】按照中央和省、市、县委统一部署，县政协认真贯彻落实“两学一做”学习教育要求，组织机关全体党员认真学习党章党规、习近平总书记系列重要讲话精神，开展“讲看齐，见行动”专题学习讨论，要求机关全体党员坚持从实际出发，主动提升政协工作标杆，扎实做好履行职能各项工作，不断提升政协工作成效。通过学习，政协的每一位党员干部都以党员的标准严格要求自己，坚定不移地维护党中央权威，在思想上政治上行动上同以习近平同志为核心的党中央保持高度一致，把党的领导贯穿到政协履职的各个方面。

【夯实思想政治基础】县政协先后邀请浙江大学、安徽财经大学、市委党校、县委讲师组专家学者为委员进行专题讲座和辅导。一年来，先后举办全体委员学习会议6次、常委会议专题学习4次、主席会议专题学习6次、机关学习43次，着力学习贯彻习近平总书记系列重要讲话精神和治国理政新理念新思想新战略，加深对中国特色社会主义发展道路的认识，对“四个全面”战略布局的认识，不断强化政治意识、大局意识、核心意识、看齐意识，各项履职始终与县委同心同向同步。扎实开展省委巡视“回头看”整改工作，县政协按照县委部署，认真查找问题16个，制订整改方案，落实整改措施，始终将党建工作作为整改工作的重点，努力把全面从严治党的重大政治责任落到实处，夯实履行职能的思想基础，有效提升履职能力。

【认真开展视察调研】一年来，围绕全县美好乡村建设、大气污染防治、基层司法工作、宗教活动场所规划管理和安全消防、精准扶贫、精准脱贫、农村土地流转与金融服务、南部新区建设等工作开展专题调研视察活动12次，其中突出社情民意的真实性，重点抓住社会热点和焦点，着眼把原汁原味的社情民意呈送党政主要领导，为党政领导在工作和决策中提供参考，起到服务社会、造福群众范的作用，架起了党委政府和人民群众之间的“连心桥”，为涡阳县经济社会发展提供智力支持。

【重点做好精准扶贫】一年来，县政协切实把服务民生、扶贫济困作为政协的重要工作，按照精准扶贫要求，县政协领导班子成员在分包乡镇每人联系两个贫困户，定期进行走访慰问，县政协机关干部联系一户贫困家庭进行结对帮扶，抽调一名同志到牌坊张桥村担任扶贫工作队长，建立结对帮扶台账，详细了解贫困户的家庭实际困难、寻求合理的解决办法，逐步找到脱贫致富的突破口，确保结对不脱钩、帮扶不走人。在此基础上，县政协还组织部分委员进村入户，就精准扶贫、精准脱贫工作开展调研，详细了解帮扶措施落实情况，针对存在问题，提出建设性的意见建议，从而推动相关部门落实扶贫政策，确保“四个精准”落到实处，最大限度让群众享受扶贫攻坚成果。

【扎实推进协商民主】县政协始终把协商民主建设作为重要的工作抓手，不断开拓创新，积极参政议政，有效推动了涡阳县民主建设进程。一年来，县政协依托专题协商、对口协商、提案办理协商、界别协商等平台，紧紧围绕教育、医卫、农林、经济等方面，就工业经济、城市建设、农民增收、民生工程、招商引资等群众关心关注的热点问题、社会反映强烈的焦点问题、亟待解决的重点问题、制约长远发展的难点问题，开展实地考察、精准调研和专题座谈等民主协商活动24次，有效调动政协委员参政议政积极性，努力营造民主、平等、真诚的协商讨论氛围，促成良性交流互动，切实为涡阳县经济社会发展谋思路、献良策、出实招。

【深化提案办理机制】创新工作机制，实行网上提案、网上立案、网上办案、网上发布办理结果；探索建立县政协领导督办重点提案、“提、办”双方与政协组织面对面协商等工作机制，以“见面率”提高“落实率”。一年来，县政协共收到提案118件，立案116件，立案率97%，回复率100%，见面率80%，办结率98%。改变了过去为办而办、文来文往、空洞表态的纸上办案方式，为承办单位和提案人多提供面对面沟通交流的平台，促进委员提案的办理落实；与县委、县政府督查中心协调配合，对重点提案进行重点督办，发挥重点提案的带动作用和示范效应，努力营造民主、平等、真诚的协商讨论氛围，促成良性交流互动，增强提案办理实效。

【主动参与中心工作】在承担分包乡镇、秸秆禁烧、文明创建、信访维稳、招商引资等中心工作的基础上，县政协还积极引导委员关心县委县政府工作中的创新和亮点，主动参与、建言献策。农村承包土地经营权抵押贷款在涡阳县试行以来，县委县政府高度重视，充分运用确权颁证成果，认真出台了一系列文件政策，由于措施得当，在全省10个开展土地经营权抵押贷款的试点县区中，涡阳县的进度最快，投放的贷款数量最大，带头走在土地经营权抵押贷款试点工作的前列。为此，省政协在2016年11月上旬召开的“农村土地改革与金融服务”界别协商会之前，到函商请涡阳县政协协同调研。接到任务后，县政协高度重视，及时向县委、县政府主要负责同志报告，并结合县政协2016年度重点民主协商活动计划安排，与省政协交办事项合并调研。为圆满完成任务，县政协及时召集协调县农委、农经局、金融办、农商行、有关镇和部分政协委员进行协商座谈，在听取各方意见的基础上，认真做好调研方案。根据方案安排，县政协组织政协常委、委员及有关职能部门组成调研组，深入全县6个镇、32家专业合作社和家庭农场，详细了解涡阳县推进农村土地改革与金融服务工作基本情况、存在的突出问题以及对策与建议，认真形成高质量的调查报告，受到省政协的肯定。

【圆满完成交办任务】为进一步完成县委交办的“制订关于加强政协协商民主建设的实施意见”等四项改革任务，县政协认真学习省市县有关文件精神，严格按照要求，通过调研、考察、对口协商，认真落实重点民主协商工作计划，扎实开展各项工作；深入推进、进一步完善各专委会对口联系单位制度，促进专委会对口联系单位程序化、科学化、制度化；组织相关委室通过座谈、调研等形式，深入基层、了解实际，进一步完善委员考察机制，完善委员服务管理机制，积极探索建立委员履职激励机制，圆满完成县委交办任务。

【积极做好对外联谊】县政协按照胡明文书记“热情接待、搞好联谊、及时报告、好事办好”的重要批示精神，坚持广泛团结，联谊交友，大力加强同外界成功人士和兄弟单位的联系交流。先后成功接待四川绵阳市涪城区政协、淮南市政协等考察团，向他们充分展现涡阳经济社会发展情况，推介老子道家文化旅游产业，宣传涡阳资源和优势，为打造涡阳品牌，唱响涡阳经济发展做出积极贡献。（县政协办公室供稿）

人民团体

涡阳县总工会

【概况】涡阳县总工会内设维权部、经济工作部、组宣部、办公室。2016年1—12月，县总工会按照服务大局有重点，服务职工有实效，强化自身有提升的工作要求，解放思想，创新思路，改进作风，真抓实干，推动工会工作创新发展，2016年被市总工会评为全市工会工作一等奖。

【组织发展和自身建设】2016年党政机关、事业单位工会组建有突破性进展、新建工会60家，工会组建、会员发展长流水不断线成为常态。主要因素：县委重视、工会工作纳入党建目标考核、新形势下社会各界对工会工作有认同感、县总工会组宣部工作有执行力。目前全县党政机关、企事业、非公企业共组建：1个基层总工会、1160个基层工会，在岗职工、农民工11.68万人，工会会员10.8万人。年初，县总工会在金桂山庄召开涡阳县第十一届工会代表大会，成功选举出工会委员会、经费审查委员会，产生新一届领导班子、通过《工作报告》决议、圆满完成各项议程。

【宣传教育工作】为推进工会“万千百十”普法宣传行动，2016年5月4日，特邀安徽智立律师事务所律师王丽授课，在县医院三楼会议室举行普法大讲堂《社会保险法》讲座，有7个单位在职职工、下岗职工、农民工，约130余人听取了此次普法讲座，大大提高了职工的维权意识和法律意识。

【安全生产劳动保护工作】为贯彻落实县委、县政府做好安全生产工作部署，根据市总、市安全生产管理局《关于开展2016年全市安康杯竞赛活动的通知》，围绕落实安全生产和职业病有关法律法规、工会劳动保护监督检查3个条例，联合安全生产管理局制订了涡阳县安康杯竞赛活动的实施方案，组织全县187家单位工会，1496个班组，22676名职工参加比赛，使广大职工受到教育。每季度开展一次劳动保护、粉尘危害、职业危害场所的检查。2016年以来，参与4起安全生产事故调查，组织全县职工积极参加“安康杯”竞赛。6月16日，在老子文化广场，县总工会参加全县大型安全咨询日活动，宣传摆放宣传牌，发放1000多份安全手册和宣传单。

【经济技术创新】县劳动竞赛委员会、县总工会在全县范围内进行了“五一劳动奖章”和“劳动先进工作者”评选表彰活动，分别评选出“五一劳动奖章”获得者30名和“劳动先进工作者”100名，于“七一”前夕召开了表彰大会。为弘扬工人阶级的伟大品格和劳模（职工）创新精神，被命名的1个省级、8个市级劳模（职工）创新工作室，县总工会将继续帮助他们劳模（职工）创新工作室建设，以发挥其典型创新示范带头作用。

【推动建立工资集体协商制度】2016年，全县签订工资集体协商合同185份；其中企业单独签订136份，覆盖职工10903人；区域性签订33份，覆盖企业293家，覆盖职工17575人；行业性合同签订16份，覆盖企业231家，覆盖职工13840人；国有、集体企业12家，签约率100%；非公企业648家，签约率为80%。

【困难职工帮扶工作】2016年，在原来的基础上，加强了帮扶站点建设。2016年开展元旦、春节期间集中送温暖活动，为1960名困难职工、农民工发放送温暖资金98万元。县委、县政府主要领导参与慰问“五一”期间拆迁一线职工，高温天气值班的交警、环卫、供水、供电一线职工，共发放慰问金10万元。为贫困学习圆梦助学109人，打卡发放救助金34.2万元。为困难职工实施大病救助，共193人，发放救助资金54.25万元。

【职工文化活动】参加全县“红红火火过大年”12项中的8项活动。推荐上报22名职工书画爱好者的28幅作品参加“全市迎新春职工书画展”。参加了亳州市“三下乡”暨书香村居示范宣讲启动仪式。组织参加省总“徽商精神”讨论征文活动，报送征文稿件。4月底，县总工会组织青年职工30对参加市总举办的集体婚礼活动，超额完成市总下达指导任务。利用“老子道法讲堂”积极推进职工对国学经典的认知和理解，提升职工素质水平。

（县工会供稿）

共青团涡阳县委

【概况】团县委为参照公务员法管理单位，内设2个股室（组织农工部和宣传学少部）。2016年，团县委在县委、县政府的坚强领导下，在团市委的精心指导下，坚持党建带团建，紧扣发展大局，主动应对共青团面临的新挑战，切实履行组织青年、引导青年、服务青年、维护青少年合法权益四项基本职能，积极拓展服务领域，强化自身建设，各项工作在继承中发展、在开拓中前进，引导广大团员青年为“深入践行五大发展理念、勇当皖北振兴排头兵”贡献力量，不断开创全县共青团事业新局面。

【团组织建设和团员队伍发展】坚持党建带团建，以“一团一品”创建活动为抓手，设立思想教育、志愿服务、美好乡村建设、基层团建、就业创业、青年电商等十类重点建设方向团建品牌。深入学习贯彻落实《共青团中央改革方案》精神，深入领会学习方案指导思想、基本原则、主要目标、改革措施等前期工作。召开第十五次团代会及十五届二次全委会。召开团代表会议，成功选举产生40名出席共青团亳州市第四次代表大会代表。全面推进乡镇实体化大团委建设，新建“两新”团组织52个、机关及企业团组织5家。加强团干部作风及队伍建设，认真开展省委巡视组巡视“回头看”整改工作，深入开展“两学一做”学习教育和“讲看齐、见行动”学习讨论。以创建学习型服务型团组织为主线，多形式、多渠道、多层次组织轮训各级团干部、少先队辅导员200余人次。积极探索利用新媒体，通过QQ、微信及青年之声、微邦APP平台等新媒体建立县级、乡镇（县直）级、村级3个层级网络团组织，实现线上线下发动青年、聚集青年，目前已建立各级网络团组织110余个，覆盖团员青年6000余人。

【共青团服务中心工作】党有号召，团有行动，团县委充分发挥团组织的纽带和后备军作用，在日常的工作中把党政所需与青年所求有机结合起来，积极参与党政中心工作。坚持思想建团，引领青年深入学习贯彻习近平总书记系列重要讲话精神，积极培育和践行社会主义核心价值观，树立正确理想信念观；坚持实践兴团，积极投身全县经济建设主战场，不断助力经济社会建设取得新业绩；坚持服务立团，全面参与社会管理和创新，推动全面建成小康社会，全面组织参与学雷锋、秸秆禁烧、爱心送考、老子庙会、“12·5”志愿者日、迎新春全民健身跑等志愿服务工作。启动“志愿中国”行动，完善团员青年志愿者注册和管理。坚持固本强团，全面夯实团建基础，推动团建提档升级。

【青年就业创业】全面推进“大众创业、万众创新”，建立完善“团银合作”工作模式，共推荐78名青年获得730万元青年创业小额贷款；“青易贷”小额信用担保贷款有序推进；积极为大学生村干部争取创业富民专项资金7800元，推荐27名青年申请青年创业贷款贴息资金30.4万元，居全市第一。组织参加“青年创业就业”培训班2期，培训青年150余人，建立“青年就业创业见习基地”5个，已为160余名青年提供了见习岗位。主动适应“互联网+”发展新趋势。推进农村青年电商项目淘实惠，目前县级运营中心已建立，入驻涡阳村级网点230个，惠及5000余人。组织3名创业大学生村干部参加安徽省青年创业者协会大学生村干部分会第二次会员大会。推报6家单位参加亳州市青年创业大赛，其中2家获得市级表彰。组织20余名青年企业家参加市青年企业家协会第三次会员大会。组织16人参加全市青工技能大赛，并取得优异成绩。

【树立青年标兵】以评促建，将青年文明号创建活动与优环境、助发展相结合，选树一批青年创业标兵、青年岗位能手等典型。其中推荐9家被评为“亳州市青年文明号集体”，2家被评为“亳州市青年文明号标兵集体”，1人被评为“亳州市青年文明号先进工作者”。选树并推报五四青年奖章、十大杰出青年、“寻找最美青工”岗位、“向善·向上好青年”、五四红旗团委团支部、优秀共青团干部及团员、优秀少先队员等各类先进青少年典型200余人，为全县团员青年树立学有可比、追有所赶的榜样。

【青年志愿者行动】注重发挥青年志愿者作用，全面组织参与学雷锋、秸秆禁烧、爱心送考、老子庙会、“12·5”志愿者日、迎新春全民健身跑等志愿服务工作。围绕争创全省文明县工作，开展“青春志愿行、温暖回家路”“徒步涡河岸、保护母亲河”“共植青年林、建设新家园”“学雷锋全民参与志愿服务”“爱心送考”、绿色上网、文明出行、“弘扬志愿精神·打造美丽城关”等活动96次。面向社会招募青年志愿者积极参与文明县争创，开展“青春奉献文明城·我为团旗添光彩”系列青年志愿服务活动。开展青年网络文明志愿行动。全县组建近1000名各类青年参与的青年网络文明志愿者队伍，依托共青涡阳微信、“青年之声”微邦团属互动社交平台发出青年好声音。

【少年儿童工作】持续关注少年儿童思想健康，以社会主义核心价值体系引导青少年，积极引导其主动融入重大节日和纪念活动中，进一步坚定跟党走的理想信念。注重维护青少年合法权益，完善青少年保护体制机制，联合政法委等单位，及时调整未成年人思想道德建设领导小组、预防青少年违法犯罪领导小组成员，完善维护青少年合法权益考评细则。持续开展青少年关爱工作，畅通青少年维权渠道，推进青少年维权岗及青少年综合服务平台建设，帮助青少年健康成长。

【希望工程】不断拓宽捐赠方式与渠道，积极推行“爱心一日捐”、旧衣捐赠、爱心义卖等多种形式捐赠，设立“爱心存款”项目，搭建结对帮扶平台，募集款物共计335470元，累计资助贫困青少年学生152人，其中大学新生102人，在校中小学生50人；捐赠单位结对定向资助95人，非定向资助57人。

【青少年思想素质教育】以建党建团日和“六一”等重要节点，开展“学党史、知党情、跟党走”、“学团章、唱团歌、戴团徽、举团旗”、少先队入队仪式、18岁成人仪式、“缅怀革命先烈”主题团日、“网上祭英烈”、纪念“五四”、庆祝“六一”、“红领巾相约中国梦——听党的话·做好少年”主题队日等教育活动38次。深化青少年思想道德素质提升工程。通过开展“奋斗的青春最美丽青春”励志教育、学雷锋全民志愿服务、“践行社会主义核心价值观、争做向上向善好青年”、“国学经典进少先队课”、“小手拉大手”家庭国学经典知识网络竞赛答题、“传承红色基因、感受安徽崛起”、“向国旗敬礼、做有道德的人”、“珍爱生命、远离毒品”等主题实践活动41次。

【青少年合法权益维护】扎实开展青少年维权岗、“共青团与人大代表、政协委员面对面”、“三远离一倡导”（远离邪教、远离毒品、远离赌博和健康上网）、“青少年法治宣传月”等活动，为青少年健康成长营造有利环境。启动“平安亳州·社工护航”项目，确定17名结对帮扶对象。创建市级青少年综合服务平台5家，推报省级青少年维权岗1家，正在创建省级示范性综合服务平台1个。推报涡阳县人民检察院获得全国青少年维权岗。

【青少年活动阵地建设】依托原有亲青家园、团建阵地等基础，建立镇级青少年综合服务平台22家，创建省级示范平台1个，市级示范平台10个，开展各类服务青少年的项目及活动110余次，覆盖广大青少年15000余人。制订青少年综合服务平台服务项目清单，统一设计工作台账，通过QQ、微博、微信、青年之声微博等新媒体渠道，广泛招募社会青年志愿者，开展心理咨询辅导、疾病预防、健康养生、法律咨询、法律援助、青少年维权、青年就业创业、扶持政策宣讲、就业岗位推介、安全知识宣讲、交流培训、婚恋交友、文化讲座等不同主题活动，更好的服务广大青少年和农民群众，凝聚青年力量。

【团代会】共青团涡阳县第十五次代表大会于1月13日在金桂开元会务中心胜利召开。县委书记、县人大常委会主任胡明文，县委副书记万瑞年、团市委书记丁辉出席会议，县领导雅浩海、刘梦汝、纪侠玲、蒋玲玲等出席会议。会议选举出共青团涡阳县第十五届委员会委员、候补委员、常委、书记和副书记，并通过了关于团县委十五次工作报告的决议。（团县委供稿）

涡阳县妇女联合会

【概况】县妇联内设两部一室（维

权部、组宣部、办公室)。2016年,县妇联深入学习贯彻中共十八大、十八届四中、五中、六中全会和习近平总书记系列重要讲话精神,全面贯彻落实新时期党对群团工作的新要求,紧紧围绕县委县政府中心工作,以寻找“最美家庭”为主线,以项目建设为抓手,以开展活动为载体,大力实施五项行动一项工程,各项工作取得新成效。2016年度县妇联荣获全省妇联系统目标管理考核优秀奖、省妇联系统目标管理考核创新奖、同时授予省“三八”红旗集体荣誉称号;全市妇联绩效考评维权工作先进单位。

【巾帼建功行动】妇女创业扶持小额担保贷款成效显著。目前已成功推荐43户妇女创业贷款398万元,贴息金额166949元。“徽姑娘”绿色农产品发展取得新成就。1月30日至2月2日,成功举办涡阳县首届“徽姑娘”专业合作社名特优绿色农产品展示展销会;3月26—28日,组织涡阳县“徽姑娘”专业合作社参加亳州市首届“徽姑娘”名特优绿色农产品展示展销会,充分展现涡阳县“徽姑娘”绿色农产品发展的新成就;9月13—14日涡阳县妇联成功承办亳州市“徽姑娘”绿色农产品展销会中秋专场展销会;来自全市各县(区)的19个“徽姑娘”专业合作社参展推介,洽谈交易。徽姑娘专业合作社名优农产品的知名度和市场份额得到进一步的推广和扩大。拓展“皖嫂家政”服务品牌链。为拓宽妇女就业渠道,在启航家政职业技能培训学校开展了“月嫂”等家政服务培训共220人,推荐就业妇女40人。“春风送岗位”活动效果明显。联合人社部门举办招聘会28场;发放各类宣传资料55000余份、发放春风活动卡6000份;当场与企业签订意向2088人。开展县级“巾帼文明岗”创建评选活动。在县直机关企事业单位创建4个“巾帼文明岗”。“巾帼展风采”创评、授牌活动有声有色。县妇联开展“岗位大练兵”“巾帼展风采”“我为家乡做贡献”“双学双比”等创评活动,现已推荐优秀人物20个,文明岗13个;先后到涡阳县人民检察院案管办、涡阳县人民医院妇产科护理部、涡阳县民政局婚姻登记中心、涡阳县汽车站四家已验收的市级巾帼文明岗;涡阳县医保中心、运管所、县医院儿科护理部3家县级巾帼文明岗给予授牌。支持妇女创业就业,已扶持5个巾帼创业就业基地。其中“涡阳县秀芹养殖专业合作社”,目前已发展成为集农业加工、蚂蚱养殖、加工存储和销售于一体的国家级示范合作社,合作社得到各级领导和群群的认可和喜爱。先后被县、市、省等媒体宣传报道,中央电视台二套“经济半小时”在9月进行专题报道,目前产品供不应求。争取省、市妇女创业扶持项目12个,项目资金102万元。

【巾帼维权行动】为认真贯彻落实《反家庭暴力法》,县妇联在全县开展“反对家庭暴力 共建和谐家庭”为主题的系列活动。开展“三八”维权月系列宣传暨关爱女性大型义诊活动;县妇联联系县人民检察院组织女干警开展“亲近百姓·送法到基层”徒步普法行活动;联合涡阳县司法局共同开展“书香涡阳法律进家庭”活动;联合县司法局共同开展了“建设法治中国·巾帼在行动”——徒步普法行活动。联合涡阳县综治办开展涡阳县“平安家庭”创建评选工作。为持续发挥“平安家庭”创建工作在构建

巾帼在行动——徒步普法行

“平安涡阳”中的重要作用，推动家庭和谐平安，表彰选树平安典型，在全县范围内评选40户平安家庭。成功推荐市级“平安家庭”20户、“好警嫂”6名，“好军嫂”3名。努力做好信访维稳工作。以加大各类“最美家庭”“巾帼文明岗”“双学双比”等评选的力度，促进家庭及社会和谐，减少家庭和社会矛盾纠纷。2016年，共接待来信来访37件，办结率99%。强调诉前调解在“妇女之家”的工作机制，为更好地维护妇女儿童合法权益提供组织保障。坚持诉前调解在“妇女之家”进行，充分发挥妇联系统人民调解员、人民陪审员、巾帼维权志愿者、12338维权热线等作用。目前，全县共有镇村调解员1160人，特邀调解员208人，联合法院调解20起矛盾纠纷，化解基层矛盾53起，更好地维护妇女儿童合法权益。

【巾帼文明行动】全方位宣传先进典型，达到家喻户晓、人人学之。在“三八”节纪念活动会议上，表彰100户“最美家庭”、102名“三八”红旗手和10个“三八”红旗集体；在县妇联网、县电视台开设“最美家庭”和“巾帼风采录”专题宣传栏；在电视台设有滚动字幕对评选出的各类先进典型进行宣传，达到家喻户晓、人人学之。推进家庭文明创建常态化。持续开展寻找“最美家庭”“书香家庭”“平安家庭”“阅读之星”“十星级文明户”等宣传与评选活动，共评选出各类“最美家庭”100户“十星级文明户”350户；成功推荐赵全斌等5户省级最美家庭、市级“书香家庭50户”“阅读之星”61名；征集好家风26条、好家训16条和10名家庭教育宣讲志愿者；推选出3名“最美孝星”参加全市福星、孝星的评选活动。依托“妇女之家”开展“木兰讲堂”“最美家庭故事巡讲”等系列活动。集中开展“木兰讲堂”家庭教育等系列活动14场，最美家庭故事巡讲105场；同时各镇场也经常开展读书、听书、“亲子悦读”等有奖读书活动。积极开展“建美丽家园·做美丽女性”活动。涡阳县妇联开展农村妇女广场舞展示大赛，并于3月6日组队参加亳州市“建美丽家园·做美丽女性”乡村妇女广场舞展示大赛和市健身气功五禽戏比赛，并分别获得了2个一等奖、1个二等奖的殊荣。引领妇女积极践行低碳生活。开展“严禁秸秆焚烧创最美低碳环保家庭”活动，发放“禁烧秸秆美化家园”倡议书10000余份，动员全县广大妇女积极参与秸秆禁烧工作，现已初评最美低碳环保家庭30户。

春雷计划10元捐资助发放仪式

【巾帼关爱行动】完成“两纲”中期检测评估工作。成功申报省级“妇女儿童两个纲要”和“儿童友好家园”2个项目。认真开展走访和送温暖活动。两节及“六一”期间到敬老院、福利院慰问老人和孩子，并为1200多名贫困妇女、儿童送去60700余元慰问金和生活用品；女企协和社会爱心人士、爱心家庭也纷纷到福利院、敬老院为他们送去慰问品、慰问金；为11名农村贫困“两癌”患病妇女发放11万元救助金；利用母亲健康快车为广大妇女儿童健康体检200人次，多次组织志愿者、爱心人士到石弓镇东关村看望慰问“亳州好人杨王氏，并给她送去生活用品和慰问金”。积极做好孤儿家庭寄养工作。按照市妇联的要求，我们经过反复的调研走访，已为25名孤儿找到合适的寄养家庭。现已完善好各种手续，孩子也已融入新的家庭，得到呵护与温暖，生活的很快乐。持续深入开展扶贫工作。持续深入林场五爱村对结对扶贫户进行走访，了解、制订扶贫计划和实施措施并给予近3000元帮扶金，做到“精准扶贫”。“六一”系列活动，色彩纷呈。“六一”节期间，县妇联陪同涡阳县四大班子领导分别到县特殊教育学校、乐城关中心校、乐行幼儿园和儿童福利院看望慰问少年儿童，并为他们送去慰问金、玩具、教学及生活等慰问品和慰问金1万余元；举办庆“六一”文娱会演和亲子游活动；开展关爱留守儿童活动，组织城乡孩子开展手拉手心连心活动，为他们送去节日的祝福和礼物。举办家庭教育报告会，县妇联聘请知名心理专家、家庭教育志愿者先后在西阳中心校，店集中心校城西中心校等先后开展20场“优秀孩子需要智慧父母”为主题的家庭教育报告会。暑期，持续开展青少年、儿童安全知识讲座，做好未成年人及留守儿童的防溺水及暑期安全工作。为龙山烧伤女孩发起倡议救助，积极筹备爱心募捐近15多万元，救助贫困儿童、孤寡老人、贫困家庭，扎实推进“精准扶贫”工作。

贫困母亲两癌救助公益金发放仪式

【美丽家园行动】突出重点，抓好省、市专项资金项目落实。争取省、市妇女创业扶持项目12个，项目资金102万元，用于“美丽家园行动”。开展美丽家园行动：一是联合多部门开展“美丽家园、绿色行动”系列活动。组织巾帼志愿者先后在马店集、楚店、标里等镇开展“三八”巾帼林义务植树活动，营造“爱绿、植绿、珍绿”的良好氛围；二是按照省、市美丽家园项目要求，引导广大农村妇女和家庭成员从“小事”做起、从“自己”做起、从“身边”做起，积极融入美好乡村建设火热实践，12个项目分别组建了3支队伍，开展妇女创业就业、精神文明建设、村庄环境整治、低碳家庭等五大系列宣传活动，力求打造“清洁、绿色、低碳”家园；三是在秸秆禁烧期间，县妇联开展“严禁秸秆焚烧创最美低碳环保家庭”系列活动，动员全县广大妇女积极参与秸秆禁烧工作，发放“禁烧秸秆美化家园”倡议书，引领妇女积极践行低碳生活；四是开展低碳节能宣传。6月，联合安监局、团县委等有关单位在文化广场举行以“节能有道、节俭有德”和“低碳城市，宜居可持续”为主题的节能宣传周和全国低碳日宣传活动，下步将加大推选最美“低碳环保”家庭的力度。

【阵地建设】创规范化“妇女之家”阵地建设。为切实发挥“妇女之家”主阵地作用，年初，县妇联对全县村级“妇女之家”进行调研，全县已申报市20个、县40个“妇女之家”示范点，目前，创评工作已完成全年计划。

【队伍建设】加强队伍建设，夯实组织基础。县妇联以队伍建设为主抓手，积极调研走访，经考察把有知识、有能力、有热情的优秀女性吸纳进妇女工作队伍，为妇联组织的队伍建设注入新鲜血液和活力，所有乡镇妇联配备配齐兼职副主席，配备率为100%。注重培养、推荐女干部。县妇联积极争取党委重视，加大推动妇联干部的输送和交流，激发妇联干部的激情和活力。定期充实女干部人才库，确定培养目标，实行动态管理。有2名优秀的乡镇妇联主席，被推荐进当地党政班子；5名优秀女干部被交流到重要岗位，5名优秀女干部被提拔重用；1名乡镇优秀副书记被提拔为政府主要负责人；1名乡镇优秀副书记被提拔乡镇人大常委会主任。

（县妇联供稿）

涡阳县科协工作

【概况】县科协行政编制3人，设主席1人，副主席1人，现实有工作人员9人，退休7人，正科级单位。

【“三下乡”活动】以开展“三下乡”活动为载体，带动科普工作常下乡，1月下旬会同宣传部、文化中心、科技局、卫生局单位等，到西阳镇涡寨村举行全县科技、卫生、文化“三下乡”活动，活动中讲解农业种植技术、瓜果蔬菜的栽培、合理施肥、医疗卫生、环境保护、科学管理等方面的专业知识，给农民朋友送上丰富的科技大餐，为农业增产、农民增收和新农村建设助力。活动期间县科协赠送科普图书600册、科普挂图2000多份。

【科协第三次代表大会】2016年1月14—15日在君豪大酒店隆重召开第三次科协代表大会，会议正式代表111人，特邀20人，市、二县一区科协主席及其他15人，工作人员10人。会议选举董华良为科协主席，祝萍为科协副主席，不驻会副主席为王化斌、卢廷军、赵坦、吴东昆、侯金波。

【大调研活动】2月下旬科协主席董华良、党组成员孙子宽带领单位工作人员到牌坊五里郭进行大调研活动，通过调研座谈，了解党员群众所思所想，并形成翔实的调研报告。

【“四个自觉”和“两个责任”】2月中下旬组织单位工作人员对“四个自觉”和“两个责任”进行集中学习和讨论。会上要求，每个人员要记录学习笔记，对学习的内容进行发言和讨论。

【组赛工作】3月份组织全县中小学校参加亳州市第六届青少年科技创新大赛，此届青少年科技创新大赛，涡阳县共有15个学校、80名中小学生和10名教师参加。

【“百名专家进乡村学堂讲科普”活动】5月底，协助市科协、市九三学社组织市九三学社心理专家徐静到闸北镇中心校，向中学生们介绍心理科普知识，针对中考前考生紧张的心情做心理辅导，专家深刻生动的讲解赢得了学生的阵阵掌声。

【“科技活动周”】5月的第3周是科技活动周，2016年的科技活动周的启动仪式在县文化广场举行，活动现场县医院、疾控中心、农业部门、水务局、环保局、安监局等16个县直单位参加这次活动，现场为农民看病，解答他们咨询的问题。作为科协还向农民群众发放一些疾控方面的宣传画、小彩页及农业科普知识图书5000余份。

【全县“全国科普日”启动仪式】9月23—30日，以“创新放飞梦想，科技引领未来”为主题的涡阳县“全国科普日”启动仪式在西阳镇郭寨村举行，县人大常委会副主席范吉用、政协副主席赵太民、县全民科学素质成员单位、各镇（场）科协主席、社区居民等200余人参加活动。各成员单位紧紧围绕生活生产用电防火、常见病预防和保健、种养加工等热点问题，向前来参加活动的群众进行宣传教育。并通过展板、发放宣传单、图书、解疑释惑等形式，让人们进一步认识“科技是第一生产力”的重要性，了解和掌握一些科普知识，增强学科学、用科学意识。

【道源社区科普馆建设】道源社区2014年获得中国科协表彰的全国科普示范社区，奖励资金20万元，省科协又追加专项资金10万元，用于道源社区科普馆的建设，购买科普产品、图书、建设科普画廊，目前，道源社区科普馆已经布置完成。

【青少年科技创新大赛】科协与教育局已经下发《关于举办涡阳县第四届青少年科技创新大赛的通知》文件，文件已经下发到各个中心学校，待各中心校上报科普画、小制作等作品后，邀请各学校的辅导员共同对作品进行打分并上报结果。

【西阳镇郭寨村科普示范村建设】上半年，西阳镇郭寨村被省科协命名为全省科普示范村，并奖励资金6万元，现郭寨村按照省、市科协的要求，正在完善科普设施，建设科普画廊，购买图书等其他科普产品。

（县科协供稿）

涡阳县文联工作

【概况】根据涡阳县委办公室2002年88号文件，涡阳文联编制数3人，现实有人员8人，其中领导班子成员3人，非领导人员5人。

【文艺创作】涡阳县文联积极团结引导广大文艺工作者认真学习贯彻习总书记在全国文艺工作座谈会上的重要讲话、在全国文联第十次代表大会、中国作协第九次全国代表大会上的重要讲话精神，学习贯彻习总书记视察安徽等一系列重要讲话精神，认真落实《中共中央关于繁荣发展社会主义文艺的意见》《中共安徽省委关于繁荣社会主义文艺的意见》等党的各项文艺方针、政策，激励广大文艺工作者紧密围绕涡阳县委、县政府中心工作，坚持“二为”方向、“双百”方针和“三贴近”原则，多出精品。

通过组织重点作家、艺术家深入一线体验生活，举办笔会、研讨会等形式，引领文艺家自觉投身火热的生活，激发文艺家的创作热情；通过举办各种展览、演出、比赛，推动精品的创作。积极策划组织重大题材文艺创作，不断推出具有广泛社会影响的精品力作；鼓励基层文艺精品创作。大力扶持社区文艺社团，全面开展基层文化活动，鼓励民间文艺创作，提炼出有生活气息的社区文艺精品；加大文艺精品创作经费投入，进一步完善文艺精品奖励机制。积极开展文艺评论和文艺评奖活动，推荐作家、艺术家力争国家级、省级的专业文艺奖项，激励文艺工作者的文艺创造；为艺术家提供更多便利，提倡他们走出去开阔视野、交流切磋、提高技艺。请艺术名家到涡阳县开展讲学和交流活动，有针对性的指点和提高。

2016年度，广大文艺工作者和文艺爱好者创作成绩斐然，在省级和省级以上各项重大展示、赛事中获得优异成绩31项。

舞蹈《猫叔之夜》《俺们也跳花鼓灯》在中国舞蹈家协会2016年教学成果展演活动中，获得最佳表演奖，即一等奖；小曼、圈圈乐获最佳才艺奖，即二等奖；舞蹈《苔乡美苔乡情》获得2016年安徽省第二届广场舞大赛中获得二等奖；安徽省第五届中小学生艺术展演一等奖；舞蹈《祖国的歌》在中国舞蹈家协会2016年教学成果展演活动中，获最具潜质奖，即三等奖；王伟、杨斯茹书法作品入展“安徽省第四届全民健身运动美术、书法和摄影作品展”；王伟书法作品入展2016年“安徽省首届楷书精品展”；袁琳书法作品入展“翰墨薪传美育杯”全国教师书法作品展（辽宁书协等举办）；丁壮伟唢呐独奏获得2016年“安徽省首届唢呐大赛”职业B成组银奖；王开明唢呐独奏获得2016年“安徽省首届唢呐大赛”银奖；王富强唢呐独奏获得2016年“安徽省首届唢呐大赛”少儿组银奖；王致强唢呐独奏获得2016年“安徽省首届唢呐大赛”银奖；王丽丽唢呐独奏获得2016年“安徽省首届唢呐大赛”成人组金奖；王文庆器乐获得“中国青少年文化艺术节”青年A组一等奖（中国儿童音乐协会）；潘子丰摄影《天静宫故事》（组照）获得安徽省第20届摄影艺术作品展艺术类铜奖、《家有喜事》（组照）获得安徽省第20届摄影艺术作品展，记录类优秀奖、摄影《一条心》获得安徽省第20届摄影艺术作品展记录类入展、摄影《情曹操》（组照）《中国摄影报》“建投杯”中华药都美丽亳州摄影作品征集收藏奖、摄影《井神无极》（组照），省摄影家协会、市文联、谯城区政府“古井年份原浆杯”魅力谯城摄影大赛一等奖、摄影《雪映无极湖》获得省摄影家协会、市文联、谯城区政府“古井年份原浆杯”魅力谯城摄影大赛优秀奖；刘文华作品《地方菜》获得《中国摄影报》“建投杯”中华药都美丽亳州摄影作品征集，收藏奖；韩光作品《乡戏》获得《中国摄影报》“建投杯”中华药都美丽亳州摄影作品征集，收藏奖；刘文华作品《北海晨韵》获安徽摄影家网2016年8月“安徽拓来·当代影像杯”月赛奖；刘文华作品《猪市》获2016年3月安徽省摄影家协会与江苏省摄影家协联合举办的第一届〞影像中国梦·摄影中国行〞摄影大赛三等奖；周光辉作品《踏青饮涧》获得2016年3月安徽省摄影家协会与江苏省摄影家协联合举办的第一届〞影像中国梦·摄影中国行〞摄影大赛优秀奖；陈杰作品《芳菲三月》在安徽省摄影家协会10月主办的“古井贡酒·年份原浆”魅力谯城摄影大赛中获得优秀奖；丁翠华琴书《今非昔比》获得2016年“首届安徽梆剧、曲艺会演精品剧目”表演二等奖、琴书《周文王访贤》获得“全省长篇鼓书目”（蔓子书）展演铜奖、丁翠华获的安徽省第八届曲艺节初赛暨第四届鼓王争霸赛一等奖；丁延果琴书《和谐社会唱和谐》获得安徽省第八届曲艺节“安徽曲艺牡丹奖”一等奖；陆文举单口相声《赛宝会》获得2016年“首届安徽梆剧、曲艺会演精品剧目”表演三等奖；蒋悬悬评书《康熙买马》获得2016年“首届安徽梆剧、曲艺汇演精品剧目”表演三等奖；丁延果现代琴书《共产党仁爱与法》获得2016年“首届安徽梆剧、曲艺会演精品剧目”创作奖、表演一等奖。

【文艺评奖】在县委宣传部直接领导下，做好首届“涡阳文艺奖”的落实工作，于10月初完成首届“涡阳文艺奖”初评工作，11月中旬完成终评，评奖161项，奖相关人员463人次；奖金总额135500元。充分体现出文艺奖的群众性、广泛性，进一步激发了广大文艺工作者和爱好者创作热情。“涡阳文艺奖”的设立，激励广大文艺工作者和爱好者深入基层，深接地气，把广大党员干部和群众在建设亳州、建设涡阳，奋力走在皖北振兴前列，争当皖北振兴排头兵的真干、实干精神挖掘出来，创作出时代需要、贴近人民群众、代表先进方向文艺作品，积极传递正能量，进一步促进涡阳县由文化大县向文化强县的快速提升，做出应有的贡献。

【文艺组织建设】1. 抓好文联领导班子建设，认真贯彻民主集中制，建立完善班子内部的工作分工、议事、决策规则和程序，坚持发挥领导班子的整体效能，积极主动抓好工作，充分发挥班子成员的作用。班子务实创新、团结和谐、充满活力，得到文联干部职工的充分认可和信赖。2. 抓好干部队伍建设。认真抓好文联党员干部的思想、组织、作风建设，调整配强中层干部，使文联干部队伍整齐、活跃、精神状态好；加强各协会建设，选配具备较强组织策划能力的干部担任各协会秘书长，规范协会工作秩序，增强协会工作活力。

【文艺队伍建设】认真实施人才培养工程、作家群新人工程、文艺推星工程等，依据不同艺术门类的特点，对创作、研究、管理等方面的人才进行不同层次、不同方式的培训、培养。

加大对优秀文艺人才的推介宣传，通过举办展览、演出、比赛、研讨、作品观摩、选拔人才参加国际国内各项大赛等方式，为文艺工作者发挥艺术才华、展示创作成果搭建平台。

注重选拔和培养文艺新秀，加大对农村基层文艺人才的培训教育力度，并抓好对民间艺术人才的扶持和传承，创造有利条件，为他们成名成家搭建良好平台。

【文艺活动】积极参与红红火火过大年主题系列活动。组织并参与楹联征集活动，共征集来自全国各地作品280余幅，参与评选工作，对评出的一、二、三等奖和优秀奖进行奖励。积极参与支持举办的第二届网络春晚于2016年1月27日演出，并及时报道宣传。参与全市“三下乡”活动启动仪式，组织涡阳县著名书法家为农民义务书写春联近1500余幅。承办筹备“历代名人家训书画展览”，组织县书协、美协遴选精品书画作品近60幅参展，展览于2016年2月4日举行。积极参与县委宣传部主办的“2016迎新年优秀文艺作品汇报演出”活动，县音乐舞蹈家协会、县戏曲协会、曲艺家协会骨干成员参加演出活动。配合徽酒集团新品发布，积极开展摄影创作，及时编发摄影专题，帮助宣传；积极筹备送春联到贫困村活动，组织县书协现场书写，并得到县房产局大力支持，为贫困家庭准备350套，近1200幅春联。积极协助道源国家湿地公园做好科普宣教展览的布局和展览设计工作；迎接民主促进会安徽省文化传媒出版总支部26人，到涡阳开展老子文化采风和专题书画创作、图书捐赠等活动。关注泗州戏《伯俞泣仗》戏曲创作和精品打造，积极为创作人员提供服务保障；积极筹备迎接建党95周年和红军长征胜利80周年全县书画展览，展览活动按期举行；完善道源国家湿地公园科普教育展览，已经顺利通过国家验收。（县文联供稿）

涡阳县工商联工作

【概况】县工商联行政编制3个，在编人员5人，设主席（会长）1

名，由政协副主席兼任，工商联党组由1名书记和2名党组成员组成，党组书记由统战部副部长兼任，县工商联现有非专职（非公经济人士）副主席（副会长）19名。

【会员发展】2016年，新成立行业商（协）会2个，发展会员117个，县工商联共有基层商会34个，会员1574个。

【为非公经济人士提供服务】搭建服务平台，春节前后，县工商联与城关街道工商联分会联合在县文化广场举办“第十届涡阳县民营企业人才招聘会”。有20多家民营企业参与人才招聘，提供就业岗位100多个，涉及服务、营销、财会、一线工人等多个行业类型。做好维权服务，牵头建立了“亳州政企直通车涡阳县规下企业”微信平台。通过组织宣传，全县已有93个小微企业在线，企业提出的困难和问题，通过平台提交办理，协调解决非公有制企业反映的实际问题。提高了办事效率，进一步为民营企业经济发展优化环境。

【精准扶贫】积极推进“百企帮百村”精准扶贫活动，组织涡阳县94家中小企业，采取产业扶贫、就业扶贫、公益扶贫等措施，对全县78个贫困村精准扶贫全覆盖。在县“扶贫日”认领仪式上，有13家企业认领金额66.2万元。2016年节日期间，组织20多家非公经济人士筹款（物）6万余元，进行帮扶送温暖，慰问困难群众，收到良好的社会效果。

【会务活动】2016年，先后到北京、浙江、江苏、四川、安徽合肥、芜湖等地，与当地商会进行沟通交流，宣传涡阳招商环境和政策。6月18日，宁夏青铜峡市委常委、统战部部长马光锋一行7人考察团，对涡阳县经济社会发展情况和招商引资政策等方面进行实地考察，并与县工商联、招商局进行座谈。6月24日，市工商联主席张国芳带领“昆明亳州商会”一行，到涡阳回乡进行投资考察。又多次邀请四川省自贡市华燃天然气有限公司、杭州燕鹏农业生态开发有限公司到涡阳县考察。（县工商联供稿）

涡阳县残疾人联合会

【概况】涡阳县残疾人联合会1990年成立，为副科级建制，1996年升为正科级单位。2002年，与民政局分开；2010年，成立党组。2015年残联有理事长1名，副理事长2名，党组成员1名，秘书1名。黄卫国兼任残联主席。2012年12月成立5个专门协会：盲人协会、肢残人协会、聋人协会、智力残疾人及亲友协会、精神残疾人及亲友协会。县残联下属1个事业单位为：涡阳县残疾人劳动就业管理所，2015年7月更名为涡阳县残疾人综合服务中心。残联承担的具体工作主要有：残疾证管理、残疾人教育、就业、康复、扶贫、救助、信访、维权、文化、体育、辅助器具配备、无障碍设施，残保金征收等，除此之外还承办县委、县政府交办的其他工作。

【残疾人康复与救助工作】涡阳县有3个残疾人康复机构，分别为：涡阳县人民医院脑瘫康复部、涡阳县特教学校和涡阳县梦圆残疾人综合服务部，为听力、智力残疾、孤独症、脑瘫、肢体残疾儿童提供专业康复训练服务。

2016年，县残联完成儿童抢救性康复211人，完成精神残疾人药费补贴1600人，补贴160万元，完成精神残疾人住院药费补贴70人，发放补贴资金28万元。针对康复对象的各类特殊需求，涡阳县贫困重度、三四级残疾人生活特别救助目标任务分别为8579人、3157人，每年800元/人、400元/人。2016年涡阳县救助工作严格按照省、市救助工作实施方案和考核办法，坚持“应保尽保、应退尽退、一个不漏、一个不错”的原则，确保救助数据真实可靠。于6月20日全面完成2016年度重度残疾人救助对象8579人、三四级残疾人救助对象3157人的打卡发放工作，共计发放资金812.6万元。2016年，贫困残疾人儿童抢救性康复项目目标任务为146名，项目中的0—10周岁的四类儿童康复训练112名，已转介到康复机构进行康复，总救助资金134.4万元；儿童辅助器具目标任务为34人，实际实施60人，已完成适配并发放到位。免费发放成人辅具626件，救助对象205人。为157名残疾人配用了助视器、助听器、轮椅、拐杖、矫形器、假肢、盲杖、盲表等辅助器具343件，对50名残疾人进行社区康复训练，取得良好的康复效果和社会效果。

【残疾人就业工作】组织实施“万人就业工程”，全面推进按比例就业，扶持残疾人个体创业，对全县残疾人就业基地进行扶持、规范，增加就业人员。开展残疾人实用技术培训，残疾人职业技能培训，提高残疾人竞技和创业能力。邀请农业等部门专业技术人员举办2期、共1000人的培训班，提高农户种养殖技术；2016年，县残联针对残疾人的要求，委托涡阳县恒康按摩培训学校和涡阳县锁成华盲人按摩培训学校开办159人次的残疾人职业技能培训班，投入资金30.5万元，使想干事的残疾人真正掌握一门实用技术，实现就业。围绕市级下达的目标任务，组织120名残疾人参加市残联开办的职业技能培训班，学习盲人足疗按摩、初级盲人保健按摩、汽车美容与装潢、电动车维修、手机维修、家用电器维修、计算机运用与维修和农村养殖实用技术，获得就业能力。2016年，有56名残疾人获得按摩职业资格证书，2名残疾人参加省级职业技能竞赛，20多名盲人到外地就业。对残疾人就业基地进行扶持、规范，增强就业基地的辐射带动作用，支持鼓励涡阳县志诚獭兔养殖专业合作社，帮助残疾人从事獭兔养殖，该合作社为做好残疾人技术培训工作。加强残疾人就业服务队伍建设，定期组织工作人员学习就业知识，6名残联工作人员参加清华大学继续教育学院举办的残疾人就业指导员远程培训班。

【助残惠残工作】积极开展各项残疾人扶贫救助工作，协调民政部门将符合条件的残疾人全部纳入最低生活保障；二与人社局、农合局配合将城乡重度残疾人都纳入了基本养老保险、医疗保险；三配合教育局做好残疾学生和特困残疾人家庭子女资助工作；四开展特困残疾人临时救助、“两节”慰问救助工作；五落实贫困重度肢体、精神、智力残疾人“阳光家园计划”，利用家庭托养方式开展家庭照料服务，每年补贴200个残疾人家庭，发放补助36万元。

【残疾人社会保障工作】配合民政部门将符合条件的残疾人家庭全部纳入城乡低保；配合人社和卫生部门认真落实贫困重度残疾人参加新型农村社会养老保险和新型农村合作医疗保险个人缴费部分的政府代缴政策；配合县房产局将住房困难的城乡低残疾人家庭优先纳入基本住房保障和住房救助补贴范围。

【残疾人权益维护】研究解决残疾人权益保障中的突出问题，加强残疾人法律援助、信访维权等工作。2016年来，残联共接待残疾人来信来访380多人次，调解维护残疾人合法权益案件40件。接待残疾人法律咨询16人次，办理上级交办信访件15件，为其中贫困残疾人办理法律援助案件9件，残疾人合法权益得到有效维护。

【残疾人参加专业、学历教育】组织推荐残疾人参加专业、学历教育，共向安徽省特教学校推荐40余残疾人接受中专教育。对适龄残疾儿童未入学情况进行调查，协调县教育局采取社区教育、送教上门等形式对适龄残疾儿童少年实施义务教育。配合教育部门做好残疾学生九年义务教育和职业教育及残疾人普通高中、大中专学生助学工作。涡阳县特殊教育学校创办于1992年，1996年由社会各界捐资筹建。学校占地面积0.8公顷，建筑面积5600多平方米。学校在编教师35人，在校学生179人，集聋儿语训、智障教育、孤独症教育、职业教育为一体的综合性特殊教育学校。学校承担省残联批准的聋儿语训、智障、孤独症、民生工程定点康复。开展智能开发、功能训练、行为训练、运动疗法等一系列科学的康复训练，并提供专业化测试。每年开展聋儿、智障孤独症儿童家长各类培训，为家长提供免费咨询服务。

【残疾人组织建设】2012年年底开展了基层和县残联换届工作，选举产生了县乡残联主席、理事长，县级残疾人代表大会选举产生主席团名誉主席、副主席，主席团主席、副主席，残联理事长、副理事长，各协会主席、副主席。通过镇场(街道)党委、政府推荐，县残联初步确定拟聘用的镇、村残疾人专职委员，10人已参加了省市培训，41人参加省特教中专班学习，对全县残疾人专职委员354人进行实名制登记，对全县理事长、镇、村残疾人专职委员进行业务培训。2015年7月，涡阳县残疾人劳动就业管理所经涡阳县编制委员会批准更名为涡阳县残疾人综合服务中心。

【残疾人系统信息化建设】做好残疾人基本信息的年度采集和数据库的动态管理工作，加强基层业务台账工作，规范二代残疾证办证程序，建设残疾人口综合数据管理系统，为残疾人享有社会保障和服务提供身份认证和基础信息，为残疾人事业发展提供客观真实的基础数据。按照中国残联的统一安排和部署，认真组织开展了残疾人基本服务状况和需求信息数据动态更新工作。涡阳县选派工作人员参加了省市数据动态更新工作业务培训，认真学习数据动态更新工作的各项规定。6月30日，在县党校第一报告厅召开2016年残疾人基本服务状况和需求信息数据动态更新工作培训会。对辖区内26个镇(场、街道)经开区残联理事长、残疾人协理员、村(社区)经办人共440余人进行数据动态更新业务培训。总调查人员31266名残疾人，根据调查注销2390名残疾人，最后入户调查28876名残疾人，圆满完成涡阳县残疾人数据动态更新工作。

(县残联供稿)

涡阳县红十字会工作

【概况】涡阳县红十字会于1988年8月成立。2011年5月，县编委批准列入群团机关管理，机构单独设置。现有工作人员2名。

【“三救”“三献”工作】涡阳县红十字会认真履行“三救”(救灾备灾、应急救护、人道救助)和“三献”(无偿献血、造血干细胞捐献、遗体和人体器官捐献)职责，宣传动员2名遗体捐献者，其中1名已于2015年4月去世，涡阳县红十字会按照其生前遗愿，第一时间与安徽省医科大学附属医院联系，对其实施遗体和眼角膜捐献手术。该志愿者成为涡阳县首位遗体和眼角膜捐献者，也帮助涡阳县实现遗体和眼角膜捐献的零突破，为安徽省的两例重症眼疾患者带来光明。

【扶危济困】涡阳县红十字会利用“世界红十字日”、六一儿童节等特殊日子，为特困家庭送去人道主义的关爱和温暖，较好地发挥为政府分忧、替群众解难的社会保障机制的补充作用。

【培训宣传】涡阳县红十字会在有关部门的支持、配合下，对消防大队官兵、车管所及公安干警进行了应急救护培训达300余人次；在三三学校、六联中学培训了700余名学生，发放应急救护手册1000余份，提高同学们的应急救护意识和技能；涡阳县红十字会还不定期组织志愿者到县文化广场向过往群众宣传应急救护知识，共发放应急救护手册近2000份，使普通群众对心肺复苏、创伤包扎等救护技术有一定的了解和掌握。为保护人民的生命与健康，有效地减少意外伤害，促进安全生产做出积极贡献。

利用“红十字会法”宣传日活动，广泛宣传“红十字会法”。在广大干部群众中形成学习、宣传、普及“红十字会法”的浓厚氛围，让“红十字会法”深入人心，使人民群众对红十字会的认知度有了明显提高，为红十字会依法开展工作和维护自身的合法权益营造了良好的社会氛围。与亳州市中心血站共同推动无偿献血的开展，每到周六、周日，协助中心血站在文化广场做好无偿献血的采集工作；在“世界艾滋病日”积极配合涡阳县疾病控制中心举办艾滋病防治宣传活动。

【无偿献血志愿者协会工作】牵头成立涡阳县无偿献血志愿者协会，红十字会志愿者黄文辉当选为会长。2016年11月10日，在涡阳县城关街道办事处组织开展了公益献血暨造血干细胞知识讲座。来自城关街道15个社区的干部群众以及志愿者近200人参加了此次活动，160多人当场进行献血登记。在志愿者涡阳县老子文化生态园管委会尹辉同志的带动下，现场多人进行造血干细胞采样，截至目前，涡阳造血干细胞留样人员已达百名之多，其中三人已经捐献。有效地缓解供血紧张的问题，有力地推动社会主义核心价值观教育，弘扬了社会正能量，促进社会和谐快速发展。

【人道救助】涡阳县红十字会人道救助项目“小天使基金”和“天使阳光基金”在“亳州市网上办事大厅”上线运行。运行后，帮助涡阳县7名贫困白血病患儿和3名贫困先天性心脏病患儿向中国红十字基金会“小天使基金”和“天使阳光基金”项目申请资助。（县红十字会供稿）

老子道家文化建设指导委员会办公室

【概况】涡阳县老子文化建设指导协调委员会于2009年5月成立，至2016年已经7年。为加强对老子道家文化的领导，适应新形势发展需要，县委、县政府于2016年11月成立涡阳县文化旅游暨老子道家文化建设指导委员会（简称旅指委），县委书记担任旅指委主任，县长担任第一副主任，县委常委、宣传部部长担任常务副主任，县政府相关部门负责人为成员，并规定旅指委成员遇人事变动自行调整。旅指委办公室设在县文体旅局，主要职责是：谋划全县文化旅游和老子文化建设方案并协调督办，组建指导老子文化研究和建设队伍，建立扩展老子文化宣传阵地，加强老子文化和老子故里研究，做好老子文化宣传普及工作，加快老子文化产业和旅游经济发展，促进老子文化名城建设。

【老子道家文化研究与宣传】应中国文化义工管理委员会、“中国好节目”组委会邀请，县老子文化爱好者95人自费组团前往香港、澳门，参加第九期“中国好节目”中秋演出。表演节目有：诗朗诵《老子颂》、中国茶道、尹氏宗亲诵读《道德经》、老子书画捐赠、陈氏有则太极拳和上海奉贤区舞龙舞狮表演等，一并获得大奖；团长石芳霞和顾问王振川获积极组织奖。王振川撰写《尹喜及其后裔研究》和《安徽涡阳老子庙》等文章在《上海道教》2016年2、3期上发表。赵凯主编《老子出生地大揭秘》在中国文史出版社出版；县政府研究公布县城南部新区富有历史文化内涵路名，如真源大道、天静宫路、九龙大道、西子路、嵇山路、乐行路、雪枫路等。

【老子道家文化普及活动】县老子文化大讲堂开展连续六年，宣传普及老子文化影响不断扩大，老子文化义工队伍逐步壮大。农历二月十五老子庙会顺利举办，全国各地尹氏宗亲近千人参与朝拜，祭祀先祖文始真人尹喜。上海老年大学、上海奉贤区老子故里朝拜团55人参加庙会表演舞龙舞狮节目。农历二月十九日，义门镇赵屯举办玉皇庙会，社会各界广泛参与。国庆期间，上海宗教协会丁常云会长率上海宗教界团队来访天静宫。12月2日，省、市对台办在天静宫举行“安徽省对台交流基地”挂牌仪式，台湾高雄师范大学经学研究院、台湾老子馆范水旺一行参加仪式并举行老子道家文化论坛。县民政局地名普查办研究范蠡村文史资料，恢复西阳镇范蠡村的历史村名。县美好办积极开展范蠡村的文化建设，布置文化广场和文化长廊，宣传范蠡智慧与道商文化，范蠡文化园规划建设取得实质性进展。

（老子文化办供稿）

军　事

人民武装

【概况】涡阳县人武部是中国人民解放军在涡阳行政区设立的军队一级组织，1950年11月成立，隶属阜阳军分区，2006年6月改属亳州军分区，受亳州军分区和涡阳县委县政府双重领导。2016年5月，由南京军区改为中央军委国防动员部管辖，是涡阳县地方党委的军事部兼兵役机关，现辖26个基层武装部，行使“五部职能”。营院占地面积2.67公顷，由办公区、生活区和原民兵武器仓库三部分组成，在城西三公里处建有占地100亩的基础设施比较配套的齐全的民兵训练基地，可同时容纳200多人的训练与食宿。近年来，涡阳县国防动员后备力量建设，在上级党委和县委县政府的坚强领导下，坚持以强军目标为统领，以军事斗争准备为龙头，狠抓各项工作落实，全面建设稳步推进，先后受到省军区、军分区表彰，2016年，再次被省军区表彰为“先进团党委”。

【征兵工作】在市征兵办和县征兵领导小组的坚强领导下，严格执行市政府、亳州军分区征兵命令，强化组织领导，建立党委统管、政府主抓、分工负责、军地联动的领导机制和责任机制，深入宣传发动，规范征兵程序，严密组织实施，紧盯“五率”狠抓征兵工作各环节落实，圆满完成年度征兵任务。

【战备训练】围绕“五部”职能新要求，强化国防动员能力建设，坚持从战备常态化抓起，严格日常战备值班、重大节日值班和应急分队值班制度落实，及时修订完善战备应急、抢险救灾计划预案。严格落实年度训练计划，高标准完成情报信息员、应急分队、工兵防化等6支分队的民兵训练任务。参加军分区统一组织的专武干部集训，连续三年综合成绩取得第一名。

2016年7月28日 省委常委、省军区司令员于天明在高炉酒厂视察工作

【国防教育】在全民国防教育日、民兵军事训练、征兵宣传、欢送新兵和重大节日期间，开展形式多样的国防教育活动，在城区公共场所和主要街道设立宣传点和咨询台，摆放国防教育宣传图版、印发《中华人民共各国国防法》《中华人民共和国兵役法》等法规政策。与县委宣传部联合在县剧院组织专场国防教育文艺演出。高考结束当日，组织干部职工、全体专干部和城关街道部分民兵，开展征兵宣传和国防教育进校园活动，累计摆放征兵宣传图版30多块、发放征兵宣传采页1200份、与考生面对面算一算当兵收获的“三笔账”，营造征兵宣传浓厚氛围，考生纷纷在签名条幅写上携笔从戎，当兵报国的豪迈誓言，200名考生当场选择了当兵志愿。

【民兵组织建设】按照“着眼实际编、结合任务编、突出重点编、依据方案编”的思路，整合民兵资源、优化编兵结构，圆满完成基干民兵编组任务。深入开展民兵基层规范化和民兵基层党组织建设达标活动，组织3个有代表性的基层单位试点先行，推广经验做法，全县民兵营连部规范化建设标准进一步提升。采取单位逐个过的办法调研摸排，扎实开展非公企业武装机构和民兵组织建设清理整顿。

【安全管理】认真抓好《条令条例》《预防犯罪工作条例》和国防动员部、省军区“六个规范性文件”等法规制度学习运用，及时学习传达各类事故通报，扎实组织开展“学法规、训共同、树形象”和安全隐患大排查活动。始终突出重点人员、重点部位、重要目标和重大时节的安全防卫与管控。狠抓所属人员一日生活、军容风纪、保密办公、车辆使用等制度落实。随时掌握人员思想动态现状，适时解决消融现实矛盾问题，积极构建“单位、家庭、社会”三位一体的管理网络，确保安全发展。

【扶贫助学】一年来，县人武每年按照上级要求，深入到扶贫联系点临湖镇王营村开展结对助学调研，认真制订结对助学计划，抓好教育扶贫，发动干部职工以家庭困难的小学生为重点资助对象，实施了“八一助学圆梦”行动，为村里5名家里贫困的小学生分别送去1500元的助学金，先后帮助26名家庭贫困的学生顺利完成初高中学业。干部职工节衣缩食把平时省下来的钱捐献出来，资助贫困家小庭学生，把全县基层教育扶贫工作推向纵深。

【政治思想建设】隶属关系调整后，县人武部按照统一思想凝聚共识、强化武装筑牢根基、教育引导解凝释惑三步走的思路，强化政治思想建设。始终坚持党对军对绝对领导，时刻坚定后备力量建设发展正确方向，全体人员集中学习，召开部党委会专题研究，向县委常委会重点汇报，利用武装工作会议层层传达学习等方式，原原本本抓好省军区、军分区两级党委扩大会议精神和最新指示要求的学习、贯彻和落实。采取中心组集中学习、党组织生活互学互评、主题专题在项教育活动紧密结合、个人读、领导带、随机考、实践推的方法和措施，举旗铸魂，确保政治思想建设不断加强。

【文明创建】县人武部在“两学一做”活动中，发动干部职工党员与市民一道携手争创省级文明县城，成立党员志愿者服务队走向城区大街，清运垃圾，铲除“牛皮癣”广告，开展系列党员志愿服务活动。挑选城区最热闹，任务最艰巨的街道帮带创建，定日到街头巷尾宣传文明创建常识，组织党员力量向创建死角和垃圾点宣战，树立军人好形象，做争创引路人、带头人、有心人，进一步密切了军政军民关系。

（人武部供稿）

武警涡阳县中队

【概况】2016年，武警涡阳县中队在上级党委和县委，县政府正确领导下，中队始终以习近平系列讲话精神为指导，以贯彻落实中共十八届三中、四中、五中、六中全会精神为抓手，紧紧围绕支队年初党委扩大会议确立的“奋勇当先，奋进争先”的建队目标，以纲要、总队和支队党委扩大会议精神为依据，紧紧围绕着“强素质、提质量、求稳定、创先进”的整体思路，大力开展“改革强军”主题教育活动，狠抓“四个基本建设”，四项经常性工作开展扎实有效，内部关系进一步密切，后勤保障能力逐步增强，使中队整体建设质量上新的台阶，高标准实现“两个确保”目标。中队被总队评为正规化执勤先进单位，2名同志荣获三等功，1名同志被总队评为优秀基层干部，2人荣获支队嘉奖，中队三班被支队评为“先进班级”。

【支部建设】根据中队主官调整的实际，根据要求和中队实际情况，中队及时搞好支委改选工作，并以此为契机，狠抓“一个班子”“两支队伍”建设，带动中队各方面工作的有序开展，在工作中，严格组织生活制度，不断强化班子成员的自律意识、敬业精神、表率作用。支部一班人在生活上互相关心、学习上互相帮助、工作上互相支持、思想上互相提醒。深入开展“两学一做”“三个提倡、三个反对”专项教育整顿活动，结合中队实际，认真制订实施方案，组织党员学习相关理论知识，进行理论测试，并张榜公示；参加了支队集中授课辅导，建立考勤登记表和补课制度；组织撰写心得体会和自查材料，严密组织了“我为改革强军做贡献”群众性大讨论交流活动；扎实开展专项整治活动，每名党员撰写党员查改问题清单、党员承诺践诺书。通过佩戴党徽、专题党课教育，组织开展纪念建党95周年、纪念长征胜利80周年等配合活动的开展，官兵听党指挥的信念进一步坚定、干部作风进一步转变、内部关系进一步密切、为兵务实形象进一步树立、中队建设基础进一步夯实。在日常工作中，教育党员敢于亮身份、出风采，使党员队伍时时处处受监督、感受荣耀。充分发挥群众组织的桥梁和助手作用，把开展团员青年思想道德教育作为一项重要工作，教育引导青年官兵树立正确的人生观、价值观，端正服役态度。结合共青团成立94周年纪念活动，开展“雷锋日”助民爱民活动，组织青年官兵到涡阳光荣二院开展爱老敬老活动。积极发挥武警部队双重领导的优势，与地方单位广泛结成共建对子，形成资源互补，5月与县人民检察院、国税局组织进行警营开放日活动。2016年，团支部吸收5名青年加入团组织。武警委员会经常发动官兵出主意、想办法、提建议，加强对中队伙食、财务的民主监督，4名技术学兵、3名战士入党和2名战士考学均做到公开透明，推动“四务公开”，增强官兵团结，促进部队建设。

【思想政治建设】注重政治教育，开展“以队为家”教育，开展“队兴我荣、队衰我耻”专题讨论，为调动官兵参与中队建设的积极性，组织“小诸葛”会议，收集整理中队建设的宝贵意见和建议。组织“两支队伍”学习预防自杀手册，提高官兵预防自杀事故的能力素质。坚持把课堂教育与自我教育结合起来，适当安排内容让战士自己上课，变“一言堂”为“群言堂”。在抓好经常性思想政治教育的基础上，按照“有灵魂、有本事、有血性、有品德” 的要求，注重抓好“改革强军”教育活动。扎实开展配合活动，在教育前，认真进行调查摸底，掌握官兵的思想实际，对各专题教育进行科学的计划安排，精心编写教育授课教案，组织好课后讨论，加深对教育内容的理解和深化，中队大力开展“以队为家”教育，开展“队兴我荣、队衰我耻”专题讨论，为调动官兵参与中队建设的积极性，组织了“小诸葛”会议，收集整理中队建设的宝贵意见和建议。组织“两支队伍”学习预防自杀事故手册，提高官兵预防自杀事故的能力素质。在开展教育中，改变过去的“你讲我听，你讲我做”灌输式、单一式模式，大力开展群众性自我教育、参观见学等。利用课余时间组织官兵到老子庙、彭雪枫纪念馆、县城西工业园区和敬老院参观见学。在重大节假日期间，组织官兵开展你比我猜、你追我赶、你唱我评等健康有意义的文体活动。加大对图书阅览室的使用和管理，及时更新书籍，于4月联系县新华书店、涡阳县图书馆，开展送好书到警营活动，共赠送图书500多套，大大方便官兵的学习。充分发挥“三个半小时”活动载体作用，加强时事政治教育，增强官兵明辨是非的能力，打牢思想基础，把官兵的思想统一到党和国家的大局当中，杜绝出现任何政治性问题。积极开展“第二届寻找身边最美强军典型”活动，广泛收集中队的典型事例，用身边典型教育人、引导人，进一步融洽部队内部良好风气，从而进一步激发广大官兵践行强军梦的政治热情，引导大家发现先进、学习先进、宣扬先进、争当先进，提振“精气神”、汇聚“正能量”，为推动中队建设上层次、上水平贡献更大的力量。

【执勤战备】严格落实制度，根据支队工作计划安排，扎实开展执勤专项教育整顿活动，按照要求严格落实“四度”查勤法，认真贯彻落实“湖北会议”和“阜阳会议”“淮北会议”精神大力推进执勤设施建设，大力开展执勤隐患排查治理活动，进一步规范中队各类执勤设施。7月，争取地方经费18余万元，完成备勤室前置建设和防爆运兵车的购买，为确保中心工作的安全稳定提供硬件支撑。在重大节日、敏感时期，与看守所成立联合检查组，对狱情犯情、周边社情、安全设施进行全方位排查，确实消除安全隐患，确保固定执勤目标绝对安全。在执勤训练中，充分发挥老兵的传帮带作用，帮助新兵尽快熟悉执勤设施、掌握执勤技能。采取饭前提问、上哨前喊呼号、周末小考试等形式，积极开展执勤业务知识学习。每次上级下发的执勤文件，都组织官兵认真学习，结合中队实际，抓好各个环节的工作落实。每逢人员调整变动，及时修订完善执勤方案，每周定期进行演练，注重加强“一岗多情”“一情多策”的研究，开展兵棋推演、情况诱导等训练，确实使每名同志明确自己的位置、任务，为高效处置情况打下坚实的基础。针对2016年以来，武警部队发生的各类执勤事故增多、驻地社会治安形势复杂等情况，积极做好营区反袭击工作。加强干部方案讲解和勤务组织指挥能力的训练，认真做好季节性执勤事故的发生，着重纠正部分哨兵警惕性不高、形象不好、打瞌睡等问题的发生。加强对临时勤务的研究，确保临时勤务圆满完成，全年共出动30余人次，共完成县“两会”期间的安全保卫、5起押解勤务等任务，在任务中，官兵良好的警容警姿、高昂的精神面貌受到各级领导的好评。

【军事训练】狠抓军事训练，认真分析军事训练的短板弱项，开展“怎样做习武标兵”的大讨论活动，人人制订训练计划和目标，严格按照习主席提出的“能打仗、打胜仗”的要求大抓军事训练。在训练中，中队本着以训促管、以训促勤的原则，狠抓官兵基础体能训练，每周五上午组织对所学军事科目进行会操，将成绩张榜公布，让官兵在比学赶帮超中提高军事技能。以参加总队、支队应急班考核比武为契机，开展小组战术和人装结合训练，提高各个小组的协同配合能力。大力抓好勤训轮换成果转化，对在勤训轮换中表现突出的个人进行褒奖。严格按照军事训练与考核大纲，围绕提高执勤能力，突出抓专勤专训、专哨专训、情况处置的训练，积极开展“五小练兵”活动，把提高干部骨干军事技能作为训练的重点来抓。推荐3名战士参加支队骨干集训，集训归队后，注重发挥他们的作用，在中队开展好相关科目的教学。党支部坚持每月分析训练形势，认真研究和解决训练中的倾向性问题，开展多种形式的竞赛活动，有效地调动官兵的训练热情，训练效果比较明显。

【管理教育】严格落实安全制度，在日常工作中，中队党支部牢固树立安全第一的思想，及时成立安全工作领导小组，各班设立安全员。注重加强对官兵的学习教育，坚持每月上好一节法纪教育、安全常识教育课，周五上午开展安全技能防护训练，从而提高官兵的安全意识，形成人人讲安全、人人懂安全、人人守安全的良好氛围。在配电盒、电源开关张贴指示标签，确保遇有情况，官兵熟悉闸刀开关功能。在院墙周围安装11盏照明灯，消除夜间自卫哨观察死角。积极开展“百日安全竞赛”活动，组织进行挑应战，每名官兵撰写保证书，从思想认识上树牢官兵安全意识。中队还充分利用广播、宣传栏、局域网、板报等载体进行广泛宣传发动，在“警营微博”上撰写安全格言，及时开展“安全工作为了谁”大讨论，与各班签订安全责任书，每名官兵写下安全承诺书。重大节日、敏感时期开展安全隐患排查治理活动，建立隐患挂账销号表，切实消除安全隐患苗头。坚持安全形势分析制度，切实掌握中队安全形势。定期组织水电工对中队用电线路、电器、液化气罐进行检修。官兵外出时，指定专人负责，做到外出时有要求，归队时有讲评。在正规化管理上，始终树立精品意识，坚决克服“差不多、过得去”的思想，坚持把正规化管理作为一种常态。坚持用管结合，向管理要效益，所有实物定人定责任管理。以条令条例学习活动为契机，每月利用半天时间组织官兵学习法规制度，从严从细要求，积极开展警容风纪检查、队列训练会操等，进一步规范官兵的日常养成、礼节礼貌和言行举止，以此提高官兵的精气神。年底，为贯彻“淮北会议”精神，中队对照基层“六本一表一册”规范内容要求和正规化图册内容，对中队所有登统计进行规范统一，对执勤设施、训练场地和营区政治环境进行了规范统一。4月，组织官兵自己动手对中队营产营具进行维护，提高了官兵的集体荣誉感和以队为家的意识。目前不符合规定要求的在逐步已经抓好整改落实。

【后勤建设】在经费管理上，严格落实财务管理制度，坚持联审联签，做到支部当家，集体理财。积极向县政府争取建设经费26.56万元。扎实开展伙食管理精细年活动，与军供粮站和副食品配送单位签订责任书，提高主副食品质量。在伙食保障上，认真抓好“五项制度”的落实，坚持实物留验、逐日消耗登记等制度，有效杜绝“跑、冒、滴、漏”等不良现象的发生。在公用物资管理上，落实计价挂账制度，战备物资按“三分四定”要求存放，并实施标签化、架子化。在农副业生产上，立足现有条件，采取走出去、请进来的办法，积极做好农副业生产工作。在卫生防病上，注重发挥中队卫生员的作用，每天坚持巡诊一次，定期对中队药品进行检查补充。严格落实各项措施，做好了疾病的防控工作。　（武警中队供稿）

人民防空

【概况】根据《安徽省人民政府、

安徽省军区关于将肥东等42个县（市）列为省级人民防空重点城市的通知》，涡阳县按照国家三类人民防空重点城市防护标准进行人民防空建设并开展人民防空工作。2007年12月，市编委〔2007〕60号批复，同意设立“涡阳县人民防空办公室”，与县政府办公室一个机构两块牌子合署办公；涡阳县编委〔2007〕25号下发“关于设立涡阳县人民防空办公室的通知”，标志着涡阳县人防机构的正式设立。2011年9月，县政府办公室涡政办〔2011〕67号批复县住房和城乡建设委员会加挂县人民防空办公室的牌子，县人防办与县住建委合署办公，县住建委主任兼任县人防办主任。

涡阳县人民防空办公室是县政府的人民防空主管部门，是政府的行政职能部门，又是县国防动员委员会常设办事机构。人民防空是“国家根据国防需要，动员和组织群众采取防护措施，防范和减轻空袭危害”“保护人民的生命和产财安全，保障社会主义现代化建设的顺利进行”的活动。其主要工作职能：贯彻执行上级关于人民防空（以下简称“人防”）的方针、政策和法律、规章，组织拟定人民防空工作的政策，规章和措施；制定人防建设规划、计划，提出有关国防要求的意见和建议，组织指导检查规划、计划的落实，受理所辖地区人防行政执法中申请复议的案件；掌握人防战备情况，负责人防组织指挥业务建设，组织制订防空预案，抓好人防指挥干部培训和专业队伍建设和培训；负责人防通信警报建设和防化工作，拟制人防通信、警报建设规划，组织人防通信、警报网络的建设和管理，会同有关部门制订城市核化等社会突发事故的应急救援方案，实施人防无线电管理；负责本级人防指挥工程和公共掩蔽及疏散干道工程的建设、维护、管理和使用；负责人防工程质量和已建工程管理的监督检查；负责防空地下室的修建管理工作，审批防空地下室建设方案并参与验收工作；依法收取人民防空工程易地建设费，指导辖区内防空地下室的维护管理和平时开发利用；组织开展人民防空宣传教育工作；掌握和分配人防建设经费，负责人防战备工作的统计；战时组织指挥人民防空袭斗争。

【人防指挥工作】 根据省人防办、安徽省军区司令部《关于印发2014年度全省群众防空组织训练计划的通知》要求，结合工作实际，2016年5月，精心组织军事知识、专业知识集训和学习。全体人员及群众防空组织参加集训和学习，集训涵盖理论与想定、基础与应用、平时与战时等内容。主题突出，内容充实，导向鲜明，要求具体，安排紧凑，完成规定的集训和学习任务，达到了预期的目的。

【人防通信警报工作】目前涡阳县城已完成18处警报器布点工作，为提高全社会的国防观念和人民防空意识，检验人防通信警报的战备性能和鸣响情况，按照《中华人民共和国人民防空法》的规定，2016年9月18日，涡阳县人防办按省、市统一部署，于上午9时18至9时33分，在县城区范围内举行防空警报器试鸣，县城防空警报器同时鸣放警报信号。

【人防工程建设与管理】根据《中华人民共和国人民防空法》、安徽省实施《中华人民共和国人民防空法》办法等有关规定，下发《关于加强人防工程平时使用监管的通知》，发放人防意见书9份，其中批建人防地下室4处，人防工程建筑面积29276平方米，收取人防工程易地建设费1254万元，并对批建人防在建工程进行监督检查。发放防空地下室验收认可意见表10份，认可人防工程2.612万平方米，补收人防易地建设费18.5万元。

【人防宣传教育】坚持融合式发展道路，利用国防教育、公共安全教育平台，把握人防教育与国防教育的结合点，积极开展人防教育宣传工作。“5·12防震减灾日宣传周期间，人防办在文化广场和县住建委门前进行宣传，向群众发放居民防空防灾知识手册300余份，宣传单2000余份，提高全县广大市民的防空防灾意识，取得良好的效果。

（县住建委供稿）

法　治

政府法治建设

【概况】1992年5月经批准成立涡阳人民政府法制科，科级建制，1995年6月经县编委批准为县人民政府法制局，正科级建制；2001年机构改革改为县政府法制办公室，正科级建制；2005年编委批复机构改为县政府法制办与县政府办公室合署办公；2013年机构改革为精简机构"一个机构、两块牌子"，改为县政府办公室（挂县政府法制办牌子）。

【职能职责】贯彻执行党和国家法律、法规、规章和方针政策；调查研究依法行政和政府法制建设新情况、新问题，提出推进依法行政的具体措施和工作建议，经县政府领导批准后组织实施；协助县政府领导办理行政管理涉法工作事项，为县政府领导依法行政和科学民主决策提供法制服务；对乡镇（街道）、县政府各部门依法行政工作和政府法制工作进行指导；负责县政府规范性文件的起草、审查、备案工作，对乡镇（街道）、县政府各部门的规范性文件审查工作进行指导和监督；负责行政执法监督和指导，按照县政府部署，检查法律、法规、规章的执行情况，组织开展专项治理工作；承担行政执法培训和行政执法资格管理责任，监督指导全县行政执法活动。代表县政府监督各乡镇（街道）和县政府各部门正确实施法律、法规，撤销或纠正其违法和不当的决定、命令；协调处理行政执法主体之间因执法引起的争议；承办县政府管辖的行政复议、行政赔偿案件；受县长委托参与行政诉讼活动；对乡镇（街道）、县政府各部门的行政复议、行政诉讼、行政赔偿工作进行指导、协调和监督；组织定期清理并公布政府规范性文件。开展政府法治理论、政府法治工作研究和宣传，开展对外法治业务交流；负责县政府和县政府各部门及各镇（办事处）法律顾问的组织协调管理工作；承办县政府及县领导交办的其它事务。

【人事更迭】1992年5月至95年6月，张云霞任县政府法制科科长；1995年6月至2005年3月，张云霞任政办副主任兼县政府法制局长，侯少轩任副局长；2005年3月至2006年5月，张云霞任县政府办公室副主任兼县政府法制办主任，侯少轩任副主任；2006年5月，侯少轩任县府政法制办主任；2012年7月至2015年3月侯少轩任政办党组成员兼法制办主任；2015年3月，李良忠任县政府办公室副主任主持县政府法制办工作；2017年9月，李良忠任县政府办公室主任兼县政府法制办主任。

【法治政府建设情况】政府法治工作以推进依法行政为重点，以转变政府职能、逐步实现政府工作法治化，在提高立法质量、推进行政执法体制改革、完善行政执法监督等方面继续取得进展。围绕规范政府文件，积极推进规范性文件审查和备案制度的建设，认真贯彻落实《涡阳县人民政府重大事项合法性审查程序规定》和《涡阳县推进重大事项合法性审查机制全覆盖工作方案》等规范性文件，进一步规范制定程序；围绕行政诉讼工作，加强行政应诉制度建设；围绕政府法律服务，建立法律顾问制度；对政府涉法事务进行合法性审查，发挥法制机构在政府工作中的参谋助手和顾问作用；围绕行政管理体制和执法体制改革，加强行政执法和行政执法监督工作围，行政执法监督推广实施"双随机"抽查机制。规范执法依据，分解执法责任，进一步建立行政处罚裁量权基准制度、行政执法考核评议制度和行政过错责任追究制度等一系列制度。规范行政执法行为；围绕推进依法行政，积极完善行政复议制度建设，进一步规范行政复议工作各项制度，对行政复议工作规则、办理程序等方面进一步细化，保障公平、公正、合理行使行政权力，保护当事人的合法权益。

【审查备案】2016年，县法制办共办理82件规范性文件的合法性审查，起草《涡阳县人民政府重大事项合法性审查程序规定》和《涡阳县推进重大事项合法性审查机制全覆盖工作方案》等规范性文件，进一步规范制定程序，落实合法性审查、集体讨论决定等制度。

【行政应诉制度】2016年，建立县法制办对全县各单位诉讼案件指导机制和行政首长出庭应诉制度，共办理行政诉讼案件32

件，在行政应诉工作中取得重大突破。建立政府法制部门与法院良性互动机制，两家定期召开联席会议，研判分析形势和解决存在的问题。对案件较多的单位，每年组织工作人员或行政执法人员至少旁听一次行政审判，加强和改进了政府法制部门的行政诉讼工作。并于2016年5月，牵头印发《关于进一步加强政府法制工作的意见》，对行政应诉工作进行了规范。

【法律顾问制度】出台《关于进一步规范政府法律顾问制度建设的意见》涡政，并牵头建立以政府法制机构人员为主体、吸收专家和律师参与的县政府法律顾问制度，为政府提供智囊团，切实地提升政府法治工作。

【执法与监督】以落实行政执法责任制为主线，加强和完善行政执法和行政执法监督工作。围绕县委、县政府关于转变作风、建设服务型政府、改善投资软环境的总体要求，积极配合各行政执法部门，规范执法依据，分解执法责任，进一步建立行政处罚裁量权基准制度、行政执法考核评议制度和行政过错责任追究制度等一系列制度。规范行政执法行为，保障公平、公正、合理行使行政权力，保护当事人的合法权益，县交通局、市监局等多个部门建立并落实行政处罚裁量权基准制度。围绕行政执法监督，推广实施“双随机”抽查机制。制订出台《涡阳县推广随机抽查规范事中事后监管实施方案》。

【行政复议】2016年办理行政复议案件30件，出台《关于进一步加强政府法制工作的意见》。

（法制办供稿）

公　安

【概况】2016年，涡阳县公安局编制617人，总警力为595人，其中男警为527人，女警为68人。副科级及以上民警（含副科级）共124人，其中副处级2人，正科级5人，副科级117人。内设机构49个：指挥中心；3个室（政工、纪检、警务保障）；12个大队（督察、国保、出入境、网安、情报、刑侦、交管、特巡警、经侦、治安、禁毒、法制）；看守所、拘留所以及城关等31个派出所。

2016年，涡阳县公安局坚持围绕中心、服务大局，坚持破解难题、补齐短板，以有效防控各类风险挑战为重点，以全面深化公安改革、推进“四项建设”、打造“五个公安”为主线，以推进“守护平安”系列行动及各专项行动为抓手，努力提升维护国家安全、社会稳定能力水平，努力提升人民群众安全感、满意度，有力维护全县社会治安大局持续稳定。

【G20峰会等重大安保】紧紧围绕G20峰会、重大节日及敏感时期安保维稳工作，严密防范、严厉惩治各类捣乱破坏活动，进一步强化国保基础建设，强化情报信息的搜集、分析、研判，强化重点人员稳控工作，确保全县政治大局稳定。共搜集各类情报信息4535条，办理各类邪教案件20起。

【严打专项行动】坚决贯彻严打方针，深入推进“守护平安”系列行动，组织开展惩治“盗抢骗”犯罪、“打盗窃、反电诈”破案会战等专项行动，强力整治“黄赌毒”等治安突出问题，努力提升打防实效、提升群众安全感。截至11

当街销毁赌博机

月，共破获各类刑事案件717起，提请批准逮捕492人、移送起诉711人，抓获各类逃犯425名。一是攻坚克难破命案，现行命案发6起、破6起，成功侦破命案积案4起，抓获命案逃犯5人。命案积案侦破工作受到省厅表彰。二是严厉惩治黑恶犯罪，一审判决涉恶类犯罪嫌疑人115名，破获涉恶团伙6个。三是重拳出击盗窃、两抢、诈骗等多发性侵财案件，起诉犯罪嫌疑人125人。四是严打经济领域犯罪，破获经济犯罪案件19起，挽回经济损失400余万元。成功侦破的“6·17”特大网上制售假烟案，荣获“2016年全省公安经侦系统精品案例”银奖。该案先后被省公安厅、公安部列为督办案件，由公安部在全国发起集群战役，并统一收网。五是深入推进禁毒工作，共破获涉毒刑事案件44起，抓获网上涉毒逃犯7人，缴获毒品520克，查处吸毒人员165人次；社区戒毒、社区康复35人，强制隔离戒毒20人；刑事处罚涉毒人员44人，行政处罚涉毒人员225人；查处铲除毒品原植物案件82起，铲除罂粟13275株。六是强力整治治安突出问题，坚持对黄赌现象“零容忍”，组织开展惩治涉黄涉赌违法犯罪活动专项行动，破获涉黄涉赌案件21起，捣毁赌博窝点16处、卖淫嫖娼窝点2处。

【社会治安管理】在严厉惩治各类违法犯罪的同时，坚持打防结合，进一步强化社会面治安防控和重点目标、要害部位的安全防范，加大对重点行业场所的检查和管理力度，切实提升驾驭动态环境下社会治安局势的能力和水平，共查处治安案件5211起（调解941起），查处违法人员1485人次。积极推动智能化交通视频系统建设和视频巡查工作，努力发挥视频监控系统作用，提升视频巡查服务公安实战能力。2016年以来，通过视频巡查与指挥调度、街面巡防联动，成功侦破一批案件。其中，通过视频巡查发现案件线索90个，协助破获“9·14”故意杀人案等多起重大案件。同时，进一步推进“一村一警”“警民联调”工作。

民警和敬老院的老人们边吃端午粽，边促膝交谈

【公共安全管理】一是以预防道路交通事故为主线，强化路面管控力度，全面开展道路交通安全隐患排查治理。截至11月，共查纠各类道路交通违法行为193816起；发生道路交通事故一般事故112起、伤134人、死亡26人，与2015年同期相比，分别下降43.72%、41.74%、16.13%。二是坚持除患务尽，保持火灾形势平稳。共检查单位1166家，发现整改火灾隐患1737处，下发责令改正通知书552份，临时查封15家，行政处罚12家，责令三停8家，罚款32.5万元。全县未发生人员伤亡，同比2015年，火灾4项指标均下降。三是强化治安专项整治行动，加大“缉枪治爆”工作力度。共收缴各类枪支101支、弩6把，查缴子弹655发、气枪子弹7605发；收缴非法管制刀具31把、雷管11枚、手榴弹8枚、黑火药8公斤、鱼雷280个。

【监所安全管理】看守所坚持创一级监所目标不动摇，圆满完成视频监控、巡更、门禁、电教等系统更新，做到高清新、全覆盖。拘留所积极组织开展“三项重点工作”，强化措施，创新机制，确保了监所秩序安全稳定。

【规范管理服务】以深化社会治理创新为抓手，紧紧围绕中心工作，以服务全县经济发展为目标，积极推进各项措施贯彻落实，切实提升公安机关管理和服务效能。一是积极推进落实户籍管理制度改革工作，完成省市下达目标任务，在2015年户籍人口的基础上，实现户籍人口向城镇转移20000余人；加强户籍队伍管理，强化户口管理业务培训和职业道德教育，认真落实省厅便民利民"三项制度"，真正"让窗口亮起来、让服务优起来、让办事顺起来、让执法严起来"。二是以创新服务模式为契机，以提升群众满意度为工作目标，不断更新服务理念，创新服务举措，规范服务窗口，提升出入境管理服务质量。截至2016年11月，共受理各类出国（境）证件16981人次，同比增长11.7%。三是进一步规范交通管理执勤执法行为，畅通警民沟通渠道，以服务为先导，强化为民服务理念、改善办公服务环境，贯彻落实便民利民服务措施，加强车驾管业务管理服务工作，树立交警良好形象。

【队伍建设】面对新形势、新任务提出的新要求、新挑战，坚持素质强警、从严治警，强力推进队伍正规化建设。一是严格落实"两个责任"，进一步推进党风廉政建设，积极预防腐败现象发生，及时查处违法违纪案件；扎实开展廉政警示教育，对21名交流和提拔任用人员进行廉政谈话；切实改善工作作风，组织开展"纪律作风整顿活动"和"规范执法、服务群众集中教育整顿活动"。共查处违法违纪民警17人，效能告诫6人，警诫1人，全局通报批评16人，涉嫌犯罪被移送司法机关1人，被检察机关采取强制措施1人。二是紧盯重大警务部署活动督察不放松，强力推进各项警务工作有效落实，共出动督察警力300余人次，发现整改各类问题370起，下发督察建议书32份。三是加强思想政治教育，铸造忠诚警魂。坚持政治建警，确保绝对忠诚、绝对纯洁、绝对可靠；加强纪律规矩教育，确保政令警令畅通；加强机关党建工作，充分发挥党支部的核心作用，认真组织开展"两学一做"学习教育；深入开展"4+1"岗位争先活动，营造崇尚荣誉、奋力争先的生动局面，为全县公安工作注入正能量，全局共有280人次被命名为"两星一兵"。

（县公安局供稿）

公安消防

【概况】武警涡阳县消防大队（涡阳县公安消防大队）下辖涡阳中队、涡北中队两个中队。涡阳中队位于涡阳县向阳南路（涡双路）西侧，占地面积11300余平方米，设有多功能办公楼、食堂、餐厅、活动室、车库等基础设施和训练场地；涡北中队位于涡阳县涡北街道涡曹路南侧，占地面积13375平方米，于2015年初建成投入使用，含综合办公楼、值班室、训练塔、篮球场、营区绿化及必要的生活附属设施，建筑面积约3900平方米。涡阳大队现有现役官兵24人，公安民警1人，合同制消防队员33人，消防文员5人，外聘人员3人，行政车辆2辆，抢险救援车2辆，消防宣传车1辆，普通水罐消防车6辆，12吨水罐泡沫车1辆，20米举高喷射消防车1辆，32米登高平台消防车1辆，21吨重型水罐消防车1辆，储备有3吨泡沫。涡阳县消防大队管辖111家消防重点单位，其中火灾高危单位24家，娱乐场所20家，易燃易爆场所19家，派出所管辖的重点单位843家，城区高层建筑90栋，地下建筑2处，最高建筑层数34层，高度99.1米。除城关4个街道，其余21个镇（场）配备了22辆农用消防车，全部建立了乡镇政府专职消防队。

【基础设施建设情况】2016年，消防业务经费实现经常性增长，营房基础建设、车辆装备采购专项经费全年投入350余万元。按照"四个一"消防车辆配备要求，招标采购2辆泡沫消防车，购置30多万元进口装备，购置1部救援橡皮艇、1部手抬机动泵。2016年8月3日，县委书记胡明文主持召开县委常委议军会，同意在经开区划拨50亩土地，选址在经开区华都大道南侧、西二环路西侧，规划建设特勤消防站和消防培训基地合建，已于11月开工建设。项目已办理立项批复、防雷、环评、选址、用地规划等手续，土地权属、工程规划等的手续正在办理。

【接警处置情况】2016年，大队共接到报警1454起，其中火灾1110起，抢险救援和社会救助344起，出动消防车2035辆次，直接财产损失934万余元，出动消防官兵6650人次，抢救被困人员20人，疏散人员528人，抢救财产价值4000万元，未发生有人员伤亡的火灾事故。

【班子建设】强化集体意识，打造过硬团队。涡阳大队党委一班人始终团结如一，民主集中，分工负责，群策群力，确保党委各项制度正规有序。大队共计开展党员活动日活动10余次，开展党课教育6次，召开民主生活会1次，进行党员思想汇报10次，开展党员民主评议1次，牢牢地将全体官兵紧密团结在大队党委周围，为大队建设而一起努力。开展专题教育，深化政治强警。涡阳、涡北两个中队同步扎实开展“五整治、五严防”、改革强警和“两学一做”“争创人民满意消防队伍”等主题教育活动，完成规定动作，做好自选动作，同时加强党风廉政责任制建设，认真完成“三清”工作。在专题教育活动中，制作“三严三实”木质外墙宣传栏4块，更新4块走道“四有”实木宣传栏，制作3期主题黑板报。班子成员结对帮扶6个困难学生和1名英模家庭，为1名士官申请评残。大队1人受到公安部政治部表彰，1人被评为县优秀团干，大队被评为市第七届文明单位，县十佳青年志愿服务先进单位，1名家属被评为好警嫂。推进“两化”建设，营造拴心留人环境。大队在县财政资金紧张的情况下，多次汇报，争取理解支持，先后投入资金70余万元，对2个中队营房库室开展“两化”建设，重新进行绿化改造，新建路灯、高射灯和草坪灯，安装自动抬杆的蓝牙大门道闸，建设“永远跟党走”雕塑1座，钢质灯箱式宣传栏1组。涡北中队食堂被总队评为星级食堂，完成涡北中队不动产权证的办理。

【部队管理】强化部队管理，提高灭火救援能力。涡阳大队把抓好部队正规化管理和执勤战备放在首要位置，11次开展安全形势分析，认真落实新纲要，规范交接班秩序。购置6部车载数字电台，为中队干部配备4部防爆灯与摄像机一体机，涡北中队完成视频会议系统建设，中队指挥员能力考评通过率100%，修订完善2个县级预案暨重特大火灾事故处置预案、大型危化品灾害事故处置预案。修订完善50家重点单位数字化预案，组织实战演练50次。全部车辆安装行车记录仪，购置20盘紫色水带，安装1组交通信号灯。截至11月，大队共接警出动1369次，其中火灾出动1055次，其它救援314次，灭火救援成功率100%。

【专职队伍建设】涡阳大队对全县21个镇场政府专职队进行业务指导，加强联勤联训，与110指挥中心实现对接，实时出动。县辖区内徽酒集团建有企业专职消防队，并与高炉镇政府专职消防队资源整合，两队合一，徽酒集团2辆消防车和高炉镇1辆消防车联勤联动，纳入同一接警平台、统一调度，在大队的指导下，建设改造车库、器材库，配齐随车装备和个人防护装备，16名队员实行交叉编制，共同训练，轮流值班，管理更为规范，应对辖区和企业日常消防检查和灭火救援能力更强。辖区重点单位建有50个重点单位微型消防站、15个社区微型消防站，实现了区域互动，并推动旺角社区和巨人社区购置2辆微型消防车。

【车辆装备】消防业务经费实现经常性增长，营房基础建设、车辆装备采购专项经费2016年投入350余万元。按照“四个一”消防车辆配备要求，购置2辆泡沫消防车。签订城市主战消防车购货合同；购置30多万元进口装备，购置1部救援橡皮艇、1部手抬机动泵。城市建成区已有市政消火栓285个，新建市政消火栓175个，修复消火栓50个。

【火灾防控】坚持持续发力，提升火灾防控能力。提请县政府召开1次全县消防工作会议，2次召开消防委成员单位联席会，3次召开家庭式商铺专项整治行动推进会，出台《涡阳县消防宣传七进工作方案》《灭火与应急救援社会联动工作机制实施办法》《消防安全委员会成员单位工作职责》等文件，开展守护平安系列行动、夏季消防检查、家庭式商铺（作坊）消防安全专项整治等消防安全行动。修订通过了涡阳县城消防专项规划，更新乡镇消防规划4个。分别提请市、县政府挂牌督办火灾隐患3个、6处。建成50个微型消防站，划分9个联防区域，安装独立感烟报警器23415个。消防微博关注人数达到5000余人。坚持除患务尽，保持火灾形势平稳。提请县政府领导11次带队检查消防安全，召开了重大火灾隐患督办整改约谈会，进行媒体曝光。与民政、文化、市场监管、文物、住建、教育等部门15次联合开展检查，开展文物古建筑、燃气安全专项、宗教活动场所、小区消防安全等集中专项检查。县政府组织两个督查组，对全县26个镇（场、街道、经开区）进行督查和消防工作考评，考评结果通报全县，对1个乡镇进行了专门督办。大队共检查单位1107家，发现整改火灾隐患1737处，下发责令改正通知书552份，临时查封15家，拘留10人，行政处罚12家，责令三停8家，罚款32.5万元。全县未发生人员伤亡，同比2015年，火灾4项指标均下降。

【七进宣传】围绕消防宣传“七进”工作，开展大型集中宣传活动7次，发放宣传资料10000余份；在电视台制作播放2期居民住宅区消防专题宣传片；在城区主干路和进城主路口设立大型消防公益宣传牌15处；3次组织开展物业服务企业、小区管理人员消防安全管理培训；调整确定重点单位并对重点单位消防安全责任人开展全员培训，开展消防安全宣传教育进课堂、进军训、进党校活动，每季度开展派出所民警业务培训，并将派出所消防工作纳入每月绩效考评。

（消防大队供稿）

涡阳县检察院开展全县农村基层工作人员预防职务犯罪及严肃换届纪律教育培训会

检 察

【概况】涡阳县人民检察院位于县城紫光大道，现有干警95人，内设机构21个，包括办公室、政治处、干部人事科、宣传教育科、法警队、侦查监督科、公诉科、反贪污贿赂局、反渎职侵权局、民事行政检察科、控告申诉检察科、职务犯罪预防科、检察技术科、监察科、监所检察科、法律政策研究室、计划行政财务装备科、案件管理办公室、城关检察室、高炉检察室、义门检察室。2016年，涡阳县人民检察院按照全县总体发展思路和奋斗目标，坚持以法治为引领、以办案为中心、以改革为动力，忠诚使命，依法履职，各项检察工作平稳健康发展。

【职务犯罪侦查】牢记反腐倡廉的政治责任和法定职责，保持反腐高压态势，把查办发生在群众身边的腐败案件作为工作重点。反贪部门共立案查办职务犯罪案件19件25人，反渎职侵权部门立案5件5人。注重侦查一体化建设，灵活运用“贪渎并查”机制。更加注重侦查信息化建设，开通远程侦查指挥系统，初步形成以信息化为依托的“精细化初查、专业化讯问、规范化取证、集约化办案”侦查新模式。

【职务犯罪预防】紧密结合执法办案，主动加强预防分析，为全县各乡镇基层组织工作人员，开展27场专题讲座，服务和保障村“两委”换届选举依法进行。与县教育局联合开展教育系统预防职务犯罪警示教育活动。深入推进社会化预防，积极创新预防形式，拍摄反腐题材警示教育片《黑网》，在全市预防涉农惠民领域职务犯罪宣讲活动中巡回展播。

【刑事诉讼监督】始终把维护和谐稳定作为首要任务，坚持严打不放松，依法履行批捕、起诉等职能，批准逮捕各类刑事案件犯罪嫌疑人375人，提起公诉739人。坚决纠正有案不立、有罪不究、以罚代刑等问题，建立与公安、安监、环保等单位联席会议制度。办理立案监督案件37件42人，其中移送起诉8件11人，向公安机关依法发出书面纠正违法通知书5件，监督行政机关移送涉嫌犯罪案件14件、16人。

涡阳县检察院举办“两学一做”微型党课比赛

【民事行政检察监督】认真履行监督职责，不断提升监督能力，把民行检察监督范围从裁判结果监督扩展到对诉讼过程、诉讼结果、执行程序三者并重的监督体系上来。受理各类民事行政监督案件29件，提请市院抗诉1件，终结审查13件；向市中级人民法院提起公益诉讼案件线索3件。与县政府法制办联合制定《关于加强行政检察与行政执法监督衔接配合的意见》，促进行政机关依法、规范、公正、文明执法。

【监所检察监督】加强对刑事执行和监管活动的监督，强化对在押人员的人权保护，促进监管场所的安全、稳定。深入开展监管执法专项检查活动，针对发现的问题，向县看守所提出3份建议，全部被采纳。开展集中清理判处实刑罪犯未执行刑罚专项活动，提出检察建议11份，收监执行罪犯61人。

【涉检信访化解】积极适应涉法涉诉信访改革新趋势，畅通来信、来访、电话、网络“四位一体”信访渠道，建成远程视频接访系统，方便群众表达诉求。共接待来访859件、1294人，其中“检察长接待日”接待来访565件次。联合县司法局成立法律援助工作站，邀请律师参与接访，为困难群众提供免费法律服务，建立便民服务工作长效机制。

涡阳县检察院普法志愿者服务队骑行送法

【检察队伍建设】深入开展“两学一做”学习教育、“讲看齐，见行动”学习讨论。坚持全面从严治检不放松，加强检察机关党风廉洁建设，强化对干警的教育、管理和监督，健全作风建设长效机制。加大教育培训力度，积极组织各类业务培训、岗位实战练兵，着力培养业务尖子、办案能手。以科技强检、品牌创建为重点，扎实推进基础设施建设。

（县检察院供稿）

法　院

【概况】涡阳县人民法院位于涡阳县城紫光大道中段。现有法官62、司法辅助人员51人及司法行政管理人员55人，内设机构29个，包括办公室、政治处、研究室、财装室、立案庭、刑事审判一庭、刑事审判二庭、民事审判一庭、民事审判二庭、民事审判三庭、行政庭、审判监督庭、执行局、司法警察大队、技术室、纪检组、监察室、诉讼调解中心、审判管理办公室等，派出法庭8个。

涡阳县人民法院在县委坚强领导下，在县人大及其常委会有力监督下，在县政府、县政协及社会各界大力支持下，认真贯彻落实中共十八大及十八届三中、四中、五中、六中全会精神，深入学习贯彻习近平总书记系列重要讲话精神，紧紧围绕“努力让人民群众在每一个司法案件中感受到公平正义”目标，忠实履行宪法赋予的职责，各项工作不断取得新进展。共受理各类案件8387件，审结、执结8555件，结案标的额119950万元，为涡阳县经济社会发展提供有力的司法保障。

2016年8月24日涡阳法院干警在老子文化广场参加“江淮普法行”法律咨询活动

【刑事审判】2016年，涡阳县人民法院共审结刑事案件763件，判处罪犯920人。依法严惩危害社会稳定的暴力犯罪，将故意伤害、抢劫、抢夺、寻衅滋事等严重影响群众安全感的多发性犯罪作为惩治重点，彰显刑罚惩治、震慑、预防犯罪、教育罪犯的重要职能，维护社会稳定，保障全县人民安居乐业。加大对贪污贿赂犯罪惩治力度，共审结贪污贿赂犯罪案件40件51人。加大对贪污征地补偿款、危房改造补助款、农资补贴等犯罪案件的审理力度，依法审理大学生干部贪污危房改造补助款案件，严惩发生在群众身边令人民群众深恶痛绝的腐败。依法清理监外执行案件，从严规范法官自由裁量权。对于不符合取保候审条件的刑事被告人坚决予以收监，积极回应社会关切，防止权力滥用。共清理取保候审、监外执行案件67件，收监60人。

【民、商事审判】2016年，涡阳县人民法院共审理商事案件4043件。审结金融案件1744件，涉案标的额46634.44万元，维护正常金融秩序，化解潜在的金融风险。审结农商行借款案件635件，兴阳融资担保有限公司担保案件76件。妥善处理涉众型房地产纠纷，对业主与开发商之间因房屋买卖产生的群体性纠纷，予以及时调处，防止群体性事件发生。严格落实最高人民法院发布的民间借贷司法解释，保护法定区间内的借贷利息，制止高利借贷行为，防范因民间借贷产生的风险，保障经济秩序正常运转。依法支持中小微企业正当投资和融资需求。审结民间借贷案件1109件，标的额30893.32万元。正确把握民间借贷与非法集资的界限，审结非法集资、金融诈骗等犯罪案件3件，判处罪犯3人。

审结民事案件6035件。积极探索家事审判方式改革，审结婚姻家庭等案件1992件。加强“三农”案件审判，审结拖欠农民工工资等涉农案件近百件。

【行政审判】2016年，涡阳县人民法院强化行政审判，支持依法行政。认真贯彻新修改的行政诉讼法，受理行政案件47件。依法审理影响涡阳县城市建设的乐行宾馆拆迁案件。通过案件的审理，被拆迁人签订拆迁安置协议，使拆迁工作得以顺利进行。回应群众关切，支持、监督行政机关依法行政。审理了涡阳县宏大公交有限公司不服涡阳县交通运输局撤回行政许可决定案。通过案件的审理妥善化解了群体性矛盾纠纷。加快审理国土资源部门对违法占地拆除案件的非诉审查，及时作出准予强制执行的裁定，有

2016 年 10 月 13 日涡阳县矛盾纠纷多元化解工作会议在涡阳县委行政中心会议室召开

效惩治了“两违”行为。

【案件执行】2016 年，涡阳县人民法院共受理各类执行案件 1366 件，执行标的额 4.2 亿元。执结案件 1442 件，执结率 94.56%；执结标的额 3.3 亿元，执行实际兑现率为 78.57%，同比提升 15.72%。人民群众的获得感和满意度大幅提升，基本解决执行难取得显著进展。执行难在权利人权利得不到实现，义务人规避履行义务。解决执行难就要因案制宜，在精准施策上出实招，在精准推进上做实功，在精准落地上见实效，通过强力高效的执行措施取得实实在在的成果。为此，法院开展“春季攻势”，利用春节期间被执行人好找，执行威慑力强的特点，集中执结一批执行积案、难案，通过社会监督、公开曝光、列入黑名单、罚款、拘留、移送追究拒执刑事责任等执行措施的综合应用，执结一批“钉子案”“骨头案”。在历时 60 天的“春季攻势”中，共执结案件 482 件，执结标的额 284.93 万元。拘留拒不执行人 76 人，罚款 30 万元。由县政法委协调公安机关配合，开展“零点行动”，夜间执行，有力惩治了被执行人在正常工作日“躲猫猫”的行为，消除逃避责任的侥幸心理。积极利用媒体平台助推执行工作。对 378 名拒不履行法院判决的被执行人分期分批在各种媒体上予以曝光，让拒不执行老赖无处遁身。

【法官员额】通过考试、考核，涡阳县人民法院 62 名法官顺利通过省法官遴选委员会的遴选，成为首批员额制法官，为深化县法院司法体制改革奠定坚实基础。

【信访化解】2016 年，县法院强化信访化解，解决群众困难。加大信访工作力度，制定实施信访接待、调度、通报等制度，严格落实每周院长接访、重大案件包案化解、信访案件专题审委会、信访事项办理周回复等制度。认真贯彻落实刑事被害人救助制度，及时为生活困难的刑事被害人发放救助金，扎实开展走访活动，认真倾听信访人诉求，逐案制定落实处理措施，下大力气解决涉诉信访难题。

【廉洁司法】2016 年，涡阳县人民法院坚决落实全面从严治党主体责任，严守政治纪律和政治规矩，在执法办案过程中，绝不

2016 年 12 月 23 日上午涡阳法院新一届党组班子带领全院中层以上干警到亳州市反腐倡廉警示教育基层接受警示教育

允许逾越廉洁纪律的底线，更不允许触碰法律的红线。通过司法巡查、审务督查，牢固树立“政治上的关心是最根本的关心，纪律上的从严是最强的保护”理念。坚持以零容忍态度坚决惩治司法腐败，出台并实施《涡阳县人民法院队伍建设实施方案》、开展“六难三案”问题专项整治，落实每月一次廉政课并由主要负责同志亲自授课。组织干警每月观看一次廉政警示教育片，召集中层以上干部赴市纪委廉政教育基地接受警示教育。

【队伍建设】2016年涡阳县人民法院着力提高法院队伍职业素养。加强教育培训，组织干警60余人次到中国人民大学参加培训，200余人次参加上级法院举办的视频培训。

（县人民法院供稿）

司法行政

【概况】涡阳县司法局于1981年5月设立，内设8个机构分别为办公室、政工法规股、法制宣传教育股、基层工作管理股、律师管理股、公证管理股、法律援助中心、社区矫正大队。全县25个司法所为司法局下派单位，副科级建制。

【机关队伍建设】坚持把“抓学习、强素质、树形象”创建“学习型机关”活动放在工作的首位，重点抓好全体干警综合素质的提高。春节后在新党校对全体司法行政干警和法律工作者进行封闭式全员培训。建立健全了各项学习制度，局规定把每周一下午定为政治理论学习日。认真组织开展了“两学一做”学习教育和“讲看齐、见行动”学习讨论及争当“四个自觉”模范集中学习教育活动；严格考核，出台《涡阳县司法局2016年绩效考核实施方案》，对司法所及全体干警分别制定考核办法，明确集体与个人加分、扣分情形和标准，每月一通报、每月一交办、每季度一考核，年终总评。各股室每月末制定下月工作清单，月例会时通报清单完成情况，做到任务项目化、项目数字化、目标清单化。在党风廉政建设方面。严格落实党风廉政建设责任制，组织开展党风廉政警示教育活动；严格执行中央八项规定和省市县三十条规定，加强惩治和预防腐败体系建设，落实党风廉政建设责任制。建立健全干警作风巡查通报制度，定期通报作风巡查情况。

【法治宣传教育工作】2016年，是“七五”普法启动之年，县人大常委会审议通过关于开展第七个五年法治宣传教育的决议。以此为契机开展了形式多样、内容丰富的法制宣传教育活动。一是结合春节农民工返乡、三下乡、“三八”维权月、“3·15”国际消费者权益日、老子庙逢会、综治宣传月等各类纪念日、宣传日，积极开展法治宣传活动；二是不断拓宽法治宣传渠道，利用网络新媒体形式，开通“涡阳普法”微信公众号，共发布法治宣传信息500余条，收到了良好的效果；三是深入开展“书香涡阳 法律进家庭”活动。把普法、书香涡阳与法律进家庭工作有机结合起来；四是认真落实以案释法工作制度。制定下发了涡阳县以案释法工作实施方案，按照国家机关“谁执法谁普法”责任制，明确了11家单位为以案释法工作实施单位；五是积极组织开展公民旁听庭审、徒步普法行、江淮普法行和国家宪法日暨法制宣传日等5项宣传活动。共开展旁听庭审130场(次)，开展“徒步普法

省司法厅副巡视员杨晏莅临我县调研公共法律服务体系建设

涡阳县人民法院向特邀人民调解员颁发聘书

行”活动30余场次，开展法治进校园活动120场次。共发放各种法律宣传资料3万余份，解答群众法律咨询1400余人次。

【基层基础工作】加强司法所形象识别系统建设。2016年，已完成19个所建设任务；定期开展司法所业务巡查及考核，强力推进司法所规范化建设有序开展；建立省级示范司法所管理档案；继续巩固完善基层服务平台建设。突出抓好基层服务平台运行和管理，切实提高基层司法行政工作社会公信力和群众满意度。

【人民调解工作】在原有医患纠纷、消费者权益保护纠纷调委会的基础上，又成立了道路交通事故、环境保护、劳动争议、物业纠纷四个行业性专业性调委会；聘请法律工作者和相关行业、专业领域专业人员51人组建人民调解咨询专家库；向法院推荐特邀人民调解员464名。为多元化纠纷化解机制的建立提供了有力保障；进一步推进人民调解化解矛盾纠纷研判预警机制建设；开展人民调解要素标识规范化建设活动，从组织机构、队伍建设、基础设施建设、业务建设、制度建设规范化五个方面对调委会软硬件建设作了统一规范；2016年，全县共办理人民调解案件13264件，调解成功13131件，调解成功率达98%以上。

【安置帮教工作】抓好安置帮教各项工作的落实，最大限度地预防和减少重新违法犯罪；充分利用刑释人员信息管理系统，实现刑释人员衔接管理工作网络化；加大远程探视帮教工作宣传力度。2016年预约申请203次，成功会见77例；积极组织开展黄丝带帮教行动，走访10户特殊人群困难家庭，到蚌埠监狱开展1次进监帮教活动。

【社区矫正工作】2016年8月20日，经县编委同意，涡阳县司法局社区矫正办公室更名为涡阳县司法局社区矫正大队；对20名重点社区矫正人员佩戴电子腕带，加强监管效率和监管精确度；开展为期1个月的社区矫正规范化工作集中整治活动；全面履行社区矫正监管、矫治、帮扶职责，最大限度减少脱管、漏管和重新违法犯罪；认真开展审前社会调查。2016年，新接收 636人，解除765人，现在册 808人（缓刑723人、管制4人、假释72人、暂予监外执行9人）。共接受委托办理审前调查 500余件，采信率

涡阳县司法局开展黄丝带进监帮教活动

开展“12·4”国家宪法日法律咨询和法治文艺演出活动

达到90%以上。

【法律服务工作】以“实施‘星级’法律服务机构创建”活动为抓手，进一步加强对律师和律师事务所执业活动的监督管理；组织开展涡阳县律师职业道德，执业纪律教育培训活动，加强律师职业道德建设，进一步提高广大律师职业道德素质，规范执业行为、严肃执业纪律；正确引导律师参与公益性法律服务及服务社会活动，开展学雷锋律师服务月、律师进社区、进乡村、律师服务美丽乡村、妇女维权暨交通绿色出行等活动；坚持发挥律师对信访接待工作进行法律监督和规范的作用。2016年，共办理各类案件2550件，其中法律援助案件1135件，为89家单位担任法律顾问，其中政府顾问22家。

开展基层法律服务工作者遵守职业道德、执业纪律和执业实绩评查活动。加强基层法律服务队伍作风建设，严格规范基层法律服务执业行为。2016年，35名基层法律服务工作者共办理诉讼案件440件，参与调解纠纷314件，办理法律援助案件74件。

【法律援助工作】以法律援助工作纳入全省民生工程为契机，进一步降低法援门槛将经济困难的标准扩大到市最低工资标准以下；对案件结构、案件质量严格要求。通过对案件回访、旁听庭审、卷宗评查及优秀案例评选等活动严把案件质量关，确保受援人满意度100%；加大刑事法律援助力度，建立公检法司联席会议制度；强化制度建设，确保完成民生工作任务。出台《涡阳县法律援助民经费管理使用办法》《涡阳县法律援助民生工程实施方案》。2016年，共办理各类法律援助案件1662件，解答咨询2300人次，挽回避免经济损失230余万元，为农民工讨薪70余万元，超额完成全年计划任务目标，各项比率均达到省厅市局要求。

【公证工作】公证工作围绕“质量为先、协调发展”的工作思路，以开展公证便民惠民服务年主题活动为载体，进一步规范公证执业行为，提升公证服务质量和服务水平，提高群众满意度。不断拓展公证业务。2016年，共办理各类公证事项3100件。实现收入215万元。

举行司法行政系统2016年春季培训班

组织开展徒步普法行活动

【重大活动】举行司法行政系统2016年春季培训班；开展“12·4”国家宪法日法律咨询和法治文艺演出活动；开展公民旁听庭审活动；开展社区矫正集中教育训诫活动；省司法厅副厅长夏月星莅临涡阳县调研社区矫正工作；省司法厅副巡视员杨晏莅临涡阳县调研公共法律服务体系建设；涡阳县人民法院向特邀人民调解员颁发聘书；涡阳县司法局开展黄丝带进监帮教活动；组织开展徒步普法行活动。

（县司法局供稿）

经济监督与管理

发展改革管理

【概述】1976年，县革委会下设计划委员会，内设秘书、计划（统计）两组。恢复后的计委仍主管全县计划统计、物资分配、基本建设、物价管理等业务；并负责劳动、城建、物资等单位的人事归口管理。1977年，计委内设物价组。1978年后，国家实行指令性计划、指导性计划和国家计划指导下的市场调节三种经济管理模式，计委的工作职能也发生重大转变。1979年年初，成立县统计局，统计业务从计委分出。改革初期，物价在当时社会经济生活中问题十分突出，为加强物价管理和监督，于1981年计委增设物资基建科、人秘科。当时属计委归口管理的单位有劳动、统计、物价、城建、物资、建行六个分行和医药公司、大理石厂二个企业。1991年设立的临时机构以工代赈办公室为县级经济发展争资金、争项目发挥很大作用。改革同时也给计委自身发展带来了难得的机遇。1997年12月，县级机构改革政策出台后，"三定"方案后的计委编制确定为18人，内设办公室、综合计划科、农业经济科、工业贸易科、投资科；归口管理劳动、统计、物价、地矿局、项目办、黄牛办、大理石厂。2003年3月，县级机构再次改革，县物价局并于县计委，县计划委更名为县发展计划委员会，定编18人，内设办公室、综合计划室、工贸室、农经室、投资室、外经室，物价办，职能也重新进行了界定。归口管理的单位有劳动、农调队、统计、招商、外经局，经协办、项目办、黄牛办、县大理石厂。2007年11月，更名为涡阳县发展和改革委员会，是政府主管经济社会发展和改革的综合经济部门，承担着国民经济和社会发展战略、中长期规划和年度计划研究及项目建设任务。2010年，涡阳县发改委定编17人，其中主任1名，副主任2名，内设办公室、物价办公室、综合室、投资室、工业室、农经室、外经室7个科室。2016年，由于职能的改变，发改委内设机构调整为办公室、物价办公室、综合室、投资室、产业室、地区室、环资室7个科室

【"十三五"规划制定】自2015年下半年发改委开始着手"十三五"总体规划、主体功能区规划编制工作。经过认真调研，结合涡阳县经济发展现状和潜力，多方征求意见，反复讨论、补充、完善，编制了"十三五"规划纲要，涡阳县十六届人大五次会议原则上通过了"十三五"规划纲要，并提出了相应的修改建议和意见，"十三五"规划总体思路已形成文本印发相关部门。主体功能区规划经过反复征求意见，数次修改，已装订成册印发到相关部门。主体功能区规划、十三五规划、城市总体规划、综合交通规划、城乡统筹规划、土地规划、环境保护规划进行充分衔接，力争做到"多规合一"。在编制规划的同时，积极谋划"十三五"时期重大建设项目，共谋划重大项目408个，总投资1580亿元。

【区域经济发展规划】主体功能区发展：一是重点开发区域。县城及高炉镇、义门镇是省级重点开发城镇，龙山、西阳、楚店三镇可作为县级重点开发城镇，城东、城西、涡北3个街道为城区规划区部分，高炉、义门、西阳、龙山、楚店为镇区规划区部分。该区域发展的主要目标是，到2020年以后，经济总量占全县的比重比2015年提高10个百分点左右，城镇化率达45%，居民可支配收入达到全省平均水平，涡河、北淝河水质部分达到国家III级标准并得以稳定，其他生态环境质量指标都达到全省城市平均水平；2030年，经济总量在2020年基础上再提高10个左右百分点；城镇化率达到60%，居民可支配收入达到全省城镇平均水平。二是农产品主产区域。涡阳全县是国家级农产品主产区，又是国家级现代农业示范区，除城镇、工矿、基础设施及禁止开发区以外的国土空间，都是农产品主产区域。该区域发展的主要目标是，到2020年，耕地保有量不低于153840公顷，基本农田面积不低于136780公顷，并要划定永久性基本农田范围；高产田和有效灌溉面积占基本农田面积的比例，分别达到95%、96%左右，新增农业机械总动力50万千瓦以上，确保小麦、大豆、玉米、畜禽、蔬菜等主要农产品的生产和供给能力稳步提高；初步形成农业强、农民富、农村美的新局面，2030年成为现代

农业发达区。三是生态功能区域。将涡河两岸200米内、北淝河、西淝河、包河两岸100米内的区域列为生态功能区,合计面积31.46平方公里,占全县总面积的1.49%。该区域发展的主要目标是,生态功能显著增强;生态农业形成优势;生态文化旅游业形成特色。四是禁止开发区域。全县共有禁止开发区域11处,其中,国家级禁止开发区域1处,即涡阳道源国家湿地公园,面积8.49平方公里;历史名人古墓3处、即春秋时期尹熹墓、战国时期范蠡墓、西晋时期嵇康墓;古迹13处,即老子故里九龙井、五代时期陈抟卧迹、清张乐行故居及就义处、捻军会盟旧址、北平城,保护面积合计1平方公里。省爱国主义教育基地2处,即新四军四师纪念馆、辉山革命烈士陵园,保护面积合计2平方公里。这些地方应作为禁止开发区,总面积11.49平方公里,占全县面积的0.55%。

【协调衔接各项规划及实施工作】"十三五"12个重点专项规划编制工作全面完成,着手编制新一轮农网升级改造、县产业扶贫规划,启动涡阳县循环经济科技产业园规划(化工产业规划)、热电联产规划、县天然气发展利用规划、县社会信用体系建设等规划前期工作;"调结构转方式促升级"行动计划积极推进;光机电、绿色生态建筑基地等四大产业集聚区启动建设。

【项目建设】全面落实项目建设"四督四保""六个一批"和"四位一体"工作机制,开展项目建设"百日会战"活动,建立政企直通车微信平台,采用短信通知,微信平台发布等方式加强项目调度。2016年实施省市重点项目59个,年度计划投资70.5亿元,全年完成投资110亿元,完成年度计划的156.3%。实施县重点项目201个,年度计划投资143.5亿元,全年完成投资170亿元,完成年度计划的118.47%。源和堂药业、中农批电商物流园、光机电集聚区、S307西阳裁弯取直段工程、德顺安置小区等26个年度计划开工项目已全部开工建设;创酷电子、新诚达服饰、成骏家居、迪盛纺织等18个项目已建成投产。S307绕城段跨青阜铁路立交桥、S202路面改善、涡河三桥顺利建成通车。

【加强项目谋划】建立重大项目谋划机制,围绕国家投资导向和重大战略,有针对性地在主导产业和交通、水利、能源等重大基础设施领域提出一批牵动性、前瞻性较强的项目。实行投资建设项目储备制,其中:政府投资三年滚动项目库337个,总投资511.2亿元;调转促项目库649个,总投资2513.78亿元;PPP项目库68个,总投资772.5亿元;争取上级资金项目库205个,总投资704.02亿元。2016年,积极争取上级资金12类、32个项目,累计争取资金4.92亿元,其中,中央投资项目4类、14个项目,争取资金1.55亿元;中央专项建设资金项目7个,争取资金3.37亿元。

【改革与开放】一是推进供给侧结构性改革,起草涡阳县供给侧改革实施方案及补短板增强经济社会发展动力行动计划等四个行动计划,关闭刘店煤矿去产能120万吨,全年商品房销售面积70.13万平方米,增长46%;二是深化投融资体制改革,起草县深化投融资改革实施意见;三是推进机关和参公事业单位公车改革,制定涡阳县公车改革实施方案及配套文件,全面完成机关单位公车改革任务;四是推进价格体制改革,制定涡阳县城镇居民生活用水阶梯水价标准,调整涡阳县污水处理收费标准,动态调整县级涉企收费清单,开展涉企中介服务收费清理工作;五是推进社会信用体系改革,出台县社会信用体系建设联席会议制度,形成社会信用体系改革实施意见及配套文件。六是在农村综合改革、商事制度改革、财税金融体制、医药卫生体制改革等方面取得了重要突破。

【重大事项】积极推进"调结构转方式促升级"行动计划。牵头起草《涡阳县调结构转方式促升级的实施意见》,编写了"调转促"文件汇编,指导机关部门制订八个重点工程和两个专项行动实施方案,制订2016年"调转促"工作要点,建立"调转促"工作调度机制,在"十三五"项目库的基础上,建立"调转促"项目库。加大部门协作力度,切实推进天然气改迁工作。2016年8月16日,省天然气公司举行了开工仪式。截至2016年年底,综合楼主体已完工,11公里管线埋设完毕,改迁工程项目已基本结束。认真开展行业协会和学会专项整治工作。全县共清理61家行业协会和学会，其中24家符合政策，37家需要整改(撤销4家，注销9家，24家整改结束)，该项工已通过市验收组评估验收。

【物价管理】县物价局并入县发展和改革委员会，设为县发展和改革委员会的一个科室(物价办)，原价格监督检查分局和价格认证中心隶属于县发改委，继续行使价格管理、监督检查、服务职能。

【物价价格改革】涉企收费清单制度运转良好。一是涉企收费清单制度成效逐步显现。通过取消、冻结、暂停、缓征、免征涉企收费等措施，切实减轻企业负担，降低企业生产成本，对新常态下支持企业发展，发挥了积极作用。二是加强动态管理。及时对涡阳县县级收费清单进行更新，确保清单内的收费项目只减不增，所有收费事项合法、合规、合理，切实把涉企收费清单纳入行政权力运行和监管。三是实行收费目录清单制度和收费公示制度。在政府网站等平台公布涉企收费清单、涉企经营性服务收费项目目录等，并向企业发放《涡阳县县级收费清单》手册。四是认真开展涉企收费清单制度执行情况专项检查。让企业填写《涡阳县涉企收费清单落实情况调查问卷》，倾听企业对涉企收费清单制度的意见和建议，配合财政部门对相关收费单位落实涉企收费清单制度情况进行专项检查。

【物价政策】民生价格政策指向精准。一是规范教育收费管理。制定涡阳第一中学、第二中学学生公寓住宿费及三三学校等6所民办学校学费收费标准。二是加强药品和医疗服务价格监管。认真贯彻落实县公立医院取消医用耗材加成调整部分医疗服务价格工作，并会同县卫计委制定涡阳县农村(城市)家庭医生签约医疗服务价格及村卫生室健康一体机检查项目收费标准。三是全面落实城镇居民用水用气阶梯价格制度。从2016年起，涡阳县全面实施阶梯式气价、水价制度。按照“污染付费、公平负担、补偿成本、合理盈利”的原则，合理提高污水处理收费标准。四是严格执行价格备案制度。对全县在售的商品房销售价格实行销售价格备案，3家物业公司收费标准及1所民办幼儿园收费标准备案工作；五是制定涡阳县人民医院停车场收费标准、2016年，涡阳县53条省、市、县班线客运票价、涡阳县高档炉火化和遗体告别厅租赁收费标准。

【物价基础工作】价格监管全面强化。开展全县34家行政事业性收费单位网上年审工作，年审率达到100%。二是建立收费单位收费统计报告制度。行政事业性收费单位上报率100%，2015年度行政事业性收费总额19075.2904万元，比2014年度减少1672.9706万元。

【物价监督检查】在大力开展价格法律法规宣传的同时，分别开展民生商品价格监测及医药价格、医疗服务价格、商业银行收费、商品房明码标价、中介服务收费、涉农涉企收费等专项检查。承办人民网网友留言办理单8件、承办亳州市“12345”市长热线交办件29件、涡阳县政府网在线咨询18件、“12358”价格举报系统网络举报件1件、“12358”电话举报出租车及农班车价格31件、县长热线交办件1件。做好节假日及日常市场价格宣传和检查，同时加强“12358”价格举报专线咨询投诉的受理和查处工作，受理并解答释疑咨询316件。退还金额36779元，处罚入库83400元。

【物价认证】根据国家发改委关于价格认定工作要求，全新定位工作性质和工作方向，全力推进价格认定机构建设，促进价格认定机构转型升级；努力开展规范化价格认定机构创建活动。全年共完成各类价格认定案件237卷，2015年同期为320卷，比2015年同期降低25%。

（发改委供稿）

国土资源管理

【概况】2003年，原土地管理局与地矿局合并成立县国土资源局，为主管全县土地和矿产资源规划、管理保护和合理利用及测绘行政管理工作的政府工作部门。有7个行政股室、6个直属企事业单位、25个派出机构(其中10个中心所、14个国土资源所、1个经开分局)，现有干部职工 171 人。

【土地综合整治】城乡建设用地增减挂钩入库项目 712.47 公顷，超额完成全年 200 公顷的目标任务，拆旧复垦 12.13 公顷，组卷 146.67 公顷；实施土地复垦项目 92 个，面积 143.6 公顷。2015 年 7 个高标准基本农田建设项目全部通过市级验收。2016 年 1.78 万公顷高标准基本农田建设项目已完成总工程的 10% 左右；工矿废弃地项目组卷上报 2713 亩，其中 2016 年第一、二、三批次共 3 个批次 100 公顷已通过市局验收，2016 年第四、五、六批次，面积 80.87 公顷已组卷通过市级评审。

【建设用地管理】组卷上报各类建设用地 35 个批次，总面积 660.52 公顷。省政府已下批复 15 个批次，面积 286.85 公顷。

【土地市场建设】收储国有土地 316.15 公顷，其中存量国有土地 13.8 公顷。出让土地 27 宗，面积 116.65 公顷，实现土地收益 15.94 亿元(其中融资 11.89 亿元)。出让土地 216.0241 公顷，合同总价款 36.0851 亿元(其中乐行城投融资 31.6402 亿元)。

【矿政管理】采煤塌陷区搬迁村庄 4 个 1046 户 3878 人，全面消除了省、市重点督查安全隐患。龙山矿山环境治理项目已基本结束，东山治理项目正在加快实施，石弓山已全面封山禁采。窑厂拆除工作全面启动，地质灾害防治工作常抓不懈。

涡阳县国土资源局会议

【国土资源规划】土地利用总体规划调整完善和数据库建设已上报市级专家评审；土地整治专项规划编制工作已通过省市专家评审待批；第三轮矿产资源规划稳步推进。

【矿产资源整治】采煤塌陷区搬迁村庄 4 个、1046 户、3878 人，全面消除省、市重点督查安全隐患。龙山矿山环境治理项目已基本结束，东山治理项目正在加快实施，石弓山已全面封山禁采。

【土地执法监察】卫片执法检查立案查处 17 宗违法用地，共收缴罚没款 12.014 万元、没收地上建筑物 1000 平方米、拆除违法建筑物 4312 平方米，建议处分 14 人。动态巡查发现土地违法行为 47 起，当场制止并拆除 11 起，立案查处 36 起，违法占地面积 73.7 亩，其中耕地面积 62.28 亩。

(县国土局供稿)

审计管理

【概况】涡阳县审计局内设办公室、综合法规股、财政预算审计股、行政事业审计股、农业与社会保障审计股、经贸金融与外资审计股、县经济责任审计局 7 个股室，下设两个二级机构，分别为固定资产投资审计中心和农村经济审计所，现有编制数 38 个，实有人数 33 人。2016 年，涡阳县审计局在县委、县政府和上级审计机关的正确领导下，主动适应新常态、践行新理念，认真谋划审计项目，依法审计、尽责担当，更加有效地履行了审计监督职责。全年共对 288 个单位(其中县直单位、乡镇 35 个，国有企业 2 个，行政村 251 个)进行预算执行审计、财务收支、经济责任和专项审计，对 276 个政府投资项目进行竣工结算审计，对 17 个政府投资项目进行了跟踪审计，对 13 个政府投资项目进行预算审计，提交审计报告564篇。查处违纪违规金额3108.97万元，管理不规范金额23676.94万元，收缴财政资金和追缴税款1300.62万元，核减政府投资金额34578.99万元(其中预算审计核减金额1221.39万元，跟踪审计核减金额10632.83万元，竣工结算审计核减金额22724.77万元)。移送违纪违规问题线索1件。在促进县委县政府决策的贯彻、政令畅通、维护人民利益、推动涡阳县深化改革和科学发展、推进民主法治建设和反腐败斗争等方面发挥了应有作用。

【政策落实跟踪审计工作】聚焦重大决策部署的落实情况，全力搞好四个季度惠民生、调结构、稳增长、促改革、防风险政策措施落实情况的跟踪审计，做到边审计边整改。针对审计发现的高炉镇8000吨/日污水处理厂及配套管网(BT)项目手续不齐全；没有编制地下管线综合规划；义门污水处理厂及配套管网工程由于土地问题未及时全面开工；未及时制订推进农村扶贫开发工作实施意见和服务业加快发展实施方案等问题。县审计局不断加大督促力度，促进了上述问题的整改。

【财政审计】组织财政预算执行及税收征管审计。完成对财政预算执行和中央八项规定落实等情况进行审计，并对公安局、农委、环保局、经开区2015年度部门预算执行情况进行必要的延伸和追溯。审计结果表明涡阳县经济在向好的态势发展，在保障政府机构的正常运转前提下，持续加大与民生相关的社会保障和就业、城乡社区支出。同时针对审计发现的涡阳县经济基础薄弱，没有形成区域效应的产业和支柱企业，预算编制不完善，财政资金使用效率不高，项目建设程序不规范等方面的问题。各有关部门加大了整改进度。其中国土部门加大了执法力度，追缴土地出让金1843.36万元；财政局加强了对财政结余结转资金的定期清理机制的执行和存量资金的使用，收缴了存量资金1104万元。认真开展政府债务置换审核工作。2016年以来，按照县政府的安排，县审计局积极配合县财政局等有关部门，认真开展政府债务置换审核工作。经县人民政府批准截至目前已支付债券置换资金76810.6万元。通过工程决算审计、置换债务资料审核核减、自筹资金偿还债务等方式，减少政府存量债务144981.78万元。

【经济责任审计】坚持党政同责、同责同审，2016年完成2个市管干部、6个乡镇、12个县直单位和251个村级主要负责人任期经济责任审计。完成2个市管干部的经济责任审计。受市审计局委托，对原县人民法院院长梁德友、原县公安局局长黄卫国经济责任履行情况进行了离任审计。2016年5月，涡阳县审计局城东街道办事处、城西街道办事处负责人任期审计均获的全市优秀审计项目。提前一年完成村级审计全覆盖任务。进一步加快了村级负责人任期审计进度，提前一年全面完成251个村(2016年度的113个村、2017年度的138个村)级负责人审计任务。为即将到来的村级两委换届提供了便利条件。查出29户危房改造超面积、22户低保资金未及时发放和不符合条件享受低保、36户农机补贴不到位等村级干部违纪违规问题。根据审计结果对村干部进行通报批评的127人、进行党内警告5人、书面检查6人、诫勉3个月5人、进行约谈4人、限期整改2人，教育警示一批村干部，充分发挥了经济责任审计在干部监督中的作用。

【民生及专项资金审计】完成审计署交办的交叉审计凤台县保障性安居工程审计任务并取得一定的成果。按照省厅安排，涡阳县审计局派出专人参加市局审计组对市直医疗保险基金审计、对利辛县扶贫资金审计及对涡阳县保障性安居工程等专项审计和“三税”(耕地占用税、城镇土地使用税、土地增值税)涉及的国土、房产、规划等相关单位的审计和扶贫资金使用情况专项审计调查。

【国有企业审计】完成县建投公司及12个下属有公司的资产审核，为国有公司的改制重组履行监管职能；完成县政府交办的对县建投公司、县担保公司、县公交公司财务收支审计的任务，对公司提出关于加强内部管理的建议，得到被审计单位领导的认可，规范国有资产的管理。

【政府投资项目审计】涡阳县审

计局严格按照县政府出台下发的《涡阳县政府投资建设项目法人责任制管理办法》等6个规范性文件要求，完成276个政府投资建设项目价款结(决)算审计，合同金额177868.83万元，送审金额196077.94万元，审定金额173298.44万元，核减金额22779.5万元，核减率11.62%；对17个2000万元以上的政府投资建设项目进行跟踪审计，合同金额280467.49万元，申报进度款128240.45万元，审计核定进度款114243.07万元，核减进度款13997.38万元，核减率10.91%；对13个政府投资建设项目进行了预算审核，送审预算金额18834.62万元，审计认定金额16708.22万元，核减金额2126.4万元，核减率11.29%。通过审计监督有力推进项目建设，维护国有资金的安全。针对审计发现部分项目前期设计不完备、未进行公开招投标、合同签订不规范、双方责任义务约定不明确、施工中变更频繁、建设单位和监理单位履职不到位、竣工价款结算时虚报结算、工期拖延等问题提出审计建议500余条。对审减率超过5%的104个项目，责成建设单位向县政府写出书面说明；对审减率高于10%的45个项目，责成建设单位写出书面说明的同时，及时抄报县监察局和大建设办公室。

【审计理念创新年活动】创新审计理念积极转换思维方式。局党组在认真组织“学党章党规、学系列讲话，做合格党员”学习教育中，切实理解和把握中央重大决策部署的战略意图及精神实质，及时掌握改革的新精神新进展，把行动落实到审计工作中。在2016年工作计划的安排上，牢固树立创新、协调、绿色、开放、共享的发展理念，科学把握“十三五”时期经济社会发展的新特点新要求，依法依规加强审计，客观求实看待问题，千方百计保护创新，全力以赴推动改革，竭尽所能促进发展。创新工作机制推进审计监督全覆盖，在实施县本级预算执行审计工作中，坚持“揭露问题、规范管理、促进改革、提高绩效”的总体思路，突出财政资金使用绩效，推进财政审计监督全覆盖；在经济责任审计方面，积极推进村级领导干部经济监督全覆盖，强化经济责任审计，建立和推行领导干部任期内轮审制度，加强对掌握重要经济决策权、执行权、管理权和监督权等关键岗位领导干部的审计，突出重点事项和重点资金，关注对管理重点项目、分配及使用重点资金的部门、单位和岗位领导干部的审计；在政府投资审计方面，出台《涡阳县审计局政府投资建设项目跟踪审计实施办法》，对政府投资建设项目实施全过程真实性、合法性、效益性进行审计监督。创新工作模式方法提升审计工作效能，在思想观念、技术方法、组织方式等方面不断创新工作模式方法，如 组织人员参与计算机审计培训，有针对性地提高审计人员在大数据时代的基本技能，积极派员参加上级审计机关实施的审计项目，达到以审带训的效果；与时俱进，加强整改机制，计划将整改情况时列入被审计单位主要领导干部履行经济责任和单位年度目标责任考核内容，以达到通过创新来提升审计工作效能。创新发展新理念提升审计监督成效，在具体审计工作中，正确把握依法审计与服务新常态的关系，更加主动地适应改革、服务改革，做到围绕政策落实、权力责任、制度创新谋划审计工作，扎实推进审计发展新理念创新，提升审计监督成效。

【机关党建工作】扎实开展“两学一做”学习教育，及时制订方案和行事历，每周一例会由局领导班子成员轮流组织开展《中国共产党党章》、习近平系列重要讲话、上级重要会议精神等专题辅导，进一步提高了机关人员党性修养，营造“人人争当合格党员”的良好氛围。全体党员干部在学习的同时认真做好学习笔记，手抄党章、积极撰写心得体会。以学促干，将“两学一做”活动与审计重点工作有机结合，学以致用，切实发挥党员干部的先锋模范作用，推动审计工作上新台阶。认真组织“讲看齐 见行动”学习讨论活动，局党组在深入学习的基础上，围绕牢固树立核心意识、向党中央看齐、向党的理论和路线方针政策看齐、向党的决策部署看齐，针对突出问题，建立负面清单，明确整改重点、完成时限和责任人，把整改任务进行量化、细化、具体化，确保层层传导压力，把学习讨论成果转化为工作思路和举措，上升为机制和制度。组织机关工作人员深入学习了优秀乡镇干部刘亚先进事迹，锤炼了广大工作人员的党性修养，进一步增强了“讲看齐、见行动”自觉意识。同时，审计局党组还以严重违纪案件为反面教材，促使机关工作人员认清党员干部的违纪违法对党的形象的巨大危害。通过正反两方面的典型教育，充分发挥先进典型的引领作用和反面典型的警示作用，广大党员紧密联系自身实际，举一反三、检身正己，做到见贤思齐、见不贤自省，真正在思想上、政治上、作风上践行“讲看齐、见行动”。积极做好巡视整改工作。在省委巡视组进驻涡阳县期间，审计局党组抽排两名同志全力支持配合省委巡视组工作。针对省委巡视组提出的问题，制订整改方案和行事历，领导班子主动把自己摆进去，承担责任，带头整改，不遮掩、不护短采取“问题清单限期销号”的办法，逐个督促落实整改任务。机关开展懒政怠政专项整治，严格落实“三个公开”，完善干部“做事档案”，着力解决“慵懒散”切实改进机关工作作风。

【审计队伍建设】一是强化干部管理。严格按照“信念坚定、为民服务、勤政务实、敢于担当、清正廉洁”的好干部标准从严打造政治强、业务精、作风优、纪律严的审计队伍，进一步建设具有铁一般信仰、铁一般信念、铁一般纪律、铁一般担当的审计机关。二是组织业务培训。组织全体审计人员参加安徽省审计厅2016年审计知识分项集中培训、赴江西财经大学学习审计创新工作理论培训。积极参与省市审计项目，以审代培，选择年轻审计干部作为主审，通过压担子历练人才，锻炼队伍。三是培养审计人敢于担当的精神，在困难面前敢闯敢试，在矛盾面前敢抓敢管，敢于揭露问题，切实履行审计职责。2016年，涡阳县审计局马晓东代表亳州市审计局参加全省审计系统乒乓球比赛获得第四名好成绩。陈永红被推荐为省妇联先进个人，并当选为市人大代表，许复礼、王军当选为县党代表，黄志强、王惠杰当选为县政协委员。有4名同志取得了初、中级审计师资格、一级建造师证书。（县审计局供稿）

统计工作

【第三次全国农业普查】根据《国务院关于开展第三次全国农业普查的通知》精神，按省、市要求，及时成立了涡阳县2016年全国第三次全国农业普查领导小组及其办公室，并督促各镇（场）、街道及经开区也成立了相关组织，在上级业务部门的指导下，先后开展“两员”选配工作、“两员”培训工作、调查摸底、正式登记培训、数据录入上报培训等工作。在省普查办组织的检查中，县各项工作受到省局领导的高度评价。

【统计基础工作】一是加大对乡镇经济信息服务站的巡查力度。结合年报工作，全局组织专业人员对乡镇信息服务站机构设置、人员配备、制度建设、服务能力、设立台账、档案盒管理、投资项目准入制度等方面进行巡查，督促、帮助乡镇信息服务站规范各项统计工作。二是深化“四上”企业统计人员的培训工作，1—2月利用年报会对“四上”及重点服务业企业统计人员进行全面培训。进一步促进县统计数据精准，在全省统计基础工作巡查过程中，省局对县统计基础工作给予充分肯定。

【统计服务】2016年，统计局严格按照省、市统计局安排，全力做好县域经济考核，及时进行各类考核资料的收集、整理、审核和上报工作，全面、真实、准确地反映县经济社会发展实际情况，重点做好以下几个方面的工作：一是加强与省、市局相关业务处室联系沟通，及时了解相关信息，分析县在“三县一区”及全省的经济位次及面临的机遇挑战。二是每月编辑省三类县主要经济指标及涡阳县在全省、全市以及皖北县、市中排名位次的小册子，及时向县政府领导反馈县的经济发展状况并提出意见和建议。三是建立每月一次的全县经济运行调度会制度。由统计局提供主要经济数据的定性或定量的分析报告，十多家经济主管部门及26个镇（场）、街道及经开区共同分析存在的问题和改进措施，及时对各项重点经济发展数据进行警示、监测。四是积极开展“四上企业”申报，指导企业完成手续，及时上报，并注重战略性新兴产业企业的申报工作；对人均GDP、单位GDP能耗、第三产业贡献率、居民可支配收入、研发经费占GDP比重等重要指标及时监测、分析，指导有关部门有序开展工作。全年编写全县经济运行情况综合分析16篇，专题分析29篇，及时分析县经济运行情况，为领导决策服务。

【统计法治建设】一是组织全局干部职工收看全国《统计违法违纪行为处分规定》视频会议，召开专题学习会、组织测试。充分利用“四上”企业培训、统计年报布置会等机会，大力宣传统计法律法规。二是积极开展社会治安综合治理和平安创建工作，惩治邪教、维护国家安全，确保各项工作顺利开展。三是经常利用全局干部职工会议，进行统计法律、法规条款学习，提高执法队伍的业务素质。在主要街道开展《中华人民共和国宪法》《中华人民共和国统计法》宣传。四是依法开展统计执法检查工作，发出《统计报表摧报单》，并对统计违法单位依法进行处理。

（县统计局供稿）

市场监督管理工作

【概况】涡阳县市场监督管理局工作人员编制279人，其中行政编制230人，事业编制49人。内设机构14个：办公室，人事教育股，财务装备股，政策法规股，食品综合协调股，食品安全监管股，化妆品保健品安全监管股，药品医疗器械监管股，消费者权益保护股，企业监督管理股，商标广告监督管理股，质量与认证监管股，标准计量股，特种设备安全监察股；直属行政机构3个：行政审批局，市场规范管理局，综合执法局；派出机构13个：向阳路市场监督管理所，东城市场监督管理所，经开区分局，西阳市场监督管理所，龙山市场监督管理所，高炉市场监督管理所，新兴市场监督管理所，标里市场监督管理所，义门市场监督管理所，青疃市场监督管理所，楚店市场监督管理所，牌坊市场监督管理所，高公市场监督管理所；直属事业单位3个：涡阳县市场监督检验所，涡阳县市场监管稽查大队，涡阳县消费者保护委员会。

【企业登记管理】紧紧围绕为民、务实、高效的工作目标，坚持加强监管与提高服务质量并重、规范管理与优化经济发展环境相结合，以《公司法》《公司登记管理条例》《药品管理法》以及《食品安全法》为依据，积极推进企业登记管理制度的改革和创新，全力扶持辖区内市场主体创业创新，引导各类企业做大做强，切实将惠民政策措施不折不扣落到实处。2016年新发展各类企业10575家，其中私营企业2029家，内资企业44家，农民专业合作社897家，个体工商户7605户。办理名称预先核准838件；变更登记353件、备案登记98件；为社会提供档案查询服务550余人次，电话咨询服务达2150余人次。为政府等部门提供企业登记数据，服务政府决策。积极推进网上办事大厅业务，梳理入驻网上办事大厅的办事项目，推进办事项电子化，模块化，将办事项法定依据，实施对象，申报材料，办理程序，承诺时限，联系方式等内容全部公开，并配有清晰的运行流程图，让群众一目了然，便于操作。精简办事流程，缩短业登记法定工作日时限，并实施特事特办、急事急办、即时结办、8小时外预约服务等举措。降低准入门槛，

对食品生产企业产品质量进行抽检

放宽登记条件，对取消的行政审批和事项全部按要求落实到位，方便市场主体，提高注册登记效率。

【商事改革】全面落实营业执照、税务登记证和组织机构代码证的“三证合一”改革，实施“一照一码”新登记模式。积极探索登记便利化措施，进一步提高审批效能，全部审批事项实行网上办理。新的企业登记时改为一次申请，由现在的市场监督管理部门核发一个加载统一社会信用代码的营业执照。一表申请，一照一码，一网互联，一照通用。企业办理营业执照的时限由原来的9个工作日压缩为5个工作日。2016年，已办理12383件。

【食品药品监管】按照行政管理体制的改革要求，从事前审批转到事中、事后的监管，充分利用营业执照颁发信息，建立起重点企业的监管档案，做到一企一档。对5000余家企业建立监管档案，重点是食品企业、药品生产销售企业等。通过企业监管档案的建立，充分掌握重点监管企业的相关信息，做到监管有计划、监管有目标、监管全覆盖、监管有成效，做到监管工作有的放矢。为保证监管工作有效实施，该局针对各项监管工作制定规章制度，形成年度对每家企业的监管次数、监管的内容、不合格项整改及立案查处、整改项验收等全过程的监管制度，做到能发现问题、能解决问题、保证监管工作的规范性和有效性。严格依法对食品、药品生产经营者进行监管，严格执行权力清单和责任清单制度，认真做好“两法衔接”工作。对涉嫌违法犯罪的食品、药品生产经营者依法追究违法者的刑事责任，对危害人民群众食品药品安全的不法分子起到震慑作用。

以日常监管和专项整治为抓手，严格履职，确保食品、药品安全。制订各项监管工作的日常监管计划，监管单位按照监管计划开展监管工作，保证监管工作的全覆盖。开展各项专项整治工作。2016年，全县开展元旦、春节期间食品安全专项整治工作；春节学校食堂食品安全检查；豆制品生产企业专项整治；包装饮用水生产企业专项整治；调味制品等休闲食品质量安全专项整治；代用茶生产加工企业专项整治；重点食品重点区域专项整治；小餐饮示范店创建工作和餐饮服务环节“明厨亮灶”工作；校园及周边环境食品安全专项整治工作。开展药品生产企业、药品零售企业、个体诊所、学校卫生室和养老机构药品安全以及隐形眼镜、避孕套、计生药械、疫苗等专项监督检查；药品医疗器械飞行检查；对药械批发、连锁、零售企业认证后每季度进行跟踪检查等各种专项整治工作。出动执法人员1357人次，共检查各类食品生产经营者3771户次，抽检各类食品245批次，其中不合格26组，立案查处食品违法案件40起，结案40起。检查批发市场、集贸市场等各类市场123个次。检查保健食品经营户118户，取缔无照经营2户。检查医疗机构，药品、医疗器械经营单位，饮片生产企业共225家，责令整改31家，立案11起，结案11起。

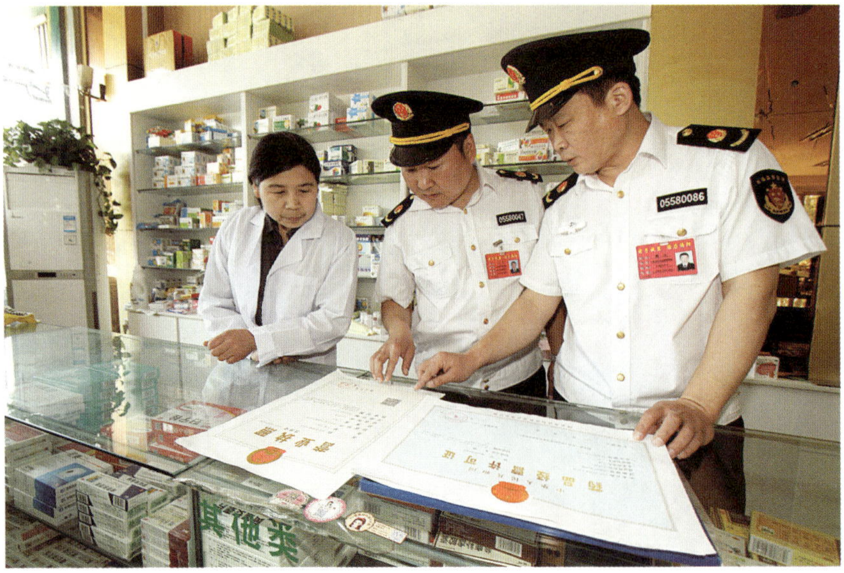

加大监管力度 净化药械市场

【消费者权益保护】整合“12315”“12365”“12331”消费维权热线平台，健全消费者投诉举报受理网络，完善消费纠纷集中受理。认真受理和及时处理消费者投诉举报咨询，切实提高“12315”电话接线率、投诉调节成功率、诉求办结率、转办案件处理率。

2016年全县“12315”消费维权机构受理消费者咨询、申诉及举报530件。其中咨询件325；申诉举报件205，调解成功76件，调解成功率100%；举报95件，办结93件，办结率98%。消费维权案件4件，为消费者挽回经济损失28万元。重点开展“3·15”消费者维权日纪念宣传活动。接受群众咨询900余人次，发放宣传材料4500份；展出假食品、假饮料、假酒、假皮鞋、假日化用品十余种；在垃圾处理场集中销毁假冒伪劣商品12吨。

【农资市场监督管理】开展春夏秋季红盾护农专项行动。惩治假冒伪劣农资，销售掺杂使假以次充好有效含量不足等假冒伪劣农资的违法行为。打击虚假标志、标志不清、虚假宣传等违法行为。查处商品交易市场违法违章案件67起，涉案金额43万元，其中查处农资案件39起，成品油案件7期，涉案金额7.4万元，罚款4.8万元，为农民挽回损失3.4万元。

【广告监督管理】以贯彻落实《中华人民共和国商标法》和新《中华人民共和国广告法》为契机，以惩治侵犯知识产权和制售假冒伪劣商品为重点，围绕全局重点工作依法加强对食品、药品、保健品和医疗器械、涉农农资、房地产、招生等类型广告的监测、检查，依法严厉惩治商标侵权、虚假违法广告等违法行为，促进商标品牌有序发展，着力营造良好的商标发展环境，致力推动广告业健康发展。加强食品药品医疗器械等广告内容监测，与广告发布单位签订《依法发布广告责任书》和《守法发布广告承诺书》，一方面积极和县公安局网监大队、县委宣传部网宣办、县电信公司等互联网管理单位联系了解有关情况，另一方面强化百度搜索监测。2016年9月1日以来，共监测检查企业网站和论坛类网站40余家，责令整改不规范用语2家。加强广告专项检查暨专项整治行动。开展天静宫景区广告专项检查、虚假违法农资广告内容专项行动、涉嫌非法集资广告专项整治活动、“三线三边”户外商业广告内容专项整治、招生广告专项整治。开展整治、违背社会良好风尚和不良影响广告专项行动。2016年共出动执法人员1570余人次，出动执法车辆400余台次，监测各类广告共5500余条次。

【商标监督管理】以惩治商标侵权为重点开展商标监管工作，组织开展工商职能双打工，先后组织开展了保护“迪士尼”、古井年份原浆注册商标专用权等专项行动。2016年，办结商标侵权案件44件．开展商标发展指导，在业已建立的13个基层市场所（分局）商标品牌指导站，以所为单位开展企业（个体户）商标注册及规范使用、维权等指导帮扶工作。2016年以来，基层所商标品牌指导站共帮扶指导企业进行商标注册申请80余件。2016年4月，“涡阳大豆”地理标志证明商标申请国家工商总局商标。积极培育推荐中国驰名、省著名、市知名商标。2016年，涡阳县新增安徽省著名商标4件，亳州市知名商标8件。2016年10月27日，安徽省正宇面粉集团有限公司的“正宇”牌中国驰名商标申报材料已正式上报国家商标评审委员会。

【合同监督管理】围绕合同监管服务于涡阳经济建设开展工作。进一步加快合同监管基层化进程，全面落实合同帮农“十项制度”，结合全局工作部署安排，严厉惩治合同违法行为，整治合同“霸王条款”，规范合同格式条款备案、动产抵押登记、拍卖活动监管工作，培育推荐守重单位，建立企业信用制度，积极推广合同示范文本。落实帮农“十项制度”，推进“订单农业”发展。加强对涉农企业的合同监管，提高企业和农民的诚信意识。惩治合同霸王条款，惩治合同违法行为。监督格式条款合同，完善合同备案制度强化拍卖行业监管，规范抵押登记行为。2016年，共深入企业138家（次），监督检查各类合同2260份，金额20853.6万元；印发合同法规宣传材料2000份，举办合同法规培训班3期，参训人员100余人（次）。受理格式条款合同备案14件，已备案14件，调解商品房合同买卖纠纷22件。受理拍卖企业备案14次，现场监拍14次，拍卖成交额6118.89万元；办理动产抵押登记90件，抵押物价值79530.4574万元，被担保主债权47140万元。认真做好“重合同守信用”企业公示工作，推荐上报国家级“守重”单位3家、省级“守重”单位19家、市级“守重”单位23家，县级“守重”

开展特种设备安全专项检查

单位26家。

【特种设备安全检查】开展粉尘作业使用场所安全专项检查，锅炉、电梯、起重器械、压力容器等特种设备安全专项整治。组织开展重要节假日、“两会”等特殊时段特种设备安全检查，督促企业落实特种设备安全主体责任，开展隐患排查治理，严防事故发生。共检查特种设备使用单位139家，发现隐患42处，下达指令28份。开展气瓶充装单位，锅炉电梯起重机械，压力容器压力管道，气瓶等特种设备安全隐患排查工作，在企业自查的基础上，组织人员对“三落实，两有证，一检验，一预案”等制度执行情况进行了认真督查，责成存在安全隐患的单位签订整改承诺书，督促其限期整改，消除安全隐患。定期召开特种设备安全监察工作例会，召开2次特设例会研究特种设备安全工作，解决工作中存在的突出问题。对安全监察人员进行业务培训，加强监察队伍建设，提高技术保障水平。组织监管人员50余次参加国家局和县局组织的特种设备安全监察人员培训。严格执法，以设备检验和无证查处为抓手，对恶意严重违法行为和存在安全隐患，逾期不改的单位，给予严肃查处。

【质量标准计量】开展元旦、春节期间县级定量包装商品计量专项监督抽查，完成检定天平400台，电子汽车衡75台，台秤185台，电话计时计费器770台，出租车计价器385台，压力表580台，燃油加油机423台，车速里程表1650块，燃气表1000块。帮助2家企业续展商品条码，帮助涡阳天云食品有限公司等11家企业申请条码；联合农委菜篮子办申请《涡阳苔干栽培技术规程》《涡阳苔干良种繁育技术规程》《涡阳苔干加工技术规程》的2016年安徽省地方标准制修订项目；三个市级农业标准化示范区均通过考核，帮助涡阳县孙家蔬菜种植专业合作社申请安徽省孙家设施蔬菜省级农业标准化示范区。帮助涡阳夕阳红老年公寓申请省级服务业标准化试点项目，配合省局完成通过对安徽双轮酒业有限责任公司标准化良好行为企业AAAA级复审。

【队伍建设】以“内强素质，外树形象”为主线，不断解放思想、创新理念、转变作风、规范行为，努力建设一支管理一流、服务一流、效率一流、形象一流的队伍，不断提升为民服务效能。深入开展教育整顿活动，树立宗旨意识。坚持把开展“两学一做”主题教育活动作为工作提升的有力手段，认真落实查摆整改，做到查得全、查得准。强化制度保障，树立依法行政意识。着眼精细化管理，对值班、车辆、考勤等11项内部管理和基本工作制度进行全面梳理、修订和完善，增强制度约束力，制定执法处罚程序规定和统一的执法文书，推进了执法办案流程网络化、程序规范化、文书格式化和档案标准化。加强政务公开，树立公仆意识。为更广泛接受社会监督和为广大业户服务，按要求更新门户网站、微信、微博公众号，对政务信息、政策法规进行全方位公开，及时更新市场监督管理部门信息相关事项，政务公开不断完善。开展食品，药品，特种设备，商标广告等法律法规及业务知识的集中培训与学习。加强作风纪律检查，加大问责力度，对违反各项规定和禁令的违纪行为，一律严肃处理，绝不姑息迁就。

开展廉政警示教育

完善目标管理考核办法，充分调动全系统职工的工作积极性与主观能动性。建立了机关股室单位与基层监管所联系指导机制，要求机关业务股室和直属单位充分发挥业务职能作用，帮助基层单位加强市场监管，积极发掘案源，在执法办案，市场监管方面取得佳绩，并通过落实考核奖惩办法加强跟踪管理。将党风廉政建设和反腐败工作纳入季度综合考评重要内容，作为绩效考核、评优评先、干部推荐选拔任用的重要依据。

（县市场监管局供稿）

安监生产监督管理

【概况】根据中共亳州市委办公室、亳州市人民政府办公室《关于涡阳县人民政府机构改革方案的通知》精神，设置涡阳县安全生产监督管理局。县安全生产监督管理局是主管全县安全生产工作的县政府工作部门。设4个职能股（室）：即办公室、监督管理股、综合协调股、职业健康监管股。主要职责是：贯彻执行国家安全生产工作方针政策和法律法规，拟定安全生产发展规划，指导、协调全县安全生产工作，分析和预测全县安全生产形势，发布安全生产信息，协调解决安全生产中的重大问题；承担县安全生产综合监督管理责任。依法行使综合监督管理职权，指导协调、监督检查县政府有关部门和各镇（场）政府安全生产工作，监督考核并通报安全生产控制指标执行情况，监督事故查处和责任追究落实情况；承担工矿商贸行业安全生产监督管理责任。按照分级、属地原则，依法监督检查工矿商贸生产经营单位贯彻执行安全生产法律法规情况及其安全生产条件和有关设备（特种设备除外）、材料、劳动保护用品的安全生产管理工作，负责监督管理县属工矿商贸企业安全生产工作；承担非煤矿矿山、危险化学品、烟花爆竹生产企业安全生产准入管理审查责任。依法组织并指导监督实施安全生产准入制度；负责非煤矿矿山、危险化学品安全监督管理综合工作和烟花爆竹安全生产监督管理工作；承担工矿商贸作业场所职业卫生监督检查责任。负责职业卫生安全许可的审查管理工作，组织查处职业危害事故和有关违法违规行为；监督执行国家工矿商贸行业安全生产标准和规程，组织实施工矿商贸行业安全生产地方标准，监督检查重大危险源监控和重大事故隐患排查治理工作，依法查处不具备安全生产条件的工矿商贸生产经营单位；负责组织县政府安全生产大检查和专项督查；根据县政府授权，依法组织一般事故调查处理和办理结案工作，监督事故查处和责任追究落实情况；负责组织指挥和协调安全生产应急救援工作，综合管理全县生产安全伤亡事故和安全生产行政执法统计分析工作；负责监督检查职责范围内新建、改建、扩建工程项目的安全设施与主体工程同时设计、同时施工、同时投产使用情况；组织指导并监督特种作业人员（煤矿特种作业人员、特种设备作业人员除外）的考核工作和工矿商贸生产经营单位主要负责人、安全生产管理人员的安全资格（煤矿矿长安全资格除外）考核工作，监督检查工矿商贸生产经营单位的安全生产和职业安全培训工作；指导协调全县安全生产检测检验工作，监督管理安全生产社会中介机构和安全评价工作，监督和指导注册

2016 年县安委会第一次全体委员会议

各项安全生产控制指标，明确各镇（场、街道、经开区）和各有关单位的安全监管职责任务。二是督促各类企业严格落实企业主体责任。督促有关部门制定企业落实全员安全生产责任制，推进企业“五级五覆盖”工作深入开展。三是将安全生产目标考核工作纳入全县社会经济发展、职务晋升、业绩评定、综合考评体系，严格落实安全生产“一票否决”制。四是进一步健全安全生产责任制，加强安全生产综合监管。

安全工程师执业资格考试和注册管理有关工作；指导协调和监督全县安全生产行政执法工作；承担县政府安全生产委员会的具体工作；承办县委、县政府交办的其他事项。

【工作部署情况】2016 年，县委、县政府高度重视安全生产工作，始终将安全生产工作摆在突出位置，认真贯彻执行安全生产法律法规和方针政策，及时落实国务院和省、市安全生产各项工作部署。一是县委常委会议题，每月按时听取全县上个月份安全生产工作汇报，研究部署安全生产重大难题。二是县政府分别于 2016 年 1 月 25 日、4 月 13 日、8 月 2 日、9 月 18 日、10 月 24 日召开了 5 次安委会例会，县委副书记、县长熊国洪，县委常委丁博、副县长牛光亲自参加安委会例会，并作重要讲话，研究部署全县安全生产工作。三是县委、县政府主要负责人、分管负责人分别在重要节假日期间和重点时段对安全生产工作进行安排部署和检查指导，落实“一岗双责”。

【责任体系措施落实情况】按照《中共涡阳县委涡阳县人民政府〈关于进一步加强安全生产工作的意见〉》《涡阳县人民政府关于印发涡阳县人民政府安全生产职责规定的通知》要求，依法界定负有安全生产监督管理职责部门安全生产职责，明晰权力清单和责任清单，严格落实“党政同责、一岗双责、失职追责”，进一步明确单位一把手的安全生产第一责任人责任。县长熊国洪亲自带队检查安全生产工作，各位副县长都能按照各自分工负责带队检查安全生产工作，认真落实“一岗双责”和安全生产述职。一是层层签订安全生产责任状，分解落实安全生产工作目标和控制指标。县政府与 26 个镇（场）、街道办事处、经开区管委会和负有安全生产监管职责的部门签订 2016 年安全生产目标管理责任状，分解下达

【安全生产大检查和专项督查】制定印发《涡阳县 2016 年安全生产工作要点》，指导全县安全生产工作开展，大力推进安全生产重点行业专项行动，全力整治省市挂牌 19 处重大安全隐患，严厉惩治安全生产领域各类违法违规行为，进一步规范全县安全生产秩序，提高了全县安全生产水平。根据国务院、省、市工作安排，涡阳县制定下发《涡阳县全面开展安全生产大检查工作实施方案》和《关于开展全县春季安全生产大检查的通知》，在全县所有行业和领域集中开展安全生产大检查和安全隐患排查整治活动。全县安全生产大检查工作在企业自查自纠的基础上，共组织督查组 47 个，督查人次 406 人次，督查检查各类生产经营单位 927 家，排查各类安全隐患 3057 处，现场整改 3028 处，整改率 98.9%。执法检查符合法定程序、执法文书运用规范、执法检查档案符合规定。

【安全生产执法检查】一是制定落实安全生产监管执法实施办法。调整优化执法人员结构，加强执法力量，探索建立安全生产与职业卫生一体化执法机制。二是加强执法能力建设，落实执法人员岗前培训。三是严格按照年度执法计划依法实施执法监管，积极推进“五个一批”工作，落实安全生产事故信息直报系统，直报率100%。建立举报奖励制度，按时办理完结事故调查处理工作。2016年度，直管行业企业执法检查215人次，其他企业194家次。约谈涉氨制冷企业21家次，停电8家次，停业4家次，处罚2家。办接受理群众来信来电投诉举报、省市领导转批件21起，件件有回音、有结果，做到举报事项和来信来访案件处理率达到100%。

【事故调查】2016年，全县发生各类生产安全事故43起、死亡21人、伤49人、直接经济损失13.52万元，分别同比下降79.5%、43.2%、79.7%和46.9%。其中，发生道路交通事故40起，死亡18人，伤49人;3月28日，三星化工集团发生一起一氧化碳中毒事故，造成1人死亡;8月2日，花木虫鱼市场发生一起触电高坠事故，造成1人死亡;9月4日，涡北街道前曾行政村张吴路发生采伐林木伤亡事故，造成1人死亡。无较大以上安全事故发生，全县安全生产形势总体稳定。安全生产各类指标控制在市下达的范围之内。县政府及时组成事故调查组，分别依法对“3·28”三星化工一氧化氮中毒事故、“8·2”花鸟虫鱼市场触电事故和“9·4”伐树伤亡事故进行调查处理，责任追究和整改措施同时落实到位。其中“3·28”三星化工一氧化碳中毒事故党政纪处分11人，罚款49万元;“8·2”花鸟虫鱼市场触电事故移送司法机关1人，罚款2万元;“9·4”伐树伤亡事故移送司法机关4人。

【安全生产事故应急救援】2016年。突出抓好应急救援队伍建设和应急管理演练，3月20日，安徽双轮酒业开展火灾应急救援演练活动;6月23日，涡阳县海事处在西阳渡口开展渡船遇险应急救援演练;6月30日，涡阳县举办居民小区电梯困人事故应急救援演练;6月29日，三星化工组织开展重大危险源液氨泄漏事故演练;7月12日，涡阳民乐烟花爆竹公司组织开展火灾应急救援演练。全县先后开展各类应急救援演练1000余场次，参演人员12万人次，有效提高处理紧急事故的快速反应和处置能力，增强各部门之间的协调能力，加强危化品企业及从业人员的安全责任意识和学校师生的安全防范意识。

【隐患排查治理与安全专项整治】2016年，涡阳县以“安全隐患排查治理年”为抓手，深入开展安全隐患排查治理活动。1月26日，涡阳县人民政府印发《〈涡阳县安全生产事故隐患排查治理办法〉的通知》。针对安全生产大检查自查排查、督查组督查和省市巡查发现的隐患，分别实施省市县分级分类挂牌。全年省市挂牌督办安全隐患共19处，已全部销案、解除督办;省政府巡查组巡查发现的4个问题，截至12月30日全部整改到位;县政府挂牌督办22处隐患全部整改到位。全县深入开展烟花爆竹、危化品、涉氨制冷、粉尘防爆、农村建筑与燃气、道路交通、人员密集场所消防安全等重点行业(领域)12项专项整治:道路交通查纠各类超员、超速、酒驾及无证驾驶等道路(水上)交通违法行为20761起，行政拘留21人，检查客货运企业61家，排查各类隐患141处，下整改通知22份，查扣车辆23台;烟花爆竹、危险化学品专项治理查处非法储存烟花爆竹6852件，已全部依法销毁;液氨制冷专项治理检查全县16家液氨使用企业，聘请淮北雷鸣科技公司开展安全现状评价，拆除2家，停业停产1家，其余10家进行市、县两级挂牌整改，已整改到位;粉尘防爆，聘请蚌埠祥源科技有限公司专家带队对全县37家企业开展检查，形成隐患排查治理台账详案，把排查的各类隐患按照“三个清单”要求，落实属地政府监管责任进行整改;建筑施工，检查施工单位124家，排查隐患538处，现场整改489处，下发限期整改指令书31份，责令停工整改项目7个，约谈施工监理单位9家，经济处罚2家、行政处罚3家;特种设备行业，联合检查电梯使用单位62家次，液氨使用单位36家次，其中5家未办理压力管道使用登记的企业被市县安委办挂牌整改，液化气充装站5家，其中3家企

县委常委、副县长黄恺暗访安全生产

业依法拆除，游乐场大型设备5家，现场整改隐患27处。同时，电力设施、城市燃气管道等都开展了专项整治工作，专项整治工作初见成效。

【危化品安全监管】开展化工和危险化学品事故警示教育组织华夏气体、三星化工、涡阳分输站、涡阳油库、中国石化、中国石油六家企业，认真组织开展了安全警示教育活动，共计662人参加，企业警示教育覆盖率100%。认真做好非药品类易制毒化学品经营备案工作，全面加强易制毒化学品监管工作。加油站专项整治，聘请安全专家对涡阳县22家私营加油站进行安全检查，共发现安全隐患151处。

【非煤矿山安全监管】督促石弓玉体矿山进一步落实企业安全生产主体责任，玉体矿山公司已全面停产，并落实相关安全措施。全面组织和开展安全隐患排查，加强爆破作业管理，坚持分层分台阶开采，坚决杜绝“一面墙”开采行为。

【职业健康监管工作】2016年，涡阳县创建省级职业卫生基础建设活动示范企业1家，为海螺水泥厂；完成职业危害申报17家；华环烟草公司完成职业卫生三同时初评工作，其余5家正在洽谈中；6家单位与服务机构签订职业危害现状评价、检测工作；12家企业开展职工健康体检，体检人数439人；2016年，开展职业卫生执法检测72家次，发现隐患46处，现场整改21处，下达执法文书14份，依法对安心牧业感染布鲁氏杆菌病毒情况罚款5万元。

【安全生产基础工作】2016年，涡阳县进一步推进镇(场)、街道、经开区安全监管机构和队伍建设，在26个镇（场）、办事处全面设立安全生产监督管理办公室，配备2名专职安全监管人员。建立健全基层基础建设，认真推进安办“八有”制度。加大安全生产经费投入，全年县财政为每个安办划拨2万元办公费用。一是筑牢安全生产基础。2016年，县政府设立安全生产财政专项资金购买第三方安全专家服务；企业按规定提取和使用安全生产费用。涡阳县继续实施安全生产责任险和安全生产标准化创建工作，以提高企业本质安全水

副县长牛光检查安全生产工作

平，参险人员1500人，9家三级标准化创建企业已通过外评机构达标评审验收。二是加强科技创新，建立健全安全监管信息化管理系统。落实烟花爆竹重点行业安全监管信息化管理，推进实施“机械化换人”工作。建立安全生产诚信体系和“黑名单”制度。接受社会监督，推进安全生产诚信体系建设，曝光典型案例，纳入“黑名单”管理。三是开展职业卫生基础建设活动。编制《涡阳县职业病防治规划》，完成用人单位基础建设活动，依法监管并查处职业卫生违法违规行为。四是宣传教育培训。依托安全生产培训机构，培训各类安全生产人员近万人，增强从业人员的安全防范和应急处置能力，为全县安全生产形势的稳定奠定坚实的基础。2016年第15个“安全生产月”期间，紧紧围绕“强化安全发展观念，提升全民安全素质”主旨，策划组织了一系列主题鲜明、内容丰富的宣传活动。此项工作受到省政府安委办通报表彰。涡阳县认真组织实施全国安全生产应急知识竞赛活动和“安康杯”知识竞赛等一系列安全生产活动，继续深入开展安全文化“六进”活动，使安全文化潜移默化的深入人心。

（县安监局供稿）

举办用人单位负责人和管理人员职业卫生培训班

农 业

农业与农村经济

【综述】涡阳县农业委员会是县委、县政府主管全县农业和农村经济工作的职能部门，正科级建制。内设办公室、人事干训室、农业产业化室、宣教信息室、政策法规室、生产室、综合室七个职能科室，以及原县粮食局。现有干部职工21人。主要职责：贯彻执行国家、省、市农业和农村经济的方针政策，负责农业和农村经济政策调研；研究拟定农业和农村经济发展战略中长期发展规划和年度发展计划；贯彻执行农业产业政策，指导农业产业结构和农村经济结构调整；研究提出深化农村经济体制改革的意见；组织实施农业产业化经营，促进农业一体化发展；组织实施科技兴农战略；拟定农业各产业的地方标准及产品质量标准的申报工作；协调有关部门组织农业综合行政执法；负责农业生物物种资源和动植物新品种的保护管理工作；扎实做好美好乡村产业发展指导工作；负责全县农业特色产业扶贫工作。

【粮食生产】2016年，根据省、市要求，全县大力抓好绿色粮食增产示范区、村、场建设，通过认真调研，精心谋划，狠抓落实，全县共建成绿色粮食增产示范区4个、示范村4个、示范家庭农场4个，发展优质专用粮食生产基地3.3万公顷（其中推广种植新麦26、涡麦9号等强筋小麦1.73万公顷，弱筋小麦0.13万公顷，富硒黑（糯）小麦2万亩，高蛋白大豆1.33万公顷）。全县粮食总产可达136万吨，超额完成市委、市政府下达的全年13.5亿公斤的粮食总产目标。

【农业科技推广】2016年，全县农技人员深入贯彻落实“中央一号”文件精神，紧密围绕县委、县政府重点工作，扎实开展了农技推广工作。全年推广农业实用增产技术22项，农业新品种31个，使全县主要农作物良种覆盖率达100%，关键技术到位率达95%以上，确保粮食增产、农业增效、农民增收，有效地推动农村经济的发展。在品种上，小麦重点推广涡麦9号（强筋）、新麦26（强筋）、涡麦99、涡麦182、鑫麦8号、谷神6号、良星99、淮麦22、烟农19、安农0711、山农20、百农207等；玉米重点推广了登海605、隆平206、登海618、农大372、裕丰303、中科玉505、苏玉29、鲁单9088等；大豆重点推广了涡豆5号、涡豆6号、荷豆15、荷豆19、徐豆16、皖豆28、德纯豆8号、齐黄34等。在技术上，重点推广了秸秆还田技术、测土配方施肥技术、科学整地播种技术、病虫害绿色防控技术、化学除草技术、化学调控技术、避灾减灾技术、小麦“一喷三防技术”、玉米延迟收获技术等。严格实施苗情、墒情、病虫情和灾情监测工作，在特殊时期和田管关键时期加大监测频次，确保准确掌握“四情”动态。全年开展苗情监测120多次、土壤墒情监测60多次、病虫监测100多次，上传和发布苗情信息60多次、墒情信息30次，发布《病虫情报》15期。为指导田管提供了科学依据。

【粮食绿色增产模式攻关】2016年，全县共建立粮食绿色增产模式攻关示范片（示范村、示范家庭农场）12个，面积70260亩。其中省级示范片2个，县级示范片2个；省级示范村2个，县级示范村2个；省级示范家庭农场2个，县级示范家庭农场2个。在实施过程中，涡阳县牢固树立绿色、增产、效益的理念，强化“三推”和“三节”技术，突出良种良法配套、农机农艺融合、农业投入品安全。把“绿色”的内涵和要求贯穿于增产模式攻关全过程，取得了显著成效。小麦绿色增产模式攻关示范区平均亩产606公斤，玉米平均亩产617.8公斤，示范区农药、化肥实现零增长，耕种收综合机械化水平小麦达到100%，玉米达到95%以上。

【测土配方施肥】2016年，制定主要农作物施肥大配方10个，全年推广推广测土配方施肥技术320万亩（次），推广应用作物配方肥8万吨，施用面积160万亩；推广秸秆综合利用技术，2016年全县综合利用率达93.7%；全年推广种肥同播技术万亩，缓（控）失（释）肥等新型肥料15万亩；全县建立墒情监测点10个，国家级地力监测点1个，省级及县级地力监测点9个，全年发布墒情监测信息30期；2016年，全县化肥使用量（折纯）76028吨，同比减少104吨，实现了零增长的目标。

【植保植检】2016年，全县植保工作牢固树立“绿色植保”和“科学植保”的理念，积极推广农业防治、生物防治、物理防治等绿色防控技术；推广使用高效低毒低残留农药和大中型高效药械；推行精准科学施药，实施病虫害统防统治，提高防治效率，实现农药减量控害，保障了农业生产安全。全年通过县电视台发布视频病虫情报10期、发布纸质病虫情报15期，准确率93.3%；全县共建立日服务能力33.33公顷以上的植保队77个，建立日服务能力66.67公顷以上的植保队32个；全县共发生病虫草害64万公顷，防治59万公顷，挽回损失44250吨；2016年，全县农药使用量931吨，同比减少2吨，实现了零增长目标；推广小麦、玉米病虫害绿色防控技术7.67万公顷，分别占小麦、玉米播种面积的45.71%和49.3%；全年签发产地检疫合格证18批次，开具调运检疫证书118批次，有效地切断了农业有害生物的传播渠道。

【技术服务】2016年，在全县遴选172名农技指导员，以包村联户的形式，包保培育示范户1720户。通过技术培训、技术服务，示范户技术水平明显提高，据对示范户测产调查，2016年全县小麦科技示范户平均亩产568.9公斤，较全县小麦平均单产505.2公斤，亩增产63.7公斤，增长12.61%。玉米科技示范户平均单产551.9公斤，较全县玉米平均单产505公斤，亩增产46.9公斤，增长9.28%。全年开展了小麦、玉米新品种示范，商品有机肥肥效试验，小麦、玉米肥料减量试验，小麦种肥同播示范，小麦控失肥、玉米缓释肥示范，小麦绿色增产模式示范，病虫害绿色防控示范，新型农药药效试验等，为大面积推广提供理论依据。2016年，在农作物生产的各关键阶段，都通过召开培训会、组织观摩会、印发明白纸、手机短信、进村入户等形式，将先进适用新品种、新技术、新科技及时传递给广大农户。据不完全统计，共举办电视专栏讲座20期，开展技术培训100多场次，发放各类技术明白纸100多万份，培训农民2多万人次。

【农业科研及培训】积极抓好职业农民培训，提高人员素质。重点是结合农事活动，广泛开展好广播、电视农业科技知识讲座、发送技术明白纸、举办各类培训班、组织巡回报告等各项技术培训工作。全县共培训职业农民1220人。在农业科研工作上，涡阳县承担的13类、51项国家，省级农业科技试验课题，全面按时按质按量完成。涡麦11、涡麦12小麦新品种顺利通过省审，涡麦66小麦新品系进入国家生产试验、涡麦101进入省生产试验、涡麦1212进入国家区域试验，涡麦102、103进入省区域试验；涡玉4号进入省区域试验。进一步丰富了涡阳县小麦、玉米良种资源。

【农业产业化】全县以推进农业产业化转型升级，加快推进食品制造及农产品加工业发展为重点，把培育扶持龙头企业作为推进农业产业化经营，促进农业和农村经济结构战略性调整，全面提高农业整体效益和农民增收致富的重要措施来抓，重点抓好优质农产品推介及展示展销活动、认真做好省级龙头企业的组织申报、扎实开展食品工业行动计划的推进、现代农业产业化联合体的培育，以及农产品基地建设、农业招商引资、“三品”认证等项工作，不断促进涡阳县农业产业化向“主导产业趋于明显、基地面积不断扩大、辐射带动能力不断增强、农产品质量不断提高”的局面发展。全县市级以上农业产业化龙头企业123家(其中省级龙头企业11家)。培育规模以上农产品加工企业112家，规模食品工业企业86家，产值亿元以上食品加工企业达到26家，产值10亿元以上食品工业企业2家。正宇、源和堂2家小巨人企业，成功进入省级龙头企业“甲级队”。源和堂药业在北京新三板成功上市，4家企业在安徽省股权托管交易中心开设农业板(四板)挂牌。涡阳县利用红薯加工成粉丝有着悠久的传统，顺华粉业有限公司、皇园粉丝厂、刘家发粉丝厂等一批市级粉丝加工规模龙头企业传承和巩固了涡阳县红薯加工业的传统优势。通过产业培训和示范带动，建成现代农业产业联合体19个。全县共完成农产品加工产值140亿元，同比增长26.7%。完成食品工业产值85亿元，同比增长53%。

【特色经济发展】2016年，全县累计种植蔬菜总面积可达3.1万公顷，其中设施蔬菜面积达到0.83万公顷、苔干种植面积0.53

万公顷，水果面积0.19万公顷。中药材种植面积达0.93万公顷，全县新建绿色果蔬标准园6个。

【农业执法】制定印发《2016年涡阳县惩治侵犯知识产权和制售假冒伪劣商品工作方案》《2016年涡阳县农资市场打假专项治理行动方案》和《2016年涡阳县种子市场监管方案》等，统一部署，强化执法监督，整体推进农业综合执法工作；开展“送法、送科技、送放心农资下乡进村”“农产品质量安全”等宣传活动，印发了农业法律法规小常识、怎样识别假劣农资等宣传材料，引导群众依法维权、科学安全使用农资；开展国家禁限用、高毒农药的宣传、检查活动，张贴、印发国家禁限用农药公告等，推介低毒高效的农药产品，确保农业生产安全；建立高毒农药销售专柜，实行实名登记销售制度，建立健全购销台账，实现可追溯管理；按照《中华人民共和国种子法》、《农作物种子生产经营许可证管理办法》规定对全县的种子生产、经营企业进行认真核查清理，确保涡阳县良种生产合法化、规模化；以普查与集中整治、摸排与举报相结合的方式，对县城农资生产经营企业、批发市场、专业市场进行拉网式检查，对重点乡镇，重点区域、重点产品进行重点检查。共出动执法车辆217余台（次），执法人员1546余人次，检查种子、农药、肥料、兽药、饲料及生猪定点屠宰点等农资经营网点815户次，共抽取农资样品425个，立案29起，罚款10.18万元。

【种子管理】涡阳县种子管理站成立于2011年。其主要职责是贯彻执行国家和省有关种子的法律、法规和方针政策；负责种子行政许可、行政处罚、行政管理；负责种子市场和种子质量的监督；负责农作物新品种引种、试验、审定、示范、推广和保护。

畜牧业

【概况】2008年，按照国家兽医体制改革精神，成立涡阳县畜牧兽医局，为财政全额事业单位，设置涡阳县动物卫生监督所、涡阳县动物疫病预防和控制中心（加挂涡阳县畜牧技术推广中心牌子）两个机构。建设有国家级动物疫情监测中心（兽医实验室）1个，配备公路动物疫病监督检查站1个。25个镇（场）建25个兽医站（院），全县现有官方兽医45人，动物协检员71人，村级动物防疫员266名，机构、场地、设施设备、人员队伍、经费保障等都十分完备。近几年来，涡阳县畜牧局狠抓品种改良、疫病防治、技术推广和饲料兽药及兽用生物制品安全监控四大体系建设，基本形成县乡村三级服务网络，连续多年未发生过重大动物疫情，为养殖业发展提供可靠的保障。

2016年，涡阳县畜牧局紧紧围绕“调结构，转方式，促发展”目标，大力指导发展生猪、家禽、山羊、黄牛规模化、标准化养殖。全县畜牧发展十分迅猛，2016年，全县生猪存栏65.89万头，年出栏98.87万头；肉牛存栏5.94万头，年出栏5.93万头；肉羊存栏71.82万只，年出栏107.1万只；家禽存栏712.9万羽，年出栏1081.3万羽；禽蛋产量40810吨，肉类总产109400吨。标准化规模养殖发展较快，全县各类规模养殖场（户）5788户，其中生猪养殖3079户，家禽养殖1328户，大牲畜养殖203户，山羊养殖1096户，其他养殖82户，规模养殖比重达81.6%；畜禽品种良种覆盖率98%。

【规模养殖发展】安欣（涡阳）牧业有限公司100万只羊产业项目在涡阳规模化、工厂化养羊项目建设，亳州温氏畜禽养殖有限公司采用“公司+基地+农户”的经营运作模式在涡阳大力发展养猪、养鸡事业，涡阳万头养猪场等规模养殖企业稳定发展，对涡阳县规模养殖产生了很大的示范、辐射效应，到2016年年底，全县有省（部）级示范养殖场7家：涡阳县万头养猪场、涡阳县康新牧业有限公司（肉羊）、安徽安欣（涡阳）牧业公司、安徽田园牧业有限公司（肉牛）等，示范专业合作社有：涡阳县丽燕养殖种植专业合作社（生猪，省级示范场）、涡阳县向海养殖专业合作社等。

【畜禽良繁体系建设】养猪是涡阳县的传统畜牧养殖项目，也是第一养殖畜种，品种以国外引入良种为主，优质外二元、三元杂交猪占总群体98%以上。建有省级示范场斯格配套系猪场，地方品种有皖北黑猪，也具有相当数量。涡阳县为国家生猪生产调出大县，也是国家生猪良种补贴示范县，年承担2.5万头能繁母猪人工授精任务。通过公开招标方式确定的“涡阳县金牧阳种猪站”为生猪良种补贴供精单位。该公猪站拥有来自省级以上种猪场的良种公猪40多头，品种有长白、大约克、杜洛克和地方黑猪。在全县设置16个人工授精点，配置人工输精员(家畜繁殖员)16人。肉鸡中块大型品种主要有艾维茵、艾拔益加等，可占规模场肉鸡养殖的85%；涡阳皖北家禽科研所培育的“青脚麻黄鸡”、大肉杂、三黄等品种为养殖大户所喜爱；草鸡和当地土鸡因品质好，价格不断上扬等特点，近年来养殖量和养殖比例都有所提高；亳州温氏禽业公司还新增了青脚麻鸡、矮脚黄鸡、乌骨鸡和天露黑鸡广西土鸡2号等特色品种。规模场养殖蛋鸡以罗曼褐为主，也有少量海赛克斯白。鸭的品种主要是高邮麻鸭，鹅的品种主要是皖西白鹅。涡阳县一直有相当规模的肉羊养殖量，也是优质地方品种黄淮白山羊的原产地和主产区，在地方品种保护上做了大量工作，取得一定实效。涡阳县也饲养了大量的波尔肉羊和波尔杂交肉羊，杜泊肉羊、萨能肉羊也可以看到。安欣牧业大规模舍饲湖羊现存栏近5万只。　(畜牧局供稿)

水产业

【特色养殖】2016年，全县渔业生产以河道网箱养鱼、池塘精养、河沟鱼蟹混养等养殖方式为主，水产养殖总面积为约3390公顷，同比增幅为2.4%，其中河沟面积为2325公顷，同比增长2.9%，池塘面积为1065公顷，同比增幅为1.33%，网箱面积为19.9万平方米，同比增长5.29%。水产品总产量为14120吨，同比增幅为2.17%，鱼类产量为13872吨，同比增幅为2.13%，甲壳类产量为242吨，同比增幅为5.67%，贝类产量为69吨，同比减少33.3%。除常规鱼类品种外，特色养殖品种有河蟹、小龙虾、黄鳝、泥鳅、鳜鱼、黄颡鱼等优质品种。

【水生生物资源养护】渔业资源增殖放流:2016年7月11日，省财政支持10万元，把112万尾草鱼、鲢鱼、鳙鱼大片鱼种放流到涡阳县涡河段，涡阳县公证处人员现场进行了公证，现场计数。涡河上、中、下游设了三个监测点，经过监测发现涡河种群数量、品种数量也明显增多，渔获量也好于往年，渔业生态环境明显好转。通过增殖放流活动，改变了涡阳县的水域生态环境，增加了沿涡河渔民、农民的收益，社会效益、生态效益和经济效益都有明显改观。

【养殖大户选介】涡阳县青松惠民养殖专业合作社位于城东街道刘旮旯行政村，从2006年开始进行水产养殖，于2009年成立合作社。其本部有养殖水面3.47公顷，主要养殖品种为泥鳅、黄鳝等，曾经年产量达到10万多斤，年产值约200万元。该合作社下辖养殖分场10余家，分布在邻近县镇及县内镇村，含较大养殖户有：蒙城县3家，牌坊镇2家、涡南镇2家。2016年被市农委认定为市级渔业绿色健康养殖示范场。涡阳县汉礼养殖专业合作社位于涡南镇大于行政村，从2014年开始进行水产养殖，于2015年成立专业合作社。其本部有养殖水面120亩，主要养殖品种为河蟹等，年产量可达到2万多公斤，年产值约140万元。2016年被市农委评为特种水产养殖市级现代农业示范园区。(水产站供稿)

农经管理

【概况】涡阳县农村经济经营管理办公室(以下简称办公室)原是县政府直属事业单位，正科级单位，2015年12月4日，涡阳县农村经济经营管理局更名为涡阳县农村经济经营管理办公室，同时加挂涡阳县土地流转服务办公室的牌子，为县农委下属事业单位，其他均不变(涡编〔2015〕17号文件)。办公室事业编制6名，其中主任1名，副主任1名，股级领导职数3名，现有在职人员11人。内设办公室、业务股、会统股三个股室。主要职责：宣传、贯彻、执行党和国家关于农村经济经营管理工作的方针政策，研究相关配套措施，综合管理农村经济经营管理工作。负责农民负担监督管理的日常工作，对各项农民负担进行审核、监督，处理农民负担来信来访，开展农民负担专项审计工作。负责农业承包合同管理，指导农业承包合同的鉴证、变更和有关承包地纠纷的调解、仲裁。指导农村土地流转。指导乡村各类合作经济组织建设，落实国家扶持、鼓励新型农业经营主体发展的相关政策，指导新型农业经营主体成立、发展，帮助建立健全各项规章制度，提供相关经营服务。在全省农村综合改革期间，负责有关农村承包土地、新型农业经营主体发展相关政策的落实，指导农村承包土地确权登记颁证工作，指导农民专业合作社和家庭农场发展。承担县农村综合改革工作中的农村产权交易市场建设工作和农村集体资产股份制改革工作。

【农民负担监管工作】2016 年，县农监办接待群众来访 3 批次，办理信访 3 件，开展农民负担专项检查 2 次，检查发现问题 4 个，查处案件 2 件，查处违纪金额 2.04 万元，退还农民违纪金额 2.04 万元，处理违纪干部 2 人。

【一事一议】2016 年，涡阳县批复一事一议财政奖补建设项目 348 个。其中：道路修建项目 311 个，植树造林项目 2 个，文化广场 2 个，安装路灯项目 20 个，下水道项目 10 个，安装监控项目 1 个，小型水利项目 2 个。项目总概算 9478 万元。其中：财政奖补 7425 万元，群众筹资 1868 万元，社会捐资 65 万元，村集体投入 5 万元，整合支农资金 115 万元。在奖补资金的分配上，加大对贫困村的投入和倾斜，投入总额为 2241 万元，占全县奖补资金的 30%。当年项目全部完工，全县受益村民 147.5 万人。

【土地流转】2016 年，全县农村土地流转面积为 67.8 万公顷，占全县土地确权后承包到户面积的 45.71%，其中 2 公顷以上规模流转面积 3.88 万公顷。

【农村土地承包经营权确权登记颁证工作】涡阳县农村土地承包经营权确权登记颁证工作严格按照省委、省政府的工作部署，始终以“保持稳定、依法规范、民主协商、尊重历史”为原则，积极筹划，规范操作，稳妥推进。自 2014 年 3 月确权试点工作开展以来，经过上下共同努力，全县 24 个镇（场、街道，下同）完成调查摸底、外业测绘、公示纠错、签字确认、资料档案整理、制证颁证、建立数据库等项工作。到 2015 年年底，涡阳县农村土地确权登记颁证工作已基本结束。全县国土“二调”耕地面积为 15.39 万公顷，除去取得批文的被征用耕地、国有林场和暂未纳入确权的耕地面积外，确权面积为 14.17 万公顷，占应确权面积的 99.67%；实际确权农户 24.9563 万户，实际确权面积 14.17 万公顷；发放证书 24.96 万户，确权户发证率 100%。按时圆满完成农村土地经营权确权登记颁证试点工作任务，于 2016 年 12 月上旬顺利通过了省级验收。

（县农委供稿）

果菜（苔干）生产

【概况】涡阳县菜篮子工程办公室（以下简称办公室）是代表县政府承担全县蔬菜（苔干）产业化的规划、发展和督导以及农产品日常质量安全检测、无公害食品、绿色食品、有机食品的申报等工作的职能部门。属正科级事业单位，财政全额拨款。涡阳县菜篮子工程办公室于 2013 年 11 月与涡阳县果树生产办公室合并，名称为涡阳县菜篮子工程办公室。现有办公人员 13 人，主要单位业务职责：承担全县蔬菜产业化发展、设施蔬菜的建设、“三品一标”的开发、申报、认证管理、农产品质量安全检测、监督、管理。2016 年，涡阳县累计种植蔬菜总面积 3.05 万公顷，其中蔬菜新增 1333.33 公顷、苔干种植面积 0.53 公顷，蔬菜累计产量 90 万吨（含苔干），水果面积 0.19 万公顷，蔬果产品供应充足，产品市场价格稳定，蔬菜总体价格较 2015 年同季度有小幅度增长，菜农种植效益较 2015 年同期增长 10% 以上。

【蔬果绿色增长模式示范基地建设】组织专业技术人员到涡阳同庆农业科技公司、涡阳孙家蔬菜合作社、涡阳新绿漾生态农业合作社日光温室建设、涡阳立建合作社草莓基地、涡阳凯鹏蔬菜合作社基地、涡阳兴旺蔬菜合作社蔬菜基地以及安徽安盛农业、涡阳永发、涡阳道源、涡阳利民、涡阳传连、涡阳兴芳等水果生产合作社基地进行指导，引导开展标准化生产，创建了 6 个果蔬标准园。

【特色苔干发展】涡阳苔干是涡阳县特色拳头特色产品，办公室

地标使用证书

与省农科院园艺所、安徽科技学院蔬菜专家合作继续做好苔干提纯复壮试验和技术标准的修订；另外办公室和阜阳一家机械厂合作研究的苔干加工机械取得突破，2016 年秋季苔干收获期间，采购的苔干加工机械在苔干初加工中达到预期效果，大大提高了效率，各项工作的开展对于苔干产业的发展将提供了优质种源和发展后劲。

【农产品例行监测工作】继续组织农产品检测中心的技术力量，每天对涡阳县主要蔬菜基地和蔬菜市场、超市进行样品抽检，办公室检测蔬菜样品累计 5100 个，合格率 99.8%。

【新型职业农民培育工作】涡阳县承担了 150 名新型职业农民培育工作，认真遴选新型农民，通过 15 天培训学习实训，参训人员学到丰富的理论知识，提高菜农学习蔬菜种植技术积极性。认真调研、指导安徽安盛农业公司、涡阳县兴旺蔬菜合作社、涡阳县强林果树合作社等成功申报亳州市第一批市级现代农业示范园区。

【“三品一标”认证工作】积极组织技术力量指导有条件的农产品种植、加工单位申报三品认证。截至目前完成市政府下达涡阳县三品认证为新增农业“三品一标”认证 17 个认定；新增认定无公害产品产地、绿色原料基地 6 个。

【中药材种植】涡阳县种植中药材 0.92 万公顷，其中在义门镇种植标准化中药材 0.08 万公顷。办公室加大对中药材种植的宣传，指导各中药材种植企业或合作社发展中药材订单生产，建立中药材生产基地，扩大中药材种植面积。

美丽乡村建设

【概况】涡阳县美丽乡村建设办公室是县机构编制委员会 2016 年 4 月批复成立的正科级财政全额拨款事业单位。编制 3 名，领导职数 1 正 1 副，隶属县委办公室管理。主要职责：负责全县美丽乡村建设的整体规划，综合协调，督查考核和日常工作。

【示范点建设】2016 年省级镇政府驻地建成区整治示范点有：西阳镇、陈大镇、花沟镇、临湖镇、公吉寺镇、高公镇、高炉镇、曹市镇、青疃镇、石弓镇；市级美丽乡村建设示范点有：公吉寺张寨、曹市镇小石、陈大镇杨楼、青疃镇西刘、高炉镇赵沃、石弓镇西关、临湖镇宗路口、花沟镇杨元、西阳镇太平；县级美丽乡村建设示范点有：龙山镇梁庄、楚店镇路王、新兴镇曹庙、林场美乐、马店镇大罗、店集镇王桥、牌坊镇石庄、标里镇唐大、涡南镇王塘。

【工作开展情况】从加强组织建设入手，成立高规格领导小组，县委、县政府两个“一把手”任领导小组组长，县委副书记任常务副组长，分管副县长为副组长，县委办、政府办及县直有关部门负责人为小组成员。同时把“美丽乡村”建设工作列为年度绩效目标考核，把“美丽乡村”建设工作为乡镇部门主要领导述职重要内容和干部提拔使用重要依据，把开展“美丽乡村”建设纳入年度预算，划拨 6.8 亿元用于开展工作。县委县政府还出台了规定，凡在省市县每月“美丽乡村”督查考核中排列前三位和后三位的，全部按照《涡阳县美丽乡村、美丽集镇建设督查考核方案》对照奖罚，有力推进了“美丽乡村”建设。

坚持“三大提升”，确保“美丽乡村”建设取得实效。开辟民情通道，及时处理群众反映的热点，及时曝光一些不作为，慢作为问题，让群众实实在在看到“美丽乡村”建设的效果和成果。积极开展移风易俗、树立文明乡风、“三严三实”专题教育、“学党史、知党情、跟党走”“雷锋志愿服务月”“最美家庭”“深入推进美丽乡村建设，打造农民幸福生活美好家园”等活动，引导广大村民讲文明、树新风。邀请国家级规划设计师孙君老师，为辉山、新兴、义门进行高标准、高品位规

划。立足自然、文化、历史、景观，打造“红色旅游景区”“红色教育基地”“千年古镇”，大力提升城乡建设品位。（美丽办供稿）

林 业

【概况】涡阳县林业局是县政府工作部门，为全县林业主管机构，下设办公室、营林站、森防站、资源站、森林公安局5个职能股（站、室），辖、林科所、苗圃、林场、园林处各1个，全县25个镇（场）、街道办、经开区农业综合服务站均配备1名林业技术人员。现有在职干部职工223人，其中高级工程师7名，工程师34名，初级职称技术人员15人，离退休人员100人。技术、管理力量雄厚，同时具有较强的服务林农、服务社会的基础。

【林业资源】2016年，涡阳县土地面积为211019.02公顷，林业用地38350.62公顷。涡阳县自然资源丰富，境内共有栽培木本植物202种，其中国家重点保护珍稀植物1种，古树名木资源12株。共有生物物种67种，国家重点保护野生动物42种。全县林业用地面积38350.62公顷，其中有林地面积33654.81公顷，占县林业用地面积87.8%；未成林地面积2200公顷，占县林业用地面积5.7%；灌木林地面积1510.81公顷，占县林业用地面积3.9%；苗圃地、宜林地、林业辅助用地共计985公顷，占县林业用地面积2.6%。2016年，全县活立木蓄积量3191319.9立方米，林木绿化率20.04%，全县林业生产总值124000万元。

【造林绿化】2016年，全县共完成植树造林面积2100.73公顷，占省厅下达0.11万公顷的196.9%，占市下达0.13万公顷的157.6%。其中长防林0.07万公顷，其他造林1434.07公顷。3.33公顷（含）以上小班落实主体163个，造林面积1623.07公顷，落实造林主体133个。发展防护林985公顷，用材林480.4公顷，种植桃树、油用牡丹、核桃、梨等经济林635.33公顷。栽植林苗两用林665.13公顷。完成义务植树217万株，四旁植树342.35万株。全县完成“三线三边”新建绿化长度94.4公里。建设森林长廊示范路段73.1公里，折合面积935.07公顷。建设农田林网庇护面积1.35万公顷，网格664个。其中新建农田林网庇护面积1.05万公顷，网格518个；提升农田林网0.30万公顷，网格146个。强力抓好森林城镇、森林村庄创建工作。建设森林城镇2个（西阳镇、高炉镇），森林村庄9个（青疃镇青疃居委会、石弓镇东关村、牌坊镇燕大村、高炉镇四零居委会、青疃镇王小庙村、经济开发区五里湾社区、高公镇三兴村、公吉寺镇公吉寺居委会、义门镇四桥居委会）。在创建森林城镇、森林村庄活动中，主要栽植乡土树种及绿化苗木。

四大班子义务植树

【林业产业】涡阳县2016全年生产木材160621立方米。主要林副产品产量1.7万吨。

【森林资源管理与保护】以依法治林为核心，进一步加强森林资源管理和保护，年度森林资源消耗均控制在省政府确定的限额之内。2016年，全县限额采伐控制在总限额指标以内，计91564万立方米，办理木材外运手续6903份，外运木材107866立方米。

【林业有害生物防治】2016年，

市林业局下达全县林业有害生物防治目标管理“四率”为:成灾率3.74‰,无公害防治率83.0%,测报准确率85.0%,种苗产地检疫率95.0%。全县林业有害生物发生面积4723.33公顷,预测发生面积为5373.33公顷,测报准确率为87.9%,比市局下达指标85%提高2.9个百分点;防治面积为4723.33公顷,现有林面积38006公顷,成灾面积为119.33公顷,成灾率为3.14‰,比市局下达指标3.74‰降低0.06个百分点。无公害防治面积4550公顷,无公害防治率为96.3%,比市局下达指标83.0%提高13.3个百分点。应实施种苗产地检疫面积263.33公顷,实施检疫面积263.33公顷,种苗产地检疫率100%,比市局下达指标95.0%提高5个百分点。全县共投入防治经费67万元,其中飞防经费33万元。

【野生动植物保护】根据国家和省、市森林公安机关的统一安排部署,2016年,县森林公安局在全县范围内认真组织开展破坏森林和野生动物资源违法犯罪专项行动,重点惩治乱砍滥伐、偷砍盗伐、乱捕滥猎、乱占林地违法犯罪行为,排查案件线索,广辟案源,着力查处一批涉林案件,有力地惩治涉林违法犯罪行为,震慑违法犯罪行为,收到了良好效果。2016年,共查办林业行政案件43起,刑事案件6起,其中:滥伐林木案4起,野生动物案2起,取保候审3人,在道源国家湿地公园放生野生动物68只(头),救助野生动物15只(头)。

千万亩森林增长工程造林

【林业法治】采取多种形式,广泛深入宣传林业法律法规,在老子文化广场、繁华街道、乡村集镇开展“综治宣传月”、“江淮普法行”、“12·4”全国宪法日暨全国法治宣传日系列宣传活动。设立咨询台、摆放宣传图版、散发宣传材料,广泛宣传《中华人民共和国森林法》、《中华人民共和国野生动物保护法》及涉林法律法规,通过多种形式的宣传,提高全县广大干部群众林业法律法规意识,增强群众爱林护绿意识,收到良好的普法效果。

【森林防火】2016年,涡阳县森林公安分局进一步加大加强防火灭火力度:一是在各镇(场、街道办)秸秆燃烧区设置隔离带,保证树木不受秸秆燃烧的危害;二是加大做好防火知识和防火意识的宣传,使群众认识到火灾的危害,自发注意防火;三是加大巡查力度,对于各地区存在的火灾隐患一律做到积极巡查提早发现,使可以避免的火灾尽量不要发生;四是加强制度规范,强化监督。在各乡镇设立以乡镇林业站长为主要负责人的监督预防点,强化防火监督预防机制;五是加大接处警力度,提高接处警速度,做到对于火灾火情,早发现早处理,将损失降到最低。通过以上工作,逐步提高人们的森林防火意识,为预防火情、火警和火灾事故的发生打下了坚实的基础。

【林权制度改革】涡阳县出台林权改革相关政策,包括对新栽树木和宅基地以外的所有林木进行逐户、逐块登记造册,填写林权证书,由县政府向林木所有者颁发《林木所有权书》。按照实际颁证林木登记到户,建立林木管理档案。在完成集体林权制度主体改革后,涡阳县积极探索新形势下的配套改革,建立林业要素市场平台,为林农和林企提供快捷、方便的服务。2016年,涡阳县对新植幼树进行确权发证。与镇农综站林业技术员共同对

2016年度新造林、新植树进行勘验，按程序进行林权证颁发，全年共颁发林权证60余份，有效地巩固植树造林成果。涡阳县先后成立竹柳种植合作社、中涡1号杨种植合作社、恒洲黄金梨专业合作社、永发合作社、道源种植合作社、绿州葡萄种植合作社、兴芳水果合作社、中城生态循环专业合作社、雪枫水果种植专业合作社等八家林业专业合作社。林苗、林药种植大户及家庭农场有绿源苗圃、鸿瑞中药材、姜涛苗木农场、顺鑫果蔬公司、晓明黄金梨家庭农场、华林苗圃、兴南园林园艺基地等。通过招商引资渠道，全县已落户林业种植企业安盛农业科技公司、蚌铁园林绿化公司、锦源林景观公司、平顶山园林绿化公司等。通过紧抓林改工作带来新一轮林业发展高潮，积极引导各方力量，大力组建各类林业专业合作社，为林农提供各种服务，促进林业经济发展，使林农得到更多实惠。

（县林业局供稿）

水 务

【概况】涡阳县水务局现有干部职工298人，其中机关公务员10人、事业编制人员288人，下设局属单位（水资源管理所、涡河枢纽管理所、水利工程管理所、防汛抗旱指挥部办公室、水政监察大队、涡河船闸管理所、河道管理局、农饮管理中心、水利建筑安装工程队、水泥构件厂、抗旱服务队、水质监测中心及12个水利中心站）。

2016年12月青疃镇、高寨南沟治理

【项目建设】2016年，小农水重点县项目总投资2500万元，项目区涉及青町镇大袁、大于、殷庙、大史、魏庙、桥李、冯圩7个行政村，项目区内总面积21.4平方千米，耕地面积2.2万亩，人口1.27万人。建设内容为：新建灌溉井236眼；移动软管配套105眼；配套过水涵400座，大沟清淤5条，中沟清淤22条，小沟清淤148条；配套桥梁45座，机耕路10千米。

【农田水利建设】2016年，农田水利基本建设完成更新改造小型泵站300千瓦，加固新建小型水闸26座，扩挖塘坝310面，整治沟河175条，修复和新建机井5751眼，末级渠系改造9.0万亩，专项资金工程总投资2449万元。

【水利工程管理】2016年，选择剩余的涡南、标里、花沟、楚店、临湖、店集、公吉寺、城东街道、城西街道等9个镇（街道）进行小型水利工程管理体制改革，年底前已全面完成改革任务，达到全县农村小型水利工程管理体制改革全覆盖。

【防汛抗旱】水务局坚持“以防为主”的工作方针，汛前，认真开展隐患排查，完善防汛预案，健全防汛调度、会商及信息发布机制，利用县财政划拨的防汛经费把面上123座涵闸全部检修一遍，提前做好防汛物资储备，进一步加强防汛抢险队伍和防洪工程建设，提高了应对突发险情的处理能力。防汛期间，严格实行行政首长负责制和24小时值班制度，密切关注雨情、汛情变化，采取科学应对措施，确保了度汛安全。

【饮水安全工程】2016年，农村饮水安全工程建设，共计建设工程45处（全部为管网延伸工程），解决计划内受益人口31600人，其中贫困人口16874人，完成工程投资1580万元。

【水资源管理与保护】2016年，涡阳县制定出台《涡阳县实施最严格水资源管理制度实施意见》。

用水总量控制在25379万立方米以内，其中生活用水控制在4535万立方米以内，工业用水控制在6034万立方米以内，农业用水控制在14430万立方米以内，生态用水控制在380万立方米以内。水功能区限制纳污指标达到70%。

【水政管理】县水务局充分利用“3·22世界水日”和“中国水周”宣传活动，围绕“严格水资源管理，推进水利新跨越”这一主题，面向社会坚持不懈地开展内容丰富、形式多样的水法规宣传教育，增强了全民的水法规意识。进一步强化水政水资源管理人员学习培训，内强素质，外树形象，使全县水政执法水平再上新台阶，为全县经济社会又好又快发展提供了有力支撑和保障。

涡河河道管理

【概况】涡阳县河道管理局（以下简称管理局）成立于2009年1月，编制人数12人，现有工作人员20人，为全额拨款事业单位。

【涵闸运行管理及维护工作】始终把安全生产放在第一位，建立严格的防汛值班制度及防汛预案，制定并落实涵闸管理制度及涵闸操作规程。汛期来临之前组织专业技术人员对沿县的所有涵闸进行拉网式检查，认真做好涵闸工程的检查、维护保养工作。对安全隐患部位做到及早排查，发现限时处理，做到涝能排、旱能蓄、提得起、关得住、关得严，将安全隐患控制在萌芽状态，确保防汛蓄水两不误，确保在洪水到来时各司其职，有条不紊地做好防汛抢险工作。

【堤防及两岸之间河面、滩地管理】实行定期与不定期巡查相结合的制度，对涡河两岸的堤防及滩地进行巡查，并认真做好巡查记录。2016年，管理局共查处3起破坏堤防、乱取土行为。不定期对所辖堤防进行堤身农作物、杂树杂草清除工作，发现一处铲除一处，做到早发现、早制止、早处理，确保防汛道路畅通。

【河道保洁工作】水务局成立河道局河道保洁工作领导小组，落实专职人员负责此项工作，并聘请日常保洁员，每天打捞水面漂浮物，清理两岸杂物，保持河道环境整洁卫生。定期对环境卫生进间清理，形成工作常态化。2016年度，管理局投入装载机具125台次，清理垃圾12.80吨，清理水面漂浮物29.30吨，投入资金80.60万元。确保河道水面清洁，无漂浮垃圾、杂草，城区河道无乱养殖现象，有效地遏制了渔船乱停靠、污水乱排放等行为。

（县水务局供稿）

农业机械

【概况】涡阳县农业机械管理局为正科级事业单位，参公管理，内设两股一室（农机管理股、项目经营股、办公室），下属三个事业单位（农机监理站、农机推广站和农机化技术学校），系统内干部职工123人，其中专业技术人员占90%。农业机械化工作围绕“三农”，突出“三夏”和“三秋”技术服务，实施农机化推进工程。

【农机购置补贴】2016年，全县落实农机购置补贴中央资金4302.49万元，共补贴各类农机具1529台，受益农户1150户；落实市、县叠加补贴资金各6940.0674万元，补贴机具4390台，其中秸秆捡拾打捆机983台、秸秆粉碎还田机298台、90马力以上拖拉机1045台、90马力以下拖拉机（大棚王）35台、自走式谷物联合收割机1525台、自走式玉米收割机138台、青饲料收获机7台、其他配套机械359台。

【农业机械化水平】2016年，全县农机总动力已达228.7万千瓦，较上年增长8.7%；大中型拖拉机6949台，较上年增长21%，农机配套比达1∶2.2；小麦联合收割机7549台，较上年增长9.9%，玉米联合收割机1600台，较上年增长13.5%；主要农作物耕种收综合机械化水平达到90.6%。其中小麦、大豆生产实现全程机械化。

【农机化技术推广】召开现场会，推广新机具，“三夏”“三秋”期间，召开秸秆粉碎还田，秸秆打捆离田、土地深松、板茬直播玉米、玉米播种机播大豆等各类现场会15次，参加人数500余人。推广玉米精量（穴播）播种机800台，玉米联合收割机200余台，旋耕施肥播种机400台，秸秆粉碎还田机400台，秸秆打捆机1035台。开展玉米精量播种机播种大豆对比试验。为解决小麦收割后夏播黄豆小麦秸秆多而堵的难题，夏收前夕，农机推广站用四行玉米精量播种机(行距60厘米)，在西阳镇选择10亩试验田，进行来回串播黄豆试验(行距变为30cm)，亩播量6公斤。该实验播种大豆秸秆无须任何处理，省工、省时、省钱，茬口衔接紧，田块平整要求低，实验结果苗匀、苗状，长势很好，收获后亩产145公斤，得到种粮户认可，并在种粮大户中推广。做好农机化项目实施工作。一是实施2016年农机深松整地作业补助项目，任务15万亩，通过公开招标，10个农机专业合作社，落实完成农机深松整地作业面积15.9844万亩;二是实施2015度农机化产业项目3个，投资45万元。三是承担县政府负责人安排的县农委2015年全程社会服务项目1000万元，14个农机专业合作社实施7万亩。

【农机服务体系建设】2016年，涡阳县新增农机专业合作社68家，总量达到213家，其中国家级示范社2家、省级示范社11家(2016年新增1家)，市级示范社10家(2016年新增6家)。2016年10月底，按照市委主要领导指示，正式成立农机专业合作社协会。农机专业合作社共吸收社员2400余人，拥有各类机具1万余台件，固定资产7000余万元，办公面积1万余平方米，机具库棚面积6万余平方米，土地流转6万余亩，土地托管面积20万余亩。

【农机安全生产】做好农机监理业务，年内办理拖拉机注册登记1085台，联合收获机注册登记1791台，办理拖拉机和联合收割机驾驶证1399人次。11月，农机监理站举办一次农机监理执法人员培训会及农机事故现场演练。多渠道开展农机培训。县农机校通过以会代训、以修代训等形式，全年开展农机科技下乡活动20次，发放农机科普资料5万份，举办各类农机化技术培训2092人次，其中拖拉机、联合收割机驾驶培训24期1557人次、“民生工程”新型职业农民培训2期410人次、农机职业技能培训12期603人，较好地完成全年民生工程项目培训任务。加强农机化信息宣传，推进“平安农机”示范。年内，举办12次农机法治宣传活动，张贴标语96条，悬挂横幅169条，散发宣传单10060张，发布农机化宣传信息400余条。评选1个“平安农机”示范镇、5个“平安农机”示范村、50个“平安农机”示范户。开展农机安全生产大检查活动。依托公安农机联合执法中队，组织农机执法人员深入到乡村道路、田间地头，开展经常性的隐患排查及路查执法，宣教为主，处罚结合，依法查处各类严重违法违规行为。开展变形拖拉机专项整治。启用全国变型拖拉机信息管理系统，逐一排查安全隐患，强化村路监管，通过三个月的专项整治，有效提高了“变拖”驾驶人的安全意识，促进了农机安全生产。年内全县发生一般农机事故3起，无重特大农机安全事故。

（县农机局供稿）

气象事业

【概述】涡阳县气象局机构规格为正科级，分别设置2个管理机构和2个直属业务单位。管理机构分别为综合管理科(办公室)和防灾减灾科(人工影响天气办公室)。直属业务单位分别为涡阳县气象台(气象观测站)和涡阳县气象服务中心(防雷中心)，机构规格为副科级。

【气象社会管理】2016年，开展各类宣传、培训和座谈会活动10次。年内共开展气象信息发布执法巡查4次。坚持24小时业务值班。4月2日夜间开展增雨作业，有效缓解旱情。开展人影标准化示范县申报工作。强化科普宣传工作，分利用“3·23”气象日，“5·12”防灾减灾日，6月安全生产月等，到街头、社区、学校、开展气象灾害防御的宣传和讲座。1—12月上街头、学校、乡镇宣传气象防减灾近10次，接受咨询3000人次，散发气象灾害防御挂图、科普手册近13000份，气象知识防御讲座6次，另外联合县教育局提前谋划，共同制订了5.12气象防灾减灾科普宣传方案，由教育局专门制发文件通知全县各学校积极组织参赛，并于5月12日在涡阳一中会议室正式举办“5·12”气象防灾减灾科普知识竞赛活动。

【气象防灾减灾标准化乡镇建设】按照市气象局4月出台的《2016年亳州市气象防灾减灾标准化乡镇和气象防灾减灾标准化示范村建设方案》的文件要求，选取涡阳县牌坊镇、曹市镇、牌坊镇燕大村、曹市镇辉山村进行防灾减灾示范镇村建设，示范镇建设按照：一个多要素自动气象观测站；一个乡镇气象灾害防御管理所(配备计算机及打印机1套、1套气象灾害防御方案)；一名兼职信息员；一个气象科普宣传场地；一台气象信息服务触摸屏；一个气象服务终端；示范村建设按照：一个村级综合信息服务站(配备计算机及打印机1套)、一名兼职气象信息员；一组气象科普宣传栏；一套村级气象灾害防御方案(包括农业气象服务方案、气象灾害防御方案等)；一台气象信息服务触摸屏；一个气象服务终端。按照考核目标和建设方案全部建设完毕，建成后的气象防灾减灾示范镇、村有效地提高了气象灾害防御能力和公众气象灾害防御意识，减轻了气象灾害造成的影响。2016年全县25个乡镇、街道办事，1个经开区，全部印发了气象灾害应急预案，重新修订了气象灾害防御领导小组，40个行政村印发了气象灾害防御计划。加强气象灾害防御管理所和村级信息服务站的管理，强化日常考核，制定乡镇气象信息员考核管理办法和信息站工作明白卡，对考核对象、考核内容、考核指标进行了详细规定，把工作职责、工作制度制作牌匾挂在乡镇信息站办公室。每半年对气象信息员工作完成情况进行通报，并根据工作完成情况进行评先评优。县级气象服务平台建设和镇村气象服务终端，按照市气象局统一招标，涡阳县气象灾害防御平台于10月份已建成并投入使用，45套服务终端和市局拨付的20套服务终端，已拨付25个镇，20个“美好乡村”和义门镇20个行政村，交由镇村信息员使用，信息员利用安装在服务终端上的县级气象灾害服务平台开展气象服务、气象灾害防御、灾情上报等各项工作。

【开展气象联合服务活动】多次联合县农委、农技推广中心、果蔬办对全县小麦苗情、果树进行实地调研，调研情况进行会商，并通过多渠道向农民发布农事建议信息。在出现暴雨洪涝、干旱、低温阴雨等严重危害农业生产的重大气象灾害过程时，联合多部门积极开展联合会商与大田调查，深入掌握灾害性天气对农业生产影响的一手资料，紧紧地把握住为农服务的基础。

【智慧农业气象服务体系建设工作】发展基于“互联网+”的智慧农业气象服务体系，让气象为农服务插上“互联网+”的翅膀，积极推广“爱农云服务”安装使用，加强微信、微博发送为农服务信息，为新型农业经营主体开展实效性、互动式、专业化“互联网+气象为农服务”新模式。目前涡阳县25个气象灾害防御管理所，5个购买社会化服务试点，10家专业合作社，7名农业专家成为“惠农云”服务专家，65名镇村信息员利用手持服务终端气象灾害防御平台开展气象服务工作，建立了乡镇信息员微信群，微信群人员涵盖农业专家、各乡镇分管镇长、信息站站长、信息员、各乡镇种养殖大户等，目前信息员微信群100余人，通过微信群的建立，更便捷地开展气象为农服务工作。涡阳佰事通微信公众号2016年微信关注用户近10万户，通过与涡阳佰事通微信公众号的合作，每天发送预报、预警信息，并定期发送为农服务精细化预报，从而构筑“互联网+气象为农服务”实现互动互助为农服务新模式。

【气象社会化服务工作】作为购买社会化服务试点单位，涡阳县局加快转变气象服务职能，积极培育气象为农服务社会组织。制订《涡阳县融入农业生产全程社会化服务实施方案》，签订气象为农服务社会化协议5家，为承接服务主体安装农业物联网设备1套，农田小气候仪5套，培训服务人员如何维护使用为农服务设备和乡镇信息站服务平台，向承接服务主体有序规范转移为农服务的部分职能，将由气象部门承担的部分辅助性、技术性职能以委托、授权、购买服务等方式，逐步转移给社会组织承担。并由承接主体制作更具有针对性的服务产品向农场、农户、农民传播。

【完善农村气象灾害预警信息发布网络】加强与广电部门合作，完善农村气象灾害预警信息发布网络。每周制作1期《稚河农家》专题栏目，向全县农民播放气象为农服务信息，气象防灾减灾，气象科普知识。利用县广电局7000套“村村通”广播，早中晚播放精细化天气预报，不定时插播天气预警信息，从而达到气象为农服务“横到边”“纵到底”全覆盖，无缝隙的模式。

【“聚农e购”电商平台建设】加快推进“聚农e购”电商平台宣传和发展，涡阳县“聚农e购”注册用户500余人，与10家具有涡阳特色的农特优产品厂家、合作社联系，积极引导进驻电商平台，有两家通过了“聚农e购”平台审核，实现了网上销售。从田间地头的面对面指导、到电子显示屏、农田小气候仪的监测建设，再到今天的面向新型农业经营主体的直通式服务，涡阳县气象为农服务工作得到了本地农民的认可，气象为农服务水平和气象灾害防御能力得到进一步提升。

【工作创新】拓展气象服务方式，除通过纸质、电子信箱、手机短信以及报纸、论坛等多种方式外，还通过果蔬交流群、佰事通、秸秆禁烧群、文明创建群、乡镇信息员群等微信群、QQ群发布气象信息。服务产品发布，发布重要天气专报66期，气象灾害评估7期，中小河流预警报告1期，地质灾害隐患风险报告1期，气候评价12期，人工增雨简报1期，春耕春播专报5期，夏收夏种专报8期。更新责任人信息。汛期前针对短信平台中所有人员号码进行重新更新。联合开展农业调查，多次与涉农部门一起分别开展在地作物长势、病虫草害调查，深入恒洲果园、满园红家庭农场、树莓基地等新型农业经营主体开展农业气象服务调研和现场服务等。4月2日夜间开展增雨作业，有效缓解旱情。及时做好弹药的储备，联系省市人影办购买弹药。县政府拨专36万元用于陈大、楚店、林场和牌坊四个作业点的建设。开展人影标准化示范县申报工作。开展禁烧气象服务，通过短信平台及时发布禁烧指令、信息以及天气信息，另外还通过禁烧微信平台、参加每天定时的禁烧视频会议上通报最新天气，给政府指导秸秆禁烧工作及时提供良好的气象服务。

（县气象局供稿）

工　业

经济与信息化工作

【概述】涡阳县经济和信息化委员会是涡阳县政府工作部门，是涡阳县政府主管全县经济运行、工业生产和行业管理的综合经济部门。内设7个职能股(室)：即办公室、人事教育室、经济运行室(电能和电力设施保护办公室)、投资与规划室、科技与信息化室、煤炭工业生产和非煤矿山管理办公室、全民创业办公室(中小企业办公室)。单位主要职责：贯彻执行国家和省、市有关工业和信息化的方针政策和法律法规，拟订并组织实施工业和信息化的发展规划，推进产业结构战略性调整和优化升级，推进信息化与工业化融合；制定并组织实施工业、信息化相关行业的规划、计划和产业政策，提出优化产业布局、结构的政策建议，提出重点行业、重点产品的调整方案；组织实施行业技术规范与行业标准，指导行业质量管理和安全生产管理工作；监测、分析经济运行态势，调节经济日常运行；研究拟订全县工业发展的政策措施并监督检查；制定和实施近期经济运行调控目标和政策措施，提出解决经济运行中重大问题的意见和建议；收集、整理、分析和发布经济信息；承担工业和信息化相关行业应急管理、产业安全、国防动员有关工作；负责提出工业和信息化技术改造投资规模和方向的建议，提出行业投资布局建议；按照规定权限，对国家和省、市、县规划内及年度计划规模内工业和信息化固定资产投资项目进行审核、批准或备案，并对重点项目进行监管和督查；拟订并组织实施高技术产业中涉及生物医药、新材料等的规划、政策，并组织实施相关标准；组织推动企业技术创新；研究推动企业技术进步的政策措施，指导企业技术进步、技术引进和重大技术装备研制，指导企业的技术创新体系和技术中心建设，推进高新技术与传统工业改造结合；推动产学研联合；拟订并组织实施工业和信息化相关产业的能源节约、资源综合利用、清洁生产促进政策；参与拟订能源节约和资源综合利用、清洁生产促进规划；组织协调示范项目和新产品、新技术、新设备、新材料的推广应用；指导和协调工业环境保护和节能环保产业的发展；负责墙体材料革新和建筑材料节能管理、散装水泥推广等工作；研究提出全县国有企业改革的政策措施，指导企业改革、改组、兼并破产等工作，推进现代企业制度建设；指导企业的管理、扭亏和减轻企业负担工作；指导企业上市和直接融资工作；指导企业信用制度建设；承担煤炭工业(不含省属在涡煤炭企业，下同)安全生产监督管理责任，负责煤炭工业生产管理和非煤矿山行业管理工作；衔接平衡煤炭重点企业发展规划和生产建设计划；协调煤炭生产和安全管理中的重大问题；指导检查非煤矿山标准化建设和安全生产管理工作；拟订并组织实施煤电运等要素保障的政策措施，协调重要物资的紧急调度和综合运输；承担电力工业管理与运行监测工作，监督指导电力调度，指导电力生产安全管理，协调电力生产的重大问题；负责全县船舶制造企业的监督管理；负责县级医药储备管理；负责全民创业的综合协调和服务工作；负责中小企业和非公有制经济发展的宏观指导，拟订促进中小企业和非公有制经济创业、创新的政策措施，协调解决有关重大问题；统筹推进全县信息化工作，贯彻执行国家、省、市有关信息化的方针政策和法律法规，组织拟订县相关政策措施，并协调信息化建设中的重大问题，促进重要信息资源的开发利用、共享；承办县委、县政府交办的其他事项。

【工业经济总体情况】2016年，全县实现规模工业总产值274.03亿元，同比增长18.8%；规模工业增加值69.38亿元，同比增长10.1%，规模工业产品销售率99.6%；规模工业实现税收4.09亿元，同比增长19.05%；战略性新兴产业实现产值24.85亿元，高新技术企业实现产值27.93亿元，同比分别增长55.2%、15.4%。

【重点行业】煤炭化工：当月完成产值4.12亿元，同比增长35.54%，累计47.77亿元，同比增长5.40%，累计完成税收17565.43万元，同比增长23.35%；农副产品加工：当月完成产值13.43亿元，同比增长11.87%，累计130.61亿元，同比增长19.98%，累计完成税收

17342.38万元，同比增长6.23%；轻工纺织：当月完成产值0.84亿元，同比增长8.91%，累计10.57亿元，同比增长35.10%，累计完成税收800.19万元，同比增长43.68%；新型建材：当月完成产值2.32亿元，同比增长27.37%，累计22.87亿元，同比增长12.36%，累计完成税收1433.05万元，同比增长131.25%；机械制造：当月完成产值2.59亿元，同比增长18.17%，累计27.03亿元，同比增长29.55%，累计完成税收1555.46万元，同比增长204.69%；战略性新兴产业：当月完成产值2.43亿元，同比增长1.4%，累计24.85亿元，同比增长55.2%，累计完成税收4690.61万元，同比下降13.20%。

【工业投资】2016年，涡阳县不断加大招商引资力度，狠抓项目建设，加快推进光机电、装配式建筑、现代中药和绿色食品加工等产业聚集区建设，一大批工业项目落地、建设、投产，全年117个工业投资项目完成投资72.75元，同比增长20.05%，全市三县一区增幅第一。

【能源开发】涡阳县煤炭资源丰富，煤质优良。全县含煤面积565平方公里，储量32.5亿吨，分布在全县13个小区，可开采60—80年。涡阳煤田煤种齐全、煤层稳定、发热量高。最突出的优势是煤种齐全，既有主焦煤、焦煤、肥煤、瘦煤、贫煤，也有气煤、无烟煤等，特别是主焦煤，是我国华东地区奇缺的、工业价值极高、国际市场看好的煤种。按照地质储量和煤质结构可建13对矿井，年产量可超过2000万吨。

【投产煤矿和在建项目情况】目前涡阳县已建成的煤矿企业共有“三矿一厂”，即：涡北矿、刘店矿、袁店二矿和涡北选煤厂。在建一对矿井，即：信湖煤矿。刘店矿因地质原因已于2015年底转产为矿山机械加工维修。2016年全县投产煤矿共产出原煤411万吨，产值32.7亿元，税收1.65亿元。同比分别为-20%、22%、38%。

【涡北煤矿】位于涡北街道办事处，占地489亩，总投资12.3亿元，矿井设计年产120万吨，服务年限42年，煤种为主焦煤。2004年4月开工，2007年5月投产。2016年共产出原煤151万吨，产值13.1亿元，完成税收5724万元。同比分别为-11%、21%、66%。

【刘店煤矿】位于龙山镇和马店镇交界处，占地495亩，总投资17.2亿元，矿井设计年产150万吨，服务年限45年，煤种为1/3焦煤和瘦煤。2006年5月开工，2009年7月投产。由于该矿地下煤资源储量较小，淮北矿业集团2015年年底将其停产，拟转型为矿山机械加工维修。

【袁店二矿】位于曹市镇，占地553亩，总投资12亿元，矿井设计年产90万吨，建设规模150万吨/年，服务年限59.6年，煤种为1/3焦煤和肥煤。2007年开工，2011年年底投产。2016年共产出原煤87万吨，实现产值7.7亿元，完成税收6508万元。同比分别为2%、49.2%、86%。

【涡北选煤厂】位于涡阳县涡北工业园内，涡北矿东侧，占地约520亩，总投资15亿元人民币，工程一次设计，分两期建设，一期工程入选原料煤600万吨。项目2010年年底开工，已于2012年年底建成，2013年3月18日投产，二期建成达产以后，年入洗原煤1200万吨，最大入洗量为1500万吨，将成为亚洲最大的集中型炼焦煤选煤厂。涡北选煤厂主要入洗涡阳矿区的涡北、袁店二矿、信湖、花沟西、张楼等矿井原煤，产品为炼焦用焦煤、肥煤等稀有煤种，主要供马钢、宝钢等国有大中型企业。副产品为中煤、煤泥、矸石，供煤泥矸石电厂、煤矸石砖厂等。2016年入洗原煤173万吨，产值11.19亿元，实现税收4287万元。

【信湖煤矿】位于花沟镇，占地653亩，总投资35亿元，矿井设计年生产能力400万吨，服务年限80年，煤种为主焦煤。2011年4月开工建设，已完成投资17亿元。2015年7月21日，国家能源局批准了信湖煤矿项目核准，由于集团公司资金困难，去年矿内各项建设已暂停。

（经信委供稿）

电力供应

【概况】国网涡阳县供电公司为

国网安徽省电力公司的分公司。机构设置有7个职能部室、2个支撑结构、14个供电所和7个配电队，现有长期职工429人，集体职工95人，农村专职电工512人。供电区域内共有220千伏开关站1座，220千伏变电站2座，110千伏变电站5座；35千伏变电站17座，主变32台，总容量329.2兆伏安，容载比1.97，全部实现无人值守，可环网供电；35千伏输电线路25条，长度285.96千米；10千伏线路105条，长度3507千米，其中城区线路15条已实现手拉手供电；10千伏公用配变3777台，低压居民户数41.94万户。2016年度，实现连续安全生产7891天。完成售电量12.83亿千瓦时，综合线损率6.62%。实现“三无三防”安全目标，全年未发生安全考核事故。

【安全生产】紧紧围绕公司年度安全目标，制定安全工作意见，严格落实各级安全生产责任，以安全周报为抓手，强化到岗到位职责，严格现场管控，严格制度考核，实现安全风险的可控。认真组织开展安全检查专项活动。开展“查隐患、控风险、保供电”专项检查、“三查三强化”安全专项行动、春秋季安全大检查、“安全日”和缺陷隐患整治等安全活动。强化电网风险管控，加强应急演练。重新修订和完善电网大面积停电事件等13个应急预案，开展了无脚本电网迎峰度夏（防汛）应急演练，成功应对夏季高温大负荷的考验。加强电力设施保护宣传。组织开展以“强化安全发展观念，提升全民安全素质”为主题的“安全生产月”和“安全生产万里行”活动，取得了良好的社会效应。

【电网建设】涡阳县域电网结构不断完善，供电能力不断提高，2016年，共投入2.81亿元进行电网建设和技改大修，总体建设规模为：扩建35千伏变电站两座，增容改造35千伏变电站两座，增加主变容量42.4兆伏安；大修35千伏变电站主变4台；对3个35千伏变电站的环境进行综合整治；新建35千伏线路38.84千米；建改10千伏线路281.88千米，配变671台，低压线路747.55千米，户表改造5.93万户。全面启动了中心村改造、机井通电、村村通动力电等专项工程。完成2017年度4.8亿元的项目规划，对目标网架、典型县域和典型乡镇规划、城区及工业园区电力专项规划进行编制。

【营销与优质服务】公司积极落实保电措施，拓宽客户交费方式，畅通客户报装接电、做好服务应急管理、规范各类服务行为。在增设营业网点、POS机社会化代收业务和安装应用自助缴费系统等方式的基础上，新增“我家亳州”、“95598网站”、支付宝等新型缴费方式，在全县供电营业区内实现预收、异地缴费等功能，满足客户交费需求。积极落实保电措施，圆满完成节假日及中、高考期间的保供电任务。开展表箱隐患治理工作，共摸排8万只表箱并消除隐患。开展“表后线”专项整治工作，积极服务基层、服务用户，真正为社会提供优质的服务。

（县供电公司供稿）

交　通

交通运输

【概况】涡阳县交通运输局是全县交通行政主管部门，正科级单位，具有行政执法和经济管理两种职能，担负着行业管理、经营管理和公路建设三大重任。机关内设一室四股，即办公室、人事教育股、计划财务股、运输法规股、建设管理股（交通战备办公室）。下辖事业单位有15个（公路运输管理所、县乡公路管理站、公路稽查站、交通质监站、县乡公路路政稽查队、小车队、立交桥管理所、高炉交管站、义门交管站、龙山交管站、楚店交管站、大曹交管站、石弓交管站、公路分局、地方海事处）。其中公路分局、地方海事处属三权在上单位；公路运输管理所、县乡公路管理站、公路稽查站、立交桥管理所属副科级单位。局属企业8个（汽车综合性能检测站和维修服务公司、亳州市客运集团涡阳有限公司、航运公司、振通客运公司、富通公司配载客运站、天静客运站、安通客运北站）。

【交通区位】涡阳县位于北纬33°20′～33°47′，东经115°53′～116°33′。地处豫皖苏鲁要冲。济祁高速，县境全长46.5公里，途经涡阳县8个镇（场），设收费站2处，分别是涡阳北（龙山）、涡阳东（西阳）收费站，其中的西阳出口按照四进六出十车道设计建设，西距县城14公里；服务区一对，为涡阳石弓服务区。省道307线境内全长45.3公里；省道202线境内全长58.5公里；两条省道交汇于县城，分别连接合徐、商阜、宁洛、济祁高速，通达豫、皖、苏、鲁、鄂等公路运输干道。涡河自西北向东南斜贯，境内长54公里，四季通航，通江达海。涡阳至合肥市259公里，至郑州市339公里，至徐州市147公里，至阜阳市84公里，至蚌埠市136公里，至淮北市86公里。青阜线铁路境内全长50公里，涡阳火车站已成为周边地区客运、物资集结地和中转站。县境铁路分别连接京沪高铁和京九铁路。亳州机场落户涡阳县标里镇境内。

涡河三桥通车

【国省干线】全面加快国省干线建设步伐。S307涡阳绕城段改建工程，全长11.95千米，完成投资4.4亿元；S307涡阳绕城段上跨青阜铁路立交桥，全长733米，完成投资1.16亿元；该两项工程通过交工验收，并于2016年12月23日正式通车。S307西阳新建段，年内完成凤凰沟桥及其他小型构筑物、完成3%灰土1800米、6%灰土1500米。S202涡阳段路面改善工程，全长59.521千米，完成投资3.97亿元，2016年12月29日正式通车。

【涡河三桥】2016年9月20日，涡河三桥正式通车，同时投资近200万元，安装了限高架、信号指示灯和区间测速设备设施，限高2.9米，限重20吨，限制大型货车的通行和通行车辆的车流以及车速，确保桥梁安全。

【农村道路畅通工程】投资9.38亿元，完成农村道路畅通工程建设任务1360千米，其中县级畅通97.76千米，乡级畅通222.8千米，撤并村道路硬化451.68千米，自然村道路硬化234千米，老村级窄路加宽353千米。2016年，完成农村道路畅通工程建设里程数是前五年农村道路建设总里程之和。

【治超工作】投资800余万元建设县交通运输综合信息指挥中心，实现卡点检测、超限告警、调度指挥与流动治超的无缝衔接；同时抽调50名公安警力，全力参与治超联合行动，积极发挥交通、公安执法人员路面治超主力军作用，形成合力，重拳治超，非法超限超载得到有效治理。2016年，全县共检测货运车辆102376台次，查处车辆758台次，卸载货物15891余吨，查处75吨以上、超100%车辆106台次，查处非法改装108台，货物脱落扬撒10起，共计罚款697.42万元(其中交通623.16万元、治超站74.26万元)，挂网停办从业资格证5本，吊销道路运输证18本，约谈货物运输经营企业5户次，驾驶证扣分548分，因阻碍公务行政处罚1人次。

【出租车、公交车行业管理】共审验出租汽车405部，淘汰报废到期车辆68辆，抓好出租汽车标识统一管理，更换顶灯357个，新注册审核驾驶员从业资格证243个，发放服务监督卡243个，注销审核196个，换发到期驾驶员服务监督卡562个。圆满完成出租企业2015年度质量信誉考核工作。其中涡阳出租公司和迅达公司均被评为AA级企业。严把出租汽车驾驶员准入关，2016年共报名参考人员900余人，组织考试60余场，选拔出合格人员380余人。采取错时执法、定点与不定点巡查相结合的方式，在重点时间、重点路段安排执法人员进行巡查，加大出租市场监管力度，共查处违章客运车辆294起，罚款金额423300元：其中黑头车126起；不按规定站点停靠94起；出租车不按计价器显示金额收费74起。

【维修驾培行业管理】2016年，共办理驾驶员诚信考核40148人；新办驾驶员从业资格证7659人次；变更和补发驾驶员从业资格证1101人次；办理驾驶员从业资格档案转籍121人次；换发从业资格证　4308人次；危险品驾驶员诚信考核736人次；注销恢复132起。加强营运车辆技术管理，把好营运车辆二级维护签证。全年共审验车辆技术状况9603辆次；车辆燃料消耗达标审验1672辆次；客运车辆类型划分84辆次。认真按照《汽车维修业企业开业条件》(GB/T　16739.2-2014)和《机动车维修管理规定》(交通部2005年第7号令)等相关标准和技术要求，严把维修行业市场准入关。新办二类维修许可2起，三类维修许可5起，延续经营许可5起。积极监督驾校的经营行为，加强监督检查，督促驾校提高教学质量和服务水平。积极配合市运管处完成全省驾培机构质量信誉考核工作。全县驾培机构培训结业驾驶学员22628余人，驾驶从业资格培训结业7490人。

【客货运输管理】至2016年年底，全县共有各类客运班线107条，车辆495辆。其中省际班线24条，车辆49辆；市际班线18条，车辆64辆；县际班线5条，车辆22辆；县内班线68条，车辆360辆。2016年无新增班线。全县四家客运公司(亳客集团涡阳有限公司、阜汽集团第六汽车队、涡阳县振通客运公司、涡阳县兴永客运公司)卫星北斗的安装率达到100%，长途客运车辆在线率达100%。涡阳县拥有农村客车367辆、6649个座位，全县20个乡镇，乡镇班车通车率100%，387个建制村村中有315个已通达班车，建制村班车通车率为82%，

2016年，涡阳县许可道路普通运输公司25家，新办道路运输证2842辆，年审道路运输证4845辆，其中货车4465辆，客车380辆。按照《涡阳县人民政府关于加快推进黄标车淘汰工作的通知》的相关要求，运管所对职责范围内的19家运输企业296辆车开展淘汰工作，到2016年7月31日，296辆黄标车已按要求全部淘汰。

【安全监管】全面落实安全生产责任制，圆满完成年度春运任务，积极开展“安全生产月”、“水上知识进校园”、消防及水上安全知识培训等活动；以“打非治违”为重点，扎实开展安全生产大检查和辖区渡口撤并以及渡运安全提升工程，积极组织安全生产大检查，排查整治各类安全隐患。交通运输安全形势持续保持平稳，未发生一起安全生产责任事故。

【队伍建设和行业文明】开展了为期一周的春季交通行政执法岗位培训，深入开展“两学一做”学习教育活动，继续深化“微笑服务、温馨交通”和“我们的节

公交车出租车参加爱心送考

日”系列主题活动，大力开展公路“三线三边”环境整治、志愿服务、扶危济困和关爱未成年人活动。（县交通运输局供稿）

公路建设与管理

【概况】截至2016年12月底，亳州市公路管理局涡阳分局在职职工160人，退休职工87人，拥有工程、经济、财会、政工4个系列的专业技术人员28人。

【党建工作】2016年7月，对分局党总支和所辖支部进行换届选举。产生新一届分局党总支委员会。总支委员会由7人组成：史广金（党总支书记）、庞鑫（党总支副书记）、于伟（纪检委员）、李含亮（生产委员）、胡大中（宣传委员）、梁建（组织委员）、廉影（群工委员）。分局机关党支部委员会由3人组成：于伟（党支部书记）、胡大中（委员）、梁建（委员）。新一届中共亳州市公路路桥工程有限责任涡阳分公司党支部委员会由3人组成：杨涛（党支部书记）、张立伟（委员）、赵广厅（委员）。新一届中共涡阳县超限超载检测站党支部委员会由3人组成：于志远（党支部书记）、孙亚（委员）、张杰（委员）。

【工程建设】扎实推进续建项目（续建项目共有2个）：省道307涡阳至蒙城一级公路（涡阳绕城段）改建工程。2015年8月20日动工，一级公路建设标准，全长11.947公里，双向六车道，设计时速每小时60千米，投资4.4亿元，2016年12月13日通过交工验收，12月23日正式通车。省道202线（涡阳段）路面改善工程。2015年9月15日动工，全长59.521千米，截至2016年年底，主体工程已完工，累计完成基础投资2.21亿元，占总投资2.45亿元的90%，当前正对穿集镇路段非机动车道进行施工。

新开工项目（新开工项目5个）：一是S307涡阳绕城段上跨青阜铁路立交桥项目。2016年3月15日开工建设，全长733米，投资约1.159亿元，2016年12月13日通过交工验收，12月23日正式通车。二是县道014（涡阳段）路面大修工程。2016年7月开工，全长9千米，维持原有设计标准：公路等级三级，路基宽8.5米，路面宽7米，设计时速每小时40千米，2016年9月13日通过交工验收，共完成投资1107万元。三是X019（涡阳段）路面大修工程。由县交通运输局负责实施。2016年6月6日开工，全长13.897千米，维持原有设计标准：公路等级三级，路基宽8.5米，路面宽7米，设计时速每小时40千米，计划投资1682万元，截至2016年年底，累计完成投资478.94万元。四是S307线涡阳至蒙城段一级公路改建工程（西阳新建段）。2016年10月1日开工，路线全长1.89千米，路基宽24.5米，主路面宽21米，设计时速每小时80千米，计划工期200个日历天，计划完工日期2017年4月18日，计划投资3815.56万元。截至2016年年底，凤凰沟桥下部构造全部完成；路段直径1.25米圆管涵、人行通道盖板涵全部完成；灰土路基完成1500米，累计完成投资1245.89万元。五是S202涡阳涡河大桥、S307涡阳公跨铁立交桥大中修工程。2016年12月开工。S202涡阳涡河大桥计划投资856.6万元，省道307涡阳公跨铁立交桥计划投资1133万元，两桥计划工期各为180天。两桥正在进行梁板提升、更换支座，此外，S307涡阳公跨铁立交桥梁

省道 307 绕城段及上跨青阜铁路立交桥

板预制已完成 22 片。截至 2016 年年底，S202 涡阳涡河大桥累计完成投资 43 万元，S307 涡阳公跨铁立交桥累计完成投资 365.8 万元。

【公路养护】 实行目标管理，分局与养护公司、道班及养护人员层层签订《公路保养工程承包合同》，加强对道班人员考勤，对路段进行全天候路面巡查，沿线交通标志、标识和 W 板污染部分进行及时清扫去污，道路沿线洒落石块进行及时清除，确保道路安全畅通。对县道 045 利楚路、县道 014 涡标路、县道 019 涡宿路坑槽、路面病害及时进行处理，共完成用煤矸碎石挖补(坑槽、沉陷)18663 平方米，沥青灌缝 27408.2 米，维修桥梁病害 20 处、更换里程碑 12 块、补充示警桩 247 根，对省道 307 线交通附属工程进行维修更换，共完成粉刷示警桩 372 根，更换边沟盖板 302 块，整修路肩、边坡草 364971 平方米，更换防撞护栏 52 米，更换 W 板 1188 米，沥青混合料填补坑槽 1200 平方米，合计完成小修资金 170 余万元。加强桥梁养护工作，对辖区管养 57 座桥梁做到一桥一档，并安排专职桥梁工程师定期对桥梁的梁板、锥坡、护栏等进行检查，并记录归档，发现病害立即汇报整改，确保桥梁安全畅通。

【路政管理】 全年共发布宣传信息 15 篇(上传 15 篇)，清除非标 488 块，清理堆积物 311 起，清除摊点 113 个，制止违法建筑 12 起。对照文明委“三线三边”通报图片整改 14 处，对照市局检查图片整改 88 处，协助交警处理涉路交通事故 12 起。进一步落实路养联动机制，加大路养联合巡查力度，联合养护对损坏的沿线标志、标牌、警示桩和波形护栏及时修复，拆除擅自设置的非公路标志及临时公交站牌，清除打场晒粮及晾晒物约 1300 平方米。加强对公路建筑控制区的管理，联合当地政府制止违法建房 12 起。现场调研县道 014 西段已架设的电线杆和省道 307 线义门大街拟架设的电力线铁塔，提出具体整改建议。协调西阳镇政府解决省道 307 线西阳大街移动公司在公路用地范围内擅自加、埋设管理线的违法行为。开展路域环境联合整治行动，对 202 省道石弓镇姚湖路段公路沿线的非法洗车点进行了集中整治。按照文明委“三线三边”环境治理专项行动工作部署，开展了乱堆乱放治理专项行动 6 次，清理擅自堆放的石子、

县级畅通工程 X029 十临路

黄沙及建筑垃圾等约700立方米；集中清理非法广告牌115块；清理石料约500立方米、煤矸石约400立方米；对202省道涡河二桥下面活动板房现场，逐一下达法律文书，责令限期整改，保障桥面维修工程建设如期开工；对省道202线的3处307线2处非法洗车点现场整改情况进行督查，公路用地范围内已恢复原貌。集中清理县道公路沿线堆积物292处、打谷晒场38处、非公路标志93块。对沿线存在的安全隐患进行全面排查，对缺失的道口桩补充安放。及时更新临水路段防护措施、交通标志17处。对县道公路沿线擅自埋设通信线杆的违法行为进行制止；做好“安全五小工程”调查统计工作。加强涉路工程及在建工程监管，召开天然气穿越公路涉路工程安全评价会3次，做好各个下穿点的核查工作和该项目许可审批及日常监管工作。对202省道路面改造在建工程进行安全隐患排查，对楚店加油站搭接道口事项进行调查处理。开展自由裁量权新标准宣贯和路政宣传月活动，在路政办公区、超限检测站、重要桥梁周国及人员密集场所等地，采取悬挂标语、摆放宣传展板、发放宣传材料等方式集中宣传。共发放宣传单600余份，悬挂宣传横幅20条（处），印制路政宣传簿1000本（已发放约500本），设立咨询台5次（处）。

【公路治超】截至2016年年底，共计精检车辆100383辆，查处超限超载车辆353辆，卸载货物4303.86吨，罚款928640元。其中查处75吨以上超限车辆15辆，均依法处以3万元罚款。积极配合县交通运输局开展全省联合治超1号、2号行动以及淮北区域联合执法行动，深入推进“政府主导、部门协作、合力治超”工作机制。

【安全生产】全年隐患排查29次，查出安全隐患83处，整改到位83处，安装护栏85米。增设补缺平交道口警示桩950根，安装爆闪灯122套，安装波形护栏5000米，更换轮廓标600只，制作修复标志牌147块。为应对冬季恶劣天气，储备工业用盐10吨，黄沙150立方米，备用装载机3台，推土机1台，除雪车1台，运输车辆4台，以及扫帚、铁锹等工具，保障道路安全畅通。开展了以“防汛抢险实战”为主题的演练活动，路政、养护、安机等联合，在县道019线青阳桥开展防汛抢险实战演练活动，切实提升公路应急处置能力。

【资产管理】及时对各施工组所用机械进行维修、保养，确保机械处于良好状态。对固定资产进一步清查，建立了固定资产管理系统，通过对账、卡核对，核查原始凭证，实地盘点等手段，对分局及所属单位的资产进行全面清查，对盘亏、毁损固定资产，按规定作自损报告并上报，确保国有资产不流失。加强内业管理，各施工单位在每月5日前上报上月的使用记录和该机所发生的油料消耗、维修等费用，由机料员整理归档并进行单机核算，做到一机一账一档，及时入账，帐、卡、物件件相符，并及时上报各类报表、资料。在材料管理上，严格按照市公路管理局有关工程材料管理的规定，公开招标，确保工程材料的质量。

【财务管理】严格执行养路支出预算，增收节支，按预算执行用款，把有限的资金用在刀刃上。对填制不规范发票、不完善的财务手续一律退回，不予审核。严格按照《会计基础工作规范》的要求，建立会计账册，审核原始凭证、填制会计凭证、登记账簿、编制报表。并提供准确、真实、完整的会计资料，为领导决策提供可靠的依据。

（县公路局供稿）

信息业

邮　政

【概况】涡阳县邮政局成立于1998年，下设：综合办公室、计划财务部、市场部3个职能部门，邮务业务中心、大客户中心、金融业务中心、集邮函件业务部、报刊发投营业部、农村电商六个生产机构，投递班、分拣班、驾驶班3个班组，30个支局所（农村支局所20个）。自办邮路5条，投递路线61条，其中农村投递路线54条。农村投递单程线路总长2816公里。农村通邮率百分之百。2016年度邮政业务总收入10071.43万元，增长率12.79%。收入规模居全省第四位。分公司邮储余额51亿元。全局速递物流收入444.07万元。

【邮政设施】全县邮政设施有邮政网点25个，邮政报刊亭9个，邮筒35个，信报箱1918个。县城投递实现机动化、电动化，使用微型汽车2辆，电动三轮20辆。农村邮政投递实现摩托化，54辆摩托车覆盖全县农村所有投递区域。

【信息化建设】全县电子化支局联网网点20个，27个邮政网点，20个电子汇兑网点全国联网，邮运生产信息和邮件处理实现联网共享。建立便民服务站276个，代售航空电子机票，代收电费和通信费等便民业务，建成全县金库监控联网工程，大大提升了安全防范能力。（县邮政局供稿）

电　信

【概况】中国电信股份有限公司涡阳分公司于1998年8月26号成立，地址位于涡阳县城关街道工农路29号，现有合同制员工104人。内设：综合管理部、销售部、政企客户部、网络部4个部门。主要经营：移动通信、固定电话、互联网等业务。

【业务开展情况】中国电信股份有限公司涡阳分公司2016年的整体发展概况：在保有存量用户的基础上，稳步发展业务，提升市场份额，增强公司竞争力。业务保有情况：一年以上移动用户成活率高于80%，移动用户保有率高于75%，宽带保有率高于85%。重点业务发展：移动净增2.00万户，宽带净增0.80万户，ITV净增1.50万户。

【网络建设】有线通信网络：继续推进有线光缆网络建设，全年新敷设通信光缆11.5纤芯公里，实现全县98%自然村有线光纤网络覆盖，已经实现光纤覆盖的村庄100%实现100Mbit/s网速。到2016年年底，网络光端口达到10.95万，其中2016年新增端口能力1.9万。互联网出口带宽到达160Gbit/s，接入PON端口数到达4100个。无线通信网络：到2016年年底，涡阳分公司运营基站设备3G计128个、4G-LTE基站192个，无线覆盖率98.6%。

（中国电信涡阳分公司供稿）

移　动

【概况】根据国务院和信息产业部的通信重组改革方案，1999年12月在电信资产重组的基础上，涡阳移动公司正式组建成立，后更名为中国移动通信集团安徽有限公司涡阳县分公司。2016

移动宽带最后一公里，优质服务在农村

党员志愿者活动

年，在原有9个乡镇营销部基础上，在城区范围内成立涡南营销部、涡北营销部和城关营销部，自此，城乡共计12个区域营销部。主要经营移动通信业务(包括语音、数据、多媒体等)；出售出租移动电话终端、IP电话设备、互联网设备及其配件，并提供售后服务等。移动客户规模已达40多万，城乡上下服务点400多处，公司人力总数由起初的20多人发展到100多人。

【通信业务】继续开展网络优化提升工作，在4G网络全面覆盖提升中，年度内重点加强人流量大的新县委、新一中、汽车站等区域的4G监控调测优化等工作，保障移动通信网络的高效运营。

【行业管理】2016年，涡阳移动从规范通信管理，树立行业典范角度出发，利用进厅业务、客户外呼、媒体宣传等多形式，多角度开展宣传办理，基本完成所有移动手机用户的实名登记工作，净化通信市场，维护客户权益。

【通信网络设施】涡阳移动公司配合市公司做好网络割接、调整、网络优化等基础性维护工作。利用现有网络载频，调整优化区域网络，完成县局电源设备及电池的替换工作。及时做好元宵节、清明、“五一”、中秋、国庆等重要节日的话务预测、扩容等通信保障工作。新开通4G基站36处，完成汇聚点建设2处。

（中国移动涡阳分公司供稿）

联　通

【概况】涡阳联通隶属中国联合网络通信有限公司。2016年，面对客户需求和全新竞争格局，涡阳联通在经营转型、市场营销、队伍建设、网络建设及服务水平等方面明显提升，各项业务实现较快发展。

【服务设施建设】2016年，涡阳联通新增丹城、石弓、新兴、店集、标里、双庙、龙山、青疃8个自建厅，采用现代化服务设施和全业务受理的综合服务模式，为广大客户提供了更加方便、高效、快捷、完善的全方位服务。

【网络建设】实现涡阳县网络覆盖无通信盲点，通信光缆、电缆、移动信号覆盖城区及各乡镇，信息接入畅通；4G网络已覆盖涡阳城区及各个乡镇。2016年4G基站增加至233个，实现了城区、主要交通干线、重点行政村全覆盖，新建基站光缆38段。“宽带提速”工程全面提升50兆、100兆端口速率，全县实现光改。

【服务能力建设】制定服务规范，完善考核办法，加强服务人员培训。创新对社区经理和装维人员管理方式，对社区经理的职责进行明确划分。在原有职责的基础上增加渠道管理、活动开展、设备维护、客户维系和后台支撑等职责。对装维人员进行上门服务培训。在装机和故障处理过程中规范了预约、回访等流程，增强用户感知度。通过全渠道推进合约续约、单卡捆绑、换机、换网等系列工作，初步实现维系工作的提质、提效。为营造透明、放心、和谐的消费环境，做到账单清晰，查询清晰、话费清晰、余额清晰。针对消费者手机使用中的种种问题，创新推出众多新型服务形式，在传统的业务受理、咨询、投诉等人工热线服务和自助查缴费等电子服务的基础上，涡阳联通为VIP客户配备专属服务经理，提供专家式、体验式、辅导式的一对一专属服务，为用户提供智能手机辅导，数据应用辅导。开展外延性服务渠道建设，不断拓展4G网络销售前沿阵地，包括网上营业厅www.10010.com、手机营业厅、短信营业厅、mini营业厅等，推出选靓号、自助缴费、自助查询、业务办理、网上商城等电子服务新举措，不断增强用户使用电子渠道和选购联通通信产品的便利性。

【安全生产】强化安全管理，加大监督检查力度，增强全员安全意识，定期召开安全例会，在重大活动、重大节假日召开安全生产专题会。通过OA等方式时刻提醒员工重视安全生产工作。定期在全公司范围内开展安全大检查，全年无安全生产事故发生，被授予“6S管理先进单位”称号。

（县联通公司供稿）

城乡建设

城乡规划

【规划编制】2016年，完成如下城乡建设规划编制工作：城南新区控制性详细规划及城市设计（合肥市规划设计研究院）；涡阳县城乡统筹和县域环卫、污水处理专项规划（安徽省城乡规划设计研究院）；城市空间特色体系（江苏省城市规划设计研究院）；亳州市涡阳县村庄布点规划（2016—2030）（安徽省城建设计研究院有限公司）；义门、龙山和楚店总规（合肥市规划设计研究院）；西阳、高炉美丽集镇规划（阜阳市城乡规划设计研究院）；城南新区宜居生活圈（江苏省城市规划设计研究院）；21个美丽乡村（其中11个县级：龙山镇大高行政村梁庄中心村、义门镇周营行政村南窑中心村、楚店镇楚栗行政村路王中心村、新兴镇曹庙行政村曹庙中心村、丹城镇常庄行政村常庄中心村、单集林场柴楼行政村美乐中心村、马店集大罗行政村大罗中心村、店集镇镇东行政村王桥中心村、牌坊镇牌坊居委会石庄中心村、标里镇柏华行政村唐大中心村、涡南镇王塘行政村王塘中心村由合肥市规划设计研究院进行规划设计，10个市级：公吉寺镇张寨行政村龚老家中心村、曹市镇淝南行政村小石中心村、陈大镇杨楼行政村杨楼中心村、高公镇宗营行政村宗营中心村、青疃镇青疃居委会西刘中心村、高炉镇赵沃行政村赵沃中心村、石弓镇西关行政村西关中心村、临湖镇宗圩社区宗路口中心村、花沟镇杨元行政村杨元中心村、西阳镇三里居委会三里中心村由安徽省城乡规划设计研究院进行规划设计）。

确定城市“四线”和城市开发边界等控制线的划定原则。抓好城市管理单元规划、专项规划、控制性详细规划；加强区段城市设计，纳入控制性详细规划，对空间形态、建筑高度和风貌等作出全面系统的控制引导。强化城市轮廓线、水体保护线、绿地体系线、建设控制线、历史文化保护线、标志性建筑等建设管理，提升城市空间合理性、平面协调性、功能完善性、风貌整体性、文脉延续性。

（县规划局供稿）

城镇建设

【概况】围绕“一年打基础、两年上台阶、三年大变样”的目标，建立大建设管理体制，明确了项目建设流程及工作机制，做到让“专业的人做专业的事”，目前涡阳县已经步入了奋力赶超、加快发展的快车道，进入了大发展、大建设的新阶段，城市建设日新月异，园区建设步伐加快，交通建设速度加快，城市面貌发生巨变。

【城镇化进程】城区面积由2011年的29平方公里拓展到35平方公里，常住人口城镇化率达到38%，五年提高12个百分点。

【基础设施建设】城市基础设施建设全面提速，城区功能不断完善。新建改建城市道路10条26.5公里，治理水系6.5公里，建设公共绿地17.4万平方米，“五纵八横两水系”骨干路网水网基本形成。铺设雨污管网49公里，涡北污水处理厂建成使用，涡河三桥、S202线路面改善、S307线新建绕城段、上跨青阜铁路立交桥等项目建成通车，城市应急供水、城东污水处理厂二期、利亳天然气改迁等一批工程正在建设。

【新区建设】新区建设日新月异。坚持征迁安置先行、基础设施先行、社会事业先行、聚集人气先行。完成育英路、育英河等“六路一河”建设。“五馆三中心”、智慧城市指挥中心、城市出入口景观提升等项目进展顺利。实施“城市家居”工程，新投放新能源公交车20辆，新建公交站台48个，安装交通护栏15公里、城市路灯1273盏。

【拆迁安置】统一规范征地拆迁安置政策，实行一把尺子量到底，征迁工作全面破题，2014年以来共征迁村庄41个，征迁面积近230万平方米。德铭、华都等5个安置小区基本建成，德顺、七里朱等7个安置小区加快建设。

【城市亮化】根据城市道路路灯亮灯情况以及群众反映的热点，完成了站前路东段、建设路、紫光公园、滨河公园、法治广场的路灯改造共213盏，修复工业园区多年大面积不亮的路段约7.8

公里。南部新区新建和改建的路灯工作已基本完成。

【村镇建设】2016年涡阳县主要实施1700户农村危房改造任务，总投资2466.2万元，其中中央资金1332万元，省级资金510万元，涡阳县配套资金624.2万元。全面竣工，补助资金打卡发放完毕。（住建委、文明办供稿）

建筑业

【概况】2016年，涡阳县共有建筑业资质企业24家，其中总承包企业8家，专业承包企业8家(含7家商混企业)，劳务企业8家。(附：涡阳县建筑业企业基本情况一览表)。2016年涡阳县建筑业企业总产值105767万元，比去年同期增加25923万元；建筑业从业人数4000人。

【建筑市场】2016年，住建委共办理施工许可证36项(个)，全县建筑工程面积156.87万平方米，工程造价合计184039.94万元。2016年共办理竣工验收备案68个，面积41.44万平方米，工程造价合计47400万元。2016年共办理质量监督手续268个，面积157.11万平方米，工程造价合计248600万元。2016年共监督工程566个，面积432.58成平方米，工程造价合计645500万元。

【工程监理】涡阳县仅有一家监理资质企业，涡阳县华宇建设工程监理有限公司位于涡阳县滨河路1号，公司成立于2009年11月，资质等级为房屋建筑工程监理乙级，企业性质为有限责任公司。

【质量监督】全年共监督工程552项(不含民生工程)，建筑面积416.56万平方米，工程总投资61.13亿元，其中，新办质量监督手续工程254项，建筑面积141.09万平方米，工程总投资21.44亿元。竣工验收工程68项，建筑面积41.44万平方米，工程总投资4.73亿元，办理竣工验收备案工程68项，建筑面积41.44万平方米，工程总投资4.73亿元。

【安全生产】成立机构，健全组织，落实"一岗双责制"；认真贯彻落实上级安全生产工作部署，开展隐患排查和专项治理活动；加强培训，提高全员素质；开展施工扬尘治理工作；共下发隐患整改通知书127份，12个工程项目被强制停工整改，14家企业负责人接受约谈，对8家施工企业因安全生产及扬尘防治未落实进行经济处罚，合计10万元。

（县住建委供稿）

房地产业

【房地产市场管理工作】房地产开发企业情况。2016年，涡阳县共有房地产开发企业54家，其中二级资质开发企业1家，三级资质开发企业14家，暂定资质开发企业39家，50亩以上规模的在建和续建项目16个，其中100亩以上规模的在建和续建项目9个。房地产开发投资情况。2016年，全县实现房地产开发投资43.4亿元，2015年同期35.5亿元，同比增长22.3%。商品房施工面积185.5万平方米，2015年同期174.2万平方米，同比增长6.48%；新开工面积51万平方米。2015年同期35万平方米，同比增长45.71%。房地产市场供应情况。2016年，全县批准商品房预售面积95.67万平方米，2015年同期57.89万平方米，同比增长65.26%。其中住宅7369套，2015年同期4723套，同比增长56.07%，预售面积81.95万平方米。2015年同期53.25万平方米，同比增长53.89%。非住宅1278套，2015年同期220套，同比增长480.91%. 预售面积13.71万平方米，2015年同期4.59万平方米，同比增长198.69%。房地产市场销售情况。2016年，全县商品房销售7773套，2015年同期4764套，同比增长63.16%。销售面积86.91万平方米，2015年同期51.45万平方米，同比增长68.88%。其中住宅销售7002套，去年同期4295套，同比增长63.02%，销售面积79.33万平方米，2015年同期48.01万平方米，同比增长65.23%。销售均价3958元/平方米，2015年同期3825元/平方米，同比增长3.48%。其中农村人口购房5863套，占住房销售套数的83%，镇、场、街道农民万人购房前三名的是城西、涡北、高炉；万人购房后三名的是标里、石弓、曹市。非住宅销售771套，2015年同期469套，同比增长64.39%，销售面积

7.58万平方米，2015年同期3.46万平方米，同比增长119.07%。销售均价6939元/平方米，2015年同期6957元/平方米，同比增长-0.25%。2016年，全县二手房成交867套，2015年同期1331套，同比增长-34.86%，成交面积8.57万平方米，2015年同期13.67万平方米，同比增长-37.27%，成交均价2988元/平方米。2015年同期2753元/平方米，同比增长8.55%。商品房市场供需情况。2016年底全县商品房库存量51.51万平方米。其中商品住房32.99万平方米、商业用房18.52万平方米。

【住房保障工作】住房补贴发放工作。2016年新增租赁补贴50户，涡阳县完成51户，完成率为102%，于5月份发放11.49万元，完成全年新增住房补贴发放任务。每季度对核查符合保障条件的住户打卡发放住房补贴，全年累计2813户（第一季度708户、第二季度683户、第三季度722户、第四季度700户）打卡发放住房补贴167万元，完成了全年发放工作。棚户区改造工作。2016年涡阳县保障性安居工程主要任务是新增棚户区改造户数4629户，新建棚户区改造计划7925套（户），基本建成660套。截至9月，全县新建任务完成7930套（户），完成率100.06%。货币化安置：2016年，按照省市文件规定，货币化比率不低于50%，为提高货币化安置比率，全县对棚改项目进行了调整，即新建任务3755套，货币化安置4170套，货币化安置比率为52.61%，9月22号，全县完成4175户货币化安置任务。棚改项目共发放购房券78937万元（大吴发放购房券8230万元、经开区发放52930万元、三桥发放17777万元）。实物安置：全县2016年实物安置新建任务3755套；德顺小区155套是2015年续建项目，已施工至6层；胜利（光明）安置小区新建984套，8月24号发开工令，9月底桩基完成；涡阳县李马安置小区新建2616套，9月19号发开工令，25号完成桩基工程。3755套建设任务全部完成。完成基本建成任务百合苑小区660套，已于8月份报备。保障性住房分配入住工作。2016年年初，我县公租房分配入住6495套，2016年公租房分配任务是3118套，涡阳县在6月、8月组织分配了企业配建公租房3137套，分配入住完成率100.64%，分配后我县公租房入住9632套，入住率达到67.16%，极大的缓解涡阳县新就业职工、有稳定职业的外来务工人员住房困难问题、明显改善城镇居民的居住条件。资金落实情况。2016年，涡阳县共争取省财政厅下达棚户区改造中央专项资金11088万元，省级补助资金1893万元，资金已全部进入专户。保障房入住管理核查工作。加强对保障性住房对象有关情况的动态管理。2016年，房改股对涡北德元小区、城西乐行佳苑等小区已入住的公租房住户进行入户核查，该项活动核查期限一个月，主要核查保障对象所配租的住房是否有出租、出借、闲置、出售以及改变住房用途等行为，对违规行为立即制止和处理，共查处11户因家庭财产信息等原因变动，不再符合保障条件。对不符合保障条件的11户住户已经予以退出。住房保障信息公开和信息录入工作。对新开工建设项目的信息和新增补贴户、公租房、廉租房的家庭成员信息录入安徽省住房保障管理系统网。对住房保障工作全程实行信息公开，确保分配公开、公平、公正。及时公布公共租赁住房分配政策、分配对象、分配结果和退出等方面的信息，通过房产局网站、政府网站、电视台等多种形式公开，确保分配过程阳光透明。

【房屋征收与补偿安置工作】2016年，制定出台《涡阳县国有土地上房屋征收与补偿实施细则》《涡阳县城市规划区内棚户区改造和房屋征收虚拟实物安置实施办法》《涡阳县集体土地及房屋征收补偿安置办法》和《涡阳县房屋征收补偿安置认定程序规定》。2016年，分别制定了涡河三桥周边、城关顺河路公园改造、S307线西阳段改造、城东中农批周边、涡北马棚等四村、涡北采煤塌陷大吴庄搬迁、涡北采煤塌陷张方庄部分户搬迁等项目实施方案及相关项目问题解答手册。

【房屋征收项目】2016年，涡阳县房屋征收共15个项目，31个村庄，5624户，征收面积141.94万平方米，需安置84.92万平方米。各项目情况如下：经开区6个项目，23个村庄，3167户，8613人，房屋征收面积105万平方米，需安置房屋51.68万平方米；涡北街道办事处3个项目,6个村庄、1695户,4810人,房屋征收面积约26.16万平方米,需安置房屋26.18万平方米;城关街道办事处3个项目,520户,房屋征收面积5.68万平方米,需安置房屋5.06万平方米;城东街道办事处1个项目,79户,房屋征收面积2万平方米,需安置房屋2万平方米;西阳镇人民政府1个项目,1个村庄,62户,房屋征收面积1.9万平方米,按"一户一宅"安置;新兴镇人民政府1个项目,1个村庄,101户,房屋征收面积1.2万平方米,按"一户一宅"安置。

【虚拟实物(购房券)安置工作】涡阳县2016年5月份以来,涡阳县城关街道办事处、涡北街道办事处、城东街道办事处和县经开区分别实施了货币化(购房券)安置,截至目前,涡阳县货币化(购房券)安置共3557户,安置人口9202人,安置面积47.09万平方米,需发放购房券金额145771.5万元(其中涡北马棚四村和张方庄购房券金额60444万元,暂未发放)。购房券已使用报批财政局33批次,购房券累计金额4.32亿元,已购商品房面积11.84万平方米,1069套,已兑付金额3.5亿元。

【房屋征收涉诉情况】2016年,县房屋征收办代表政府积极参与涡河三桥周边和涡北马棚等四村两项目被征收人的行政复议答辩、乐行宾馆征收2起和城东中农批项目1起诉讼案件。

(县房产局供稿)

公共资源交易管理

【概述】涡阳县招投标管理委员会办公室、涡阳县招投标服务中心于2016年10月经县编委会批准,涡阳县招投标管理委员会办公室、涡阳县招投标服务中心更名为涡阳县公共资源交易监督管理局、公共资源交易中心,并加挂亳州市公共资源交易中心涡阳分中心牌子。

涡阳县公管局2016年共完成各类交易项目项目685个,成交金额387475.38万元。其中招标采购类项目645个,预算金额306017.61万元,中标金额250423.98万元,节资金额49248.64万元,节资率18.14%。其中建设工程交易项目134个,预算金额259747.62万元,中标金额205559.32万元,节资金额54188.3万元,节资率20.86%。政府采购交易项目511个,预算金额46269.99万元,中标金额38468.22万元,节资金额7801.77万元,节资率16.86%。国土交易项目20宗,起拍金额122723万元,成交金额135487万元,溢价12764万元,增值率10.40%。产权交易20项,评估价1416.6万元,成交金额1564.4万元,溢价147.8万元,增值率10.43%。

【重点工作】一是加强对重点工程及民生实事工程项目的研究、调研,及时提供政策、业务咨询等各类服务,群策群力研究对策,找准工作契合点,抓好招标服务和项目招标的合理融合与促进;二是围绕工程项目推进与实施,及时参加各类协调会,主动与建设单位联系与对接,虚心听取有关各方意见和建议,不断改进工作方法,按照"能快则快、能简则简、能优则优"的原则,进一步优化服务举措,提高工作效率,帮助排忧解难,做到"主动办、现在办、马上办",扎实推进项目的招投标和政府采购的顺利完成,较好地实现了招投标规范和效率的有机统一。

【完善工作机制】公管局成立以来,经过近六年的探索,基本形成一整套完善的政府采购和招投标监管规章体系,对招投标活动从发布信息到投标、开标、评标、定标每道环节予以规范,保障招投标活动依法有序进行。在巩固和完善2015年下发的各项制度并确保执行到位的基础上,针对规范市场行为的实际情况,出台《涡阳县招标投标市场主体及评标专家不良行为记录与公开管理办法(试行)》等文件。

【服务能力建设】全力推进招投标制度改革和优化服务各项工作部署到位、落实到位,打造公平有序交易环境。坚持宣传引导,大力营造招投标公开、公平、公正良好氛围。加大宣传力度,遏制围标、串标行为。坚持培训推导,大力推进电子交易平台操作使用方法,持续扩大及提升电子交易平台的适用范围与实施效果。坚持分析研讨,大力促进公共资源交易及招标投标服务水平持续提升。组织开展大建设项目研讨会议，坚持以问题为导向，深入项目、深入服务对象，通过调研、座谈、走访等多种形式，广泛听取意见，进行思考和分析，切实找准工作中的重难点问题，加强和改进公共资源交易及招标投标服务工作的具体措施。

（县公管局供稿）

城市管理

市容集中整治

【概况】涡阳县城管执法局内设办公室、市容管理股、政策法规股、综合股等4个股(室)，下设市容监察大队、城建监察大队、环境卫生管理处等3个二级机构。县城管执法局的职责：宣传、贯彻、执行城市市容管理法律、法规、规章和政策；拟定涡阳县市容环境卫生管理工作的有关规定并负责组织实施；负责对县城市容和环境卫生工作的检查、监督、管理，并行使法律法规规定的行政处罚权，强制拆除不符合城市容貌标准、环境卫生标准的建筑物或者设施；负责县城规划区内环境卫生公共设施的管理；负责县城规划区内生活垃圾的收集、清运、处理及垃圾袋装化的实施管理和监督；负责县城规划区内生活垃圾、渣土等其他废弃物清运的有偿服务工作；负责制定生活垃圾和粪便无害化处理的规划和组织实施工作；负责卫生费的收取工作；负责县城规划区内“门前三包”合同的签订、监督管理和实施违规处罚；负责县城规划区内公用照明设施的监督，户外广告(灯箱、护栏、橱窗、电子屏幕、画廊、路牌、楼宇、条幅、布幔、门面标牌、商品宣传车等)空间资源和位段设置及外观形式的监督管理，授权实施违规处罚；对涉及城市管理方面的违法违规行为按照委托授权行使相对集中行政处罚权；授权行使县城规划区内有损市容的违章建筑物、构筑物的监督检查和行政处罚权；授权行使对县城规划区内无照商贩和出店经营行为的行政处罚权；授权行使对县城规划区内各类车辆侵占道路行为的行政处罚权；授权行使对县城规划区内园林绿化的监督检查和有损园林绿化行为的行政处罚权；授权行使未经批准在县城规划区内占用城市道路的违法行为的行政处罚权；承担县委、县政府交办的其他工作。

户外广告集中清理

【环境卫生管理】负责老城区主

次干道路、闸北片区、南部新区道路以及公园广场的清扫保洁工作，清扫面积1000余万平方米。主干道主要以机扫作业为主，人扫作业为辅，每日“三机扫、三清洗”，实行路段网格化责任管理，确保全天保洁。次要干道主要以人力作业为主，机扫作业为辅，通过加大巡回保洁力度，确保责任区域内无垃圾，路面干净整洁。公园广场安排专人负责，实行全天候保洁，做到垃圾日产日清。大力推进旱厕改水厕工作，日常管理的28座公厕已全部改造为水冲式公厕，并向市民免费开放，同时配合城关街道对其辖区内未改造的56座公厕进行了旱改水改造。加强对生活垃圾处理场的管理，保证生活垃圾无害化处理及渗滤液处理工作的正常进行，垃圾处理场雨污分流及渗滤液处理站扩容项目已获上级批准。对负责管理的县城两河公园文化宣传长廊、滨河公园损坏的木桥以及滨河公园、老子文化广场、时代广场、紫光公园、两河公园广场损坏的道路等设施进行集中维修。对城区7座垃圾中转站进行全面提升，招标购买300个垃圾分类收集桶和1800个铁皮垃圾桶。加强渣土运输管理，对渣土运输公司、运输车辆及在建的建筑工地实行动态监理，建立并完善监管台账。加强渣土堆场扬尘控制，渣土等易产生扬尘的露天堆场，要求采取围栏、洒水、覆盖等防尘措施。2016年以来累计处罚渣土运输车辆100余辆，罚款15万余元。

【拆违控违】违法建设整治工作作为硬性指标，纳入涡阳县年度经济社会发展情况目标考评核心指标中，刚性考核问责乡镇党政领导。积极贯彻属地管理原则，把拆违控违列为街道、经开区的重要工作，加强调度。县城管执法局切实发挥职能作用，落实领导负责制、中队负责制，突出抓好派驻街道、经开区中队的管理工作，划片巡查、划片包保，积极配合街道、经开区加强依法拆违控违工作。各镇(场)成立乡镇国土规划建设管理办公室，执法力量和执法力度大大增强，进一步规范了农民建房程序与管理。2016年以业，执法局依法拆除各类违法建设49.3万平方米。开始运用无人机开展立体巡查，拆违控违始终保持高压态势，确保城区违法建设零增长。

【市容管理】开展户外广告清理，在城区范围内全面启动户外广告专项清理整治活动，并率先开展街道两侧建筑立面广告改造工作。对未经审批擅自设置、批准期限届满、残旧破损或者存在安全隐患等问题的各类户外广告设施，依法予以分类清理处置、实施拆除；对批准设置的破旧损毁广告全部更新或更换成公益宣传广告。拆除工作中，坚持严格执法与宣传教育相结合，全部做到无补偿拆除，目前共拆除大型户外广告78余处、13800余平方米，整治外立面破损雨搭1800余处，拆除废弃公交站亭57块。随着国家立法步伐的加快，为从制度层面建立户外广告长效管理机制，涡阳县编制了《涡阳县户外广告专项规划》。全面掀起市容整治高潮，对城区主干道的店外经营、乱堆乱放、摊点乱设等严重影响市容市貌行为进行集中整治。重点加强对建设路、向阳路、胜利路、工农路等城区主干道的日常管理，对一中、二中、四中、七小、急救中心周边摊点群进行规范管理。逐条道路实施清理整治，在下发执法文书无效的情况下，强制执行、强制

涡双路东侧杨王庄村内杨亚功违法建设拆除

西瓜临时销售市场

清理。从城建大队抽调队员组成专门中队对学校门前摊点进行专人定点管理。采取合理规划，不断加强演艺市场、农贸市场、夜市摊点群规范管理，逐步有序集中，布局趋于合理，以实现规范经营的目标。

【效能建设】扎实开展“两学一做”学习教育和“讲看齐、见行动”学习讨论活动，不断强化作风纪律制度建设。按照“一岗双责”的要求，把全局党风廉政建设责任制任务层层分解，细化责任和分工，并签订责任状，基本形成一级抓一级，层层抓落实的工作机制。结合“两学一做”“讲看齐、见行动”活动和省委巡视“回头看”反馈问题整改工作，组织开展全局党风廉政建设教育活动，营造浓厚的反腐倡廉良好氛围。

（县城管执法局供稿）

住房公积金管理

【概况】涡阳县住房公积金管理部是2002年成立的，直属市住房公积金中心的事业单位，现有在职职工5人，办公地址设在老县委西门四楼。具体负责住房公积金的归集、使用、保值、增值等各项业务。

【主要工作】2016年，全县共归集住房公积金5.1亿元，期末全县公积金累计余额13.37亿元，共有680个单位，合计32150人建立了住房公积金制度，其中非公有单位54个，2016年新增公积金开户单位116 个，职工人数合计2415人，住房公积金制度在全县得到全面有序地推进。全年共提取住房公积金7347人次合计金额3.27亿元，发放贷款650户合计金额1.85亿元，提取和发放贷款合计5.12亿元，占全年归集总额的102%。全年共回收公积金贷款6327万元，实现增值收益1400万元，为廉租房建设划拨补充资金300万元，为促进涡阳县的住房建设发展奠定了良好的物质基础。

（县住房公积金管理部）

重点工程建设管理

【概况】涡阳县重点工程建设管理局成立于2010年9月，是直属于县政府的正科级全额事业单位。编制17人，局领导一正两副，拟设办公室、财务股等5个股室，现有22人，其中领导干部3人。

【完工项目】王大庄安置小区二期工程。该小区沿路二期为小高层，江西一建中标承建，工程工期650天。规划建筑面积60878平方米，计划总投资 9918万元，现已验收等待分配入住。滨河安置小区。该项目由安徽湖滨集团承建，于2012年4月1日正式开工建设，工期600天，该工程规划建筑面积6.2 万平方米，工程总投资19000万元。现已全面完工，等待分配入住。德铭安置小区。该小区由安徽华仑国际集团有限公司代建，工程总投资26880万元，小区地处华都大道以南，刘西路以西，育英路以东规划面积69亩，建筑规模11.77万平方米，可安置856户。南部新城“四校一园”。工程包括新一中三期工程、新五中、新五小、新四小和乐行幼儿园新区，工程总投资17900万元，可解决10000余名中小学生就近入学问题，同时带动南部新城房地产业的快速发展。南部新城路网、水系建设。“六路一河”包括谷水路、石弓山路、福宁路、雪枫路、育英路、龙山路和育英河景观工程，工程总投资12367万元。“六路一河”工程的建成，大大改善南部新城的环境，提升南部新城的整体形象。新县委党校。投资230万元的新县委党校，是在新一中专家路的基础上改建的，主要工程是党校食堂的建设、大小报告厅及学员宿舍的装饰装修、室外道排、绿化、运动场建设等工程。

【续建项目】华都安置小区二期工程。工程规划总面积15.4万平方米，规划总投资26500万元。目前11栋单体楼竣工验收，具备入住条件。11、19、23、24、28、36#楼内外墙涂料及地库消防安装；小区内环形道路施工，11、19#电梯安装。新城安置小区二期工程。该小区分二期实施。一期开工建设安置房7幢，建筑面积2.1万平方米，总投资4000万元，安徽五建承建，2014年3月动工建设，11月底竣工验收。二期工程 1#、2#、3#、7#、12#、18#、19#、2#3#附商竣工验收；6#、11#楼楼地面施工；4#5#楼准备竣工验收。20、21#楼商铺基础混凝土浇筑完成，住宅主体结构2层施工；22、23#土方开挖完成。乐行佳苑（五里湾）安置小区。主体结构全部封顶。1#—4#、5#、6#、10#楼14—18层内墙抹灰，外墙线条完成4层、墙面水泥砂浆底灰；7#8#12#15#9#13#14#16# 楼外墙保温完成5层，内粉完成4层。七里朱安置小区。七里朱安置小区共11栋单体楼。1#、3#、6、7、8、10、11#外墙真石漆泥子12层完成；2#楼外墙真石漆泥子5层完成；4#楼外墙保温8层粉刷完成，内墙涂料10层粉刷完成；5、9#楼外墙真石漆泥子18层完成。八里丁安置小区。1#、4#、5#、6#楼内墙粉刷完成10层，外保温完成9层；10#楼内墙粉刷完成8层，外墙保温完成12层；7#、8#楼内墙粉刷完成6层，外保温完成2层；2#、3#楼内粉2层施工；9#楼内粉完成9层，外保温完成2层。德顺安置小区。共19个单体住宅楼，9个单体楼已封顶。11#楼24层结构施工完；12#楼24层结构施工完；2#楼23层结构施工；3#、6#楼23层具施工；7#楼23层结构施工完；5#楼19层结构施工；4#、8#楼19层结构施工；9#楼23层结构施工；10#楼23层结构施工完；13#楼23层结构施工；14#楼15层二次结构完成；17#、19#楼12—14层二次结构施工；所有单体二次砌筑施工至14—15层。光明（胜利）安置小区。1、2、3、5#楼地下室墙柱钢筋绑扎完成；4#楼地下室顶板梁板钢筋绑扎完成；6、7#楼地上二层施工；8—11#楼主体结构4层施工。李马（董寨）安置小区。小区分一、二标段施工。一标：人防19-9/D-J筏板基础施工；A10、11、12、1、2、9#楼褥垫层施工；二标：地下室部分顶梁模板施工，其余顶板及墙体施工；4#、5#、6#、13#土方开挖完成；3#、8#褥垫层、垫层防水层、保护层完成；1、10、15#桩基验收。乐行佳苑三期。19—78#楼：内外粉刷完成、内墙及顶棚泥子完成；60—69#楼外墙泥子施工；60#、67#、66#楼一层外墙保温完成；19、20、21、22#楼：屋面凿毛清理完 成；70、71、72、73、75、76、77、78#内墙两遍泥子完成，室内垃圾清理完成80%，楼梯踏步粉刷完成70%，厨卫管道开始安装；幼儿园主体二层完成；会所主体三层完成。城市家居工程。路灯安装工程已完成具备施工条件的所有路灯。供电工程完成80%。护栏安装工程已完成全部工程量的95%。信号灯工程已完成50%。

（县重点局供稿）

环境保护

环境保护

【概况】涡阳县环保局位于县紫光大道西侧，现有干部职工 65 人，全部取得大专以上学历，其中获得中高级职称的 11 人。内设办公室、污染控制股、项目管理股、自然保护股、大气污染防治办公室、机动车尾气管理股，下设环境监测站、环境监察局 2 个二级机构和工业园区环保分局 1 个派出机构。

【污染减排】全县共完成减排项目 32 个，其中，涡北污水处理厂正式建成投运，全县城乡污水处理能力已达 7 万吨，义门污水处理厂、城东污水处理厂二期工程也已开工建设。目前，涡阳县 2016 年度减排项目建设和减排台账已初步经过环境保护核查，累计减排 COD932 吨，二氧化硫 389 吨，氨氮 116 吨，氮氧化物 90 吨。

【水污染防治】2016 年度全面启动水污染防治工作，制定出台全县水污染防治总体规划，全县“河长制”管理全面启动，对主要地表径流落实了“一河一策”，完成向阳河和柳沟两条黑臭水体治理，年度水环境质量达到了省市考核目标要求，涡河部分断面水质从劣五类上升为五类。

【大气污染防治】2016 年度工业和生活锅炉改燃、餐饮油烟治理等大气污染防治 10 大项工作全部提前完成。特别是在县文明办牵头下，集中执法力量，清理涡北街道煤矿周边多家违法经营的煤矸石加工厂等物料堆场，彻底消除了环境隐患。2016 年，秸秆禁烧实现了 0 火点的奋斗目标。2016 年，涡阳县 PM10 浓度平均浓度为 75 毫克每立方米，低于市政府要求的 78 微克每立方米的控制目标。

【环境影响评价】2016 年，共审批建设项目环评 89 个，其中环评报告书 12 个，报告表 32 个，登记表 45 个，“三同时”验收项目 7 个。大中型项目环评执行率达到了 100%，新建项目“三同时”执行率达到 95%。

【环境监测】涡阳县环境保护监测站主要开展例行性监测、监督性监测、委托性监测、新建项目环评现状监测、在线企业的比对监测、污染减排、生态养殖、污染事故(应急性)调查监测、“三同时”项目验收监测工作。对化工、酿酒、建筑、中药饮片、烟草等十余项行业的监测。积极配合是环境管理和环境执法开展企业监督性执法监测和污染举报查处。坚持每月一次的涡河上、下游水质监测及国控、省控、市控企业的重点污染源监测。其中涡河上下游等地表水断面例行监测 58 批次，重点排污监督性企业监测 83 批次，“三同时”验收监测 23 批次，环评本底值监测 45 批次，噪声监测 12 批次，废气监测 12 批次。累计监测 233 批次，水、气、声出具的监测报告 140 余份。委托开展了集中式地下水饮用水源地和涡河出、入境地表水常规全分析监测并及时上报至上级业务部门。

【生态环境保护和建设】一是制订十三五生态县建设工作规划，并通过县政府常务会议通过印发实施。二是加大饮用水源地环境管理，全县 100 余个集中式饮用水源地全部划定饮用水源保护区，并清理保护区内的污染源。三是成功创建 1 个省级生态镇和 1 个省级生态村，涡阳县省级生态镇、村已分别达到 6 个和 12 个。四是强化规模化畜禽养殖企业污染防治，完成全县畜禽养殖“三区划定”，22 家规模化养殖企业建成污染治理设施(累计治理 89 家)，拆除禁养区内养殖场 12 家。

【危险废物与辐射环境管理】完成 2016 年辐射安全年度评估，并组织全县医疗机构赴合肥参加了辐射安全培训；全县在用 8 枚放射源和 36 家核技术利用单位，辐射防护安全规范。全县危废产生企业生产、运输、储存等各个环节管理规范。

【污染防治与污染治理工程建设】完成 2016 年度环境统计数据动态更新工作，对全县重点污染源开展集中排查，建立污染源基础档案。完成 2016 年度上级专项资金项目建设工作。涡北污水处理厂项目于 2016 年 12 月正式建成投运，设计规模日处理污水 2 万吨，全县城乡污水集中处理能力达到 7 万吨。同时启动义门污水处理厂建设，县经开区污水处理厂已完成选址。

【环境执法监管】2016年，全县环境监管网格建立，环境执法监管双随机制度得到有效落实。全年共对46家违法排污单位进行强制断电；拆除饮用水水源地一级保护区内污染源两处；取缔了曹市镇太清村、丹城镇齐东村、义门镇四里张村等“十五小”企业5家。全年共受理各类环境信访投诉237件，全部办结，实施环境行政处罚31起，共处违法罚金39万元。2016年9月25至10月15日，省环保督察组在涡阳县督查期间发现7个方面共15个环境问题，在规定时限内，全部按要求完成整改。

【环保队伍和能力建设】一是新建2座空气质量自动监测站已建成投入使用，近期将按照市环保局要求联网；二是完成县环境监测站新型化验室改造，共投资35万元，改造老旧化验室100平方；三是为环境执法队伍配备了执法记录仪、照相机等执法装备，以适应当前环境执法工作需要。

（县环保局供稿）

国内贸易

商业管理

【概况】2008年6月，按照县政府机构改革方案，将原县商务局、县外经局撤并，重新成立新的商务局。并将县经济贸易委员会的贸易职能，县发改委的农产品进出口权的审批职能划转给新的商务局。新商务局成为主管全县国内外贸易、国际经济合作的县政府组成部门。至2016年年底，商务局现有行政编制12人，事业编制8人，内设办公室、内贸股、外贸股、外资外事股、市场监察股(商务执法室)。

【指标完成情况】2016年，社会消费品零售总额112.6亿元，同比增长12.7%。在全市总量排名第二，增幅并列第三。完成外贸进出口额11021万美元，同比增长7.4 %，总量、增幅居全市第二。新增外贸企业6家，超额完成任务。完成外商直接投资15430万美元，同比增长10%，在全市总量排名第三，增幅并列第三。新增外资项目2个。服务业完成增加值96.6亿元，同比增长11.6%，服务业比重占比39%。

【市场运行调节】实现社会消费品零售总额112.6亿元，生活必需品市场运行总体平稳，供应充足。市场运行监测网络体系进一步完善，做好生活必需品、重点流通、重要生产资料、百县农村市场监测系统的旬报、月报、季报、年报工作，加强对生活必需品供应与价格的监测，并督促样本企业按规定按时限及时报送相关报表，同时认真撰写、发布监测信息。

【商贸服务管理】2015年12月，组织20家农产品生产加工企业参加了合肥农产品展销会，举办涡阳特展活动，引导涡阳企业进入合肥超市。2016年1月，在县内继续举办农产品展销活动，抓好县内农超对接活动。2016年12月9日—12日组织6家企业参加安徽“2016合肥农产品产销对接会”，在会上共销售出产品31.25万元；签订供销协议金额230万元。大力发展网络购物等新型消费模式；积极推进汽车、家具建材等用品类消费，培养新的消费热点，刺激消费增速。做好“个转企”工作。抓好特色企业，培育龙头企业。涡阳县新增限上企业35家，总数达到196家。全面完成新增限上企业任务。

【电子商务工作】涡阳县商务局与合肥工业大学管理学院合作，签订了《涡阳县电子商务“十三五”发展规划》研究开发项目。目前有“淘实惠”和“移联网信”2家电商企业，在各乡镇设立电商网店176家，其中淘实惠公司170家，移联网信6家，网络交易额达7300万元。按照《涡阳县电子商务“十三五”发展规划》，涡阳县规划建设电子商务产业园，以集聚培育、生态服务、开放共创、众扶发展理念，打造皖北一流电商产业平台。园区占地50亩，入驻企业20家，培育电商专业人才300人，实现销售收入总额1亿元。涵盖电商服务、食品、药品、服饰、家纺等多个领域。

【利用外资】2016年，完成外商直接投资15430万美元，同比增长10%，在全市总量排名第三，增幅并列第三。新增外资项目2个。充分利用华交会、广交会、东盟博览会、中国投资贸易洽谈会(厦门)、徽商大会等，把优势资源及招商引资优惠政策向外商推介。

【典当拍卖】共有安徽及时雨典当有限公司、安徽同昇典当有限公司、涡阳县盛源典当有限公司、涡阳县宏源典当有限公司4家典当企业，目前及时雨典当行2016年度共发生业务笔数638笔，其中抵押笔数38笔，质押笔数600笔，典当总额6203万元。宏源典当行因业务原因已搬迁至亳州市谯城区经营，盛源典当因房屋租赁问题搬迁至今仍未经营。

【成品油市场管理】不断加大商务领域市场监管力度。查处了一批不规范经营，扰乱市场经营秩序的经营主体，切实维护了消费者和经营者切身利益。对全县70个加油站(点)开展检查4次，下达限期整改通知书25份，强制措施决定书8份；对取缔的212家非法加油站点严格巡查，防止死灰复燃。

【对外贸易】2016年，涡阳县外贸经济发展遇到了前所未有的严峻形势，国际市场萎缩、外贸企业发展势头减弱，导致外贸进出口出现下行压力增大。商务局采取挖掘潜力，抓住重点，加大扶持力度，实现降幅收窄向回稳向好转变的局面。积极开展外贸进出口企业孵化工作，把有规模、有进出口能力的10家规模工业企业纳入孵化企业。现已新增安徽迪盛纺织整理有限公司、安徽创酷无线技术有限公司、涡阳县田佳食品有限公司3家外贸实绩企业。2016年，涡阳县有实际进出口企业20家，其中：进出口超千万美元的企业4家。积极组织企业参加广交会、华交会等大型交易活动，不断开拓国内、国际两大市场；同时，邀请海关、商检、税务等部门，组织企业参加外贸发展暨业务培训会。按照“以月保季，以季保全年”的要求，深入开展调查研究，建立重点企业跟踪服务制度，深挖企业潜力，不断增强外贸可持续发展的能力。

【酒类流通备案】截止到2016年度11月份，共接受酒类经营企业及个体户申请备案登记25家，经过对该25家经营商户证照的审查均符合备案要求，给予办理备案登记。2016年11月国家商务部废止酒类流通管理办法，现已停止办理酒类流通备案登记。

【现代服务业】2016年，涡阳县政府与上海现代服务业研究院合作制定《涡阳县现代服务业“十三五”发展规划》。中农批农产品电商物流园市场区总规划建设面积16万平方米，总投资3亿元。一期工程8.2万平方米24栋楼投资1.5亿元，完成工程进度40%。2016年，上市企业2家。安徽徽酒集团年底前完成上市报备工作。安徽源和堂药业计划于10月启动转主板工作，2017年3月份报备。新三板挂牌企业2家。安徽泓森高科林业股份有限公司已完成前期所有工作。安徽盛丰鞋业股份有限公司10月报全国股转中心。目前还有8家新三板后备签约企业正在积极与券商对接。直接融资企业2家，融资额2.35亿元，其中：安徽源和堂药业有限公司上半年通过定向增发到位资金1.18亿元，安徽徽酒集团通过增资扩股到位资金1.17亿元。

（县商务局供稿）

供销合作

【概况】涡阳县供销社是县人民政府主管农民合作经济的组织部门，成立于1949年。2009年，经安徽省人事厅批准为参照公务员法管理的正科级单位。县编办核定编制18人，领导职数1正3副，内设机构4个，即人事监察股、财务审计股、综合业务股、办公室。县供销社机关在职干部职工14人，下辖14个公司，27个基层供销社。涡阳县供销社自建立以来，经过60多年的艰苦创业和不懈努力，供销合作事业不断发展壮大。不论是计划经济时期还是市场经济发展的当今，县供销社在服务农业生产、农产品流通、日用消费品供应、再生资源回收利用等方面都起到了重要作用，为涡阳县的社会经济发展和农业结构调整做出了重大贡献。

【主要经济指标完成情况】2016年，县供销社完成销售收入85亿元、利润总额5838万元，固定资产总额54940万元。

【新网工程及为农服务指标完成情况】新建和改造农家店40个，城东物流配送中心已完成立项设计，正在上报有关部门批准。2家为农服务中心建设任务已完成。建成6个庄稼医院科技服务点。已在两家农民专业合作社开展资金互助业务。

【基层组织建设完成情况】领办和创办农民专业合作社30个，完成年度任务；新建新型供销社4家，新建社区综合服务社6个，发展协会1个。全面完成社下达的年度目标任务。

【基层供销社和社有企业的调查摸底工作】县社系统共有职工3681人，在岗人员125人，存在劳动关系不在岗人员3556人，全系统共有土地624.4亩，房屋面积49500平方米。完成对基层单位审计。通过调查摸底，供销社掌握了全系统的基本情况，为深入开展供销社综合改革奠定了基础。

【综合改革工作】认真贯彻落实《中共中央国务院关于深化供销合作社综合改革的决定》、《中共安徽省委　安徽省人民政府关于深化供销合作社综合改革的实施意见》文件精神，按照县委县政府要求，积极学习借鉴外地先进经验，提升为农服务能力。先后到太湖县小池镇、山东省汶上县学习他们资金互助和土地托管工作先进经验，结合涡阳县实际，选择2家农民专业合作社试点资金互助，3家农民专业合作社开展土地托管业务。完成基层社和县直企业的调查摸底工作，为全面开展综合改革打下了坚实基础。认真起草涡阳县供销社综合改革实施意见。

【信访维稳工作】2016年，县供销社始终把维护系统稳定摆在与改革发展同等重要位置，县供销社共接待来访职工群众50人次，答复人民来信10余件，办理举报性案件4件，做到件件有着落，事事有回音，主要领导督导督办，主管领导专办专抓，信访干部与企业负责人齐管共管，随时掌控信访信息，没有出现重点时期因供销社工作原因造成非访事项，维护了县社系统稳定。

（县供销社供稿）

烟草专卖

【概况】涡阳县烟草专卖局现有在职员工205人，下设：综合办公室、专卖监督管理办公室、营销管理办公室、监察法规办公室、3个基层专卖管理所、1个机动稽查队，1个卷烟配送中转站。在网零售户4156户，商户率3.41‰。

【营销情况】2016年，累计销售卷烟25646.2箱，同比减少4904.9箱，降幅16.1%；实现销售收入72220.2万元，同比减少8795.8万元，降幅10.9%；均价112.64元，同比增加6.57元，增幅6.2%。销售毛利18291.6万元，同比减少826.1万元，降幅4.3%。上缴税收3027万元。

【市场监管】依法查获各类违规卷烟5978.5条，其中非法流入卷烟675.7条，假冒卷烟709.9条，走私卷烟1033.7条，无证经营卷烟3559.2条，总案值60.9余万元，罚款10.98余万元。依法查扣各类违法卷烟案件258起，万元案件1起，行政拘留10人，逮捕7人、判刑6人；省公安厅督办案件1起，其中“6·17”案件符合“国家烟草专卖局涉烟网络案件”标准。“6·17”销售假冒伪劣产品案件被公安部经侦局第二直属总队、国家烟草专卖司、国家版权局版权司列为部督案件。涉案案值150余万元，涉案人员7人，其中3人判刑、1人取保候审，其他3名涉案人员进一步审理中。“6·17”特大制售假烟案件，在2016年全省经侦系统精品案例评选中荣获“银奖”。“6·10”非法经营案件已被安徽省公安厅、安徽省烟草专卖局卷烟联合打假领导小组列为联合督办案件；涉案案值100余万元，目前拘留4人，其中逮捕3人，1人取保候审。

【零售许可证管理】开通了网上办理零售许可证业务，2016年，共受理新办申请199份，准予行政许可142份、不予行政许可57份。停业35户，歇业34户、恢复营业6户、注销502户，共办理延续申请1655份。

【党建工作】强化思想教育，狠抓党风廉政，扎实开展“两学一做”教育实践活动。开展微型党课18次，党员撰写心得体会300余篇。为辖区“党员示范店”客户授牌，开展党建工作向客户延伸活动，积极发挥党员客户带头作用，引导客户自觉规范自律，建立结对共建机制。开展了6次党风廉政教育培训，参加158人次。局领导与部门负责人签订《2016党风廉政建设责任书》，领导班子和全体中层干部签订《廉洁自律承诺书》。（县烟草专卖局供稿）

食盐专营

【概况】涡阳盐业有限公司（局）坐落于城关街道新城社区交通路34号，位于县城东比邻火车站，占地面积近1公顷，仓库45间，办公室12间，营业室门市部14间，1975年3月建成使用至今。亳州市涡阳盐业有限公司（局）是一个机构、两个牌子，是一个专门从事各类盐批发零售的国有企业。1950年春，成立盐业推销组（即盐业公司前身），1955年成立涡阳县盐业公司，1992年经县人民政府同意成立涡阳县盐务管理局。截至2016年年底，现有职工178人，其中上岗33人，内退和待岗67人，退休78人。公司内设盐政科、财务科、业务科和办公室4个职能部门，设立4个销售片区。

【主要成绩】2016年，共购进各类盐产品3126 吨，销售3515吨，全年营业收入 1706万元，利润完成6.2万元。全年共查处涉盐违法案件404起，没收私盐44吨，罚款25.3万元，净化了食盐市场。

【党建工作】8月，开展党总支及支部换届，李侠剑任中共亳州市涡阳盐业有限公司(局)总支书记，胡广东任总支副书记，程成任公司机关支部书记，张东杰任公司业务支部书记。

【单位改革】6月，接省公司皖盐改革函〔2016〕87号文件，“关于开展自愿与公司解除劳动关系自谋职业人员调查摸底工作的通知”，至12月公司符合条件34位职工与公司解除劳动关系，共发放一次性经济补偿金388.97万元，独生子女补助费4.2万元，并为这34人办理了与公司解除劳动合同协议和解除劳动关系证明等手续。

（县盐务局供稿）

成品油经营

【概况】中石化销售有限公司安徽亳州涡阳石油分公司前身涡阳石油公司成立于1979年，经过历次整合改制，现属中直企业。该公司现有在职职工88人，下辖大型规模加油站12座，分布在省道202、307线及主要乡镇，主要经营产品：汽油、柴油、润滑油。2016年，油品销售量3.2万吨，实现销售收入21702.10万元，上缴税收 328万元。

【经营管理】公司牢固树立“安全重于泰山”“管生产必须管安全”“安全第一、预防为主”“隐患就是事故”的理念，层层落实安全责任制。坚持每周巡站检查安全，发现安全隐患及时上报整改，并加强员工安全教育；每月对加油站实施“应急预案演练”，确保公司安全无事故。

【党建工作】公司把党务工作融入经营管理之中，在活动中锻炼队伍，切实加强干部员工队伍建设。充分发挥支部的核心作用和党员的先锋模范作用，抓党建促经营，围绕经营抓党建，开展“我是党员我带头多卖一吨油”“为党旗添彩”、助力高考学子“易捷水送学子”，在两学一做活动中，如何助力非油腾飞等党员骨干参加的各项活动，努力营造积极和谐的工作氛围，激发党员骨干员工的工作热情和干劲。全面开展“创先争优、振兴石化”主题活动，秉承“行万水千山、有石化相伴”诺言，本着团结、严谨、务实、创新的企业精神，自我加压，团结一心，奋力拼搏，以高涨的热情和饱满的精神，铸造石化企业更加美好的未来。

（县石油公司供稿）

财政税务

财　政

【概述】涡阳县财政局属正科级建制。主要职责是主管全县财政收支、财税政策及国有资产宏观调控等。机关内设股室16个：办公室、财政信息中心、预算股（化债办）、农业股、人事教育股、国库股、公共支出股、会计股、经济建设股、社会保障股、企业股、国有资产管理办公室、政府采购办公室、投融资管理办公室（筹）、农村综合改革领导小组办公室、民生工程工作办公室。局属二级机构8个：国库支付中心、农村财政管理局、非税收入征收管理局、财政监督检查局、国有资产开发公司、会计服务中心、住房资金管理中心、农业综合开发办公室。局机关及局属二级机构现有在职人员118人；辖乡镇财政所25个，现有在职人员184人。

【深化财政管理改革】落实部门、单位是预算执行主体，对执行结果负责的规定，实现了由审核发票、报账、记账向强化预算管理的转变。按规定取消财政专户，细化预算编制，上级预下达资金指标提前编入年初预算，预算编制系统升级为网络版，预算项目落实到具体实施单位，试编3年滚动预算。积极探索开门办预算，在编制2017年预算时，首次开展了预算公开评审；坚持以“公开为常态，不公开为例外”，推进预决算公开常态化，拓展公开内容，推动财政政策和项目公开。强化预算指标管理，严格预算约束，坚持先有预算，后有支出，规范支出计划管理，坚持预算控制计划，计划控制支出。坚持“花钱必有效，无效必问责”，积极开展了财政支出绩效评价工作，提高财政资金使用效益。优化财政资源配置，积极盘活财政存量，强化财政监督，规范国库集中支付，努力提高资金使用效益。

【科学组织财政收支】一般公共预算收入实现18.05亿元，较上年增收1.35亿元，增长8.1%；一般公共预算财政支出实现55.2亿元，较上年增支5.86亿元，增长11.9%。政府基金收入实现40.38亿元，较上年增收19.25亿元，增长91.1%；政府基金支出实现42.27亿元，较上年增支20.75亿元，增长96.4%。

【财政预算管理】出台了规范财政支出、加强预算管理、政府向社会力量购买服务实施意见，以及财政专项资金管理等制度。规范预算的编制、预算追加、预算执行、财政监督，严格预算管理。

【国库管理与支付】出台《涡阳县财政局关于进一步明确财务管理主体职责和规范财务支出行为的通知》，实现放管结合改革。实行国库集中支付平台系统自动预警和人工随机抽查相结合的监管模式。2016年，涡阳县国库集中支付业务突破12万笔，支付申请达121706笔，支付金额为49.86亿元。启动国库集中支付电子化工作。全面实行“无纸化”操作，实现了财政与预算单位、财政与人行、财政与代理银行之间的电子对账，提高工作效率。出台《关于全面推进公务卡制度实施的通知》《涡阳县财政局关于进一步加强公务卡使用和管理的通知》等文件。从2016年1月起，全面实行公务卡制度，完善以直接支付为主、以公务卡制度为辅的国库集中支付形式，堵塞支付过程中出现的漏洞。

【深化行政财务管理】2016年，涡阳县试编政府权责发生制报表，以权责发生制为基础，以政府财务信息为主要内容，全面反映政府整体财务状况、运行成果和受托责任履行情况。政府权责发生制编制工作有利于涡阳县全面梳理政府资产、负债事项，更加真实、完整地反映政府“家底”，提升政府财务管理水平，促进政府会计信息公开。2016年，“三公”经费支出2078万元，与上年同期相比下降4%。公共安全支出（含公安、检察、法院、司法、监狱）15620万元。教育支出92820万元，科技支出1169万元，文化支出3254万元。

【深化经济建设管理】2016年，涡阳县保障性安居工程共投入20亿元；农村安全饮水投入5200万元；高标准农田建设投入14000万元；农村道路建设投入10亿元；公路建设投入45000万元；城区道路建设投入15000万元，环境保护投入26000万元。

【企业财务管理】按计划完成2015年度全县40户国有企业、23户集体企业财务决算。按月审核涡阳县工业企业月度快报69户。按季度上报全国重点企业税源调查快报2户。

【农业财政管理】2016年,财政支农支出完成70156万元,重点支持现代农业生产、水利设施建设、扶贫开发、“三合一”补贴、农机补贴、林业生产、农村综合改革等项目。抓好现代农业全程社会化服务试点工作,投入1000万元,项目建设规模7万亩。重点搞好三河治理项目,推动项目区田间工程及相关配套设施建设。2016年共安排扶贫资金7822万元,主要围绕光伏扶贫、教育医疗扶贫、金融风险金抵押及产业化扶贫等开展精准扶贫。将原农资综合补贴、种粮直接补贴、农作物良种补贴等三项补贴资金合并,设立“农业支持保护补贴”,用于支持保护耕地地力,补贴所有拥有耕地承包权的种地农民。

【农村与乡镇财政管理】 规范财政惠农补贴资金管理发放工作。印发《涡阳县惠农补贴资金管理和发放操作流程》《涡阳县惠农补贴资金管理和发放工作制度》《关于进一步明确财政补贴农民资金管理和发放工作职责的通知》等文件,建立“分工科学、责任明晰、层层负责、齐抓共管”的工作机制。严格按照“六到户、八不准”的工作制度。积极推进“互联网+信息公开”惠农补贴查询新模式。强化乡镇财政资金监管。建立全县财政项目资金监管平台,完善监管体系建设。印发《涡阳县乡镇财政资金监管暂行办法》《涡阳县乡镇财政资金监管操作规程》《涡阳县财政局乡镇财政资金监管细则》(试行)等制度,规范了乡镇财政管理。

【农村综合管理】2016年,全县一事一议项目总投入9478万元,其中:群众筹资1868万元、社会捐资65万元、村集体投入5万元、整合支农资金115万元,财政奖补7425万元。在奖补资金的分配上,加大对贫困村的投入和倾斜,投入总额为2091万元,占全县奖补资金的30%。涡阳县324个行政村申报项目329个,其中:道路297个、下水道10个、路灯15个、监控1个、植树造林2个、小型水利2个、文化广场2个。按照省厅贫困村全覆盖的统一要求,又增加项目19个,其中道路13个、路灯6个。开展农村公共服务运行维护试点,总投入6095万元,其中:省级以上资金投入1059万元、县级财政安排农村清洁工程经费4913万元、整合农村水利改造提升资金83万元、整合农村公共文化服务体系建设资金40万元。全县376个行政村,按行政村人口规模,3000人以下每村2万元、3000～5000人每村2.5万元、5000人以上每村3万元。做到运维试点全县行政村全覆盖,运维项目清单规定项目全覆盖。

【农业综合开发】高标准农田建设项目。涡北街道涉及徐广楼、水牛杨、李楼、卢庄4个行政村,项目区土地总面积2.93万亩,其中耕地面积1.74万亩。总投资2309.60万元。其中中央财政1619.00万元,省级财政518.08万元,市级财政32.38万元,县级财政配套97.14万元(省财政代配),自筹资金43.00万元。资金投向有:水利工程、农业措施、道路工程、林业措施及农业科技示范推广等。城东街道涉及田小庙、刘旮旯2个行政村,项目区国土面积1.98万亩,其中耕地面积1.3万亩。计划总投资1712万元。其中中央财政1200万元,省级财政384万元,市级财政24万元,县级财政配套72万元(省财政代配),自筹资金34万元。资金投向有:水利工程、农业措施、道路工程、林业措施等。

2016年,实施的利用亚洲开发银行贷款土地治理项目,涉及高公镇2个行政村以及临湖镇3个行政村。项目区国土面积1.75万亩,其中耕地面积1.28万亩。计划总投资1718.65万元。其中中央财政1184.55万元(财政部统借统还),省级财政321.58万元,市级财政18.99万元,县级财政配套75.95万元(省财政代配),自筹及劳务资金117.58万元。资金投向有:水利工程、农业措施、道路工程、生态措施及现代农业示范等。国家农业综合开发产业化经营项目,包括贴息和补助两类。涡阳县2016年立项实施的农业产业化经营补助项目为3家,农副产品加工与生产企业享受贴息的共8家。财政投资919.6万元,其中中央财政656.86万元,省级财政210.19万元,市级财政13.14万元,县级财政配套39.41万元。

【社会保障财政管理】累计实现社保基金收入15.89亿元,较上年14.16亿元增收1.73亿元，增幅为12.2%；累计支出14.96亿元，较上年13.9亿元增支1.06亿元，增幅为7.6%。就业资金收入2126万元，支出完成1258万元； 城乡最低生活保障资金收入9694万元，支出7796万元；城乡医疗救助资金收入2793万元，支出2800万元；供养五保人员8290人，全年拨付生活补助资金3298万元；供养孤儿750人，全年拨付生活费812万元；同时对生活无着落人员救助支出121万元；拨付基本公卫资金4632万元、重大公卫资金549万元、基层医改补助资金520万元、县级公立医院零差率补助资金592万元，使涡阳县城乡居民基本医疗服务需求得以保障。

【非税收入征管】2016年，全年累计实现一般公共财政预算管理的非税收入35267万元，其中行政事业性收费收入16551万元、罚没收入6943万元、国有资源（资产）有偿使用收入3226万元、其他非税收入688万元、专项收入5690万元、捐赠收入183万元、政府住房基金收入1986万元；政府性基金全年累计收入403791万元（其中新型墙体材料专项基金收入887万元、城市公用事业附加收入299万元、国有土地收益基金收入22546万元、农业土地开发资金收入56365万元、国有土地使用权出让收入321250万元、城市基础设施配套费收入2000万元、污水处理费收入400万元、其他政府性基金收入44万元）。

【国有资产管理及资产清查】县政府出台《涡阳县人民政府办公室关于印发〈涡阳县行政事业单位资产管理实施办法〉的通知》、《涡阳县人民政府关于进一步规范行政事业单位国有资产管理工作的意见》文件，加强对国有资产的管理。共清查行政事业单位独立编制机构数262家，其中：独立核算机构数251家。涡阳县行政单位资产账面数85668.66万元、负债账面数9456.58万元、资产清查数85161.38万元、负债清查数9656.58万元；事业单位资产账面数1057578.36万元、负债账面数313968.23万元、资产清查数1054591.02万元、负债清查数313965.94万元。清查出的资产盘盈合计1067.68万元、财产损失合计4562.29万元、资金挂账2.86万元。

【政府采购】2016年1—12月完成各类政府采购项目566个，预算金额54096.36万元，中标金额44970.27万元，节资金额9126.09万元，节资率16.87%。

【债务管理】县政府出台《涡阳县政府债务管理办法》《涡阳县政府性债务风险评估方案》《涡阳县政府性债务风险应急预案》等相关文件，规范债券资金的使用方向、债务风险评估的范围、风险预警机制及处置办法，明确各级部门职责。涡阳县共发行置换债券278280万元，全部用于置换2014年12月31日清理甄别确认已纳入政府性债务管理系统中的符合置换范围的政府存量债务[2014年12月31日，通过审计甄别认定的政府债务余额505071.12万元，其中县本级债务余额422532.79万元，镇（场）、街道、经开区债务余额75911.7万元，教育债务余额6626.63万元]。2015年，省政府批准涡阳县政府债务限额541181万元，向省政府申请代为发行新增债券18073万元；2016年省政府批准涡阳县政府债务限额607946万元，向省政府申请代为发行新增债券66765万元。新增债券的发行及使用，保障在建项目的后续融资，增加公益性项目的建设，加快城市发展。

【财政监督检查】全年共开展财政专项资金检查、财政资金安全检查、财经纪律执行专项检查、车辆及交通费专项检查和财经纪律专项整治检查等专项检查5次；会计信息质量检查、非税收入检查、预决算公开检查等上下联动检查3次；重点检查4次。参与制订和出台制度性及规范性文件10余份，下发检查建议59份，下发处罚决定书16份，没收违规资金65万余元，纠正违规资金87万余元。成立内控委，制定内控制度，建立乡镇财政所日常监督检查机制和内部复审监督机制。建立监管系统，对财政资金实行动态监管，实现实时动态监管、预警短信提醒、实时办公查询、报表数据统计四大功能。

【“小金库”专项治理】要求各单位对本部门所属单位100%自查，不留死角，同时将承诺书、自查表、自查自纠报告在单位醒目位置进行公示，共自查单位361个

(含本部门二级单位),自查面达100%。县监察、财政和审计部门组成联合检查组,按照自查报送等相关情况,组成6个检查组对59家单位进行检查,同时又对14个部门的非税收入票据使用和收入上缴情况进行了核查;对全县单位借支现金情况进行排查;对全县查询出的89个行政事业单位开设账户情况逐一进行排查,逐一销号。建立"小金库"治理长效机制,下发《关于全面构建"小金库"防治长效机制实施细则》和《关于进一步加强"小金库"专项整治工作的通知》,规定凡零申报的单位或部门,如在重点检查或巡视、审计监督中发现设立"小金库"的,一律严肃追责、从重处理。

【会计管理】通过网上办事大厅办理省内转入、会计从业资格证书信息变更、考试合格办理会计从业资格证书、换发新版证书、审批代理记账机构5项业务共计535件。2016年,新增代理记账机构2家。2016年,会计继续教育完成1870人。

【民生工程】2016年实施32项民生工程,计划投入资金29.30亿元,到位资金32.35亿元,拨付资金32.35亿元。

(县财政局供稿)

国税

【概况】涡阳县国税局现有干部职工166人,县局机关设有11个内设机构、1个直属机构、1个事业单位,下辖闸北、高炉、青町、楚店和义门5个分局。

【税收收入】2016年,累计组织国税收入78519万元,同比增收18569万元,同比增长31%。

【税收法治】主要是以"互联网+税务"的模式进行,以大数据为依托,通过数据采集、分析等操作,集合疑点信息推送,由基层税源管理部门进行核实,取消以往税收管理员管户模式,改成管理员管事的方式,通过总局以及省局的数据分析下达,对风险企业进行针对性管理。2016年4月以来,重点开展新办商贸企业、购销品名背离企业、非上海黄金交易所会员单位的购金企业、进销结构异常生产型企业、成品油生产销售企业、出口退税关联企业等专题分析,目前已分配下达增值税风险企业风险应对数据11批,其中涉及涡阳县风险企业7批,共31户,共进行纳税评估15户,移交稽查11户,进项税额转出100余万元。另外,积极开展对外函调工作,2016年以来,共发出协查函150余份,根据协查结果移交稽查2户,进项税额转出80余万元。

【纳税服务】推送二维码办税指南。制作涵盖139项涉税事项的"二维码"图标扫描牌在办税服务厅进行宣传推送,纳税人只需扫码,实现纳税人基础办税流程、报送资料、办理时限等一次性电子化告知。落实增值税发票免认证。通过办税服务厅公告栏、纳税服务QQ群等渠道将政策向全县AB级纳税人进行宣传,指导纳税人登录增值税查询平台勾选确认,简化办税流程,减轻纳税人的办税负担。简并纳税人申报期限。合理简并纳税人申报次数,实行增值税小规模纳税人按季申报,让纳税人少跑路、再减负。

【税收征管】建立健全岗责体系,梳理规范执法流程;强化网络发票管理,提升以票控税水平;加强申报征收管理,严格违章信息管理;抓好个体和专业市场税收日常管理,确保定额公平、公正、公开;把好数据关,努力提升申报数据监控管理工作,不断提高基础数据质量。

【信息化建设】利用办税服务厅、纳税服务QQ群、"12366"短信平台、服务需求大走访等渠道进行广泛宣传,重点宣传网上办税平台的登陆方式、软硬件配置、操作实务、功能介绍等。加强办税服务窗口人员,确保每一位前台人员熟悉平台的各项功能和业务流程等,能够做到熟练运用和准确解答。依托实体和网络纳税人学堂等对纳税人开展办税流程操作培训,逐步扩大网上办税覆盖面。

【队伍建设】在明纪纠风上:严明政治、组织、财经、工作、生活等各项纪律,坚决纠正违纪违法行为。坚决纠正损害纳税人利益的行为,以纳税人反映强烈的突出问题为重点,以提高纳税人的满意度为目标,开展多次专项治理，自觉接受纳税人和社会各界监督。在预防监管上：着力建立覆盖每项税收业务、每个执法岗位的防腐网，全面排查税收执法中可能引发税收流失和廉政风险点，实现自动预警、流程监控、痕迹管理，并把税收执法职责分解到岗，实现对执法行为的实时自动考核和廉政风险的信息化防控。在选人用人上：坚持正确用人导向，公平公正地选拔任用干部。（县国税局供稿）

地　税

【概况】涡阳县地方税务局成立于1994年7月，现有干部职工170人，下设3个税收专业化管理局、7个税源管理分局，县局机关内设10个股室中心，担负全县15000余家企事业单位和个体工商户的税收及基金费征管工作。

【主要业绩】2016年，共组织各项税费收入113581万元，同比减收1900万元，下降1.6%。其中，入库地方税收入74701万元，同比减收7331万元，下降8.9%。全年完成县政府下达年度计划的126.6%。入库基金（费）收入38880万元，同比增收5431万元，增长16.2%。（县地税局供稿）

接受革命传统教育

金融　担保　保险

金融改革与服务

【概况】根据《关于涡阳县农村改革试验区办公室更名为县金融工作办公室的通知》设立涡阳县金融工作办公室，隶属县委管理的有4名编制的正科级单位，其中主任1名，副主任1名，工作人员2名。2016年年底，实有人员2名，其中主任1名，工作人员1名。主要职责：贯彻执行国家金融工作的方针、政策和相关法律、法规；研究涡阳县金融发展相关问题，及时向县委、县政府提供决策参考；建立全县金融工作沟通协调机制，搭建政银企沟通合作平台；组织协调金融机构加强资金要素保障，支持实体经济发展；指导协调上市工作和直接融资工作；推进地方金融生态环境建设，防范和化解金融风险等。

至2016年年末，全县银行业金融机构主要包括：中国人民银行涡阳县支行、中国农业发展银行涡阳县支行、中国工商银行股份有限公司涡阳支行、中国农业银行股份有限公司涡阳支行、中国银行股份有限公司涡阳支行、中国建设银行股份有限公司涡阳支行、中国邮政储蓄银行有限责任公司涡阳支行、涡阳农村商业银行股份有限公司、涡阳湖商村镇银行、徽商银行股份有限公司涡阳支行。涡阳县银行业金融机构共设立物理营业网点105个，从业人员1006人，自动存取款设备189台，POS机4397部。2016年，全县银行业金融机构各项存款余额304.3亿元，比年初增加58亿元，比年初增长率23.77%；贷款余额122.4亿元，比年初增加29.3亿元，比年初增长率31.42%，存、贷款余额分别是2011年的2.23倍、2.12倍。总体存贷比40.21%。兴阳融资担保公司是涡阳县仅有的1家政策性融资担保公司，2016年公司注册资本金由27788万元增资到32314万元。2016年，共办理担保业务222笔，担保总额75210万元，担保放大倍数2.45倍。2016年年末，全县共有3家国有保险公司，分别是中国人寿保险股份有限公司涡阳支公司、中国人民财产保险股份有限公司涡阳支公司、国元农业保险股份有限公司涡阳支公司；11家民营保险公司，分别是太平洋财险涡阳支公司、太平洋寿险涡阳支公司、太平人寿保险涡阳支公司、人民人寿保险涡阳支公司、新华人寿保险涡阳支公司、农银人寿保险涡阳支公司、华夏人寿保险涡阳支公司、百年人寿保险涡阳支公司、平安财险涡阳支公司、平安寿险涡阳支公司、天安财险涡阳支公司。华安证券股份有限公司涡阳时代广场证券营业部是全县唯一一家经中国证监会核准设立的合法证券经营机构。

【信贷投放】引导金融机构加大信贷投放，2016年，全县金融机构各项存款余额304.3亿元，比年初增加58亿元，比年初增长率23.77%；贷款余额122.4亿元，比年初增加29.3亿元，比年初增长率31.42%，存、贷款余额分别是2011年的2.23倍、2.12倍。

【网点建设】支持金融机构增设网点，2016年新增2家银行网点，县湖商村镇银行设立涡河支行，县邮储银行设立乐行路支行。

【业务创新】督促金融机构开展金融创新业务，“税融通”业务全年发放2.52亿元，服务46家企业；“4321”政银担业务全年担保余额6.43亿元，担保户数为202户；“532”小额贷款保证保险业务全年发放贷款60笔，金额0.25亿元；续贷过桥资金年周转12.4次，共扶持小微企业313家，累计发生额7.99亿元；通过“我要贷款”平台累计发放贷款2.1亿元，有力地支持了实体经济的发展。

【投融资和挂牌工作】2016年，新三板挂牌企业源和堂药业通过股票融资到位资金1.18亿元。5家中药饮片生产企业和药店连锁企业在安徽省股权托管交易中心现代中医药及健康产业亳州专板挂牌。

【金融改革】涡阳县于2015年12月27日获国务院批准为首批全国农村承包土地经营权抵押贷款试点县，金融办牵头出台试点工作实施方案，在全县20个镇全面铺开抵押贷款试点工作。2016年3月29日，农商行曹市支行发放第一笔农村承包土地经营权贷款，2016年年底，共办理农户贷款3578笔，发放金额1.55亿元，在全省10个试点县区中位于首位。人民日报社安徽分社、新华社安徽分社、《安徽日报》《安徽农村报》等多家媒体记者对涡阳县的试点工作进行了专题采访报道。

【金融市场监管】持续不懈净化金融市场,积极消除各类扰乱金融市场、引发金融风险和社会不稳定的主要因素,始终把处非工作摆上重要工作日程,确定和建立处置风险调处机制,成立惩治和处置非法集资工作领导小组,与人行、公安、市场监管等部门密切合作,严厉惩治非法集资,保障人民财产安全。定期组织开展惩治非法集资专项活动,把担保机构、投资咨询类、P2P网络金融、农民专业合作社、电子商务、养老机构和民办院校等7类行业作为重点,对涉及非法集资风险点进行拉网式排查,划分主管审批部门,区别不同情况分类处置,有效化解风险隐患。

(县金融办供稿)

中国人民银行涡阳县支行

【概况】中国人民银行涡阳县支行是中央银行派出机构,主要职能是在辖区内贯彻执行国家货币政策,维护金融稳定,提供金融服务。机构内设"两部一室"即:金融管理部、金融服务部、办公室。2016年年末,正式在编员工17人,劳务派遣人员3人,离退休职工12人。

【落实货币政策】执行稳健货币政策成效明显,围绕金融服务实体经济的本质要求,积极落实上级行政策意图,进一步满足地方经济发展的合理资金需求。2016年,贷款余额122.35亿元,全年新增贷款29.25亿元,同比多增34.05亿元,年增长率为31.42%。不断加大"窗口指导"力度,引导金融机构加强对"三农"、城镇化建设、小微企业和新型农村经济体等薄弱环节的金融支持。2016年全县涉农贷款余额 86.82亿元,占全辖贷款规模的70.96%。合理调整法人机构差别存款准备金率,严格控制法人金融机构票据规模,引导地方法人机构适度增加有效信贷投放。2016年,涡阳县法人金融机构贷款余额61.67亿元,比年初增加12.18亿元。"两权"抵押贷款试点工作实现新突破,积极协调县直有关部门和辖内金融机构多次研讨、座谈,及时出台《涡阳县农村承包土地的经营权抵押贷款试点工作实施方案》。积极开展试点工作调研,多次召开会议进行试点工作督导,营造政、银、农多方互动、稳妥推进试点工作的良好局面。指导辖内金融机构,完善相关制度,创新金融产品,切实提高试点参与水平,进一步完善流程和服务,扩大覆盖范围。2016年,涡阳县5家涉农金融机构已累计发放试点贷款1.56亿元,使3185户农业主体获益,涡阳县试点贷款金额、笔数均居全省10个试点县(区)首位。金融扶贫工作取得初步成效,人民银行涡阳县支行党组高度重视金融扶贫工作,认真贯彻落实《关于金融助推脱贫攻坚的实施意见》和上级行有关金融扶贫工作要求,紧紧围绕"精准扶贫、精准脱贫"基本方略,全力推进金融扶贫工作。联合县金融办制定《涡阳县"金融精准扶贫对接"活动摸排工作实施方案》,要求辖内各金融机构明确责任人、具体任务和工作要求,抓好组织实施。鼓励法人金融机构开展对建档立卡贫困户的信贷支持,2016年,对全县符合条件5518户贫困户全部进行评级授信,累计授信金额2.20亿元,累计发放扶贫贴息小额贷款96笔429.40万元。率先开展"贷资入股"贷款模式。在全市"三县一区"率先办理贫困户"贷资入股"贷款,选择辖内实力较强的企业,累计发放"贷资入股"贷款72笔348万元。认真推动产业扶贫。依托藏红花产业发展推动产业带动贫困户发展脱贫,发放产业扶贫贷款8000万元。发放扶贫再贷款,助推金融扶贫。切实发挥人民银行的政策导向作用,积极向上级行申请扶贫再贷款额度,成功向法人金融机构发放8000万元扶贫再贷款。

【金融风险防控】扎实开展存款保险工作,加强存款保险制度,设立存款保险业务岗,设计存款保险工作操作流程图,促使存款保险业务各个工作环节分工明晰,增强制度执行力。做好存款保险风险评级。指导投保机构做好相关材料的整理与报送,评级结果得到上级行和投保机构的认可。做好辖内投保机构保费缴纳。严格按照有关规定做好费率事项保密,督促投保机构严格按照《保费交纳通知书》的要求，及时足额交纳保费。2016年，辖区内两家投保机构合计上缴保费74.66万元。认真履行金融监管职责，做好新设立金融机构网点开业管理服务，指导涡阳湖商村镇银行新设网点加入人民银行金融管理与服务体系，指导做好征信管理、账户管理、现金管理等系统的申请接入工作，确保新设网点顺利运营。强化金融机构重大事项和重要信息报告制度。共收到辖内各金融机构报送的重大事项和重要信息23项，内容主要涉及金融机构负面舆情、网点设立、网点迁址、高管变更等内容。

【金融服务与管理】成功设立涡阳县经开区国库，实现县经开区国库的上线和平稳运行。截至2016年年底，经开区国库实现入库资金1174笔，金额2104.23万元。按照“统筹规划、因地制宜、协调推进、风险可控”的原则，扎实推进惠农金融服务室村级全覆盖建设工作。2016年，改建新建惠农金融服务室389家，实现村级惠农金融服务室全覆盖。国库会计基础核算水平不断提高。优化核算流程，严格审核和柜面监督，国库会计基础核算工作水平明显提高。2016年，共办理3726户银行结算账户行政许可。办理各类缴款书139683笔，办理预算支出1108378.59万元，办理各级预算收入退付388笔，金额16448.89万元，保证国库资金的安全和各项业务的顺利开展。优化征信业务服务。认真做好个人征信和企业征信业务查询，利用人工和自助查询机双查询方式，提高了服务效率。2016年，共提供个人征信查询12336人次，企业信用报告查询346笔，上缴征信查询费用13380元。加强人民币管理工作。强化流通中货币管理和银行业金融机构冠字号码查询工作，不断提高辖内人民币整洁度，规范人民币收付业务和假币收缴。2016年，共收缴假币2933张，金额270495元。（县人行供稿）

中国工商银行涡阳县支行

【概况】中国工商银行股份有限公司涡阳支行是工商银行在涡阳县分支机构，秉承“工于至诚、行以致远”经营理念，依托物理网点、自助银行、智能银行、电子银行、互联网金融等服务渠道，为全县居民及广大客户提供综合金融服务。支行在职员工55人，其中正式员工40人，柜员合同工15人。支行内设综合部、市场部、客户直营团队3个部室，辖支行营业部、向阳支行、东关支行3个物理网点；设立6个离行式自助网点。分别是站前路自助银行、县地税局自助银行、老县医院自助银行、胜利西路自助银行、涡河东路自助银行、涡北自助银行。

【主要成绩】2016年12月底，支行各项存款达成21.46亿元，较年初增长2.32亿元，各项贷款投放2.1亿元，实现拨备前利润3612万元。（县工行供稿）

中国农业银行涡阳县支行

【概况】中国农业银行涡阳县支行成立于1980年，现有员工144人，内设机构为5个部（室），所辖10个营业网点，遍布涡阳县城区及主要乡镇。

【经营情况】2016年12月底，各项存款达成41.9亿元，较上年增长5.54亿元，占年计划的140%，市场份额为13.78%。资产业务持续增长，信贷投放量逐步扩大。各项贷款余额达成8.8亿元，年增量1.99亿元，从2013年全县贷款全县倒数第一，2016年年底四行一社贷款117.6亿元，涡阳支行各项贷款余额达成8.8亿元，存量市场占有份额为10%，贷款年度增量11.8亿元，涡阳支行净增1.99亿元，在四行一社排第2位。

【改革创新】在传统贷款业务基础上，创新信贷产品，加强和改进“三农”金融服务，在做好小额农户贷款工作的同时，积极开展其他信贷业务创新。2016年，已发放金担通3000万元，农担通900万元，保证保险贷款200万元，农民安家贷12600万元，过桥资金累计发放2000万元。做好以县南部新区建设项目政府融资贷款28000万元，第一批2000万元，已经拨付。积极做好城区向阳路改造基础建设项目贷款22000万元项目申报工作。加强与县内主要企业合作，与支行建立业务合作关系的企业有17家，已授信企业17家、授信金额11210万元。

【金融服务】深入开展优质服务活动，制定并落实相应的激励约束机制。广泛接受社会监督，认真妥善处理客户投诉，切实提高客户的满意度，实现"优化环境、优化秩序、优化服务"的工作目标。有的放矢地拓展市场，进一步激发潜力。强化服务和产品创新。建立以客户价值为核心的经营管理机制，贴近客户、贴近市场、贴近经营，切实提高核心竞争力和同行业竞争力。

（县农行供稿）

中国农业发展银行涡阳县支行

【概况】中国农业发展银行涡阳县支行成立于1996年12月，是涡阳县内唯一一家农业政策性银行，坐落于涡阳县城淮中大道南侧时代广场5号商办楼。机构设置为：办公室、信贷业务部和会计结算部，在职员工26人。

【经营状况】2016年年底，涡阳县支行各项贷款余额20.39亿元，较年初增加12.50亿元，增幅158.47%。全年累计投放各类贷款14.35亿元，同比增加12.66亿元，增幅749.11%。

【工作管理】落实宏观调控政策，全力支持粮食收购。及时认定收购资格，对辖内可参与2016年收购的库点的仓库进行全面核查，严格做到空仓验库，从源头控制"转圈粮"。与中储粮涡阳直属库和县粮食局对小麦最低收购价委托收储库点进行三方确认，做好随时启动小麦最低收购价预案的资金准备工作，全年累计发放最低收购价贷款4.13亿元，支持收储小麦16996万公斤；发放省级储备粮油贷款0.124亿元和地方储备粮贷款0.196亿元，支持收储小麦1421万公斤。加大农业开发和农村基础设施建设推进力度。全年累计向涡阳新型城镇化、棚户区改造等5个项目投放中长期贷款9.4亿元（含PSL项目贷款1亿元）。全年共营销培育项目6个，已审批项目5个，审批金额30.2亿元，已投放金额6.5亿元；省分行已完成评估项目1个，金额6亿元。加强队伍建设和员工技能培训，着力打造一支高素质、业务强的专业人员队伍。（县农发行供稿）

中国建设银行涡阳县支行

【概况】中国建设银行股份有限公司涡阳支行是建设银行在涡阳县分支机构，坐落于涡阳县胜利东路1号。机构设置办公室、客户部、营业部和向阳路支行；县域物理网点5个，分别是：支行营业部、向阳路支行、团结路自助点、华星自助点、阜阳商厦自助点。在职员工42人。支行营业部、向阳路支行划分为现金区、非现金区、自助区、理财室、电子银行演示操作区，配有自动存、取款机、补登折自助终端，智慧柜员机。

【经营情况】截至2016年年末，一般性存款17.4亿元，其中储蓄存款9.6亿元；公司存款7.8亿元。各项贷款余额5.9亿元，其中公司类贷款余额2.7亿元，个人类贷款余额3.2亿万元。

【中间业务】围绕实现"两个转型"目标，提倡资产、负债、中间业务"联动、互动、带动"的发展，推进中间业务发展，将中间业务发展视为调整支行收入结构、提升经营效益重大战略举措，以基础项目和网点资源为抓手，零售业务优势凸现。

【网点改造】按照统一模式、统一标准、统一视觉形象识别，装修改造两个网点。团结分理处搬迁至站前路与向阳路交叉口，升格为向阳路支行，原团结路营业网点已改造多功能自助银行，功能齐全，增设华星自助点，阜阳商厦自助点。支行营业部、向阳路支行均增设智慧柜员机。网点转型后，按照"五岗位一角色"要求，进行劳动组合优化；按照客户流量规律，实行弹性排班制度；按照"大厅制胜"理念，大堂经理引导客户办理业务，彻底改变传统银行网点服务模式，真正体现"以客户为中心"理念，有力提升服务档次和服务水平。

（县建行供稿）

中国银行涡阳县支行

【概况】涡阳中行成立于1988年，现有员工52人，内设综合管理部、业务发展部、营业部，下辖团结路支行和向阳中路支行。

【经营情况】截至2016年12月末，各项存款余额269123.25万元，较年初新增39809.88万元，其中储蓄存款余额157372.65万元，较年初新增16404.68万元，对公存款余额111750.59万元，较年初新增23405.20万元。资产业务发展平稳。截至2016年12月末，各项贷款余额76231.58万元，较年初新增4870.68万元。其中公司贷款下降9781万元，零售贷款新增14651.68万元。

【内控管理】通过内控机制的稳健运作、合规教育的不断开展、检查监督的持续进行，内控管理水平不断得以提升，全年无案件事故发生。加强研究分析，及时解决内控管理工作中存在的问题。研究并解决了新清理后营业机构登记簿的规范使用问题，明确合规档案的报送、使用和要求，完善内控评级细则，增加新的业务内容，使内控评级更实用、更有效。重点加强操作风险管理检查，通过加强对网点管理、国内结算、贷后管理、安全保卫等日常指导检查，促进业务操作、账务处理和内部管理规范化、制度化。加强信贷管理，始终把风险管理贯穿经营工作的全过程，完善监控体系，及早做好风险应对。深入研究利率上调、物价上涨、房价波动对零售贷款资产质量的影响，并采取措施进行了化解。保证中行授信业务的健康发展。

【优质服务】认真落实标准化管理服务流程，强化技术练兵，促进全行文明优质服务水平的进一步提升。采取明察暗访和现场录像抽查等多种方式，每月进行文明优质服务大检查，并将检查情况进行通报。实加强客户投诉的处理和管理工作，认真总结服务工作中的薄弱环节，有针对性地加以整改提高，实现和谐的客户关系。积极推进网点转型工作，全行网点全部配置自助设备，大大改善服务环境，提升竞争力。

【大事记】2016年2月，开展《中国银行安徽省分行创建“平安中行”》《落实开展消防责任年》动员会；3月省分行行长唐小晴一行到涡阳支行调研；5月组织开展金融知识服务月活动；6月组织开展《营业场所突发事件处置预案》《银行卡风险管理应急预案》的演练并组织开展为期3个月的一线员工技能训练；7月由市分行组织中层以上及员工代表到阜阳监狱参加警示教育；8月唐淑敏任涡阳支行副行长；10月组织员工参加省分行达标技能竞赛。（县中行供稿）

涡阳农村商业银行

【概况】安徽涡阳农村商业银行股份有限公司于2014年9月26日盛大开业。该行是经中国银行业监督管理委员会批准成立的一家股份制金融企业，实行一级法人、统一核算、分级管理、授权经营的管理体制。该行注册资金50399万元，其中：法人投资股29810万元、自然人投资股20589万元、职工投资股3877.4615万元。现有546名在岗员工，大专以上学历占65%以上。总行内设有15个职能部门，50个营业网点遍布城乡，为全县27个乡镇172万人提供金融服务。

【经营情况】截至2016年年底，存款余额96.67亿元，比年初增加14.56亿元；贷款总额为59.6亿元，比年初增加11.23亿元。存贷款余额均位居全县各金融机构首位。

【创新服务方式】进一步提升网点硬件设施，增设网银体验区、排队叫号机、自助填单机、ATM/CRS（存取款一体机）设备等硬件设施，提高电子银行柜面替代率，减少柜面资源占用，提高网点综合服务水平。大力发展手机银行、网上银行、微信银行等电子银行，大力推广基于电子商务平台的商品交易支付功能“社区e银行”“金农信e付”。加快金融便利店、农村金融服务室的建设，合理布设电子机具、提高普惠金融的覆盖面，努力打通金融服务“最后一公里”。进一步完善信贷授信审查，实行大额集中审查和电子流程，提高办事效率。逐步形成机关为基层服务、后台为前台服务、全员为业务服务，全行为客户服务的格局。2016年，创新开办4321、532比例再担保贷款、税融通、扶贫贷款、金土地贷款、就学辅助贷款等信贷业务品种，积极开办杜鹃公务卡、各类代理业务；尤其是社保卡，基本为独家代理。功能强大，既有社保功能，又有存、取款、转账功能；开展金融知识“进社区、进学校”活动，通过“外拓扫街”“摆摊设点”，把服务进社区、进学校、进楼宇、进商铺、进企业，架起与百姓、学校、企业、商户的“连心桥”。

（县农商银行供稿）

中国邮政储蓄银行涡阳县支行

【概况】邮政储蓄银行涡阳县支行自2008年成立以来，积极落实党中央、国务院关于服务“三农”的总体要求，立足地方经济社会发展实际，充分发挥和运用邮政金融独特的网络优势、品牌优势、信誉优势、服务优势，依托遍布城乡的31个网点（4个自营网点+27个代理网点）和快速扩张的ATM自助终端体系，持续加大支农服务力度，持续加强业务创新和服务创优，持续推进涉农金融业务快速发展。

【主要成效】2016年，邮储银行贷款、存款、结算三驾马车齐头并进，全力服务县域经济、农村金融。2016年，各项贷款净增2.95亿元，完成年计划的127%；其中小额贷款净增706万元，完成年计划的27%；非购房消费贷款净增0.44亿元，完成年计划的125%；住房按揭贷款净增2亿元，完成年计划的166%；个商贷款净增0.51亿元，完成年计划的103%；总体不良贷款率0.13%，与2015年年末持平。

【业务工作】贯彻落实金融扶贫工作部署，拓宽金融扶贫渠道，深入开展市场调研，了解土地经营权抵押贷款相关政策，寻求土地经营权抵押业务与邮政银行业务制度的结合点，成功实现土地经营权抵押贷款业务零的突破，发放两笔土地经营权抵押贷款7万元。针对小微企业融资难题，积极开展银企对接活动，每季、每月都制定客户走访活动，主动送贷进厂、送贷进企，同时结合总行开展的“银帮企”活动，依托全国性商业银行全程全网的优势，积极开展帮客户营销活动，在客户有需要时，将客户的产品信息通过行内信息交换平台向全国各兄弟行进行发布，帮助该客户寻找合适的产品销路。与人社局、财政局联系，主动承担再就业贷款义务，全力服务再就业人员的创业、兴业。

【基层党建】扎实开展“两学一做”学习教育。将“两学一做”的主体责任细化、实化、具体化。采用微信号、QQ群，实行“智能式”教育；以组织生活为基本形式，以落实党员日常教育管理制度为基本依托，把党的思想政治建设抓在日常、严在经常。

【内控管理】以开展“内控达标年”活动为抓手，以开展内控知识“千人测”活动、合规知识竞赛、“合规文化墙”建设、“合规在我身边”征文等活动为载体，不断强化内控制度建设，提升了全员内控执行力，促进各项业务持续稳健发展。（县邮政银行供稿）

安徽涡阳湖商村镇银行

【概况】安徽涡阳湖商村镇银行股份有限公司于2014年3月16日开业，该行是由浙江南浔农村商业银行作为主发起人，经中国银监会批准设立的新型农村金融机构，注册资本金0.8亿元人民币，法定代表人为潘剑。地址为涡阳县紫光大道南侧（环保局西）。目前拥有营业网点3个（涡阳湖商村镇银行营业部、涡阳湖商村镇银行高炉支行、涡阳湖商村镇银行涡河支行），全行员工52名。

【业务完成情况】至2016年12月31日，各项存款余额32977万元，比年初新增12725万元，增幅为62；各项贷款余额20720万元，比年初新增9524万元，增幅为85.07%。贷款户数785户，比年初增加513户。

【改革创新】立足“三农”的市场定位不偏移，坚持服务支农支小的方向不动摇，遵循小额分散的信贷原则，以农户、个体工商户、小微企业为业务发展核心。加大支农支小的考核激励机制，在营销部、支行的月度、年度考核办法中对涉农贷款、小微企业贷款增量和户均贷款等设定考核指标，加大对农户及小微企业的贷款投放力度。制定出台土地流转承包经营权抵押贷款管理办法、船舶抵押贷款管理办法以及林权抵押管理办法等与当地经济特点、产业特色密切相关的贷款管理办法。根据精准扶贫的相关要求，3月末该行与县人社局、财政局签署合作协议，开展“你贷款、我贴息”创业担保贷款业务。与县财政局签署《小微企业续贷过桥资金管理合作协议》，为符合条件的小微企业续贷提供临时性资金支持。通过创新本土化、特色化的金融产品和服务模式，切实改善农户及小微企业“贷款难”和“贷款贵”问题。实行差异化的贷款利率，采取多种方式，实行贷款利率优惠，让利于客户。助推“我要贷款”平台，创新服务方式，确定专人每天登陆“我要贷款”平台查看信息，与平台注册客户进行交流，通过线上沟通筛选和线下实地调查，已发放贷款47户，贷款金额1995万元。积极响应政府号召，加快对农村承包土地经营权抵押贷款的步伐，目前该项业务该行已办理6笔，发放贷款60万元。开展扶贫专项工作，服务县域经济发展，至12月末发放精准扶贫贷款4户，贷款130万元。

【加强管理】始终坚持“制度立行、制度管行”原则，2016年新制定29项管理制度，同时结合自身业务发展现状及操作实际，及时修订和完善20项管理制度，逐步形成涵盖公司治理、信贷操作、会计核算、风险管理、临柜执行、安全保卫等全方位的内控管理体系，以实现各项业务的需求和内部控制的需要。加强信贷管理，促进合规经营，从严审查借款人主体资格，防止向资信不良客户授信。设置最高贷款限额，严控大户风险。按季开展信用风险监测，针对发现问题及时预警，建立退出机制，及时制订风险化解方案。建立信贷档案登记台账与调阅登记，强化信贷档案的管理。开展合规教育，提高员工合规意识，从源头防范风险。2016年，该行对内外部检查中发现的违规问题，在整改的基础上对责任人进行了经济处罚，经济处罚118人次，处罚金额共16640元。强化财务会计基础管理，防范财务风险。合理确定网点库存及残损币回收工作，为暂时富余资金找出路，主要是积极争取同业约期存款，提高收益率；加强财务管理，合理控制财务开支。根据《财务管理办法》和12项费用控制目标，实行财务开支的范围、标准、审批权限、程序等，不断完善费用的管理，至年末12项费用控制在合理的范围内；建立规范会计档案室，对全辖网点会计档案进行统一管理。每月组织业务技能比赛，提升临柜员工的业务技能。

【优质服务】以客户满意为标准，不断提升服务水平，每月制定劳动竞赛考核办法，将临柜服务品质与柜员绩效考核得分挂钩，并每月通报临柜人员服务得分，进行排名。将营业大厅合理划分为现金区、非现金区、自助银行服务区、大客户区等，为客户营造一个温馨、舒适、安全、便捷的营业环境。在大厅放置全高清电视、网银体验机，滚动播放最新的产品信息和金融资讯。

（县湖商村镇银行供稿）

安徽乐行城市建设集团有限公司

【概况】涡阳乐行城镇发展投资有限公司成立于2013年11月，公司注册资本4亿元，经县委、县政府批准，于2016年7月1日变更为安徽乐行城市建设集团有限公司，是安徽乐行城市建设集团的母公司。经营范围：新型城镇化及美好乡村项目融资、建设及运营，产权投资及资产运营，房屋租赁、土地开发整理、新农村建设、保障性住房建设、标准化厂房建设等。公司现有全资控股子公司13个，控股公司1个（市政公司），参股公司1个（金阳建投）。公司内设计划财务部、投融资管理部、综合管理部、项目工程部4个部门，现有员工25名。公司的经营宗旨是对涡阳县城乡建设进行投融资，促进城乡经济发展。

【业务开展】融资情况：通过与政策性银行、商业银行及其他金融机构合作，采用银行贷款、基金的方式，融资数额连年提升，截至2016年12月底，共开展融资项目32个，融资额83.2亿元，并已提款43.13亿元。投资情况：成立了涡阳县绿行汽车租赁服务有限公司，购买20辆瑞风M3作为租赁车辆，并招聘驾驶员20名，并为各单位提供日常公务用车服务。为进一步加强我县招投标监督管理工作，规范工作流程，健全监督管理制度，提高政府项目招标效率，公司出资200万元组建涡阳县雉河项目管理有限公司，目前该公司人员招聘面试工作已完成，于2017年开展涡阳县招标代理业务。为壮大公司资产，提高公司融资能力，2016年公司通过招拍挂方式，竞得县国土局公开出让的22宗国有土地使用权（面积合计1740.42亩，土地价值31.64亿元）、县地税局公开出让的12间门面房（面积合计2831.76平方米，门面房价值14731000元）及招投标中心出让的门面31间（面积1661.42平方米，金额1271000.00元）。

【改制工作】为加快涡阳县平台公司改制转型工作，整合涡阳县国有资产，公司聘请中介机构对涡阳县兴阳担保公司、交投公司、公交公司等23家国有企业进行资产审计及评估，成立安徽乐行城市建设集团。在县委、县政府的坚强领导下和县直各部门的大力支持下，涡阳公司稳步推进县安徽乐行城市建设集团组建工作，完善法人治理结构，县政府下文任命杜世峰为安徽乐行城市建设集团有限公司董事长、总经理、法定代表人，潘松柏、杜峰为董事、副总经理，孙绍钦为董事、财务总监。下一步计划整合交投公司、排水公司、自来水厂、新视野公司、保安公司等5家公司国有股权。

【管理与服务】进一步完善《费用报销制度》《车辆管理办法》等相关内务制度。定期组织人员开展专业技能学习培训。公司在不断发展的同时，根据城市发展的实际需要，谋划创造项目、保障城市、服务城市建设。公司一直以“建设城市，发展城市”为理念，在棚户区改造、水利设施、文化旅游、公共交通、城市基础设施等项目均有所贡献。为以后更好的发展，公司将积极转变观念、加大与金融机构的对接力度，保障重点建设项目资金需求，认真贯彻落实县委、县政府的部署要求，持续推动城市建设升级转型，努力塑造城乡建设发展新优势，为县经济发展提供更好的服务。

（县金阳建投公司供稿）

涡阳兴阳融资担保有限公司

【概况】2006年4月，由县财政局牵头，成立涡阳县兴阳融资担保有限公司。成立十年以来，担保公司累计为县内企业提供担保47.26亿元，解除担保39.10亿元，取得担保收入6132万元，上缴各项税金1570万元，计提两项准备金5413万元。特别是在企业融资管理方面，为企业发展提供了必要的资金保障，累计支持企业近千家。公司资产总额4.47亿元，负债总额1.18亿元，净资产3.29亿元，注册资金32314万元，其中县财政局出资21914万元，占股67.82%，省担保集团注资8500万元，占股26.3%，亳州市融资担保有限公司出资1900，占股5.88%。公司下设4个部门：风险部、财务部、业务部和办公室；在岗员工13人。且拥有一支富有经验的专业评审团队。服务对象是在全县范围内依法设立、符合国家产业政策、发展前景良好的各类中小微企业以及规模以上工业企业等，以“一区五园”企业为主，同时围绕“三农”发展项目开展业务。

【主要业务】2016年，代偿总额2931万元，代偿率为3.48%，收回代偿款3168万元，回收率为21%，年底取得担保业务收入1302万元，业务成本916万元，利润总额386万元，上交各项税金163万元，支付职工工资63万元。2016年，共办理担保业务222笔，担保总额75210万元，其中新型政银担业务201笔，占担保笔数的91%，“4321”新型政银担担保额63250万元，占担保总额的84.1%，在保余额74913万元，担保放大倍数2.45倍。其中“4321”新型政银担业务全年代偿率仅为0.55%，完成业务量超过政府考核指标3250万元。

【改革创新】兴阳担保公司大力推广安徽探索推出的“4321”新型政银担合作模式（即市县担保机构、省担保集团、银行和地方政府按4∶3∶2∶1比例共担风险，为5000余户小微企业提供200多亿元融资支持，使小微企业贷款获得率增加5个百分点，新增税收10多亿元），全面开展“4321”政银担业务，2016年年底累计完成政银担保201笔，政银担在保额63250万元。

【管理与服务】2016年，公司将更加注重风险防控，坚持以稳健审慎作为经营原则，建立和培养员工风险防范意识，通过持续开展学习、教育，不断提高业务人员服务企业的水平，建立共同的企业文化，实现公司业务量与服务能力的同步提升。2016年10月9日涡阳县人民政府办公室印发《涡阳县担保资金管理办法》以后，兴阳担保严格按照该办法中的支持对象和重点、使用条件、担保额度及期限和申请担保的程序严格执行。对10月9日之后所有开展的业务均按照新办法严格落实，对于每一笔贷款申请，担保公司均采取集体表决、共同决议的模式进行审批，保证了每一笔贷款申请初审的合理性，将风险降到最低。

【代偿清收】2016年，全年担保公司累计扣发涉及代偿财政担保人员工资160人，累计扣发工资超过90万元，同时通过电视台、微信公众平台等方式公布一批未履行担保合同条款者，震慑部分公职担保人员。公司累计收回代偿款4112.5万元，其中收回个人担保代偿款1229.7万元，收回企业代偿款2882.8万元。诉讼方面，依法起诉79笔，其中个人起诉45笔全部结案、企业起诉34笔。

（县兴阳担保有限公司供稿）

中国人寿保险涡阳县支公司

【概况】中国人寿涡阳支公司下设5个部门，分别为：客户服务部、综合管理部、个险销售部、团体业务部、银行保险部。公司员工33人，保险从业人员1600多人。业务范围包括：人寿保险、养老保险、分红投资理财保险、人身意外伤害保险和健康保险五大系列100多个保险险种。目前已形成了门类齐全、配套全面、覆盖城乡和涵盖人的生、老、病、死、残等各方面的服务体系，能够满足社会各界和人民群众的寿险需求。

【公司业绩】秉承“成己为人、成人达己”的企业文化核心理念，遵循“诚信为本、稳健经营”的企业宗旨，到2016年保费收入再创新高，全年保费达到23303.84万元，其中新单保费8824.52万元，同比增长45.49%，受理理赔案件926件，赔款金额585.65万元，年末，保险从业人员达到1660人。2016年，中国人寿涡阳支公司缴纳地方税费273.37万元，有力地支持地方经济发展。被中国人寿安徽省分公司评为“2015年度安徽国寿价值成长型县域公司价值贡献奖”，被中国人寿总公司授予“2015年度全国成长百强县支公司”“2015年度全国实力百强县支公司”称号，成为全国为数不多的“双百强”公司。

（县中保寿险供稿）

平安财险涡阳县支公司

【概况】中国平安财产保险股份有限公司涡阳支公司主营业务为车险，提供贴心服务、微笑服务。业务范围除车险外，还包括财产险、工程险、货运险、责任险及意外健康险等一切法定产险业务及国际再保险业务，又适时开发推出电话营销专用车险、环境污染责任险、理财宝家庭投资型保险、境外旅行意外伤害保险、生育保险等符合市场需求的新险种，经营的险种已达200多个。电话营销专用车险也受到了客户的普遍欢迎，更加优惠，更加便利。

【经营业绩】2016年，中国平安财产保险股份有限公司涡阳支公司保险收入7942.99万，纳税总额967.41万元。

【理赔服务】中国平安财产保险的创新车险理赔技术手段一直在创新提高，在前期理赔服务技术的基础上，2016年，又推出电话直赔，微信直赔等手段，客户只需关注平安产险公众号，就可跟踪案件进展情况，自主交单，减少客户处理时间，同时提升客户NPS体验。

（县平安财险公司供稿）

证　券

【概况】涡阳华安证券股份有限公司2015年12月28日搬迁至时代广场，更名为华安证券股份有限公司涡阳时代广场证券营业部，营业部面积约500平方米，设置了温馨的理财室和业务洽谈室。营业部总经理：潘鹏飞。华安证券股份有限公司前身是1991年成立的安徽省证券公司，安徽省第一家专营证券机构。

2001年，在整合原安徽省证券公司、安徽证券交易中心的证券类资产的基础上，成立了华安证券有限责任公司，是安徽省最早设立的综合类证券公司。2012年，公司整体变更为股份有限公司。2016年4月27日，公司IPO申请获得中国证监会无条件通过，同年11月11日获得中国证监会发行批文，12月6日正式在上海证券交易所挂牌上市(股票代码：600909)。

【公司业务】主要业务有:证券经纪、证券投资咨询、证券投资基金代销、为期货公司提供中间介绍业务、融资融券业务与证券交易、证券投资活动有关的财务顾问业务、代销金融产品、券资产管理、证券承销与保荐等。

【业务监管】开展惩治非法证券活动，长期开展惩治非法证券宣传教育，向投资者介绍非法证券定义、主要表现形式、常用手段、非法证券活动对社会的危害以及从事非法证券活动会受到法律处罚。

【工作创新】紧密结合市场热点，及时做好业务创新投资者教育工作，进行基础知识介绍、交易流程介绍、风险揭示等。及时协调各个部门进行业务创新和开展。2016年，完成农业板和中医药板的上市工作。

积极参与涡阳企业三板、四板挂牌工作，已经完成安徽于氏德霖食品科技有限公司、安徽正宇面粉有限公司、涡阳雪莲面粉有限责任公司、安徽颐生堂中药饮片有限公司在安徽省股权交易中心挂牌工作。

【反洗钱工作】加强反洗钱培训和知识普及，做好反洗钱客户身份识别、客户身份资料、交易记录保存管理以及客户风险等级划分，定期报送大额交易、可疑交易报告，营业部未发生一例洗钱案件。　　(华安证券供稿)

教育　科技

教 育

【概况】根据中共亳州市委、亳州市人民政府办公室《关于印发〈涡阳县人民政府机构改革方案〉的通知》精神，设立涡阳县教育局，为县政府工作部门。县教育局设7个职能股（室），分别为：办公室、组织干部人事股（教育人才管理中心）、计划财务审计股、基础教育股、职业与成人教育股（民办教育管理股）、学校安全监督管理股（体育卫生艺术教育股）、项目办公室。涡阳县教育局现有行政编制11人，其中局长1名，副局长2名，内设机构领导职数7名。

2016，涡阳县共设置学区29个，县直学校15个，县直幼儿园2个，共有各级各类学校593所，在校学生247382人，专任教师13633人。中等职业教育学校共计6所，在校学生16397人，专任教师548人，其中：普通中专1所，在校学生180人，专任教师269人；成人中专4所，在校学生13378人，专任教师221人；职业高中1所，在校学生2839人，专任教师58人。基础教育学校587所，在校学生230985人，专任教师13085人，其中：高中5所，在校学生18450人，专任教师1197人。初中91所，在校学生47085人，专任教师3338人；小学307所，在校学生115676人，专任教师6861人；幼儿园183所，在校学生49272人，专任教师1667人；特教学校1所，在校学生502人，专任教师22人。

【教育投入与支出】2016年，涡阳县各级各类学校教育经费收入总计164193万元，其中：国家财政性教育经费收入145215万元，事业收入16625万元，其他收入2353万元。全年教育总支出为175367万元，其中：工资福利支出为73895万元，对个人家庭补助支出为41512万元，商品和服务支出为2891万元，资本性支出为31044万元，其他支出为26025万元。

【学生资助工作】2016年1—12月，共发放中职国家助学金38.44万元，受助学生1922人次。发放春季中职免学费80.82万元，受助学生1347人；发放秋季免学费资金113.7万元，受助学生1895人。发放春季普通高中国家助学金375.7万元，受助学生3757人；发放秋季普通高中国家助学金371.9万元，受助学生3719人。全面完成2016年中职及普通高中家庭经济困难学生资助工作各项任务。

【中高考及成人考试】2016年，涡阳县中高考工作顺利完成。高考人数为5387人，本科达线2810人，本科达线率为52%，比2015年本科达线率增长12%。本科达线增长率比亳州市本科达线增长率高出7%。中考报名人数为11505人，最高分793分，700分以上是1283人。省示范高中计划内定向招生按照省市示范高中招生指标分解到各初中学校，招生指标不低于招生计划的80%，统招计划占招生学校计划20%的办法录取，5所高中实际录取6554人。

【教育科研】在全县各级各类学校中开展联片教研工作。选拔城区学科名师开展送教下乡700人次。发挥名师工作室引领示范作用，促进中小学教师的专业成长。开展“一师一优课，一课一名师”活动，提升教育信息化运用的能力，涡阳县在省平台注册教师10303人，在国家平台成功上传完成晒课5885节。积极开展学科研讨、教研成果评选、优质课大赛、青年教师教学基本功竞赛和优课评选等活动。

【校园安全与教育法制建设】全县中小学人防、物防、技防相结合，努力做好校园及周边安全防范工作。全年各校共开展防灾减灾演练600余场，开展法制安全课200余场。将夏季防溺水宣传防范工作落到实处，各校共发放《致学生家长一封信》20余万张；重点地段、部位设置警示牌500余块；悬挂横幅500余条。紧抓食堂卫生安全，对存在问题的食堂及时开展整改工作。为消除校园周边安全隐患，积极协调交通、市场监管等部门，对存在交通安全隐患的校园门口设立减速带和标志、清除非法流动摊点、取缔校园周边非法黑网吧、游戏厅。先后开展食品、接送车辆、消防等系列安全工作现场会，开展防灾减灾应急疏散演练活动。开展校车集中专项整治行动，配合交警部门查处8辆违法校车。

【体卫艺与国防教育】各学校认真落实中央七号文件精神，保证学生每天锻炼一小时。大力推进第三套广播操推广工作，开展文体活动形式多样，有效促进全县各校大课间及广播操的有秩序发展。认真贯彻《中华人民共和国国防教育法》和《学生军事训练规定》，积极开展高中学校新生军训工作，围绕国防教育的主题内容，组织开展多种形式的革命传统教育、国防知识教育。组织各校举办“新华杯”中学生田径运动会，严格要求全县中小学全面实施《学生体质健康标准》，全面完成对中小学生的健康体质测试工作。

【教育督导】2016年，县教育局开展普通中小学教学管理专项督导。制定下发《关于开展普通中小学教学管理专项督导评估的通知》，按照分工，包点人员深入包点学校进行调研和指导。不定时开展校园安全专项督查，对校车安全管理、校园消防安全、“三防”建设、食堂食品安全管理开展安全大排查。

【民办学校管理】春秋季开学进行开学工作检查，规范学校办学行为，确保安全工作落到实处。2016年，共受理45所民办学校网上申报，批准设立32所，同意筹设13所。组织83所民办学校负责人参加安全工作培训。对全县81所学校开展年度检查，1所不合格。对民办幼儿看护点实行动态管理，对民办幼儿看护点的安全工作进行检查，确保民办幼儿看护点安全。

【基础教育信息化】2016年，涡阳县利用改薄资金新购“班班通”设备180套。目前，涡阳县配备“班班通”项目学校共488所，班班通覆盖率已达100%。新购置教师用计算机3000台，新建计算机教室34座，师机比达到1∶1，生机比达到9.96∶1。为中小学免费建设校园网站，校园网站建有率达67.32%。首批教学点在线课堂建设9个主讲室，14个接收教室全部投入使用。

基础教育

【学前教育】2016年，涡阳县学前三年入园率91.09%，在园人数49272人。学前教育二期工程共7个建设项目，规划总投资730万元，其中：新建幼儿园4所，改扩建幼儿园3所。年底，除1所新建园在建尚未完工外，其他6所幼儿园项目已全部完工。

【义务教育办学条件】2016年，涡阳县“全面改薄”建设面积73960平方米（其中校舍19460平方米，运动场54500平方米），年底，“全面改薄”开工率100%，项目完工率占年度计划面积比的97.1%。2016年，下达第二批全面改薄项目建设资金914万元，建设项目破土动工，670万元设备购置项目进行招标。校舍维修改造面积52425平方米，累计投入建设资金3072万元，涉及项目学校181个，2016年全部完工。

【义务教育经费保障机制改革】2016年，共下拨义务教育阶段公用经费12020.9万元，占全年计划的100%，其中：义保机制中央资金9378.3万元，省级以上预拨义务教育公用经费1875.7万元，县配套公用经费581.8万元，县级生均公用经费185.1万元。

【城市学校布局调整】2016年，新建涡阳五中、五小、四小，新组建的涡阳中学，2016年秋季顺利投入使用，新学校的投入使用有效缓解了多年来困扰城区教育发展的老大难问题，为彻底解决城市学校“大班额”“入园难”等问题提供了宝贵的经验。为全面推进城市教育优质发展，加快城市基础教育均衡发展进程，2016年年末重新启动县城学校布局调整工作，制订新一轮城市教育布局调整近期专项规划，进一步推动城市教育均衡发展。

【合作联盟办学】2016年年初，在县政府的积极促成下，涡阳一中与合肥六中、涡阳五中与合肥46中、城关五小与合肥师范附小第三小学签订联合办学协议。涡阳一中、五中、五小以联盟办学为契机，与合肥市三所联盟结对学校积极开展各项工作。通过利用挂职锻炼，结对帮教，资源共享，教学研讨，学生互动，德育共建等合作途径，有力地推动了三所学校在管理能力、教学理念、师德师风、校园文化等方面的建设。

【普通高中教育】2016年，涡阳县普通高中学校在校生为18450

人，共5所，其中：省级示范高中三所，分别是涡阳一中、涡阳二中、涡阳四中，民办高中1所，为涡阳九中，县级高中1所，为涡阳三中。

2016年，普通高中改造专项资金投入631万元，对全县四所公办普通高中进行改造。于8月底之前所有校舍及体育场改造全部完工，图书及设备购置均采购、安装到位，秋季开学正常投入使用。

职业教育

【概况】2016年，涡阳县职业教育认真贯彻落实全国职业教育工作会议精神和《国务院关于加快发展现代职业教育的决定》文件精神，加快涡阳县职业教育的发展实施技能型人才培养、农村劳动力转移培训、农村实用人才培训、城镇职工继续教育和再就业“四大工程”。涡阳县现有中等职业学历教育机构共有三所，其中公办学校2所：涡阳县职业教育中心和涡阳县成人中等职业学校（职教办）；民办学校1所：涡阳县第九职业学校；从事职业技能培训的职业教育机构有涡阳县农机化技术学校、涡阳卫校、农广校、电大工作站和28个乡镇成人文化技术学校。

【学校招生】强化中职学校招生工作领导，实施“职教招生工作一把手”工程；中等职业学校招生实施“五个放开”，多次招生，春秋两季注册学籍。中职学校招生呈现逐年增加的态势。2016年，招生6053人，在校学生16397人。

【基础建设】中等职业教育的投入不断加大，进一步丰富并提升职业教育资源，切实保障职业学校逐年发展。涡阳县职教中心拥有教学、实训、科技大楼和图书室、科教馆、画室、舞蹈室、琴房于一体的综合大楼，教育教学实训实习场地，男女生宿舍等基础设施规范齐全。涡阳县中职学校目前拥有数控机床、数控铣床、车床、汽车发动机检修平台、汽车模拟驾驶平台、氩弧焊、钳工平台、缝纫机、钢琴等实习实训设备。2016年，涡阳县全县中职学校校园占地面积532290平方米，校舍建筑面积328860平方米，学校固定资产总额20450万元，拥有计算机2135台，图书492820册。中职学校生均校园占地面积32.46平方米，生均校舍建筑面积20.06平方米，每百名学生拥有计算机台数13.02台，生均图书30.06册，生均固定资产20400.07元，生均教学仪器设备3008.48元。

【办学模式与管理】涡阳县中职学校积极推行两个“三段式”人才培养模式（即一年学基础、一年学技能，一年顶岗实习；一年在县级职教中心学习，一年在城市较好的职业学校学习，一年在企业实习）。涡阳县职教中心、农机校、和第九职业学校与江苏精陶集团、涡阳县康达集团、劳动社会保障局印刷厂等企业开展校企联合办学。2016年，由涡阳县教育局主办、涡阳县职教中心承办，继续开展全县中职学校师生技能竞赛，对学生技能水平进行检验，有效提升了教学的针对性，推进教学质量的整体提升。

【教育教学改革】 涡阳县中等职业教育领域普遍开展“双证教育”。除毕业证书外，都掌握至少一门或多门相关工种的操作技能，考取相关技能等级证书，有的学校推行“多证书制”、有的实行“1+X证书制”。各学校所开设的通过国家技能鉴定的专业，毕业生通过职业资格技能等级考核通过率均在85%以上，其中获得中级证书达30以上。中职毕业生一次性就业率均在80%以上，双证教育成果显著。

成人教育

【概况】涡阳县教育局深入贯彻落实《国家中长期教育改革和发展规划纲要（2010—2020年）》，积极统筹开展成人教育工作，推进全民学习、终身学习的学习型社会建设。通过加强成人文化技术学校建设，实施农村劳动力转移培训，开展在职教师继续教育培训，举办全民终身学习活动周多项举措，努力夯实学习型社会坚实基础，切实提升全民文化技术能力，推进全民终身学习、可持续发展。

【乡镇成人文化技术学校】涡阳县共有省级成人文化技术学校四所，多年来，围绕乡镇经济社会发展需求，积极整合教育资源，改善办学条件，拓宽办学思路，拓展办学内容，丰富培训内容提升办学水平，积极引导和组织农村居民参加相关教育和培训。

【农村劳动力转移培训】积极开展农村劳动力转移培训工作。本着提高农民工就业技能为宗旨，以服务保障，以创新为动力，充分利用职业学校的师资、实验实训设备和教材等优势，认真实施农村劳动力转移培训等工程项目。2016年，全县3所中职学校及28所乡镇成人文化技术学校开展了农村劳动力转移培训工作，累计培训19500余人次。

【在职教师继续教育培训工作】涡阳县职教办承办全县小学、幼儿园师资培训业务，充分利用节假日，采用“引进来，走出去”等方式，建立对九年义务教育薄弱学科及幼儿园幼师加强培训的长效机制，对任教学科的基本理论、基础知识、基本技能及现代化教学手段和方法进行系统培训。2016年，组织全县中小学教师参加继续教育培训、省远程培训、“国培计划”培训、及其他培训，对任教学科的基本理论、基础知识、基本技能及现代化教学手段和方法进行提升。

特殊教育

【概况】涡阳县特殊教育学校创办于1992年，坐落于涡阳县城淮中大道西路路北，老子骑牛像东200米处。学校现有任课教师22人，在校学籍学生249人，学前康复部全国贫困残疾儿童康复救助项目内人数112人。学校拥有一幢综合楼和一幢宿舍楼，是一所集学前康复、智障教育、听障教育等残障儿童九年义务教育为一体的综合性公办特殊教育学校。

【学校办学条件】学校拥有智障、语训、孤独症康复等教学器材，建设了智障感统教室、综合康复教室、测听室、班班通教室、多功能教室、计算机教室等资源教室，每位老师配备办公用电脑，硬件设施进一步完善。2016年，学生宿舍全部安装了空调，各个班级全部安装班班通，建设心理咨询室，图书室。

【办学模式】因材施教、多元化、特色化办学。学校根据学生差异不同，年龄大的听力残疾学生，在进行文化课教学的同时兼修职业教育，并在后期进行就业前的培训。对于智力残疾学生采取程度不同，教育方法、方式有所不同，程度轻的能够自食其力。对0—10周岁的听力残疾儿童采取早期康复、早期干预、早期治疗，积极为他们争取免费安装助听器和人工耳蜗。通过早期康复教育，很多孩子可以进入普校、普幼就读。目前特教学校在籍学生249人，全国贫困残疾儿童康复救助项目内生源人数一直保持在112人，办学至今已有600余名残疾儿童在该校完成九年义务教育。

【师资队伍建设】学校通过开展帮教活动、加强校本培训，强化师德师风建设三项举措不断促进教师能力、素质提升。学校现有任课教师22人，其中：大专学历8人，本科学历14人，拥有4名市级学科带头人和1名市级教坛新星及3名县级教坛新星。2016年，特教学校被评为“涡阳县教学质量先进单位”。

教师队伍建设

【教师补充机制】完善中小学教师招聘“省考、县管、校用”制度，2016年，招聘新任教师295名、特岗教师89名，引进县外在编在职优秀教师32名，属义务教育阶段学科教师，全部安排到镇村义务教育学校任教，并为农村义务教育阶段学校申报培养全科小学教师46名。本年度，从基层学校选调168名优秀教师补充到县城义务教育学校任教。为农村学校定向培养师范生48人。

【教师培训体系】认真组织涡阳县中小学、幼儿园教师“国培计划”、“省培计划”和“市级培训计划”。2016年，完成小学教师继续教育专题培训、小学骨干班主任培训、中小学食品安全管理人员培训等六项培训工作，参训14265人次。完成中小学教育管理干部能力提升培训、德育工作者培训、小学校长任职资格提高培训等六项管理干部培训工作，参训1771人次。其他培训7600余人次。

【教师“无校籍管理”】拟定《涡阳县中小学(幼儿园)教师无校籍管理改革实施办法》,面向全县征求意见。制定涡阳县中小学教师轮岗交流实施办法。2016年,交流教师578人。学区内交流人数331人,其中骨干教师70人。县城学校选派40名专任教师列入“三区”人才支持计划,到农村学校支教;高中学校选派40名教师到乡镇初中任教。校长轮岗交流,坚持科学有序、稳妥推进的原则,实现中小学(幼儿园)校(园)长48人轮岗任职。

【教师表彰奖励制度】对在教育教学一线做出突出贡献的优秀教师进行表彰,推荐市级表彰优秀教育工作者12名、优秀教师47名。实施县级表彰优秀教育工作者20名、优秀教师160名、优秀班主任200名、优秀校长10名。认真做好乡村教师从教30年、20年的颁发荣誉证书统计工作,其中,从教20年1701人,从教30年6356人。

学校选介

【涡阳第一中学】安徽省涡阳第一中学,是安徽省示范高中、安徽省教育系统先进单位、国家级体育传统项目学校。创建于1931年,时称涡阳县立中学,六迁校址,六易其名;饱尝战火,历经沧桑。1961年,被确立为阜阳地区重点中学。1972年,更名为“安徽省涡阳第一中学”,2009年被评为“安徽省示范高中”。2015年9月,整体搬迁到新校区。新校区是县委县政府投资约5个亿精心打造的规模宏大、位置优越、设施完备的皖北名校。学校坐落在南部新区教育园区内,占地面积408亩,规划建筑面积20多万平方米,已完成建筑面积10.7万平方米。新校区是信息化校园、现代化校园,可以为广大学子提供更多的优质教育资源。

先进的办学理念:践行科学发展观,以“求知、明理、健康、善良”为校训,以“以人为本、育德为首、育智为重、和谐发展”为办学理念,实行人文化管理模式,科学定位学校发展方向,大力推进课程改革,关注师生的发展,着力提升学校发展的软实力。

一流的硬件设施:学校拥有2栋教学楼136个标准教室;1栋现代化的科教大楼,6栋设施完备的学生宿舍,1栋多功能学生综合服务大楼,拥有标准化体育场、塑胶手球训练场、塑胶篮球场、足球场等。先进的电子白板音响设备,为教学的大容量高效率提供有力保障;同时容纳8000人就餐的现代化餐厅,为师生提供一流的绿色餐饮服务;六人间高标准公寓,为学生提供舒适的住宿环境;智能化供水装置,满足广大师生全天候洗浴和饮用水的需求;完善的校园网络建设,为教育教学提供优质的服务;全方位的监控系统,保证了监控无死角,有效的保障校园的安全。

雄厚的师资力量:教职工416人,专任教师395人。其中硕士研究生16人,本科362人;高级教师144人,一级教师92人;国家级模范、优秀教师1人,省级模范、优秀教师3人,市级模范、优秀教师136人;省、市特级教师9人,市学科带头人14人,市骨干教师24人省,市教坛新星38人,县教坛新星46人。教师参与各类课题研究近200项,主编或参编书籍51部,在报刊发表文章3000多篇,出版专著10余部,获得各种奖励1000多项。

教学成果:学校先后荣获“全国教科研先进单位”“全国读书育人特色学校”“国家级体育传统项目学校”“全国群众性体育先进单位”“安徽省教育系统先进单位”等国家级荣誉称号12个,省级荣誉称号38个,市级荣誉称号41个,县级荣誉称号72个。近千名学生考取“985”“211”工程大学,在清华大学就读学子有10多人;重点及本科上线人数、上线率逐年攀升,升学率一直稳居全市第二,全县第一;全国中学生奥赛,获得省奖105项、市级奖133项,位居全市三县一区省示范高中前列。学校连续6年被评为市科技创新大赛优秀组织单位。17件作品获省级奖项,200多件获市级奖项;2009年杨雨琛、李湛两位学生荣获省级二等奖,该成绩打破亳州市此种奖项的零纪录。凤凰新闻和《亳州晚报》等多家媒体专题报道涡阳第一中学学生作品“摘果神器”和会恒温的“聪明”水杯。2002年,创建手球队以来,已向高等院校输送体育特长生120余人,向省体校输送手球队员30多人,司艳、锁珊珊等4名队员入选国家手球队,成为国家手球队队员；杨卫东曾担任国家手球队教练。2015年在体育竞赛获奖17项。

【涡阳第五中学】涡阳第五中学原系涡阳一中初中部，2008年7月，经县政府批准成立并开始独立办学。2016年8月，由老校区搬迁到县城南部经开区。占地5.3万平方米，总建筑面积3.9万平方米。学校交通位置便利，校园环境优雅，文化底蕴深厚。3栋教学楼鳞次栉比，现代化的教学设施一应俱全；学生公寓配套完善，服务设施先进优美；1800平方米的体育活动中心宽敞明亮，绿茵操场是孩子们最喜爱的乐园。现有30个教学班，在校学生2400人。

学校办学理念先进。坚持以“为学生一生奠基，为民族未来负责”的办学宗旨，以“强素质、树形象、创满意、争一流”为办学目标，以“严管、活教、乐学”为教育手段，厉行“质量立校、素质兴校、科研强校”，形成了独具特色的办学模式。学校成功创办为“花园式单位”“安全文明校园”“示范家长学校”。先后获得“涡阳县教育教学质量先进单位”“涡阳县综治工作先进单位”等30多项荣誉称号。

学校办学条件优越。教育教学基础设施完善，设备齐全。教学大楼、综合楼、学生公寓、科技实验楼、学生食堂等能满足近3000名师生生活学习；配置了高标准的理化生实验室、阅览室、心理咨询室、音乐室、美术室、多媒体电教室、400米塑胶跑道田径场、体育馆；开通校园智能广播系统和视频监控系统。

学校师资力量雄厚。学校现有专任教师103人，其中高级教师49人，一级教师43人，专任教师合格率为100%。全国优秀教师1人，市级学科带头人2人、骨干教师3人、教坛新星6人，教师在各级刊物发表或获奖论文80余篇，在县级以上优质课大赛、教师综合素质大赛等活动中获奖20余人次。2016年3月，涡阳五中又与合肥四十六中结成合作办学联盟，两校通过互派管理人员，互派专任教师进行观摩教学，实现“四统一”发展模式，共同推动两校的快速发展。

【涡阳城关学区中心学校】涡阳城关学区中心学校坐落在紫光大道，成立于2005年，是一所公办学校，占地面积37080平方米，建筑面积19800平方米。建校至2014年6月，办学模式为“九年一贯制”，2014年7月，根据涡阳县委、县政府及县教育局对县城教育的统一规划，把原7～8年级学生分流到涡阳五中南校，确立办学新目标，利用3～5年时间将学校打造成为亳州市乃至皖北地区精品小学、一流名校。目前，学校开设72个教学班，在校学生3679人，教师151人，教师学历合格率达100%，其中大学专、本科学历136人，高级职称12人，中级以上职称132人，省级优秀教师6人，市、县级骨干教师、教坛新星、学科带头人67人。

学校地理位置得天独厚，教学环境恬静优雅，教学设施先进齐全。有笃学楼、崇德楼，与综合塑胶运动场、硅PU篮球运动场及绿草如茵的花园、凉亭等。微机室、电子备课室、多媒体教室、仪器室、实验室、图书阅览室、音乐室、舞蹈室、书画室、心理咨询室、留守儿童之家、体育器材室等功能室齐全，建有校园智能广播网、远程教育网、电话局域网、班班通工程和校长电子管理系统。学校规划科学、布局合理、管理规范、个性鲜明、文化氛围浓厚。

全校师生在新一届领导班子的带领下，坚持科学发展观和成人成才的育人理念，努力践行中共十八大精神，以社会主义核心价值观、“三严三实”精神为准绳，精诚团结，凝心聚力，坚持“特色立校，科研兴校，管理强校，依法治校”的发展战略和“崇德尚礼、励志笃学”的校训，全面提升学校在基础设施、内部管理、队伍建设、教育质量、教育科研等方面的水准，以“敬业爱生，德馨业精”的教风，营造“乐学善思，愉悦体验”的学风，形成“和谐幸福，自主创新”的校风，围绕“编织师生幸福生活的摇篮，打造师生幸福生活的高地”的办学理念，做到“明确一个主题——构建优质教育工程，寻求更好更快发展；突出一条主线——狠抓教育教学管理，提高教育教学质量，使整体办学水平连年攀升；确保一个第一——珍爱生命，安全第一，使安全意识家喻户晓，安全责任深入人心。坚持一个主流——以德育促发展，育名师树名校。”努力实现向高效、优质、开放、创新的现代名校的跨越式发展。

为打造学校品牌特色，学校

对大课间活动进行大胆改革与创新，把原来半小时的时间，延长至40分钟，把原来传统的小学生广播体操，演练为学生喜闻乐见的青春韵律操、多维视角爱眼体操、五禽戏、经典诵读等活动项目，使大课活动内容丰富、精彩纷呈，受到社会各界的高度赞扬。

学校于2013年被命名为“全国足球训练基地校”，为突出这一特色，加强体育锻炼，增强师生体魄，学校不但成立四个校级球队，而且要求各年级、各班级都组建了不同的球队，学校不定期开展不同年级的年级间与同年级的班级间的竞赛活动，以促进学校足球特色项目的顺利开展，全校师生文体生活丰富多彩，有效促进师生的工作、学习热情，真正使校园编织成为师生幸福成长的摇篮。

几年来，城关中心学校在各级党委政府的关心和支持下，在全体师生的共同努力下取得了骄人的业绩，先后荣获“全国读书育人特色学校”、全国“中小学科普教育示范基地”、教育部“十二五语文教师专业化发展工程基地校”“全国省级青少年足球活动布点学校”“姚基金希望小学篮球季训练基地”、安徽省“未成年人思想道德建设示范学校”、省第八届“文明单位”、省级“绿色学校”，亳州市首届“十佳文明学校”、“师德建设先进单位”、“文明单位”、“安全文明校园”、“特色示范学校”、“红领巾示范学校”、“十五时期体育先进单位”、首批“学校标准化建设达标学校”、涡阳县“教育工作先进单位”、“花园式绿化先进单位”、“毒品预防教育示范学校” 、“先进基层党组织”、“教育教学成果一等奖”等荣誉称号。2012年—2016年在涡阳县举办的青少年科技创新大赛中，学生荣获多项一等奖，成绩斐然，倍受学生家长及社会各界关注。在全县教育教学质量综合评比中，涡阳县第五中学成绩显著，连续荣获2013年—2016年教学质量一等奖。

【涡阳县城关第四小学】涡阳县城关第四小学始建于1973年，老校区地处县城中心，东邻老县委大院，西偎武装部，南依九龙商场，北靠裕园商城，占地面积5414平方米，建筑面积3254平方米。新校区位于县城南部中心位置，用地面积约50亩，总建筑面积17586平方米，其中教学楼9379平方米，综合楼6262平方米，艺体馆1945平方米。是县委政府2015年启动的城市四校建设之一。

学校划分为四个功能区，分别为中心广场区、教学区、多功能用房区、室外运动区。中心广场区由中心广场、中心绿地等构成。教学区由三栋教学楼和综合楼构成，布置在校园的东侧。多功能用房由风雨操场与艺术功能用房组成，座落在校园的中北位置。室外运动场由300米跑道、4个篮球场、2个排球场、12个乒乓球台和各类器材活动区组成，运动区位于在校园的西侧。学校设置南北两个大门，南大门供学生出入，北大门主要供教师使用。校园内部通过环路将南北大门串联起来，顺畅地将校园内部四个功能区联系起来。校区消防设施齐全。校园内规划机动停车位76个，非机动停车位350个。南大门地两侧布置了家长接送区，包括44个机动车停车位和非机动车停车位；在北大门布置教师停车区，包括32个机动停车位和非机动车停车位。学校拥有40个教学班，在校学生2800余人。在职教职工101名，其中专科以上学历93人，小教高级教师73人，中教高级教师3人，任职合格率100%。省、市、县级名师22人，其中特级教师2人。城关四小坚持以素质教育为平台，以课程改革为切入点”的工作思路，教育教学成绩显著，学科竞赛每学期获奖学生达500余人次。

先后荣获“全国反馈教学法实验基地”“亳州市语言文字规范化示范学校”“安徽省雏鹰红旗大队”“全国科普教育示范基地”“全国普法教育先进集体”“亳州市艺术展演先进单位”“全国十佳绘画教学基地”“亳州市安全文明校园”“涡阳县平安校园”“全国特色学校”等荣誉称号。

【涡阳县城关第五小学】涡阳县城关第五小学始建于1962年，现已有50多年历史，原校址位于涡河东路116号，地处老城区繁华地段，毗邻一中、五中，建校初期为涡阳一中附小，后更名为涡阳县城关第五小学。学校立足于“促进学生全面发展，张扬个性”，经常开展丰富多彩的活动：才艺展演、小学生运动会、读书活动和各种比赛，尤其是经典诵读工作，自2002年以来一直是学校的特色，所编排节目《道德经新语》曾参加亳州市春晚展演，获得社会一致认可与好评。打造书香校园，鼓舞学生诵读经典、做少年君子。2015年，县委县政府投资5000余万元，5月底正式动工在南部新区建设城关五小新校区，新校区与一中、五中新校区毗邻，占地面积69亩，总建筑面积20000余平方米。新校区于2016年正式投入使用，学校整体搬迁到南部新区。学校开设44个教学班，教职工107人，其中高级教师6人，中级教师73人，在校生2800余人，学校先后被评为"标准化学校""红领巾示范学校""安徽省经典诵读示范学校""全国养成教育实验基地""教育示范先进集体""先进党组织"等荣誉称号。学校多次受到市、县、镇级的表彰。新校区分五个功能区，分别为中心广场区、教学区、实验楼区、多功能用房区、室外运动区，规划布局合理，动静分区明确。教学区由三栋教学楼连体组成，共计54个标准教室，在校园的西侧。实验楼区由两栋实验楼组成，其中包括科学实验室、综合实践活动室、试听阅览室、多媒体教室、录播教室、语言教室、计算机教室、网络中心、广播社团及一处生物实验田组成，位于学校中部。多功能用房区位于校园西北侧，由室内风雨操场、艺术功能用房和图书阅览室组成。室外运动场由300米跑道、1个足球场、6个篮球场、3个网球场、18块乒乓球台和各类运动器材活动区组成，位于学校的东侧。学校有南、西两个大门，校园内部通过环路将整个校园串联，五个功能区连为一体。

学校开设54个教学班，可容纳学生3000余人。学校各功能室齐全，设施设备配置先进。

科　技

【概况】2016年，涡阳县科学技术局编制8人，实有9人，其中局长1人，副局长2人，党组成员2人，正科级干部1人，副科级干部1人，股长1人，机关工勤1人。内设机构4个，即：办公室、农村与社会发展股、科技成果与技术市场股、高新技术发展及产业化股。主要工作职责：贯彻执行党和国家的科技法规和政策，促进全县科技进步；组织拟订涡阳县科技政策措施，制定和组织实施科技发展规划；指导企业进行科技成果转化引导企业进行技术升级；管理全县知识产权工作。

【科技项目】支持企业实施科技计划项目，安徽昭日农业有限公司的"涡阳主产苔干精深加工关键技术研究与应用"、涡阳县振标家庭种植农场的"农作物高产高效栽培技术集成与示范"获得省科技厅科技攻关计划立项。源和堂药业的"藏红花新产品开发及其关键技术研究与产业化"项目申报了省科技重大专项。引导企业加强与高等院校、科研机构开展产学研合作，安徽泓森高科有限公司与亳州师专合作成立"安徽省速生槐资源培育工程技术研究中心"，获亳州市科技成果一等奖，负责人侯金波荣获科技部"科技创新创业人才"称号。鼓励企业购买新技术、新产品、新工艺，持续加大科技研发投入，源和堂药业获得省、市"大型科研仪器设备"补助。

【高新技术企业培育工作】针对涡阳县高新技术企业偏少的现状，重点开展高新技术企业培育工作，举办5期培训班，分别培育成熟期企业4家、成长期企业6家、初创期企业10家。涡阳县共有高新技术企业3家(三星化工、源和堂药业、财富康达)，全年高新技术企业完成产值27.9亿元，累计增长15.4%。战略性新兴产业完成产值24.8亿元，累计增长55.2%。帮助4家企业进行高新技术企业申报，审核通过1家。

【知识产权】截止到12月，全县专利申请748件，专利授权380件。其中：发明专利申请223件，发明专利授权55件，发明专利授权量居全市第一，每万人发明专利拥有量1.07件。

【科技扶贫】5月，帮扶义门镇赵屯民族村安排科技项目资金20万元，用于科技扶贫。9月，利用省一般性转移支付项目资金65万元，进一步强化科技扶贫。确定涡阳县高公镇慕营村涡阳县禾金麦豆种植专业合作社、涡阳县义门镇赵屯民族村马建坤种植专业合作社及楚店镇李楼村王汉举家庭农场三个贫困村项目为涡阳县2016年科技扶贫项目，分别签署科技局、贫困户、帮扶企业三方精准扶贫协议。"签三方协议，促精准扶贫"被省科技厅作为模式向全省推广。

【政策扶持和人才储备】研究起草《涡阳县双创驱动发展实施方案》，并经县委、县政府同意印发实施。积极建立同省内外高校、科研机构的合作机制，完善县新兴产业领域的产学研合作平台，加强创新型人才培养，为产业化发展做好人才储备。按照科技部和省科技厅边远贫困地区、边疆民族地区和革命老区人才支持计划科技人员专项计划的文件要求，选派中南林业大学的张明龙副研究员等15人，结对帮扶县泓森科技有限公司等15家企业，并指导选派单位、受援单位与选派对象签订三方协议，并落实人才科技扶贫资金32.4万元。

（县科技局供稿）

文化　体育　旅游

文　化

【概况】涡阳县完成文化体制改革后，原文化局（新闻出版局）、广电局、体委、旅游局整合为文化体育旅游局。文化体育旅游局作为县政府职能部门之一，行使文化、体育、旅游和新闻出版等方面的行政职能，繁荣地方文化，促进全县经济社会发展。

【现代文艺文化服务体系建设】围绕“五馆两中心”项目建设和基层综合文化服务中心建设，进一步加大城乡公共文化建设着力构建现代化公共文化服务体系。编制图书馆、文化馆、博物馆等“五馆两中心”项目前期资料，经县委县政府研究确定项目建设，目前，已完成选址等前期工作并进入招投标阶段。按照中央及省关于加快推进基层综合性公共文化服务中心建设的要求，2016年完成1个省级示范点，1个市级示范点和5个乡镇综合文化服务中心建设，11个村级综合文化服务中心建设任务。

【乡镇综合性文化服务中心建设】全县整合基层宣传文化、党员教育、科学普及、体育健身等设施，按照“一台、一厅、一室、一屋、一廓”即：一个乡村大舞台（农村文化小广场）、一个多功能综合厅、一个村情民俗展示室、一个社区书屋、一个文化墙“五个一”的标准试点建设综合性文化服务中心。全县累计建成乡镇综合性文化服务中心2个；社区综合性文化服务中心3个，中心村农民文化乐园7个。丹城镇综合文化站基础硬件及各类文艺活动突出，2016年申报成为安徽省乡镇综合文化服务中心示范点，同时还申报城西街道文化站、涡北街道临涡社区文化服务中心，城关街道滨河社区综合文化服务中心。

【文化市场管理】开展“扫黄打非”工作，抵制低俗文化，依法查处淫秽和盗版及非法出版物，净化文化市场。2016年，侵权盗版及非法出版物集中销毁活动现场销毁盗版音像制品1216盘，盗版图书1300册，电视卫星接收器76个、非法电子游戏机、赌博机等设备76台。2016年，全省推进“扫黄打非”进基层现场会在涡阳召开，省委宣传部常务副部长虞爱华，省委宣传部副巡视员邵晓辉，省文化厅副厅长周明洁，省新闻出版广电局副巡视员王立信，省通信管理局党组成员、网络信息安全安徽分中心主任张明汉，省公安厅治安总队副总队长兼行动队队长王会议，省“扫黄打非”办公室主任李先锋出席会议。亳州市委副书记、宣传部部长方晓利，县领导胡明文、雅浩海、丰霄寒、范吉用、李雷、赵太民出席会议。全省各市县区宣传部分管副部长、“扫黄打非”办公室主任等160余人参加会议。

农民文化乐园演出

【“农家书屋”建设】2016年，全县389家“农家书屋”共补充各类新书38000余册，订阅报纸杂志1945份并配送到村。结合本地农家书屋实际情况，统筹兼顾，对农家书屋进行维护管养，补充更新出版物、维持日常运行和开展读书活动，构建长效管理机制，确保每周开放时间不少于5天。农家书屋成为农民群众休闲娱乐、文艺活动和汲取农业科技知识的好去处。

【文化民生工程】公共文化场馆实行免费开放，2016年，累计组织开展4328场次文化信息共享活动；实施“送戏进村”“送戏进敬老院”“周末大舞台”文艺演出808场次；组织26个放映队，放映公益电影4668场次。同时，还开展了一批特色鲜明，群众喜闻乐见的文化活动。举办各类艺术展览12期，与省文化馆联盟举办“老子故里——牛春晓书画艺术展”。组织举办全县“红红火火过大年”系列文化活动。组织参加省曲艺家协会、全市梆子戏调研、曲艺调研，组织社会团体参与送戏进敬老院活动。

县领导观看展览

【文艺作品】开展艺术交流，坚持“走出去、请进来”，组织文艺工作者参加省市各类展演和重大比赛。由文化馆舞蹈培训中心编排的《金陵十三钗》《苔香美、苔乡情》参加安徽省第十一届艺术节展演；组织涡阳县文艺工作者参加全市戏曲曲艺比赛，分别获一等奖、二等奖、三等奖；曲艺《和谐社会唱和谐》获安徽省第八届曲艺节牡丹表演奖第一名；组织人员参加安徽省首届唢呐大赛获1个金奖3个银奖的好成绩。 投入50余万元创作编排了大型泗州戏《伯俞泣杖》，并被省文化厅纳入第三届文化惠民消费季优秀展演活动，在阜阳进行公演；制作了音乐电视宣传片《美味涡阳》《舞动涡阳》《咱家涡阳》；创作了禁毒题材的小品《悔恨》，以及《美丽乡村——武楼之歌》《大平原》等音乐作品 。

【文化遗产保护与传承】挖掘全县非物质文化遗产资源、整理文物普查成果，启动问道涡阳系列丛书之《涡阳历史文化遗产》图书编纂工作，目前已完成前期编纂工作。积极争取专项文物保护经费125万元，选派专人负责重点文物保护单位的维修工程的管理，对袁大化故居、柴村庙进行修缮。加大古建筑的日常维护工作力度，抢险加固维修了东岳庙、张乐行故居、马玉昆公馆、捻军会盟旧址等，认真组织编制马玉昆公馆和张乐行故居的文物保护维修方案。成立全县文化旅游暨老子道家文化建设指导委员会和下设办公室，完善老子文化建设组织架构；天静宫被评为安徽省对台文化交流基地，开展对台文化交流活动，组织办好“老子周末大讲堂”系列活动，开讲老子文化40余课，组织开展国家级非遗《老子传说》传习培训活动，已发展40余位“老子传说”传习人，发展道源文化新力量。

（文体旅局供稿）

由涡阳县青年泗州戏剧团创作的《伯俞泣杖》参加安徽省第二季惠民优秀戏曲展演

体　育

【全民健身活动】2016年元旦、“五一”“十一”及“全民健身日”期间组织开展了迎新春健身跑、迎新春文体展演等诸多丰富多彩的体育活动。通过各项活动的开展活跃节日气氛，丰富群众的业余生活，增强了群众参与体育活动的热情。成功承办亳州市体育系统第五届运动会。全县389个行政村（社区）组织开展2355场群众喜闻乐见的体育活动，体育民生惠及千家万户。

【五禽戏普及推广】2016年，市体育局制定下发了五禽戏推广普及相关文件，按照序时进度，各项工作有序进行，开展五禽戏“五进”活动，重点实施校园五禽戏的普及推广。4月26日，在县体育广场成功举办涡阳县首届校园五禽戏比赛，为全县校园五禽戏的推广普及奠定基础。在体育广场、文化广场电子屏幕开设五禽戏推广普及活动专题专栏，营造浓厚舆论氛围。

【国民体质监测】2013年，申报成立涡阳县国民体质监测站，2016年，依托国民体质监测站完成了500人监测指标。

【青少年体育】积极备战省十四运。按照市局安排部署，合理谋划布局青少年竞训项目，在手球、乒乓球等优势项目的基础上，新增跆拳道、散打、校园足球等项目。积极参加市青少年锦标赛，市青少年锦标赛，是全市竞技体育人才的选拔平台，亦是省运会的晋升平台，县领导和体育主管部门高度重视，结合市二运会的开展，认真组织参加每个项目的比赛，并取得较好的成绩。锦绣散打俱乐部在安徽省青少年武术散打锦标赛中获个人两个冠军及一个第五，为市县赢得了荣誉。

乒乓球友谊赛

【体育指导员队伍】加强社会体育指导员队伍建设，2016年，培训三级社会体育辅导员400名，申报二级社会体育辅导员50名、一级社会体育辅导员10名、国家级社会体育辅导员2名。

【体育人才培养】依托一中、二中、四中传统项目学校及跆拳道、乒乓球等训练基地做好竞技体育专项人才的梯队建设。

【体育赛事与体育运动会】积极开展群众性体育活动，认真组队参加大型群体赛事。县老子太极健身研究会代表亳州市组队参加了“2016安徽省健身气功站点联赛”预、决赛，分别以团体总分第一的成绩，成功晋级十月中旬在贵阳举办的全国站点联赛。县陈氏太极拳协会代表亳州市参加了“安徽省暨合肥市2016年健身气功展示交流大会”，团体及个人项目均获得可喜成绩。2016年6月荣获全省健身气功站点联（五禽戏、易筋经）集体一等奖，10月，荣获国家体育总局颁发的“全国健身气功站点联赛道德风尚奖”。

【体育设施建设与监管】2016年，新建100个农民体育健身工程项目，安装100套健身路径、206副乒乓球台，更新维护村级农民体育健身工程130个，安装130套健身路径、7副篮球架。县城更新、安装27套健身路径，实现城市居民到达健身场所步行不超过15分钟。2016年体育设施建设投入在三县一区较为靠前，超前完成省市下达目标任务。

【体育产业】体育彩票销售较好，超额完成3000万的年度任务；新一轮的场馆规划正在紧锣密鼓地进行，南部新区“五馆两中心”图纸设计已完成，“全民健身活动中心”及体育公园等项目即将公开招标；按照市政府《关于加快体育产业促进体育消费的实施意见》精神，积极吸纳社会资金建设“快鱼”“金桂动岚”“广海”“太阳岛”等室内游泳馆及“原动力”“新未来”等健身会所，企业冠名开展了篮球、乒乓球、羽毛球等诸多群体赛事；体育产业统计工作已完成；培育了广场舞、健身跑等体育品牌。

（文体旅局供稿）

旅　游

【产业发展】围绕“老子故里，生态涡阳”定位，进一步挖掘涡阳县历史文化资源，推动产业发展。完成《涡阳县文化和旅游业“十三五”发展规划》《新四军四师司令部纪念园红色旅游规划》和《范蠡西施文化园项目建议书》等编制工作，并积极争取涡阳县红色旅游资源纳入全省红色旅游十三五发展规划，新兴镇纳入全省十个红色小镇旅游专项规划。

【旅游争创工作】开展星级旅游饭店、星级农家乐、优秀旅游乡镇和旅游示范村的创建评定工作。高炉家．徽酒集团工业旅游景区获批国家级AAA级旅游景区；高炉家．徽酒集团H9宾馆荣升3星级旅游饭店；高炉镇荣获省级优秀旅游乡镇称号；西阳镇郭寨村荣获省级旅游示范村称号；城东街道的广海农家乐、高炉镇的高炉大酒店农家乐获批4星级农家乐；石弓镇的明珠家园、石弓镇的江南小院、涡南镇的莲花岛生态庄园获批3星级农家乐；石弓镇的桃花岛生态休闲农庄荣获2016年省级休闲农业与乡村旅游示范点称号；义门镇获得安徽省第二批“千年古镇”称号。

【招商引资】谋划一批文旅产业项目，充实项目库并积极开展招商引资。2016以来，通过大力招商，在谈的文化旅游项目有北京国际文化城拟投资建设的中国珍宝馆项目、北京广和世纪文化投资公司拟投资建设的当代艺术交流中心项目、康辉集团拟投资的“善地龙山”休闲度假项目、深圳品优酒业拟投资的陈大懋源养生庄园、长城集团拟投资的范蠡西施文化园项目等。已开工和完成投资的项目有“涡阳乐翻天”游乐园、“碧桂园碧波酒店”等。在国际徽商大会上由县政府与安徽华联投资集团、龙旅在线国际旅行社成功签订框架合作协议，拟斥资20亿元打造老子道家文化传承中心。

【全域旅游格局】巩固全县旅游框架，实施质量提升工程。实地指导“兴华农庄”按照国家AAA级旅游景区的标准积极开展软硬件建设的升级改造提升工程；义门源和堂药业中医健康养生体验项目、石弓法云寺庄佛文化产业园、乐翻天游乐园、西阳郭寨树莓基地、城东黄庄莓香湾文创农业旅游扶贫基地等旅游建设项目正在稳步推进之中。帮助天静宫景区积极整改，顺利通过国家及省旅游局组织的国家AAAA级旅游景区的重新认定复核工作，与涡阳县邮政局合作开展了“涡阳县旅游交通图”的编纂印刷出版发行工作。

【乡村旅游】研究制定《涡阳县发展乡村旅游，推进精准扶贫实施方案》，在重点帮扶城东街道黄庄行政村（莓香湾文创旅游扶贫基地）、涡南镇董楼行政村（莲花岛旅游生态庄园）发展乡村旅游，确定曹市镇辉山村、丹城镇常庄村、标里镇团结村、义门镇民族居委会等4个乡村旅游扶贫重点村（居委会），建立乡村旅游扶贫重点村（居委会）旅游数据基础台账。

【旅游数据收集】指导工作思路谋划。组织所属单位积极参加省市局组织的各类培训学习、评比观摩等活动，结合报表填报等，开展数据收集工作，截至11月底，涡阳县各景区共实现接待海内外游客92.71万人次，其中国内游客92.36万人次，海外游客3531人次，旅游门票、经营收入达263.94万元，带动社会旅游总收入达18亿元。

（文体旅局供稿）

图书发行

【概况】涡阳新华书店成立于1949年10月，公司设经理室、教育装备部、运营部、政企部、卖场管理中心等部门。营业综合楼4225平方米，仓储面积2000平方米，在职职工39人，其中本科及大专学历37人。

【图书发行】涡阳县新华书店担负着全县中小学、大中专、高职高专教材的发行。2016年，累计实现营业收入9739万元，同期增加1547万元，同比增长18.8%。完成全年预算的118.3%。实现利润总额805万元，同期增加59万元，同比增长7.9%。完成全年预算利润的103.96%，销售利润率8.26%，同比降低0.84%。

（县新华书店供稿）

广播电视

【概况】涡阳县广播电视台是县委、县政府直属正科级事业单位，其主要职责是负责广播电视宣传。内设县电视台、县广播电台。台机关内设办公室、人事股、宣传股、事业股、社会管理股、总编室、新闻部、社教部、农村部、广告部、技术部播出部、制作部。现有工作人员122人，其中财政供给人员96人，单位自聘人员26人，2016在广播电视宣传、事业建设、安全播出等方面都取得较好成绩。

【新闻宣传】坚持团结稳定鼓劲、正面宣传为主的方针，积极组织策划有力度、有深度、有广度的宣传报道，重点抓好时政新闻和重点工作的深度报道。内宣工作重点突出。围绕党委、政府中心工作，精心组织策划重大主题宣传，今年以来围绕“两学一做”学习教育、党代会、人代会、徽商大会、全省“打黄扫非”现场会、全市二季度经济工作调度会等，先后开辟《“两学一做”学习教育进行时》《勇当振兴皖北排头兵》《精准扶贫在行动》《调转促大家谈》等15个栏目，对涡阳县经济建设、重点工程建设、城乡文明创建、民生工程等方面进行全方位的宣传报道。外宣工作迈上新台阶。全力宣传涡阳奋力走在皖北振兴前列的新进展，不断讲好涡阳故事，传播涡阳好声音，提升涡阳的知名度、美誉度和影响力。2016年1—12月份，在安徽卫视“安徽新闻联播”发稿86篇，安徽广播电台“全省新闻联播”发稿22篇，省级发稿位居全市三县第一。节目创优成果丰硕。着力推出新闻精品，《士兵“训”将军　只为共圆荣光之梦》、《“训”将军的兵》、《张维道：“90后”暖男公益路上不停步（社教专题）》、《《彩虹心情》中国好声音涡阳赛区特别节目》、《张维道：“90后”暖男公益路上不停步（广播播音）》《小城舞狮人》《农村电子商务悄然兴起　带动农村转型发展》《谷水见证》《生活前沿》9件作品在2016年安徽广播电视奖评选中获2个二等奖、7个三等奖，获奖数量和等次位居全市三县台第一位。

【传播能力】涡阳县广播电视台承担着省微波信号的中继传输以及中央1套、7套电视节目、中国之声广播节目、省卫视、省公共频道、省经济生活频道的转播任务，在认真做好中央和省台节目转播的同时，积极办好自办节目，不断提升传播能力。栏目建设突出特色。围绕服务发展、服务民生、服务“三农”，电台自办栏目有《政风行风热线》《生活前沿》《雉河农家》《热线追踪》等共21个。其中，《政风行风热线》是广播直播节目，55家上线单位通过热线与群众直接对话交流，为群众解疑释惑、排忧解难。电视《热线追踪》栏目及时跟踪报道，使广播、电视栏目之间形成有机结合，真正做到“让百姓说话，替政府分忧”，得到社会各界的好评。《生活前沿》围绕社会主义核心价值观、文明创建、国学经典“六进”等内容进行了深入报道，利用媒体的力量为群众办实事、办好事。《雉河农家》围绕“走进农村天地、倾听农民呼声、倡导农业科技、架起致富金桥”的理念，进一步在“服务”上下功夫，把栏目办成与农民交流、为“三农”服务的平台，成为农民朋友的知心栏目。专题宣传成效明显。按照突出重点、打造精品的理念，2016年以来拍摄制作专题纪实片30部。其中专题片《变化》《大建设巡礼》，全面展示近年来涡阳经济发展、城乡建设、人民生活和党的建设等各方面的变化，节目播出后受到了领导和人民群众的好评。媒体融合积极推进。为有效扩大县级广播、电视节目受众，积极推进媒体融合发展、新闻综合频道电视节目实现在“我家亳州APP”和政务微信《涡阳之窗》平台在线直播，谋划推进《涡阳视听网》改版，实现了广播电视节目在广播、电视、微信、APP、网站收看收听。

【事业建设】民生工程扎实推进。由中央拨付专项资金302.7万元的中央广播电视节目无线数字覆盖工程，目前价值109.9204万元的地面数字发射机和配套设施已由中央和省广电局统一招标采购，电视台已全部签订完采购合同，设备正在陆续运抵电视台，部分设备安装调试完成，已具备接收、发射功能。广电发射塔和传媒中心建设积极实施。计划投资1870万元新建160米广播电视发射转播塔及1050平方米发射机房，目前已完成项目的立项、选址、设计招标、岩土勘察、施工图纸设计，已在进行建设招标。计划投资1.1亿元、占地20亩、建筑面积1.4万平方米的县广电传媒中心建设项目，已完成项目的立项、选址，正在进行设计招标。投入一百多万元购置广播直播车及直播设备、高清摄像机、广角镜头、航拍器和手机直播APP等设备，为广电事业发展进一步夯实了基础。

【安全播出】严格贯彻执行各项安全播出管理规定，严格执行“三位一体”的机房值班制度、零报告制度、完善安全播出应急预案，加强设备日常的周检和月检以及重要播出保障期前的大检查，积极开展全员安全知识学习和消防技能培训，圆满完成全市第二季度经济工作调度会、县党代会的直播宣传，确保了中央及省市县重大活动、重要节日、重点时段的广播电视安全播出，被评为全省微波链路运行维护先进单位，荣获全省技术类评奖（金帆奖）二等奖1个，三等奖1个。　（广播电视台供稿）

卫生　计划生育

综　述

【概况】涡阳县卫生计生委是政府行政职能部门，行政编制27人，其中，主任1人，副主任3人，内设机构领导职数14名。在职32人，其中公务员22人、公务员待批3人，工勤7人。涡阳县卫生计生委下设直属事业单位县计生稽查队，编制10人，在职43人，其中管理人员25人，专业技术人员1人，技术工人16人，工勤人员1人。

全县有医疗卫生单位489家，其中县级医疗卫生机构7家，社区卫生服务机构30家，乡镇卫生院23家（其中中心卫生院7家），村卫生室367家，民营医院11家，综合门诊部4家，个体诊所50家，医务室2家。目前全县共有卫技3608人，其中执业医师（助理）1513人，注册护士1683人，平均每千人口执业（助理）医师1.22人，千人口注册护士1.36人；病床3378张，每千人拥有床位数2.72张。

卫　生

【国家基本药物制度执行情况】全县公立医疗机构全面实施国家基本药物制度，实行药品集中带量采购，全县药品采购联合体覆盖全县执行药品网采的所有公立医疗机构，包括两家县级公立医院，16家乡镇卫生院、7家中心卫生院、4家社区卫生服务中心，及其辖区367家一体化村卫生室在安徽省医药采购平台上统一采购、统一验收、统一配送，并执行零差率销售。执行药品网上采购的公立医疗机构，除应急采购外，无网外采购行为。两家县级公立医院高值医用耗材，全部实行网上采购。

【基层医疗卫生机构服务能力建设】及时转发《关于扎实开展2016年群众满意乡镇卫生院创建工作的通知》和《安徽省群众满意村卫生室创建活动指导方案》等文件，同时对全县367家村室进行了健康一体机应用项目培训，新兴中心卫生院顺利通过二级医院创建工作。

【公立医院内部管理】建立起控制医疗费用不合理增长长效机制，有效控制医疗费用不合理增长。一是全面贯彻药品零差率销售政策和药品耗材带量采购政策；二是执行新的医疗服务价格，降低大型医疗设备检查费，提高了门诊诊察费、护理费、床位费收费标准，群众就医的检查费支出大幅降低，医疗技术服务价值得到体现；三是推进临床合理用药，降低药品收入占比；通过实施有效的治理措施，公立医院药占比、门诊患者抗菌药物处方比例、住院患者抗菌药物使用率明显下降。2016年，县人民医院药占比从年初的35.4%下降到年末的28.8%，耗材占比6.0%，门诊患者抗菌药物的处方比例下降到13.1%，住院患者抗菌药物使用率下降到59.15%，县中医院药占比从年初的40.92%，下降到年末的34.52%，耗材占比5.56%，门诊患者抗菌药物的处方比例下降到9.97%，住院患者抗菌药物使用率下降到59.2%。

【临床路径管理和单病种费用控制】在促进诊疗工作标准化、规范化的基础上，降低病人医疗费用。2016年，县人民医院入径例数:24428例，入径率60.65%，完成例数:20333例，完成率80%，变异率15.6%，平均住院日7.5天；县中医院实施病种数93，入径例数13195，入径率57.71%，完成例数8210，完成率62.22%，变异率48.15%，平均住院日6.9天。2012年7月1日，县人民医院和县中医院开展新农合按病种付费扩大试点工作。对于纳入按病种付费项目的疾病病种，新农合基金按分病种实行定额付费，患者按当次实际发生医药费用的新农合支付比例承担个人费用。2016年，涡阳县扩大按病种付费病种数，由20种增加至124种疾病，按病种付费人数占出院总人数的比例达到50%以上。

【家庭医生签约服务工作】做好全县农村家庭医生签约服务，联合县发改委制定《涡阳县农村家庭医生签约服务工作实施方案（试行）》。9月17日，召开全县乡村医生签约服务启动暨培训大会，正式启动村医签约服务工作。10月13日，召开全县农村家庭医生签约服务推进会议，对乡村医生签约工作进行再安排部署。10月20日举办全县乡村医生签约服务信息平台操作培训班。全县共有签约166758人，其中签约有偿签约人数101397人，总签约占总人口13.4%，有偿签约占总人口8.12%。

（县卫计委供稿）

【民生工程】实施妇女儿童健康水平提升工程，1—11月，农村孕产妇住院分娩补助累计兑付15264人，兑付资金457.8442万元，完成目标任务的117.41%；1—11月累计婚检15155对，完成目标任务的104.15%。加强基本公共卫生服务，2016年全县居民健康档案规范管理率99.05%(1031405/1041272)，65岁以上老年人规范管理率98.08%(79263/80818)，高血压患者规范管理率96.39%(89376/92722)，Ⅱ型糖尿病患者规范管理率96.25%(44495/46229)，发现的重性精神病患者规范管理率99.87%(5179/5186)。累计接种422452剂次，完成全年任务的98.90%(422452/427137)，接种率107.89%(422452/391542)；建卡率101.3%(18023/17798)。累计发放健康教育资料20种240064份，订制并发放卫生部制定的相关健康教育光盘30余套。更新健康教育宣传栏1996期次，举办健康教育讲座及咨询共计2833次，受益人数98554人。共发现活动性肺结核病人613人，完成全年任务的94.74%(613/647)。密切接触者筛查率为100%。对辖区符合传染病网络直报条件的32医疗卫生机构，授予用户权限，各类用户进行档案登记，管理率100%。儿童保健服务195674人次。完成率109%，孕产妇保健服务102627人次，完成率93.3%。卫生监督覆盖率100%。

【新农合】新农合实际参合1363194人，参合率101.17%；截止到2016年11月20日，全县参合农民累计受益人数2669901人(受益率195.85%)，基金支出62105.37万元。次均住院费用4657元，实际补偿比64%，住院补偿受益率8.8%。在新农合大病保险方面，打入保险公司补偿资金3081.79万元，补偿3646人(计划补偿1879人)，补偿支出2808.82万元。在重大传染病防控方面，全面落实各项疾病防控。重点对全县H7N9禽流感、麻疹、手足口病、寨卡病毒等传染性疾病防控工作采取多渠道宣传，对网络传言加大正面宣传及时辟谣，有效遏制虚假信息的扩散；制定精神卫生工作综合管理方案，加大对精神疾病患者的普查，有效提高了全县重性精神疾病患者发现率及管理率，全县重性精神疾病患者得到更规范服务。

【卫生应急】一是制定印发《涡阳县地震灾害卫生应急预案》《2016年涡阳县重大传染病患者医疗救治实施方案》《涡阳县2016年中央补助安徽省公共卫生专项资金结核病防治项目实施方案》《2016年涡阳县规范化预防接种门诊创建工作实施方案》等各项文件。二是加强应急演练与预案更新，确保突发公共卫生事件应对准备有力、有序。配合县应急办做好突发公共卫生应急事件的处置工作，做好“两会”中、高考等时期医疗卫生保障工作，有效应对各类突发公共卫生事件，保障人民群众的身体健康和生命安全。

【科教中医】积极开展民间中医药一技之长人员纳入乡村医生管理工作，培养基层中医药人才；积极推进基层中医药服务能力提升工程和开展中医药一体化管理试点工作。加强中医院、县医院中医专科、专病建设工作，中医院成立治未病中心。在全县农村和社区开展中医适宜技术，全县100%的乡镇卫生院和100%的社区卫生服务中心中医临床科室集中设置，多种中医药方法和手段综合使用，建成中医药文化氛围浓郁并相对独立的中医药综合服务区，运用中药饮片开展常见病多发病基本医疗和预防保健服务。全县275个村室能够开展不少于4种中医适宜技术。提高中医药在农合、医保中报销比例，将符合条件的中药和中医诊疗项目按规定纳入支付范围。采取中医养生大讲堂、中医义诊、中医宣传册等多种形式宣传中医药知识，开展中医适宜技术推广，让中医药知识进乡村、进社区、进家庭，让更多人懂中医，用中医。

【医疗质量监管】加强医疗质量管理，确保医疗安全。根据省、市卫计委有关医院感染管理工作要求，对全县辖区内医疗机构开展院感管理专项督查工作，并针对督导中发现的问题进行整改。开展分级诊疗工作。按照省、市要求，逐步建立规范有序转诊管理制度和工作机制，落实基层首诊和双向转诊工作机制，扎实开展高血压、糖尿病、冠心病、脑卒中、股骨颈骨折、腰椎间盘突出症等10病种分级诊疗工作。构建和谐医患关系。开展“平安医院”创建活动，建立医疗纠纷预防和处置体系，医疗卫生机构设立“投诉办”，同时在卫生系统开展“三好一满意”等活动，进一步加强医德医风建设，弘扬救死扶伤精神，提高医务人员人文素质和职业素养。（卫计委供稿）

计划生育

【计划生育目标管理】2016年统计，全县人口出生率为13.49‰，政策内阳性检出率为6.61‰，女性初婚率为8.08‰，自然增长率为7.73‰。2016年，涡阳县人口和计划生育工作全面完成了省、市下达的人口控制目标任务。

【独生子女病残儿鉴定】2016年，全县共有12名独生子女病残儿鉴定对象参加由市独生子女病残儿医学鉴定小组鉴定。其中7人符合独生子女病残儿医学鉴定可以再生育诊断标准。

【计划生育手术并发症鉴定】2016年，县节育手术并发症专家鉴定小组对涡阳县9名节育手术并发症患者进行初步鉴定(其中有6人符合)。

【流动人口服务管理】2016年，安徽省流动人口业务管理信息系统登记涡阳县流出人口为459553人，其中流出已婚育龄妇女172008人；登记流入人口为5694人，其中流入已婚育龄妇女3180人。全县扎实开展流动人口关怀关爱和卫生计生均等化服务工作，积极开展流动人口区域协作，为全县流出人口提供优质服务，截止2016年年底，全县已与49个市县签订《流动人口区域协作协议》，并分别在江苏省南通市和海南省三亚市吉阳区成立市级流动人口区域协作联络站。涡阳驻浙江省乐清市流动人口计划生育协会，被评为省级先进计划生育协会，进一步提高了涡阳县流动人口服务管理水平。

【技术服务】以优生优育为主的宣传教育活动、以“三查一治”为主的妇科病筛查与治疗、以免费孕前优生健康检查为主的预防出生婴儿缺陷的筛查与干预工程、以避孕节育为主的四项手术。2015年，共开展优免费孕前优生健康检查9392对、四项手术落实1226例。

【优质服务】深化省级计划生育优质服务县活动，不断改善基础设施建设，提高装备水平，强化队伍建设，提高服务能力，完善内部管理机制，规范服务程序，狠抓奖励扶助政策的落实，深入开展宣传教育、技术服务和婚育新风进万家活动，建立健全依法行政、村居民自治、优质服务、政策推动、综合治理的工作机制，不断提升计划生育优质服务水平。县站现有：麻醉呼吸机、心电监护仪、6通道心电图机、全自动生化分析仪、血球仪、血凝仪、酶标仪、尿分析仪、精子分析仪、彩色超声诊断仪、200毫安双床双管X光机、婴儿抢救床、胎心监护仪、利普刀、阴道镜、乳腺诊断治疗仪等大型特色医疗器械，先进仪器多数用于和装备在妇产科。2016年，荣获亳州市人口和计划生育工作进步奖。

【药具管理】加强药管队伍建设，持证上岗，加强服务意识、工作作风和服务行为的培训，树立“全心全意为育龄群众服务”服务的意识。通过各种形式的宣传活动，提高药具管理工作的社会“知晓率”。进一步强化县级信息化管理平台建设，加强网络软件和报表系统的培训和学习，熟练掌握信息化管理手段，提高管理效率，做好药具调拨、仓管和发放登记工作。

【宣传教育】深入贯彻新修订的《安徽省计划生育条例》和国务院颁发的《流动人口计划生育工作条例》，参与市委宣传部组织的“三下乡”活动，以多种形式积极组织开展“5·29”会员日，“7·11”世界人口日、“9·25公开信”等系列宣传活动。每年的12月与全县多部门共同开展了“12·1”世界艾滋病、“12·4”全国法制宣传日大型活动，取得良好的宣传氛围和社会影响。

【计生协会】2016年，全县共有计划生育协会组织418个，会员小组3589个，会员总数10.6万人，理事4291人、其中女性862

人、会员之家420个。各镇（场、街道）、村（居）委会计生协有宣传阵地、有制度、有活动。在组织参与计划生育工作、村民自治、扶贫工程、婚育新风活动中，充分发挥各级计生协会的宣传、协调和推动作用。

【奖励扶助】2016年，涡阳县把计划生育奖励扶助工作作为当前人口计生工作的一项重点任务，统筹兼顾，不断加大政策宣传力度，营造浓重氛围，使奖扶政策家喻户晓，公开接受社会监督，确保奖扶工作有序开展。与此同时，层层加强组织领导，实行终身追究制，谁调查，谁签字、谁负责，真正做到公开、公平、公正。各镇（场、街道）经过新增对象个人申报、村级评议、镇级审核后，上报县级复核。根据《亳州市卫生计生委市财政局关于落实"提高计生特扶对象中失独家庭扶助标准"政策的通知》规定，从2016年1月开始，提高计生特扶对象中失独家庭扶助标准，在原有扶助金基础上每人每月增加1000元。涡阳县计划生育失独家庭86人，除享受国家奖励的每人每月340元扶助外，每人每月增加1000元；《亳州市卫生计生委关于印发亳州市卫生计生民生工程考核方案的通知》要求，计划生育子女伤残家庭36人，除享受国家奖励的每人每月270元扶助外，每人每月另增加70元。2016年，全县共确认计划生育特别扶助对象171人，发放资金171.48万元，资金于6月底全部打卡发放到人。

【队伍建设】对计生干部，实施系统培训，依托县计生服务站、婚育学校等多种形式，对镇（场、街道）、村（居）计生干部进行经常性培训。积极开展岗位"大练兵"活动，营造了比学赶超、争先创优的浓厚氛围。

【政策法规贯彻】2016年，严格执行《安徽省人口与计划生育条例》，落实行政执法责任制和责任追究制。采取集中培训、以会代训等形式，建立《计生干部岗位责任制》《首问负责制》等机制，推进计生干部队伍作风建设，提高干部队伍素质和依法行政水平。推进计划生育政务公开和规范计划生育合同管理，维护群众的知情权、监督权、参与权。通过政务、村务公开、会议、活动宣传、媒介参与等多种形式，公开生育政策和优惠政策。依法行政，严格执行生育政策。建立健全计划生育执法监督制度，严格执行人口计划生育工作群众工作纪律和人口计划生育检查工作纪律。建立计划生育有奖举报制度；完善社会抚养费征管机制，落实"收支两条线"；规范收费项目，取消一切押金和保证金；统一执法程序、规范执法文书，坚决禁止在计划生育工作中乱收费、乱罚款的行为；推行计划生育村民自治管理原则，开展诚信计生。2016年，全县无一例群众集体上访、重大侵权或恶性案件发生。 （卫计委供稿）

社　会

扶贫工作

【概况】2014年10月，经亳州市机构编制委员会批准，同意涡阳县设立扶贫开发工作办公室，为正科级全额事业单位，隶属涡阳县政府办公室，核定编制3名，领导职数1正1副。2015年8月，县机构编制委员会发文，正式成立“涡阳县扶贫开发工作办公室”。2016年4月，县机构编制委员会下文，进一步明确涡阳县扶贫开发工作办公室主要职责、内设机构及人员编制，人员编制由5名增加到11名。领导职数3名（1正2副），设立内设科室3个（综合科、项目科和督查管理科），领导职数各1名。主要职责：贯彻执行扶贫开发法律、法规、规章和方针、政策，根据中央、省、市和县委、县政府决策部署，抓好全县扶贫开发工作。实施拟定全县扶贫开发发展战略、政策措施、扶贫标准、发展规划、目标任务和年度计划等职责。

【脱贫攻坚目标】2016年，涡阳县紧紧围绕省市扶贫开发工作部署，坚持精准扶贫、精准施策、精准脱贫的工作思路，认真贯彻落实全省扶贫开发工作会议精神和市委“满足扶贫工作的一切需要、适当宽裕、火力全开、分级负责、工作到户、责任到人、各方协同”的总要求，结合本地工作实际，不断创新工作体制机制，大力整合资金资源，持续加大扶贫开发投入，脱贫攻坚工作取得明显成效，全县10个贫困村、贫困人口7118户、17848人通过省脱贫攻坚第三方评估验收，满意率达99.99%，全面完成年度脱贫攻坚目标任务。

【资金投入】财政预算专项扶贫资金，涡阳县2016年地方财政收入预算121268万元，增量为3011万元，2016年安排扶贫专项资金2200万元，增列1790万元，占增量的59%，2016年增列预算较上年预算安排增长536.6%。

【项目完成】光伏扶贫工程，于2016年涡阳县新建户级光伏电站7000座、村级光伏电站34座，计23.04兆瓦（7.46元/瓦），总投入17187.84万元。通过项目实施，使受益贫困户家庭年均增收3000元左右，受益贫困村集体年均稳定增收5万元以上。旅游扶贫工作，投入100万元专项扶贫资金，让100户贫困户参股到城东街道黄庄文创旅游扶贫基地，保底分红，确保每个贫困户每年实现稳定收入2000元。目前，该项目一期工程已完工，总投资5221万元。产业扶贫工作，一是依托源和堂药业公司藏红花种植基地。投入500万元完成500户特困户托管种植500亩藏红花药材，实现户年均增收2500元以上。二是实施了全县种养殖补贴项目。累计打卡发放种养业补贴3908户、资金331.16万元。三是大力推进到户产业扶贫项目。下拨1218.64万元到户产业扶贫资金，支持贫困户发展种植养殖等产业发展。四是积极开展企业带动项目。投入230万元在全县23家农民专业合作组织或小型企业实施产业带动项目，保证了230户贫困户每年有2000元的稳定收益。五是大力发展品牌粮食项目建设。在全县37个贫困村建立专用品牌粮食生产基地19.9万亩，大力发展富硒黑小麦、强（弱）筋小麦种植，项目总投入675万元，项目建成后可实现增收2900万元。

【就业扶贫】以提升贫困劳动者就业创业能力、实现稳定就业为目标，以建立就业扶贫台账为基础，以就业援助、技能培训、创业扶持、人才支撑为手段，为贫困劳动力提供就业岗位10000余个。其中，完成汽车驾驶、美容美发、保健按摩等实用技能培训4474人，通过政府购买服务的方式，为贫困户劳动力提供城乡卫生保洁员、基础设施管理员和护林员等扶贫就业岗位3600余个，引导外出务工5130人，确保法定劳动年龄内、有劳动能力、有就业创业意愿的贫困人口实现就业脱贫。

【教育扶贫】一是认真落实各类教育资助政策。根据涡阳县《脱贫攻坚实施意见》精神，涡阳县于2016年对建档立卡贫困家庭子女接受学前教育、义务教育、普通高中教育、中高职及大学教育，每学年分别给予500元、1000元、2000元、3000元的补助，确保贫困家庭子女都享有接受义务教育的义务。全年实施教育资助4993人，资金383.276万元。其中：学前教育496人、中小学4146人、高中336人。“雨露计划”项目落实大学生资助185人、55.8万元。同时，认真落实助学金制度，全年累计发放各类助学金991万元，受益学生达8939人；落实贫困家庭寄宿生补助5200人，发放资金621万元；免除贫困家庭学生作业本及辅导资料费36.94万元，安排农村免费教科书资金1651.3万元；发放生源地助学贷款3218.4万元，3886名贫困家庭大学生受益。二是加强贫困村学校师资力量。通过公开招考，充实贫困村教师44人，培训贫困村教师24人。三是进一步加大贫困村教育基础设施建设力度。投入改薄、校舍维修改造资金300万元对贫困村小学进行改造，建设面积6000平方米。

【健康扶贫】认真落实省市健康脱贫政策措施，出台《关于健康脱贫的实施意见》，全面落实健康脱贫“三保障、一兜底”医疗保障政策，财政安排代缴贫困人口新农合自筹资金1125万元，医疗兜底医疗资金1500万元，救助资金4000万元，医疗保健服务350万元。对有瘫痪卧床或精神疾病人员的贫困家庭，每户每年给予1000元的护理补贴，对因意外事故造成特别困难的贫困家庭给予2000元的特别救助，实施健康资助2840人，发放资金216.17万元。其中：大病患者553人，瘫痪卧床、精神疾病患者2287人。

【贫困村道路建设和贫困户危房改造】2016年，实施了贫困村道路硬化工程，全县78个贫困村实施道路建设274条、234.26公里，投入资金11713万元，已完工137.44公里。完成贫困户危房改造867户，其中：改造贫困村贫困户危房372户、非贫困村贫困户危房495户。

【水利扶贫】2016年，完成年度小型水利工程改造工程，全年完成小型水利工程更新改造泵站300千瓦，加固新建小型水闸26座，扩挖塘坝271面，整治沟河156条，修复和新建机井4868眼，末级渠9.0万亩，水利基础设施条件进一步提高。农饮工程扎实推进，2016年利用历年农饮结余资金1580万元，完成农饮管网延伸工程45处，受益贫困人口31600人，其中贫困人口16874人。另外，2016年投入资金11702.1万元，新建水厂4个，改造水厂5个，管网延伸41处，新增受益人口17.6万人，其中：贫困村人口58042人，78个贫困村全面解决安全饮水问题。

【社保兜底扶贫】2016年，涡阳县农村低保标准由年均2400元提高到3150元；五保供养标准集中供养的由3960元提高4150元，分散供养的由2286元提高3150元；孤儿救助标准集中供养的由1000元提高1300元，分散的由600元提高到900元。2016年，发放农村低保资金5765.27万元，农村低保人口纳入扶贫系统12080人；实施医疗救助11.35万人，发放医疗救助资金2355.71万元；实施临时救助1299人，发放临时救助资金344.93万元；落实五保供养对象8290人，发放五保供养资金3298.245万元。落实孤儿基本生活保障750人，发放孤儿救助资金672.75万元。2016年全县低保、五保对象20440户、27345人，实现了贫困县和低保线“两线合一”。　　（扶贫办供稿）

民生工程

【概况】涡阳县2016年实施32项民生工程，计划投入资金29.30亿元，到位资金32.35亿元，拨付资金32.35亿元，有力地推动了民生难题的解决，改善了民生，为全县经济社会发展提供了有力保障。

【项目工程】农村道路畅通工程，全县农村道路畅通工程已完工1105.82公里，累计完成投资66304.4万元。其中：县级畅通完工66.65公里，完成投资11330.5万元；乡级畅通完工167.74公里，完成投资18451.4万元；撤并村道路硬化401.68公里，完成投资20084万元；贫困村道路硬化117.3公里，完成投资5865万元；老村级窄路加宽352.45公里，完成投资10573.5万元。农村危房改造，已完工1700户改造任务，完成投资2466.2万元。城市老旧小区整治，完成整治改造老旧小区总建筑面积3.2万平方米，完成投资79.84万元。农村安全饮水工程，2016年完成管网延伸工程45处，完成投资2176.2万元。小型水利工程改造提升，于2016年完成小泵站更新改造任务300千瓦，完成小水闸开工任务26座，完成塘坝任务310面，完成河沟清淤任务175条，完成机电井新建修复任务6154眼，完成末级渠系改造任务9万亩，完成投资2449万元。社会养老服务体系，2016年，新增社会办养老机构床位开工260张，完成社区办养老服务设施5所，累计完成投资205.5万元。美丽乡村建设工程，完成乡镇政府驻地建成区整治10个，完成投资8069.13万元。棚户区改造，完成开工任务7925套，基本建成任务4814套，完成投资91918万元。农产品食品安全工程，完成蔬菜农残快检系统24套，畜牧快检系统10套，水产品快检系统2套，奖补“三品一标”企业15家，完成投资257万元；食品安全工程，完成建设乡镇食品药品监管所食品检验室4个，社区食品和食用农产品批发市场食品快速检测室8个，完成投资183万元。

【扶贫攻坚】2016年，在计划生育家庭特别扶助方面，确认特扶对象171人，发放扶助金171.48万元。在农村居民最低生活保障方面，完成农村低保对象22678人，共发放农村低保金5035.83万元。在农村五保供养及运行维护方面，完成农村五保供养对象8290名，其中分散供养对象5674人，集中供养对象2616人。完成投资3298.25万元。在贫困残疾人救助与康复方面，完成救助一至四级残疾人11736名，救助贫困残疾儿童康复训练救助144名，发放生活救助资金972.6万元，药费补贴资金160万元。在重度残疾人护理补助方面，补助重残护理补贴6316人，发放补贴资金455.9万元。在孤儿基本生活保障方面，保障人数730人，完成投资741.41万元。在生活无着人员社会救助方面，按照应救尽救原则，救助流浪乞讨人员396人次，使用救助资金249.55万元。在城乡困难群体法律援助方面，完成救助案件1559件，为受援人挽回经济损失216万元，为农民工讨薪50万元。

涡阳县花沟镇孙瓦村对危房改造户进行验收

【创业就业】涡阳县2016年开展新型农民培训，共培训1240人，其中生产经营型400人，专业技能型100人，专业服务型560人，电商人才180人，完成投资218万元；就业技能培训，完成培训4474人，完成投资500万元。就业扶持工程，完成公益性岗位开发589个，已开发见习岗位180个，完成投资535.5万元。

【社会保障】新型农村合作医疗，涡阳县累计参合136.32万人，补偿266.99万人次。城镇居民基本医疗保险，参保登记人数141275人，新型农村合作医疗和城镇居民基本医疗保险共完成投资80050万元。城镇居民大病保险，县城镇居民医疗保险实际参保人数为141291人，大病保险支出368万元，享受待遇138人次。新农合大病保险，全县共补偿3646名农民，补偿金额2689.45万元。城乡居民基本养老保险，参保55.63万人，累计支出资金18510万元。基本公共卫生服务，城乡居民健康档案电子建档人数达103.14万人，居民健康档案规范管理率99.05%；适龄儿童免费接种第一类疫苗、儿童免疫规划疫苗接种率107.89%，建卡率101.3%以上；儿童保健服务195674人次．完成率109%，孕产妇保健服务102627人次，完成率93.3%。；65岁以上老年人、高血压患者、II型糖尿病患者规范管理率分别达98.08%、96.39%、96.25%；登记在册的重性精神疾病患者规范管理率99.87%；传染病疫情、突发公共卫生事件信息报告率达

涡阳县妇幼保健所开展“三下乡”活动

100%；报告发现的结核病患者管理率100%。孕管各单位进度总任务数110000，完成102627人次，完成率93.3%. 城乡医疗救助，1-11月份全县共救助52470人，发放医疗救助资金1303.20万元。妇女儿童健康水平提升工程，婚前健康检查29752人，婚检率99%；婚检疾病检出率12.6%；农村孕产妇住院分娩补助13970人，累计完成投资851.3万元。

【教育文化】义务教育经费保障机制，涡阳县2016年完成校舍维修改造面积52425平方米，拨付资金2858万元。高校、中职和普通高中家庭经济困难学生资助，1—11月，发放中职及普通高中学生资助资金931.64万元，受助学生1315人次，发放中职免学费150.70万元，受助学生1463人；高中国家助学金747.6万元，受助学生7476人。公共文化场馆开放，2016年，共举办书画各类展览15次；大型文化活动6次；小型文艺演出12次；各类培训讲座30场次；慰问敬老院演出28场；下乡辅导等活动60次。县图书馆流通图书1.90万册，25个综合文化站开展活动2521场次，累计支付资金131.5万元。农村文化建设专项补助，2016年开展文艺演出778场，组织26个放映队，放映电影4668场次，体育活动2334场，组织开展文化信息共享工程服务活动3550场次，农家书屋补充图书38900册，全面累计支出资金62.24万元。

【政策性农业保险。】2016年涡阳县共完成春季定损小麦125292亩，发放理赔款1251.83万元，受益农户386720户。秋季农作物承保面积185.9万亩，其中：玉米81.7万亩、大豆104.2万亩。农户交纳保费489万元，财政保费补贴1956万元。提升农村基层党建与服务经费保障，保障村干部基本报酬2561人，保障村干部保险1723人，完成投资8029.95万元。　（财政局供稿）

人力资源和社会保障

【概况】涡阳县人力资源和社会保障局主要承担全县就业再就业、社会保障、人事人才、工资福利、劳动监察等工作。内设9个职能股室：办公室、政策法规股（调解仲裁管理办公室）、就业促进和职业能力建设股（失业保险股）、工资福利股、事业单位人事管理股、养老保险股（农村社会保险股）、医疗保险股（工伤保险股）、公务员股（军官转业安置办公室）、社会保险基金监督股（计划财务审计股）。下设7个二级机构：就业人才服务局（筹）（2015年11月，劳动就业管理局与人才交流服务中心合并）、社会保险事业管理局、城镇职工基本医疗保险基金管理中心、劳动监察大队、城乡居民社会养老保险管理局、劳动人事争议仲裁院（筹）（2015年11月设立）、职业介绍所。

【目标管理考核】人社局承担城乡居民社会养老保险工作目标考核任务，共10分分值。对乡镇的考核，参保缴费率达80以上的计8%分，每提高一个百分点加0.1分，加满为止。

【公务员管理】2016年，申报招录公务员93名（其中乡镇机关80名，人民警察3名，检察机关5名，法院系统5名），招考工作由省统一组织，通过笔试、面试、体检、考察等程序，录用86名。

【工资福利工】机关事业单位工作人员养老保险制度改革有序推进，从2014年10月起由财政代扣机关事业单位工作人员养老保险和职业年金中的个人缴费部分，积极推进机关事业单位退休人员信息采集工作。公务员职务职级并行和乡镇工作补贴。按照涡阳县机关公务员职务职级并行和乡镇机关事业单位人员工作补贴实施方案，办理职务职级并行346人，发放乡镇工作补贴1995人。

【工资审核办理工作】涡阳县全年确定试用期工资标准380人，工资定级320人，晋升薪级工资15985人，晋升学历工资22人，晋升岗位工资428人，职务职级并行346人，新增遗属补助16人，审核退休432人。

【退休人员基本养老金调整工作】2016年，涡阳县机关退休人员1403人（定额调整人员1403人、挂钩调整人员1403人、倾斜调整人员511人）。机关单位退休人员调整前平均养老金3046元，平均增加200元，调整后平均养老金3246元。参公事业单位退休人员177人（定额调整人员177人、挂钩调整人员177人、倾斜调整人员61人）。参公事业单位退休人员调整前平均养老金2820元，平均增加188元，调整后平均养老金3008元。全额事业单位退休人员6755人（定额调整人员6755人、挂钩调整人员6755人、倾斜调整人员2009人）。全额事业单位退休人员调整前平均养老金3174元，平均增加196元，调整后平均养老金3370元。差额事业单位退休人员941人（定额调整人员941人、挂钩调整人员941人、倾斜调整人员361人）。差额事业单位退休人员调整前平均养老金2753元，平均增加190元，调整后平均养老金2943元。自收自支事业单位退休人员140人（定额调整人员140人、挂钩调整人员140人、倾斜调整人员24人）。自收自支事业单位退休人员调整前平均养老金2553元，平均增加169元，调整后平均养老金2722元。

【基本工资标准和增加离休人员离休费工作】涡阳县机关、事业单位466个，其中：国家机关72个、参公单位24个、全额事业单位284个、差额事业单位39个、自收自支事业单位47个。涡阳县机关、事业单位在职19133人，（其中：国家机关2604人，参公单位189人，全额事业单位12576人，差额事业单位2290人，自收自支事业单位1474人）。调整前：在职人员平均工资4318元（含机关年终一次性奖金、事业单位绩效工资，不含乡镇补贴和特岗津贴），其中：国家机关平均4566元、参公单位4396元、全额事业单位4363元、差额事业单位4236元、自收自支事业单位3605元。调整后：在职人员平均工资4618元（含机关年终一次性奖金、事业单位绩效工资，不含乡镇补贴和特岗津贴）。其中：国家机关平均4866元，参公单位4696元，全额事业单位4663元，差额事业单位4536元，自收自支事业单位3905元。离休干部增加离休费。全县离休人员296人（含社保离休人员）每人每月增加离休费平均420元。

【事业单位人事管理】事业单位人员招聘，2016年涡阳县部分事业单位计划公开招聘人员197名，（其中，公立医院167名，其他事业单位30名），通过笔试、资格复审、面试、考察、体检等程序，聘用127人，其中县直事业单位人员25人，纳入编制管理，公立医院102人，不纳入编制管理。中小学教师招聘，通过相关程序，聘用教师295名。县内教师选调，面向全县中小学校（不含县城学校及城关学区）公开选调优秀教师180名，其中初中教师95名，小学教师85名，通过相关程序，最终选调167名。

【专业技术人员管理】2016年，取得专业技术资格812人，其中：工程系列：高级5人，中级38人，初级20人；农业系列：正高1人，副高4人，中级3人；教育系列：高级54人，中级279人，初级403人；群文系列：高级2人，初级1人；高级会计师1人；高级统计师1人。委托评审：共委托正高级5卷、副高级95卷、中级246卷、初级1卷。职称评审工作：工程、农业系列初级报卷18，教育系列初级卷396。职称过渡工作：根据亳州市教育局、人社局《关于职业中学教师专业技术职务过渡为中等专业学校教师专业技术资格的通知》文件精神，人社局会同县教育局进行了职业中学教师专业技术职务过渡工作，32位同志过渡为中专高级讲师，21位同志过渡为中专讲师，15位同志过渡为中专助理讲师。职务聘任：专业技术职务聘任工作。涡阳县共聘用970人，其中聘任正高职务3人，聘任副高职务71人，聘任中级职务396人，初级职务556人。技师3人，高级工10人，中级工2人。

【人才服务保障】2016年，涡阳县接收高校毕业生报到2450人，档案3800余卷，为高校毕业生提供就业岗位3500个，发放高校毕业生就业政策宣传手册2200余份，指导就业1925人，应届高校毕业生就业率为92%（任务90%以上）；新认定高校毕业生见习基地20家，提供教育、卫生、生产等722个就业岗位；落实见习人员180人（任务125人），发放高校毕业生见习补贴135.36万元。

【引智工作】为解决在外地工作的涡阳籍教师生活、教学上的不便，涡阳县开展涡阳籍县外教师引进工作。2016年，计划引进县外在编在职优秀教师150名。其中，高中教师6名、初中教师20名、小学教师109名（含特教1名）、幼儿园教师15名。引进工作按照发布公告、报名及资格审查、笔试、面试、考察、公示、选岗、聘用等程序进行，最终确定引进人员32人。

【人力资源就业工作】2016年，涡阳县城镇新增就业9733人，完成全年目标任务7500人的129.77%；开发公益性岗位589个，完成全年目标任务550的107%；拨付公益性岗位补贴140万元；失业人员再就业1396人，再就业率53.7%（任务50%）；发放266名灵活就业人员社保补贴75.63万元，城镇登记失业率3.82%。受理贷款手续1540卷，发放贷款9334万元，完成全年目标任务6875万元的135.76%。扎实开展就业技能培训，大力提升劳动者技能水平。培训各类人员4474人，完成全年目标任务3750人的119.3%，其中4322人获得职业资格证书，办证率96.6%，拨付就业技能培训补贴484.15万元。开展技能鉴定6255人，完成目标任务6250的100%，其中技师99人，高级工509人，中级工859人，初级工4788人。举办各类人才招聘会28场，提供人力资源专员、财务主管、电子工、普工等80余个工种，8600个就业岗位，吸引28000名求职者前来咨询洽谈，与企业签订意向性协议达2088余人，缓解了企业用工难问题。

【军官转业安置】2016年，无军官转业安置任务。

【劳动关系】积极与住建、市场监督、公安、房产等部门建立联动长效机制，协同执法，形成合力，加大对拖欠工资的惩治力度。共查处和化解拖欠农民工工资案件110起。以扰乱办公秩序移交公安机关立案7起，行政拘留26人。以涉嫌拒不支付劳动报酬罪移交公安机关立案7起，刑事拘留7人，为6911名农民工解决工资9186.7万余元，补签劳动合同2700份，督促补缴社会保险费132.8万元。全县没有因欠薪引发重大群体恶性事件，较好地维护农民工合法权益，促进社会稳定。

【企业工资分配】按照政策规定，从2005年至今已连续12次调整企业离退休人员养老金待遇，人均养老金大幅增长。

【社会保障】社会保险扩面征缴工作，全县城镇企业职工基本养老保险参保40184人，完成全年任务的103%，缴费19400万元，完成全年任务的101%；职工基本医疗保险参保43980人，完成全年任务的102%，缴费13376万元，完成全年任务的105%；失业保险参保35323人，完成全年任务的101%，缴费1277万元，完成全年任务的149%；工伤保险参保35498人，完成全年任务的101%，缴费710万元，完成全年任务的138%；生育保险参保29698人，完成全年任务的105%，缴费395万元，完成全年任务的103%。城乡居民社会养老保险工作，省、市下达我县城乡居民养老保险目标任务为参（续）保缴费人数49.52万人，已缴费55.96万人，完成年度目标任务的113%，累计发放2.04亿元，发放率达100%。“老字号”群体工龄补助发放到位。对相关部门认证的10892名老村干、老民师、老公路养护工、老农民技术员、老兽医、老放映员、老拖拉机手、老村医等八类“老字号”人员，工龄补助金全部按时发放到位。5月份全市城乡居民社会养老保险工作交流会在涡阳县召开，推广涡阳的做法和经验。　（县人社局供稿）

民政工作

【概况】2016年，涡阳县民政局公务员编制16人，实有工作人员23人，其中公务员17人，参公人员5人，机关工勤人员1人。副科级以上人员共9人，其中正科级4人。内设机构7个，分别为办公室、优抚安置股、社会事务和福利慈善事业促进股、社会救助股、救灾办公室、基层政权和区划地名股、双拥办公室；下属事业单位6个，编制共34人，实有人员78人，其中正科级1人，分别是县老龄工作委员会办公室、县殡葬管理所、县烈士陵园、县光荣院、县殡仪馆、县流浪乞讨人员救助站。

【城乡低保】农村低保按程序进一步规范，做到应保尽保、分类施保，加强动态管理。积极开展农村低保清理整改工作，印发《涡阳县农村低保清理整顿工作实施方案》。通过此次清理整顿，共退出不符合条件或家庭经济条件明显好转的农村低保对象20440户、27345人，其中一户一人为14241人，退出比例58.46%。按照省委巡视组巡视"回头看"反馈意见整改动员会精神，全县成立城乡低保专项整治领导小组，结合实际制定《涡阳县城乡低保专项整治方案》和行事历。通过专项整治，全县共追缴265人、579259元，已完成省委巡视组反馈要求的任务。

2016年，全县农村低保标准为年人均3150元，城市低保标准为月人均480元。2016年1—12月，全县共有农村低保对象13349户18697人，共发放农村低保金5765.2647万元，累计人均月补差203.05元；共有城市低保对象3091户4401人，共发放城市低保金2077.3818万元，累计人均月补差361.29元。

【城乡医疗救助】2016年，全县科学设置救助标准和救助门槛，城乡医疗救助的针对性和实效性更加突出，救助效果明显增强。同时，规范各项服务流程，并进行"一站式"系统维护培训。1—12月，全县共救助113511人次，发放医疗救助资金2355.716067万元。其中"一站式"重大疾病救助11936人次、594.938991万元；普通疾病救助8318人次、321.206006万元；"非一站式"重大疾病救助351人次、47.86807万元。参合88391人、1323.978万元，参保4515人、67.725万元。

【五保供养】2016年，全面落实五保供养政策，加快落实全县农村五保供养制度，提高农村五保供养水平，全县共有五保供养对象8290人，其中分散供养的5674人，集中供养的2616人。按照市有关文件精神，全县新调整的五保供养标准为：集中供养的每人每年生活补助费4150元，管理费1500元；分散供养的每人每年3150元，已发放全年五保供养资金3298.245万元，有效地保障五保供养对象的基本生活，进一步提高全县的五保供养水平。

【孤儿保障工作】完善工作制度，扩大孤儿保障面，保障其基本权益。2016年，全县共有孤儿750人，其中集中供养的74人，分散供养的676人。根据市文件精神，全县从2月开始实施新的救助标准，集中供养的从原每人每月1000元提标到1300元，分散供养的从原每人每月600元提标到900元。截至12月，全县共发放孤儿救助资金811.87万元。

【重度残疾护理】涡阳县于2016年4月出台《涡阳县重度残疾人护理补贴实施办法》，全县二级以上且需长期照护的重度残疾人的护理补贴标准为每人每月60元。截止到12月，涡阳县享受重残护理补贴共计6608人，已发放全年重残护理补贴资金455.9万元。

【农村留守人员】2016年5月31日，全县召开全县农村留守儿童摸底排查工作会议，针对全县农村留守儿童摸底排查工作进行安排和部署。6月，民政局会同公安、教育等部门对全县留守儿童、留守妇女、留守老人认真进行了摸底排查，经认真核查、统计，全县留守儿童共40394人，留守妇女共52731人，留守老人48813人。11月2日，出台《涡阳县人民政府关于认真做好农村"三留守"人员关爱保护工作的通知》，成立领导小组，明确部门职责分工，健全保护制度体系。

【养老服务体系建设】农村五保供养服务机构建设取得较大进

展，2016年全县共计划新建床位260张，已超额完成年度任务。在养老机构建设方面，目前涡阳县有社会办1所，即曹市老年乐园，已投入使用。城市社区办3所，其中官路口社区1所，已投入使用；东城社区1所，已投入使用；向阳社区1所，已投入使用。农村社区办2所，其中涡南1所，已投入使用；高公1所，已投入使用。农村敬老院管理模式改革走在全省前列，取得新成效。居家养老信息平台建成并投入使用，实现了福利机构远程监控全覆盖。

【福彩销售工作】2016年，涡阳县福彩中心强化服务，严抓管理，提前完成上半年福利彩票销售的序时进度。截至2016年12月31日，全县共销售福利彩票6650.1251万元，已完成市下达的全年销量总任务（5311万元）的125.21%，完成县重点工作目标的120.91%，筹集县级福彩公益金约731万元，完成县重点工作目标的约120.8%，位居亳州市三县一区第一。

【双拥工作】县委、县政府高度重视双拥工作，县委常委会专题听取了双拥工作汇报，对争创全国双拥模范县提出明确要求。及时调整双拥工作委员会，并初步核算了双拥创建工作经费为16.96万元，已制定并下发《涡阳县2016年双拥工作要点》和双拥工作进度表。积极在《亳州晚报》上集中宣传2015年涡阳籍部队官兵立功受奖事迹。2016年5月，组织2015年度退伍仪仗兵藏琪凯到涡阳一中、四中等学校进行爱国拥军主义教育。2016年7月29日，涡阳县召开全县双拥工作表彰会，此次表彰共有先进单位22个，先进个人23个，县地税局、城关街道分别作了典型发言。

【优抚工作】根据《军人抚恤优待条例》和省民政厅、财政厅有关文件精神，通过认真与各镇（场）、街道核实人数、款数，及时将资金统一打卡发放到户。2016年全县共有重点优抚对象3300人，发放资金2760.2万元。其中三属人员112人，款178.6万元；复员军人284人，款297.2万元；残疾军人540人，款1043.9万元；病退军人1825人，款926万元；两参人员539人，款314.5万元。

【优待工作】根据全市“九城同创”和全县创建全国双拥模范县要求及市有关会议精神，认真贯彻国家优待政策，全县优待标准按8000元发放，并由财政、民政两家联合下发文件，2016年已打卡发放2605户，资金1447.36万元。根据民政部、财政部《关于给部分农村籍退役士兵发放老年生活补助的通知》和民政部办公厅民办发〔2011〕11号文件精神，对部分农村籍退役士兵发放老年生活补助。2016年发放人数为6336人，资金887.85万元。根据民政部办公厅、财政部办公厅民办发〔2012〕3号文件及民政部、财政部《关于给部分烈士子女发放定期生活补助的通知》文件精神，对部分烈士子女发放定期生活补助。2016年，发放给149人，款数57.96万元。

【救灾减灾】冬春期间，根据全县各镇（场）、街道受灾情况，我们对2015—2016年度冬春期间需政府救助受灾困难群众进行全面摸底，根据灾情，认真制订冬春救助实施方案，以确保受灾困难群众的基本生活。冬春期间全县共下拨救灾款185万元计9013户21268人；面粉200吨，折款68万元；棉衣2600件，折款31.2万元；棉被2800床，折款33.6万元。在县委、县政府倡导下开展“送温暖，献爱心”捐款活动，民政局共接受捐赠款14.2万元，并已全部用于全县困难群众的生活救助。同时向上级部门申请2016—2017年冬春救助资金450万元，确保受灾困难群众生产生活不出问题，安全过冬。

【区划地名】成立县区划地名委员会，制定下发《涡阳县地名管理办法》和《涡阳县标准地名标志设置工作实施方案》。2016年9月30日，召开标准地名标志设置工作设置部署会，对全县的标志设置进行统计、汇总和预算。对南部新区道路进行征名、命名工作。对地名库道路备选名称和南部新区道路命名方案进行调研、征求意见和论证等程序，最终形成南部新区道路命名方案并正式发布实施。结合全国第二次地名普查工作，涡阳县已普查11大类地名，共编录形成7197条地名条目信息；已收集到可利用地名相关资料共计30余册，收集整理各乡镇、各单位地名目录、地名登记表、历史地名登记表共计7200余份。开展外业实地调查，同时做好了地名信息的填写登记工作。

【基层民主政治】加强村务公开和民主管理工作，在充分调研的基础上，经县领导同意，在西阳镇郭寨居委会、陈大镇黄庄村、楚店镇三里赵村、涡北街道临涡居委会、牌坊镇程楼村5个村（居）委会（含66个村民组）先行试点。在先行试点的基础上在全县展开。2016年，民政局与县委组织部联合下发《关于加强和改进村务公开民主管理工作的意见》和《关于全面推行〈村规民约〉的通知》。制定下发《涡阳县2016年城乡社区建设实施方案》和《关于进一步加强城乡社区协商工作的通知》。2016年，选取2个镇，32个村作为开展农村社区建设试点重点村，同时开展农村社区协商工作试点。

【社会事务】2016年，涡阳县共有社会组织271个，其中社会团体49个，民办非企业222个。新增登记43个，其中民办非企业单位登记办理35个，社会团体登记8个。同时，扎实推进协会学会商会不规范问题专项整治活动。按照县委县政府的工作部署，对61家协会学会商会进行清理整顿。有37家协会存在领导干部兼职问题，经过整改，所有兼职人员均辞去在协会的兼职。涡阳县种子协会等11家协会已撤销，涡阳县乒乓球协会等9家协会已注销。二是婚姻登记工作。全县婚姻登记处以创建国家3A级婚姻登记机关为契机，以群众满意度为目标，在工作上创新，在服务上求拓展，不断优化服务环境，规范服务行为，提升服务水平，使涡阳县婚姻登记工作管理和服务水平再上新台阶。截止到2016年12月31日，共办理婚姻登记26543件，其中办理结婚登记20083对，离婚登记3606对，补发婚姻证2854件。

【老龄工作】民政局积极协调妇联、青年、老年协会、社全养老组织、乡镇民政办等，完成第四届全市“福星”“孝星”评选表彰活动的申报工作。此外，2016年8月31日到9月2日，省老龄办在市委党校举办基层老年人协会业务培训班，涡阳县工作开展较好的26个基层老年人协会相关人员参加了业务培训。

（县民政局供稿）

农村社会调查

【概况】国家统计局涡阳调查队是根据《国务院办公厅关于印发国家统计局直属调查队管理体制改革方案的通知》、中央编办《关于国家统计局各级调查队机构设置和人员编制的批复》和《国家统计局直属调查队管理体制改革实施方案》设立的国家统计局派出机构，为依照公务员管理的正科级单位，受国家统计局安徽调查总队直接管理，同时列入地方中直机关序列。既是政府统计调查机构，也是政府统计执法机构，依法独立行使统计调查、统计监督的职权，独立向国家统计局安徽调查总队上报调查结果，并对上报的调查资料的真实性负责。同时，承担地方政府委托的各项统计调查任务。常规抽样调查业务有农业调查、城乡一体化住户调查、主要畜禽监测调查、农产品价格调查、农产品中间消耗调查、农户固定资产投资调查、月度劳动力调查、农民工监测调查等。

【调查结果】2016年，涡阳县粮食产量抽样调查数据经国家统计局核定后，反馈结果是：全县粮食播种面积219.82千公顷，其中，小麦面积113.88千公顷，玉米面积36.96千公顷，大豆面积65.88千公顷。全县粮食总产量117.29万吨，其中，小麦产量84.28万吨，玉米21.42万吨，大豆7.74万吨。2016年，全体居民人均可支配收入13775元，城镇常住居民人均可支配收入22316元，农村常住居民人均可支配收入9899元。

（县农调队供稿）

县经济开发区

县委书记胡明文到经开区给机关干部、社区两委上党课

经开区

【概况】涡阳经济开发区前身是成立于2006年的涡阳县工业园区，2015年1月28日经安徽省人民政府批准更名为涡阳经济开发区（省级开发区），是安徽省“产城融合”实验区，托管11个社区，人口4万人，下设“两办五局”，即党政办、征迁安置办、社会事务局、经济发展局、规划建设局、招商局和财政局。开发区现有工业企业91家，规模工业企业51家，在建企业8家，限上商贸流通企业5家、房地产企业19家。

自开发区成立以来，县委、县政府全力支持推进开发区发展，把开发区作为全县工业化的主战场、城镇化的突破口。在县委、县政府的正确领导下，开发区紧紧围绕县“1358”总体发展思路，深入践行五大发展理念，启动园区转型升级工程，实施城镇化和工业化追赶战略；主动适应新常态，积极调整发展战略，精心谋划、扎实苦干、开拓创新、攻坚克难，有效破解制约发展的瓶颈。2016年度开发区主要经济指标均实现40%以上的增幅，完成规模工业总产值41.81亿元，同比增长47.3%；完成固定资产投资80亿元，其中工业固定资产投资28.92亿元，同比增长92.61%；财政收入4.08亿元，同比增长84.76%；招商引资完成91.48亿元；新增规模企业10家，限上商贸流通企业2家。

人大代表观摩经开区项目建设

【片区规划】涡阳经济开发区包括城南新区和光机电产业聚集区、绿色装配式建筑产业聚集区、现代中药和绿色食品产业聚集区、循环经济科技产业园，规划面积37.1平方公里。

【城南新区】该区位于县城南侧，规划面积22.11平方公里，定位为涡阳城市新中心，是县城下一步发展的核心区域和涡阳城镇化发展的空间载体，以“环城水系与九宫格局”为空间框架，集城市文体科教中心、新兴商贸商务中心和生活居住等功能于一体，建设成为一座现代化生态新城。

【四大产业集聚区】总规划面积14.99平方公里。循环经济科技产业园位于县城北部，规划面积5.89平方公里，产业定位化工新材料、新能源、精细化工、生命科学。光机电产业聚集区、绿色装配式建筑产业聚集区、现代中药和绿色食品产业聚集区位于县城西南部，规划面积9.10平方公里，产业定位为机械装备制造、电子设备、新能源新材料、绿色建材、农副产品加工等。

【基础和公共设施建设】2016年，涡阳县开发区新建改建道路14条，总里程26.5公里，横跨工业园区和城南新区的“六横八纵”主干网络已基本形成，城市交通不断便捷。新开挖育英河景观水系，建设公共绿地17.4万平方米，生态环境不断优化。2016年，共完成基础设施建设11个，分别是：谷水路、八里路、雪枫路、育英路、南外环路、刘西路、德昌路、西二环新建段、育英河防洪排涝工程、紫光路和乐行路两侧绿化工程、五道路窨井盖等项目。续建基础设施类项目共7个，分别是：一区五园总体规划、标准化厂房三期、三期综合楼、应急供水、城市家具工程、一中绿化提升、公交停保场等项目。

【工程建设管理】在项目工程建设时期，由开发区规划建设局统一协调服务、监督实施。施工环境由园区保障，凡进场施工企业，施工队伍不与当地村民发生直接接触。实行一次性告知和帮办制，一次性告知企业提供规划、施工等手续，并由帮办人员到业务部门代为办理。在工程施工期间，建设单位依照《入园协议》按周排出行事历，区规划建设局安排责任人实施全程跟踪服务和管理，开展日常巡查和定期督查，坚持每周调度，确保项目按照行事历完成建设进度。工程竣工后，区规划建设局牵头各单位对项目进行验收。

【拆迁安置工作】涡阳县始终坚持围绕项目建设抓征迁，围绕区域平衡发展抓征迁，全面实施阳光征迁，做到真公平、真公正、真公开。一是坚持政策公平，制定了“三县一区”最优惠的征迁政策，最大程度减少自由裁量权。二是坚持操作公正，严格执行征迁政策，开通举报平台，违法违纪行为追究到人、到户。三是坚持过程公开，将政策公开化，把政策交给群众，严格落实“三榜公示、两级确认”，补偿安置结果全村公开，安置补偿协议书、评估报告单发放到户，主动接受群众监督补偿。2016年，先后启动6次整村拆迁行动，完成王庄、潘庄、陈庄、董小、史新、蒋庄、孙庄、丁新庄、小场、殷庄、东尹、西尹、十里韩、董寨、史老、史小、申庄、六里庄、青树行、柳林子、方庄、马大庄整庄及八里丁社区部分房屋拆除，涉及23个村庄，征迁群众4541户，拆迁人口12616人，拆除面积超过了100万平方米，实现了征地5000余亩，有效地保障重点项目的建设。加快推进棚户区改造，1231户群众完成货币化安置。

【环境保护】涡阳县经开区开展环境保护专项整治，加大对园区存在环境问题的企业整改力度，完成41家存在环境问题企业整改措施的落实，对7家排污企业进行停电停产治理，对15家未批先建企业进行环保审批；严格落实建设项目环保“三同时”制度，完成企业环保治污设施“三同时”；严格环境监管，确保辖区排污企业污染物稳定达标排放，对辖区内的贝龙美发、晟丰建材、国特食品、润和油脂及五星粮油等重点企业，每周督查一次，其他排污企业，每月督查两次；严查环境污染举报案件，努力化解环境污染纠纷，维护环境安全，全年查处污染举报案件6例，全部办理完结并及时回复；切实加大排污费征收管理力度，做到能收尽收不留死角。2016年，累计征收排污费30万元，并全部解缴入国库。启动经开区污水处理厂建设。

【进出口和外经情况】涡阳县经开区现有进出口企业10家，2016年1—12月，实现进出口总额11021万美元，其中进口总额1226万美元，出口总额9795万美元。

【招工与用工规范】涡阳县经开区积极做好与企业的沟通对接，摸底梳理企业用工需求，联合县人社局在各乡镇人流密集的集市、街道和县城分别举办现场招聘会，共计21场，解决就业1700名。春节期间，经开区社区开展走访返乡人员活动，建立了外出务工人员信息库，收录返乡人员信息300余人，掌握全区劳动力情况的第一手资料，搭建了务工人员信息平台。

【招商引资】涡阳县经开区围绕构建光机电、现代中药及食品加工、绿色生态建筑产业、循环经济科技产业四大集聚区精准招商，围绕传统产业链延伸招商，突出引进一批重点工业产业项目、外向型龙头产业项目和大型城市综合体。2016年，完成招商引资总额91.48亿元，签约项目26个，其中10亿元以上工业项目1个，总投资16亿元的鸿路钢结构生产基地项目；5亿元以上工业项目2个，分别为：总投资6.2亿元的涡阳鸿纬翔宇新型建材科技有限公司、总投资5亿元的安徽亚宸光能有限公司；亿元以上项目11个。三鑫光电、亚宸光能、唛盛技术、长圣服装等14个企业入驻标准化厂房。

【项目建设】涡阳县经开区扎实推进项目建设，全面落实“四督四保”工作机制，加大对重点项目推进力度。2016年完成共完成产业类项目建设18个，分别是：新诚达服装、三鑫电子、恒明新材料、修正健康饮品、创酷通讯、国隆玻璃、添瑞工艺品、成俊家居、万安塑料、游乐场一期、第一医药、百禾堂中药饮片、绿源新型材料、泰丰机械、中央厨房、唛盛科技、欣芯服饰、董氏卫浴等项目；续建产业类8个，分别是：光机电二期、谷神种业、华鑫木业、亚辰光能、蓝基自动化项目、善德堂、美的酒店、国强建材城二期等项目；完成城市建设类项目5个，分别是：德铭安置小区、王大安置小区、智慧城市工程、五中南校新宿舍楼、公安局业务用房等项目；续建城市建设类项目14个，分别是：阳光医院、紫光小区、乐行佳苑、华都安置小区二期、新城安置小区二期、五里湾安置小区、德顺安置小区、光明安置小区、李马安置小区、城市综合体、碧桂园龙城、消防训练基地、职教中心、一中新建宿舍楼等项目。

政协委员调研经开区项目

【社会事务管理】涡阳县经开区计划生育工作形成常态化管理机制，全年完成社会抚养费征收任务203万元，兑现奖励扶助资金9.408万元。抓好扶贫攻坚，落实有效的帮扶措施，明确严格的责任奖惩，378户贫困户脱贫。集中开展拆违行动12次，对辖区范围内的私搭乱建进行全面清除，实现全年零违建的目标。开展南部新区学校周边及星园路、S307线等重点路段流动摊贩集中整治，依法取缔流动摊点100余处，先行暂扣摊点车辆69辆。新农合、新农保实现全部惠及，文化、教育、卫生得到快速发展，村卫生室建设实现全覆盖。

【财税工作】2016年，经开区实现财政收入4.08亿元，其中：税收收入4.06亿元，同比增长80%，国税收入11653万元，地税收入29021万元。

（经开区办公室供稿）

镇场街道

城关街道

【概况】涡阳县城关街道办事处位于涡河南岸，北纬33° 32′，东经116° 12.5′。S307省道横贯街道，S202省道纵穿西部，濉阜铁路顺东界而行，古老的涡河水南纳楚水成S形沿北界东流，入注淮河，东连蚌埠，西接亳州，南通阜阳、北达徐州，是南北交通的咽喉要道，商贾云集的黄金福地，更是涡阳县政治、经济、文化、交通、金融、科技、信息的中心，是全国重点建设小城镇。辖区面积17.68平方公里，总人口13.6万人，党工委下设3个党总支，25个基层党组织，15个社区居委会，党员1270人。城关街道办事处历史悠久，人文景观较多，秦称交聚，清谓雉河集，新中国成立后设镇。境内有捻军会盟旧址、凤凰亭、华祖庙、英公祠、城隍庙、马玉坤帅府、马玉坤公馆、天主堂等省、市、县级重点文物保护单位多处，旅游资源极为丰富，地理位置十分优越，水陆交通快捷，区位优势明显，自古就有“梁宋陈楚之冲，齐鲁汴洛之道”的称誉，为历代商贾往来之所，兵家必争之地。

【财税收入】成立协税办公室，制定财税征收工作考核办法，落实各相关单位及社区的协税护税工作责任，加强税收征管，截止到2016年11月，财税收入1.4628亿元，超全年任务128.1%。

【重点项目建设】涡河三桥征迁安置，一期安置163户；二、三期征迁安置312户，拆迁面积3.3万平方米。苏果超市遗留问题处理，征迁安置3户。光机电集聚区、向阳和景观公园、西环路等项目征地190亩。

【文明创建】以争创安徽省第二届文明县和开展“三线三边”环境治理、清洁工程、城市文明指数测评为抓手，加大老城区基础设施建设力度。改造旱厕57座；新安装路灯2406盏，实现路灯全覆盖；硬化街巷35条；修复和清理下水道45条；墙面提升80万平方米；宣传氛围街巷全覆盖。

【信访积案化解】严格落实“三位一体”信访包保机制，坚持领导开门接访、带案下访，有效化解信访积案12起。依托综治维稳信访中心，对领导批转案件和本街道受理的信访案件，采取“一个中心统揽，一个窗口受理，一个领导体系，一个场所服务，一套机制运行，一个整体运作”的模式，以化解矛盾纠纷为重点，以建设平安城关为抓手，充分发挥联调、联处机制，努力化解居民反映发生在身边的低保办理、廉租房办理、违法建设、企业遗留问题、干部作风问题等。2016年，共受理并化解信访案件151起。2016年，被亳州市命名为无邪教创建示范乡镇，城关街道综治维稳信访工作中心被评为省级综治维稳信访工作中心建设示范点。

【民生工程】开展城市低保核查工作，各社区对低保人员上门走访，逐户核对，共清退违规低保145户，追缴违规吃低保金额32.44万元。开展保障房清查工作，与房产局配合逐户进行核查，严格对照有关文件要求，对于不符合要求的人员，不讲情面，一律停止办理，保证保障房申请工作的公平、公开、公正。2016年，城乡居民养老保险缴费人数共计9604人，完成102.49%。城镇居民医疗保险工作缴费43139人，完成172.56%。

【计划生育工作】广泛宣传全面二孩政策。清理核查扎实有效，共清理已婚育龄妇女漏档815人、新婚登记839对、孕情上报1209例、出生上报1473人、流动人口漏管402人、合同漏签98人、落实节育措施502例，办理各种证件1102件。

【网上办事】按照市、县信息局的要求，所有网上办事的业务，均能通过网上申报办理，截至2016年底办理5968件。

【历史遗留问题】城市建设、项目征迁、企业改制等一批遗留问题是困扰城关发展的重要制约因素，信访维稳压力较大，2016年以来会同国土、规划、住建、纪检监察等有关部门，加大了工作推进力度，先后破解都市花园、天鹅湾、百合苑等“先上车后买票”、“以地换房”项目的死结，完成涡河三桥的拆迁安置任务，顺河路征迁项目已完成土地丈量和坟墓搬迁，紫光社区、孙楼西阳路建设、苏果超市、站前路等一批遗留问题正在加快处理，砂轮厂、猪毛厂等企业改制涉及的信访问题在维稳推进之中，一批涉及面广、维稳压力大的项目建设和信访遗留问题正在逐步消化和解决。

公吉寺镇

【概况】公吉寺镇位于涡阳县城西南约15公里处，东与城西街道接壤，西与临湖镇相邻，南邻楚店、店集两镇，北邻花沟镇，辖14个村(居)委会，126个自然村，总人口5.43万人，耕地6.5万亩，总面积56.7平方公里，境内地势平坦，土地肥沃，资源丰富。北沿界洪新河，欠河、安营沟、罗沟纵贯南北，龚犁路、义宋路、十临路纵横全境，交通便利。

【主要指标完成情况】2016年，完成财政收入692万元，占考核任务的117%，农民人均纯收入10898元，农作物面积141790亩，畜禽水产品产量2790吨。

【农业发展】加快实施农业生产“万、千、百”工程，落实小麦高产攻关项目5万亩，完成吨粮田建设3.5万亩。加快推进农业结构优化升级，扶持发展了0.6万亩药材种植、果蔬生产，面积呈逐年上升趋势。依托温氏集团，大力发展规模养殖，标准化养殖场增加到83家。通过2.9万亩土地流转，涌现出一批特色高效专业合作社。依托现代农业项目实施，高标准治理基本农田2.3万亩，新建机耕路6.5公里，新建涵管桥300座。

【工业发展】固定资产全年总任务22800万元，实际完成23700万元，占全年任务103.9%。工业固定资产全年任务6000万，实际完成9880万元，占全年任务164.7%。规模以上工业产值任务为14500万元，实际完成16625万元，占全年任务114.7%。

【全民创业】全年新增个体独资企业任务数25个，实际完成77个。全年个体工商户任务190个，完成169个。

【招商引资】2016年，招商引资总任务为2.5亿元，完成7.605亿元。

【城镇建设】2016年，全镇建成标准公厕15座，改厕23座，新建垃圾填埋场一处，垃圾池32个，添置垃圾清运车3辆，人力垃圾车16辆。沼气池60口。安全饮水厂3处，90%农民用上自来水。农贸大市场建成并投入使用，镇综合文化站建成免费对公众开放。

【新农村建设】王大楼美好乡村建设是全县美好乡村建设重点示范村，为民服务中心、水厂已建成，污水网管、雨水网管已竣工，6900平方米路面已竣工，污水处理厂已竣工交付使用。在2016年3月18日王大楼美好乡村通过省验收组验收。

【计生工作】2016年，全镇共出生婴儿818人，出生率为14.06‰；其中政策内出生650人，政策符合率为79.53%，二多孩政策符合率86.79%。计生网上办证361件，群众满意度96.2%，独保费发放119400元。长效节育措施落实率为90.83%。新出生婴儿中男婴439人、女婴379人，性别比为115.3，其中一孩性别比为101.79，二多孩性别比为126.07。

【民政工作】五包供养人员302名。其中，集中供养83人、公吉寺养老中心供养人员29人、公吉寺第二敬老院供养人员54人、分散供养人员219人，合计发放五包供养资金1101405元。优抚人员158人，分上下半年拨款，现已拨款1073596元，享受优待人员共102人，现已拨款563600元，已全部拨付到位，符合条件人员正在逐步办理。对重残需护理人员全镇进行清理摸排，符合重残护理人员388人，按照60元/人月标准已发放护理费用279360元。经排查，2016年上半年有留守儿童1093人，96.7%在学，99.4%有人监护，87.9%监护情况良好。

【土地复垦】完成土地增减挂钩项目116亩，新增耕地135亩，工矿废弃地复垦98亩，龚楼村龚碱坑整村推进项目140余亩正在施工中。

【扶贫工作】对全镇符合光伏扶贫标准的贫困户进行评议、公示，符合条件的贫困户进行申请审核并收取自筹资金，共上报光伏扶贫户84户。对全镇各村的基础档案资料进行整理完善；宣传扶贫政策；对种养殖贫困户进行摸排，共上报104户；落实国办系统动态调整及市平台电话回访事项。

【民主法治】严打整治常抓不懈。共立刑事案件22起，侦破6起，刑拘5人，网上追逃4人，火灾事故18起，发生治安案件41起，治安拘留8人。民事调解82起，成功调解81起，接待来信来访52人次，已办结51人次。行政拘留13人，调解查处治安案件83起。

【组织建设】扎实开展党员活动日和远程教育活动，全面做好“两学一做”即时评价系统工作，利用安徽干部教育在线平台，全镇760余名党员集中参加党员党规及宪法知识测试，推动“两学一做”学习教育活动及“讲看齐、见行动”学习讨论活动的开展。大力加强村级规范化建设，对马老家和龚长营两个村级活动场所进行了改(扩)建，全面抓好镇村两级党务镇务村务公开。2016年，全镇共发展大专以上学历党员8名，女党员6名，高质量完成党员发展任务，党员结构得到优化。党费收缴工作顺利结束，全镇党员按规定足额缴纳全年党费5万余元，补缴往年党费2万余元。通过村两委干部超职数消化工作、对软弱涣散村整治和长期不换届支部换届等方式，使干部凝聚力明显提高，干部能够全心全意搞服务，一心一意谋发展。

【精神文明建设】围绕“村庄环境优美、房前屋后整洁、沟塘河路净化、闲散土地绿化”的要求，突出整治村庄内外“五乱”现象。保洁人员齐备、环卫设施完善、工作经费保障，每月对各村农村清洁工程和三线三边环境治理开展三次检查评比，考核奖惩严格，建立有力的农村环境综合治理长效机制。新建一座垃圾中转站，配齐垃圾车、洒水车，完善环境综合治理工作硬件设施，为群众清洁卫生的生活环境提供坚实保障。（公吉寺镇办供稿）

牌坊镇

【概况】牌坊镇位于涡阳县西北部，距县城约25公里，地处河南、安徽两省交界处。2009年，经省政府批准，将耿皇乡、牌坊镇两乡镇合并设立牌坊镇。总面积170平方公里，人口10万余人，辖20个村(居)委会，178个自然村。镇政府所在地牌坊集为古老的农村集市，是牌坊镇政治、经济、文化活动中心和本地区及周边乡镇农副产品集散地。截至2016年11月底，全镇实现财政收入779万元，同比增长17.1%。

【农业发展】牌坊镇是农业大镇，是著名的苔干、西瓜、大蒜之乡。全镇利用土地面积较大的优势，实施“粮食规划”项目，推进小麦高产攻关，高标准建设1.38万亩小麦高产攻关张园核心示范区。农村专业合作社作用不断增强，农村专业合作社达206个，在农产品价格制定、销售等方面发挥了积极作用。特色农业拉动效应凸显。2016年，全镇小麦面积14.7万亩，单产518公斤，张园万亩片和超高产示范区单产超600公斤；春秋两季苔干4.8万亩，产值超1亿元；中药材2万亩，产值6000万元。以丁集、耿皇、程楼、张桥、周桥等村为主的蔬菜栽培面积达2.5万亩，产值7000万元。以苔干、中药材为主的间作套种面积达5万亩。农业

牌坊镇党委、政府大院

牌坊镇牌坊居委会，即将完工的现代化的公租房建设项目

总产值不断提升。2014 年，农作物面积 287560 公顷，农业总产值 23175 万元，粮油棉产量 71346 吨，畜禽水产品产量 4429 吨，农民人均纯收入 8144 元；2015 年，农作物面积 287648 公顷，粮油棉产量 72358 吨，畜禽水产品产量 4438吨，农业总产值25749万元，农民人均纯收入 9031 元；2016 年，农作物面积 288631 公顷，粮油棉产量 72367 吨，畜禽水产品产量 4482 吨，农业总产值 28024 万元，农民人均纯收入 9150 元。

【工业发展】截至 2016 年 11 月底，完成招商引资 2.2 亿元；完成固定资产投资 2.7 亿元，其中工业固定资产投资 1.6 亿元；新增规模工业企业 1 个，限上商贸流通企业 1 个。众人生物质能源科技有限公司、鲁皖木业有限公司、安徽皇园粉丝有限责任公司、贵人居门业等一批规模企业成为牌坊镇工业经济增长的亮点。

【组织建设】党员每周集体学习时间不少于 8 小时；每季度安排一场学习讨论会，查找存在问题。对村组干部采取以会代训、集中培训等形式，对党的基本路线、方针政策、新农村建设的主要内容等进行广泛的培训学习。狠抓作风整顿。实行晨练制，每天早上上班前 10 分钟全体机关人员按照指定位置进行早操，同时完善机关学习、活动制度、请假制度、信息报送制度、财产管理制度、值班制度、文印室管理制度，对违反纪律的人和事进行现场处理，现场兑现。村组干部管理坚持 24 小时畅通制度、取消招待费制度和村账乡管制。搞好机关活动。坚持每周三举行一次小型活动，每月举行一次大型活动制度，已举办大型活动 3 次、小型活动 12 次。狠抓工作落实。镇政府专门成立了小康建设重点工作组，涉及农林牧、水利、乡村道路、企业项目的机关、村组、综治、经管、教育等多个重点工作组。对确定的重点工作进展情况进行督促、落实；定期不定期召开重点工作汇报，确保年初确定的重点工作落到实处。

（牌坊镇办供稿）

花沟镇

【概况】花沟镇位于涡阳县城西南部 12 公里处。交通方便，资源丰富，环境优越，是一个煤炭资源大镇。国土面积 82.9 平方公里，人口 6.7 万人，辖 16 个村委员会，147 个村民小组。花沟镇建有街道 9 条，集镇区域面积 4 平方公里，现有外地客商投资的企业 5 家，大型面粉加工企业 1 家，规模养殖场 25 家。全年财政总收入 575.9 万元，农村居民人均纯收入 9860 元。

【经济发展】省“861”项目投资 25 亿元，年产量 400 万吨的花沟信湖煤矿正在筹建。全年完成国民生产总值 1.8 亿元，同比增长 12%；粮食总产量 4.5 万吨，同比增长 2%；新增规模工业企业 3 家，实现利税 198 万元，同比增长 27%；新增私营企业 102 家、个体工商户 43 家、农民经济合作组织 12 家。

【工业建设】花沟镇依托信湖煤矿区位优势，坚持招大引强。完成招商引资 14.5 亿元。拥有 2 家外地客商投资企业，3 家大型面粉加工企业，8 家水泥预制厂，10 家建材厂，15 家规模养殖厂，涡阳县大步汽车销售服务有限公司、顺利新型墙体材料厂扩建项目、豪华门业加工厂等项目均落户花沟。

【土地整治】2016年，上报土地增减挂项目3个，分别是王楼孙千庄、柳树张老庄窑厂、鲍庙小吴庄，共计52亩。完成工矿废弃地项目186亩，实施林地复垦180亩。

【卫生计生】2016年，全面落实计划生育政策，稳定低生育水平，做好免费孕前优生健康检查项目工作。不断简化计生证办理流程，让群众少跑腿好办事。

【民生工程】有6万人参加新农合，完成危房改造200余户。坚持公平、公正、公开，低保应保尽保和三级公示的原则，现有享受低保人员2151人，五保人员386人，优抚对象118人。通过村民申请、村民代表公推、村级上报、镇民政核实等程序，确定救助对象107人。完善村室建设14座，新增和改善公路52.5公里。社会治安综合治理工作得到有效落实，为经济社会发展创造了良好的治安环境。

【农业发展】土地流转成效显著。全年完成土地流转2000余亩，新增合作社、家庭农场10余家，规模流转经营主体800亩以上2家。对农产品质量监管检测室进行了改造，现已具备农产品质量安全快速检测的条件。加强水利设施建设完成。邓寨、韩王两村的高标准农田治理片正在实施，“千万亩森林增长工程”已经完成。

【社会事业】已建成棋盘式街道9条，街道建设规范，基础设施齐全。集镇区域范围内设有服装、电器、商品、菜市、农资、饮食服务等八大专业市场，市场繁荣，经营有序。成立环境执法队伍，建立集市保洁队伍，规范集贸场所，完善保障措施。全镇16个村都修建了水泥路，实现了村村畅通。重点抓好省级示范村杨元村规划建设，继续完善花园村新村建设，巩固谢庄、马庄两个居民点建设，姜大村、王大村整体规划已全面结束。建新村示范点6个，建筑面积12万平方米，总投资5000余万元，其中省级示范点1个、市级示范点1个、县级示范点4个。新建水厂1座，解决全镇16个村的饮水安全问题。先后投入20万元完善监管体系和防范网络体系建设，全年没有发生较大的刑事案件。每月定期召开例会两次，排查矛盾纠纷，没有新增信访案例。

【妇女儿童工作】实施“巾帼扶贫行动”“巾帼科技致富工程”，全镇有400余名妇女掌握了1-2门实用技术。开展“城乡妇女牵手共建和谐新农村”活动，建立扶贫联系户11户，为20余名贫困家庭妇女解决资金、技术和信息难题。开展送培训下乡活动，举办培训班2期，参与学习妇女达60人次，发放技术资料1000份。妇女参政能力增强，参与程度提高。全镇有村民妇代会16个，女干部35人，镇党政领导班子中女性1名，16个村“两委”班子中女性配备率达100%，村委会女性比例达36%。加强未成年人思想道德建设，推进家庭教育工作，全镇创办各类留守儿童、流动人口子女活动之家22个。开展“三八”维权周活动。印发《妇女权益保障法》2000份。

【文化建设】新建综合文化站办公楼，配置内部设备，全年举办培训班18期，参加文化站学习的各类人员5600余人。16个行政村总投资90万元，建成农家书屋20个，全年接待阅读人员2万人次，建成文化共享工程示范点16处。（花沟镇办供稿）

高公镇

【概况】高公镇位于涡阳县西南部的西淝河畔，是由原高公乡和天庙乡于1992年合并而成，距县城40公里，是涡阳县、利辛县、太和县、谯城区三县一区的交界处。幅员60平方公里，其中耕地面积5.6845万亩，人口49020人。高公镇向东临S202省道，向西接京九大动脉，交通便捷。秦朝末年，刘邦曾在这里征战，后立“高祖庙”又名“高公庙”，高公因此而得名至今。全镇辖11个村（居）委会，97个自然村、203个村民组。2016年，全镇实现财政收入570.5万元，其中，国税收入233.5万元，地税收入174万元，社会抚养费完成163万元。农业生产总值4.6亿元，工业生产总值5.1亿元，规模以上工业总产值3.97亿元，粮食总产量45668吨，固定资产投资2.9亿元，农民人均纯收入9400元。

【农业发展】高公镇通过土地流转，实施规模经营，优化农业产业结构。2016年，新增农民专业合作社14家，其中农机专业合作社7家，市级农机专业合作社1家，市科普示范基地1家；新增家庭农场9家，省级家庭农场1家；新增土地流转面积3360亩，其中新增800亩以上的两家。发展药材2500亩、蔬菜1200亩，新增三兴吴强菜鹅养殖2000只，天庙少伟养鸡养殖10000只，帮扶大蒜种植基地150余亩，完成农产品加工产值4.6亿元。大力发展农田水利设施建设和林业生产。开挖8000米中沟两条，小沟、路边地头沟22条，长11800米；新打机井97眼，冲洗机井10眼；新建配套桥涵13座。积极开展植树造林活动，完成成片造林和长防林500亩。

【工业经济】高公镇坚持工业兴镇战略，强化协调服务，加大技改投入，工业经济持续快速增长。2016年，新增涡阳县张传升食品有限公司、涡阳县高公镇张士海木板加工厂、涡阳县高公镇国庆门窗加工厂等企业。帮扶一批中小企业升级技术，扩大经营。实现规上工业总产值3.97亿元，固定资产投资2.9亿元；招商引资实现2.9亿元。

【民生工程】高公镇始终坚持为民服务宗旨，让人民群众更多享受到经济发展的成果。2016年，新修水泥道路30.14公里；确定五保供养295人，分散供养187人，集中供养108人，发放金额120.8万元；低保累计享受1503人，发放金额143.2万元；改造农村危房52户；新型农村合作医疗参合率达84%；实现163户贫困户脱贫。整合教育资源，合理调整学校布局；加强教育工作者德育培训，提升师资水平，提高教学能力；加大教育投入力度，完善教育阵地，改善教学条件。积极宣传新农合政策，提升群众知晓率，提高新农合收取率；严肃打击非法诊所，完善医疗救助体系，提高医疗水平和服务质量。依托镇综合文化站和村农家书屋，开展群众喜闻乐见的文体活动，丰富农村业余生活。抓住高公每年两次古会的契机，开展篮球邀请赛2次、戏曲汇演15场、卡拉OK大赛4次等多种娱乐活动，为群众奉献文体“大餐”。

高公镇和谐新村

【组织建设】2016年，完成黄祖庙村室扩建工程和9个村组织活动场所标准化建设。全力整治“软弱涣散”村，成立安徽张士奎食品有限公司党支部和高公镇传喜家庭农场党支部，完成正大纺织有限公司党支部的星级化创评工作。加强党员队伍建设。全年集中培训村两委2期，以会代训36次。坚持“三会一课”制度。完成村干部信息登记75人。发展党员16名，培养入党积极分子96名。全面完成党费收缴38266元，补缴25260元。

【扶贫开发】2016年，是高公镇扶贫工作火力全开的一年，通过核实、核准贫困人口底数，找准致贫原因，完善扶贫政策和工作机制，突出“政策包”“组合拳”特色，做到扶持对象、项目安排、资金使用、措施到户、定点帮扶、脱贫成效“六精准”；做到精准扶贫、监测评估、防范返贫、责任落实“四个全覆盖”。

2016年，高公镇在精准识别的基础上，实施光伏发电、藏红花托管种植、种养殖补贴等扶贫项目：其中，产业扶贫种养殖补贴惠及贫困户147户，共发放补贴136964元；健康扶贫瘫痪卧床及精神病护理补贴惠及182人（户），到位资金213000元；教育扶贫子女教育补贴（不含高职及以上）惠及368名学生，到位资金364500元；“贫困家庭子女教育资助行动”惠及8名贫困户家庭大学生，到位资金24000元；藏红花托管种植惠及贫困户19户；光伏发电惠及贫困户165户。同时，发放棉衣124件，棉被182床，棉鞋94双，解决贫困户燃眉之急。

【美食特产】高公糖醋蒜采用皖北地区特有的优质蒜头为原料，运用祖传秘方，经过十几道特殊制作工序后而成品，具有独特风味，吃一次便令人久久不能忘怀，为佐餐佳品。高公糖醋蒜具有多种养生功能，可保健开胃，有益于肠道，并且对心脏病、高血压等具有一定辅助治疗作用。糖醋蒜在亳利太地区有着悠久的食用历史，如今糖醋蒜已经开始走向全国，并且出口到日本、韩国等国家，高公糖醋蒜已经成为高公镇的象征符号。

高公糖蒜

于灿泓走访泓森槐基育苗地

陈大镇

【概况】陈大镇位于涡阳县城西16千米处，于1992年2月撤区并乡，省政府批准把原城郊区的大王、王桥乡、义门区的邓楼乡合并为陈大镇。南与花沟镇接壤，西与义门镇、东与城西镇毗邻，北靠涡河，国土面积68.8平方千米，辖大王、郑寨、郑庄户、孙老家、张集、于楼、杨楼、中心、王桥、姜洼、尹庄、史韩、三徐、邓楼、黄庄15个村，146个自然村，251个村民小组，总户数14035户，总人口62574人，其中城镇常住人口856人，民族以汉族为主，还有少数回族。陈大镇地势平坦，镇内主要河流有涡河、龙凤沟、薛沟、姚子沟。土壤可分沙土、淤土两种类型，沿涡河两岸，主要是具有保墒功能的沙土。陈大镇耕地面积4288公顷，粮食作物以小麦、大豆、玉米为主，还有薯类和小杂粮等十几种。2016年粮食总产62540吨，主要经济作物以棉花、苔干、药材为主，还有花生、芝麻、油菜等二十多个品种。

【主要经济指标】2016年，全社会固定资产投资总额21亿元；招商引资3.75万元；工业总产值3.75万元，增长20%；社会消费品零售总额5300万元，增长10.5%；农业增加值5.12亿元；全年生产总值增长8.2%。2016年农村居民可支配收入达到10026.5元，增长10%。完成税收219万元，其中国税61万元，地税158万元。

【农业发展】2016年，小麦播种面积近4000公顷，总产30000吨；大豆种植面积976.7公顷，总产2190吨；玉米种植面积3040公顷，总产28000吨；蔬菜种植面积533.33公顷；药材种植面积666.67公顷；果树面积266.67公顷。建成省级绿色粮食增产示范片1个、示范村3个、示范家庭农场1个，推广种植强筋小麦2万亩。完成70公顷植树任务，累计建成规模养殖场3个、家庭养殖农场75个，水蛭养殖场1个。2016年，新增农用机械136台，目前农机保有量471台，农业综合机械化率达到98%。新增土地流转面积1977.33公顷。截至2016年年底，全镇农民专业合作社 73 社，其中农机专业合作社 9 家，已登记建成家庭农场 75 家。其中县级以上示范合作社 15 家、县级以上示范家庭农场 11 家，国家级示范合作社 4 家，省级示范合作社 3 家。全年疏浚整治水沟近 1700 米，新打机井 40 眼，新修沟、路、渠 23 千米。

【招商引资】精心谋划招商引资工作，主动外出招商 9 次。同时，积极完善陈大镇在外能人志士档案，动员在外创业的成功人士返乡创业。2016 年，新增招商引资项目 3 个，完成招商引资任务 3.75 亿元。

【精神文明建设】扎实推进“书香村居”活动，认真讲好“国学经典、道德模范、法律知识”三堂课。加强农家书屋、图书阅览室等阵地建设，丰富群众文化生活，构建和谐乡风。深入推进“村村通”广播建设，15 个村广播设施已全部建成并投入使用。

【城镇建设】采取“抓点、带线、促面”方式，健全完善农村环境管理体制和长效机制，有效解决农村环境突出问题，积极推进农村保洁工作，按照“六无一有”标准，努力实现凡土必绿、凡水必清、凡村必洁。严把建房各个审批环节。加大 S307 线和重点村组违法建房的动态巡查力度，发现一起，制止一起。对于违法建房，及时组织相关人员，严查严办、依法拆除，做到整治无空隙、监督无盲点，违建零容忍。全年新增耕地 14 公顷，完成土地增减挂项目 16 公顷，实施工矿废弃地整治 10.67 公顷。其中于黑楼宅基地拆迁 29 户，拆迁面积近 2000 平方米，解决了多年未解决的遗留问题。纠正 3 起违规占地，拆除违法违规建筑 480 平方米，恢复耕地 0.048 公顷。

【民生工程】2016 年全镇共实施民生工程项目 24 项，其中建设类民生工程 7 个。全年累计新硬化道路 31 千米，连接断头路 13 处；危房改造完成 77 户；清退违规低保 1206 人，新纳入低保 27 人，扶贫人口纳入低保 513 人，享受五保供养 331 人，贫困残疾人及精神病人 511 人，重度残疾人 120 人，救助孤儿 35 人。累计发放低保救助款 215.9 万元，五保供养金 130.1 万元，贫困残疾人生活补助及精神病人药费补贴 6.84 万元，残疾人护理补贴 6.84 万元，孤儿救助金 6.57 万元；完成新型农村养老保险续保 35595 人，发放养老金 725.4 万元；发动居民参加 2016 年基本新型农村合作医疗 57956 人，参合率达到 93.7%，全年参合农民就医补偿 988.5 万元。

栗广飞慰问十里庙群众

【陈大工业功能区】陈大工业功能区于 2010 年规划建设，沿 S307 线两侧打造一条长 16 千米的工业走廊，并在陈大中心地段建一个占地 10 平方千米的工业和农业综合示范园。园区现已入住企业 13 家，其中规模企业 6 家。陈大工业功能区围绕基础设施建设和招商引资两大核心工作两翼并进。功能区坚持服务企业的宗旨，成立配套服务机构，为落户企业提供咨询、信息、人才、金融等全面优质服务。制定招商引资优惠政策，营造宽松的外部环境引凤入巢，引导和鼓励企业在功能区投资创业。

（陈大镇协供稿）

西阳镇

【概 况】1992 年 3 月，涡阳县撤区并乡，西阳乡、郭寨乡合并设立西阳镇，镇政府坐落在西

西阳镇郭寨居委会办公楼

阳集。西阳镇位于涡阳县城东22.5公里处，与蒙城县接壤，现辖10个村民委员会，3个居委会，165个自然村，割区面积61.6平方公里，人口4.5万人，耕地面积5.86万亩。西阳镇为历史文化名镇，历史名人范蠡、西施合葬于此。S307省道和涡河穿镇而过，济祁高速涡阳东出口距集镇仅1.5公里，交通区位优势明显，素有涡阳东大门之称。截至2016年年底，实现地方财政收入585.9万元，招商引资到位资金3.01亿元，完成固定资产投资3.65亿元，农民人均纯收入11616元。

【农业发展】西阳镇地势平坦，气候温和，土地肥沃，是传统农业大镇，主产小麦、玉米、大豆，是农业高产攻关生产基地。拥有万亩示范片面积2.2万亩，自2008年国家现代农业生产示范项目落户西阳镇以来，示范区小麦单产保持550公斤左右。2016年小麦亩产达到530公斤。积极实施玉米振兴计划，2016年种植玉米2.7万亩，玉米平均单产480公斤。截至2016年年底，西阳镇以丽燕种猪养殖和浩丽蛋鸡养殖为依托，扶持瑞昌养牛公司、三生万养羊和伟侠种植专业合作社，发挥辐射带动作用，带动农民标准化规模养殖，新增规模养殖场10家。成立农民专业合作社38家，家庭农场10家。改善农村基础条件。加大水利建设投入，重点实施中小河流治理、农村饮水安全工程，新建设刘庙水厂，解决刘庙、张沟、文庙三村近万人的安全饮水问题。2016年，新增流转土地6000亩，实现了济祁高速和S307线绿化经济带建设目标。

【工业发展】2016年，西阳镇工业产值增长速度始终保持18%以上。2016年，工业产值达3.65亿元，规模工业8家，税金达到130万元，利润达到426万元。

【招商引资】西阳镇2016年全镇引进外资3.01亿元，森鑫木业有限公司完成改扩建任务，预计年产值将达到5000万元；投资一亿元的安徽迪盛织造整理有限公司已投产；投资6019万元的树莓冷库，正在建设之中；安徽安盛农业科技有限公司在解沟村建立树莓基地，种植树莓1200亩；总投资1.1亿元的范蠡西施项目开发，正在洽谈中。

【城镇建设】美丽集镇建设加快推进，拆迁安置点建设稳步实施，集镇建成区规划建设面积176.42公顷，“五横四纵”主干路网基本建成，配套设施日益完善，墙体立面改造、非机动车道和人行横道工程开工建设。集镇“四大秩序”整治成效明显，拆除沿街商户不规范广告牌233户，6546平方米。S307改建段开工建设，G344国道、西阳码头等一批重大项目加快实施。农村清洁工程扎实推进，“三线三边”环境治理、“三治三增三提升”行动不断深入，人居环境明显改善。

【美丽乡村建设】2016年，范蠡新村建设步伐加快，公共基础设施建设和沟塘治理扎实推进，在2016年12月的全市美丽乡村建设评比中，范蠡村综合成绩排名全市第一。

【社会事务】2016年，累计实施民生工程32项。脱贫280户、627人。大力培育和践行社会主义核心价值观，结合“书香村居”活动的开展，组织宣讲队伍开展“三堂课”宣讲，全年共组织宣讲157场次。联合镇文化站、学校、卫生院开展“送学下乡”“送医下乡”“送文化下乡”帮扶行动。工会、共青团、妇联等群团组织桥梁纽带作用得到充分发挥。安全生产常抓不懈，建立健全“三位一体”信访工作责任制、“五位一体”安全生产责任制。对渡口、敬老院、纺织厂等重点领域场所开展专项排查整治，组织开展火灾隐患排查治理，在200余户家庭式商铺安装感烟报警器。全力排查化解矛盾纠纷。坚持村(居)每月集中排查一次矛盾纠纷，节庆日等重点时间段进行专项排查，全年排查矛盾纠纷问题26宗，51人次，全镇没有出现一起因调处不当而发生民转刑事件。加强社会治安综合治理。坚持和完善“处法”工作责任制，全镇5名邪教练习者无一例反弹。深入开展“严打”和专项整治治理工作，积极创建“平安乡镇”“无毒社区”工作。党管武装工作成效明显，国防动员和后备力量建设扎实推进，全民国防教育不断深入，向部队输送合格兵员11名。

【组织建设】2016年，“两学一做”学习教育扎实推进，思想政治教育常态化机制进一步形成。严格落实《党政领导干部选拔任用工作条例》，镇党委换届圆满完成。加强村(居)干部队伍建设，严格执行镇、村干部管理制度，镇纪委对干部上下班情况、村(居)干部坐班、值班情况督查24次。建立村(居)干部信息登记台账和后备干部台账，抓实干部届终考核工作，全力为村(居)换届做好准备。严肃党内政治生活，不像党员、不在组织、不守规矩、不起作用等问题有效得以解决。坚决抓好中央和省委巡视反馈问题整改，按照巡视“回头看”整改工作要求，归纳梳理出25个具体问题，对照存在的问题制作了问题、任务、责任“三个清单”，实行挂图作战、对账销号，村两委干部“双超”、基层党组织长期不换届、档案资料不规范等专项整治取得显著成效。认真落实党风廉政建设“两个责任”，始终保持惩治腐败高压态势。2016年，镇纪检监察机关共立案13件，给予党政纪处分13人，通报18人，党风政风持续好转。

西阳镇中心幼儿园一角

店集镇

【概况】店集镇地处涡阳县西南部，北抵临湖镇，南与利辛县张村镇接壤，东西分别和楚店、高公两镇相邻，县道西高路、义张路纵横境内。全镇下辖10个村(居)委会，现有人口4.3万人，耕地4.7万亩，国土面积53平方公里。店集镇历史悠久，人杰地灵。据镇志记载，店集古称“柘树店”。传说这里曾生长有大柘树并有人在这里开设小店而有“柘树店”一名，后来聚集居住做生意的人多了，逐渐由“柘树店”改称为“店集”。战国时期楚襄王为嫁女而开挖的运粮河穿境而过。“柘王宫”遗址，距镇政府仅百米之遥。

【经济发展】2016年，店集镇经济总产值和农民收入持续增长，经济运行平稳，完成固定资产投资2.31亿元，新增规模工业企业1家(亳州市金林光伏科技有限公司)、个体工商户150户、个私企业20家。财税收入650.4万元，超额完成11.6%，其中国税完成304万元，地税完成183万元，计划生育社会抚养费完成163.4万元。

【农业工作】2016年农业产业结构调整，程小集村中药材种植面积在2015年的基础上增加至

店集镇王相新村 农民文化乐园

1000余亩，经济效益良好，起到示范带动作用。新增专业种养殖专业合作社7家、家庭农场13家。克服诸多不利因素影响，小麦平均亩产达500千克。林业工作种植泡桐、女贞等树木3万余棵。农村土地确权工作经过认真核对、信息纠错以及资料归档，通过省验收。

【民生工程】2016年程小集、镇东、聂小庙等7个行政村利用一事一议项目，自筹资金5万元，上级配套资金22万元，修建水泥路5.1公里。王元村自筹2万元，上级配套8.8万元，安装太阳能路灯55盏。农村道路项目，修复贫困村道路5.64公里、撤并村道路6.23公里、窄路加宽项目12.08公里、老区改造项目3.19公里。标张路列入省道项目，已经开始整修路基，为全面改造提升做好各项准备工作。低保和危房改造项目，截至2016年11月底，全镇共进行危房改造50户，发放危房改造金77.8万元。上半通过信息核查，对各村低保户逐一进行核查，重点清除“关系户、人情户”，清除不符合享受低保条件人员440余户、640人，发放低保金176.8万元，切实做到“应保尽保、应退尽退”。

【土地综合治理和“两违”管控】2016年，洪光行政村整村推进项目面积45.7亩，正在有序实施。姜庄行政村李柏庄、陈庄自然村的土地增减挂项目共53亩施工进度过半。完成洪光、聂小庙、宋牌坊三村林地复垦项目共47亩，完成姜庄、姚湾、店集居委会工矿废弃地项目共100余亩。镇村两级干部加强对“两违”管控，农民群众在基本农田违法建房得到有效控制。

【文化教育卫生】文化站、农家书屋全部免费开放，全年完成送戏送电影下乡140场，开展文体活动120场次。继续深化教育体制改革，巩固“两基”成果，全面推行义务教育，入学率、巩固率不断提高，做到责任明确，监管有力，落实到位。群众就医条件大大的改善，村卫生室的功能逐渐完备；积极配合上级主管部门开展惩治非法行医专项整治行动，净化了医疗市场和药品、食品市场；防疫保健工作逐步加强。

【精准扶贫工作】利用短信、微信群等信息平台发布各村的扶贫动态和相关扶贫政策，营造浓厚的扶贫氛围。镇包村干部带队逐村逐户检查扶贫工作，核查贫困

店集镇扶贫政策宣传进村居

户的基本信息,了解贫困户的基本收入。做到扶贫对象精准、项目安排精准、资金使用精准、措施到户精准、因村派人精准、脱贫成效精准。杜绝数字扶贫,确保真正的贫困户能享受到国家精准扶贫政策。(店集镇办供稿)

涡北街道

【概况】涡北街道位于北纬33°30′10″～33°30′16″,东经116°15′20″～116°15′39″。地处涡阳县中心地带,东与高炉镇、龙山镇接壤,东南与城东街道为邻,南连城关、城西街道,西邻义门镇、牌坊镇,北接新兴镇。1992年3月撤区并乡,由原闸北、凡桥、河套三个乡合并,设闸北镇;2009年5月,把原张老家乡的张老家、鲁庄、桑楼、大田、赵庄五村并入闸北镇,撤销闸北镇设涡北街道办事处。街道内有徐阜铁路、煤矿铁路货运专线、省道S202线、县道涡新路和闸北路、东环北路、雷古路、圣母路等主要道路。2016年年末,涡北街道辖涡北、刘楼、临涡、马棚、郑店、涡东、席楼、徐广楼、凡桥、皇店、涡光、张老家12个居委会,鲁庄、桑楼、牛庙、水牛羊、李楼、卢庄、洼张、赵庄、大田9个村委会。境内大部为平原,地势略为西北高东南低,地面高程一般在海拔29—30米。辖区东西最大距离38.36千米,南北最大距离15.28千米。辖区总面积108.39平方千米,其中陆地103.72平方千米,占95.69%;水域4.67平方千米,占4.31%。人口密度为每平方千米743.63人。街道内属涡河水系,主要河流有涡河、武家河、白洋河、涡新河、五道界、洪沟等。涡河四季通航。耕地面积9.3万亩,人均1.1亩,全部为水浇地。辖区总人口83626人,其中城镇常住人口46831人,城镇化率56%。总人口中,男性42314人,占50.6%;女性41312人,占49.4%;14岁以下13472人,占16.11%;15—64岁46086人,占55.11%;65岁以上24068人,占28.78%。总人口中以汉族为主,达83601人,占99.97%;回族25人,占总人口的0.29%。年人口出生率15.28‰,死亡率6.78‰,人口自然增长率8.5‰。

【经济发展】2016年,国内生产总值32.1亿元,一、二、三产业比重为29%∶41%∶30%。2016年财政收入1764.4万元,农民人均纯收入9381元,农业总产值9.309亿元,农林牧副渔比重为71%∶2.5%∶21%∶2%∶3.5%,农作物播种面积201336亩,粮油棉产量68342吨,畜禽产量3921吨,水产总产量1060吨,水果产量1101吨,工业总产值13.61亿元。企业866个,其中规模工业企业19家,企业职工人数5116人。

【基础设施建设】2016年,建设雷古路、天道路,东环北路,对辖区内的闸北路、雷古路、东环北路进行绿化亮化。新建农村公路15公里。建成一座自来水厂,有深水井1眼及成套净化设备,年供水2万立方米。城区主要道路两侧铺设D600排水管道5000米。街道内有110千伏供电站1座。2016年年末,有城区公园3个,绿化面积3万平方米。

【社会事业】2016年年末,有街道综合文化站1处,有村级文化活动中心21处,农家书屋21个,藏书4万余册,有省级文物保护单位3处,县级文物保护单位1处。有幼儿园5所,在园幼儿1226人,专任教师56人;小学21所,在校学生5312人,专任教师379人,小学适龄儿童入学率100%;初中2所,初中在校学生1426人,专任教师154人。初中适龄人口入学率、小升初升学率、九年义务教育覆盖率均达100%。有安徽省新型肥料工程技术研发中心1家。2016年年末,有各级医疗卫生机构2个,门诊部(所)10个;有床位158张,每万人拥有病床19张;医疗系统固定资产总值586万元。专业卫生人员43名,其中执业医师16人,执业助理医师12人,注册护士32人。2016年,医疗机构(门诊部以上)完成诊疗3.68万人次。21个社区(村)居(村)民7.9万人参加新型农村合作医疗,参保率97%。城镇最低生活保障户数140户,人数244人,支出754320元,月人均257.6元。医疗救助125人次。农村最低生活保障户数915户,人数1323人,支出299.53万元,月人均188.6元。国家抚恤、补助各类优抚对象251人,抚恤事业费支出99.6万元。敬老院3家,床位386张,收养农村五保人员119人。完成脱贫368户,711人。参加新型农村养老保险5.36万人,参保率95%。

涡北街道老子庙

【农业发展】紧紧围绕“农业增效、农民增收”的发展思路，积极改善农业生产条件，大力调整农业产业结构，努力提高农业现代化水平，从种植模式和规模入手，将以往散、小、杂的农业状况逐步改变为如今的经济作物规模化种植和鸡、猪、羊等禽畜规模化养殖为主的农业产业化模式，提升了农业产业化水平。培育丰产林、大棚蔬菜，苗圃等高效经济作物和水产、山羊、能繁母猪养殖业等示范基地，扶持农民专业合作社。积极实施“小麦亩产千斤”活动和玉米振兴计划。实施农业开发项目和高标准农田项目。

【工业发展】以打造百亿元新型工业化重镇为目标，提高工业化、规模化水平。涡北工业园区从无到有，园区面积 3.7 平方公里，进一步完善园区基础设施建设，以煤炭煤化工和新型建材为主导产业，重点加快涡北选煤厂、海螺水泥、新型建材等项目建设。2016 年，固定资产投资完成 5.15 亿元，比 2015 年增长 30%；19 家规模以上企业完成工业总产值 81875 万元，增长 18.1%；新增规模以上工业企业 2 家。

【第三产业】申报道源国家湿地公园，项目将利用涡河、武家河现有水系，结合煤矿塌陷区治理，重点打造集道家故事、历史典故、文化景观、自然景观为一体的湿地公园；同时，以老子文化为核心，着力培育健身、养心、餐饮、影视、动漫、演艺、娱乐、医疗为一体的休闲娱乐文化产业园。2016 年，涡北街道成功举办老子庙会，老子庙会期间，到涡北参观旅游人数突破十万人次。房地产业快速发展，北城世纪城、福光苑、塌陷安置小区涡阳县廉租房、谷水双星安置小区等住宅小区建成投入使用。新发展餐饮、修理、商业、运输等个体工商户 380 户，全街道从事第三产业的人员达到 1.52 万人，新增城镇就业 382 人，转移农村劳动力 1758 人，切实增加居民收入。此外，中介咨询、金融保险、法律服务、物业管理、家政服务等新兴行业发展迅速。

【招商引资】始终坚持以招商引资为抓手，以工业园区为平台，谋划项目，争取支持，对外招商。转变招商思路，树立“园区、环境”招商理念，2016 年引进县外资金到位 8 亿元。

【城镇建设】涡北街道坚持“以产业兴城镇，以城镇促产业”的城镇化道路，统筹城乡发展。编制涡北街道控制性规划，城乡规划水平得到提高，城镇建设和管理不断加强。加快推进涡北新区基础设施建设，太清路、五道路、圣母路东环北路 4 条道路竣工，涡河三桥正式通车，涡北新区框架进一步拉大。稳步推进马棚、张

涡北街道安置小区

庄、袁楼、刘园4个自然村的棚户区改造。涡北休闲广场、塌陷安置区休闲广场、垃圾中转站等一批社会事业项目竣工使用；通过争创第二届安徽省文明县，积极开展城区市容环境集中整治，市民素质得到进一步提升，“脏、乱、差”现象得到有效治理。

【新农村建设】按照“生产发展、生活宽裕、乡风文明、村容整洁、管理民主”的要求，坚持城乡统筹发展，积极推进城乡一体化建设，着力实施涡北煤矿塌陷安置新村建设。全面启动美好乡村建设。

【社会民生】2016年，共落实17项民生工程，让老百姓共享发展成果。申报“一事一议”财政奖补项目17个投资393.3万元，主要用于改善农村基础设施建设、道路、农田水利等，受益人数5.2万人。投资450余万元新修“村村通”水泥路面15公里。2016年，政策性农业保险实现全覆盖，兑现小麦、大豆、玉米投保理赔款总计90.9万元。全面启动失地农民社会保险和城乡居民社会养老保险工作。

【民主法制】坚持依法行政，自觉接受监督。认真听取人大代表的意见和建议，解决一批事关全局和群众关注的问题。围绕建设为民服务、务实创新、团结高效、负责诚信、民主法治、清正廉洁的“六型”政府目标，坚持按制度办事，自觉加强管理；坚持务实办事，切实转变作风；坚持干净办事，加强廉政建设，实现执政能力、办事效率的双提高。

【组织建设】大力实施“双培双带”工程，扎实开展“两学一做”学习教育和“讲看齐、见行动”活动，积极抓好党建工作。充分利用党校、党员活动室等载体，加强对广大干部群众的思想教育。加大党员干部违法违纪案件查处力度，党风廉政建设和反腐败斗争得到有力推进；街道党工委现有中共党员1957名，其中正式党员1922名，预备党员35名，党总支部18个。

【精神文明建设】突出环境整治，成立专职卫生环卫队伍。重点对影响市容市貌的乱摆乱占、乱贴乱画、乱搭乱建、乱倒垃圾、店外经营以及车辆乱停乱放进行集中整治。加强对文化市场和娱乐场所的监管，进一步净化文化环境。通过抓好“四大工程”（即：市民素质提升工程、“四创”示范工程、基础设施配套工程、专项秩序治理工程），开展“四大活动”[即：开展创“文明村（居）民”活动、开展创“文明行业”活动、开展创“五星级文明户”“文明信用户”和“文明婆媳”等评比活动、开展志愿者服务活动]，努力打造基础设施完善、人居环境优美、社会秩序安定、文化生活丰富新涡北。

（涡北街道办供稿）

丹城镇

【概　况】丹城镇地处北纬33°45′，东经116°20′，位于两省（皖豫）三县市（涡阳、濉溪、永城）交界处，距涡阳县城35公里。辖1个居委会，15个村民委员会，111个自然村，197个村民组。总面积104.6平方公里，其中耕地面积约105603亩；总人口6.86万人。丹城镇因镇政府驻地丹城集而得名。据记载：周朝太子王子晋，尝炼丹于此，故名丹城。汉时为临涣郡辖县，因樊哙被封为“舞阳侯”时，在此建造关阁和“将崮堆”点将台，被封为“舞阳县”。三国时属蒙郡辖县，清洪化年间，黄水淤之，大失元气；抗日期间，炮击火焚，化为焦土。自此，丹城乃失往日之繁华。1948年为雪涡县丹城区，辖丹城、齐山、石弓、青疃、马店、重兴等15个乡，1958年划归石弓公社，1969年为县辖丹城公社，1979年划归石弓区辖公社，1983年6月改设乡，归属未变，1992年2月撤乡设镇，原丹城乡、齐山乡、重兴乡合并为县辖丹城乡，1997年1月20日经安徽省民政厅批准，撤销丹城乡，设立丹城镇。丹城镇境内名胜古迹颇多，现有关阁、四果寺、花山子与钓鱼台、泥堡府、鬼腚、九高十八洼、六棱碑与八棱碑、包河、齐山、新四沟等，目前，已恢复修建了五羊、二狮子、过街牌坊等。

【经济发展】2016年，丹城镇社会生产总值3.95亿元，增长8.3%。镇级财政收入完成660万元，占全年任务的115%，增长6.8%，其中国税完成190万元，占全年任务的172%，地税完成137万元，占全年任务的107%，计划生育社会抚养费333万元，占全年任务的100%。完成固定资产投资3.64亿元，增长18.64%。招商引资

丹城镇省级美丽乡村示范村——白果村

2.55亿元，增长21%。农民人均纯收入10088元，年增长11%。工业、企业、全民创业效果显著，私营企业达167户，个体工商户达3100户。社会商品零售总额达2亿元，增长11.9%。工业、企业和个私经济产值1.4亿元，增长12%。白果相庄服饰厂落地建设投产，润英酒业成功改制，华电、好又多超市入驻丹城，新建商店和改造商店285家。

【农业发展】现代农业持续发展，建成丹城镇白果村、徐楼村、常庄村蔬菜种植基地450亩、优质葡萄种植基地450亩、药材种植基地600亩、瓜果种植基地1500亩等示范基地。粮食生产连续十年喜获丰收，粮食总产量达80444吨，完成农业总产值2.5亿元，年均增长5.6%。畜牧业发展迅速，涌现了陈老家村书英养殖场、红旗村星辉养殖场等42家规模养殖大户，畜牧业产值达8556万元，占农业总产值的34%。林业生产扎实有效，森林覆盖率达22%。农业产业化经营扎实推进，先后成立农村专业合作组织56家。

【基础设施】投资1800万元的包河大桥、梁庄桥和东环路竣工通车，利用一事一议财政奖补政策和土地整理项目共铺设水泥路面87公里，修建涵桥298座，路灯320盏。投资3200万元，开挖沟五里长沟、相沟等沟渠32.6公里、下水道600米、打机井293眼。累计投资1228万元，用于董阁、红旗等村高标准农田治理。新建白果、齐东等农村安全饮水工程，铺设输水管道20多万米，解决14个村（居）委会4.5万人的安全饮水问题；丹城卫生院医技大楼投入建设资金80万元。

【文明创建】建成白果村省级美好乡村，对丹城、齐山、重兴三集市进行拆违改造，聘请合肥规划设计院对丹城美丽集镇进行规划设计，被列入2017年市美丽集镇建设示范点。深入开展“三线三边”环境治理和农村清洁工程，建立长效管理机制。秸秆禁烧工作，采取网格化包保责任制，实现禁烧目标，确保人居环境的优美、洁净。

【社会事业】扶贫开发工作。丹城镇建档立卡4047人，2016年脱贫689人。通过回头看，各村整改力度大，扶贫精准率高，各类扶贫资料齐全，各项扶贫工作务实、高效，全县扶贫工作现场会在丹城镇成功召开，扶贫工作位居全县前列。医疗卫生工作。农村合作医疗改革全面深化，农村医疗体系日趋健全，医疗卫生水平不断提高，农民群众看病就医难的问题得到基本解决，新型农村合作医疗参合率达95%。医疗卫生体制改革完成阶段性目标。人口和计划生育工作。积极开展避孕、节育、生殖健康、优质服务、家庭保健等科普知识宣传活动，2016年期内出生人口966人，政策符合率86.46%，人口自然增长率7.64‰，出生人口性别比116.110，综合节育落实率96.96%，计划生育各项指标均得到落实，有效地稳定了低生育水平，提高了人口素质。文化惠民工作。坚持管理与繁荣双管齐下，文化市场管理有序，各村建立和完善了农家书屋，全镇三家剧团、十八家唢呐班，经常到各村（居）、中小学、敬老院进行文艺会演，开展文化下乡活动，人民群众文化生活丰富多彩，新投资的文化服务中心已建成并向群众开放。安全生产工作。经常进行安全生产检查，层层签订安全目标管理责任书，实行责任追究制，安全隐患得到有效排除。社会保障工作。300套公租房已竣工验收并于当年春季投入使用；2016年年底，全镇享受低保1009户1333人，累计发放低保金72万元；五保369人，集中供养134人，供养率达36.3%；就业和再就业方面得到加强，年均劳务输出2万人，返乡创业800人，实现劳力年收入1.1亿元。教育教学工作。校安工程投资500万元，新建改造校舍等0.6万平方米，围墙600米，中考升学率逐年攀升；2016年中考，丹城中心校升学率在全县27个农村中心校排序中位居前列。　（丹城镇办供稿）

新兴镇

【概况】新兴镇位于涡阳县城北18公里处，东临丹城镇、马店集镇，西至牌坊镇，南濒龙山镇，北界河南省李寨镇、马桥镇，总面积120.1平方公里。新兴镇原为新兴区，辖新兴、大曹、大李、重兴、吴桥五乡，1992年2月撤区并乡后，重兴并到丹城镇，吴桥并到张老家乡。2009年4月份，县区划调整，吴桥、新华、东华、文明等4个村重新并入新兴镇，现在新兴镇辖2个居委会，18个村委会，134个自然庄，耕地11.38万亩，总人口8.5万余人。新兴镇政府所在地新兴集亦名“龙庙”，曾是刘少奇、彭雪枫、张震、张爱萍等老一辈无产阶级革命家工作和战斗过的地方。建有新四军第四师纪念馆，是安徽省重点文物保护单位，安徽爱国主义教育基地，省国防教育基地，省青少年爱国主义教育基地，市、县爱国主义教育基地，国家AA级旅游景区。

【经济发展】2016年，全镇财政收入完成711.7万元；完成固定资产投资2.53亿元；规模以上工业产值2.16亿元；招商引资到位资金2.5亿元。

【文明创建】2016年，全镇投入文明创建资金200余万元，用于农村清洁工程和“三线三边”环境整治工作各项支出，加大对村庄环境卫生整治力度。把农村清洁工程和“三线三边”环境整治工作外包给环卫公司，由专业管理团队和人员进行公司化管理，对环卫工人进行考核上岗，按月考评，落实激励奖惩机制。

【民生保障】民生工程加快实施，不断加大民生保障力度。全镇“一事一议”项目18个，共投资约480万元，新修水泥路15公里，安装路灯90余盏。大建设项目方面，王集小学教学楼已经完工，新兴居委会卫生室已经建成并交付使用；新四军四师红色旅游项目按照上级要求，进行重新设计，并于2016年12月完成项目区内建筑物评估工作和安置点选址设计等工作。科技文化体育事业蓬勃发展，新建群众健身场所8处。大力推进农村畅通工程，修建村村通17.407公里，扶贫路7.7公里，合计25.107公里。镇网上办事大厅共办件13163件，为民服务水平不断提升。扶贫攻坚工作方面，严格按照县扶贫办要求对建档立卡贫困户多次复核，坚决做到精准识别、精准施策、精准帮扶、精准脱贫。2016年，全镇扶贫工作落实教育健康扶贫项目资金361520元，落实种植养殖补贴资金145199元，雨露计划本科以上申请补助11人，落实补贴3.3万元，落实产业扶贫项目资金517800元，帮助贫困户购买化肥等农资，进行产业扶持。2016年，全镇共291户，863人脱贫，顺利通过省第三方脱贫攻坚评估验收。

【社会事务】落实社会治安综合治理和建设“平安新兴”各项工作要求，对辖区内治安问题突出的村和重点部位进行大排查、大整治，把矛盾和问题消灭在萌芽状态。落实领导干部安全生产“一岗双责”，建立健全安全生产协调、监管、会议等制度；加强对全镇范围内学校、企业、河闸塘坝、道路交通、易燃易爆物品等各行业、各领域的安全监管，在超市等人员密集场所安装火警报警器700余个；定期开展消防安全大检查，消除安全隐患，全年共开展安全生产大检查7次，专项安全生产检查45次。加大食品药品安全宣传力度，加强对食品行业和农村宴席厨师管理，做到食品药品安全工作始终长抓不懈，严防食物中毒和其他食源性疾病的发生，确保广大人民群众的饮食安全。做好秸秆禁烧和综合利用工作，通过广播、条幅等方式广泛宣传，悬挂条幅1000余条，出动宣传车百余辆；禁烧期间，严格落实网格化管理，责任到人，镇包村干部、村两委成员、应急队分包到地块和机械，确保所有地块秸秆粉碎还田或清运离田。计生工作方面，积极稳妥全面实施二孩政策和开展全民健康促进宣传推广活动。

（新兴镇办供稿）

城东马寨物流货场

城东街道

【概况】城东街道是1992年2月撤区并乡时由蒙关乡和马寨乡合并而成，始名马寨镇，1994年9月更名城东镇，2010年11月命名为城东街道。城东街道位于县城东城乡接合部，地处县城规划区内，东与西阳镇毗邻，南接涡南镇，西联城关街道和城西街道，北靠涡北街道和高炉镇。地理位置优越，西倚火车站，S307线横穿东西，徐阜铁路纵贯南北，涡河流经北境，水陆交通便捷。辖区面积40平方公里，辖马寨、杨王、蒙关3个（居、社区）委员会和田小庙、黄庄、刘旮旯、盛庄4个村委会，69个自然村，101个村民小组，人口28114人，耕地3.61万亩。农业以皖麦38种植为主，辅以黄豆、玉米种植。沿S307线现代农业示范区规模进一步扩大，对城东街道农业产业结构调整起到良好的示范引路作用。矿产资源丰富，东部已探明的煤炭储藏量达8000余万吨，且煤质优良。坚持“以工促农，农、工、商、贸并举”的发展思路，加快经济社会发展步伐。农业产业化进程加快，工业发展逐步提升，各项社会事业全面进步。

在建的中农批电商物流城

【农业发展】城东街道东部是原外资治理区和黄淮海项目区，现在是标准粮田示范区和现代农业项目区，农业基础较好。盛庄、刘旮旯等村是标准粮田示范和小麦高产示范区。主要农作物是小麦、黄豆和玉米。沿S307线现代农业示范区主要示范品种有草莓、葡萄、食用菌、药材、竹柳等。2016年，城东街道继续加大农业种植结构调整，通过土地流转，在蒙关社区种植经济作物药牡丹410亩，种植白菊花190亩，在黄庄村新增扶贫旅游观光项目。土地流转力度进一步加大，家庭农场式的连片种植取得显著成效。2016年，全街道有百亩以上土地流转大户15家，500亩以上1000亩以下大户1家，1000亩以上大户2家。

【工业发展】2016年，完成固定资产投资7.5亿元，其中工业固投完成3.5亿元；新增规模工业2家，新增个体工商户152个。

辖区内共有大小企业48家，职工人数3180余人。

【第三产业发展】第三产业的零售业、餐饮业等发展迅速。2016年，辖区内有超市70个，零售批发点110个，餐馆80家。

【招商引资】2016年，超额完成县下达5亿元的招商引资任务，其中新创铝业投资1.4亿元，同富瓦业投资近4900万元，奥德利彩钢瓦厂投资4800万元，其中农批电商物流城项目投资3.4亿元，城东城市森林公园项目投资6.6亿元，黄庄莓香湾旅游扶贫项目投资1.4亿元。

【城乡建设】2016年，配合县有关部门做好对S307线城东段外环改造征地工作。征地工作全部按时完成，确保S307线城东段外环改造顺利竣工；配合县有关部门完成中农批项目土地房屋征收工作，保障中农批市场建设有序进行。

【社会事业】2016年，城东街道开展了“阳光低保”行动，做到应吃尽吃、应保尽保；优抚金、救助金、低保五保等全面足额发放；巩固和发展农村新型合作医疗，群众参保率达到100%；落实城乡居民养老保险政策，居民养老保险参保率达到95%，养老金发放率达到100%；2016年，脱贫192户406人，扶贫项目受益群众达509户1332人，合计33.26万元；开展春节送温暖活动1次，发放慰问款物2.3万元。

【组织建设】街道设党工委1个，下设党总支(支部)35个，共有党员837名。扎实开展“三级联创”、争创“五个好”党支部活动，为民服务全程代理、无职党员设岗定责、流动党员“双向带动”、党组织和党员“双向承诺”等五大载体建设得到进一步加强。2016年，街道4个村、3个居委会(社区)的村级活动场所建设达到了规范化要求，成为集党员活动、村民议事、代理服务、教育培训、文化娱乐等为一体的综合性阵地。

【精神文明建设】以营造和谐的社会环境、倡导良好的社会风尚、提倡高尚的道德情操为导向，以“四创”为抓手，在马寨居委会、盛庄村、代庄自然村、刘旮旯村开展了清洁示范村、文明生态村、绿色小康村、移风易俗村创建示范活动。街道加大文明创建、农村清洁工程工作投入，2016年，共投入25余万元，对街容街貌、农村环境卫生进行综合整治，文明创建工作逐步走向良性循环的轨道。（城东街道办供稿）

标里镇

【概况】标里镇位于涡阳县县城西部，距县城二十千米，西与谯城区的立德镇相邻，北与谯城区的城父镇交界，东与花沟镇相连，南与临湖镇接壤。区域面积98.3平方千米，拥有耕地面积9096公顷，总人口68631人，下辖1个居委会，15个村民委员会。标里镇属淮北大平原，海拔32.5米，土地肥沃，自然条件优越，安宁沟、干溪沟两条中沟贯穿南北腹地，雪沟、涡标河、花沟横穿镇内，两纵三横五条沟形成交叉水系，总流域面积80平方千米。明河、青龙沟、张义沟、芦草沟贯穿标里镇西北部5个行政村，流域面积15平方千米。标里镇交通便捷，公路四通八达，三级公路曹淝路贯穿标里镇东西，全长15千米。标孙路、标王路、标新路、张新路、红卫路形成全镇进出便捷的交通网，为全镇的经济发展提供了保障。

【经济发展】2016年，全镇国民生产总值7.25亿元，工农业生产总值5.52亿元，社会商品零售额1.44亿元，工业总产值2.88亿元，农业总产值4.32亿元，人居纯收入1.15万元。全镇种植小麦5467公顷，平均亩产530千克；玉米种植面积4933公顷，平均亩产540千克，全镇粮食总产量85620吨。红薯、蔬菜、药材、花木等特色农业种植规模逐年扩大，效益良好。2016年全镇财政税收收入229万元，社会抚养费收入310万元。

【社会事业】民政工作。2016年，全镇享受社会最低保障759户、971人，享受国家补助资金279.28万元；全镇共有五保老人353人，其中集中供养111人，分散供养242人，2016年度全镇共发放分散供养五保老人补助金74.79万元，五保供养老人的生活待遇全部按时足额发放；镇重点优抚对象107人，补助优抚资金69.77万元。重度残疾人护理补

在建的中农批电商物流城

助351人，补助资金25.27万元；残疾救助444人，救助资金23.61万元；精神病药物补助56人，补助资金5.6万元；60周岁以上退役士兵补助207人，补助资金28.02万元。农村新型合作医疗。2016年全镇参加新农合人数共54000人，参合率达96%。农村社会养老保险。2016年全镇应参保交费人数24904人，已缴保费人数22065人，年缴保费率达88.6%，为2011年以来参保缴费率最高比率。全镇已享受社会养老保险待遇7200人，国家发放养老保险资金648万元。扶贫攻坚工作。全镇申请光伏扶贫84户，资金25.2万元；落实金融帮扶贷款54户，贷款资金268万元；落实健康、教育普惠政策，资金67.92万元，其中，教育扶贫补助资金43.21万元，健康大病扶贫资金24.71万元。开展雨露计划，资助职业高等教育学生4人，享受资金1.2万元，涉农补贴30户，补助资金4.69万元。标里镇王井村藏红花托管种植合作社带动了附近16户扶贫户，平均户收益0.1万元。全镇实现脱贫406户、892人。一事一议项目。全镇共投入项目资金362.9万元，其中，投入27.3万元，在新桥行政村10个自然庄安装了路灯；投资29.3万元，在新华行政村建设了一个供村民休闲、娱乐的文化广场，深受当地群众拥护；投资306.3万元，为13个村修铺水泥路47千米，改善了农民的生活生产环境。计生优抚。全年计生奖扶295人，其中：新增70人，打卡发放资金31.99万元，助学成才4人，打卡发放资金12万元；贫困母亲18户，打卡发放资金1.08万元；贫困家庭19户，打卡发放资金1.9万元；大病救助2人，打卡发放资金0.6万元；独生子女380户，发放保健费13.68万元；不满50周岁二女户47户，发放资金2.82万元；二女户节育奖励1人，发放奖励资金0.5万元；孕前健康体检354对，发放体检资金1.77万元。

【文化教育】利用一事一议政策争取项目资金29.3万元，在新华行政村建立农民文化广场，为该村村民提供了休闲娱乐方便，同时镇文广站利用标里、新德两个集镇的古会，积极开展文化下乡活动，极大地丰富全镇人民群众的精神文化生活。标里学区中心校按照统一规划部署，在吕庄小学建成占地面积为1360平方米的三层教学楼，共有教室18间；修建标准操场，投入建设高规格食堂，解决该校260多名学生就餐问题。

【文明创建】2016年，以整治标里、新德两个集镇、集市环境为切入点，把文明创建环境治理辐射全镇16个村(居)委会，135个自然庄。建立完善环境清理和垃圾收运处置长效机制，按照镇、村做到“六无”(无暴露性垃圾、无水面漂浮物、无乱贴乱画、无乱堆乱放、无污水横流、无公共场所垃圾)总体目标和“四凡”(凡土必绿、凡水必清、凡地必净、凡村必洁)的标准，创造性开展工作，使全镇的文明创建工作取得显著成效。2016年，建设垃圾中转一个，配有保洁员220名，环卫车3辆，洒水车1辆，人力三轮垃圾车220辆，电动三轮垃圾车16辆，投入资金30余万元。把秸秆禁烧工作摆在前所未有的重要位置，午、秋两季，全党动员，全民发动，大打秸秆禁烧攻坚战，全镇共投入各类车辆300余辆，各类农机具200余台，投入资金210.6万元。制定奖惩机制，责任到人，上下齐心协力，取得了全镇没点一把火，没冒一处烟的显著成效。

【高标准基本农田建设】土地综合整治工作。实施土地综合整治(土地增减挂项目、工矿废弃地项目、新增耕地项目)37.34公顷,其中土地增减挂项目实施15.67公顷,工矿废弃地项目实施11.67公顷,新增耕地项目10公顷,较好的完成各项目标任务。高标准农田建设工作。在新桥村、唐王村、程岳村、新德村实施高标准基本农田项目建设,项目区建设规模993.11公顷,新打机井188眼,修建农桥29座、涵管桥22座,铺设水泥路14.96千米,高标准基本农田项目的实施使项目区内新增粮食产能15.15千克,农民年人均增收0.045万元,实现田成方、林成网、路相通、沟相连、桥涵井配套目标,极大地改善了项目区村民的生活环境和生产条件。

【社会治安综合治理】强化组织领导,镇党委副书记杜家德同志亲自抓,各村配备综治信访信息员,负责辖区内治安防控信访信息搜集上报。全镇形成上下联动的治安信访网络。加大硬件投入,2016年投入资金110万元,建设总面积为552平方米的三层派出所办公大楼,增添20名警力。标里派出所成功侦破网络诈骗案件一起,抓获了犯罪嫌疑人邓士振(花沟镇邓寨村人);侦破合同诈骗案一起,抓获逃犯李亚飞。 (标里镇党政办供稿)

马店集镇

【概况】马店集镇位于涡阳县北中部,距县城20余公里,S202线、济祁高速纵贯东部,中部涡永路(涡阳至永城)与县循环线(红色旅游路线)在镇政府所在地马店集交汇。镇政府距省道4公里,距济祁高速出入口约6公里,水泥路四通八达,交通便利。区域面积85平方公里,东邻青町,西接新兴,南依龙山,北靠石弓、丹城。马店集镇历史悠久,源源流长。全镇现有人口5.8万人,耕地9.05万亩,下辖12个村委会、3个居委会,96个自然村,154个村民组。2016年,完成固定资产投资1.2亿元,招商引资到位资金5.02亿元,实现财政收入639.5万元。工农业总产值24亿元,其中,工业性投入6.8亿元。

【工业发展】马店工业功能区被县委、县政府列为重点建设园区。2016年,全镇完成基础设施投入2.6亿元,主导产业聚集度明显提升,形成面粉、粮油、调味品和“三粉”加工四大主导产业。正宇面粉在加工面粉基础上,又投入技改资金4300万元,建设了鸡精生产线。开放型经济迅速发展,2016年,全镇实际利用外资3.6亿元,累计实现工农业总产值24亿元。

【新农村建设】按照新农村建设的总体要求抓点带面,以吴府村为示范辐射全镇,共安装太阳能灯522盏;投资10万元建设垃圾处理厂,进行改水改厕及下水道的修建。2016年3月,吴府村顺利通过省级美丽乡村示范村验收。投资800多万元对马店集东西主大街辅路面进行改造,对银杏街实施亮化、美化、绿化、硬化,又对刘店集、王尧集和S202线、马王路两条道路环境进行整治;新建镇垃圾处理厂;投资1000万元,新建自来水厂6个,解决了5万多人的安全饮水问题。查处违法占地、违法建房、违法取土26起,查扣挖机12台次,拆除违章建设20余处。强化对“三线三边”的规范管理和整顿,重点清理整顿了刘店、马店、王尧集

县委书记胡明文视察爱家企业

占道经营、骑路逢集、乱堆乱放、乱搭乱建问题，并对辖区内环境卫生进行地毯式清理，实现环境整治实现常态化。

【农业现代化建设】实行“企业+基地+农户+订单”的生产模式，创建吴府、小刘等7个优质小麦高产基地和红旗、刘店、大丁、胜利、吴府、前贾等生猪生产基地。省市级龙头企业正宇面粉集团、爱家食品公司，带动全镇实现农业增收，并辐射周边地区。强化农业基础设施建设，改造中低产田，提高抵御自然灾害的能力。投入资金3000万元，实施东片、北片8个村4.2万亩高标准农田治理项目，疏浚中小沟43条，新打机井560眼，扩挖水塘10面，新修建水泥路80公里，栽植树木50万棵，成片造林3200亩；利用“一事一议”修砂石、水泥路50公里，建中小桥涵326座，修建公路桥5座，加固公路桥2座，安装路灯1026盏，农民出行难问题得到解决，生产生活质量大幅度提高。新增农民专业合作社36家，家庭农场18家，农机专业合作社4家，流转土地1.2万亩。实现济祁高速、S202线两侧3000多亩土地顺利流转，搞好沿高速、省道两侧绿化工程。秸秆禁烧工作加大投入，强化措施，包保到位，落实责任，实现了无卫星监测着火点的目标。

【社会事业】大力发展社会各项事业，认真实施民生工程。实现建档立卡贫困户336户、892人脱贫，顺利通过省级第三方监测评估；发放产业扶持等各类扶贫资金38.2万元、小额信贷27万元。投入180万元对马店、刘店两座敬老院进行改造，对151位老人实行集中供养，集中供养率达60%以上。开展低保阳光整治，认真做好低保回头看活动，做到农村低保户及五保户应保尽保，累计发放低保金1260万元，五保生活金360万元，各类优抚金350万元；救助贫困家庭2060户，累计投入210万元用于低保户、五保户、临时困难户救灾救济和危房改造。养老保险参保率达85%。通过积极工作，全面完成济祁高速涉及8个自然村、77户、480间房屋的拆迁、安置任务，实现了拆迁、征地、安置无震荡。投资20万元购置镇村无线广播设备，安装216套喇叭及接收设备，使县、镇、村信号全覆盖。15个村农家书屋正常开放，建农民体育广场15个，文化体育活动精彩纷呈。计生管理和服务水平不断提高，孕前优生健康检查正常进行，加强对育龄妇女及计生家庭政策的宣传教育工作，切实提高群众对计划生育工作的满意度。

【综治维稳】积极打造阳光信访、责任信访和法制信访，信访形势保持稳定。严格落实“党政同责、一岗双责、齐抓共管”的安全生产责任体系，全面贯彻《中华人民共和国安全生产法》。认真开展“打非治违”和食品药品安全、防溺水、校园周边环境等专项整治行动，及时排除安全隐患，实现安全生产“零事故”。平安马店集视频监控系统即将建成。

【教育改革】先后引进及投入项目资金1360万元，建设了马店中心校食堂、多功能报告厅、男生宿舍楼、马店中心小学综合楼、王尧中学宿舍楼、大罗小学宿舍楼，总建筑面积7200平方米；新建大罗、曹白、刘店、谢庄、左楼、吴府、陈楼等7所幼儿园；加固中小学校舍2.6万平方米，软硬件设施不断完善，教育教学质量进一步提高。中考升学率稳中有升，农村中小学辍学率明显降

市教育局副局长张殿记到马店中心校检查工作

低，留守儿童得到关心和教育，素质教育水平不断提高，教育均衡发展顺利通过省和国家级的验收。

【卫生事业】镇村两级医疗卫生基础设施和诊疗环境明显改善，居民健康档案逐步建立。城乡医疗服务水平不断提高，突发疾病和疫情、传染病控制体系进一步健全。国家政府投资类项目马店卫生院综合服务楼建成。实行镇村卫生一体化管理体系，新农合参合率达100%，农民患者从中得到实惠。看病难、看病贵的问题得到切实解决。

【效能建设】坚持依法行政、廉洁从政，努力高效施政。严格落实中央八项规定、省市30条等各项规定，“三公经费”得到有效控制。加大涉农收费监督检查，严格“三资”管理，扎实推进政务、村务和信息公开。

（马店集镇办供稿）

临湖镇

【概况】临湖本名龙王铺，因坐落于一湖低洼之处，后改名临湖。1992年撤区并乡时设立为乡，1996年12月撤乡设镇，地址设在临湖集。该镇位于涡阳县西南，距县城23公里处。全镇共辖14个村委会、2个社区、2个居委会，168个自然村，土地面积104平方公里，耕地面积11.4万亩，总人口7.02万人。辖区有临湖、孙店、郭营三个贸易集市，其中临湖集新建东部新区，增长集镇东西长度800米，南北600米，合计扩大集镇面积约0.48平方公里，店标路、十临路纵横穿境，交通便利。

临湖镇文化广场

【农业工作】2016年，完成植树造林任务980亩，共栽植树木55000余棵。积极开展小麦田间管理指导，做好农民技术培训，开展新型农民培训近150人次。

【土地复垦】完成整村推进项目2个，面积110亩；完成土地增减挂钩项目3个，面积39亩；完成工矿废弃地复垦项目4个，面积172亩；新增耕地项目4个，面积43亩。

【精准扶贫】6月，集中力量针对2014年、2015年849户脱贫户开展“回头看”活动。11月，组织镇村全体干部深入到每个自然召开群众座谈会，组织群众对所有贫困户进行评议，到贫困户家中逐户走访，了解贫困原因，制定帮扶措施，根据民主评议结果及贫困户自愿申请，共有516户1027人脱贫。坚持需求导向，为贫困群众提供菜单式服务，落实优惠政策。

【经济发展】2016年，税收任务613万元，实际入库748万元，完成全年任务的119.1%，其中国税201.1万元，完成全年任务的158.3%；地税157.4万元，完成全年任务的106.4%；计划生育社会抚养费371万元，完成全年任务的110%。2016年共完成招商引资30000万元，占总任务2亿元的150%，超额完成全年任务。

【社会事业】整理低保卷宗289卷，完成清退21人。清理五保户死亡人员4人，新增待审批9人，其中有3人为原低保人员，符合享受五保条件。城乡居民养老保险缴费25690人，完成全年任务数近90%，在全县位于中等行列。综合文化站举办大型公益讲堂8场次，全年免费为群众放映电影216场次，免费送戏下乡演出45场，“书香村居”宣讲108场次，文化站免费接纳读者6000余人。投登新闻稿件73篇，其中中国网32篇、《安徽日报》10篇、《亳州报》31篇。认真落实残疾人两项补贴政策，受助贫困残疾人591人(次)，补贴410400.00元；重度残疾人护理266人，补贴148500.00元。村级畅通工程路面建设共完成近11公里，路基碎石基础共完成近10公里。建立健全安全生产管理制度，高度重视食品安全生产工作，充分发挥各村公共安全协管员作用，2016年共开展日常巡查36次，专项检查12次，确保了老百姓的食品药品安全。2016年，共调解矛盾纠纷35起；加强对“黄、赌、毒”的整治，严肃处理涉赌人员，确保社会秩序的平稳和谐，提升群众的安全感和幸福感。

【党建工作】2016年，共发展党员17名，全镇现有党员数1260名，按时完成党费补缴工作，补缴党费25500元；抓好村级党组织后备干部培养工作，有效解决2017年村两委换届“后继乏人”问题。（临湖镇办供稿）

楚店镇

【概况】楚店镇位于涡阳县城南18公里处，历史悠久，相传2500年前春秋时期的楚灵王出师伐徐，在此地安营扎寨，建立行宫，“楚殿”因此而得名，后来“楚殿”二字变成现在的“楚店”。全镇

三里赵村风景河远景

总面积77万平方公里，辖1个居委会，13个村委会，总人口5.8万人，耕地面积6.95万亩，土地肥沃。气候四季分明、雨量多、气候温暖、日照长、霜期短。涡楚河、茨河横卧其中，南部与利辛接壤，省道S202线、涡利路穿境而过，交通便利，区位优势明显。

【农业发展】2016年，全镇种植小麦7.8万亩，年总产量3.93万吨，玉米面积达到5.8万亩，单产551公斤。其中黑小麦种植面积达1.2万亩，是目前安徽省最大的黑小麦种植地区。涡阳黑小麦籽粒硬质，长圆形，黑紫色，其营养丰富，据国家农副加工食品质量监督检验中心测定：黑小麦粒中含有丰富的淀粉、脂肪、蛋白质、多种维生素、食物纤维，大量矿质元素和稀有微量元素及PP碘。籽粒中蛋白质的含量占17.1%；18种氨基酸的总含量为15.2%，高于普通小麦80%-90%；赖氨酸的含量在0.4%，特别是含有0.5X10-6的碘和丰富的硒，硒的含量高于普通小麦500%。以温氏集团为依托，新发展规模养殖场12个，其中养猪场5个，养鸡场7个，规模养殖占全镇养殖数量的75%以上。

【招商引资】楚店镇工业功能区共引进项目10个，分别是：投资1.5亿元的亳州温氏食品集团、投资1.2亿元的鸿运钢化玻璃有限公司、投资1.08亿元的亳州中粮长城干红酒厂、投资1亿元的绿园苗圃花卉培育基地、投资6000万元的丽丽服饰有限公司、投资5000万元的顶康食品有限公司、投资4900万元的安徽三聚木门有限公司、投资2600万元的同丰种业有限公司、投资2200万元的建阳商砼有限公司、投资2000万元的兄弟玻璃杯业有限公司。

【新农村建设】围绕建设“魅力城镇，美丽乡村”目标，主动加快与县城的产业、交通对接，积极加快城乡一体化融合。通过引导经济能人、种植大户成立了顶康种植专业合作社、学夫农作物专业合作社、林森种植合作社、孙一明专业合作社等46家专业合

作社，达到土地集中利用，走规模化、集约化、标准化经营之路。实施“新农村建设”工程。以楚南、后水波等基础好的村作为示范建设村，整体科学规划，提高土地利用率，改善老百姓生活条件。完成三里赵美丽乡村省级示范点建设，推动宋徐、王庄等一批特色村和样板村建设。

【农村环境整治】建立健全农村保洁队伍、环卫设施、经费保障、工作运行等制度，于9月1日与江苏创美有限公司签订合作协议，全镇农村环境卫生整治走上了市场化运作道路。

【党建工作】镇党委始终把思想作风建设作为头等大事老抓，通过开展大走访、大调研活动，要求党员干部做到“一强”“二通”“三活”“四清”“五访五必问”，使党员干部尽快熟悉村情、民情，理清工作思路，找准工作的切入点和突破口，为群众解决生产工作中遇到的热点难点问题，融洽了党群干部关系，树立了良好的干部形象。

（楚店镇供稿）

龙山镇

【概况】龙山镇位于涡阳县城东北约12公里，南靠涡北街道、北接马店集镇、东连青疃镇、西邻新兴镇。镇政府设在龙南居委会。镇内有三山，龙山居中，因山势蜿蜒起伏似龙形而得名，东西各有一小山丘，即东山、西山。

武楼美丽乡村

辖区东西最大距离12.2千米，南北最大距离9.01千米，总面积109.8平方千米，其中山地4.6平方千米，水域面积9.4平方千米，陆地面积95.8平方千米。龙山镇地处淮北平原，地势平坦，土壤黄土居多，黑土次之，有少量碱土。属暖温带湿润气候，四季分明，阳光充足。境内河流属涡河水系，水资源比较丰富，农业灌溉条件较好。镇内有丰富的山石、煤炭等资源。道路交通十分便利，省道S202线、徐阜铁路跨境而过，济祁高速穿过龙山镇东北部，在龙山北部大何村设有高速出入口。龙山镇辖2个村居委会，18个村委会，108个自然庄，总人口86299人，其中男性占50.5%，女性占49.5%；人口出生率13.12‰，死亡率5.63‰，人口自然增长率7.49‰，人口密集度为每平方公里786人。

【组织建设】2016年，新建罗楼、赵庄村室，扩建大孔村室，全镇共有村室20个，全部完成“五小”建设。全镇现有中共党员1625名，其中，中共正式党员1600名，预备党员25名，党委2个，党总支部16个，党支部63个。

【工业建设】2016年，全镇社会生产总值完成19.95亿元，其中农业总产值5.97亿元，工业总产值13.9亿元，财政收入完成824.2万元；农民人均纯收入11396元。2016年，全镇规模工业企业达到10个，规模工业从业人员506人，完成固定资产投资3.3亿元。

【农业发展】2016年，全镇共有农业耕地7266.67公顷，人均0.084公顷，以种植小麦、大豆、玉米为主。主要粮食作物是小麦、玉米，2016年生产粮食69233吨，其中小麦50156吨，玉米19077吨。主要经济作物为大豆，2016年大豆种植面积60031亩，产量7086吨。畜牧业以猪、羊、家禽为主，呈现规模化发展趋势，2016年生猪出栏数2.64

万头，年末存栏 0.89 万头；羊出栏数 0.62 万只，年末存栏 0.36 万只；家禽年饲养 86 万只。全镇新增规模养殖场 6 户，新增农民专业合作社 8 家，新增家庭农场 17 家，农业专业化进程进一步加快。

【社会事业】镇综合文化站配套完善、设施齐全，20 个农家书屋坚持免费开放，群众文化活动丰富多彩；2016 年，全镇共有小学 14 所，初中 3 所，幼儿园 8 所，还有 1 所私立实验学校，共有在校学生 7935 人，专任教师 491 人；卫生事业稳步推进，新建龙山卫生院门诊楼一座，全镇共有综合医疗卫生机构 1 个，拥有在职职工 66 人，有 20 个村级卫生服务室，新型农村合作医疗参合率达 95% 以上。

【基础设施】2016 年，全镇共有水泥路面 390 多公里，砂石路面 120 多公里，柏油路面 6 公里。共有大中小桥涵 800 座。通过加大对基础设施的投入，实现了集镇建设三个全覆盖，即街道硬化全覆盖、绿化全覆盖、亮化全覆盖。

【龙山工业功能区总体概况】龙山镇工业功能区分南区、北区，共占地 3000 亩，其中南区 1000 亩，北区 2000 亩。先后投入近千万元对功能区基础设施进行了完善，整修道路，安装路灯，架设供电线路，达到“三通一平”，实现了绿化、亮化和美化。作为招商引资的重要平台，龙山工业功能区对龙山镇的招商引资起到不可替代、至关重要的作用。

【安徽佳源油脂简介】安徽佳源油脂有限公司坐落于龙山镇工业功能区，占地 56 亩，是涡阳县乃至亳州市食用油料生产、加工、油脂储备的重点项目。

该项目于 2011 年 3 月动工兴建，一期工程购置生产设备及辅助设备 22 台，建生产厂房 2000 平方米，仓库及配套设施 2600 平方米，植物、动物油生产线各一条，储油罐 11 个，储油能力达 6000 吨。企业被列入 2011 年全市经济调度会的看点，并受到市、县领导的认可和好评。二期工程于 2012 年 5 月动工，规划建设厂房 1200 平方米，仓库及辅助设施 1600 平方米，并配套排水、供电、绿化、污水处理等设施，投入建设资金 260 万元。建设储油罐 8 座，每座储油能力 500 吨，投资 400 万元，植物油生产线一条 150 万元，起酥油生产线一条 150 万元，计 960 万元。建成后，储存各种油脂能力 1.2 万吨，年产各种食用油 1.5 万吨。

公司的目标是依托涡阳县油料资源优势，致力发展食用油加工和食用油储备，建成皖北最大的食用油生产基地和油储基地。

济祁高速涡阳北出入口(龙山)

【益群牧业简介】涡阳县益群牧业有限公司建设于 2012 年，坐落于龙山镇龙马工业园区内，位于省道 S202 线西侧、济祁高速公路涡阳北出入口附近，交通便利，厂区占地 34 亩，22678 平方米，厂内办公楼 1300 平方米，科室齐全，生产车间 5600 平方米，冷库 1200 平方米，职工宿舍 2000 平方米，食堂 800 平方米，门卫及监控室 80 平方米，道路、绿化等其他设施 9000 平方米，年屠宰家禽 800 万只，年产值 1.1 亿元，经卫生部门鉴定，产品质量符合国家卫生要求，质量可靠。

（龙山镇办供稿）

高炉镇

【概况】高炉镇是千年古镇、皖北名镇、酿酒之乡，全国小城镇建设重点镇、安徽省优秀旅游乡镇。2016年行政区划调整后，单集林场所辖5个行政村合并至高炉镇。合并后高炉镇辖15个村(居)委会，辖区面积120.7平方公里，耕地面积0.74万公顷，林地0.11万公顷，人口7.5万人。高炉自古就以酒乡著称，据考证，高炉的酿酒史可上溯两千多年，新中国成立前高炉集仍有大小糟坊30多家，其中较为有名的酒糟坊有“广和”“会海”“永源公”，至今仍流传着“汉三杰闻香下马，高炉酒十里飘香”的美丽传说。

【现代农业】以农民增收为目标，强化服务，农业现代化取得一定的成绩。调整农业产业结构，大力发展现代农业。特色农产品如香菇、蔬菜、蛋鸡、蛋鸭、獭兔养殖、菊花种植规模均取得突破。农民专业合作社蓬勃发展。截至2016年，全镇共有规模养殖场43家，各类专业合作社84家，其中省级示范社1家，市级示范社6家。农业基础设施建设得到提升。大呼、代集两村实施了高标准农田建设，修建大、中沟涵管桥200座，新打机井291眼，固定喷灌100座，修建水泥路16.57公里，完成植树造林1.4万株，开挖土方12万方，项目实施后实现旱能浇、涝能排。农业机械化程度加快。以国家农机具补贴为契机，新购置大中型农业机械127台，喷灌机械386部。全镇共有大型联合收割机412台，大中型拖拉机165台，配套机具420台套，总动力达到51450千瓦。

【工业园区发展】高炉镇按照打造皖北工业强镇的目标，扎实推进工业化。帮扶企业抓升级，如一面粉、鸿伟印务、鑫聚缘管业等几家企业实施新的技改项目，提升市场竞争力。为当地的企业牵线搭桥引技术、引资金，利用当地白酒产业优势，积极开展和外地白酒企业的合作。通过招商引资和全民创业，至年底，全镇有规模企业14家，中微企业36家。完善园区配套设施，已建成的高炉污水处理厂，日处理污水8000吨，提高工业废水的处理能力。

【集镇建设】坚持规划先行原则，挖掘“涡河文化”和“酒文化”，按照县委、县政府统一规划部署，突出特色，规划实施“1234”工程。“1”是沿涡河、白洋河，打造沿河景观循环圈；“2”是建设以“酒文化”为主题的中心公园和酒博物馆，丰富群众文化休闲生活；“3”是打造“书香文化”“酒文化”“特色文化”三条特色街，提升集镇整体形象；“4”是开展高炉酒厂争创全国“AAA旅游景区”、双轮宾馆争创“三星宾馆”、高炉镇争创“优秀旅游乡镇”和美丽集镇的“四创”活动。一年来通过大家的共同努力，推动美丽集镇建设，街面、路网得到绿化、美化；通过大力实施六项秩序整治，拆除多处违法建设、私搭乱建，集镇面貌有很大改善。2016年，被评为安徽省优秀旅游乡镇。

【环境整治】2016年，农村清洁工程推向市场化运作，提高农村清洁工作的效益、质量。农村清洁工程、三线三边整治工作取得一定成效，改变一往的被动局面。环境整治过程中，按照“凡土必绿、凡水必清、凡地必净、凡村必洁”和“六无一有”标准，对农村生活、生产垃圾进行集中清理，农村环境卫生得到有效整治，群众居住环境有很大改善。农村清洁工程与三线三边整治工作，在市、县测评中取得较好的成绩。

【社会事业】大力实施各项民生工程，提高群众的生活质量，改善居民的生活环境。农村道路畅通工程，修建道路51.258公里，加宽道路9.46公里，极大地方便了群众的出行。自来水到户工程建设。赵沃自来水厂约铺设自来水管道33.1公里，覆盖四零居委会、赵沃、杨楼、杨大、杨瓦房、陆杨等村，解决4837户、2万多人安全饮水问题。累计发放五保生活补助103.35万元、农村低保救助金142.25万元、残疾人救助资金58.33万元。教育、卫生、文化、体育、社会保障、安全生产、扶贫开发、综治维稳等工作都取得一定的成绩。

（高炉镇办供稿）

城西街道

【概况】1969年10月，设立城郊人民公社；1979年8月，改为城郊区；1992年2月撤区设镇；2009年10月，改为城西街道办事处。城西街道地处涡阳县城西大门，典型的城乡接合部。位

美的金桥车行

于北纬33° 27′ ～33° 47′，东经115° 53′ ～116° 33′之间。东与城东街道为邻，南与涡南镇、楚店镇、公吉寺镇、花沟镇相连，西接陈大镇，北靠城关街道，中间是涡阳县经济开发区，整体呈东南至西北向，辖区总面积34.2平方千米。其中耕地面积2267.8公顷。城西街道境内S307、S202省道交叉穿过，同时还有涡双路、涡标路分布东西，距亳州市飞机场10千米，距涡阳东高速出入口15千米，交通十分便利；北依涡河、内有界洪河、涡楚河、狐沟，自然资源丰富，土地肥沃，生产生活条件良好。下辖潘寨、俞庄、尹沟3个社区和史寨、陈李、焦尧、赵瓦房4个村委会，61个自然村、114个村民组，常住农业人口2.87万人。

【经济发展】2016年，实现社会生产总值（GDP）1.68亿元，其中：一产7154万元，占42.6%；二产5625万元，占33.5%；三产4016万元，占23.9%。农业生产总值中，农业4107万元，占57.41%；林业332万元，占4.64%；牧业2254万元，占31.51%；渔业152万元，占2.12%；服务业309万元，占4.32%。财政收入1513.4万元，占计划任务144.6%，位居全县第三。农民人均纯收入9674元。固定资产投资3.56亿元，其中工业投资8220万元，占比23.09%，限上工业企业2个，限上工业企业产值5144万元，限上商贸企业产值5.04亿元。

【现代农业】2016年，农作物面积4177.8公顷，其中粮食总产2.17万吨，油料5吨，水产品产量241吨。各类专业合作社32家，家庭农场12家，获得省级示范专业合作社2家，市级示范合作社1家，县级示范合作社3家；新增规模养殖场1家，种粮大户52家；农机装备总动力2.48万千瓦，农业生产全部实现机械化。

【招商引资】2016年，完成招商引资项目9个，总投资12亿元，总到位资金1.95亿元，占比16.25%；其中新建项目6个，投资2.7亿元，资金到位1.85亿元，占比68.51%；续建项目3个，投资9.3亿元，资金到位1000万元，占比1.07%；其中第二产业6个，占比66.7%；第一产业、第三产业分别为1个、2个，新增产业仍以第二产业为主。新增投资中外省市投资方2个，占比22.22%。

涡阳大步车业

【项目建设】完成6个项目61.9公顷的土地征迁，为全县项目建设提供保障。其中马大庄土地收储43.69公顷，实施116户搬迁，拆除房屋6万平方米；完成伯阳输变站扩建、新天然气加气站、新307线北侧史寨村11.74公顷土地收储等项目的征迁工作；完成81.67公顷泓森高科项目建设，被列为2016年全市第二季度经济调度会的重点观摩项目并倍受好评；完成土地流转466.9公顷，通过招商引资引进上海虞海园林绿化公司投资，开展城市森林公园建设，到省市林业部门的好评。

【重点工作】扶贫工作。认真完善贫困人口建档立卡；认真落实扶贫措施；加强动态管理。秸秆禁烧工作。为全面落实县委县政府的要求，不断创新工作方法，取得午秋两季零火点的良好成效，并连续3年实现零火点目标，受到市县两级督查组的好评。土地整治与中心村建设。完成土地整治8公顷。本着先行先试的原则，在赵瓦房开展中心村试点建设。

【民生工作】民政工作。通过认真清核，2016年完成清退不符合条件的低保户368户405人，清退率达68%，市民政局5月12日在街道召开全市现场会。截至2016年年底，享受农村低保家庭130户、256人，人户比达到1.97；分散供养五保户119人，标准达到3150元／年／人，集中供养105人，标准达到4150元／年／人；向特困户、低保户、五保户、困难残疾人等困难群众发放救灾款3.5万元，救济面粉100袋，大衣40件，棉被40件；城乡医疗大病救助363人，发放救助资金15.96万元；积极开展“三留守”普查活动，共排查出留守儿童576人，留守妇女752人，留守老人965人，建立农村“三留守”基本信息库，为关爱保护工作提供基础数据和参考；积极开展老龄摸底排查工作，保障老年人权益，截至2016年底，共为496名80岁以上老人办理高龄补贴，为1019名50岁以上老人办理银龄安康保险，加强老年人社会保障工作，提高老年人抵御风险能力。文化建设。全年共开展文化活动60次，体育活动50余次，举办文化下乡活动30次，开展培训讲座15次，资源共享工程播放145次，电子阅览室达3000人次，报送信息在市级发表20篇、省级发表10篇。危房改造。全年危房改造发放补贴32户52.6万元，平均每户1.6万元。农村畅通工程。完成里程数25.23千米，贫困村道路全覆盖，撤并村道路已修建95%。新农合。参保人数2.88万人，参合率达100%，较好地完成参保任务。财政一事一议奖补项目。2016年，村级公益事业建设一事一议财政奖补项目完成道路修建6条4.1千米，下水道修建1条0.75千米，共计160.65万元，均按要求完成修建任务。社保工作。养老保险缴费率位居全县第一名，缴费达110.18%；养老保险领取待遇人员认证审批和统计上报工作位居全县第二名；城镇医保缴费工作完成100%。网上办事。实行真服务、办有用件，共办件5430件，其中非证明类4971件，占91.55%，办结4804件，办结率100%，评价4375件，满意率100%，位居全县第一名。

【社会管理】综治信访维稳工作。共排查矛盾纠纷154起，调查处理140起。刑事案件立案39起，查处治安案件33起，两抢一盗案件8起，与2015年同期相比案件大幅度减少，治安环境迅速好转。安全生产工作。制订安全生产宣传手册5000份，书写墙壁安全宣传条幅20幅，悬挂各项安全生产活动条幅80幅，全年共排查安全生产隐患120余处，已全部整改到位，确保全年无安全事故。对非法加工黑木耳进行清理整治，消除食品安全隐患。加强农村商铺(作坊)的安全排查，安装烟感报警器170余户。

【环境综合整治】环境秩序。不断加大农村环境整治工作力度，增加经费投入，建立长效机制，改善城乡人居环境，在全市第三方暗访中，多次获得好成绩。强化“三线三边”整治措施，常抓不懈。重视城市创建，对辖区内所包路段严格管理，每周二定期组织党员干部参加创建志愿服务活动，力求环境整洁，秩序井然。市场秩序。定期组织市容、城管、市场监督等单位联合执法，坚决杜绝店外经营、占道经营，全力改善市场秩序。交通秩序。联系交警部门，在部分主干道两侧划定停车线，克服乱停乱放现象。建筑秩序。严格执行先批后建原则，建立议事规则，农民建房必须上会研究，对超面积或未批先建的坚决予以拆除，规范了建筑秩序。2016年，共拆除违建6处1000平方米。

【党建与创先争优活动】深入开展“两学一做”和“讲看齐、见行动”主题教育活动，坚持以活动促党建，以党建促工作，完善党建工作制度，使党建工作成为主要抓手，推动党建工作提升。认真开展省委巡视“回头看”整改工作，对查出12个方面30多个问题逐一进行整改，到12月底，有10个方面全面完成整改，2个基本完成整改任务，取得显著成效。加强廉政建设。坚持每月对两个主体责任落实情况进行公开，确保廉政建设提质增效。效能建设。建立周一例会制度、每周一上报周小结与周计划制度、每天在微信群晾晒工作制度和日常工作按月奖惩制度，极大地鼓舞了社区村两委干部的干劲，确保工作实效，取得2016年度全县综合排名第一的好成绩。

（城西街道办供稿）

石弓镇

【概况】石弓镇位于涡阳县东北30公里，是涡阳县的北大门。东接濉溪县临涣镇，南邻青疃镇，西连马店集镇，北靠丹城镇。全镇地势西北高、东南低，境内环抱石弓山，包河自西向东流过，依山傍水，钟灵毓秀，环境优雅，风景宜人。省道S202线与青永铁路交织贯穿全境，济祁高速穿境而过。石弓镇历史文化悠久，文化底蕴深厚，名胜古迹颇多。遗履桥、嵇康墓、陈抟卧迹、万宝泉等名胜古迹千古传颂，石弓山法云寺完成修复对外开放。石弓镇下辖1个居委会，13个村委会，78个自然庄，185个村民组。分别是：东关居委会、西关、耿楼、王浅、山后、于张、温庄、李楼、神桥、姚湖、石羊、大寺、大黄、高楼13个村委会。全镇总人口5.7万人，以汉族为主，少数民族较少。辖区总面积79.4平方公里，耕地8.4万亩。

【经济发展】2016年，全镇完成财政税收608.6万元，占全年任务的100.8%；社会抚养费完成268万元，全面超额完成任务。全镇规模工业企业达到7家，实现规模以上总产值14.59亿元，年均增长43.79%；中小民营企业达到110家。固定资产投资3.25亿元，完成100%。招商引资成效显著。全镇共有招商项目8个，一产1个，二产6个，三产1个。续建项目3个，新建项目5个。完成投资3.98亿元，超额完成招商引资任务。

【农业工作】农业基础地位不断夯实，粮食生产连年丰收，2016年，粮食平均亩产506公斤，总产53125吨，单产、总产刷新历史纪录，实现“吨粮田”目标。2016年底，农业专业合作社80家、家庭农场50家。农业结构调整扎实推进，全镇蔬菜、中药材等经济作物种植面积不断扩大，农田基础设施不断完善。建成高标准农田0.1万公顷；治理大中沟3条，新打机井60眼、修复20眼，新建中小桥涵18座，耕种收综合机械化率达到100%；造林面积88公顷。做好农村土地确权工作，在全县土地确权评比中，石引镇名列前茅。完成土地增减挂约8公顷，新增耕地6.33公顷，工矿废弃地复垦约46.67公顷。2016年，新增大中型拖拉机85台、联合收割机60台、秸秆打捆机47台，投入500余万元对购

石弓镇山后村美丽乡村

石弓镇桃花岛休闲农庄

机农户和秸秆离田进行补贴，补贴额度在全县乡镇中最大。着力抓好午、秋两季秸秆禁烧工作，在全镇上下的共同努力下，秸秆禁烧工作取得了显著成绩，得到县委、县政府的充分肯定。

【现代服务业】好又多、万客隆、苏果三家大型超市落户石弓，满足石弓人民购物需求，方便人民生活；餐饮业发展迅速，营业额在全县各乡镇中领先；物流配送快速发展，2016 年，物流连锁网点已达十余家。现代服务业逐步形成“传统商贸持续繁荣，综合市场牵动示范，新型产业迅速兴起”的产业特色。

【社会事业】2016 年，始终把民生工作摆在重要工作日程常抓不懈，着力完善社会保障体系建设，加大财政资金对民生工程的投入，文化、卫生、体育、计划生育等社会事业不断进步。城乡居民养老保险进展顺利。全镇低保人员进退有序，做到应保尽保。认真开展扶贫攻坚工作，做到识别精准、施策精准、帮扶精准、脱贫精准。美丽乡村建设有序推进，温庄村后寨美丽乡村顺利通过市级验收。

【文明创建】文明创建活动常抓不懈，农村清洁工程有序推进，农村环境得到有效改善，2016 年，环境整治全县评比中获得县 2 等奖、3 等奖各两次。“三线三边”“六场一站”集中整治力度加大，拆除砂石料场、石材场、煤场、洗车场、黏土砖瓦窑场共 40 余处，得到县委、县政府的好评。

（石弓镇办供稿）

涡南镇

【概况】涡南镇原为双庙镇，位于涡阳县城南部，距县城 7 公里，镇政府坐落在双庙集，辖 16 个村（居）委会（双庙居委会、王塘村、王寅村、朱梨园村、董楼村、张郢村、胡碱村、丰集村、邵大村、前王村、郑庙村、史庙村、郭长营村、大于村、杨桥村、杨楼村），人口 7.2 万人，耕地面积 0.61 万公顷，以种植小麦、玉米、黄豆为主。濉阜铁路贯穿南北，涡双路、双胡路、西高路、双王路、双丰路纵横交错，为涡阳、蒙城和利辛三县交界，交通便利。

【社会事业】民政工作。办理年满 60 周岁退役士兵发放老年生活补助 15 人，临时救助 10 户，贫困残疾人生活救助 347 人，重度残疾人护理补贴 277 人。新增低保 86 户、五保 15 户。符合精神病人药费补助人员 34 人，贫困残疾人救助 347 人，享受重度残疾人护理补贴 199 人。养老保险工作。涡南镇 2016 年城乡居民养老保险应缴费人数 28213 人，已缴费人数 25522 人，完成任务的 90%，位居全县第十名。农村危房改造工作。县下达的 2016 年危房改造任务 90 户全面完成，顺利通过验收。农村道路、桥梁建设工作。建设农村畅通工程道路 9.6 公里、扶贫路项目 10.8 公里，分布在胡碱村、董楼村和大于村；建设桥梁 4 座。

【农业工作】截至 2016 年年底，全镇共成立农业种植、养殖专业合作社 115 家，农机专业合作社 18 家。2016 年，全镇流转耕地面积 61.5 万公顷，占全镇土地面积的 40%。举办各类农业技术培训 20 余次，参训人员达 500 余人，培养科技示范户或新型职

市委书记汪一光到涡南镇调研扶贫工作

业农民135户，很好地推进了新型农业产业的发展。在大于、邵大、杨楼、董楼、张郢、白膏沟、茨河坝造林1400亩，超额完成县政府下达的林业生产指导任务；实现夏秋两季秸秆禁烧零火点的工作目标，秸秆还田率达到98%；土地确权工作在省级考核验收中，影像资料档案和综合资料档案成绩位居全县第一；2016年全镇共购置新型大功率（100马力以上）农机具230台套，总量居全县前5名。

【招商引资项目建设】超额完成招商引资任务。共完成内资29848万元，占全年指导数的119.4%。其中工业10727万元、一产14221万元、三产4900万元。新引进招商引资项目7个，其中工业项目1个，一产项目5个，三产项目1个。项目计划总投资3.53亿元。

【环境整治工作】2016年，按照“六无一有”标准，做到日常保洁常抓不懈，按照“三线三边”整治要求，进行落地广告牌专项清理并全力打造涡双路、幸福桥到道口、白膏沟到车站两侧，按照集镇“四大秩序”整治要求，对双庙集、胡碱集、丰集、史庙集的经营秩序、卫生秩序、交通秩序、建筑秩序全方位整治，荣获5月“三线三边”测评全县第一名的好成绩。　（涡南镇办供稿）

义门镇

【概况】义门镇地处涡阳县西北部，西邻谯城区，涡河穿镇而过，S307省道贯通东西，国土面积86平方公里，城区面积4.6平方公里。全镇辖16个村委会，5个居委会，耕地7.9万亩，8.9万人，其中城镇人口2.6万人，回民1.89万人。义门涡河大桥连通南北，桥南为2.3平方公里的食品、药品工业园区，桥北为2.3平方公里的商业贸易区。义门是千年古镇，历史悠久，人杰地灵，商贾云集，文化底蕴深厚，特色明显，古时曾设“真源县衙”，庙宇林立，名胜众多，是兵家练战要地，于1992年撤区并镇被批准为副县级建制镇，2006年被确定为安徽省新农村建设示范镇，2016年8月被命名为安徽省第二批千年古镇地名文化遗产。义门镇资源丰富，产品独特，是久负盛名的苔干原产地、重要的中药材种植加工基地，是周边乡镇农副产品交易集散地，辐射面积达方圆近百公里。

【农业发展】义门镇粮经种植比达6∶4，复种指数200%以上。每年春秋两季种植苔干面积达万亩，产品远销日本、韩国、港澳、东南亚等国家和地区，为义门镇第一大支柱产业。现规模化种植各类中药材50余种，年种植面积近万亩，药材及相关产业已成为义门镇第二大支柱产业。注重培育新型农业经营主体，发展多种模式经营，大力推进土地流转工作，引导发展果树、中药材、苔干套种生产模式。2016年年底，全镇流转土地近2万亩，其中周营、刘营等6个村流转土地1.1万亩，用于发展果树、中药材、苔干套种；王小寨、武举等7个村流转土地3000余亩发展苔干、大葱、果树等蔬菜果木种植；涡河以南、S307省道两侧流转土地3500亩。完成滕刘、赵屯、武举、王小寨四个村2万亩高标准农田治理，完成李集、李元、袁楼、杨楼四个村3000亩农田水利综合治理，完成沟渠治理92公里，达到沟路井林网配套。

义门镇清真寺

【经济发展】义门镇是皖北经济重镇，经济发展一直处于涡阳县前列。2016年年底，全镇实现了地区生产总值58亿元的目标，较2011年增长32%，年均递增10%。全镇人均纯收入达9856元，较2011年增长30%，年均递增9%。好又多、华联连锁超市0进驻义门，投资3000万元国家AAAA级旅游景区——颐生园农家乐建成开放，万亩山核桃套种药材、苔干模式的生态旅游观光农业示范基地已基本形成。拥有上市企业源和堂，省级龙头企业颐生堂及福顺食品、锦辉食品、绿佳食品、恒发食品、义门苔干公司等市级龙头企业，规模工业企业17家。义门苔干公司荣获首批使用“涡阳苔干”地理标志产品荣誉，源和堂中药饮片公司在“新三板”成功上市，中药材加工自动化生产线为国内首例，义门熏牛肉成为全国知名的地方特色食品，“清真羊肉汤”被评为亳州市十大知名美食。义门工业园区现有规模工业企业11家，其中省级农业产业化龙头企业2家，市级农业产业化龙头企业6家。

【社会事业】镇综合文化站建成投入使用，20个村全部建成农家书屋，配套体育健身器材，实现广播村村通；申报批准省重点文物保护单位一处，市非物质文化遗产两项，县非物质文化遗产一项；完成义门清真寺改扩建一期工程以及赵屯玉皇庙修缮工程；成功举办慈孝文化研讨会、广场舞大赛、4次书画展，10次棒鼓舞巡演，12场乒乓球比赛。围绕各民族“共同团结奋斗、共同繁荣发展”的民族工作主题，深入开展民族团结进步创建活动，投入70万元建设清真寺南书房，划拨40亩土地修建回民墓地，深受少数民族同胞好评。

2016年7月7日伊斯兰开斋节，县委书记胡明文到义门清真寺慰问

【集镇建设】做好义门镇总体规划和城镇建设规划，购置各种文明创建车辆6部以及多种环卫设施；安装各街道及S307线路灯，S307线穿集镇段两侧7米绿化带完成升级改造；完成集镇整体立面改造和二个牌坊、清真寺到真源北路、清真食品一条街建设，真源北路按照伊斯兰民族风情规划正在设计；真源南路路面改造、雨污水、供排水、燃气、弱电五网建设，绿化、美化、亮化三化同步以及清真寺改造进入施工阶段。积极开展创建“文明集市”活动，集中力量开展整治活动，集镇市场私搭乱建、店外经

营，骑路逢集等现象得到遏制，集镇管理走向常态化，义门大桥节假期间车辆严重拥堵的问题已得到有效缓解。

（义门镇办供稿）

曹市镇

【概况】曹市镇位于涡阳县东部，地处涡阳、蒙城、濉溪三县交界地，东南与蒙城县坛城镇、小涧镇接壤，东北与濉溪县白沙镇相邻。济祁高速公路、涡宿路、曹蒙路、曹青路等公路横贯境内。曹市镇四季分明，气候温和，地势平坦，河流密布。北淝河横贯境内15公里，凤凰沟南北与濉溪为界，长10公里，殷家河贯穿腹地，曹青河、南北渡江沟三大人工水系在镇内垂直交叉，为农业生产提供了丰富的自然资源。全镇区域面积162平方公里，可耕地面积162800亩，总人口7.5万，小麦种植面积160800亩，辖17个村、2个居委会，156个自然村，259个村民组。

【现代农业】加强农业服务体系建设，引导和帮助农民群众搞好产业结构调整，农村实用种养技术进一步推广，集中力量发展黄金梨、草莓及温室大棚等农业产业。2016年，发展农业专业合作社11家，家庭农场26家，创建省级示范社2家、市级家庭农场1家，新增各类大型农机具249台。侯桥村温室大棚建成600亩种植基地，涡曹路两侧发展大棚蔬菜连片种植180亩；高长营、柴村种植草莓200亩；顺河村集中连片种植莲藕400亩；发展泡椒种植300亩，葡萄连片种植300亩。

【党员干部队伍建设】组建“曹市镇新青年网络党支部”，吸收29名高学历、高素质、高层次的大学毕业生、优秀退伍军人加入网络流动党支部，培养“双向流动”的带路人、助力脱贫的生力军、发家致富的领头雁。结合省委巡视“回头看”，对11个镇直党支部和19个建制村党总支下辖的40个党支部进行集中换届，把一部分思想好、作风实、为人正的退伍军人、致富能手、种养殖大户中的优秀党员吸收到党支部。积极开展村干部超龄、超职数“双超”治理工作，消化村“两委”超职数配备25人、超龄服役11人，超额完成任务。现任村“两委”干部全部建立个人档案，培养村级后备干部110人。2016年，新发展党员23名，其中大专以上学历10名、35周岁以下19名，非公有制企业3名，女党员8名，从根本上优化了党员队伍、改善了党员结构、提升了党员整体素质。

【美丽乡村建设】认真落实美丽乡村、美丽集镇建设规划和中心村布点规划，结合“千年古镇”建设，推进投资4200多万元的乡镇政府驻地建成区整治工作，加强基础设施建设和公共服务配套，同步开展辉山美丽乡村建设。按照科学规划布局美、村容整洁环境美、创业增收生活美、乡风文明身心美的目标要求，全面建设宜居、宜业、宜游的美丽乡村。省级美丽乡村辉山顺利通过省验收。

【基础设施建设】加快村村通公路建设。2016年利用各类项目资金修建道路120多公里，修建青西路曹市段8公里、徐涡路曹市段14公里、贫困村道路畅通工程26.63公里，撤并村道路12.71公里，曹徐路等道路建设竣工，一事一议新修村道11.23公里。

【社会事业】着力抓好民生工程、计划生育、民政、司法、教育卫生等工作，统筹经济社会发展，完成了曹市中学、长营中学和辉山中心校改、扩建工程。中考成绩在全县名列前茅，所有村级文化活动室及农家书屋已投入使用。新建镇中心医院完成搬迁并投入使用，19个村卫生室全部投入使用。曹市敬老院是皖北规模最大的公办敬老院，曾获得国家民政部表彰。以集镇为中心的农村饮水工程顺利完工，解决0.8万人安全饮水问题。农合参合率达到100%，超额完成县分配任务。农保缴费率达96.8%以上。国学经典“六进”和书香村居建设深入开展，大大提升了全镇的文明程度。（曹市镇办供稿）

青疃镇

【概况】青疃镇位于涡阳县东北部，距涡阳县城25公里，东与淮北市接壤，距省道S202线7公里。全镇总面积136.1平方公里，耕地1公顷，8.5万人，是一个典型的农业大镇。全镇辖19个村委会、1个居委会，169个自然村，238个村民组，共17895户。徐阜铁路穿镇而过，青永、青芦铁路交会于此，青疃火车站成为国家二级编组站。青疃镇文化底蕴深厚，镇内重点文物保护单位袁氏宗祠，即晚清山东巡抚袁大化故居。樊哙墓位于青南村寺东王庄，名曰"樊哙寺"，相传古墓为汉高祖大将樊哙之墓，该墓占地面积1200平方米。2016年，全镇财政收入1023.5万元，其中地税收入282.1万元，国税收入353.4万元，社会抚养费388万元。

【招商引资】招商引资签约项目5个，其中新建项目4个。重点引资项目安徽神能电池科技有限公司建成投产运营。

【农业经济】推进小麦政策性农业保险工作。按照政府提倡、农户自愿的原则，全镇共入保小麦面积约0.67万公顷，为全镇20个行政村小麦生产系上"保险带"。畜牧业存栏量明显增多。生猪存栏0.6万头，山羊3.5万只，家禽10万只，全部进行防疫，防疫密度100%。林业生产连年先进。春季成片造林173.33余公顷，集中在济祁高速两侧和海棠基地，栽植各类花木30万株。完成四旁植树13万株，青王路等路段补植造林8.67公顷。

【民生工程】2016年共实施23项民生工程。全镇参合率100%，为全镇8万多人建立了健康档

县委书记胡明文到青疃镇督查秸秆禁烧工作

案。落实好"两免一补"政策，使贫困学生能上学。大袁村美丽乡村一期规划农民建房48户全部按照皖北古村建筑方案进行建设，村内道路三纵一横，面积7025平方米，新建公共设施6210平方米，雨水管网5958米，水体整治12420平方米，建设幼儿园1座，广场1外，公厕3座，路灯安装113盏，绿化植树5000余棵。改造贫困村道路6.6公里、撤并村道路16.4公里。危房改造完成70户，打卡发放资金92.2万元。"一事一议"项目涉及15个村16个项目，其中铺设水泥路13条10公里，下水道2公里，安装路灯500盏，一事一议完工率为100%。

【社会保障】加强基本医疗、防疫保健、健康教育等农村卫生服务体系建设。按照"五统一、两独立"的工作要求，大力开展农村卫生一体化建设，村卫生室的面貌焕然一新。通过清理整顿低保，退出不符合低保条件1605人。2016年年底，全镇共有低保户491户670人，低保对象纳入扶贫的459人，纳入扶贫率为68.5%，同比提高31.55%。计划生育月评比、月调度工作位居全县前列，共有286名奖扶对象享受计划生育奖励补助资金，8人享受特殊奖扶。

【扶贫攻坚】按照"识别到人、帮扶到户、落实到位"的要求，对预脱贫对象户建立电子档案，做到户有表、村有册、镇有电子档案。同时，联系各挂包单位，借助各单位优势，集中力量，将脱贫摘帽任务分解落实到每个人，对全镇预脱贫农户实行全覆盖帮扶，2016年实现脱贫403户777人。

【信访维稳综治】充分发挥"两室两中心"作用，全面推行"网格化管理模式"，建立完善"横向到边、纵向到底"的网格化管理体系。加强矛盾纠纷排查化解，排查各类矛盾纠纷35起，调处化解35起，调处率100%，有效维护了社会稳定。

【文化教育】全镇共有村级文化活动中心24家，各类图书室46

个，藏书31万册。有省级文物保护单位大袁古村落1处。农家书屋20家，送戏下乡、送电影下乡36场次，极大丰富了群众的精神文化生活。2016年年底，全镇共有幼儿园10所，在园幼儿1968人，专任教师52人；小学22所，在校学生4180人，专任教师309人，小学适龄儿童入学率100%；初中4所，在校学生820人，专任教师138人。（青疃镇办供稿）

单集林场

【概况】单集林场位于涡阳县城东20公里，国土面积40.8平方公里。南靠涡河，北依北淝河，场内18座电灌站，沟、闸、路、渠、函配套齐全，旱能灌，涝能排；交通便捷，涡阳—宿州公路越境东西穿过。单集林场是1960年经省林业厅批准成立的国有林场事业单位，现辖3个林业专业队，有林业工人276人，其中退休工人53人，国有土地面积1079公顷。作为乡镇机构管理下辖4个村委会，1个居委会，55个自然村，72个村民组，人口2.19万人，集体耕地面积1933.7公顷。2016年，完成国税38.57万元；完成地税108.9万元；完成社会抚养费征缴97.7万元；招商引资1.8亿元；固定资产投资1.2亿元；全场人均纯收入10904元。

【国有林场改革】根据中发〔2015〕6号、皖发〔2016〕13号文件精神，按照市、县委要求2016年11月单集林场进行国有林场改革，行政隶属于高炉镇（4个村委会、一个居委会划归高炉镇管辖），同时成立涡阳县国有林场（正科级事业单位隶属于涡阳县林业局管辖）。

【经济发展】2016年，继续完善良种繁育体系，扩大种植规模。规划玉米振兴计划“千亩片”柴楼村。区域化生产格局已经建立，规模种植基本形成。推广优质小麦（新麦26）品种，实施小麦高产攻关田4万亩，标准良田5000亩，落实现代农业项目1万亩。扩大其他经济作物的种植，全场纯种玉米千亩方5个，百亩片6个。开展新型农民培训12期，系统培训人员达600人次，辐射带动2000余人。维护沟、路、桥、涵、井等基础设施，新打机井20眼。创办规模企业1家，新增新型经营主体8家，新增个体工商户26户。

【基础设施】县组织部投资9万元、场党委配套10万元新建天齐村党员群众服务中心及光伏发电（见上图）；争取上级扶持“村村通”工程，自筹资金9万元，铺设沙石路1.5公里，通过“一事一议”铺设水泥路2.5公里；修建下水道2.6公里；按照“六无”标准的要求，美化、净化林场村容村貌，建垃圾掩埋场1处，高标准绿化了顺西路、集镇周边。

【社会事业】全场共有五保户122户，入住敬老院五保户58人，加大对敬老院支持力度，改善孤寡老人、五保户的居住环境，提高生活质量，投资16万元新建敬老院房屋8间。新评低保户168人，重度残疾人救助126人，精神病药费补助28人，白内障复明8例，大病救助26户，残疾人就业培训6人。新型农民科技培训160人，进城务工人员培训120人。转移农村劳动力1226人，下岗再就业人员56人。城镇居民医疗保险和养老保险分别完成100%和95.2%。全年培养文化中心户5个，组建农民书社5个，电影队1个。

【林业建设】单集林场是涡阳县优质“中涡一号杨”育苗基地。拥有占地200余亩的皖北林业科技示范园。依托皖北林业科技示范园，培育十余种品味较高的树苗。2016年，进一步搞好高层次苗木繁育和中涡1号杨的繁育，并适当扩展了花卉品种，调整片林结构，新建、更新、改造、补植林网，实施用材林向经济效益林的合理转化，基本达到了春有花、夏有荫、秋有果、冬有青的景观。2016年，共补植树木6.6万株。

【民生工程】实施城乡义务教育经费保障机制改革；落实村村通工程，投资46万元，新修公路4公里。建立城镇居民基本保障制度，基本实现城镇居民医疗保险全覆盖；建立农村居民最低生活保障制度；提高农村“五保户”供养标准，已建高标准的敬老院一座；完善农村计划生育家庭奖励扶助制度；推进新农合医疗制度，参合农民达98%以上。

（林场办供稿）

人员名录

县四大班子（2016年1月1日至2016年12月31日）

中共涡阳县委员会

书　记：胡明文（2014年10月—）

副书记：杨学国（2016年5月离任）

熊国洪（2016年5月任职）

万瑞年（2015年11月—）

常　委：陈长安（2016年6月—）

雅浩海（2011年4月—）

王玉红（2016年5月离任）

韩　龙（2015年10月—）

黄　恺（2016年6月—）

刘梦汝（2013年9月—）

黄卫国（2016年6月离任）

刘仲远（2016年5月离任）

方振勇（2016年6月离任）

丰霄寒（2016年5月—）

丁　博（2016年6月—）

张松龄（2015年6月—）

杜世峰（2016年3月—，挂职）

乔　健（2016年10月—，挂职）

冯　浩（2016年10月—，挂职）

涡阳县人大常委会

主　任：胡明文（2015年1月12任职）

副主任：刘传华（2015年11月副主任候选人，2016年1月当选）

范吉用（2015年11月副主任候选人，2016年1月当选人大常委会副主任）

涡阳县人民政府

县　长：杨学国（2016年5月离任）

熊国洪（2016年5月任职）

常务副县长：方振勇（2016年6月离任）

陈长安（2016年6月—）

副县长：王玉红（2016年5月离任）

黄　恺（2015年5月—）

刘仲远（2016年1月去县委办）

杜世峰（2016年3月—，挂职）

乔　健（2016年10月—，挂职）

冯　浩（2016年10月—，挂职）

刘红岩（2007年2月—）

万洪超（援藏）

李　雷（2012年1月—）

汪俊峰（2014年11月—2016年11月，提前回合肥，挂职）

张尔庆（2015年10月—，挂职）

陈志刚（2016年10月离任）

县政协

主　席：吴　晋（2012年1月—）

副主席：刘　峰（2016年5月任副主席候选人）

蒋玲玲（2012年1月—）

李文飞（2007年2月—）

赵太民（2007年2月—）

方　侠（2015年12月副主席候选人，2016年1月当选副主席）

县委工作部门及直属单位

县委办公室：

主　任：刘仲远（2016年5月离任）

丰霄寒（2016年5月—）

副主任：

张　玮

许复礼（2016年4月离任）

李良书（2016年11月离任）

蒋清源（2016年4月任职）

县委政研室

主　任：梁云超（2016年5月任职）

副主任：蒋清源（2016年4月离任）

邓书先

县纪委

书　记：韩　龙（2015年10月—）

副书记：张　凯（监察局局长）

崔华锋

组织部

部　长：刘梦汝

常务副部长：张亚民（2016年2月离任）

副部长：王　雷（2016年2月任职）

贾惜东（2016年2月任职）

宣传部

部　长：雅浩海（2011年4月—）

副部长：李永进

付　捷（2016年11月离任）

任晓锋

李良书（2016年11月任职）

统战部

部　长：刘梦汝

常务副部长：杨洪发

政法委

书　记：丁　博（2016年6月）

副书记：陈　涛　陈柏松

张　洋（2016年8月任职）

机关工委

书　记：张继红

副书记:徐海波

县委老干部局

局　长:贾惜东(组织部副部长)

副局长:姜林林

县委党校

常务副校长:张亚民(2016年1月任职)

副校长:穆家云

校委委员:魏绍军　高　珊　武　明

督查中心

主　任:许复礼(2016年4月离任)

邓书先(2016年4月到任)

副主任:马长春(2016年4月离任)

胡志胜(2016年3月到任)

马　涛(2016年3月到任)

保密局

局　长:张群英(2016年6月离任)

负责人:肖　峰(2016年6月—)

信访局

局　长:栗广飞(2016年3月离任)

程　军　(2016年3月任职)

副局长:何　超(2016年10月离任)

张　峰(2016年2月离任)

马欲飞(2016年8月离任)

赵　凯(2016年10月任职)

朱　标(2016年2月任职)

耿　芳　(2016年8月任职)

档案局

局　长:丰霄寒

副局长:王　超

杨冰冰(2016年08任职)

党史办

主　任:孙兴旺

县编办

主　任:汪　澄　(2005年7月—2016年11月离任)

李　岩(2016年11月任职)

副主任:赵协民(2015年12月任职)

金融办

主　任:赵晓蕾

副主任:赵　冲(2016年3月离任)

刘　建(2016年7月任职,2016年11月离任)

人大常委会办公室及工作部门

办公室

主　任:周俊杰

教育科学文化卫生工作委员会(民宗侨外工作委员会)

主　任:刘文华

农业与农村工作委员会

主　任:纪本良

城乡建设与环境资源保护工作委员会

主　任:马燕霖

内务司法工作委员会

主　任:蔡　扬

人事代表选举工作委员会(代表联络办公室)

主　任:沈显华

副主任:汪　澄(2016年6月被任命)

徐　波(2016年6月离任)

财政经济工作委员会(预算审查工作委员会)

副主任:侯言武(2016年9月被任命)

县政协办公室及工作部门

政协办公室

主　任:王登峰

政协专职委员会

提案委员会负责人:朱晓晨(2016年8月任职)

经济科技委员会主任:武　霞

文教卫体史委员会副主任:李　密

学习与社会法制委员会主任:于继江

祖国统一与民族宗教委员会主任:杜　宁

县人武部及工作部门

县人武部

部　长:张松龄

政　委:汤向阳

副部长兼军事科长:姜玉胜

政工科长:牛全红

后勤科长:杨卫强

县政府工作部门

政府办公室

苏志杰　县政办党组书记、主任

李良忠　县政办党组成员、副主任、法制办负责人

陆春晓　县政办党组成员、副主任

张　坤　县政办党组成员、副主任(2016年10月任职)

杨　健　县政办党组成员、地方志办主任

县监察局

局　长:张　凯(2012.2—)

副局长:

许　峰(2014.9—　)

陶　宇(2016.3—　)

邱家义(2016.5—　)

发改委

主　任:梁云超(2016.5离任)

孙晋生(2016.5任职)

副主任:杨善才(2016.8任职)

邓晓雷(2016.8任职)

蒋家彬(2016年5月离任)

经信委

主　任:赵　凯

副主任:燕化军（2016 年 5 月任职）

马欲飞（2016 年 8 月任职）

程效军（2016 年 8 月任职）

邱家义（2016 年 5 月离任）

周晓东（2016 年 5 月离任）

党组成员:汝金鹏　董朝阳　杨西剑　常良平

农委

主　任:(暂缺) 黄恺（县委、常委、副县长）主持农委工作

党组副书记、副主任:朱侠

副主任:程海伦　史晓云

胡德斌（2016 年 9 月任职）

党组成员:王安杰　刘宗方

教育局

局　长:燕　坤

副局长:王　森　杨文权

党组成员:候广维

陶治洋　陶　坤

督　学:方　迪

科技局

局　长:赵书义

副局长:周　鸿（2016 年 1 月离任）

蒋家彬（2016 年 5 月任职）

葛　云（2016 年 8 月任职）

党组成员:郭志彬　张军

公安局

局　长:丁　博

政　委:高　越

副局长:梁　奇　刘　伟

宋　丰（2016 年 10 月挂职）

副政委:陆辑民　李洪锋

民政局

局　长:徐　敬

副局长:王俊胜　李　翔

党组成员:李洪全　马庆华　程建林　席理军　孙文涛

财政局

局　长:赵　良

副局长:徐化飞

吕秀成（2016 年 8 月任职）

侯言武（2016 年 8 月离任）

李仓玉（2016 年 10 月离任）

党组成员:付自民（2016 年 8 月任职）

胡德斌（2016 年 8 月离任）

总会计师:刘　建（2016 年 7 月离任）

人力资源和社会保障局

局　长:王　锐

副局长:莫雪飞

李　伟（2016 年 8 月任职）

杨艳波（2016 年 8 月离任）

国土资源局

局　长:侯敬志

副局长:赵凤山（2016 年 11 月任职）

王正礼

党组成员:刘汉召（纪检组长 2016 年 8 月任职）

刘鑫颖（2016 年 11 月任职）

刘志远（2016 年 11 月任职）

住建委

主任:盛亚民　（2016. 10 调入）

书记:徐　峰（2016. 3 调入）

副主任:王保华　高　翔（2016 年 9 月任职）李　伟

规划局

局　长:盛亚民

党组书记:王志强

党组成员、副局长:刘军

党组成员:张绍敬（2016 年 4 月任职）

房地产管理局

局　长:李　伟

副局长:李松良

党组成员:王美瑕、燕丽

交通运输局

局　长:陈　平

副局长:黄志刚（2016 年 1 月任职）

张　锦（2016 年离任）杨强（2016 年 8 月离任）

党组成员:许振兵　焦红灵

总工程师:王建伟（2016 年 8 月离任）

水务局

党组书记、局长:张本连（2008 年 10 月任职）

副局长:杨文峰（2013. 8 任职）

汤学成（2015 年 10 月去世）

魏　鹏（2015 年 11 月任职）

党组成员:陈松年（2013. 8 任职）

吴　强（2012 年 9 月任职）

商务局

局　长:马广奇（2017. 2 离任）

副局长:孙保光　汪海洋

卫计委

主　任:刘化云

副主任:胡玉影

杨艳波（2016. 8 任职）

李　军

党组成员:张景跃 孙红梅

委党组成员、县医院党委副书记、纪委书记:杨洪影（2016. 7 离任）

计生协会秘书长:纪广思

计生稽查大队队长:龚保廷（2016. 10 离任）

王　忠（2016 年 10 月任职）

农合中心主任:田　杰（2016. 8 离任）

高　辉（2016 年 8 月任职）

保健和计划生育服务中心主任:孙士奉（2016. 10 任职）

审计局

党组书记、局长：许复礼（2016年2月任职）

副局长：黄志强

党组成员、副局长：孙学超（2016年9月任职）

环保局

党组书记、局长：张新文

党组成员、副局长：王明志

党组成员、副局长：董建

党组成员：冯玉才

统计局

局　长：祝　礼

副局长：燕化军（2016年1月—5月）

孙建春（2016年5月—12月）

安监局

局　长：孙　启

副局长：余　杰

党组成员：高魁祥（2016年8月免职）

民宗局

局　长：牛　剑

副局长：李　伟

老子文化生态园管理委员会

主　任：刘　斌

副主任：柴阳阳

法院

院　长：雷　晨

副院长：王　平（挂职）

凡　华　孙浩杰

党组成员：马六一

纪检组长：李久鸿

检察院

检察长：信清彬

副检察长：侯　冰

宗建鹏　何　昆

纪检组长：徐　波（2016年5月—）

政治处主任：王　玲

反贪局局长：陶　宇（2016年5月离任）

张　铭（2016年7月—）

政府办事机构、直属事业单位

政务服务中心

中心副主任：贾松

公管局

局长：王瑞（2016年10月离任）

李　伟（2016年10月任职）

副局长：唐　伟

殷化良（2016年8月离任）　张晓明

机关事务管理局

局　长：张　玮

副局长：马长春（2016.4任职）

地方志

主任：杨　健

文化体育旅游局

局长：刘　斌

副局长：周　鸿　2016年1月任职

周　霖

江　燕（挂职，2016年4月离任）

党组成员：王显乐　郭小龙

何　超

广播电视台

台长：李良书

副台长：蒋红光　李　飞

体育事业发展中心

主　任：李　岩

副主任：罗运生

重点局

党组书记、局长：苏廷全（2014年3月—）

党组成员、副局长：孙　清（2012年12月—）

党组成员、副局长：孟亚飞（2013年10月—）

城管执法局

副局长（主持工作）：高　杨

副局长：王玉（挂职）

张红印（挂职）管书彬

党组成员：王绍民　门士威

文明办

副主任、主持工作：李小雨

副主任：李　永

供销社

主　任：李　刚

副主任：李　魁　李廷山

何　超（2016年9月任职）

招商局

党组副书记、副局长：李仓玉（主持工作）

党组成员、副局长：徐　永（2016年9月离任）

曹　慧（2016年3月任职）

党组成员、办公室主任：邓书华

党组成员、协作联络室主任：李　涛

党组成员、项目服务室主任：吴增强

菜办

副主任：李秀龄　刘　坤

农经办

主任：王　宁

副主任：盛家文　李　良

轻工总会

副会长：陈伟元（主持工作）

葛　云（2016年7月离任）

文联

党组书记、主席：潘学峰

副主席：张　梅

司法局

局　长：陈　涛（2016年1月13日任职）

邓卜锋（2016年1月13日离任）

副局长：陈福建　李　亚

党组成员、主任科员：史可平（2016 年 8 月免去党组成员）

美丽乡村建设办公室

负责人：侯晓明（主持工作）

副主任：何华峰

农机局

局　长：赵劲涛（2015 年 11 月调任）

副局长：周之亚（2016 年 5 月离任）

耿　芳（2016 年 8 月离任）

慕宗振（2016 年 9 月到任）

林业局

局长：王昌元

副局长：赵广标

朱金岗（2016 年 4 月任职）

党组成员：刘恒标　王礼凤　姜怀田　倪　民

群众团体

总工会

主　席：雅浩海

党组书记、副主席：武效强

副主席：胡志胜（2016 年 3 月离任）

杨　辉

党组成员：秦　虎

团县委

委书记：贾瑞杰

副书记：李　真

妇联

主　席：袁红侠

副主席：江　影

党组成员：胡　艳

科协

主　席：董华良

副主席：张锋（2016 年 7 月任职）

祝　萍（2016 年 1 月离任）

工商联

主　席：李文飞

书　记：朱晓晨（2016 年 9 月离任）

杨洪发（2016 年 11 月任职）

副主席：李华峰

副会长党组成员：解　娣

残联

党组书记、理事长：沈祥成

副理事长：李玉彩

张　锋（2013 年 8 月—2016 年 7 月）

党组成员：郭向阳

县老年大学

校　长：范新安

常务副校长：锁　莉

副校长：邹广义　张振东　孙传德

市属及其他单位

国税局

局　长：蔡鹏程

副局长：王　军　刘　祥　代文杰　赵　强

地税局

局　长：李红伟

副局长：刘洪军　张　亮　邓汉全

纪检组长：李　辉（2016 年 3 月离任）

祝　伟（2016 年 3 月任职）

市场管理局

局　长：邓　华

副局长：张华秀　潘洪超

党组成员：梁兴武　王　磊　王　磊　张　伟　刘　娟

海事处

处　长：王保生

副处长：徐　峰　隋　伟

国家统计局涡阳调查队

队长：栗广亚

副队长：梅　杰

气象局

局　长：王　辉

副局长：邵玉鹏　李运锋

住房资金管理办

主　任：刘　炜

中国人寿保险股份有限公司涡阳支公司

经理：马汉东

副经理：周　磊　张　璀　马彩琴

邮储银行涡阳县支行

行　长：邢秀峰

副行长：王　峰

农业发展银行涡阳县支行

行　长：孙　亚

副行长：胡　鹏　王　宇

中国人民银行涡阳县支行

行　长：纪海军

副行长：杜　江（2016 年 4 月到任）胡守超

中国工商银行限公司涡阳支行

行　长：锁　超

副行长：倪　利　司燕飞

中国银行涡阳支行

行长：李　静

副行长：侯鑫伟　唐淑敏

中国农业银行涡阳支行

行　长：王显礼

中国建设银行涡阳支行

行　长：李　波

农村商业银行

涡阳农商银行党委书记、董事长：蒋红岩

党委副书记、行长：张文辉

党委委员、副行长：管晓伟

党委委员、董事会秘书：蒋召礼

涡阳金阳建设投资有限公司

总经理：潘松柏

亳州市公路管理局涡阳分局

局　长：史广金

副局长：庞　鑫　于　伟

工会主席：张欲晓

主任工程师:李含亮

烟草专卖局

局长、经理:王金昌(2016年9月离任)

崔大林(2016年9月任职)

副局长:王 涛

副经理:袁春生

纪检组长:龚 飞

供电公司

总经理、党委副书记:

杨东旭

党委书记、副总经理:王运涛

副总经理、党委委员:张道军

唐亚非 许子亮 甘业平

移动公司

总经理:邓士田

副总经理:李 森

总经理助理:王光辉

新华书店

经 理:赵万里

副经理:张 兵

联通公司

总经理:梁新锋

副总经理:甘 泉

总经理助理:张磊磊

中国电信股份有限公司涡阳分公司

总经理:赵斐

副总经理:郑映霞

姜伟(2016年2月任职)

安徽亳州涡阳石油分公司

经 理:许纯平(2016年9月调任)

书 记:朱清峰(2016年9月调任)

经理助理:杨 飞(2016年9月调任)

纪小梅(2016年9月调任)

邮政分公司

总经理:张 林

副总经理:窦 峰

武警涡阳县消防大队

大队长:宋子伟 (2016年11月离任)

胡启明(2016年11月任职)

教导员:徐恩永

参 谋:姚 峰

中队长:曹志国

副中队长:周 坤

陈怡君(2016年9月分配)

马义卿(2016年9月分配)

指导员:段立超 (2016年12月调离)

镇(场)、街道、经开区

义门镇

党委书记:赵云超

党委副书记、镇长:崔 伟(11月份到任)

人大主席:孟凡臣

副书记:赵子刚(11月调走)

党委委员、纪委书记:张 诚(3月份调走)

张路华(3月到任)

党委委员:陈永峰 孙 庆 杨成武 王 静 张 伟

副镇长:王 军(9月调走)

周华文(7月调走)

侯玉超 蒋 洁

高炉镇

书 记:李向前

镇 长:崔 伟

人大主席:裴 杰

党委副书记:马乐天

纪委书记:王 利

党委委员:付洪秀 邓雷鸣

李振栋 潘茹琦 贾向锋

副镇长:李 影 沈明光

青疃镇

书 记:刘兴连

镇 长:李文权

人大主席:于域(11月离职)

张泽国(11月任职)

党委副书记:朱宗义(11月离职)

党委委员、纪委书记:黄 波

党委委员、武装部长:张永勤

党委委员:秦 飞 朱 琳 宁文清 王 军

副镇长:张兴标 马振秀

朱 琳(科技副镇长)

党政办主任:于振东

龙山镇

书 记:李 锐(2016.2离任)

张景富(2016.2任职)

镇 长:陶 宇

人大主席:栗莉平

副书记:栗怀忍

纪委书记:张路华(2016.3离任)

张 成(2016.3任职)

武装部长:周 瑞

组织委员:李 亚

宣传委员:杨华卿(2016.10离任)

党委委员:荆 雷 张志连

副镇长:高振学 邓 超

西阳镇

书 记:栗 克

镇 长:牛华山

人大主席:赵 侠(2016年11月离任)

董 刚(2016年11月任职)

党委副书记:郁双超

党委委员:朱永佳(2016年3月离任)

李 奎(2016年3月任职)

杨 磊 韩 伟 王 博

杨 峰(2016年3月离任)

副镇长:刘 雷 孟亚东(2016年3月离任)

楚店镇

书 记:赵 耀

镇　长：岳　云
人大主席：侯其娟
副书记：徐　永
党委成员：刘　炎　周　海　周　强　程效飞　张永祥　徐　彪
副镇长：陆翔翔　吕东雯　栗壮志

高公镇

书　记：翟保明（2016年3月任职）
镇　长：张心乾
人大主席：程修灵（2016年11月离职）
王　峰（2016年11月任职）
副书记：刘　亚（2016年3月离职）
刘汉西（2016年3月离职）
周　伟（2016.3任职）
党委委员：崔　虎（2016年3月离职）
孙　峰（2016年3月离职）
高　辉（2016年3月任职）
慕宗友　宗　献　韩　林
李夫业（2016年3月任职）
龚长华（2016年3月任职）
副镇长：李金峰
黄　波（2016年3月调离）
刘志远（2016年11月调离）
张　兵（2016年3月调离）
邹想想（2016年11月任职）

新兴镇

书　记：宋崇民
镇　长：魏文涛　（2016年6月任职）
人大主席：朱宗义　（2016年10月任职）
副书记：李良奎（2016年10月离任）
刘晓辉：（挂职，2016年6月任职）
党委委员：马卫国　邱广义　刘子君　崔华金（2016年2月离任）　马中华（2016年2月任职）　刘俊领　聂洪涛（2016年2月任职）
副镇长：高广秀
郝晶波（2016年7月任职）
吕超峰（2016年2月任职）
刘彤莉（2016年2月任职）

石弓镇

书　记：葛新建
镇　长：栗怀忍
人大主席：陈伟元
党委副书记：邓海申
党委委员：张化田　相　伟　于晓虎　潘书林　董　艳　王清山
副镇长：任秀丽　张含冰　徐继星
人大副主席：张爱民

曹市镇

党委书记：冯　飞
镇　长：刘　超
人大主席：贾子彪
党委副书记：葛胜利
党委委员：刘丙三　杨点辉　王长胜　岳涛　张　超　宁云超
副镇长：刘　瑞　戚连华　高　君

临湖镇

书　记：李　飞
镇　长：纪　永
人大主席：王　侠
扶贫专职副书记：徐海波
党委委员：马　彪　李　彬　魏长杰　崔　辉　燕　影
副镇长：高　锦　邓　艳

丹城镇

书　记：张作飞
镇　长：王振仁
副书记：戴金莉　李晓莉
党委委员：孙自建　罗　涛　蒋庆喜　孙晓宇　李大海
组织委员：李　博
副镇长：张秀峰　刘广立

店集镇

书　记：蒋真源
镇　长：张　涛
人大主席：李晓莉
副书记：王丛山　徐子勤
纪委书记：黄维峰
党委委员：孙　利　马燕红
组织委员：司华平
宣传委员：王　军
副镇长：程露露　吴生长

陈大镇

书　记：栗广飞
镇　长：张　坤（2016年10月调离）
人大主席：于灿泓
副书记：张晓华
党委委员：史占领　王晓燕　孟亚东　王晓亮　王　雷
组织委员：张　莉

马店集

书　记：高　峰
镇　长：徐　斌
人大主席：孙士奉
党委副书记：张泽国
党委纪委书记：耿仁君
党委组织委员：丁俊美　张继华
党委宣传委员：马继连　王亚勇
党委委员：陆　路　周　建　王昌民
副镇长：张永祥　周　建　王昌民　刘　明（科技副镇长）

牌坊镇

书　记：张　一

镇　长:司准忠
人大主席:刘汉西
副书记:张　锦
党委委员:刘传伟　张思魁
马俊鹏　郗　磊　曹　鹏
燕化伟
副镇长:燕　峰
张良信(待定)

花沟镇
书　记:岳祥金
镇　长:郑红杰
人大主席:栗　志
副书记:赵　冲
纪委书记:耿玉宽
党委委员:慕　君　崔华金
崔　虎　龚文龙
组织委员:刘俊英
副镇长:刘晓晨

公吉寺
书　记:李　锐
镇　长:蒋真源(2016年3月调离)
陈　旭　(2016年3月任职)
人大主席:李良奎
党委副书记:刘长庚(2016年11月调离)
人大副主席:张建业
党委委员:王朝明　李　明
殷　良　郅叶茂　杨永立
副镇长:王学喜

涡南镇
书记:高洪大(2016年12月已离任)
镇长:孙亚玲(2016年7月任职)
人大主席:赵子刚
副书记:孙　峰
党委委员:刘俊峰　王体彬(2016年4月改非)
胡　成　曹　伟　燕　伟
李亚杰
副镇长:张启程

标里镇
党委书记:张振中(2016.03—)
镇　长:刘　超(2016年11月离任)
蔡　畦(2016.11—)
人大主席:刘　伟
党委副书记:杜家德
党委委员:张明华　徐　涛
刘　卿　李松岭　王东方
段丽娟
副镇长:王全勇　牛　通

城关街道
主任:邓卜锋
副书记:刘　顺(2016年3月离任)　秦占先
人大工委副主任:冯　伟
党工委副书记:邓其飞(挂职)　杨艳波(挂职)
党工委委员:王自华(聘任制)　李　波　马　兵　赵向阳
张绍敬　刘　铮
张先风(挂职)　智　坤
副主任:于　影　张　宇
李　伟　李长波(挂职)

城东街道
书记:苗　彧
主任:董金平
人大工委主任:葛　胜
党工委委员:梁　新　张晖鸿
邓卜亭　高　魏　景中全
副主任:刘　影
挂职副主任:姜林林(2016年12月离任)

涡北街道
书记:冯传华
主任:王全好(2016年11月离任)
陈志刚(2016年11月任职)
人大工委主任:李　伟(2016年8月离任)
郭建华(2016年8月任职)
副书记:充学玲
党工委委员:张兴杰(2016年7月任职)
任怀超　夏军良　岳　涛
门士威(挂职)
刘玉秀(2016年7月离任)
副主任:武　强　江　浩
马　涛

城西街道
书　记:牛　光
主　任:何　峰
人大工委主任:胡维峰
副书记:李永亮
陈　旭(2016年3月离任);
何　超(挂职,2016年1月离任);
党工委委员:何怀贵(2016年3月离任)王宇三　邓卜亭(2016年9月离任)　刘鑫颖(2016年10月离任)　李　芳
史　伟(2016年3月到任)
副主任:刘玉成
慕　君(2016年4月离任)
董焰明　张建宏
张　雷(挂职,2016年1月离任)
邓昌盛(2016年8月离任)

单集林场
书　记:廉　锋
场　长:廉　锋
人大联络办主任:曹　慧(2016年1月离任)
侯其娟(2016年1月任职、2016年7月离任)
党委委员:侯玉超(2016年3月离任)　宋占义
孙自建(2016年3月离任)
副场长:李子白　张继华(2016年1月离任)
王东方(2016年3月离任)

陈春忠

经开区管委会

主任：牛　光

党工委书记：郅玉洁

管委会副主任：蔡　畦

（2016.12离任）

邓昌盛　张　雷

党工委委员：周晓东

黄桂峰　裴海涛

荣誉榜　新闻人物

国家级表彰个人

表 1

姓名	单位	荣誉称号	授奖单位	授奖时间
赵敬成	县公安局	荣获国家禁毒办“全国禁种铲毒工作”先进个人	公安部	2016 年
段诚浩	县公安局	荣获公安部五局“2016 至 2017 年度全国刑侦情报研判能手”先进个人	公安部	2016 年

地厅级表彰集体

表 2

单位名称	荣誉称号	授奖单位	授奖时间
涡阳县	亳州市人口和计划生育工作进步奖	中共亳州市委亳州市人民政府	2016 年 5 月 30 日
县督查中心	书香机关	市委宣传部 市直机关工委 书香亳州建设工作领导小组办公室	2016 年 6 月
县督查中心	网民留言办理工作先进单位	人民网	2017 年 1 月
曹市镇 涡北街道 城关街道	亳州市人口和计划生育工作优秀乡镇（街道）	中共亳州市委　亳州市人民政府	2016 年 5 月 30 日
丹城镇 临湖镇 青疃镇	亳州市村为主工作示范乡镇	中共亳州市委　亳州市人民政府	2016 年 5 月 30 日
公吉寺镇计生办 丹城镇计生办	亳州市基层管理和服务优秀计划生育办公室	中共亳州市委亳州市人民政府	2016 年 5 月 30 日
花沟镇计划生育服务所 临湖镇计划生育服务所 城东街道计划生育服务所	亳州市优秀计划生育服务所	中共亳州市委亳州市人民政府	2016 年 5 月 30 日
城关街道孙楼社区、向阳社区	亳州市城市和流动人口计划生育示范社区	亳州市人口和计划生育工作领导小组	2016 年 5 月 11 日
城东街道马寨居委会 涡北街道涡北居委会	亳州市诚信计生示范村（居）	亳州市人口和计划生育工作领导小组	2016 年 5 月 11 日
涡阳县民政局	安徽省福彩优秀县二等奖	安徽省民政厅	2016 年 01 月
涡阳县人民检察院	全省基层院建设十大先进典型	安徽省人民检察院	2016 年 2 月
涡阳县人民检察院	2015 年度先进基层检察院	亳州市人民检察院	2016 年 3 月
涡阳县人民检察院 监所科	2015 年度全市检察机关先进集体	亳州市人民检察院	2016 年 3 月
涡阳县人民检察院	书香机关	亳州市宣传部	2016 年 6 月
涡阳县人民检察院	全国检察宣传先进单位	最高人民人民检察院　检察日报社	2016 年 8 月
涡阳县人民检察院	百佳机关书屋	安徽省省文明办	2016 年 8 月
涡阳县人民检察院	全国青少年维权岗	最高人民检察院、共青团中央	2016 年 1 月
涡阳县科协	省级科普示范县	省科协	2016 年 1 月

续表 2

单位名称	荣誉称号	授奖单位	授奖时间
涡阳县科协	青少年创新大赛组织奖	市科协、市教育局	2016 年 3 月
涡阳县分公司	亳州市五四红旗团支部	共青团亳州市委员会	2016 年 4 月
中共涡阳县委宣传部	全省扫黄打非先进集体	安徽省扫黄打非领导小组	2017 年 1 月
中共涡阳县委宣传部	全市对外报道工作先进单位	亳州市委外宣办	2016 年 12 月
中共涡阳县委宣传部	全市“好支部、好党员、好故事”演讲比赛组织奖	市委学习教育协调办公室 亳州市委组织部 亳州市委宣传部	2016 年 11 月
中共涡阳县委宣传部	书香亳州建设·书香机关	市委宣传部 市直机关工委 书香亳州建设工作领导小组办公室	2016 年 6 月
涡阳县妇联	省“三八”红旗集体	省妇联	2016 年 1 月
涡阳县妇联	省妇联系统目标管理考核优秀奖	省妇联	2016 年 1 月
涡阳县妇联	省妇联系统目标管理考核创新奖	省妇联	2016 年 1 月
涡阳县妇联	2016 年度维权工作先进单位	市委 市政府	2016 年 12 月
涡阳县地税局	全市法制教育宣传先进集体	亳州市委市政府	2016 年 12 月 19 日
涡阳县地税局	书香机关	市委宣传部、市直机关工委	2016 年 6 月
稽查局、城关分局	亳州市文明单位	市文明办	2016 年 6 月 29 日
征收管理分局工会委员会	省模范职工之家	省总工会	2016 年 12 月 9 日
涡阳县地税局城关分局	全省地税系统业务管理规范年活动先进基层单位	安徽省地方税务局	2016 年 12 月 30 日
涡阳县人社局	亳州市七届文明单位	亳州市精神文明建设指导委员会	2016 年 6 月
国网涡阳县供电公司	亳州市青年志愿者优秀项目	共青团亳州市委员会 亳州市青年志愿者协会	2016 年 1 月
国网涡阳县供电公司高炉供电所	突出贡献供电所	国网安徽省电力公司	2016 年 1 月
国网涡阳县供电公司变电检修班	县公司突出贡献班组	国网安徽省电力公司	2016 年 1 月
国网涡阳县供电公司	亳州市文明单位	亳州市精神文明建设指导委员会	2016 年 6 月
城关街道综治维稳信访中心	安徽省基层综治维稳信访工作中心示范单位	安徽省社会治安综合治理委员会	2016 年 5 月
城关街道维稳综治办	亳州市无邪教创建示范街道	亳州市政法委防邪办	2016 年 6 月
城关街道维稳综治办	安徽省无邪教创建示范街道	安徽省政法委防邪办	2016 年 6 月
向阳社区	书香村居	市委宣传部	2016 年 6 月
涡阳县公安消防大队	第七届文明单位	市精神文明建设指导委员会	2016 年 6 月
涡阳县公安消防大队涡阳中队	十佳青年志愿服务先进单位	亳州市消防支队	2016 年 11 月
中国电信股份有限公司涡阳分公司	“渠道卓越业绩奖”	市电信公司	2016 年
涡阳县农机化技术推广服务站	先进单位	省农机局	2017 年 1 月 24 日

续表 2

单位名称	荣誉称号	授奖单位	授奖时间
涡阳县农机局	先进单位	市农机局	2017 年 1 月 24 日
县人武部	“先进团党委”	省军区人武部党委	2016 年 7 月
涡阳县教育局	2015 年度中小学教育教学信息化工作先进单位	市教育局、市政府教育督导室	2016 年 3 月 1 日
涡阳县教育局	2016 年“立德树人、践行社会主义核心价值观、做四有好老师”组织奖	市教育局、市教育工会	2016 年 7 月 29 日
涡阳县教育局	市第二届传承国学、亲近母语知识竞赛小学第一名	市教育局	2016 年 10 月 12 日
涡阳县教育局	市第二届传承国学、亲近母语知识竞赛中学第二名	市教育局	2016 年 10 月 12 日
涡阳县教育局	第八届素质教育开放周活动优秀组织奖	市教育局	2016 年 4 月
涡阳县教育局	第二届传承国学、亲近母语晨诵晚读活动优秀组织奖	市教育局、新华书店	2016 年 10 月 12 日
涡阳县教育局	市普通高中教育教学成果考评优秀奖	市教育局	2016 年 10 月 18 日
涡阳县财政局	第七届亳州市文明单位	亳州市文明办	2016 年 6 月
涡阳县财政局	亳州市青年志愿者优秀组织奖	共青团亳州市委员会 亳州市青年志愿者协会	2016 年 12 月
涡阳县财政局	全市企业国有资产统计工作先进单位	亳州市国资委	2016 年 12 月
涡阳县人民法院	亳州市第七届文明单位	亳州市文明委	2016 年 6 月
涡阳法院花沟人民法庭	集体三等功	亳州市中级人民法院	2016 年 2 月 23 日
涡阳法院民事审判三庭	全市法院先进集体	亳州市中级人民法院	2016 年 2 月 23 日
涡阳法院财务装备审计室	全市法院先进集体	亳州市中级人民法院	2016 年 2 月 23 日
涡阳法院民事审判二庭	民商事审判工作先进集体	亳州市中级人民法院	2016 年 7 月
涡阳法院龙山人民法庭	民商事审判工作先进集体	亳州市中级人民法院	2016 年 7 月
涡阳县商务局	全市商务工作第二名	市商务局	2016 年
涡阳老年大学	第二届全省广场舞大赛亳州专场，三等奖	安徽省文化厅 安徽省文化馆 亳州市文化旅游局	2016 年
涡阳县地方志办公室	全市地方志系统先进集体	亳州市地方志办公室	2016 年 12 月
党校	2016 年全市党校办学质量评估荣获示范党校（第一名）	亳州市委党校	2016 年
党校	荣获市委宣传部举办的“书香机关”称号	亳州市委党校	2016 年
残联	全省残联系统先进集体	省委组织部、省残联	2016 年
中共涡阳县委组织部	书香机关	市委宣传部、市直机关工委、书香亳州建设工作领导小组办公室	2016 年 6 月
中共涡阳县委组织部	市“好支部好党员好故事”演讲比赛组织奖	亳州市委学习教育协调小组办公室、亳州市委组织部、亳州市委宣传部	2016 年 11 月
涡阳县地方海事处综合科	先进班组	亳州市地方海事局	2017 年 1 月

续表 2

单位名称	荣誉称号	授奖单位	授奖时间
曹市镇	文明村镇	亳州市精神文明建设委员	2016 年
曹市镇淝河居委会	森林村庄	省绿化委员会	2016 年
曹市	千年古镇	省民政厅	2016 年

地厅级表彰个人

表 3

姓名	单位	荣誉称号	授奖单位	授奖时间
时　艳	县卫生计生委	2015 年度亳州市计划生育优秀个人	中共亳州市委亳州市人民政府	2016 年 5 月 30 日
徐　雷	县卫生计生委	2015 年度亳州市计划生育优秀个人	中共亳州市委亳州市人民政府	2016 年 5 月 30 日
贾　辉	县计生服务站	2015 年度亳州市计划生育优秀个人	中共亳州市委亳州市人民政府	2016 年 5 月 30 日
闫志勇	县卫生监督所	2015 年度亳州市计划生育优秀个人	中共亳州市委亳州市人民政府	2016 年 5 月 30 日
邓士伟	店集镇计生办	2015 年度亳州市计划生育优秀个人	中共亳州市委亳州市人民政府	2016 年 5 月 30 日
刘兴连	青疃镇	2015 年度亳州市计划生育优秀个人	中共亳州市委亳州市人民政府	2016 年 5 月 30 日
罗　华	石弓镇计生办	2015 年度亳州市计划生育优秀个人	中共亳州市委亳州市人民政府	2016 年 5 月 30 日
荆　雷	龙山镇计生办	2015 年度亳州市计划生育优秀个人	中共亳州市委亳州市人民政府	2016 年 5 月 30 日
马乐天	高炉镇	2015 年度亳州市计划生育优秀个人	中共亳州市委亳州市人民政府	2016 年 5 月 30 日
吕仲忻	城关街道计生办	2015 年度亳州市计划生育优秀个人	中共亳州市委亳州市人民政府	2016 年 5 月 30 日
杨　艳	邮政分公司三星邮政储蓄所	省先进个人	省邮政公司	2016 年 12 月
陆　海	邮政分公司市场部	省先进个人	省邮政公司	2016 年 12 月
李绍峰	涡阳县机关事务管理局	全省公共机构节能先进个人	省人社厅、省发改委、省机关事务管理局	2016 年 12 月
耿识博	涡阳县民政局	民政宣传工作先进个人	中国社会报社	2016 年 9 月
王　硕	涡阳县民政局	优秀接访员	安徽省民政厅	2016 年 12 月
何　昆	涡阳县检察院	全省检察机关案件管理业务标兵	安徽省检察院	2016 年 9 月
何　昆	涡阳县检察院	全国检察机关案件管理业务能手	最高人民检察院案件管理办公室	2016 年 1 月
朱月月	涡阳县检察院	案件管理业务标兵	亳州市检察院	2016 年 8 月
张　萍	涡阳县检察院	优秀侦查监督员	亳州市检察院	2016 年 7 月
郝　琳	涡阳县检察院	全市检察机关微型党课比赛一等奖	亳州市检察院	2016 年 3 月
张卫红	涡阳县检察院	2015 年度全市检察机关先进个人	亳州市检察院	2016 年 3 月
王娟娟	涡阳县检察院	2015 年度全市检察机关先进个人	亳州市检察院	2016 年 3 月
梁新锋	涡阳县联通公司	亳州市青年文明号先进工作者	共青团亳州市委员会	2016 年 12 月 26 日
黄杰伟	涡阳县联通公司	亳州市劳动模范	亳州市人民政府	2016 年 10 月 25 日
李婉婉	涡阳县联通公司	全国优秀共青团员	中国共产主义青年团中央委员会	2016 年 5 月
李　涛	中共涡阳县委宣传部	全市“六五”法制宣传教育工作先进个人	市委办公室 市政府办公室	2016 年 12 月
李　涛	中共涡阳县委宣传部	全市对外报道先进个人	亳州市委外宣办	2016 年 12 月
李　侠	涡阳县妇联	安徽省“三八”红旗手	省妇联	2016 年 1 月
江　影	涡阳县妇联	安徽省维护儿童权益先进个人	省妇联	2016 年 11 月
张伟丽	涡阳县爱民医院	全国“三八”红旗手	全国妇联	2016 年 3 月
杨文荣	涡阳县高炉普九学校	安徽省“三八”红旗手	省妇联	2016 年 3 月
韩　敏	涡阳县人民医院	安徽省“三八”红旗手	省妇联	2016 年 3 月

续表3

姓名	单位	荣誉称号	授奖单位	授奖时间
侯　伟	涡阳县地税局园区分局	阅读之星	中共亳州市委宣传部、中共亳州市直属机关工作委员会、书香亳州建设工作领导小组办公室	2016年6月
顾　明	涡阳县地税局征管分局	阅读之星	中共亳州市委宣传部、中共亳州市直属机关工作委员会、书香亳州建设工作领导小组办公室	2016年6月
杜方君	稽查局	全市微型党课比赛三等奖	市机关工委	2016年7月
徐恩永	涡阳县公安消防大队	优秀党务工作者	公安部政治部	2016年6月
徐秀丽	涡阳县公安消防大队	好警嫂	亳州市文明办	2016年11月
董艳西	中国电信股份有限公司涡阳分公司	“最佳维护能手奖”	市电信公司	2016年
魏乃灵	涡阳县农机局	先进个人	省农机局	2017年1月24日
蒋　勇	涡阳县农机局	先进个人	省农机局	2017年1月24日
曹　军	涡阳县农机局	先进个人	省农机局	2017年2月20日
孙铁军	涡阳县农机局	先进个人	市农机局	2017年2月20日
梁璐路	涡阳县农机局	先进个人	市农机局	2017年2月20日
罗　宁	涡阳县农机局	先进个人	市农机局	2017年2月20日
胡德斌	涡阳县财政局	民生工程组织实施工作先进个人	亳州市民生工程协调小组	2016年6月
付自民	涡阳县财政局	民生工程组织实施工作先进个人	亳州市民生工程协调小组	2016年6月
谢雨婷 王　帅	涡阳县财政局	亳州阅读之星	市委宣传部 市直机关工委 书香亳州建设工作领导小组	2016年6月
王　娅	涡阳县财政局	全市企业国有资产统计工作先进个人	亳州市国资委	2016年12月
刘志刚	涡阳县人民法院	全国法院先进个人	最高人民法院	2016年1月
肖永健	涡阳县人民法院	全省法院专项工作先进个人	安徽省高级人民法院	2016年2月
张会凤	涡阳县人民法院	荣誉天平奖章	安徽省高级人民法院	2016年3月
莫星华	涡阳县人民法院	荣誉天平奖章	安徽省高级人民法院	2016年3月
杨　莉	涡阳县人民法院	全省政工工作先进个人	安徽省高级人民法院	2016年3月
王和平	涡阳县人民法院	全省商事审判工作先进个人	安徽省高级人民法院	2016年6月
柯　磊	涡阳县人民法院	全省法院规范化、信息化、科学化“活动先进个人”	安徽省高级人民法院	2016年7月
肖永建	涡阳县人民法院	个人三等功	亳州市中级人民法院	2016年2月23日
王淑芹	涡阳县人民法院	个人三等功	亳州市中级人民法院	2016年2月23日
李显峰	涡阳县人民法院	全市法院优秀法官	亳州市中级人民法院	2016年2月23日
孙良义	涡阳县人民法院	全市法院优秀法官	亳州市中级人民法院	2016年2月23日
蒿新云	涡阳县人民法院	全市法院办案标兵	亳州市中级人民法院	2016年2月23日
孙维东	涡阳县人民法院	全市法院办案标兵	亳州市中级人民法院	2016年2月23日
柯　磊	涡阳县人民法院	全市法院调解能手	亳州市中级人民法院	2016年2月23日
张效东	涡阳县人民法院	全市法院调解能手	亳州市中级人民法院	2016年2月23日
梁　超	涡阳县人民法院	全市法院优秀法警	亳州市中级人民法院	2016年2月23日
莫忠海	涡阳县人民法院	全市法院审判管理工作先进个人	亳州市中级人民法院	2016年2月23日
高　芳	涡阳县人民法院	民商事审判工作先进个人	亳州市中级人民法院	2016年7月
陈东林	涡阳县人民法院	民商事审判工作先进个人	亳州市中级人民法院	2016年7月
李从春	涡阳县人民法院	民商事审判工作先进个人	亳州市中级人民法院	2016年7月
孙维东	涡阳县人民法院	民商事审判工作先进个人	亳州市中级人民法院	2016年7月

续表 3

姓名	单位	荣誉称号	授奖单位	授奖时间
侯景海	县公安局	荣获全省公安机关“杰出人民警察”	公安厅	2016 年 12 月
贾玉涛	县公安局	全省公安机关“优秀人民警察”	公安厅	2016 年 12 月
董红伟	县公安局	全省公安机关“优秀人民警察”	公安厅	2016 年 12 月
高金涛	县公安局	全省公安机关“优秀人民警察”	公安厅	2016 年 12 月
蒋召亮	县公安局	全省公安机关“优秀人民警察”	公安厅	2016 年 12 月
宋 涛	县公安局	全省公安机关“优秀人民警察”	公安厅	2016 年 12 月
周 峰	县公安局	全省公安机关“优秀人民警察”	公安厅	2016 年 12 月
李晓磊	县公安局	全省公安机关“优秀人民警察”	公安厅	2016 年 12 月
朱嗣军	县公安局	全省公安机关“优秀人民警察”	公安厅	2016 年 12 月
段诚浩	县公安局	全省公安机关“优秀人民警察”	公安厅	2016 年 12 月
邓士振	县公安局	全省公安机关“优秀人民警察”	公安厅	2016 年 12 月
董红伟	县公安局	全省公安机关“优秀包村民警”		2016 年 12 月
蒋召亮	县公安局	“全省公安机关优秀小教员”		2016 年 12 月
刘 征	县公安局	“严格公正执法之星”	市公安局	2016 年 12 月
郑 虎	县公安局	“严格公正执法之星”	市公安局	2016 年 12 月
邓 峰	县公安局	“严格公正执法之星”	市公安局	2016 年 12 月
张刘军	县公安局	“严格公正执法之星”	市公安局	2016 年 12 月
李 波	县公安局	“严格公正执法之星”	市公安局	2016 年 12 月
李明牛	县公安局	“严格公正执法之星”	市公安局	2016 年 12 月
刘 磊	县公安局	“严格公正执法之星”	市公安局	2016 年 12 月
田 晨	县公安局	“严格公正执法之星”	市公安局	2016 年 12 月
王 永	县公安局	“严格公正执法之星”	市公安局	2016 年 12 月
李 伟	县公安局	“严格公正执法之星”	市公安局	2016 年 12 月
杨光亮	县公安局	“严格公正执法之星”	市公安局	2016 年 12 月
张晓彤	县公安局	“严格公正执法之星”	市公安局	2016 年 12 月
王玉玺	县公安局	“严格公正执法之星”	市公安局	2016 年 12 月
刘 鑫	县公安局	“严格公正执法之星”	市公安局	2016 年 12 月
魏青峰	县公安局	“严格公正执法之星”	市公安局	2016 年 12 月
张 勇	县公安局	“严格公正执法之星”	市公安局	2016 年 12 月
施东旭	县公安局	“严格公正执法之星”	市公安局	2016 年 12 月
邢传春	县公安局	“严格公正执法之星”	市公安局	2016 年 12 月
苗 伟	县公安局	“严格公正执法之星”	市公安局	2016 年 12 月
洪 博	县公安局	“严格公正执法之星”	市公安局	2016 年 12 月
孙馥洋	县公安局	“严格公正执法之星”	市公安局	2016 年 12 月
李 想	县公安局	“严格公正执法之星”	市公安局	2016 年 12 月
郭 凯	县公安局	“严格公正执法之星”	市公安局	2016 年 12 月
杨镇静	县公安局	“严格公正执法之星”	市公安局	2016 年 12 月
张 林	县公安局	“严格公正执法之星”	市公安局	2016 年 12 月
张海洋	县公安局	“严格公正执法之星”	市公安局	2016 年 12 月
汪运沧	县公安局	“严格公正执法之星”	市公安局	2016 年 12 月
杨 超	县公安局	“严格公正执法之星”	市公安局	2016 年 12 月
马 群	县公安局	“严格公正执法之星”	市公安局	2016 年 12 月
盛光明	县公安局	“严格公正执法之星”	市公安局	2016 年 12 月

续表 3

姓名	单位	荣誉称号	授奖单位	授奖时间
杨标栋	县公安局	“严格公正执法之星”	市公安局	2016 年 12 月
徐　军	县公安局	“严格公正执法之星”	市公安局	2016 年 12 月
朱　振	县公安局	“严格公正执法之星”	市公安局	2016 年 12 月
臧　军	县公安局	“严格公正执法之星”	市公安局	2016 年 12 月
韩成杰	县公安局	“严格公正执法之星”	市公安局	2016 年 12 月
高　刚	县公安局	“严格公正执法之星”	市公安局	2016 年 12 月
万　磊	县公安局	“严格公正执法之星”	市公安局	2016 年 12 月
孔大稳	县公安局	“严格公正执法之星”	市公安局	2016 年 12 月
张玉峰	县公安局	“严格公正执法之星”	市公安局	2016 年 12 月
王　震	县公安局	“严格公正执法之星”	市公安局	2016 年 12 月
刘　兵	县公安局	“严格公正执法之星”	市公安局	2016 年 12 月
胡　智	县公安局	“严格公正执法之星”	市公安局	2016 年 12 月
刘延涛	县公安局	“严格公正执法之星”	市公安局	2016 年 12 月
张雨露	县公安局	“严格公正执法之星”	市公安局	2016 年 12 月
洪　亮	县公安局	“严格公正执法之星”	市公安局	2016 年 12 月
张陆魁	县公安局	“严格公正执法之星”	市公安局	2016 年 12 月
王　岩	县公安局	“严格公正执法之星”	市公安局	2016 年 12 月
丁立康	县公安局	“严格公正执法之星”	市公安局	2016 年 12 月
郭　旭	县公安局	“严格公正执法之星”	市公安局	2016 年 12 月
宁文启	县公安局	“严格公正执法之星”	市公安局	2016 年 12 月
于翔宇	县公安局	“严格公正执法之星”	市公安局	2016 年 12 月
王浩龙	县公安局	“严格公正执法之星”	市公安局	2016 年 12 月
王　磊	县公安局	“严格公正执法之星”	市公安局	2016 年 12 月
王舜尧	县公安局	“严格公正执法之星”	市公安局	2016 年 12 月
史晓亮	县公安局	“严格公正执法之星”	市公安局	2016 年 12 月
许　豹	县公安局	优质文明服务之星	市公安局	2016 年 12 月
曹君慧	县公安局	优质文明服务之星	市公安局	2016 年 12 月
相　群	县公安局	优质文明服务之星	市公安局	2016 年 12 月
程　萍	县公安局	优质文明服务之星	市公安局	2016 年 12 月
张　磊	县公安局	优质文明服务之星	市公安局	2016 年 12 月
刘冠群	县公安局	优质文明服务之星	市公安局	2016 年 12 月
高竞宇	县公安局	优质文明服务之星	市公安局	2016 年 12 月
贾媛媛	县公安局	优质文明服务之星	市公安局	2016 年 12 月
程　旋	县公安局	优质文明服务之星	市公安局	2016 年 12 月
转明文	县公安局	优质文明服务之星	市公安局	2016 年 12 月
郑志伟	县公安局	优质文明服务之星	市公安局	2016 年 12 月
刘继文	县公安局	岗位标兵	市公安局	2016 年 12 月
刘　义	县公安局	岗位标兵	市公安局	2016 年 12 月
卢　军	县公安局	岗位标兵	市公安局	2016 年 12 月
王　亮	县公安局	岗位标兵	市公安局	2016 年 12 月
李　飞	县公安局	岗位标兵	市公安局	2016 年 12 月
李娜娜	县公安局	岗位标兵	市公安局	2016 年 12 月
张　洁	县公安局	岗位标兵	市公安局	2016 年 12 月

续表 3

姓名	单位	荣誉称号	授奖单位	授奖时间
李　静	县公安局	岗位标兵	市公安局	2016 年 12 月
马　艳	县公安局	岗位标兵	市公安局	2016 年 12 月
史云峰	县公安局	岗位标兵	市公安局	2016 年 12 月
王小利	县公安局	岗位标兵	市公安局	2016 年 12 月
王军华	县公安局	岗位标兵	市公安局	2016 年 12 月
罗来习	县公安局	岗位标兵	市公安局	2016 年 12 月
李　洪	县公安局	岗位标兵	市公安局	2016 年 12 月
王　峰	县公安局	岗位标兵	市公安局	2016 年 12 月
叶　雁	县公安局	岗位标兵	市公安局	2016 年 12 月
王明月	县公安局	岗位标兵	市公安局	2016 年 12 月
侯　辉	县公安局	岗位标兵	市公安局	2016 年 12 月
曾献德	县公安局	岗位标兵	市公安局	2016 年 12 月
张洪儒	县公安局	岗位标兵	市公安局	2016 年 12 月
王　利	县公安局	岗位标兵	市公安局	2016 年 12 月
张康康	县公安局	岗位标兵	市公安局	2016 年 12 月
孙好民	县公安局	市级十佳国保工作室建设先进个人	市公安局	2016 年 12 月
栗　祥	县公安局	市级十佳国保工作室建设先进个人	市公安局	2016 年 12 月
刘　山	县公安局	市级十佳国保工作室建设先进个人	市公安局	2016 年 12 月
邓士振	县公安局	市级十佳国保工作室建设先进个人	市公安局	2016 年 12 月
马　力	县公安局	亳州市青年志愿者优秀个人	市公安局	2016 年 12 月
孙慧慧	县公安局	优秀共青团干部	市公安局	2016 年 12 月
刘　涛	县公安局	全市公安机关“十佳”警务辅助人员	市公安局	2016 年 12 月
张群新	县公安局	全市公安机关“十佳”警务辅助人员	市公安局	2016 年 12 月
侯　彦	县公安局	全市公安机关“百优”警务辅助人员	市公安局	2016 年 12 月
张明君	县公安局	全市公安机关“百优”警务辅助人员	市公安局	2016 年 12 月
梅纪国	县公安局	全市公安机关“百优”警务辅助人员	市公安局	2016 年 12 月
刘红侠	县公安局	全市公安机关“百优”警务辅助人员	市公安局	2016 年 12 月
赵亚南	县公安局	全市公安机关“百优”警务辅助人员	市公安局	2016 年 12 月
董　力	县公安局	全市公安机关“百优”警务辅助人员	市公安局	2016 年 12 月
朱景俊	县公安局	全市公安机关“百优”警务辅助人员	市公安局	2016 年 12 月
任士宇	县公安局	全市公安机关“百优”警务辅助人员	市公安局	2016 年 12 月
杨伟伟	县公安局	全市公安机关“百优”警务辅助人员	市公安局	2016 年 12 月
刘子甲	县公安局	全市公安机关“百优”警务辅助人员	市公安局	2016 年 12 月
刘　涛	县公安局	全市公安机关“百优”警务辅助人员	市公安局	2016 年 12 月
任启飞	县公安局	全市公安机关“百优”警务辅助人员	市公安局	2016 年 12 月
唐　燕	县公安局	全市公安机关“百优”警务辅助人员	市公安局	2016 年 12 月
张晨昊	县公安局	全市公安机关“百优”警务辅助人员	市公安局	2016 年 12 月
臧计计	县公安局	全市公安机关“百优”警务辅助人员	市公安局	2016 年 12 月
张　奇	县公安局	全市公安机关“百优”警务辅助人员	市公安局	2016 年 12 月
刘　彩	县公安局	全市公安机关“百优”警务辅助人员	市公安局	2016 年 12 月
刘俊民	县公安局	全市公安机关“百优”警务辅助人员	市公安局	2016 年 12 月
郑登敏	县公安局	全市公安机关“百优”警务辅助人员	市公安局	2016 年 12 月
程　杰	县公安局	全市公安机关“百优”警务辅助人员	市公安局	2016 年 12 月

续表 3

姓名	单位	荣誉称号	授奖单位	授奖时间
陈　平	县公安局	全市公安机关“百优”警务辅助人员	市公安局	2016 年 12 月
张金龙	县公安局	全市公安机关“百优”警务辅助人员	市公安局	2016 年 12 月
程效玉	县公安局	全市公安机关“百优”警务辅助人员	市公安局	2016 年 12 月
于金宝	县公安局	全市公安机关“百优”警务辅助人员	市公安局	2016 年 12 月
张敏刚	县公安局	全市公安机关“百优”警务辅助人员	市公安局	2016 年 12 月
张建峰	县公安局	全市公安机关“百优”警务辅助人员	市公安局	2016 年 12 月
程玉兰	县公安局	全市公安机关“百优”警务辅助人员	市公安局	2016 年 12 月
周立魁	县公安局	全市公安机关“百优”警务辅助人员	市公安局	2016 年 12 月
马步龙	县公安局	全市公安机关“百优”警务辅助人员	市公安局	2016 年 12 月
王　威	县公安局	全市公安机关“百优”警务辅助人员	市公安局	2016 年 12 月
杨　健	地方志	全市地方志系统先进工作者	亳州市地方志办公室	2016 年 12 月
徐云飞	涡阳县地方海事处	先进个人	亳州市地方 海事局	2017 年 1 月
潘俊英	涡阳县地方海事处	先进个人	同上	2017 年 1 月
张学林	涡阳县地方海事处	先进个人	同上	2017 年 1 月
赵景田	涡阳县地方海事处	先进个人	同上	2017 年 1 月
蔡红伟	涡阳县地方海事处	先进个人	市交通运输局	2017 年 1 月

县级表彰先进集体

表 4

单位名称	荣誉称号	授奖单位	授奖时间
县督查中心	九届政协先进提案办理单位	县委县政协	2017 年 1 月
涡阳县民政局	人口和计划生育工作先进单位	县委县政府	2016 年 7 月
涡阳县人民检察院	2015 年度政法工作先进单位	中共涡阳县委	2016 年 2 月
涡阳县人民检察院	2015 年度信访工作先进单位	中共涡阳县委	2016 年 2 月
涡阳县人民检察院	双拥工作先进单位	涡阳县人民政府	2016 年 5 月
涡阳县分公司	“爱心单位”	涡阳县爱心者协会	2016 年 6 月
涡阳县地税局	2015 年度党风廉政建设工作先进单位	涡阳县委	2016 年 2 月
涡阳县地税局	2015 年度组织工作先进单位	涡阳县委	2016 年 2 月
涡阳县地税局	2015 年度党建工作优秀单位	涡阳县委	2016 年 2 月
涡阳县地税局	双拥先进单位	县委县政府	2016 年 5 月
涡阳县地税局	集体三等功	县委县政府	2016 年 11 月
涡阳县老子文化生态园管理委员会	2015 年度县直单位综合考评优秀奖三等奖	县委县政府	2016 年 2 月
涡阳县气象局	2015 年度全县经济社会发展目标管理考核“先进单位”三等奖	涡阳县委县政府	2016 年 2 月 17 日
涡阳县气象局	2015 年度全县党建工作优秀单位	中共涡阳县委	2016 年 2 月 17 日
人社局	2015 年度党建工作优秀单位荣誉称号	县 委	2016 年 2 月

续表 4

单位名称	荣誉称号	授奖单位	授奖时间
人社局	2015 年度人口和计划生育工作先进单位	县委、县政府	2016 年 7 月
涡阳县公安消防大队	优秀团干	团县委	2016 年 11 月
涡阳县财政局	涡阳县双拥工作先进单位	中共涡阳县委	2016 年 5 月
		涡阳县人民政府	
涡阳县财政局	希望工程爱心单位	共青团涡阳县委员会	2016 年 8 月
		涡阳县希望工程办公室	
涡阳县城管执法局	涡阳县第十六届人民代表大会议案建议办理工作先进单位（2012—2016 年）	涡阳县人大常委会、涡阳县人民政府	2017 年 2 月
涡阳县城管执法局	九届政协先进提案办理单位（2011—2016 年）	中共涡阳县委、涡阳县人民政府	2016 年 5 月 29 日
涡阳县地方志办公室	2016 年度全县经济社会发展情况目标考评县直二类单位二等奖	中共涡阳县委　　涡阳县人民政府	2016 年 12 月
中共涡阳县委组织部	2015 年度人口和计划生育工作先进单位	中共涡阳县委员会、涡阳县人民政府	2016 年 7 月
涡阳县地方海事处综合科	2016 年度经济发展情况进步奖	县委、县政府	2017 年 3 月

县级表彰个人

表 5

姓名	单位	荣誉称号	授奖单位	授奖时间
胡志胜	县督查中心	“六五普法”先进个人	县委县政府	
李绍喆	县督查中心	阅读之星	市委宣传部 市直机关工委 书香亳州建设工作领导小组办公室	2016 年 6 月 1 日
汪　澄	县编办	全县优秀公务员	县委县政府	2016 年
康　瑞	县编办	全县优秀公务员	县委县政府	2016 年
梅　建	涡阳县民政局	综治工作先进个人	县委县政府	2016 年 2 月
王　硕	涡阳县民政局	组织工作先进个人	县委	2016 年 2 月
王　玲	涡阳县人民检察院	双拥工作先进个人	涡阳县人民政府	2016 年 5 月
徐向梅	涡阳县人民检察院	“三八红旗手”	涡阳县县妇联	2016 年 6 月
徐向梅	涡阳县人民检察院	五一劳动奖章	涡阳县总工会	2016 年 4 月
张磊磊	涡阳县联通公司	劳动先进工作者	涡阳县总工会	2016 年 6 月 30 日
孙和建	涡阳县联通公司	涡阳县五一劳动奖章	涡阳县总工会	2016 年 6 月 30 日
王佳欣	涡阳县联通公司	三八红旗手	涡阳县妇女联合会	2016 年 3 月
王佳欣	涡阳县联通公司	青年岗位能手	涡阳县人力资源和社会保障局、共青团涡阳县委员会	2016 年 4 月
姜珍珍	涡阳县联通公司	涡阳县优秀共青团干部	共青团涡阳县委员会	2016 年 1 月
耿　晖	中共涡阳县委 宣传部	全县综合工作先进个人	涡阳县委县政府	2016 年 12 月

续表 5

姓名	单位	荣誉称号	授奖单位	授奖时间
江　影	县妇联	全县六五普法工作先进个人	县委 县政府	2016 年 12 月
胡　艳	县妇联	全县招商引资先进个人	县委 县政府	2016 年 1 月
江　影	县妇联	全县政法工作先进个人	县委 县政府	2016 年 1 月
郑丽萍	县局机关	双拥工作先进个人	县委县政府	2016 年 5 月
郑　盛	县局机关	劳动先进工作者	县委县政府	2016 年 5 月
李　辉	县局机关	全县党建工作目标管理考核先进个人	县委县政府	2016 年 2 月
张　剑	涡阳县林业局	2016 年度全县经济社会发展优秀个人	县政府	2017 年 2 月
郭复明	涡阳县林业局	2017 年度全县经济社会发展优秀个人	县政府	2017 年 2 月
王鹏鹏	涡阳县林业局	2018 年度全县经济社会发展优秀个人	县政府	2017 年 2 月
陈思俊	涡阳县财政局	涡阳县双拥工作先进个人	中共涡阳县委 涡阳县人民政府	2016 年 5 月
杨　健	地方志	涡阳县第十六届人大代表议案建议办理工作先进个人	涡阳县人大常委会 涡阳县人民政府	2016 年 12 月
侯清超	地方志	2016 年度全县经济社会发展情况目标考评优秀个人	中共涡阳县委 涡阳县人民政府	2016 年 12 月
程效明	地方志	2017 年度全县经济社会发展情况目标考评优秀个人	中共涡阳县委 涡阳县人民政府	2016 年 12 月
张军安	地方志	2018 年度全县经济社会发展情况目标考评优秀个人	中共涡阳县委 涡阳县人民政府	2016 年 12 月
赵雅芝	涡南镇	涡阳县青年志愿者优秀组织奖	县共青团	2016 年
赵雅芝	涡南镇	三八红旗手	县妇联	2016 年 12 月
刘松梅	党校	清华大学继续学院远程教学优秀信息员		2016 年 12 月
		县计划生育工作先进个人		2016 年 12 月
高　珊		2016 年全县三八红旗手		2016 年 12 月
徐　峰	涡阳县地方海事处	优秀个人	县委、县政府	2017 年 3 月

附　录

2016 年度县委文件目录

通知类

1. 县委县政府关于做好 2016 年度招商引资工作的通知 …………… 涡发〔2016〕1

2. 县委县政府关于印发《涡阳县工业振兴纲要（2016-2020）》的通知 …………… 涡发〔2016〕3

3. 县委关于转发《政协涡阳县委员会 2016 年工作要点》的通知…………… 涡发〔2016〕4

4. 县委关于转发《涡阳县人大常委会 2016 年工作要点》的通知…………… 涡发〔2016〕5

5. 县委印发《关于深入学习宣传和贯彻落实习近平总书记视察安徽重要讲话精神总体安排方案》的通知 …… 涡发〔2016〕7

6. 县委关于印发《中共涡阳县委工作规则》的通知 …………… 涡发〔2016〕8

7. 县委印发《关于省委第五巡视组对县开展巡视“回头看”反馈意见的整改方案》的通知 …………… 涡发〔2016〕12

8. 县委县政府关于印发《涡阳县禁毒工作要点》的通知 …………… 涡发〔2016〕13

9. 县委印发《关于在全县党员干部中开展“讲看齐、见行动”学习讨论实施方案》的通知 …………… 涡发〔2016〕14

10. 县委县政府印发《关于推动移风易俗树立文明乡风的实施意见》的通知 …………… 涡发〔2016〕16

11. 县委县政府关于印发《涡阳县五大发展行动计划》的通知…………… 涡发〔2016〕17

12. 县委关于印发《开展村（居）全覆盖大调研大走访活动方案》的通知 ……… 涡〔2016〕5

13. 关于万瑞年等工作职务的通知…………… 涡〔2016〕8

14. 县委关于印发《涡阳县乡镇党委换届工作实施方案》的通知……………… 涡〔2016〕10

15. 县委县政府关于成立涡阳县与合肥高新区、教育局合作共建工作领导小组的通知 ……………… 涡〔2016〕34

16. 县委关于成立县委“两学一做”学习教育协调小组的通知 …………… 涡〔2016〕81

17. 县委关于中国共产党涡阳县第十一次代表大会代表选举工作的通知…… 涡〔2016〕83

18. 县委县政府关于印发《涡阳县争创安徽省第四届文明县城工作实施方案》的通知 ……………… 涡〔2016〕85

19. 县委关于成立中国共产党涡阳县第十一次代表大会筹备工作领导小组的通知 … 涡〔2016〕86

20. 县委关于成立中央巡视组对我省开展巡视“回头看”反馈意见整改工作领导小组的通知 ……………… 涡〔2016〕90

21. 县委关于更名中央巡视组对我省开展巡视“回头看”反馈意见整改工作领导小组为巡视“回头看”反馈意见整改工作领导小组的通知……… 涡〔2016〕93

22. 县委关于成立中国共产党涡阳县第十一次代表大会临时党委的通知……… 涡〔2016〕94

23. 县委关于成立涡阳县第十六届人民代表大会第六次会议临时党委的通知 … 涡〔2016〕97

24. 县委关于印发《中共涡阳县委常委会议事规则（试行）》的通知………… 涡〔2016〕101

25. 县委关于县委常委工作分工的通知…… 涡〔2016〕102

26. 县委关于报送《涡阳县 2016 年上半年全面深化改革总结及下半年工作计划》的通知 …………… 涡〔2016〕103

27. 县委印发省委第五巡视组《关于对涡阳县委开展巡视“回头看”情况的反馈意见》的通知 …………… 涡〔2016〕106

28. 县委关于成立省委巡视“回头看”反馈意见整改工作领导小组的通知…… 涡〔2016〕107

29. 县委县政府关于印发涡阳县2016年度党建工作和经济社会发展目标管理与考评奖惩四个办法的通知…… 涡〔2016〕108

30. 县委关于印发《县政协换届工作方案》的通知……………… 涡〔2016〕115

31. 县委关于成立涡阳县第十七届人民代表大会第一次会议临时党委的通知 … 涡〔2016〕122

32. 县委关于成立涡阳县第十七届人民代表大会第一次会议各代表团临时党支部的通知……………… 涡〔2016〕126

意见类

1. 县委县政府关于坚决打赢脱贫攻坚战的实施意见……………… 涡发〔2016〕2

2. 县委县政府关于加快现代中药产业发展的实施意见……………… 涡发〔2016〕6

3. 县委县政府关于2016年农业农村工作的意见……………… 涡发〔2016〕9

4. 县委关于深入推进全面从严治党的实施意见……………… 涡发〔2016〕10

5. 县委关于加强和改进新形势下党校工作的实施意见……………… 涡发〔2016〕11

6. 县委关于学习贯彻党的十八届六中全会精神开创全面从严治党新局面的实施意见……………… 涡发〔2016〕15

7. 县委县政府关于进一步完善大督查工作机制的意见……………… 涡〔2016〕4

8. 县委县政府关于进一步加强政府法制工作的意见……………… 涡〔2016〕82

通报类

县委县政府关于对2015年度招商引资工作后进单位的通报……………… 涡〔2016〕33号

决定类

1. 县委县政府关于2015年度全县经济社会发展和党建工作目标管理考核奖惩的决定……………… 涡〔2016〕11号

2. 县委县政府关于表彰2015年度招商引资工作先进单位和先进个人的决定 … 涡〔2016〕32号

3. 县委关于开展向刘亚同志学习活动的决定……………… 涡〔2016〕76号

4. 县委关于追授刘亚同志“全县优秀共产党员”称号的决定…………… 涡〔2016〕105号

5. 关于表彰优秀县政协委员、提案委员和提案承办先进单位的决定…… 涡〔2016〕119号

请示、报告类

1. 县委县政府关于报送《涡阳县2015年工作总结和2016年重点工作任务》的报告……………… 涡〔2016〕1号

2. 县委关于报送《涡阳县2015年全面深化改革工作总结》的报告………… 涡〔2016〕2号

3. 县委关于报送《涡阳县2015年全面深化改革工作自评报告》的报告 … 涡〔2016〕3号

4. 县委县政府关于报送《涡阳县2015年工作总结和2016年重点工作任务》的报告……………… 涡〔2016〕6号

5. 县委常委会召开“三严三实”专题教育专题民主生活会情况汇报………… 涡〔2016〕7号

6. 关于范吉用等二位同志晋升职级工资的请示……………… 涡〔2016〕9号

7. 县委关于乡镇党委换届“三类人员”配备方案的请示……………… 涡〔2016〕35号

8. 县委关于组织开展向刘亚同志学习活动的报告……………… 涡〔2016〕77号

9. 县委县政府关于涡阳县境内利亳支线天然气管线安全隐患整改及改迁工作情况的报告……………… 涡〔2016〕78号

10. 县委关于召开中国共产党涡阳县第十一次代表大会的请示……………… 涡〔2016〕80号

11. 县委关于报送《涡阳县承担国家、省级、市级改革试点情况统计》的报告……………… 涡〔2016〕84号

12. 县委关于中共涡阳县委、县纪委换届人事安排问题的请示……………… 涡〔2016〕87号

13. 县委关于中共涡阳县纪委换届人事安排问题的请示……………… 涡〔2016〕88号

14. 关于确定涡阳县出息中国共产党亳州市第四次代表大

会候选人预备人选的情况报告
……………涡〔2016〕89 号
15. 关于群众来信反映国阳县城西街道党工委书记经开区党工委副书记牛光有关问题的查核报告………涡〔2016〕91 号
16. 关于方振勇同志工作职务的请示………涡〔2016〕92 号
17. 关于选举产生涡阳县出席中国共产党亳州市第四次代表大会代表的情况报告
……………涡〔2016〕98 号
18. 县委关于涡阳县委换届工作总结的报告
……………涡〔2016〕99 号
19. 县委县政府关于涡阳县2015 年度落实党风廉政建设“两个责任”考核反馈意见整改落实情况的报告…… 涡〔2016〕100 号
20. 县委关于牛光同志工作职务的请示… 涡〔2016〕104 号
21. 县委关于确定人大、政府和县政协换届会议推荐建议人选的报告…… 涡〔2016〕109 号
22. 县委关于确定县人大、政府和县政协换届人选考察对象的报告…… 涡〔2016〕110 号
23. 关于范吉用等三位同志晋升职级工资的请示
………… 涡〔2016〕111 号
24. 关于牛光同志晋升职务工资的请示
………… 涡〔2016〕112 号
25. 关于范吉用等十八位同志晋升工资的请示
………… 涡〔2016〕113 号
26. 县委关于涡阳县人大、政府、政协、法院、检察院换届人选问题的请示
………… 涡〔2016〕114 号
27. 县委关于群众反映涡阳县教育局局长燕坤有关问题调查情况的报告
………… 涡〔2016〕116 号
28. 县委关于群众反映涡阳县住建委主任规划局局长盛亚民有关问题的调查情况的报告
………… 涡〔2016〕117 号
29. 县委关于第四届市政协委员、常委人选推荐情况的报告
………… 涡〔2016〕120 号
30. 县委关于推荐市第四届人代会代表候选人人选情况的报告………… 涡〔2016〕121 号
31. 涡阳县贯彻执行中央“八项规定”和“省市三十条”规定落实情况的报告
………… 涡〔2016〕127 号
32. 县委县政府关于加强社会主义协商民主建设的实施意见的自查报告
………… 涡〔2016〕128 号
33. 县委关于贯彻落实习近平总书记视察安徽重要讲话精神情况的报告
………… 涡〔2016〕129 号
34. 县委县政府关于扶贫开发工作情况的报告
………… 涡〔2016〕130 号
35. 县委县政府关于 2016 年计划生育工作情况的报告
………… 涡〔2016〕131 号
36. 县委涡阳县意识形态工作责任制落实情况的报告
………… 涡〔2016〕132 号
37. 县委关于党员干部直接联系群众工作情况的报告
………… 涡〔2016〕133 号
38. 县委关于党政领导班子建设规划纲要贯彻落实情况的报告………… 涡〔2016〕134 号
39. 县委关于落实党风廉政建设责任制情况的报告
………… 涡〔2016〕135 号
40. 县委关于省委第五巡视组巡视“回头看”反馈意见整改情况的报告… 涡〔2016〕136 号

其他

1. 县委关于同意召开中国共产党新兴镇第十三次代表大会的批复………… 涡〔2016〕12
2. 西阳镇 … 涡〔2016〕13
3. 涡南镇 … 涡〔2016〕14
4. 义门镇 … 涡〔2016〕15
5. 石弓镇 … 涡〔2016〕16
6. 青疃镇 … 涡〔2016〕17
7. 牌坊镇 … 涡〔2016〕18
8. 马店集镇
……………… 涡〔2016〕19
9. 龙山镇 … 涡〔2016〕20
10. 临湖镇 … 涡〔2016〕21
11. 花沟镇 … 涡〔2016〕22
12. 公吉寺镇
………… 涡〔2016〕23
13. 高炉镇 … 涡〔2016〕24
14. 高公镇 … 涡〔2016〕25
15. 店集镇 … 涡〔2016〕26
16. 标里镇 … 涡〔2016〕27
17. 丹城镇 … 涡〔2016〕28
18. 曹市镇 … 涡〔2016〕29
19. 陈大镇 … 涡〔2016〕30
20. 楚店镇 … 涡〔2016〕31
21. 县委关于义门镇党委、纪委换届候选人预备人选的通知……………………涡〔2016〕36
22. 西阳镇 … 涡〔2016〕37
23. 高炉镇 … 涡〔2016〕38
24. 曹市镇 … 涡〔2016〕39
25. 陈大镇 … 涡〔2016〕40

26. 丹城镇 … 涡〔2016〕41
27. 马店集镇
………… 涡〔2016〕42
28. 公吉寺镇
………… 涡〔2016〕43
29. 临湖镇 … 涡〔2016〕44
30. 高公镇 … 涡〔2016〕45
31. 店集镇 … 涡〔2016〕46
32. 牌坊镇 … 涡〔2016〕47
33. 新兴镇 … 涡〔2016〕48
34. 标里镇 … 涡〔2016〕49
35. 花沟镇 … 涡〔2016〕50
36. 楚店镇 … 涡〔2016〕51
37. 龙山镇 … 涡〔2016〕52
38. 青疃镇 … 涡〔2016〕53
39. 石弓镇 … 涡〔2016〕54
40. 涡南镇 … 涡〔2016〕55
41. 县委关于义门镇党委、纪委换届书记、副书记候选人预备人选的通知…… 涡〔2016〕56
42. 西阳镇 … 涡〔2016〕57
43. 高炉镇 … 涡〔2016〕58
44. 陈大镇 … 涡〔2016〕59
45. 丹城镇 … 涡〔2016〕60
46. 马店集镇
………… 涡〔2016〕61
47. 公吉寺镇
………… 涡〔2016〕62
48. 临湖镇 … 涡〔2016〕63
49. 高公镇 … 涡〔2016〕64
50. 牌坊镇 … 涡〔2016〕65
51. 新兴镇 … 涡〔2016〕66
52. 标里镇 … 涡〔2016〕67
53. 花沟镇 … 涡〔2016〕68
54. 楚店镇 … 涡〔2016〕69
55. 龙山镇 … 涡〔2016〕70
56. 青疃镇 … 涡〔2016〕71
57. 石弓镇 … 涡〔2016〕72
58. 涡南镇 … 涡〔2016〕73
59. 店集镇 … 涡〔2016〕74
60. 曹市镇 … 涡〔2016〕75
61. 县委关于全县镇党委、纪委换届选举结果的批复
……………… 涡〔2016〕79
62. 涡阳县第十一届委员会第二次全体会议关于同意涡阳县单集林场和高炉镇行政区划调整方案的决议
…………… 涡〔2016〕118
63. 县委关于涡阳县第十七届人大常委会主任、副主任、委员、县人民政府县长、副县长、县人民法院院长、县人民检察院检察长候选人的推荐书… 涡〔2016〕123
64. 县委关于市委提名在涡阳县选举出席市第四届人民代表大会代表候选人的名单
…………… 涡〔2016〕124
65. 县委关于政协第十届涡阳县委员会主席、副主席、常务委员候选人的提议
…………… 涡〔2016〕125

2016年度县政府文件目录

通知类

1. 涡阳县人民政府关于印发涡阳县推广随机抽查规范事中事后监管实施方案的通知 ………… 涡政〔2016〕2号

2. 涡阳县人民政府关于印发《涡阳县安全生产事故隐患排查治理办法》的通知 ………… 涡政〔2016〕9号

3. 涡阳县人民政府关于印发涡阳县水污染防治工作方案的通知………涡政〔2016〕12号

4. 涡阳县人民政府关于实施2016年民生工程的通知 …………涡政〔2016〕15号

5. 涡阳县人民政府关于调整城市规划区内征收集体土地建筑物及地面附着物评估补偿价格标准的通知……涡政〔2016〕17号

6. 涡阳县人民政府关于印发涡阳县国民经济和社会发展第十三个五年规划纲要的通知 …………涡政〔2016〕19号

7. 涡阳县人民政府关于印发涡阳县国有土地上房屋征收与补偿实施细则的通知 …………涡政〔2016〕20号

8. 涡阳县人民政府关于印发涡阳县城市规划区内棚户区改造和房屋征收虚拟实物安置实施办法的通知 …………涡政〔2016〕21号

9. 涡阳县人民政府关于印发涡阳县集体土地及房屋征收补偿安置办法的通知 …………涡政〔2016〕26号

10. 涡阳县人民政府关于县政府负责同志工作分工的通知 …………涡政〔2016〕27号

11. 涡阳县人民政府关于印发《涡阳县国有林场改革实施方案》的通知 …涡政〔2016〕29号

意见类

1. 涡阳县人民政府关于明确经济开发区为企服务职能提高服务效率的实施意见 ………… 涡政〔2016〕5号

2. 涡阳县人民政府关于进一步规范政府法律顾问制度建设的意见……涡政〔2016〕10号

3. 涡阳县人民政府关于进一步规范行政事业单位国有资产管理工作的意见 …………涡政〔2016〕11号

4. 涡阳县人民政府关于实行审计财政监督全覆盖的意见 …………涡政〔2016〕18号

报告类

1. 涡阳县人民政府关于涡阳县2015年机构编制管理规定执行情况的报告 ………… 涡政〔2016〕4号

2. 涡阳县人民政府涡阳县2015年第五批次城乡建设用地增减挂钩项目资金落实情况的报告………… 涡政〔2016〕6号

3. 涡阳县人民政府关于涡阳县2015年第四批次城乡建设用地增减挂钩项目资金落实情况的报告…… 涡政〔2016〕7号

4. 涡阳县人民政府关于涡阳县机关事业单位滥发津贴补贴专项整治工作的报告 …………涡政〔2016〕24号

其他类

1. 涡阳县人民政府关于给予王登峰等77名同志记个人三等功及李良书等318名同志嘉奖的决定……… 涡政〔2016〕3号

2. 涡阳县人民政府关于2014年涡阳县科技进步奖和第二届青年科技奖的决定 …涡政〔2016〕16号

3. 涡阳县人民政府关于征收城东街道马寨片区房屋的决定……………涡政〔2016〕28 号

4. 涡阳县人民政府关于上报《涡阳县国有林场改革实施方案》的请示 …涡政〔2016〕23 号

5. 涡阳县人民政府涡阳县人民武装部关于做好 2016 年征兵的命令……涡政〔2016〕25 号

6. 涡阳县人民政府关于涡阳县单集林场和高炉镇行政区划调整的请示……涡政〔2016〕30 号

涡阳县 2016 年主要经济社会指标

表 6

项目（单位）	亳州市	涡阳县	数据提供单位	指标责任单位
面积（平方公里）	8374	2107	国土局	国土局
人口（万人）	647	166.98	公安局	公安局
城镇人口（万人）	109	27.97	公安局	公安局
生产总值（亿元）	1046	247.45	统计局	发改委
第一产业增加值（亿元）	206	46.61	统计局	农 委
第二产业增加值（亿元）	405	104.27	统计局	经 委 住建委
第三产业增加值（亿元）	435	96.57	统计局	商务局
规模以上工业企业数（个）	931	250	统计局	经信委
规模以上工业增加值（亿元）	272	69.38	统计局	经信委
财政总收入（亿元）	147	18.1	财政局	财政局
财政总支出（亿元）	279	54.07	财政局	财政局
民生工程投资额（亿元）	123	32.35	财政局	财政局
社会消费品零售总额（亿元）	492	112.57	统计局	商务局
全社会固定资产投资总额（亿元）	875	175.27	统计局	发改委
进出口总额（亿美元）	5.2	1.1	商务局	商务局
金融机构年末存款余额（亿元）	1590	304.28	人民银行	金融办
金融机构年末贷款余额（亿元）	1037	122.35	人民银行	金融办
邮电业务总量（亿元）	52.3	5.6	邮政 1.036 电信 0.8169 移动 3.0679 联通 0.6858	电信 移动 联通
全社会用电量（亿千瓦时）	57.1	14.19	统计局	供电公司
自来水供应量（万吨）		1200	住建委	住建委
城镇常住居民人均可支配收入（元）	25053	22316	调查队	发改委
农村常住居民人均可支配收入（元）	10576	9899	调查队	农委
城市建设维护资金投资额（亿元）	14	3.49	住建委	住建委
公交路线总长度（公里）		114.2	交通局	交通局
中小学在校学生（万人）	78	16.28	教育局	教育局
专利申请（件）	3438	748	科技局	科技局
公共图书馆藏书（万册）		8.3	文体旅游局	文体旅游局
旅游总收入（亿元）	132	10.8	文体旅游局	文体旅游局
外出就业劳动力人数（人）		480000	人社局	人社局
每万人拥有医院卫生院病床数（张）		21.3	卫计委	卫计委
城镇化率（%）	38.3	38	住建委	住建委
森林覆盖率（%）		18.5	林业局	林业局
人口自然增长率（‰）	13.3	15.3	公安局	公安局

涡阳县2016年国民经济和社会发展统计公报

2016年，面对复杂的宏观经济环境和繁重的改革发展稳定任务，在县委、县政府的带领下，全县上下认真贯彻落实党的十八大和十八届三中、四中、五中、六中全会精神，紧紧围绕“深入践行五大发展理念，奋力走在皖北振兴前列”工作总要求，以供给侧结构性改革为主线，扎实做好各项工作，全县经济社会保持平稳健康发展，实现了“十三五”良好开局。

一、综合

初步核算，2016年我县地区生产总值（GDP）247.4亿元，按可比价格计算，同比增长8.9%，较上年同期提升0.2个百分点，增速居全市第3位。分产业看，第一产业增加值46.6亿元，增长2.8%；第二产业增加值104.3亿元，增长9.3%；第三产业增加值96.6亿元，增长11.6%。三次产业比例由上年的19.7∶42.6∶37.7变化为18.8∶42.1∶39.0，其中工业增加值占GDP的比重为35.3%，比上年回落0.2个百分点，占比居全市第1位。

2016年全县生产总值

表7　　单位：亿元

指标	绝对数	比上年增长(%)
生产总值	247.4	8.9
第一产业	46.6	2.8
第二产业	104.3	9.3
第三产业	96.6	11.6

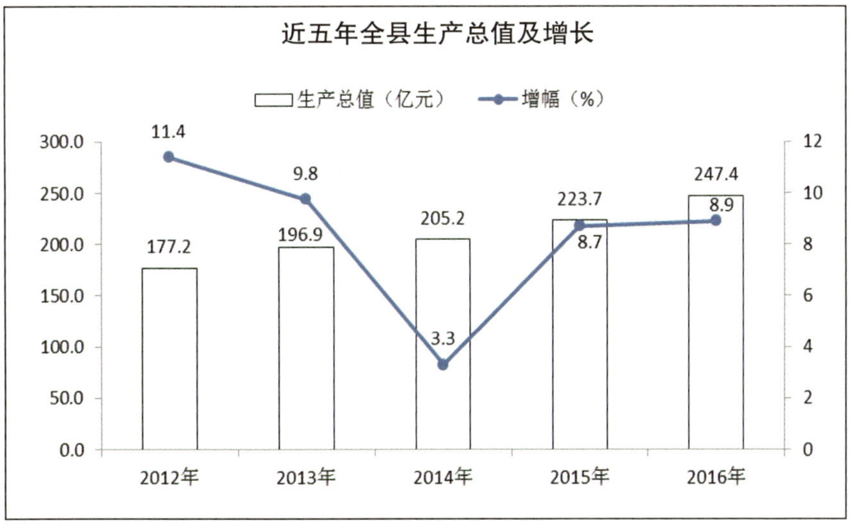

二、农业

全年粮食作物种植面积249.96千公顷，比上年扩大0.28千公顷，其中油料种植面积0.79千公顷，减少0.06千公顷。棉花种植面积0.38千公顷，减少0.04千公顷。蔬菜种植面积18.96千公顷，扩大0.30千公顷；药材种植面积5.22千公顷，扩大0.05千公顷。

由于2016年午季和秋季收获期间持续阴雨，导致农作物病虫害增加，品质下降，产量十三年以来首次减少：全年粮食产量132.14万吨，比上年减少3.96万吨，下降2.91%。油料产量0.15万吨，下降4.22%；棉花产量0.05万吨，下降7.25%。

2016年全县主要农产品产量

表8　　单位：吨

产品名称	绝对数	比上年增长(%)
粮食	1321449	−2.91
油料	1543	−4.22
#花生	619	−9.90
油菜籽	161	10.27
棉花	473	−7.25
药材	29105	1.57
蔬菜	495996	1.60
水果	9843	2.13

全年共完成育苗面积1.0万亩，四旁植树342.35万株，人工造林面积3.15万亩，林木绿化率达22.85%。

年末生猪存栏30.63万头，比上年增长1.25%；全年生猪出栏65.90万头，下降0.13%。肉类总产量6.86万吨，增长2.0%，其中猪牛羊肉产量6.22万吨，增长1.56%。禽蛋产量1.63万吨，增长2.56%。水产品产量1.40万吨，增长1.06%。

全年化肥施用量（折纯）7.60万吨，下降0.18%。农村用电量25958万千瓦时，增长0.43%。有效灌溉面积125.66千公顷，新增2.2千公顷；新增节水灌溉面积1.33千公顷。

三、工业和建筑业

全年规模以上工业增加值69.38亿元，比上年增长10.1%，其中轻、重工业分别增长11.5%和9.1%，轻重工业增加值比例由上年的38.6∶61.4变化为43.6∶56.4。新建企业生产增长较快，增幅比规模工业高了121.4个百分点。相对于国有企业，股份制企业增长速度继续领先。

全县28个工业行业大类中，22个行业增加值实现增长，其中煤炭开采和洗选业增长22.3%，农副食品加工业增长11.8%，酒、饮料和精制茶制造业增长24.9%，化学原料及化学制品制造业下降19.9%，医药制造业增长57.3%。

主要工业产品产量中，原煤下降20.0%、饲料增长41.0%、白酒下降3.2%、小麦粉增长24.1%。

2016年全县规模以上工业增加值

表9　　单位：亿元

指　标	绝对数	比上年增长（%）
规模以上工业	69.38	10.1
其中：轻工业	30.26	11.5
重工业	39.12	9.1
其中：国有企业	8.26	8.1
股份制企业	55.18	11.0
其他企业	5.94	5.3
其中：国有控股企业	21.34	4.8
其中：大中型工业企业	23.93	6.7

2016年全县主要工业产品产量

表10

产品名称	单 位	绝对数	比上年增长（%）
原煤	万吨	217.55	−20.0
洗煤	万吨	227.02	−24.2
小麦粉	万吨	116.85	24.1
饲料	万吨	3.42	41.0
白酒	千升	15678	−3.2
人造板	立方米	6634	−22.6
精甲醇	万吨	4.13	−39.9
合成氨	万吨	12.75	−43.5
氮肥	万吨	6.40	−58.8
塑料制品	吨	10072	18.9
水泥	万吨	140.59	4.0
商品混凝土	万立方米	50.49	35.5
砖	万块	345387	7.2

2016年全县规模以上工业增加值及增长

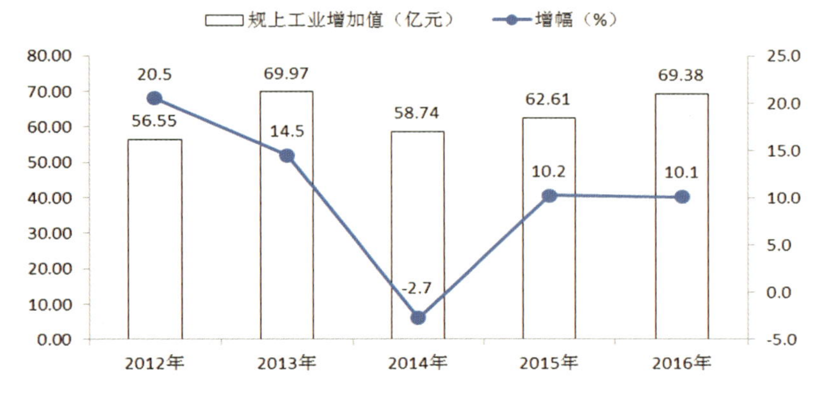

全县规模以上工业经济效益综合指数301.82%，比上年提高4.36个百分点。企业主营业务收入221.48亿元，增长8.4%；利税16.16亿元，增长8.2%，其中利润11.20亿元，增长3.3%。

全年房屋建筑施工面积378269平方米，增加80567平方米；房屋竣工面积338805平方米，增加59424平方米。

四、固定资产投资

全年500万元以上项目和房地产开发完成投资175.3亿元，

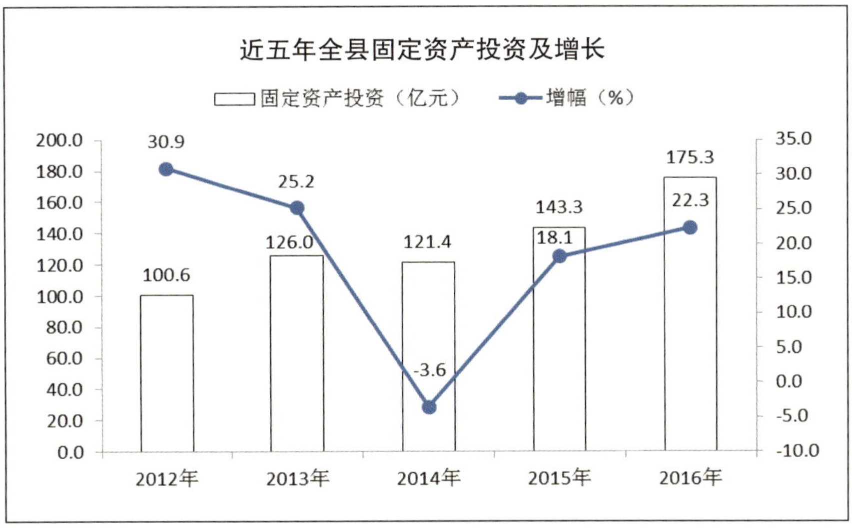

近五年全县固定资产投资及增长

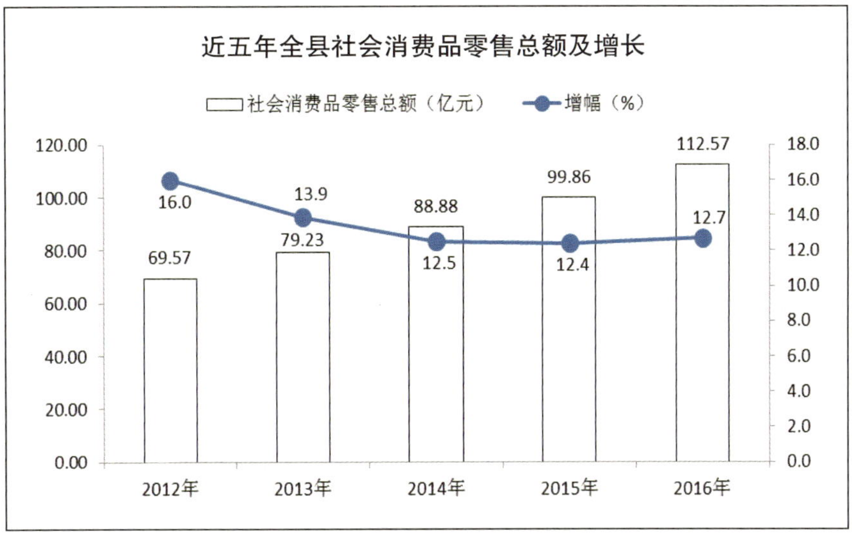

近五年全县社会消费品零售总额及增长

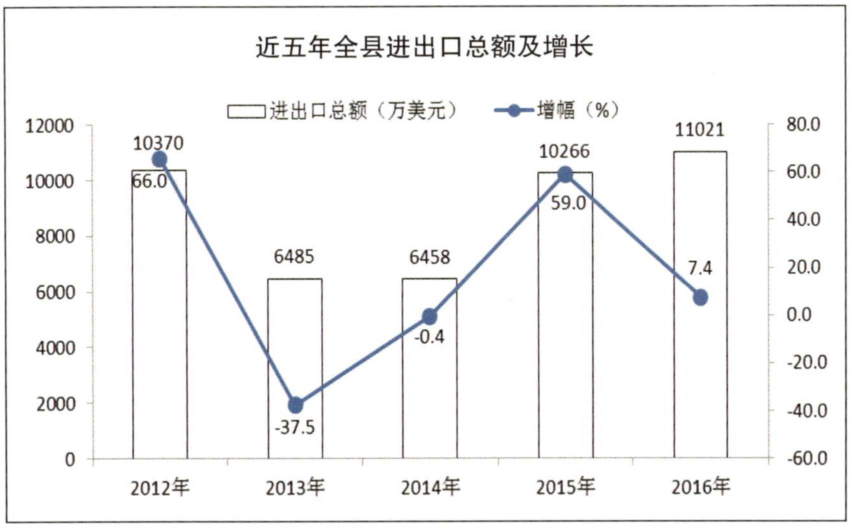

近五年全县进出口总额及增长

比上年增长22.3%。其中，城镇投资131.9亿元，增长22.4%。

从产业看，第一产业投资增长198.3%，第二产业增长20.0%，其中工业投资增长20.0%，第三产业增长18.0%。全年房地产开发投资43.4亿元，比上年增长22.3%。商品房销售面积41.51万平方米，增长48.6%；商品房销售额15.94亿元，增长61.44%。

五、国内贸易

全年社会消费品零售总额112.57亿元，比上年增长12.7%。按经营单位所在地分，城镇消费品零售额79.38亿元，增长12.8%；乡村消费品零售额33.19元，增长12.6%。按消费形态分，商品零售99.25亿元，增长12.6%；餐饮收入13.32亿元，增长13.9%。按企业规模分，限额以上企业零售额36.37亿元，增长17.8%；限额以下企业零售额76.2亿元，增长8.42%。

从限额以上企业（单位）商品零售类值看，吃、穿、用商品零售额比上年分别增长23.1%、23.1%和24.7%。其中，粮油类增长43.4%，服装类增长26.4%，化妆品类增长10.4%，金银珠宝类增长24.2%，文化办公用品类增长45.4%，家用电器和音像器材类增长10.7%，汽车类增长33.1%。

六、对外经济和旅游

全年进出口总额11021万美元，比上年增长7.4%。其中，出口9795万美元，增长5.5%；进口1226万美元，增长25.4%。

2016年全县出口主要分类

表11　　单位：万美元

指标	绝对数	比上年增长%
出口额	9795	5.5
其中：一般贸易	9133	5.4
加工贸易	620	6.8

合同利用外商直接投资16500万美元，同比增长10.0%；实际利用外商直接投资15430万美元，增长10.0%。

全年入境旅游人数3531人次，比上年增长1.9%；国内游客205万人次，同比增长6.8%。旅游总收入10.8亿元，同比增长9.3%。其中，旅游外汇收入150.1万美元，同比减少11.8%；国内旅游收入10.3亿元，同比增长5.4%。年末全县共有A级旅游景点（区）9处，星级酒店4个，旅行社8家。

七、交通

全年交通运输、仓储和邮政业增加值11.02亿元，比上年增长8.2%。

全年公路旅客运输量为1796万人，同比减少7.7%；公路货物运输量5813.8万吨，增长5.4%；公路旅客运输周转量11.3亿人公里，同比减少15.7%；公路货物运输周转量255.3亿吨公里，同比减少0.1%。

年末全县民用汽车拥有量7.03万辆，比上年增长21.62%，其中私人汽车6.53万辆，同比增长21.15%。民用轿车拥有量2.53万辆，同比增长35.29%，其中私人轿车2.50万辆，同比增长36.61%。

八、财政和金融

全年完成财政收入18.1亿元，同比增长8.1%，其中地方财政收入11.9亿元，同比增长0.8%。在全部财政收入中，增值税同比增长50.15%，营业税同比下降44.65%，企业所得税同比增长4.58%。财政支出55.2亿元，同比增长11.9%，其中，城乡社区支出同比增长56.9%，科学技术支出同比减少23.9%，社会保障与就业支出同比增长4.3%，一般公共服务支出同比减少22.9%，文化体育与传媒支出同比增长27.7%，教育支出同比增长13.2%。全年32项民生工程累计投入32.35亿元（其中：省市财政投入资金4.43亿元，县财政配套2.01亿元，群众筹资15.84亿元）。

年末全县金融机构各项存款余额（人民币口径，下同）304.28亿元，比上年末增加58.44亿元，增长23.8%。其中，住户存款余额228.93亿元，增长13.8%。金融机构各项贷款余额122.35亿元，比上年末增加29.25亿元，增长31.4%。其中，短期贷款64.45亿元，同比增长25.2%；中长期贷款57.90亿元，增长53.8%。

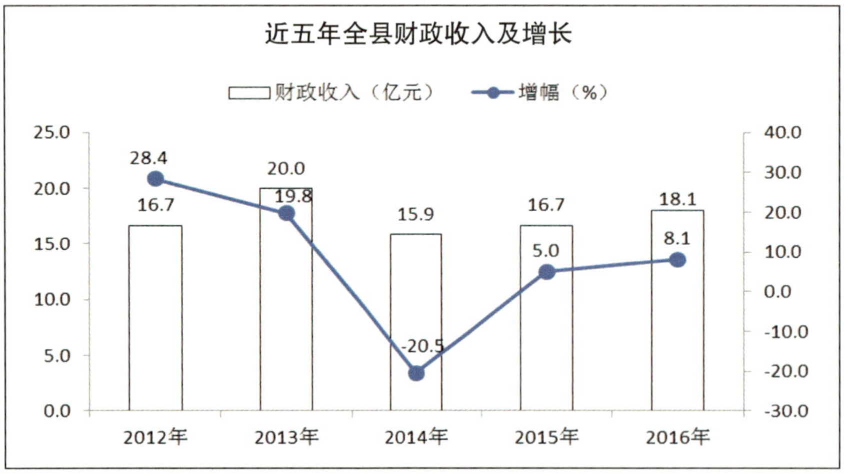

九、教育和科学技术

年末全县共有各类中等职业教育（不含技工学校）在校生1.64万人。普通高中5所，在校生1.85万人，高中阶段毛入学率93.4%，比上年上升3.44个百分点。普通初中91所，在校生4.71万人，初中阶段适龄人口入学率100%。小学307所，在校生11.57万人，小学学龄儿童入学率100%。全面实施免费义务教育，受益学生16.33万人。

2016年全县各类教育发展情况

表12　　　　单位：人

指标	招生数	在校生数	毕业生数
中等职业教育	6053	16397	6808
普通高中	6256	18450	5203
普通初中	16065	47085	12644
小学	20470	115676	15345
特殊教育	74	502	17

年末全县共有各类专业技术人员1.32万人，比上年减少1.37%。科研机构38个，其中大中型工业企业办机构25个。

全年受理专利申请748件，授权专利380件，分别比上年增加62.96%和53.23%。

年末全县共有产品质量检验机构4个，其中系统内1个，有法定计量技术机构1个，全年强制检定计量器具8870台（件），其中贸易结算类6650台（件），安全防护类1900台（件），医疗卫生类

320台（件），环境监测类0台（件）；年末全县有国家地理标志产品2个，安徽名牌产品11个。

十、文化、卫生和体育

年末全县共有文化馆1个，公共图书馆25个，剧场、影剧院4个，博物馆1个，乡镇综合文化站25个，市级以上非物质文化遗产名录29项。广播电台1座，广播人口覆盖率100%。电视台1座，有线电视用户3.3万户，电视人口覆盖率100%。有档案馆1个，馆藏档案资料5.24万卷（件、册），库馆总建筑面积0.69万平方米。

年末全县共有卫生机构492个，其中医院14个、卫生院23个，社区卫生服务中心（站）29个，妇幼保健院（所、站）1个，疾病预防控制中心1个。卫生技术人员4809人，其中执业（助理）医师1801人，注册护士2242人。医院、卫生院床位3779张。全年诊疗188.65万人次。村卫生室367个，乡村医生和卫生员1579人，农村有医疗点的村占总村数的100%。参加新型农村合作医疗的农业人口136.32万人，参合率88.24%（不含城镇居民参合人数）。

2016年，在国内的各类比赛中，我县运动健儿共获得24枚金牌、18枚银牌和17枚铜牌。“全民健身”系列主题活动蓬勃开展，全年共举办百人以上群众体育活动20次，现代体育项目群众活动17次，民间传统体育群众活动3次。在输送优秀运动员方面，多次受到省、市领导和有关部门的表扬。

十一、城镇和新农村建设

强力推进县南部新城建设，修建主干路网6.32公里，配套设施正在完善。全年共投入城市建设维护资金3.49亿元。城区年末公交营运车辆120辆，出租车营运车辆589辆。城市日供水综合能力8万吨，自来水普及率达98.05%。液化气年家庭用量0.29万吨，用气人口16万人，燃气普及率达96.58%。年末园林绿地面积1018.4公顷，建成区绿化覆盖率为38.03%，人均公共绿地面积11.05平方米。

全年调整完成小城镇规划10个，小城镇规划区内新铺装道路310公里，新修排水管道110公里，新增供水管道105公里，新增住宅面积162万平方米。规划区绿化覆盖率为38.0%，供水普及率为46.0%。

全年中心镇完成建设总投入3.7亿元。新增道路面积和住宅面积分别为1.2和14.0万平方米，新增排水管道9.6公里，新铺供水管道3.6万米，供水普及率为85%。新增公共绿地面积59万平方米。

全年完成新农村建设规划21处，面积417.90万平方米，新农村建设竣工面积18万平方米，搬迁农户0.16万户。

全年完成土地开发复垦整理项目93个，新增耕地面积2153.97亩，完成土地增减挂钩项目拆迁复垦2215亩，为我县城镇建设发展提供建新用地指标2204.9亩。

十二、人民生活和社会保障

全年城乡居民人均可支配收入13775元，比上年增长8.0%。城镇居民人均可支配收入22316元，同比增长8.1%，农村居民人均可支配收入9899元，同比增长8.6%。

全年城镇新增就业1.06万人，下岗失业人员再就业0.15万人，年末城镇登记失业率3.82%，比上年提高0.29个百分点。

年末全县参加城镇职工基本养老、医疗保险人数分别为4.03万人和4.40万人。城镇居民医疗保险人数为9.7万人。参加失业保险人数为3.64万人，全年为0.32万名失业人员发放了不同期限的失业保险金。全县参加工伤、生育保险人数分别为3.58万人和2.98万人。被征地农民养老保险制度全面推进，年末被征地农民参保人数1.93万人，覆盖率100%。城乡居民养老保险工作稳步推进，参保人数80.87万人。农村低保年末保障人数1.87万人，全年发放低保金0.58亿元；城市低保年末保障人数0.44万人。

年末全县有各类收养性社会福利院床位0.76万张，收养各类人员0.31万人。全年销售社会福利彩票0.67亿元，筹集公益金0.07亿元。

2016年末全县公安户籍人口166.98万人，户数为32.52万户；2016年，全县出生人口2.87万人，人口出生率为17.19‰；死亡人口0.32万人，死亡率为1.89‰；人口自然增长率为15.30‰。

十三、资源、环境和安全生产

年末全县共有环境监测站1个。城区空气质量达到二级标准。境内无国家级示范区建设试点。省、市监控的涡河涡阳段义门大桥、岳坊大桥水质情况为：入境义门大桥以CODcr单因子评价为Ⅴ类，出境岳坊大桥以CODcr单因子评价为Ⅴ类；境内西淝河水质为Ⅳ类，水质较去年有所改善。

全年共发生各类生产安全事故43起，同比减少79.62%，死亡21人，同比减少43.24%，伤53人，同比减少78.19%，造成直接经济损失15.51万元，同比减少85.42%。其中，发生道路交通事故39起，同比减少81.34%，死亡17人，同比减少51.43%，伤53人，同比减少77.92%，造成直接经济损失15.51万元，同比减少85.42%。发生非矿事故4起，死亡4人，同比均增长100%。未发生火灾死亡事故。

注：

1.本公报数据为初步预计统计数。

2.全县生产总值及各产业增加值绝对数按现价计算，增长速度按可比价格计算。

3.规模以上工业是指年主营业务收入2000万元及以上的工业企业；主要工业产品产量增速按可比口径计算。

涡阳县 2016 年百岁老人高龄津贴汇总表

表 13　　　　填表单位：老龄委办公室　　　2016 年 11 月 16 日

序号	姓名	性别	出生年月	镇 名	家庭住址
1	朱井天	男	1911.1	城关镇	城关镇西园西关街南三巷 4 号
2	朱王氏	女	1912.2	城关镇	城关镇西园西关街南三巷 4 号
3	刘王氏	女	1914.7	城关镇	城关镇师范学校院内
4	裴玉振	男	1915.6	城关镇	城关镇胜利西路 7 号 -5 户
5	杨登山	男	1915.6	城关镇	城关镇变电巷
6	徐宋氏	女	1909.9	楚店镇	楚店镇宋徐村徐大庄
7	何董氏	女	1910.1	楚店镇	楚店镇赵寨村何庄
8	刘孙氏	女	1911.10	楚店镇	楚店镇王庄村刘大庄
9	宋周氏	女	1906.6	楚店镇	楚店镇宋徐村宋大庄
10	赵徐氏	女	1914.2	楚店镇	楚店镇赵寨村赵西
11	刘孙氏	女	1913.8	楚店镇	楚店镇王庄村刘大庄 005 号
12	何李氏	女	1908.10	楚店镇	楚店镇赵寨村何庄
13	张王氏	女	1908.2	楚店镇	楚店镇王庄村张楼
14	孙王氏	女	1915.7	楚店镇	楚店镇后水波村大孙庄
15	王高氏	女	1915.2	楚店镇	楚店镇赵寨村王大庄
16	常怀英	女	1909.6	楚店镇	楚店镇宋徐村徐大庄
17	徐兰俊	男	1909.2	楚店镇	楚店镇宋徐村徐大庄
18	彭王氏	女	1912.5	涡北街道	涡北街道洼张：彭渡口
19	马蒋氏	女	1911.5	涡北街道	涡北街道马棚：
20	尹张氏	女	1915.3	涡北街道	涡北街道洼张：
21	李广德	男	1914.10	涡北街道	涡北街道西常楼
22	赵敏英	女	1914.5	涡北街道	涡北街道鲁庄：杨池
23	许王氏	女	1915.10	涡北街道	涡北街道张老家：后许
24	陈申氏	女	1915.4	涡北街道	涡北街道郑店：
25	蔡袁氏	女	1915.8	涡北街道	涡北街道洼张行政村蔡西自然村
26	张李氏	#REF!	1916.3	涡北街道	涡北街道凡桥：

续表 13

序号	姓名	性别	出生年月	镇 名	家庭住址
27	魏盛氏	女	1913.6	西阳镇	西阳镇太平村黄庄
28	郑李氏	女	1910.3	西阳镇	西阳镇王桥村郑庄
29	李勤加	男	1915.4	西阳镇	西阳镇大桥
30	史恃	女	1914.8	西阳镇	西阳镇太平罗桥
31	邓朱氏	女	1910.2	标里镇	标里镇邓小庄村 40 号
32	邓孙氏	女	1912.3	标里镇	标里镇河西村 036 号
33	邓孙氏	女	1906.6	标里镇	标里新街庙后
34	王薛氏	女	1915.7	标里镇	标里镇汪庄村王井
35	张高氏	女	1912.3	丹城镇	丹城镇丹城居委会
36	张李氏	女	1912.3	丹城镇	丹城镇红旗村二黄
37	曹陈氏	女	1911.5	丹城镇	丹城镇王阁村大曹村
38	董郭氏	女	1911.4	丹城镇	丹城镇董各村荆元高庄
39	梁魁英	女	1913.8	丹城镇	丹城镇徐楼村张庄
40	张陈氏	女	1914.2	丹城镇	丹城镇张大行政村 093 号
41	谢李氏	女	1915.6	丹城镇	丹城镇徐楼村谢庄
42	高段氏	女	1912.2	龙山镇	龙山镇十里邹行政村高俭荒
43	王刘氏	女	1912.2	龙山镇	龙山镇龙北居委会
44	邹德仁	男	1912.10	龙山镇	龙山镇十里邹行政村十东
45	陈杨氏	女	1914.5	龙山镇	龙山镇皖中 16 号
46	武芝兰	女	1914.9	龙山镇	龙山镇武楼行政村侯东
47	何王氏	女	1915.2	龙山镇	龙山镇何寨行政村 085 号
48	冯允祥	男	1916.1	龙山镇	龙山镇张杨李行政村冯庙
49	段牛氏	女	1916.3	龙山镇	龙山镇段营行政村大段
50	郭任氏	女	1913.6	涡南镇	涡南镇胡碱村郭牌坊
51	赵孙氏	女	1914.3	涡南镇	涡南镇董楼村赵寨 170 号
52	杨张氏	女	1914.3	涡南镇	涡南镇杨楼杨小庄
53	刘石氏	女	1913.1	曹市镇	曹市新村刘瓦房村 046 号
54	王侯氏	女	1914.2	曹市镇	曹市镇曹中村 127 号
55	魏立荣	女	1915.8	曹市镇	安徽省涡阳县曹市镇侯桥行政村
56	侯勤英	男	1915.9	曹市镇	曹市镇前王行政村后王东自然村 008 号
57	王叶氏	女	1914.6	店集镇	店集镇洪光村西王寨

续表 13

序号	姓名	性别	出生年月	镇 名	家庭住址
58	宋王氏	女	1907.3	店集镇	店集镇宋牌坊
59	姚永英	女	1913.1	店集镇	店集镇镇东村柿元
60	鲍齐氏	女	1913.4	店集镇	店集镇宋牌坊村鲍庄
61	李王氏	女	1912.3	店集镇	店集镇店集委居会
62	程张氏	女	1909.1	店集镇	店集镇聂小庙
63	孟孙氏	女	1912.6	店集镇	店集镇宋牌坊
64	刘兰英	女	1904.5	店集镇	店集镇姜庄村
65	王程氏	女	1915.3	店集镇	店集镇宋牌坊
66	王桂海	男	1913.7	店集镇	店集镇程小集
67	罗吴氏	女	1912.1	马店集镇	马店集镇胜利小罗村
68	尹张氏	女	1915.3	马店集镇	马店集镇红旗村
69	马张氏	女	1911.2	新兴镇	新兴镇雪枫行政村陶梁
70	赵董氏	女	1909.10	新兴镇	新兴镇东华行政村侯老营
71	赵李氏	女	1915.5	新兴镇	新兴镇东华村侯老营
72	曹耿氏	女	1915.4	新兴镇	新兴镇大曹村后大曹自然村
73	孙韩氏	女	1915.4	陈大镇	陈大镇张集村孙小庄
74	李尹氏	女	1914.2	陈大镇	陈大镇杨楼村杨楼
75	程王氏	女	1914.6	陈大镇	陈大镇东集村
76	孙尤氏	女	1916.2	陈大镇	陈大镇王桥行政村小吴村 48 号
77	赵朱氏	女	1907.8	高公镇	高公镇天庙朱黄
78	高张氏	女	1908.5	高公镇	高公镇高 寨
79	申杨氏	女	1908.6	高公镇	高公镇三兴村申营
80	张木氏	女	1911.10	高公镇	高公镇天庙张寨
81	王李氏	女	1915.1	高公镇	高公镇吕湖王庄
82	孙宗氏	女	1915.2	高公镇	高公镇五里靳孙庄
83	徐任氏	女	1915.9	高公镇	涡阳高公镇后徐寨村
84	王秦氏	女	1913.4	牌坊镇	牌坊镇王双楼梁偃村 41 号
85	李付艳	女	1910.5	牌坊镇	牌坊镇五里郭村王瓦房
86	梁赵氏	女	1908.3	牌坊镇	牌坊镇大梁村大梁
87	周继苹	女	1912.2	牌坊镇	牌坊镇燕大村锉楼
88	周杨氏	女	1906.7	牌坊镇	牌坊镇三周村三周

续表 13

序号	姓名	性别	出生年月	镇 名	家庭住址
89	袁王氏	女	1911.10	牌坊镇	牌坊镇高庄村袁缠庄
90	陈刘氏	女	1913.2	牌坊镇	牌坊镇姜楼陈洼村 131 号
91	许燕氏	女	1914.4	牌坊镇	牌坊镇岳寺行政村 15 号
92	付怀兰	女	1914.8	牌坊镇	牌坊镇营孜村后场 002 号
93	程氏	女	1915.1	牌坊镇	牌坊镇大梁村大梁
94	刘韩氏	女	1916.5	牌坊镇	牌坊镇大梁村刘庄
95	燕胡氏	女	1916.3	牌坊镇	牌坊镇燕大村燕大
96	于张氏	女	1916.6	牌坊镇	牌坊镇宋楼村张广楼
97	方夏氏	女	1907.11	义门镇	义门镇杨楼村
98	刘洪得	男	1912.2	义门镇	义门镇赵屯居赵西
99	陈周氏	女	1909.2	义门镇	义门镇民族居
100	吴学彬	男	1911.7	义门镇	义门镇李集行政村前营
101	张效连	女	1909.2	义门镇	义门镇四桥登小街 85
102	李胡氏	女	1911.5	义门镇	义门镇李集行政村前营
103	朱黄氏	女	1912.6	义门镇	义门镇程楼村朱庄
104	刘张氏	女	1912.8	义门镇	义门镇赵屯居赵西 334 号
105	韩刘氏	女	1914.6	义门镇	义门镇真源居
106	刘邓氏	女	1915.3	义门镇	义门镇滕刘行政村 249 号
107	何蒋氏	女	1915.8	义门镇	义门镇民族居
108	魏连氏	女	1913.6	义门镇	义门镇杨楼村
109	郭赵氏	女	1916.3	义门镇	义门镇滕刘村
110	马王氏	女	1916.6	义门镇	义门镇李集行政村 135 号
111	张汉杰	男	1912.9	义门镇	涡阳县义门镇袁楼
112	王玉英	女	1912.4	公吉寺镇	公吉寺镇张楼村邹庄
113	胡心兰	女	1912.2	公吉寺镇	公吉寺镇马老家村前马张
114	刘金侠	女	1908.8	公吉寺镇	公吉寺镇洼北村狄庄
115	胡长山	男	1909.3	公吉寺镇	公吉寺镇马寨村胡老家
116	龚素英	女	1910.1	公吉寺镇	公吉寺镇马老家村马老家
117	孙海英	女	1912.1	公吉寺镇	公吉寺镇王准村郝庄
118	孙兰英	女	1912.1	公吉寺镇	公吉寺镇马老家村马老家
119	周兰英	女	1912.1	公吉寺镇	公吉寺镇徐竹园自然村

续表 13

序号	姓名	性别	出生年月	镇 名	家庭住址
120	龚文英	女	1912.1	公吉寺镇	公吉寺镇马老家村前马张
121	王桂兰	女	1910.2	公吉寺镇	公吉寺镇大赵村张土桥
122	王兰英	女	1914.3	公吉寺镇	公吉寺马老家村马步口
123	胡兰英	女	1915.2	公吉寺镇	公吉寺镇犁耙村崔庄
124	王朝英	女	1916.5	公吉寺镇	公吉寺镇公吉寺村老街
125	柴侠	女	1915.9	公吉寺镇	公吉寺镇程大村庙西
126	周红农	女	1912.2	公吉寺镇	公吉寺镇马寨村胡老家
127	邹志广	男	1915.7	公吉寺镇	公吉寺镇张楼村邹庄
128	孙化春	女	1910.3	青町镇	青町镇蒋瓦房蒋楼
129	张全英	女	1906.3	青町镇	青町居委会小段
130	王史氏	女	1910.6	青町镇	青町镇王小庙村庙东庄
131	李素英	女	1912.2	青町镇	青町居委会西刘
132	周张氏	女	1910.3	青町镇	青町居委会西刘
133	蒋化征	男	1904.3	青町镇	青町镇大蒋村蒋西 029 号
134	唐魏氏	女	1914.3	青町镇	青町镇孙庄村唐圩
135	张秀兰	女	1915.6	青町镇	青町镇大蒋村杨树庄
136	周李氏	女	1916.6	青町镇	青町镇西刘
137	杨史氏	女	1916.4	青町镇	青町镇桥李村杨庄
138	刘任氏	女	1916.3	青町镇	青町镇冯圩村姚庄组
139	王高氏	女	1908.1	高炉镇	高炉镇邵桥村王庙庄
140	张王氏	女	1913.1	高炉镇	高炉镇杨大张新庄
141	韩桂芝	女	1916.2	高炉镇	高炉镇陆圩
142	董马氏	女	1914.6	城西街道	城西街道焦尧枣树元
143	马兰英	女	1909.8	花沟镇	花沟镇孙小桥行政村李楼自然村
144	张爱邦	男	1914.7	花沟镇	花沟镇花沟行政村花沟一自然村
145	信克英	女	1914.3	花沟镇	花沟镇东方行政村前寨自然村
146	罗姬氏	女	1909.6	石弓镇	石弓镇西关村
147	王蒋氏	女	1912.6	石弓镇	石弓镇东关陈传南路 051 号
148	刘郭氏	女	1903.6	石弓镇	石弓镇黄楼
149	孙罗氏	女	1911.10	石弓镇	石弓镇孙庄
150	刘佃坤	男	1910.8	石弓镇	石弓镇敬老院

续表 13

序号	姓名	性别	出生年月	镇 名	家庭住址
151	刘耿氏	女	1911.7	石弓镇	石羊村刘浅
152	梁凤英	女	1915.2	石弓镇	石弓镇山后黄楼
153	冯陈氏	女	1916.7	石弓镇	石弓镇山后西
154	李刘氏	女	1916.8	石弓镇	石弓镇李楼村
155	邓姜氏	女	1914.4	临湖镇	临湖镇邓井邓高元
156	王邓氏	女	1910.8	临湖镇	临湖镇王庄（李庄村）
157	程广玉	男	1912.5	临湖镇	临湖镇程老家程后坊
158	王桂英	女	1912.8	临湖镇	临湖镇三堂村丁营村 89 号
159	姚宗氏	女	1911.4	临湖镇	临湖南 – 姚小湖
160	姚沈氏	女	1915.11	临湖镇	临湖镇宗圩村姚大自然村 034 号
161	杨王氏	女	1916.8	临湖镇	临湖镇刘沟村后杨自然村 073 号
162	庞程氏	女	1916.8	临湖镇	临湖镇程老家庞庄六队（敬老院）
163	孙邓氏	女	1916.2	临湖镇	临湖镇西桥村
164	冯牛氏	女	1916.8	单集林场	单集林场五爱村四眼
165	马景春	女	1910.1	经济开发区	经开区五里湾六里庄
166	马耿氏	女	1909.3	经济开发区	经开区城西镇马腰腰庄
167	何席氏	女	1916.4	经济开发区	经开区何大何大